MÉTAPHYSIQUE

LIVRE LAMBDA

LA *MÉTAPHYSIQUE D'ARISTOTE*

sous la direction de

David LEFEBVRE et Marwan RASHED

Cette série offre une traduction nouvelle de cette œuvre fondamentale.
L'introduction et une riche annotation réinscrivent chaque livre
dans l'ensemble du projet métaphysique.
Chaque auteur propose un commentaire à la fois textuel et philosophique
qui veut prendre acte du renouveau des études aristotéliciennes.

PARU

Livre Delta, par Richard Bodéüs et Annick Stevens
Livre Epsilon, par Enrico Berti
Livre Èta, par Pierre-Marie Morel

BIBLIOTHÈQUE DES TEXTES PHILOSOPHIQUES

Fondateur Henri Gouhier — Directeur Emmanuel Cattin

ARISTOTE

MÉTAPHYSIQUE

LIVRE LAMBDA

Présenté et traduit

par

FABIENNE BAGHDASSARIAN

Ouvrage publié avec le concours du Centre national du livre

PARIS

LIBRAIRIE PHILOSOPHIQUE J. VRIN

6 place de la Sorbonne, V[e]

2019

Imprimé en France

ISSN 0249-7972
ISBN 978-2-7116-2861-2

www.vrin.fr

INTRODUCTION

Le livre *Lambda* (Λ) de la *Métaphysique* passe communément pour le traité de théologie d'Aristote. Cette appréciation, attestée dès l'antiquité, s'est globalement maintenue jusque dans les études contemporaines et y figure le plus souvent comme une évidence, au point que, en 1972, L. Elders choisit d'intituler *Aristotle's Theology* son commentaire du livre [1] ou que, plus récemment, Ch. Horn, en introduction à un volume collectif consacré à Λ, en énonce sept aspects qui lui vaudraient à bon droit le nom de théologie [2]. Cette appréciation peut toutefois servir à exprimer des jugements contrastés sur l'objet du traité et son statut scientifique. Ce peut être (a) une façon de souligner l'ambition proprement théologique du livre, dans lequel Aristote développerait sa conception philosophique de la divinité. Mais ce peut être aussi (b) une manière d'accorder à Λ un statut particulier au sein de la *Métaphysique*, en en faisant le lieu où Aristote réaliserait cette « science théologique » à laquelle il reconduit l'étude universelle de l'être en tant qu'être à la fin de *Métaphysique* E 1 (1026a30-32).

D'accord pour voir dans l'étude des substances immobiles la principale, sinon unique, raison d'être du traité, ces deux jugements ne reviennent pas nécessairement au même. On peut fort bien considérer, en effet, comme la plupart des interprètes modernes et contemporains tendent à le faire, que Λ remplit les conditions d'un traité théologique entendu au premier sens, mais sans proposer aucun éclaircissement ontologique significatif,

1. L. Elders, *Aristotle's Theology : a Commentary of Book Lambda of the Metaphysics*, Assen, Van Gorcum & Comp. N. V. – Dr H. J. Prakke & H. M. G. Prakke, 1972, p. 73 (désormais cité *Aristotle's Theology*).

2. Ch. Horn (éd.), *Aristotle's* Metaphysics *Lambda – New Essays*, Berlin, Walter de Gruyter, 2016, p. 3. Les sept aspects sont : 1. le Premier Moteur est un dieu ; 2. Λ comporte une preuve de son existence et 3. une liste de ses attributs divins ; 4. Aristote y explique sa motricité, 5. sa vie, 6. son activité et 7. la manière dont il ordonne l'univers.

au regard de la science de l'être en tant qu'être [1]. Et inversement, on peut s'attacher à mettre en évidence la continuité qui réside entre la science des substances immobiles en Λ et le projet métaphysique dans son ensemble, tout en faisant de la thématique théologique du livre une composante secondaire de la démarche aristotélicienne [2]. Ces divergences dans l'appréciation théologique du traité suggèrent la double lecture à laquelle le livre Λ a traditionnellement été soumis, au regard, d'une part, de son objet, compris comme relevant quasi exclusivement de la science des substances divines, au regard, d'autre part, du rapport épistémique qui relie pareille enquête au projet métaphysique. Ce sont ces deux critères d'évaluation, autour desquels s'est plus ou moins cristallisée, depuis une vingtaine de siècles, l'interprétation, non pas du seul livre Λ, mais de la *Métaphysique* aristotélicienne dans son ensemble, qu'on souhaite interroger dans les deux principales sections de cette introduction. Mais prenons, pour commencer, un premier aperçu du traité.

Plan du livre Λ

Par contraste avec d'autres livres de la *Métaphysique*, à la progression plus incertaine, le livre Λ présente une structure claire et unifiée, dotée d'un début et d'une fin et proposant dans l'intervalle une progression globalement conforme au programme énoncé à l'entrée du traité. On peut s'en faire une idée par le résumé qui suit [3].

Le chapitre 1 sert d'introduction à l'ensemble. Il en définit l'objectif : la recherche des causes et des principes des substances, en raison de la priorité de la substance sur tous les sens de l'être. Il inscrit cette recherche dans l'histoire de la philosophie, présocratique et platonicienne, qui fait émerger un premier questionnement concernant la nature individuelle ou universelle des substances et de leurs principes. Il assigne enfin à

1. L'atteste, parmi tant d'autres exemples possibles, le commentaire de Ross, qui intitule « Aristotle's Theology » la section qu'il consacre au livre Λ dans l'introduction à son édition de la *Métaphysique* et qui y développe plusieurs arguments en faveur de l'indépendance rédactionnelle et doctrinale du traité (cf. *Aristotle's Metaphysics*, a Revised Text with Introduction and Commentary, Oxford, At the Clarendon Press, 1924, vol. I, p. cxxx – désormais cité *Aristotle's Metaphysics*). Voir *infra*, p. 29 *sq*.

2. Position illustrée, par exemple, par S. Fazzo, dans *Commento al libro* Lambda *della* Metafisica *di Aristotele*, « Elenchos », Napoli, Bibliopolis, 2014 (désormais cité *Commento*), qui réfute que le traité présente un caractère vraiment théologique, entendu au premier sens, mais y voit une étude de philosophie première (p. 41) et souligne la synthèse qu'Aristote y propose de l'ensemble de la *Métaphysique*. On y revient p. 13.

3. On renvoie, pour plus détails, aux résumés précédant le commentaire de chaque chapitre. Voir aussi p. 14, dans cette introduction, sur les structures d'ensemble du traité.

cette recherche un programme, en distinguant trois sortes de substances (sensibles corruptibles, sensibles éternelles, immobiles), dont il s'agira de déterminer les principes et les causes, au moyen d'un partage épistémique, entre science physique et philosophie première, sur lequel Aristote ne se prononce pas explicitement.

Le chapitre 2 marque le début de l'enquête, qui se consacre dans un premier temps, aux deux sortes de substances sensibles (naturelles et célestes). Susceptibles de changement, ces substances se trouvent donc soumises aux trois principes du changement : la forme, la privation et la matière, auxquels Aristote associe la distinction entre la puissance et l'acte. La suite du chapitre se présente comme un approfondissement du principe matériel, dont Aristote souligne la nature potentielle, puis la diversité, en esquissant notamment la différence entre la matière qui est sujet de la génération et la matière « locale » des astres, qui peut uniquement recevoir le mouvement circulaire.

Le chapitre 3 poursuit l'étude des principes des substances sensibles, en se consacrant principalement à la forme et en introduisant un quatrième principe, le moteur, qui contribue à préciser le mode de causalité et le statut de la forme relativement à la substance composée. En particulier, le chapitre affronte la question de la séparation de la forme, soulevée par le rappel de l'impossibilité de son engendrement ou de sa corruption. Le principe de synonymie, c'est-à-dire l'identité formelle qui réside entre une substance sensible et son générateur (« un homme engendre un homme »), permet toutefois de disqualifier l'hypothèse de formes séparées, et, dans cette mesure, la définition platonicienne des substances immobiles comme Formes ou Idées.

Les chapitres 4 et 5 forment une unité qui dresse le bilan des principes dégagés jusqu'à ce point et interroge leur mode d'identité à l'échelle de l'ensemble des sens de l'être. Contre une conception excessive – présocratique et platonicienne – de l'identité, qui reconduit aux mêmes principes élémentaires l'ensemble des êtres, Aristote travaille à dégager des modes d'identité compatibles avec la plurivocité de l'être comme des principes, dont certains sont immanents, d'autres externes. Il commence donc, dans le chapitre 4, par élaborer deux modes distincts d'identité, l'un par analogie valant pour les principes prochains de chaque être, l'autre numérique, dans le cas du Premier Moteur. Dans le chapitre 5, il étend l'identité d'analogie au cas de la puissance et de l'acte et dégage un mode d'identité nouveau, fondé sur la priorité de la substance. Il peut ainsi, en réponse à une question soulevée dès le chapitre 1, s'interroger sur l'universalité des principes, qui peuvent certes être formulés de manière générale, mais constituent des réalités individuelles, soumises à une diversité générique et numérique.

Le chapitre 6 marque un tournant, par lequel Aristote, sans clore l'examen des principes des substances sensibles, fait désormais de la substance immobile le centre de son questionnement. Il entame l'étude de cette troisième sorte de substance, en faisant la preuve de son existence. Cette preuve repose sur l'éternité du mouvement circulaire céleste, qui réclame une substance motrice éternelle, immatérielle et dénuée de puissance. Les conceptions académiciennes de la substance immobile, marquées par l'absence de motricité et la puissance, s'en trouvent disqualifiées. La convergence, ainsi dégagée, entre les notions d'acte et de principe conduit Aristote à défendre l'antériorité de l'acte sur la puissance, dont découlent l'éternité du monde et la permanence du même, auquel est subordonné le cycle perpétuel de la génération et de la corruption, dans le monde sublunaire.

La preuve de l'existence de la substance immobile se referme au chapitre 7, qui argumente en faveur de l'immobilité du moteur premier. L'essentiel du chapitre s'articule ensuite en deux volets principaux. Le premier se consacre à déterminer le mode de causalité motrice d'une substance immobile, qu'Aristote définit comme une causalité finale. Le premier ciel se meut par amour pour une substance désormais décrite comme excellente et suprêmement intelligible. Le principe moteur premier de l'ensemble des substances sensibles, célestes et corruptibles, se trouve ainsi établi et caractérisé en termes de nécessité et de beauté. Le second volet du chapitre interroge le mode de vie de la substance immobile, qu'il définit comme une intellection éternelle du meilleur et de soi, ce qui autorise à attribuer à la substance immobile la vie et la divinité. Le chapitre se referme sur une double conclusion, dont l'une défend, contre Speusippe et les pythagoriciens, la nécessité de fonder le principe sur le bien, dont l'autre fait le bilan des déterminations du Premier Moteur, en soulignant son absence de grandeur, son impassibilité et sa séparation vis-à-vis du sensible.

En Λ 8, l'étude de la substance immobile aborde la question nouvelle du nombre des substances de cette sorte. Contre les hypothèses vagues ou arbitraires des platoniciens, Aristote commence par démontrer l'existence d'un nombre de substances immobiles équivalent à celui des rotations célestes. Afin d'en déterminer un nombre précis, il poursuit en s'aidant du modèle astronomique des sphères concentriques, développé par Eudoxe de Cnide [1]

1. Eudoxe de Cnide (IVe s. av. J.-C.) philosophe, mathématicien et astronome grec, disciple d'Archytas de Tarente et familier de l'Académie. Aristote discute sa théorie du plaisir en *EN* X 1-2.

et Callippe de Cyzique[1], auquel il ajoute l'hypothèse de sphères célestes rétrogrades, permettant de conclure à l'existence de 47 ou 55 substances immobiles subordonnées au Premier Moteur. Le chapitre se referme alors sur un ensemble de remarques théologiques, soulignant à la fois la divinité de ces substances et le caractère ancestral de cette position, en raison du développement cyclique de l'histoire de la pensée.

Le chapitre 9 opère un retour à la question de l'intellection de la substance immobile, qu'Aristote souhaite à présent soustraire à un certain nombre d'apories qui pourraient en ruiner la divinité. L'examen conduit ainsi à préciser la nature et l'objet de sa pensée, définie comme une pure auto-contemplation, comme une intellection de l'intellection (νόησις νοήσεως), garante de l'excellence de la substance qui l'accomplit.

L'étude de la substance immobile se referme au chapitre 10 sur une interrogation concernant le bien de l'univers, défini à la fois comme l'ordre de ses parties et comme son principe, et fournissant à Aristote l'occasion de préciser l'articulation entre la substance immobile et l'ensemble du cosmos. Dans une seconde partie du chapitre, Aristote donne une conclusion au traité, dans une série de remarques dialectiques dénonçant les erreurs des conceptions présocratiques et académiciennes des principes et permettant, par contraste, de souligner les succès de la théorie développée en Λ.

Le livre Λ et la théologie

Théologie, ousiologie ou archéologie ?

À survoler ainsi le contenu du livre Λ, on comprend qu'il ait souvent été décrit comme un traité théologique. Assurément, c'est bien à faire l'étude de substances qu'il tient pour divines qu'Aristote consacre près de la moitié du traité. Et c'est bien en Λ, plus que nulle part ailleurs dans le corpus, qu'il livre les descriptions les plus nombreuses et les plus claires de la nature, de la causalité ou du mode de vie de ces substances que les traités physiques, biologiques ou éthiques se contentent le plus souvent d'esquisser comme une simple ligne de fuite de la philosophie aristotélicienne. Toutefois, le terme de « théologie » ne saurait décrire adéquatement le traité ni dans son intégralité, ni dans son ambition scientifique.

Le livre Λ, en effet, ne se présente jamais explicitement comme une étude de la divinité. En témoigne, à sa manière, le programme énoncé

1. Callippe de Cyzique (IVe s. av. J.-C.), astronome grec qui a notamment amélioré le calcul de la longueur des saisons et réformé le cycle de Méton.

en Λ 1 qui, lorsqu'Aristote y fait état de la rubrique des substances immobiles (1069a33-36), ne mentionne nulle part la question de leur divinité, pas même au titre d'une thématique complémentaire de recherche, mais évoque en revanche, au plan ontologique, la question de la séparation de ces substances et les différentes définitions que les platoniciens en ont données. En témoigne surtout la portion congrue qu'Aristote consacre aux remarques théologiques, qui n'occupent guère plus de quelques lignes du traité [1]. En témoigne enfin la manière, tardive et consensuelle, dont la thématique théologique apparaît pour la première fois dans le livre, au terme de l'étude du mode de vie de la substance immobile en Λ 7 (1072b25-30), soit bien après que l'examen de ce genre de substance n'ait débuté et que les premières descriptions n'en aient été données. À dire vrai, le thème de la divinité fait figure dans ce texte, comme en Λ 8 (1074a38-b14), de remarque conclusive qui, loin de constituer un objectif de recherche, vient seulement enrichir, en bout de course, la description d'une substance, conduite pour d'autres raisons et à la lumière d'autres critères. Seul le chapitre 9, où la divinité maximale de l'intellect sert de critère à l'enquête (1074b15-17), pourrait démentir ce constat, si n'était la continuité dans laquelle cette recherche se place à l'égard de celle de Λ 7 [2] qui a déjà convoqué, en guise de conclusion, certains accents théologiques. Du reste, dans ce chapitre 9, comme en Λ 7 et 8, la conception de la divinité y reste purement endoxale, conforme à la représentation consensuelle que d'autres, Anciens ou philosophes, en ont déjà formulée. Il va de soi que la conception aristotélicienne de la substance immobile, réalité immatérielle et purement intellective, toute entière absorbée dans la contemplation d'elle-même et de son acte de pensée, est très loin de constituer une représentation consensuelle de la divinité. Mais Aristote ne manifeste jamais en Λ la volonté de refonder, sur cette base, le concept de divin, mais seulement son instanciation dans un certain type de substances dont il s'efforce de montrer, en Λ 7 (1072b28-30) et en Λ 8 (1074a38-b14) surtout, qu'il est globalement conforme à l'entente ordinaire de la divinité.

En somme, la divinité des substances immobiles ne saurait suffire à faire de Λ un traité de théologie, alors même que le concept de divinité

1. Essentiellement en Λ 7, 1072b25-30 et Λ 8, 1074a38-b14.

2. Pour une argumentation en faveur de la postériorité, au moins théorique, de Λ 9 par rapport à Λ 7, voir le commentaire du chapitre 9, en particulier p. 328-330, 340. Je me permets également de renvoyer à mon article « L'intellection divine en *Métaphysique* Λ 7 et 9 : les indices d'un approfondissement d'Aristote par lui-même », dans F. Baghdassarian, G. Guyomarc'h (éd.), *Réceptions de la théologie aristotélicienne. D'Aristote à Michel d'Éphèse*, Louvain-la-Neuve, Peeters, 2017, p. 33-58.

n'en constitue ni le socle, ni l'objectif. L'analyse du traité et de la place que les remarques théologiques y occupent confirme plutôt l'interprétation déflationniste de la problématique théologique en Λ, amorcée par R. Bodéüs et E. Berti [1]. La description la plus éclairante de la question en a sans doute été donnée par S. Fazzo [2] qui, en parlant de « théologie par accident », restitue adéquatement la place, nécessaire mais seconde, des considérations théologiques découlant de l'étude des substances immobiles.

Mais ce n'est pas seulement la place des remarques théologiques qui doit conduire à nuancer fortement cette appréciation traditionnelle du livre Λ, mais celle qu'y occupent les substances divines elles-mêmes, à l'échelle de la globalité du traité. Assurément, ces substances en sont l'un des principaux objets d'étude. Cela ne signifie pas que Λ se réduise à n'être rien d'autre qu'un traité des substances immobiles, comme le voudrait une large tradition interprétative remontant au commentarisme antique [3]. L'introduction du livre le révèle assez clairement, puisque c'est une étude plus vaste qu'Aristote y présente, portant sur les principes et les causes de toutes les substances, lesquels ne se ramènent, ni dans un cas ni dans l'autre, à la seule classe des substances immobiles. Le chapitre 10 (1075a25-1076a4) confirme la globalité, non pas seulement programmatique, mais effective, de cette enquête, en dressant le bilan des démonstrations du livre, bilan qui, s'il accorde naturellement une place de choix à la théorie du Premier Moteur et à ses mérites explicatifs, n'omet pas de mentionner ceux d'autres aspects de la conception aristotélicienne des principes et, en particulier, de la matière et de la puissance [4]. Le confirme enfin le plan même du traité qui, on l'a vu plus haut [5], assigne l'étude des substances immobiles aux chapitres 6-10 uniquement.

1. R. Bodéüs, *Aristote et la théologie des vivants immortels*, Paris, Belles Lettres, 1992, p. 42-51 ; E. Berti, « Y a-t-il une théologie d'Aristote ? », dans L. Langlois et Y.-Ch. Zarka, *Les Philosophes et la question de Dieu*, Paris, Presses Universitaires de France, 2006, p. 58. Voir également M. Frede, « Introduction », dans M. Frede, D. Charles (eds.), *Aristotle's* Metaphysics *Lambda*, Oxford, At the Clarendon Press, 2000, p. 37 ; B. Botter, *Dio e divino in Aristotele*, Sankt Augustin, Academia Verlag, 2005, p. 182-201 ; F. Baghdassarian, *La Question du divin chez Aristote. Discours sur les dieux et science du principe*, Louvain-la-Neuve, Peeters, 2016, (désormais cité *La Question du divin*), p. 7-15, 289-294.

2. *Commento*, *op. cit.*, p. 59-61.

3. *Cf.* par exemple Alexandre d'Aphrodise, du moins, selon Averroès, *Grand Commentaire de la* Métaphysique *d'Aristote. Livre Lam-Lambda*, trad. fr. par A. Martin, Paris, Les Belles Lettres, 1984, (désormais cité *Grand Commentaire*), p. 28, 41, 45 ; Thémistius, *Paraphrase de la Métaphysique d'Aristote (livre Lambda)*, trad. fr. par R. Brague, Paris, Vrin, 1999, (désormais cité *Paraphrase*), p. 52.

4. 1075a28-34 ; 1075b13-16.

5. p. 10-11.

À cet égard, on a souvent décrit Λ comme un traité en deux parties, s'ordonnant, dans les chapitres 1 à 5, à l'étude des substances sensibles, puis, dans les cinq derniers chapitres, à celle des substances immobiles. À strictement parler, ce découpage est, sinon faux, du moins grossier. Sans nier l'évidence d'un tournant au début de Λ 6, qu'Aristote souligne d'ailleurs lui-même en rappelant la distinction qui réside entre les substances naturelles et la substance immobile (1071b2-4), mieux vaudrait souligner que le traité comporte quatre étapes :

[1] une introduction générale en Λ 1

[2] l'étude des principes sensibles des substances sensibles en Λ 2-5

[3] celle des substances immobiles à partir de Λ 6 jusqu'à la première partie de Λ 10 (1075a11-25)

[4] une conclusion de l'ensemble du traité dans la seconde partie de Λ 10 (1075a25-1076a4)[1].

Ces nuances ne sont pas anecdotiques. Le partage traditionnel du livre Λ en deux grands ensembles pourrait, sinon menacer l'unité théorique du traité, en tout cas permettre de la reconfigurer au profit de l'étude des substances immobiles, tandis que la première moitié de Λ en serait l'introduction ou la préparation. Telle est l'appréciation traditionnelle de la progression du traité[2], qui justifie de le définir comme une étude des substances immobiles, en dépit de l'apparition tardive de cette question. On ne peut nier, bien entendu, que cette étude progresse grâce à l'appui que lui donne l'examen des substances sensibles ni, réciproquement, que cet examen trouve son complément dans l'étude du Premier Moteur sur laquelle il anticipe à plusieurs reprises[3]. Mais on ne peut nier non plus que, reconsidéré plus finement, le plan du traité atteste que l'étude des substances immobiles ne constitue ni l'objet intégral de Λ, ni son unique objectif.

Qu'est-ce à dire? Certainement pas que les substances immobiles figurent, en Λ, comme un objet d'enquête marginal ou anecdotique. Il est évident, à l'échelle du corpus plus encore, qu'Aristote a notamment

1. Frede (« Introduction », art. cit., p. 5) avait déjà proposé de dépasser la bipartition traditionnelle, en dissociant le chapitre 1 de l'étude des substances sensibles. La constitution de la seconde moitié de Λ 10 comme une partie conclusive à part entière ne fait que prolonger cette direction.

2. *Cf.* par ex. Alexandre, *ap.* Averroès, *Grand Commentaire*, *op. cit.*, p. 67; Averroès, *ibid.*, p. 45-47; Thémistius, *Paraphrase*, *op. cit.*, p. 65; ps.-Alex., *In Metaph.* 668, 2-13; Bonitz, *Commentarius in Aristotelis metaphysicam*, Hildesheim, Zürich, New York, Georg Olms Verlag (désormais cité *Commentarius*), 1849, p. 24; Ross, *Aristotle's Metaphysics*, vol. I, p. CXXXII.

3. Λ 4, 1070b34-35; Λ 5, 1071a35-36.

pour ambition d'y préciser sa conception des substances suprasensibles, que d'autres traités évoquent ou abordent parfois, sans jamais l'examiner en détail. Et, même réduite à trois ou quatre chapitres, l'enquête qu'il y consacre est plus dense et plus fouillée que la synthèse rapide qu'il propose, en Λ 2-3, au sujet des principes physiques des substances sensibles, ce qui suggère une intention claire d'élaborer en Λ une théorie cohérente des substances immobiles. En revanche, cela signifie que l'élaboration de cette théorie, tout en constituant un enjeu local du traité, se subordonne à un objectif scientifique plus vaste qui la requiert, tout comme il requiert, pour des raisons qui ne sont pas uniquement préparatoires, l'étude des chapitres 2-5 : proposer une enquête générale des principes et des causes de l'ensemble des substances. C'est dans ce contexte que l'étude des substances immobiles se justifie doublement et prioritairement : 1. parce qu'elle est l'une des trois sortes de substances qu'il s'agit d'examiner, 2. parce qu'elle est un principe absolument premier de l'ensemble des êtres et des substances. Aussi en vient-elle à constituer le centre de gravité du traité, ce qui ne doit pas occulter l'enjeu épistémique plus global auquel ce recentrement répond [1].

S'il est donc faux de dire de Λ qu'il est un traité de théologie, en ce que les substances divines ou leur divinité même en constitueraient l'objet principal [2], reste à caractériser plus positivement ce qu'il est. On pourrait dire, en un sens, qu'il est un traité d'ousiologie générale, en ce qu'il n'omet aucune sorte de substances de son champ d'investigation [3]. Mieux vaudrait préciser encore l'objet de cet intérêt pour les substances et définir Λ comme un traité d'archéologie [4]. En vérité, Λ est exactement

1. Voir sur ces questions M. Frede, « Introduction », art. cit., p. 6-7.

2. Cela n'exclut pas encore que Λ soit un traité de théologie dans le second sens dégagé plus haut (p. 7), c'est-à-dire comme la réalisation de la philosophie première qui articule la science de l'être en tant qu'être à celle de ses causes divines. Cela signifie, en revanche, que si on considère que Λ réalise cette science théologique, alors cette dernière ne doit pas être définie comme étroitement générique, ne portant que sur les substances immobiles. Tel est, en substance, le second argument de M. Frede, « Introduction », art. cit., p. 8-9, contre l'interprétation traditionnelle des chapitres 1-5 comme de simples préalables. On revient sur cette question du statut métaphysique de Λ, p. 26 *sq.*

3. Voir par ex. Owens, *The Doctrine of Being in the Aristotelian Metaphysics*, Toronto, Pontifical Institute of Medieval Studies, 1951, p. 453 ; H. S. Lang, « The Structure and the Subject of *Metaphysics*, Λ », art. cit., p. 258, 272 ; Frede, « Introduction », art. cit., p. 5 ; G. Aubry, *Dieu sans la puissance.* Dunamis *et* Energeia *chez Aristote et Plotin*, Paris, J. Vrin, 2006, p. 150 (désormais cité *Dieu sans la puissance*).

4. *Cf.* E. Berti, « Y a-t-il une théologie d'Aristote ? », art. cit., p. 60-65 ; S. Fazzo, *Commento, op. cit.*, p. 44 ; S. Menn, *The Aim and the Argument of Aristotle's* Metaphysics, à paraître, IIIβ1, p. 19 (désormais cité *The Aim*).

ce qu'il déclare être dans le chapitre 1 : une enquête générale sur les principes des substances qui, parce qu'elles sont le sens premier de l'être, permettent de redéfinir la connaissance de leurs principes en connaissances des principes premiers de l'ensemble du réel. Quel que soit le statut épistémique de cette enquête, statut qu'Aristote évoque à la fin de Λ 1 (1069a36-b2) dans une alternative complexe et qu'il ne tranche pas clairement[1], l'enjeu est manifestement de produire une connaissance universelle, qui s'étende à l'ensemble des substances et des êtres, à l'ensemble du réel, pour en déterminer les structures, l'ordre et l'intelligibilité. C'est cette thématique du Tout qu'on voit poindre dès le chapitre 1 (1069a19-21) et qui se maintient dans l'ensemble du livre, que ce soit en Λ 4-5, au moment d'étendre l'interrogation à l'ensemble des catégories, en Λ 6-7-8 lorsqu'Aristote subordonne le ciel et la nature au principe immobile désormais dégagé (Λ 7, 1072b13-14), ou bien encore en Λ 10, dans les développements positifs du chapitre, comme dans les critiques adressées aux prédécesseurs. Et c'est l'enjeu du livre que de garantir l'ordre et l'intelligibilité du Tout, au moyen d'une théorie ordonnée des principes, comme le montrent les chapitres 4-5, dont les résultats englobent l'ensemble des principes dégagés dans le traité, ceux qui l'ont déjà été à ce stade, comme ceux qui restent à découvrir.

Pareil projet implique d'élaborer dans un même mouvement une théorie causale de grande ampleur, qui articule les différents niveaux du réel, sensible et immobile[2], d'où l'indissociabilité des enquêtes sur les substances sensibles et sur les substances immobiles, à la fois l'une à l'égard de l'autre et à l'égard de Λ en son entier. Cela implique aussi d'articuler cette théorie causale autour d'une triple exigence à laquelle peut se ramener l'ensemble des développements de Λ : garantir la primauté des principes[3], s'assurer de leur efficace[4], en déterminer des modes d'unité respectueux de l'ordre du monde et de son intelligibilité, comme de la diversité irréductible des êtres[5].

1. Voir le commentaire du passage, p. 97 *sq.* On revient aussi sur cette question, p. 20.

2. Voir en ce sens S. Fazzo, *Commento*, *op. cit.*, p. 105.

3. Grâce à : l'inengendrement de la matière et de la forme (Λ 3), la remontée à un tout premier moteur (Λ 4, 6), l'antériorité de l'acte sur la puissance (Λ 6), l'excellence du Premier Moteur (Λ 7, 10), l'excellence de sa pensée, garante de sa primauté (Λ 7, 9).

4. Grâce à : la théorie du substrat matériel (Λ 2, 10), condition de la causalité des contraires ; la description du non-être comme puissance (Λ 2, 10), qui rend possible le changement ; la théorie de la causalité motrice (Λ 3, 4, 6, 10) et son association à la forme (Λ 3) ; l'actualité (Λ 6) et l'excellence du principe immobile (Λ 7, 10) ; grâce enfin au nombre causalement fondé des substances immobiles (Λ 8).

5. Λ 4-5.

La conception des principes en Λ et des substances immobiles en particulier

Quoiqu'elle comporte des points nouveaux, des précisions inédites, la théorie des principes élaborée en Λ se situe dans le prolongement du corpus physique et métaphysique. C'est particulièrement patent dans le cas des principes physiques établis en Λ 2-3, qui reposent sur une réappropriation des principes du changement dégagés en *Phys*. I, associée aux analyses de *Métaphysique* Z 7-9. La principale singularité de Λ à cet égard vient, non pas tant de la caractérisation de ces principes du changement comme principes des substances comme telles – ce que Λ partage avec *Métaphysique* Z 7-9 et H par exemple – que de l'interrogation qu'Aristote développe dans les chapitres 4-5 et qui conduit à l'élaboration de modes inédits d'identité des principes, reposant sur l'analogie et la priorité de la substance elle-même.

Mais c'est évidemment la théorie de la substance immobile qui frappe par sa nouveauté. Non pas qu'il n'en soit jamais question ailleurs dans le corpus et le livre Λ fait incontestablement écho, de manière parfois très appuyée, aux analyses du traité *Du ciel*, du *De la génération et de la corruption*, *Du mouvement des animaux*, du *De l'âme* III et de la *Physique* VIII surtout. Mais l'étude de la substance immobile en Λ est singulière, en raison du regard proprement métaphysique qu'Aristote y porte sur le Premier Moteur, qu'il ne s'agit pas d'étudier uniquement comme moteur, même transcendant, mais comme un certain type de substance. C'est de cet angle d'étude ousiologique que découlent la densité et la nouveauté des développements de Λ, qui dépassent de très loin la somme des connaissances disponibles sur la substance immobile dans les autres traités. Si l'enquête s'appuie d'emblée et continûment sur les enseignements de la physique, elle les dépasse toutefois incontestablement, afin d'éclairer l'essence de cette substance, le fondement de sa causalité et jusqu'à son mode de vie, ce que la seule considération du mouvement et les seuls concepts physiques ne sauraient décrire. Structurée par deux questions principales, visant, pour l'une, à établir l'existence de la substance immobile (εἰ ἐστι) [1], pour l'autre, à en définir la nature (τί ἐστι) [2], la conception qu'Aristote en élabore condense l'ensemble des lignes conceptuelles censées gouverner la pensée du principe. Tout y répond au souci d'en garantir la principialité, c'est-à-dire la primauté et l'efficace, qu'il s'agisse, pour commencer, de son statut

1. Existence d'au moins une substance immobile, en Λ 6-7, puis existence du nombre requis pour l'explication des mouvements planétaires, en Λ 8.

2. Λ 7 et 9.

de substance, sens premier de l'être, de son éternité et de sa séparation à l'égard du sensible, ou surtout de son identité substantielle à l'acte et au bien, à laquelle participe l'étude de son intellection.

D'une manière générale, l'ensemble de cette théorie des principes, se propose comme la version corrigée des hypothèses adverses. Le ton dialectique[1] est partout présent dans le traité. La recherche des principes et des causes des substances y est d'emblée présentée comme traditionnelle (Λ 1, 1069a25-28) et chacune ou presque des analyses qui suivent s'inscrit, parfois explicitement, parfois par touches plus subtiles, à la fois dans la continuité d'un questionnement qu'Aristote partage avec ses prédécesseurs, et dans la comparaison qu'il établit entre les tentatives de ces derniers et l'aboutissement que sa théorie leur donne. Il en va ainsi de la matière, en Λ 2, que certains présocratiques ont imparfaitement approchée (1069b20-24), de l'association de la forme et du moteur qui permet de se dispenser de la séparation platonicienne des Formes en Λ 3 (1070a26-27), de l'élargissement des notions d'identité et de principe (en Λ 4-5) contre la vision étroite qu'en ont les présocratiques et les platoniciens, ou bien encore de la théorie des contraires, à laquelle tous les philosophes adhèrent, mais dont Aristote montre en Λ 10 qu'il faut la redresser (1075b11-13).

Mais c'est au sujet de la substance immobile que la portée dialectique du traité se fait la plus nette. La conception qu'Aristote en élabore se présente comme la synthèse originale d'une longue tradition philosophique, qui a depuis longtemps formulé l'hypothèse d'un principe moteur premier, séparé et bon, mais dont Aristote estime être le seul à garantir vraiment le statut et la causalité. Le dialogue s'établit alors de manière privilégiée avec certains présocratiques : Empédocle[2] et Anaxagore surtout[3], avec lequel Aristote s'entend à définir le principe comme un intellect séparé[4].

1. Bien mis en valeur par S. Fazzo, *Commento*, *op. cit.*, p. 62 *sq.* et S. Menn, *The Aim*, IIIβ1, p. 12-13.

2. Λ 6, 1072a6-18 ; Λ 10, 1075b1-7.

3. Λ 2, 1069b29-32 ; Λ 6, 1071b27-1072a9 ; Λ 10, 1075b8-11 ; 1075b24-27.

4. On pourrait ajouter les atomistes, cités en Λ 6 (1071b31-1072a7), et les pythagoriciens, nommés en Λ 7 (1072b31) et peut-être visés en Λ 10, 1075b27 *sq.*, au sujet des nombres. Dans les deux cas cependant, la référence n'est pas autonome, mais accompagne toujours une cible platonicienne prioritaire. Ce n'est manifestement pas avec les atomistes ni les pythagoriciens, dont la réflexion repose sur des prémisses trop éloignées des siennes, qu'Aristote souhaite débattre en priorité et la référence peut alors se faire favorable, comme c'est le cas de Leucippe, pris à témoin de l'éternité du mouvement, ou des pythagoriciens, à travers l'usage qui est fait de la table des opposés, en Λ 7 (1072a31 *sq.*). Il n'en va pas de même des théologiens (Λ 6, 1071b26 *sq.* ; Λ 7, 1072a19-21 ; Λ 8, 1074a38-b14 ; Λ 10, 1075b24-27) qui

Dans les deux cas cependant, la référence vise toujours *in fine* à souligner les insuffisances de ces deux prédécesseurs et la correction que la théorie aristotélicienne leur apporte, en montrant qu'un principe vraiment premier et simple ne peut contenir aucune potentialité, en montrant également que la causalité motrice et l'activité intellective du principe ne doivent pas entrer en contradiction avec sa nécessaire excellence.

Mais c'est avec l'Académie que le dialogue s'engage en priorité. Les nombreux développements parallèles entre le livre Λ et les livres M et N de la *Métaphysique*[1], qui proposent l'étude critique des substances immobiles et des principes académiciens, suggèrent que Λ est le lieu où se réalise positivement une théorie que M-N esquissent en négatif. Ce dialogue s'engage pour un double motif : d'une part, parce que, comme les présocratiques, les académiciens souscrivent à la conception d'un principe moteur bon et intellectif, qu'illustrent les figures de l'âme du monde ou du démiurge dans le *Timée* et les *Lois* ; d'autre part, parce qu'ils sont les seuls à avoir élaboré une doctrine des substances immobiles, qu'ils définissent comme des Idées, des Nombres, ou les deux (Λ 1, 1069a33-36). Dans ces conditions, tous les développements relatifs à la substance immobile en Λ, et même au-delà certains développements relatifs à la forme (en Λ 3) et à l'identité des principes (en Λ 4-5), peuvent se lire comme la réponse et la correction qu'Aristote apporte à la conception académicienne des principes en général et de la substance immobile en particulier.

La théorie aristotélicienne de la substance immobile est donc, comme au sujet des présocratiques, l'occasion de redresser la conception platonicienne du principe intellectif moteur. Contrairement à l'hypothèse de l'âme du monde, le Premier Moteur ne connaît en réalité ni le mouvement ni la puissance ; il constitue un intellect séparé de l'âme ; sa causalité motrice repose sur la finalité plutôt que sur l'efficience ou la production, en conformité avec son actualité et son excellence ; sa pensée même se voit redéfinie autour d'un objet conforme à son rang. Mais, cette théorie vise aussi à disqualifier la représentation platonicienne de

proposent un modèle cosmologique, sinon clair, du moins plus aisé à appréhender dans les termes de Λ et qui, de surcroît, représentent une tradition vis-à-vis de laquelle Aristote peut souhaiter se positionner.

1. Par exemple, M 1, 1076a17-21 / Λ 1, 1069a33-36 ; M 3, 1078a31-32 / Λ 7, 1072a27 ; M 8, 1084a12 / Λ 8, 1073a17-22 ; N 1, 1087a29-b6 / Λ 10, 1075a28-34 ; N 1, 1088a22-b4 / Λ 4, 1070a33-b4 ; N 2, 1088b14-28 / Λ 6, 1071b12-22 ; N 2, 1088b35 *sq.* / Λ 10, 1075b14-16 ; N 2, 1089a26-31 / Λ 2, 1069b26-28 ; N 3, 1090b13-20 / Λ 10, 1075b37-1076a4 ; N 4, 1091a29-b20 et N 5, 1092a9-17 / Λ 7, 1072b30-1073a3 et Λ 10, 1075a34-b11 ; N 5, 1092b25 / Λ 10, 1075b27-28.

la substance immobile, à la fois dans sa nature et dans ses prétentions causales. Contre les académiciens, Aristote montre donc en Λ que la substance immobile n'est ni un universel, ni une Idée, ni un Nombre, mais une substance individuelle et excellente, dont la simplicité et l'intelligibilité reposent sur la pure actualité, dont la causalité n'est pas formelle mais motrice, dont le nombre même, et l'ordre qui l'accompagne, peuvent être rationnellement arrêtés sur cette base causale, plutôt que sur des considérations arithmétiques qu'Aristote juge arbitraires.

Plus généralement, on peut voir dans le mouvement global de la théorie aristotélicienne de la substance immobile une critique de fond des conceptions platoniciennes, visant à réarticuler convenablement la pensée des principes et celle des substances immobiles. En définissant ces dernières, non plus comme un principe formel, mais comme un principe moteur, Aristote fait fusionner ce qui, chez les platoniciens, se donnait comme deux théories séparées et désarticulées, celle des substances immobiles d'une part – conçues comme Idées ou Nombres –, celle de l'intellect ou de l'âme motrice de l'autre. Mais surtout, en identifiant la substance immobile à l'acte, Aristote lui accorde une primauté absolue et la soustrait donc à tout principe supérieur, contrairement aux théories académiciennes qui échouent à voir dans ces substances des principes *premiers* et subordonnent donc les Idées ou les Nombres à la contrariété principielle de l'Un et du Multiple. C'est pourquoi la conception platonicienne des contraires constitue elle aussi une cible en Λ, puisqu'elle prétend à tort fournir une définition du niveau le plus élevé et le plus universel des principes suprasensibles [1]. C'est également pourquoi la question posée, dans un contexte platonicien, à l'issue de Λ 1 (1069a36-b2), qui s'interroge sur les points de recoupement entre les principes de la substance immobile et ceux des substances sensibles n'aura pas de réponse dans le traité [2], puisque l'étude consistera précisément à opérer la mutation du questionnement relatif à la substance immobile, en montrant qu'elle ne relève pas seulement de l'ambition scientifique du livre comme *explanandum*, mais comme *explanans* également.

Brève histoire de l'interprétation de la « théologie » d'Aristote

Il va de soi que la manière dont la conception aristotélicienne des principes divins a été lue, jugée ou interprétée, dans le monde antique ou médiéval, dépend tout autant des contingences historiques et des

1. *Cf.* Λ 4, 1070b4-9 ; Λ 6, 1071b16-17 ; Λ 7, 1072a32-34 ; Λ 10, 1075a25-37 ; 1075b20-24 ; 1075b30-34.

2. Voir le commentaire, p. 104-105.

problématiques philosophiques qui ont pesé sur sa réception que de son contenu même. On peut dire cependant, sans simplification excessive, que cette réception, positive ou critique, assimilatrice ou transformatrice, s'est essentiellement focalisée sur deux aspects centraux et les plus innovants de la théorie aristotélicienne, à savoir la causalité seulement finale du Premier Moteur et sa pure auto-contemplation. De ces deux thèses peut découler l'impression d'un retranchement du principe à l'égard d'un monde qu'il ne connaît pas et dans lequel il n'intervient pas directement, ce qui a pu susciter tantôt la perplexité, tantôt le scandale, tantôt encore le désir de combler certains vides laissés par cette théorie, afin de mieux articuler le principe à son principié.

C'est la première option, celle de la perplexité, que peut illustrer Théophraste. Dans son opuscule communément intitulé *Métaphysique*, ce dernier soulève plusieurs apories concernant la théorie de la substance immobile exposée en Λ. Son attention se porte en particulier sur la causalité du Premier Moteur et sur le concept de désir qui en est le fondement en Λ 7. Théophraste s'interroge notamment sur l'articulation entre le désir que le Premier Moteur est censé susciter et le mouvement céleste qui doit en résulter : pourquoi ce premier mouvement devrait-il être physique alors que celui de l'âme est plus noble (5b7-10) ? Pourquoi est-il incessant, alors que le désir naturel déclenche généralement un mouvement limité, qui cesse après l'obtention du bien désiré (5a23-28) ? Comment rendre compte de l'harmonie qui règne dans les déplacements célestes si chacun s'ordonne à un moteur immobile particulier (5a17-21) ? Plus généralement, est-il raisonnable de souscrire à l'immobilité du Premier Moteur et donc à la conception d'un principe à ce point différent de ce sur quoi s'exerce sa causalité (7b9-23) ? Ces critiques ne témoignent pas nécessairement de l'abandon de la théorie du Premier Moteur par Théophraste, au profit de la thèse de l'automotricité du ciel[1]. Elles témoignent, en revanche, de la rupture qui demeure, chez Aristote, entre la conception d'un principe moteur transcendant et l'ordre physique

1. Abandon généralement soutenu par les interprètes (*cf.* W. D. Ross et F. H. Fobes, *Theophrastus. Metaphysics*, with Translation, Commentary, and Introduction, Oxford, Oxford University Press, 1929, p. XXV ; R. W. Sharples, *Theophrastus of Eresus. Sources for his Life, Writings, Thought, and Influence*, vol. 3.1, Leiden, Brill, 1998, p. 87, 229 ; R. Sorabji, « Is Theophrastus a Significant Philosopher ? », dans J. M. van Ophuijsen, M. G. van Raalte (eds.), *Theophrastus : Reappraising the Sources*, New Brunswick, Transactions Publisher, 1998, p. 204-205) et remis en cause par D. Lefebvre par exemple (« Recherches péripatéticiennes sur le moteur immobile : Aristote et Théophraste », dans A. Jaulin et D. Lefebvre (éd.), *La Métaphysique de Théophraste : principes et apories*, Louvain-la-Neuve, Peeters, 2015, p. 37-69).

qu'il fonde, rupture que le concept de désir ne comble que difficilement. Elles constituent aussi la dernière trace d'une lecture de la théorie du Premier Moteur au sein du Lycée, avant qu'il n'abandonne, à l'époque hellénistique toute recherche d'ordre métaphysique. De même, le Lycée post-hellénistique semble n'avoir, dans les premiers siècles, accordé que peu d'intérêt à la question, en dehors de rares tentatives d'adaptation de la conception aristotélicienne du principe divin aux débats contemporains et à l'adversaire stoïcien en particulier, ce dont témoigne, au Iᵉʳ siècle av. J.-C., le traité aprocryphe intitulé *De Mundo*, dans lequel Aristote passe pour avoir développé une cosmologie teintée de stoïcisme et explicitant l'articulation du monde à son principe.

Si le IIᵉ siècle ap. J.-C. marque vraisemblablement, au sein de l'école péripatéticienne, un regain d'intérêt pour l'explication du mouvement céleste et la nature de ses principes, on sait toutefois fort peu de choses de la lecture de *Métaphysique* Λ qui a pu en résulter [1]. C'est chez Alexandre d'Aphrodise, au tournant des IIᵉ et IIIᵉ siècles, qu'on peut trouver une lecture attentive et systématique de la théorie du Premier Moteur, qui, à bien des égards, a jeté les bases d'une interprétation traditionnelle. Intégrée à une construction d'ensemble de la philosophie aristotélicienne, ainsi qu'à une stratégie de réponse à certains débats et critiques soulevés par les écoles philosophiques adverses, stoïcienne et platonicienne, l'œuvre d'Alexandre définit le Premier Moteur comme une forme pure [2], assimilée à l'intellect agent dépeint en *DA* III 5 [3]. Au plan causal, Alexandre assume et systématise la thèse de la causalité finale, qu'il interprète en terme d'imitation ou d'assimilation : le ciel est mû par le désir du Premier Moteur, c'est-à-dire par le désir de s'assimiler à lui, d'imiter, par l'éternité du mouvement circulaire, la perfection et la beauté de la forme pure [4]. Toutefois, contre l'option majoritaire au sein de l'aristotélisme [5], Alexandre étend la providence divine à l'ensemble de la nature, puisque le Premier Moteur est, quoiqu'indirectement, *via* le mouvement céleste, la cause première de l'ordre et de la permanence du

1. Certains peripatéticiens, comme Aspasius et Aristote le Jeune, sont dits avoir composé des commentaires de la *Métaphysique* ; des fragments attestent que d'autres, comme Adraste d'Aphrodise et Sosigène, se sont penchés en détail sur le modèle astronomique développé en Λ 8.

2. *Cf.* par exemple *Quaestio* I 1, 4, 7 ; *Quaestio* I 25, 39, 14 ; *De principiis* (éd. Ch. Genequand), § 53-54, 74. Voir G. Guyomarc'h, *L'Unité de la métaphysique selon Alexandre d'Aphrodise*, Paris, Vrin, 2015, p. 267-285.

3. *Cf.* Alexandre, *De anima* 88, 1-89, 18.

4. *Cf.* par exemple *Quaestio*, I 1, 4, 1-4 ; 17-19 ; 22-26 ; *Quaestio* I 25, 40, 17-23 ; *Quaestio* II 19, 63, 18-21 ; *De principiis*, § 22-23, 76-78 ; *ap.* Simplicius, *in Phys.*, 941, 21-942, 2.

5. *Cf.* par ex. Critolaos, fr. 15 Wehrli.

monde, garante de la succession perpétuelle des générations et, par suite, de l'éternité des espèces[1].

Ce faisant, Alexandre vise à répondre aux critiques formulées, au sein du médioplatonisme, contre l'indifférence dont le Premier Moteur fait preuve à l'égard du monde[2], et aux attaques d'Atticus (IIe s.), en particulier, qui dénonce l'impiété, voire l'athéisme[3], que frise Aristote en faisant du dieu un être qui ne manifeste aucun souci pour le monde, qui n'en prend aucun soin[4] et n'offre ainsi aucun secours à la morale[5] ni aucun motif d'espérance à l'âme humaine[6]. Ce n'est toutefois pas toujours d'un œil aussi défavorable que le médioplatonisme a considéré la doctrine du Premier Moteur. Dans le *Didaskalikos*, Alcinoos (IIe s.) procède au contraire à l'assimilation de cette doctrine, et de son interprétation alexandrinienne, à la théologie médioplatonicienne. Principe immobile et désiré (X 164, 23-26), dépourvu de toute tâche démiurgique, éternellement en acte et menant une contemplation de lui-même (X 164, 29-30), le premier intellect divin assume, chez Alcinoos, plusieurs caractéristiques du Premier Moteur, que l'auteur intègre à la doctrine médioplatonicienne classique qui définit les Idées comme les pensées du dieu, de sorte que c'est en se contemplant, que le premier dieu actualise l'intellect de l'âme du monde (X 164, 26-27) et produit les Formes (X 164, 30-31)[7].

Cette assimilation de la thèse de la νόησις νοήσεως à la théorie des Formes se maintient au sein du néoplatonisme et fonde, par exemple, la description plotinienne de l'Intellect[8]. L'assimilation ne va toutefois pas sans critique, et Plotin (IIIe s.)[9], comme Proclus (Ve s.) après lui[10], dénonce la fausse simplicité que recouvre, chez Aristote, cette pensée de soi, au sein de laquelle l'intellect doit, en réalité, se dédoubler, de sorte que l'intellect divin aristotélicien ne peut prétendre représenter le principe absolument premier et absolument un. Sous l'impulsion de Porphyre, cependant, et de l'entreprise d'harmonisation des philosophies platonicienne et

1. *De principiis*, § 128-130 ; *De providentia* (éd. Thillet), p. 124-125.

2. Voir également Plutarque, *De Defectu Oraculorum* 426D2-5.

3. Atticus, fr. 3, § 13-14 Des Places.

4. Atticus, fr. 3, § 7-10, 14 Des Places.

5. Atticus, fr. 3, § 5 Des Places. Sur ces questions, voir plus généralement A. Michalewski, *La Puissance de l'intelligible. La Théorie plotinienne des Formes au miroir de l'héritage médioplatonicien*, Leuven, Leuven University Press, 2014, p. 86 *sq.*

6. Atticus, fr. 3, § 3-10.

7. Voir, entre autres, A. Michalewski, *La Puissance de l'intelligible*, *op. cit.*, p. 89-92.

8. *Cf.* par ex. Plotin, *Ennéade* V 9 [5], 5-7.

9. Plotin, *Ennéade* V 6 [24], 11-14 ; VI 7 [38], 37, 10-24 ; VI 7 [38], 39, 3-15.

10. *Théologie platonicienne* II 33, 19-22 ; *Éléments de théologie* XX 24-25. Voir plus généralement P. d'Hoine, « Syrianus and Proclus », dans A. Falcon (éd.), *Brill's Companion to the Reception of Aristotle in Antiquity*, Leiden, Brill, 2016, p. 374-393.

aristotélicienne, l'intégration au cadre néoplatonicien de la métaphysique aristotélicienne, en général, et de la théorie du Premier Moteur, en particulier, s'accentue. À cet égard, le principal point d'achoppement réside dans la causalité seulement finale, et non pas également productrice, du Premier Moteur. À l'attitude critique qu'adoptent sur ce point Syrianus (IV-V e s.) [1] ou Proclus [2] succède, chez Ammonius (V-VI e s.) [3] et Simplicius (VI e s.) [4], une approche plus conciliatrice, qui dément l'interprétation alexandrinienne de la causalité du Premier Moteur et prête à ce dernier une causalité à la fois finale et efficiente, proche de celle du démiurge dans le *Timée*.

Ce sont également des éléments néoplatoniciens qu'on retrouve dans un contexte plus éclectique, au sein de la paraphrase du livre Λ par Thémistius (IV e s.), lequel élabore, autour de ces deux mêmes singularités de la conception du Premier Moteur – l'autocontemplation et la causalité finale – une interprétation originale [5], visant à réduire la distance qui semble résider entre le monde et son principe. Aussi Thémistius explique-t-il que ce dernier connaît le monde en se contemplant lui-même, puisqu'il en contiendrait les formes [6], et qu'il exerce une causalité qui, sans être productrice, est plus directe, assimilable à celle de la loi [7].

À la posture critique qu'adopte, à l'égard de la cosmologie et de la théologie aristotéliciennes, le christianisme antique [8], qui ne peut s'accorder avec la thèse de l'éternité du monde, de l'ignorance du dieu ou de l'absence de providence, succède, dans le monde médiéval, chrétien et musulman, une attitude plus positive, cherchant dans la pensée d'Aristote une référence philosophique et rationnelle qui puisse être intégrée aux critères de la théologie révélée. La marque du néoplatonisme continue de s'y faire sentir, et la tendance à combler, sur cette base, les silences de la théorie aristotélicienne également, comme en témoignent ces deux traités composés, au IX e siècle dans le cercle d'Al-Kindi, que sont la *Théologie*

1. Syrianus, *In Metaph.* 10, 32-11, 5; 117, 28-32.

2. Proclus, *In Parm.* III 788, 8-19; *In Tim.* I 266, 28-268, 24.

3. *Ap.* Asclepius, *In Metaph.* 151, 15-27; 450, 18-28. Voir M. Griffin, « Ammonius and the Alexandrian School », dans A. Falcon (éd.), *Brill's Companion to the Reception of Aristotle in Antiquity*, *op. cit.*, p. 394-418.

4. *In Phys.* 7, 17-19; *In DC* 485, 12-22. Voir P. Golitsis, « Simplicius and Philoponus on the Authority of Aristotle », dans A. Falcon (éd.), *Brill's Companion to the Reception of Aristotle in Antiquity*, *op. cit.*, p. 419-430.

5. *Cf.* l'introduction de R. Brague, dans Thémistius, *Paraphrase*, *op. cit.*, p. 37-38.

6. Thémistius, *Paraphrase*, *op. cit.*, p. 93-94, 113-115.

7. Thémistius, *Paraphrase*, *op. cit.*, p. 86, 94.

8. Posture qui est celle, par exemple, de Philopon, dans son traité *De aeternitate mundi contra Aristotelem*.

d'Aristote et le *Livre des causes*, qui prêtent à Aristote une doctrine à la fois plus explicite et tissée de thèses plotiniennes et proclusiennes.

Il est impossible de pousser plus loin, dans le contexte de cette simple introduction, la description de la lecture médiévale de la théologie d'Aristote. On se contentera de mentionner les quatre commentaires de tout ou partie du livre Λ utilisés dans notre propre commentaire, au cours duquel on trouvera plus de détails permettant de préciser la lecture mise en œuvre par leurs auteurs : 1. le commentaire byzantin du pseudo-Alexandre, qu'on identifie généralement à Michel d'Éphèse (XIIe s.), philosophe chrétien et néoplatonicien dont les travaux prennent la suite du commentaire à la *Métaphysique* d'Alexandre d'Aphrodise, dont ne subsistent plus que les sections portant sur les cinq premiers livres (A-Δ) ; dans le monde arabe, 2. le commentaire d'Avicenne (X-XIe s) aux chapitres 6-10 du livre Λ, sur la base notamment de deux versions arabes de la *Métaphysique*, l'une par Ustath et une autre attribuée à Ishaq ibn Hunayn ; 3. le grand commentaire d'Averroès (XIIe s.) qui cite successivement les traductions d'Abū Bišr Mattā et d'Ustath et dispose d'une version arabe du commentaire attribué à Alexandre d'Aphrodise ; 4. enfin dans le monde latin, le commentaire de Thomas d'Aquin (XIIIe s.), qui lit Aristote dans la version latine de la *Métaphysique* réalisée par Guillaume de Moerbeke.

On signalera, pour finir, la permanence des questions soulevées par la réception de la conception aristotélicienne du Premier Moteur, jusque dans les débats interprétatifs contemporains. Non pas, bien sûr, qu'il soit encore question d'orienter la lecture d'Aristote vers des enjeux philosophiques ou religieux jugés prioritaires. Il est toutefois significatif que la causalité du Premier Moteur, l'objet de ses pensées ou la possibilité d'accorder la doctrine à une perspective religieuse demeurent des pôles structurants de l'interpétation[1]. Cette permanence du questionnement témoigne incontestablement des ambiguïtés dont regorgent les textes d'Aristote, de leur caractère très lacunaire également, puisque le livre Λ, quoique le plus développé sur la question de la substance immobile, reste extraordinairement allusif et ne développe jamais le détail du système

1. On comprend, à cet égard, que si l'interprétation de la causalité du Premier Moteur en termes d'imitation est le produit de l'interprétation antique, comme le souligne E. Berti (« Il movimiento del cielo in Alessandro di Afrodisia », dans A. Brancacci (éd.), *La filosofia in età imperiale*, Napoli, Bibliopolis, 2000, p. 225-243), le parti de l'efficience ne l'est pas moins et réclame autant qu'elle, voire plus, une forme de créationnisme. Voir E. Berti, « Ancora sulla causalità del motore immobile », *Methexis* 20, 2007, p. 26-28 (désormais cité « Ancora sulla causalità ») et « The Finality of Aristotle's Unmoved Mover in the *Metaphysics*, Book 12, Chapters 7 and 10 », *Nova et vetera* 10, 2012, p. 876 (désormais cité « The Finality of Aristotle's Unmoved Mover »).

archéologique et cosmologique qu'il met en place. Elle témoigne aussi incontestablement de l'ambiguïté de la philosophie aristotélicienne elle-même qui place au sommet du cosmos un principe qui ne lui ressemble pas tout à fait, dont la nature et l'activité paraissent démentir les lois qui permettent de décrire celles des êtres qui lui sont pourtant soumis, suscitant ainsi, encore et toujours, cette même perplexité qui était déjà celle de Théophraste.

LE LIVRE Λ ET LA *MÉTAPHYSIQUE*

Deux modèles interprétatifs traditionnels : couronnement ou isolement

Transmis aujourd'hui comme le XIIe livre de la *Métaphysique*, le livre Λ soulève évidemment le problème de sa fonction au sein du projet scientifique exposé dans les autres livres. À bien des égards, répondre à cette question implique plus qu'une interprétation de ce seul traité. Aussi les lectures que les interprètes, depuis l'Antiquité, en ont données forment, pour ainsi dire, comme l'éventail des différentes interprétations historiquement attestées de la *Métaphysique* elle-même et de la science ou des sciences qu'Aristote y poursuit. Pour autant, on comprendra que ce soit ici sur le seul livre Λ qu'on se concentre et que ce soit à la lumière de ce seul critère qu'on restitue les principales données du débat.

On pourrait dire que ce débat est traditionnellement polarisé par deux positions extrêmes qui font de Λ, soit l'aboutissement ou le couronnement de la *Métaphysique*, soit un traité isolé au sein de l'œuvre et plus ou moins étranger, sinon au projet métaphysique tout entier, du moins à cette sorte de métaphysique qu'Aristote développe dans les autres parties de l'œuvre. Entre ces deux extrêmes, il y a naturellement une position médiane, qui voit en Λ un élément important, voire indispensable au projet métaphysique, mais qui ne saurait le résumer. Dans tous les cas, chacune de ces positions repose sur une conception à la fois du projet métaphysique aristotélicien et du rôle que Λ peut y jouer, et implique donc un certain jugement sur l'unité, ou du moins la cohérence, non pas seulement de la science métaphysique, mais de l'œuvre *Métaphysique* qui la contient. C'est la position médiane que l'étude de Λ nous semble recommander, et c'est elle dont on tâchera, dans les sections suivantes, de préciser les modalités et les raisons. Pour autant, aucune des deux positions extrêmes n'est dénuée de fondement.

La première tendance, qui remonte à l'antiquité, rejoint l'appréciation théologique du livre Λ dans le second sens énoncé plus haut, c'est-à-dire l'appréciation qui fait de Λ, en raison de son étude des substances immobiles divines, le traité de science théologique auquel correspondrait le projet métaphysique lui-même. Cette lecture repose sur deux éléments. Le premier tient à l'articulation qu'Aristote établit, en Γ 3 et en E 1 [1], entre la science universelle de l'être en tant qu'être, présentée en Γ 1 et réorientée en Γ 2 vers l'étude de la substance, et la philosophie première, qui porte sur les substances premières dégagées de la matière, à laquelle incombe l'étude universelle de l'être en tant qu'être. Le second élément repose sur l'identification, au moins partielle, de ces substances premières aux substances immobiles divines, identification encouragée par *Métaphysique* E 1 (1026a15-22), où Aristote définit la philosophie première ou « théologique » (θεολογική) comme celle qui étudie les êtres premiers, immobiles et séparés, causes des dieux célestes et eux-mêmes divins. De ces indices, paraît donc devoir découler la thèse selon laquelle la science universelle de l'être en tant qu'être trouve son couronnement dans celle de l'être divin et, par suite, sa réalisation dans le livre Λ, vers lequel pointerait l'ensemble de la *Métaphysique*. La théologie deviendrait ainsi une onto-théologie.

Différentes structures permettent, selon les interprètes, de justifier cette reconduction. Pour certains, il s'agit d'une identification franche et directe, d'une réduction de la science métaphysique tout entière à la science théologique, en raison de la possibilité d'identifier l'être en tant qu'être à l'être divin [2], puisque ce dernier serait un être au sens premier et éminent, de sorte que la connaissance de son être serait aussi la connaissance de l'être lui-même et donc de l'être de tous les êtres. Cette lecture, développée dès l'antiquité, dans le cadre du commentarisme néoplatonicien [3], est encore présente parmi les interprètes modernes [4]. Pour

1. *Metaph.* Γ 3, 1005a27-b2 ; E 1, 1026a15-32. C'est aussi ce que pourraient suggérer les remarques, en *Metaph.* Z, qui dépeignent l'enquête ousiologique sur les substances sensibles comme un préalable à l'étude des substances séparées : Z 2, 1028b13-15 ; 1028b27-31 ; Z 3, 1029a33-b12 ; 11, 1037a10-15 ; 17, 1041a7-9.

2. Identification facilitée par la lecture du livre K, sur l'authenticité duquel les commentateurs antiques et médiévaux n'avaient pas de doute (contrairement aux interprètes modernes), et dont l'auteur, dans le chapitre 7, 1064b6-14, reformule l'argument d'E 1, en assimilant plus directement science théologique et science de l'être.

3. *Cf.* Syrianus, par ex. *In Metaph.* 58, 12-15 ; Asclépius, *In Metaph.* 1, 17-20 ; 2, 9-20 ; 3, 25-4, 3 ; 225, 14-226, 25 ; 232, 4-11 ; 364, 17-25. *Cf.* aussi ps.-Alex., *In Metaph.* 447, 22-32 ; 661, 33-39 ; 668, 1-5.

4. Par ex. H. Schwegler, *Die Metaphysik des Aristoteles*, Grundtext, Übersetzung und Commentar, Tübingen, Fues, 1847-1848 ; Frankfurt, Minerva, 1960, IV, p. 35 ; Ph. Merlan, « On the Terms "Metaphysics" and "Being-qua-being" », *The Monist* 52, 1968, p. 174-194.

d'autres, ce serait d'aboutissement plus que de réduction qu'il s'agirait, dans l'idée que l'universalité de la notion d'être en tant qu'être ne saurait être absorbée par l'éminence de l'être divin, mais engloberait l'ensemble des êtres et de ses sens, dans une extension maximale, que les médiévaux désignent du nom de « *ens commune* »[1]. Pour autant, la possibilité de voir culminer la science de l'être dans celle des substances immobiles divines, l'ontologie dans la théologie, et ainsi de préserver l'unité de la métaphysique, comme science et comme œuvre, n'est pas remise en cause et se fonde, dans tous les cas, sur la primauté de la substance immobile divine. C'est elle qui justifie chez Alexandre d'Aphrodise, la reconduction successive de l'ontologie à l'ousiologie, puis de celle-ci à la théologie, en raison d'une réorientation constante de la science métaphysique vers le terme premier[2]. C'est cette primauté de la substance immobile encore qui motive, chez les Médiévaux, le procédé de l'analogie de l'être[3] et, plus généralement, la duplication, encore courante chez les interpètes modernes[4], de l'argument du πρὸς ἓν λεγόμενον – développé en Γ 2 pour unifier les sens et la science de l'être autour de la substance –, au cas des substances elles-mêmes, qui toutes seraient des substances et connaissables comme telles en rapport à la substance divine.

En marge de ces conciliations ontologiques entre la science de l'être et la science théologique, certains interprètes fondent l'unité de la métaphysique sur la valorisation de sa composante archéologique. Puisque la science de l'être en tant qu'être, présentée en Γ 1, se présente comme la reformulation de la sagesse (σοφία) exposée au livre A, comme science des principes premiers et universels, on pourrait alors, sur cette base, argumenter le statut éminent de la science développée en Λ, où

1. *Cf.* par ex. Thomas d'Aquin, *Métaphysique d'Aristote/Commentaire de Thomas d'Aquin*, trad. fr. par G.-Fr. Delaporte, Paris, L'Harmattan, 2012, § 1147.

2. Comme l'a récemment montré G. Guyomarc'h, *L'Unité de la* Métaphysique *selon Alexandre d'Aphrodise*, *op. cit.*, en particulier, p. 167-197, à partir de l'interprétation du commentaire d'Alexandre à Γ (en particulier, *In Metaph.* 245, 25-246, 13; 250, 21-252, 38; 266, 5-18). Pour autant, si l'on en croit Averroès (*Grand Commentaire*, *op. cit.*, p. 27-28), Λ reste, pour Alexandre, le but de la *Métaphysique* et comme son dernier livre.

3. Procédé médiéval classique, développé par Thomas d'Aquin : par ex. § 535. Pour la critique, désormais classique, de cette interprétation, voir P. Aubenque, *Le Problème de l'être chez Aristote*, Paris, P.U.F., 1963, p. 198-206; « Les Origines de la doctrine de l'analogie de l'être. Sur l'histoire d'un contresens », *Les Études philosophiques* 33, 1978, p. 3-12.

4. En dépit des nuances, voir par ex. A. Mansion, « L'Objet de la science philosophique suprême d'après Aristote, *Métaphysique* E 1 », dans *Mélanges de philosophie grecque offerts à Mgr. Diès*, Paris, Vrin, 1956, p. 165-166; G. Patzig, « Theology and Ontology in Aristotle's *Metaphysics* », dans J. Barnes, M. Schofield, R. Sorabji (eds.), *Articles on Aristotle*, vol. 3, London, Duckworth, 1979, p. 33-49; S. Duarte, « Aristotle's Theology and its Relation to the Science of Being qua Being », *Apeiron* 40, 2007, p. 267-318.

Aristote propose enfin l'étude des principes absolument premiers – les substances immobiles divines. C'est une lecture de ce genre que développe Reale [1], pour qui les quatre définitions de la science recherchée dans la *Métaphysique* – sagesse, ontologie, ousiologie, théologie – sont en cohérence, formulant chacune le projet d'une connaissance des principes premiers et universels de tous les êtres. C'est également, en un sens, la direction suivie par S. Menn [2], qui voit dans la *Métaphysique* l'accomplissement de la sagesse, dont l'objet serait la cause motrice et finale première et qui culminerait donc dans la théorie du Premier Moteur, suite à l'élimination, dans les livres Z-H, de fausses pistes liées à la valorisation platonicienne de la forme.

À l'extrême opposé du spectre des interprétations, c'est le parti de l'isolement du livre Λ qu'adopte, pour des raisons variées et parfois même opposées, la majorité des interprètes modernes et contemporains, soit que, depuis Natorp [3], ils estiment insoluble le conflit opposant, chez Aristote, la *metaphysica generalis* à la *metaphysica specialis*, c'est-à-dire deux conceptions de l'objet métaphysique (l'être ou le suprasensible) et, par suite, deux conceptions de l'universalité (horizontale ou par reconduction au premier) [4], soit, au contraire, que, sans désespérer de la possibilité de réconcilier, au sein de la philosophie première [5], science de l'être et science des substances divines, ils jugent toutefois que Λ reste extérieur à ce programme [6]. Dans les deux cas, c'est la manière dont Aristote traite des substances immobiles divines qui est en cause, puisqu'on voit mal quel éclaircissement ontologique la connaissance du Premier Moteur

1. G. Reale, *Il concetto di « filosofia prima » e l'unità della « Metafisica » di Aristotele*, Milano, Vita e pensiero, 1961, Milano, Bompiani, 2008, 7 e édition. ; *Aristotele, la* Metafisica, saggio introduttivo, testo greco con traduzione a fronte e commentario, Napoli, Loffredo, 1968 ; Milano, Vita e pensiero, 1993, vol. 1, p. 64-65 ; 181, 287, 300.

2. S. Menn, « La sagesse comme science des quatre causes », dans M. Bonelli, (éd.), *Physique et Métaphysique chez Aristote*, Paris, Vrin, 2012, p. 39-68 ; *The Aim*, Iα5, p. 1-7.

3. P. Natorp, « Thema und Disposition der aristotelischen Metaphysik », *Philosophische Monatshefte* 24, 1888, p. 37-65 et 570-574.

4. *Cf.*, par ex., Ross, *Aristotle's Metaphysics*, *op. cit*, vol. 1, p. 252-253 ; Jaeger, *Aristote. Fondements pour une histoire de son évolution*, trad. fr. par O. Sedeyn, Paris, L'éclat, 1997, p. 199-222 (désormais cité *Aristote*) ; P. Aubenque, *Le Problème de l'être chez Aristote*, *op. cit.*, p. 305-335 ; 368-410.

5. Quoi qu'ils entendent par là : science générique du divin, science des substances premières incluant les formes autant que les dieux, science métaphysique tout entière.

6. Owens, *The Doctrine of Being in the Aristotelian Metaphysics*, *op. cit.*, p. 91, 300, 453-455 ; Frede, « Introduction », art. cit., p. 2-4, 49-50 ; Bell, *Metaphysics as an Aristotelian Science*, Sankt Augustin, Academia Verlag, 2004, p. 209. *Cf.* également Bonitz, *Commentarius*, *op. cit.*, p. 23-25 ; E. Berti, *Aristote. Métaphysique, Livre Epsilon*, introduction, traduction et commentaire, Paris, Vrin, 2015, p. 130.

pourrait apporter[1], lui dont la causalité est seulement motrice et qui n'est jamais décrit ni comme un principe de substantialité, ni comme un principe d'intelligibilité des êtres en tant qu'ils sont des êtres. Aussi le livre Λ apparaît-il, dans les deux cas, comme un traité isolé, extérieur, sinon à la *Métaphysique* en son entier, du moins au projet métaphysique conduit dans les autres livres de l'œuvre.

Bien des éléments, au sein du livre Λ, paraissent confirmer cet isolement. Au plan scientifique, les interprètes ont pour coutume de noter que Λ ne mentionne jamais le projet d'une science de l'être en tant qu'être[2], ni ne tient apparemment compte des livres dits « centraux » de la *Métaphysique* (en particulier Z-H) qui proposent pourtant, sur les substances sensibles, une analyse ousiologique plus poussée des principes de la substantialité[3]. Selon certains, cette indépendance doctrinale serait confirmée par le tableau épistémique très confus qu'Aristote dessine à l'issue de Λ 1 (1069b36-b2), qui paraît non seulement ignorer la possibilité de bâtir un discours métaphysique sur les substances sensibles (comme on le trouve dans les livres centraux), mais également restreindre la philosophie première à la seule connaissance du genre suprasensible, sans aucune portée universelle[4]. Cet isolement scientifique paraît d'ailleurs se traduire au plan éditorial, puisqu'on ne compte, en Λ, aucun renvoi *explicite* à une autre partie de la *Métaphysique*[5] et que le livre commence

1. *Cf.* par ex. P. Aubenque, *Le Problème de l'être chez Aristote*, *op. cit.*, p. 335-368 ; E. Berti, « La *Métaphysique* d'Aristote », dans E. Berti, *Dialectique, physique et métaphysique*, Louvain-la-Neuve, Éditions Peeters, 2008, p. 371-378 ; « La *Métaphysique* d'Aristote : "onto-théologie" ou "philosophie première" ? », *Revue de philosophie ancienne* 14, 1996, p. 61-85.

2. *Cf.* Jaeger, *Aristote*, *op. cit.*, p. 223-224 ; Ross, *Aristotle's Metaphyiscs*, *op. cit.*, vol. 1, p. XXVII-XXVIII ; M. Frede, « Introduction », art. cit., p. 50 ; I. Bell, *Metaphysics as an Aristotelian Science*, *op. cit.*, p. 209 ; E. Berti, *Aristote. Métaphysique, Livre Epsilon*, *op. cit.*, p. 130.

3. Bonitz, *Commentarius*, *op. cit.*, p. 25 ; Jaeger, *Aristote*, *op. cit.*, p. 223-224 ; Ross, *Aristotle's Metaphysics*, *op. cit.*, vol. 1, p. XXVIII ; Owens, *The Doctrine of Being in the Aristotelian Metaphysics*, *op. cit.*, p. 90 ; M. Frede, « Introduction », art. cit., p. 2-3 et 50 ; D. T. Devereux, « The Relationship between Theophrastus' *Metaphysics* and Aristotle's *Metaphysics* Lambda », dans W. W. Forthenbaugh, R. W. Sharples (eds.), *Theophrastean Studies, on Natural Science, Physics, and Mathematics ; Ethics, Religion, and Rhetoric*, New Brunswick, New Jersey, Rutgers University Studies in Classical Humanities, 1988, p. 180-181.

4. *Cf.* par ex. Jaeger, *Aristote*, *op. cit.*, p. 224 ; I. Bell, *Metaphysics as an Aristotelian Science*, *op. cit.*, p. 210. Sur ce passage, voir le commentaire, p. 97 *sq.*

5. Jaeger, *Aristote*, *op. cit.*, p. 222 ; Ross, *Aristotle's Metaphyiscs*, *op. cit.*, vol. 1, p. XXVII ; Owens, *The Doctrine of Being in the Aristotelian Metaphysics*, *op. cit.*, p. 89. Ce point a été contesté par Menn (« *Aporiai* 13-14 », dans M. Crubellier, A. Laks (eds.), *Aristotle's* Metaphysics *Beta. 16th Symposium aristotelicum*, Oxford, Oxford University Press, 2009, p. 258-259) qui voit une référence à Θ 8 en Λ 6, 1072a4. On y revient p. 42-43 et 224-225.

sans particule de liaison, ce qui a pu être interprété comme le signe d'une indépendance rédactionnelle. C'est d'ailleurs ce que confirmerait le catalogue de Ménage, où il est pour la première fois fait mention de la *Métaphysique* d'Aristote (n°111), mais d'une *Métaphysique* en dix livres seulement, dont seraient exclus les livres α, Δ, K et Λ[1]. De ces différents indices découle alors aisément l'idée que le livre Λ a été composé indépendamment des autres parties de la *Métaphysique*, en vue de former un traité à part entière.

Le développement des études génétiques, au XXe siècle a tout naturellement encouragé à inscrire ces éléments d'analyse au sein d'une hypothèse de datation qui permette de justifier l'apparente discontinuité entre le livre Λ et les autres livres de la *Métaphysique* (les livres M-N mis à part). Et puisque Λ n'exploite guère les résultats de la recherche métaphysique, c'est donc une date précoce qui pourrait paraître la mieux indiquée[2]. Jaeger, le premier, a suggéré de voir en Λ un traité ancien, rédigé lors du séjour d'Aristote à Assos, immédiatement après la mort de Platon en 348/7[3]. Conformément à son hypothèse génétique, qui fait de la philosophie aristotélicienne une émancipation progressive du platonisme, il estime que Λ témoigne d'une époque où Aristote souscrivait encore à une conception platonicienne de la métaphysique, centrée sur les substances suprasensibles[4], avant qu'il n'élabore le projet d'une science de l'être

1. Analyse formulée W. Jaeger, *Studien zur Entstehungsgeschichte der* Metaphysik *des Aristoteles*, Berlin, Weidmann, 1912, p. 177 *sq.* À l'appui de cette exclusion, M. Burnyeat remarque que si la *Métaphysique* avait toujours inclus le livre Λ, elle se serait appelée « philosophie première ». Cf. *A Map of* Metaphysics *Zeta*, Pittsburgh, Mathesis Publications, 2001, p. 141 (désormais cité *A Map*). À l'inverse, le catalogue de Ptolémée, postérieur aux travaux d'Andronicus de Rhodes, fait état d'une *Métaphysique* en 13 livres (n°54), comptant sans doute deux fois le livre alpha (*meizon* et *elatton*). Sur la fortune hellénistique des œuvres d'Aristote et la nature des travaux d'Andronicos, voir J. Barnes, « Roman Aristotle », dans J. Barnes, M. Griffin (eds.), *Philosophia Togata. Plato and Aristotle at Rome*, Oxford, Clarendon Press, 1997, p. 1-69; O. Primavesi, « Ein Blick in der Stollen von Skepsis : vier Kapitel zur frühen Uberlieferung des *Corpus Aristotelicum* » *Philologus* 151, 2007, p. 51-77; M. Hatzimichali, « The text of Plato and Aristotle in the First Century BC », dans M. Schofield (éd.), *Aristotle, Plato and Pythagoreanism in the First Century BC. New Directions for Philosophy*, Cambridge, Cambridge University Press, 2013, p. 17-27; « Andronicus of Rhodes and the Construction of the Aristotelian *Corpus* », dans A. Falcon (éd.), *Brill's Companion to the Reception of Aristotle in Antiquity*, *op. cit.*, p. 81-100.

2. Pour autant, l'hypothèse d'une date très tardive, comme celle de M. Burnyeat (*A Map*, p. 148 *sq.*) qui situe la rédaction du traité à la toute fin de la vie d'Aristote, peut reposer sur le même principe et viser à remplir le même objectif. On revient sur ces questions, p. 42 *sq.*

3. À l'exception du chapitre 8. *Cf.* Jaeger, *Aristote*, *op. cit.*, p. 353-355. Voir, dans ce commentaire, *infra*, p. 286; 303-305.

4. Jaeger, *Aristote*, *op. cit.*, p. 199-233.

en tant qu'être, puis qu'il ne tente d'harmoniser ces deux métaphysiques en *Métaphysique* E 1 [1]. En dépit de certaines nuances, cette hypothèse de datation est la plus communément acceptée par les interprètes [2], qui s'accordent donc à voir en Λ le vestige d'un degré d'élaboration primitif et platonisant de la *Métaphysique*.

Le livre Λ, un accomplissement métaphysique

Comme annoncé plus haut, l'étude du livre Λ ne nous paraît valider aucune de ces deux interprétations extrêmes, mais une position médiane bien plutôt, qui fait de Λ un traité assurément métaphysique, assurément en continuité avec les autres livres de la *Métaphysique*, mais qui ne saurait absorber l'ensemble du projet scientifique auquel il contribue. Dès lors, en effet, qu'on accepte que la métaphysique puisse articuler en son sein, sans éclatement ni incohérence, plusieurs programmes complémentaires de recherche, dès lors qu'on considère Λ pour ce qu'il fait, sans attente préconçue sur le traitement tant espéré des substances immobiles, sans exigences exorbitantes sur ce qu'Aristote devrait y faire ou y dire s'il s'agissait bien là d'un morceau de la science l'être en tant qu'être, il faut alors conclure (du moins c'est l'hypothèse qu'on entend soutenir) que Λ constitue un accomplissement métaphysique de premier plan, mais *un* accomplissement métaphysique parmi d'autres. Il s'agira, dans les pages qui suivent, de préciser les raisons et les modalités de cette hypothèse, c'est-à-dire de préciser la nature et les dimensions de la contribution du livre Λ à la science métaphysique.

a. *Λ et les apories archéologiques de* Métaphysique *B*

On pourrait commencer de préciser cette contribution, en s'avisant de la parenté étroite, déjà notée par Brandis, mais longtemps négligée par les

1. Jaeger, *Aristote*, *op. cit.*, p. 168; 213-221.

2. *Cf.* par ex. W. Theiler, « Die Entstehung der Metaphysik des Aristoteles », *Museum Helveticum* 15, 1958, p. 97-99; I. Düring, *Aristoteles*, *Darstellung und Interpretation seines Denkens*, Heidelberg, C. Winter, 1966, p. 50, 189-194 (désormais cité *Aristoteles*); H. J. Krämer, *Der Ursprung der Geistmetaphysik*, Amsterdam, B. R. Grüner, 1967; p. 128-132; D. T. Devereux, « The Relationship between Theophrastus' *Metaphysics* and Aristotle's *Metaphysics* Lambda », art. cit., p. 180-181; M. Frede, « Introduction », art. cit., p. 50; E. Berti, « Le livre Λ de la *Métaphysique* d'Aristote entre physique et métaphysique », dans *Dialectique, physique et métaphysique*, *op. cit.*, p. 415-421 (désormais cité « Le livre Λ de la *Métaphysique* d'Aristote »); « The Program of *Metaphysics* Lambda (Chapter 1) », dans Ch. Horn (éd.), *Aristotle's* Metaphysics *Lambda – New Essays*, *op. cit.* p. 68, 83-84.

interprètes[1], entre le livre Λ et les apories du livre B[2]. Parmi les quatorze apories énoncées en B, neuf au moins sont à l'arrière-plan de Λ. Certaines y trouvent simplement un écho, d'autres, une réponse détournée, dans la mesure où Λ, sans les viser directement, répond à une question dont elles participent, d'autres enfin y trouvent une réponse franche et directe, suggérant que Λ s'ordonne à leur traitement. À la première classe appartient la 3 e aporie (*Metaph.* B 1, 995b10-13), qui demande si c'est une science ou plusieurs qui traitent de toutes les substances, ce qu'Aristote évoque, à la fin de Λ 1 (1069a36-b2), en esquissant un partage entre les développements physiques et ceux de philosophie première auxquels le livre Λ devra procéder. C'est aussi le cas de la 6 e et de la 12 e apories[3], qui s'interrogent, pour l'une, sur la nature élémentaire ou générique des principes, pour l'autre, sur leur individualité ou leur universalité, et dont Aristote donne une formulation dialectique en Λ 1 (1069a26-30), en opposant les présocratiques aux platoniciens. Mais à vrai dire, c'est bien plus qu'un écho que ces deux apories trouvent en Λ, mais une réponse claire, quoique détournée, dans la mesure où la question, plus vaste, des chapitres 4 et 5, concernant l'identité ou la différence des principes de l'ensemble des êtres, conduit à statuer sur ces deux problèmes[4]. Il en va de même de la 9 e aporie, sur l'unité numérique ou spécifique des principes, qui, là encore, est partie prenante du problème de Λ 4-5[5]. Quant à la première aporie, si le livre Λ ne répond pas à la question de savoir si c'est d'une science ou de plusieurs que relève la connaissance des causes (*Metaph.* B 1, 995b4-6), il apporte, en revanche, un éclaircissement à l'une des difficultés subsidiaires qu'elle soulève[6], en montrant, en Λ 7 (1072b1-3), grâce au rappel de la distinction entre deux sens de la finalité, que l'étude des êtres immobiles peut se conjuguer avec celle de la cause finale[7]. Enfin, au nombre des difficultés du livre B que Λ vise directement

1. Au sujet de Λ 4 : Ch. A. Brandis, « Über dir Aristotelische *Metaphysik* (Erste Hälfte) », *Abhandlungen der Königliche Akademie der Wissenschaften*, Historische-Philologische Klasse, Berlin, 1834, p. 80. Bonitz (*Commentarius*, *op. cit.*, p. 24-25) mentionne l'observation de Brandis, mais pour la rejeter aussitôt, parce qu'il ne voit pas à quelle aporie en particulier Λ 4 répond. Voir aussi Ross, *Aristotle's Metaphysics*, *op. cit.*, vol. 1, p. 223.

2. Voir S. Menn, *The Aim*, IIIβ1, p. 8-9, qui relève méthodiquement les parallèles entre les deux livres.

3. 6 e aporie : *Metaph.* B 1, 995b27-29 ; B 3, 998a21-b14 ; 12 e aporie : *Metaph.* B 1, 996a9-10 ; B 6, 1003a6-17.

4. Voir, pour la 6 e aporie, p. 163 ; pour la 12 e, p. 159, 189.

5. *Metaph.* B 1, 996a1 ; B 4, 999b24-1000a4. Voir p. 160.

6. B 2, 996a21-b1.

7. Voir p. 247, 251-253.

à lever, on peut compter la 8 e aporie [1], qui porte sur l'existence séparée de la forme et à laquelle tout le chapitre 3 offre un traitement [2]. C'est encore plus manifeste dans le cas de la 4 e aporie, puisque Λ 6-7 consistent précisément à montrer l'existence d'une substance suprasensible. Quant aux 10 e et 13 e apories [3], elles sont explicitement évoquées par Aristote, respectivement en Λ 10 (1075b13-14) et en Λ 6 (1071b22-23), et trouvent une solution, pour la première, en Λ 2 (1069b25-26), grâce au partage entre la matière sujet de la génération et la matière locale – partage qui explique donc que certains êtres soient corruptibles, d'autres non –, pour la seconde, en Λ 6 (1071b22 *sq.*), *via* la démonstration de l'antériorité de l'acte, qui tranche donc la question de savoir si les principes sont en acte ou en puissance [4].

Cette liste de parallèles n'est pas rhapsodique. Elle rassemble en fait la quasi-totalité des apories du livre B, qui portent sur la question des principes – leur nature, leur intelligibilité, leur degré d'universalité. Cela, bien sûr, peut sembler naturel de la part d'un traité consacré aux principes et aux causes des substances. Le nombre même de ces parallèles suggère toutefois bien autre chose qu'une suite de recoupements ponctuels ou fortuits. Il montre en fait, s'il en était besoin, la pleine appartenance du livre Λ au projet métaphysique dont ces apories relèvent, quel que soit par ailleurs le statut du livre B. Il montre surtout à quel titre le livre Λ lui appartient, c'est-à-dire comme le lieu où Aristote élabore une théorie complète des principes et qui apporte une réponse, peut-être partielle mais qui n'en est pas moins massive, aux problématiques archéologiques de la science métaphysique.

b. *Λ, volet archéologique de la science métaphysique*

À dire vrai, l'introduction du traité ne dit pas autre chose, et l'exprime même plus clairement. Le chapitre 1, on l'a dit, présente une recherche qui porte sur les principes et les causes des substances (1069a18-19). Au fondement de ce programme, il y a la priorité de la substance sur tous les sens de l'être (1069a19-26), puisqu'elle seule existe séparément, tandis que tous les autres sens de l'être, quantités ou qualités, sont en vertu de

1. B 1, 995b31-996a1 ; B 4, 999a24-b24.

2. *Metaph.* Z 7-9, bien sûr, affronte également cette aporie, mais cela n'exclut pas que Λ 3 s'y ordonne et peut-être même plus directement. Voir p. 147, n. 2.

3. 10 e aporie : B 1, 996a2-4 et B 4, 1000a5-1001a3 ; 13 e aporie : B 1, 996a9-11 et B 6, 1002b33-1003a3.

4. *Metaph.* Θ 8, bien sûr, démontre plus massivement cette antériorité, mais sans se référer à l'aporie en question.

leur rapport à la substance, dont ils sont les attributs. On reconnaît ici sans mal, quoique dans des termes plus rapides et moins techniques, la priorité chronologique ou ontologique de la substance, énoncée en Z 1, 1028a10-31. Toutefois, les interprètes hésitent parfois à pousser plus loin le parallèle et à accorder à ce rappel de la priorité de la substance la valeur logique qu'Aristote lui donne dans la suite de Z 1 (1028a32-b2) ou dans l'argument du πρὸς ἓν λεγόμενον en Γ 2 (1003b4-17). La priorité serait ici ontologique – elle rendrait compte de ce que les attributs de la substance sont des êtres – ; elle ne serait pas également logique, en justifiant que l'étude de la substance soit aussi une étude des autres sens de l'être[1]. Tel est pourtant bien le sens de tout cet argument, par lequel Aristote vise à justifier que ce soit des substances, plutôt que d'autre chose, qu'il recherche les principes et les causes, parce que la substance est l'être au sens premier, de sorte que la connaissance de ses principes est aussi une connaissance des principes de tous les êtres.

Cela indique que Λ s'ordonne, *via* la substance, à la recherche des principes premiers et universels ou, pour le dire autrement, des principes et des causes des êtres en tant qu'ils sont des êtres. Par là s'établit manifestement une continuité entre le programme de Λ et celui qu'Aristote définit progressivement dans les livres A et Γ[2]. Par ce rappel de la priorité de la substance, l'objet de Λ répond manifestement à celui de la sagesse, définie comme la science universelle des principes premiers et des causes premières (en A 1-2), et redéfinie successivement comme la science de l'être en tant qu'être et de ses principes (Γ 1), puis, à la faveur de l'argument du πρὸς ἓν λεγόμενον, comme la science de la substance et de ses principes (Γ 2). Le livre Λ, certes, ne mentionne jamais la science de l'être en tant qu'être, comme les partisans de l'isolement du traité le soulignent; il n'en oublie manifestement pas le projet, puisque la recherche qu'il annonce ne saurait se comprendre indépendamment de l'unification de la science de l'être par celle de la substance. Mieux : Λ apparaît comme l'un des lieux où cette science trouve à se réaliser, puisqu'il propose un examen systématique des principes de la substance

1. En ce sens, *cf.* par ex. E. Berti, « Le livre Λ de la Métaphysique d'Aristote », art. cit., p. 413-414; D. T. Devereux, « The Relationship between Theophrastus' *Metaphysics* and Aristotle's *Metaphysics* Lambda », art. cit., p. 179. Sur cette question, voir *infra*, p. 88.

2. Continuité relevée par H. S. Lang, « The Structure and the Subject of *Metaphysics*, Λ », *Phronesis* 38, 1993, p. 262; L. P. Gerson, *Aristotle and Other Platonists*, Ithaca, London, Cornell University Press, 2005, p. 189; S. Menn, *The Aim*, IIIβ1, p. 18. Le parallèle est déjà souligné par Thomas d'Aquin, § 2416.

et, dans cette mesure, accomplit le volet archéologique qu'Aristote articule toujours à la science métaphysique [1].

Cela ne signifie pas que Λ épuise l'objet de la science métaphysique, ni donc qu'il en soit la seule réalisation. De la science de l'être en tant qu'être relèvent encore et nécessairement d'autres programmes de recherche, qui tiennent à l'élucidation de son objet : les propriétés de l'être [2] et de l'un [3], l'être entendu comme acte et comme puissance [4], la substance elle-même et son essence [5]. Cela ne signifie pas non plus que la science archéologique de Λ épuise l'étude des principes de l'être en tant qu'être, qui inclut encore l'étude des axiomes [6] et qui peut confier l'étude des principes de la substance – et de la forme en particulier – à d'autres livres encore [7]. Cela signifie, en revanche, que l'objet même du livre Λ, plutôt que d'impliquer une conception alternative de la métaphysique, se situe dans la continuité directe de la science recherchée en A-Γ, laquelle ne saurait atteindre son achèvement sans l'enquête archéologique qu'Aristote mène dans ce livre.

En conséquence, on remarquera que Λ offre pleine satisfaction aux exigences définitionnelles de la sagesse [8]. Sans doute y a-t-il, dans la *Métaphysique*, bien d'autres développements qui en précisent le contenu. Le livre Λ apporte toutefois et très manifestement une contribution de premier plan, en élaborant une théorie des principes qui prolonge chacune des descriptions de la σοφία, en *Métaphysique* A 2. En un sens, c'est dans l'ensemble de cette théorie que se loge la sagesse, puisque c'est l'ensemble de cette théorie qui détermine les principes premiers des substances et des êtres : Λ 3 (1069b35-1070a4) [9] ou Λ 4-5, par exemple, suffisent à attester que la forme ou la matière prochaine des substances constituent bien, à leur manière, des principes premiers et universels. Mais c'est évidemment dans la remontée aux substances immobiles que Λ correspond le mieux aux attentes de la σοφία, puisqu'il met alors au jour le principe absolument

1. La sagesse est science des principes premiers et des causes premières; la science de l'être en tant qu'être est toujours aussi la science de ses principes (Γ 1, 1003a31-32; E 1, 1025b3-4), la science de la substance est toujours aussi la science des principes et des causes des substances (1003b15-19; H 1, 1042a4-5).

2. Γ 1, 1003a21-22.

3. Γ 2, 1004b1 *sq.*; livre I.

4. Livre Θ

5. Z 1, 1028b6-7, 2, 1028b31-32; livres Z-H.

6. Γ 3 *sq.*

7. Livres Z-H.

8. Ce qui est déjà souligné par M. Burnyeat, *A Map*, *op. cit.*, p. 132 et S. Menn, *The Aim*, IIIβ1, p. 10.

9. Voir p. 132.

premier et universel [1], suprasensible [2] et suprêmement intelligible [3], cause finale du ciel et de l'univers [4], de nature divine et auto-intellective, justifiant ainsi que la sagesse soit à la fois la science qui porte sur le dieu et que le dieu possède [5]. Au reste, un passage de Λ 10 (1075b20-24), où Aristote désigne du nom de σοφία la connaissance du Premier Moteur, confirme que la théorie de la substance immobile en Λ s'identifie, au moins partiellement, à la sagesse.

c. *L'étude des substances immobiles en Λ et la science de l'être en tant qu'être*

S'il y a donc bien continuité entre le projet du livre Λ et celui de la science métaphysique elle-même, peut-on alors, sur cette base, reconsidérer l'articulation qu'Aristote établit – et à laquelle la lecture de la *Métaphysique* tout entière a traditionnellement été liée –, entre la connaissance des substances divines et celle de l'être en tant qu'être? Comme le note S. Menn [6], si on espère trouver, en Λ, un éclaircissement ontologique d'envergure, qui décrive en des termes clairs le statut ontologiquement premier des substances immobiles et fonde ainsi la connaissance des êtres en tant qu'ils sont des êtres, on risque fort de conclure que Λ ne tient pas ses promesses ou, du moins – puisque Λ lui-même ne promet rien de tel –, qu'il ne remplit pas les promesses qu'Aristote semble formuler ailleurs, lorsqu'il esquisse, comme horizon dernier de sa recherche sur l'être ou la substance, l'étude des substances suprasensibles [7]. Mais quelles sont, au juste, ces promesses?

On trouve, en *Métaphysique* Z [8], quelques allusions à l'étude des substances suprasensibles, à laquelle Aristote dit vouloir se consacrer et que l'examen des substances sensibles est censé préparer. Dans ces passages cependant, il est fort probable que les substances suprasensibles ne désignent pas tant les substances immobiles de Λ que celles dont les platoniciens admettent l'existence, c'est-à-dire les Formes et les réalités mathématiques, dont il est explicitement question dans chacun,

1. *Metaph.* A 2, 982a8-10; 982a25-28.
2. 982a10-12.
3. 982a14-16; 982a30-b4.
4. 982a16-19; 982b4-7.
5. 983a4-11.
6. S. Menn, *The Aim*, IIIβ1, p. 10-11.
7. Conclusion formulée par M. Frede, « Introduction », art. cit., p. 49-50 et citée par S. Menn comme représentative de la lecture ontologique traditionnelle de Λ.
8. Z 2, 1028b13-15 et 27-31; 3, 1029a33-b12; 11, 1037a10-16; 17, 1041a7-9.

ou presque, de ces passages[1]. Aussi la promesse que fait Aristote, de procéder à l'examen des substances séparées, et auquel l'étude des substances sensibles est censée contribuer, a-t-elle plus de chances de viser l'évaluation de la théorie académicienne des Formes ou des Nombres, qui prétendent constituer les principes de substantialité des substances sensibles, que les moteurs immobiles de Λ. Dans cette mesure, l'étude de Λ n'est certainement pas étrangère à cet objectif ousiologique, qui décrit l'examen des substances suprasensibles comme l'horizon de celui des substances sensibles, mais non pas en ce que les substances immobiles de Λ auraient pour tâche d'éclairer l'être des substances sensibles, mais plutôt en ce qu'elles en sont dispensées, puisqu'elles achèvent de substituer à la conception platonicienne des substances immobiles comme Idées ou Nombres, une tout autre théorie où la substance immobile ne joue plus aucune causalité formelle. En d'autres termes, si l'étude de la substance immobile en Λ se situe bien, en un sens, dans le prolongement de la recherche ousiologique de Z, ce n'est pas parce qu'elle donnerait sens à l'être des substances sensibles, mais parce qu'elle accompagne la critique de la conception platonicienne de la substance immobile, qui libère ainsi la possibilité de concevoir la substance séparée autrement que comme une forme, ce à quoi Λ donne sa pleine expression.

En dehors de ces allusions du livre Z, c'est évidemment en E 1 qu'on trouve l'articulation la plus nette et la plus exigeante entre la science « théologique » des substances immobiles et celle de l'être en tant qu'être. Mais que vaut exactement cette articulation ? Sur cette question extrêmement disputée, on peut observer que l'une des premières caractérisations de l'objet de cette science « théologique » tient à son statut causal[2] : ce sont des causes que cette science étudie et, en l'occurrence, celles des dieux célestes. C'est ce statut causal qui justifie tout à la fois l'éternité, l'immobilité, la séparation et la divinité des substances étudiées. Ainsi, la description de cette science rejoint pleinement le caractère archéologique du livre Λ. Quelle que soit la possibilité – qu'on ne discute pas ici – d'inclure, parmi les objets de cette philosophie première, d'autres substances immobiles que les substances divines étudiées en Λ, rien n'interdit de croire que c'est en tant que ces

1. En Z 2, la question de l'existence et de la nature des substances suprasensibles encadre une longue doxographie platonicienne (1028b16-28); en Z 11, Aristote cite le nombre en exemple de l'hypothèse d'une substance séparée des sensibles (1037a12); en Z 3 et 17, c'est dans le cadre d'une discussion de la forme que la question des substances suprasensibles est évoquée. Voir, sur Z 3, S. Menn, *The Aim*, IIα3, p. 20.

2. *Metaph.* E 1, 1026a16-17.

dernières sont des principes et des causes que la science qui les étudie peut prendre en charge l'étude de l'être en tant qu'être. La connaissance des êtres divins n'éclairerait donc pas l'être des réalités sensibles au plan ontologique, mais au plan archéologique, en ce qu'elle procéderait à l'examen des principes premiers de tous les êtres, auxquels tous les êtres donc se soumettent, non en tant qu'ils relèvent d'un genre ou d'un autre, mais en tant qu'ils sont des êtres [1]. Cela ne signifie pas que l'intégralité du livre Λ ne soit rien d'autre que cette science dont Aristote dessine l'espace épistémique en E 1 ; cela n'implique même pas que Λ ait été précisément écrit pour la contenir, à titre de partie au moins. Cela signifie simplement que l'étude des substances immobiles à laquelle il procède peut fort bien être lue comme tenant les promesses, somme toute modestes, qu'Aristote a formulées concernant la contribution de cette étude au projet métaphysique.

Et de fait, par son statut même de principe et de cause, le Premier Moteur de Λ contribue à la connaissance des êtres, envisagés non pas seulement comme mobiles, mais comme substances. Car sa causalité motrice n'a pas que des effets physiques, mais fonde ultimement la génération dont les substances tirent leur essence et leur intelligibilité [2], la permanence des formes [3] et jusqu'à l'unité substantielle des êtres [4]. Téléologiquement fondée, en raison de la pure actualité et de l'excellence de cette substance, cette causalité fait aussi du Premier Moteur le principe du bien et de l'ordre de l'univers, qui rend ultimement compte de l'orientation de chaque être vers son acte propre et essentiel [5]. Le Premier Moteur n'est pas une cause formelle ni productrice, il ne donne pas l'être aux substances qui lui sont subordonnées, mais il suscite en elles le mouvement. En tant que principe premier cependant, il est au cœur du processus causal dont elles dépendent en tant qu'êtres.

1. C'est, en un sens, la lecture soutenue par E. Berti, *Aristote. Métaphysique, Livre Epsilon*, *op. cit.*, p. 102-103 ; 109-110 ; 126 : la science théologique de E 1 n'a pas les substances immobiles divines pour objet comme *explanandum* – c'est l'être en tant qu'être –, mais comme *explanans*.

2. A. Kosman, *The Activity of Being. An Essay on Aristotle's Ontology*, Cambridge Ma., Harvard University Press, 2013, p. 187-188 (désormais cité *The Activity of Being*).

3. Voir par exemple I. Bell, *Metaphysics as an Aristotelian Science*, *op. cit.*, p. 213-216 ; M. L. Gill, « First Philosophy in Aristotle », dans M. L. Gill, P. Pellegrin (eds.), *A Companion to Ancient Philosophy*, Malden M. A., Blackwell Publishing, 2006, p. 368.

4. *Cf.* Λ 10, 1075b34-37.

5. Cf. *infra* le commentaire à Λ 10, 1075a11-25. Voir l'analyse de G. Aubry, *Dieu sans la puissance*, *op. cit.*, p. 189-200.

d. *Λ et les livres centraux de la* Métaphysique

C'est sans doute au regard des livres centraux (ZHΘ) qu'on peut avoir le plus de mal à se convaincre de la continuité scientifique résidant entre le livre Λ et le reste de la *Métaphysique*. Les premiers chapitres de Λ présentent bien un objet d'étude semblable [1] à celui des livres Z et H – les principes et les causes des substances sensibles [2] –, mais on n'y trouve pas l'analyse ousiologique mise en œuvre dans ces livres : la recherche de l'essence de la substance, l'étude de la forme comme substance première et principe de substantialité, l'intérêt pour la définition. En comparaison, le traitement de Λ paraît proposer une version, au mieux, plus fruste, au pire concurrente, et relever, dans tous les cas, d'une conception alternative de l'enquête ousiologique.

Bien des raisons, cependant, encouragent à modérer ce jugement. Certains interprètes [3] notent, en effet, que le projet du livre Λ, et des chapitres 2-5 en particulier, ne consiste pas à déterminer l'essence de la substance sensible envisagée pour elle-même, mais à en rechercher les principes et les causes, pour les inscrire au sein d'une théorie archéologique cohérente et complète. Dans cette mesure, le silence qu'Aristote observe le plus souvent, en Λ, sur les résultats des livres Z et H, ne témoigne pas nécessairement de l'isolement du traité, mais de la singularité de l'enquête à laquelle il procède et qui n'exige pas de faire écho à tous les développements des livres centraux ni d'en reproduire la méthode de recherche.

Du reste, les parallèles ne sont pas si rares entre les livres ZHΘ et le livre Λ : bien des remarques, souvent assez elliptiques, dans celui-ci font écho à des développements plus élaborés dans ceux-là. Ces recoupements sont de plusieurs ordres. Certains relèvent d'une manière commune de « planter le décor », d'introduire à l'étude de la substance ou de ses principes, comme c'est le cas principalement en Λ 1, qui condense la

1. Comme le notent par ex. J. Owens, *The Doctrine of Being in the Aristotelian* Metaphysics, *op. cit.*, p. 90 ; Oehler, « Die systematische Integration der aristotelischen Metaphysik. Physik und Erste Philosophie im Buch Lambda », dans *Antike Philosophie und byzantinisches Mittelarlter*, Munich, C. H. Beck, 1969, p. 189-217 ; M. L. Gill « First Philosophy in Aristotle », art. cit., p. 349.

2. *Cf.* en particulier H 1, 1042a4-6.

3. Comme Ch. Rapp ou S. Menn, pour des raisons, du reste, en partie semblables, c'est-à-dire parce que la recherche des substances sensibles, en Λ, ne se suffirait pas à elle-même, mais devrait s'accompagner de, voire aboutir à l'étude des principes suprasensibles. *Cf.* par ex. Ch. Rapp, « The Principles of Sensible Substances in *Metaphysics* Λ 2-5 », dans Ch. Horn (éd.), *Aristotle's* Metaphysics *Lambda – New Essays*, *op. cit.*, p. 116 ; S. Menn, *The Aim*, IIIβ1, p. 14. Sur les raisons de ces silences, voir aussi S. Fazzo, *Commento*, *op. cit.*, p. 87.

plupart des tours introductifs des premiers chapitres des livres Z (1-2)[1] et H (1)[2]. D'autres concernent des points de doctrine qui font l'objet d'un examen souvent approfondi dans les livres centraux mais que Λ n'ignore pas, bien qu'Aristote les y mobilise plus rapidement[3]. D'autres, enfin, ont cette particularité de faire des doctrines de Λ, non pas le parallèle de celle des livres centraux, mais leur prolongement. C'est tout particulièrement le cas du livre Θ, dont les analyses sur les sens cinétique et ontologique de l'acte et de la puissance (Θ 1, 1045b34-1046a4; Θ 6, 1048a25-30), la distinction entre l'acte et le mouvement (Θ 6, 1048b17-35), la démonstration de l'antériorité de l'acte (Θ 8), puis du bien (Θ 9, 1051a3-21), ne sont pas tant reformulés en Λ que mis à profit au sein de l'étude de la substance immobile, qui bâtit sur ces données la doctrine d'un principe absolument premier, absolument en acte et excellent, éternellement absorbé par une activité intellective compatible avec l'immobilité[4].

De ces recoupements, dont certains même sont au cœur de la construction scientifique en Λ, on doit conclure, que loin de contredire les livres centraux ou de témoigner d'un projet métaphysique en rupture, le livre Λ se trouve en fait plutôt d'accord avec eux sur l'essentiel et que, sans en constituer un doublon, il offre une doctrine des principes, sensibles comme suprasensibles, globalement conforme à l'image que la lecture des livres centraux permet d'inférer. Le livre Λ, en somme, peut légitimement apparaître comme un traité pleinement métaphysique, dont l'objet répond à bien des attentes de la science métaphysique, qu'on la désigne comme sagesse, science de l'être en tant qu'être ou science de la substance, et dont les résultats sont formulés en des termes compatibles avec les descriptions utiles, fournies par les autres livres de la *Métaphysique*, à la réalisation de ce projet[5].

1. Voir le relevé précis effectué par S. Fazzo, *Commento*, *op. cit.*, p. 114-115, n. 76.

2. Par ex. H 1, 1042a4-6; a6-12; a14-15.

3. Par ex., en Λ 2 : l'analyse de la substance sensible à partir des quatre sortes de changement (H 1, 1042a24-b8; *cf.* le relevé par S. Fazzo, *Commento*, *op. cit.*, p. 131, n. 84), l'existence de la matière locale (H 1, 1042b6; 4, 1044b8); en Λ 3 : l'impossibilité d'engendrer la forme et la matière prochaine, le principe de synonymie et l'inutilité des Formes (Z 7-9), les trois sens de la substance (Z 3, 1029a2-5, Z 3, 1029a30-33; Z 13, 1038b2-3; H 1, 1042a26-31; H 2, 1043a26-28); la discussion de la substantialité de la matière (Z 3, 1029a26-30; H 1, 1042a27-28) et son manque d'unité (Z 16, 1040b5-17); la description de la forme comme τόδε τι (H 1, 1042a28-29; Θ 7, 1049a35); la discussion sur la séparabilité de la forme (H 3, 1043b14-23); en Λ 10, le rôle du moteur dans l'unité des substances (H 6, 1045a30-31; 1045b21-22).

4. Voir S. Menn (par ex. *The Aim*, IIIβ1, p. 22) qui souligne avec force le prolongement que Θ trouve en Λ, qu'il est censé, selon lui, préparer.

5. Voir en ce sens S. Fazzo, *Commento*, *op. cit*, notamment p. 109-110.

e. *Date et statut éditorial du livre Λ*

Dire cela, ce n'est pas encore porter un jugement sur la date de rédaction du livre Λ, ni même, plus modestement, sur l'ordre dans lequel les traités métaphysiques ont pu être composés. Il va de soi, néanmoins, que les éléments de continuité dégagés plus haut soulèvent légitimement la question, en encourageant à réviser l'hypothèse traditionnelle de la précocité du livre Λ [1]. Et, de fait, quoique minoritaire [2], l'hypothèse d'une date tardive ne manque pas d'arguments. Comme le note S. Fazzo [3], elle fait droit aux nombreux passages où Λ fait écho, non pas seulement aux autres livres de la *Métaphysique*, mais aux autres œuvres du corpus physique, biologique et parfois même éthique [4]. Elle pourrait aussi s'appuyer sur un renvoi textuel à Θ 8, que S. Menn propose d'identifier en Λ 6, 1072a4, remettant ainsi en cause tout à la fois la thèse de l'antériorité du livre Λ par rapport aux livres centraux et celle de son isolement rédactionnel [5]. Quant au fait que ces renvois ne soient pas plus nombreux, que Λ paraisse reproduire, sous une forme embryonnaire, des points de doctrines développés ailleurs, dans des traités qu'Aristote est censé connaître, mais auxquels il ne se réfère pourtant pas ou pas clairement, cela pourrait s'expliquer, selon M. Burnyeat [6], par l'éventualité que Λ ait été composé dans l'urgence, à l'extrême fin de la vie d'Aristote, lorsque ce dernier se serait enfin décidé à livrer sa conception de la philosophie première.

À quels arguments faut-il donc céder ? À ceux, traditionnels, qui font, en grande partie, reposer la précocité du livre Λ sur un isolement doctrinal ou scientifique que l'examen du traité ne confirme pas, ou bien à ceux qui rendent justice à la continuité scientifique qu'on a cru pouvoir déceler

1. Voir p. 31-32.

2. Hypothèse soutenue, par ex., par E. Oggioni, *La « Filosofia prima » di Aristotele. Saggio di ricostruzione e di interpretazione*, Milano, Vita e Pensiero, 1939, p. 60 *sq.* ; Fr. Nuyens, *L'Évolution de la psychologie d'Aristote*, Louvain, Institut supérieur de philosophie, 1973 [1948], p. 217 ; R.-A. Gauthier et J.-Y. Jolif, *L'Éthique à Nicomaque*, introduction, traduction et commentaire, Louvain, Publications universitaires, Paris, Béatrice Nauwelaerts, 1970 [1959] Reimp Peeters, tome 1, p. 32-36 ; G. Reale, *Aristotele. La* Metafisica, *op. cit.*, vol. 1, p. 184 ; M. Burnyeat, *A Map*, p. 142-149 ; S. Fazzo, *Commento*, *op. cit.*, p. 86. Voir aussi B. Dumoulin, *Analyse génétique de la* Métaphysique *d'Aristote*, Paris, Belles Lettres, 1986, p. 449, qui divise toutefois la rédaction de Λ en deux époques : l'une, contemporaine de Z, pour les chapitres 1-7, l'autre, plus ancienne et proche de la rédaction du *DP* pour les chapitres 8-10.

3. Voir notamment *Commento*, *op. cit.*, p. 187.

4. *Phys.* I, VIII ; *GC* II 9-11 ; *DMA* 6-7 ; *DA* III 4-5, III 10 ; *EE* I 7-8 ; VIII 3 ; *EN* VII 15 ; X 7-9.

5. S. Menn, « *Aporiai* 13-14 », art. cit., p. 258-259. Voir *infra*, p. 224-225.

6. M. Burnyeat, *A Map*, p. 142-149.

entre Λ et d'autres traités aristotéliciens ? Le problème ainsi formulé, on pourrait croire la réponse évidente. À moins qu'une troisième voie ne se dessine, qui recommande une certaine circonspection, non pas seulement à l'égard d'hypothèses trop arrêtées de datation, mais de la tentation même d'accorder une importance excessive à la question.

Le livre Λ, bien sûr, comme on a commencé de le voir, comporte des éléments qu'on pourrait interpréter comme des indices de datation, soit externes, soit internes, mais dont aucun n'est susceptible d'une interprétation univoque. Les indices internes, comme ceux énoncés plus haut, sont sans doute fondés, mais non pas définitifs. L'hypothèse qu'Aristote renvoie, en Λ 6, à sa démonstration de l'antériorité de l'acte en *Métaphysique* Θ 8 est probable, mais on ne saurait exclure que les développements de Λ 6 présentent à eux seuls de quoi justifier la référence. Les échos et les parallèles entre les démonstrations de Λ et d'autres passages de la *Métaphysique* et du corpus sont assurément massifs et scientifiquement significatifs, mais il n'est pas aisé de déterminer, tant ils sont sommaires, s'ils relèvent d'une anticipation, parfois maladroite, ou d'une reprise hâtive [1]. S. Fazzo [2] note, à ce sujet, que, dans le premier cas, il faudrait conclure que la philosophie aristotélicienne était déjà tout entière constituée à l'époque de la rédaction de Λ et qu'Aristote n'aurait plus rien fait alors que de développer un programme au contenu pré-établi. L'argument est pertinent, quoiqu'excessif, et fait plutôt bon marché du reste du corpus qui ne se résume pas à une redite, ni même à un déploiement du livre Λ : ce dernier laisse bien des points en suspens, bien des recherches à mener. Du reste, l'argument n'exclut pas la possibilité d'un traitement au cas par cas et, s'il tend à disqualifier l'hypothèse d'une rédaction très ancienne de Λ, il n'établit pas pour autant que le traité soit postérieur à l'ensemble des nombreux textes dont il recoupe les développements.

En outre, parmi ces recoupements, certains tendent à plaider en faveur d'une certaine antériorité du livre Λ. C'est le cas, par exemple, du doute qu'Aristote exprime en Λ 3 (1070a24-26) au sujet de la survie de l'âme et de l'intellect, dont on pourrait penser qu'il précède donc l'examen du *De l'âme* ; il en va de même de la description de la forme comme

1. C'est le cas, en particulier, de certains rapprochements qu'on peut effectuer entre le livre Λ et les livres centraux de la *Métaphysique*, au regard desquels Λ paraît développer une ligne argumentative indépendante ou moins sophistiquée : le chapitre 1 développe, en des termes moins techniques, la priorité de la substance argumentée en Z 1 et H 1-2, le chapitre 2 omet, au sujet des principes du changement, certaines distinctions conceptuelles que H 1 prend plus soigneusement en compte, le chapitre 3 répond plus précisément à la 8ᵉ aporie que Z 7-9.

2. S. Fazzo, *Commento*, *op. cit.*, p. 85-87.

élément (Λ 4, 1070b9-13), ce que Z 17 (1041b10-33) et H 3 (1043b4-14) démentent ; de l'étrange schéma d'explication des causes de la génération et de la corruption, à la fin de Λ 6 (1072a12-18), qui complique et contredit partiellement celui du *De la génération et de la corruption* (II 10, 336a23-b26) ; des développements sur la vie du Premier Moteur, qui témoignent d'une proximité presque aussi nette avec le *Protreptique* [1] (œuvre de jeunesse) qu'avec le *De l'âme* (qui passe pour le dernier traité d'Aristote) ; de la bipartition entre les sciences poïétiques et théorétiques en Λ 9 (1074b38-1075a5) qui paraît mobiliser un tableau épistémique moins élaboré que celui qui fait une place aux sciences pratiques ; ou bien encore, et plus généralement, de la solidarité très étroite qui réside entre le livre Λ et les livres M et N, réputés plus anciens. De tous ces éléments, on est encore libre de penser qu'ils ne témoignent pas d'une chronologie précise, mais de choix stratégiques liés à l'objectif argumentatif d'Aristote en Λ. Mais on ne fera ainsi que vérifier la difficulté de déduire de ce réseau de parallèles et de renvois aucun indice ferme de chronologie relative des textes.

Peut-être alors faut-il s'en remettre à des indices externes, plus fermes en principe. Au nombre de ces indices, on pourrait compter un passage du chapitre 8 (1073b33) [2], où Aristote parle de Callippe à l'imparfait (ἐτίθετο), suggérant donc que la réforme du calendrier athénien, à laquelle l'astronome a procédée vers 330 av. J.-C. et qui a sans doute requis les travaux astronomiques dont Aristote se fait l'écho [3], est déjà accomplie au moment de la rédaction du passage. L'indice est sans doute probant, mais de quoi au juste est-il le signe ? Non pas nécessairement de la date du chapitre 8, ni *a fortiori* du livre Λ en son entier, mais plutôt de ce qu'Aristote, à cette époque, travaillait à la rédaction d'un traité dont l'élaboration, moyennant des reprises et des révisions, a pu couvrir plusieurs années. À strictement parler, le passage n'aide même pas à déterminer un *terminus*, *ad quem* ou *post quem* [4], du livre Λ, mais atteste plus simplement que la question des substances immobiles comptait au nombre des préoccupations scientifiques d'Aristote à l'époque du Lycée. À cet égard, l'hypothèse d'une date reculée de la totalité du livre Λ sous

1. fr. 14 Ross (Jamblique, *Protr.* 11, 56.13-59.18). Voir p. 275.

2. Voir *infra*, le commentaire au passage, p. 303-305.

3. On notera toutefois que, compte tenu du peu d'informations dont on dispose sur Callipe lui-même, il reste possible d'envisager de dissocier chronologiquement la réforme élaborée aux alentours de 330 et les travaux astronomiques dont Aristote se fait l'écho. Sur cette possibilité, voir p. 305.

4. Pour un jugement contraire, voir S. Fazzo *Commento*, *op. cit.*, 32-33, n. 18.

la forme qu'on lui connaît à présent ne peut sans doute se maintenir, mais non pas nécessairement celle qui ferait remonter à cette époque l'entreprise philosophique dont il est l'aboutissement.

On pourrait espérer trouver un autre indice externe de datation dans le témoignage de la *Métaphysique* de Théophraste. Longtemps considéré comme postérieur à la mort d'Aristote [1] (ce qui n'enseignerait rien alors sur la date de Λ), l'opuscule de Théophraste a fait l'objet, dans les dernières décennies surtout, de plusieurs études convergentes encourageant à en situer la rédaction du vivant d'Aristote. Les arguments en sont nombreux. Certains tiennent à la place que Théophraste accorde dans son traité aux doctrines académiciennes et à celle de Speusippe en particulier, ce qui suggérerait que ce dernier était encore le maître de l'Académie [2]. D'autres reposent sur la manière dont Théophraste formule certaines critiques et qui témoignerait que plusieurs traités aristotéliciens n'étaient pas encore écrits ou n'avaient pas encore atteint leur forme finale [3]. On se contentera [4], pour la question qui nous occupe, de noter deux choses :

1. En raison, notamment, de la discussion de Λ 8 qui s'y trouve (sans toutefois qu'il y soit fait mention des travaux de Callippe en particulier), peut-être aussi d'une réticence à croire que Théophraste ait pu si ouvertement critiquer le maître. Voir, en faveur de cette datation, W. Jaeger, *Aristote*, *op. cit.*, p. 374 ; W. D. Ross et F. H. Fobes, *Theophrastus. Metaphysics*, *op. cit.*, p. XXV ; W. Theiler, « Die Entstehung der Metaphysik des Aristoteles », art. cit., p. 102-105 ; M. van Raalte, *Theophrastus. Metaphysics*, With an Introduction, Translation, Commentary, Leiden, Brill, 1993, p. 24-25.

2. H. J. Krämer, « Zum Standort der "Metaphysik" Theophrasts », *Zetesis. Album amicorum door vrienden en collega's aangeboden aan Prof. Dr. E. de Strycker ter gelegenheid van zijn 65 e verjaardag*, Antwerpen, Utrecht, De Nederlandsche Boekhandel, 1973, 206-214.

3. C'est le cas, selon D. T. Devereux, des livres centraux de la *Métaphysique* (« The Relationship between Theophrastus' *Metaphysics* and Aristotle's *Metaphysics* Lambda », art. cit., p. 182) ; selon Balme et G. W. Most, de plusieurs traités biologiques comme l'*Histoire des animaux* V-VI, les *Parties des animaux* et le *De la génération des animaux* (D. M. Balme, « Development of Biology in Aristotle and Theophrastus : Theory of Spontaneous Generation », *Phronesis* 7, 1962, p. 91-104 ; G. W. Most, « The Relative Date of Theophrastus' *Metaphysics* », dans W. W. Forthenbaugh, R. W. Sharples (eds.), *Theophrastean Studies, on Natural Science, Physics, and Mathematics ; Ethics, Religion, and Rhetoric*, *op. cit.*, p. 233) ; selon D. Gutas, du *GC* et du *DA* (*Theophrastus, On First Principles (known as his Metaphysics)*, Greek Text and Medieval Arabic Translation, Edited and Translated with Introduction, Commentaries and Glossaries, as Well as the Medieval Latin Translation, and with an Excursus on Graeco-Arabic Editorial Technique, Leiden, Boston, Brill, 2010, p. 7-8).

4. On notera, toutefois, que les livres centraux développent une analyse dont Théophraste peut tout à fait se passer. *Cf.* en ce sens, A. Laks et G. W. Most, *Théophraste*, *Métaphysique*, texte édité, traduit et annoté, Paris, Belles Lettres, 2001, p. XXI ; A. Jaulin, « Le meilleur et les contraires : de la nécessaire limitation à l'impulsion vers le meilleur », dans A. Jaulin, D. Lefebvre (éd.), *La Métaphysique de Théophraste : principes et apories*, *op. cit.*, p. 148. D'autre part, la datation proposée par D. Gutas (*Theophrastus, On First Principles (known as his Metaphysics)*, *op. cit.*, p. 5) repose en partie sur l'idée qu'il se fait de la date de Λ,

en premier lieu, que les hypothèses chronologiques obtenues sont sans doute plus instructives au sujet de Théophraste que d'Aristote, puisqu'elle diffèrent considérablement, en plaçant la rédaction de la *Métaphysique* de Théophraste et le livre Λ donc, tantôt à l'époque du séjour d'Aristote à Assos [1], tantôt au début de son second séjour athénien [2]. En second lieu, on observera que la *Métaphysique* de Théophraste n'est pas, à proprement parler, un commentaire de *Métaphysique* Λ et que, si elle en discute certaines thèses, ce peut très bien ne pas être sur la base du texte lui-même, dans sa forme finale *a fortiori*, mais sur celle des discussions que Théophraste et Aristote ont eues sur ces questions [3]. Dans cette mesure, s'il est vrai que l'opuscule de Théophraste est relativement ancien, cela n'indique pas encore la date à laquelle Aristote a définitivement composé Λ, mais plutôt de celle à laquelle remonte l'élaboration de la doctrine du Premier Moteur qu'il y expose [4]. Surtout cela ne témoigne

puisqu'il tient pour bien établi que le traité a été rédigé à Assos, ce qui peut étonner, au vu des débats que la question soulève encore. Du reste, on pourrait discuter des réponses que Gutas croit trouver aux critiques de Théophraste dans le *DA* III 10 et le *GC* II 10. Dans le second cas, on pourrait penser que Théophraste s'adresse justement aux développements du *GC* II 10, puisqu'il doute que le mouvement circulaire soit le plus bel effet possible du principe (5b10-6a5), alors que c'est ce mouvement justement qu'Aristote souligne dans le passage du *GC*. Quant à la tripartition des moteurs et des mus (désirable/désir/désirant) en *DA* III 10, censée répondre à la critique de Théophraste qui s'étonne que le premier effet du principe soit un mouvement physique plutôt que psychique (5b7-10), on pourrait penser qu'elle est présente en Λ 7 et qu'elle justifie que le désirable y soit décrit comme un moteur immobile. Le fait qu'Aristote, en Λ, s'intéresse plus au mû qu'à l'intermédiaire ne vient pas nécessairement de ce qu'il ignore encore ce qu'il serait amené à soutenir en *DA* III 10, mais de l'objectif qui est alors le sien, c'est-à-dire expliquer le mouvement circulaire.

1. D. Frede, « Theophrasts Kritik an unbewegten Beweger des Aristoteles », *Phronesis* 16, 1971, p. 65-79 ; A. Laks et G. W. Most, *Théophraste*, *Métaphysique*, *op. cit.*, p. XXI, n. 11 ; D. Gutas, *Theophrastus*, *On First Principles (known as his Metaphysics)*, *op. cit.*, p. 6-8 ; P. Huby, « When Was Theophrastus' *Metaphysics* Written ? », dans A. Jaulin, D. Lefebvre (éd.), *La* Métaphysique *de Théophraste. Principes et Apories*, *op. cit.*, p. 5-15.

2. D. M. Balme, « Development of Biology in Aristotle and Theophrastus : Theory of Spontaneous Generation », art. cit., p. 91-104 ; K. Gaiser, *Theophrast in Assos. Zur Entwicklung der Naturwissenschaft zwischen Akademie und Peripatos*, Heidelberg, C. Winter, 1985, p. 55 ; G. W. Most, « The Relative Date of Theophrastus' *Metaphysics* », art. cit., p. 224-223 ; D. T. Devereux, « The Relationship between Theophrastus' *Metaphysics* and Aristotle's *Metaphysics* Lambda », art. cit., p. 182.

3. Voir en ce sens D. Lefebvre, « Métaphysique et ontologie. Une parenthèse théophrastienne ? », dans Ph. Büttgen et J.-B. Rauzy, *La Longue durée. Pour J.-Fr. Courtine*, Paris, Vrin, 2016, p. 55-56.

4. C'est ce qui ressort, en un sens, de l'analyse de D. Frede (« Theophrasts Kritik an unbewegten Beweger des Aristoteles », art. cit.), qui voit dans Λ 8 la trace de la réélaboration de la doctrine, sous le coup des critiques de Théophraste.

pas d'une époque au-delà de laquelle le livre Λ aurait perdu toute autorité scientifique pour son auteur.

C'est en cela qu'il importe de ne pas surévaluer l'importance de la question chronologique, qui ne saurait exprimer la valeur philosophique du livre Λ, ni les conditions de sa validité scientifique. Il est possible que le livre Λ, non moins que d'autres traités aristotéliciens, ait fait l'objet de réélaborations, au fur et à mesure que les travaux d'Aristote ou les objections qu'on lui adressait le nécessitaient, ce qui pourrait expliquer qu'à un cadre ou des outils conceptuels qui, sous certains aspects, paraissent datés, viennent s'en mêler d'autres, plus conformes aux traités supposés avoir été rédigés postérieurement. Mais il est surtout évident que la recherche qu'Aristote développe dans ce livre, quelle que soit la date à laquelle il en a mis en forme les derniers résultats, s'intègre au projet scientifique, porté par les autres livres de la *Métaphysique*. L'ordre chronologique compte ici moins que l'ordre méthodologique et scientifique ; et le livre Λ, même dans l'hypothèse où il serait ancien, demeure manifestement capable de s'intégrer utilement au cadre de la recherche métaphysique, qui peut, dans l'intervalle, s'être étoffée, avoir entrepris de mieux établir certaines pistes lancées, en avoir exploré d'autres complémentaires, sans que la contribution archéologique portée par Λ n'en devienne fausse ni obsolète.

Ces observations sur l'aspect chronologique du débat peuvent sans doute valoir pour son versant éditorial : il est clair que Λ peut se lire comme un traité autonome (ce dont Théophraste témoigne, en un sens), disposant d'un programme, d'un ordre et d'une unité, justifiant qu'on y ait vu une conférence isolée – un traité synthétique sur les principes premiers de tous les êtres. Mais il est clair aussi que, ce faisant, il répond à bien des pistes lancées, au cours de la recherche de la science métaphysique. C'est pourquoi, là encore, il importe sans doute davantage de noter la cohérence avec laquelle il s'intègre à un projet scientifique que de déterminer s'il a été initialement conçu comme un traité séparé, car, même dans ce cas, sa capacité à contribuer à la science métaphysique n'est pas conditionnée à l'existence d'une unité éditoriale qui aurait pu un jour fonder cette contribution [1].

1. De même que, de nos jours, un article scientifique, constitue une publication à part entière, mais peut fort bien jouer un rôle clef dans l'œuvre scientifique d'un auteur. Sur tous ces points, voir les remarques éclairantes de S. Menn, *The Aim*, Iα5, p. 15 *sq.*, qui souligne notamment que l'ordre des traités est moins un problème de chronologie que d'organisation scientifique, telle que l'a voulue Aristote.

Note sur le texte et la traduction

Le texte pris comme référence est celui édité par Ross, *Aristotle's Metaphysics*, a Revised Text with Introduction and Commentary, Oxford, At the Clarendon Press, 1924, volume II. Pour autant, on a pris en compte l'ensemble des éditions de la *Métaphysique* et, en particulier, les deux éditions du livre Λ, parues au cours de la préparation de ce volume, à savoir l'édition de S. Fazzo, *Il libro* Lambda *de la* Metafisica *di Aristotele*, Napoli, Bibliopolis, 2012 (désormais cité *Il libro* Lambda) et celle de S. Alexandru, *Aristotle's* Metaphysics *Lambda.* Annotated Critical Edition Based upon a Systematic Investigation of Greek, Latin, Arabic and Hebrew Sources, Leiden, Boston, Brill, 2014 (désormais cité *Aristotle's* Metaphysics Lambda). Chaque fois qu'on s'écarte du texte de Ross (et que cela a un impact sur la traduction), on signale dans les notes de traduction le texte choisi et, lorsqu'elles ne sont pas évidentes, les raisons qui motivent le choix. On reporte au commentaire la discussion de certaines autres difficultés textuelles.

L'ambition principale de cette traduction est la commodité du lecteur. Cela a conduit à prolonger l'usage de certaines traductions « scolaires » d'expressions typiquement aristotéliciennes (par ex. « par accident » pour κατὰ συμβεβηκός ; « quiddité » pour τί ἦν εἶναι ; « entéléchie » pour ἐντελέχεια), traductions notoirement imparfaites, mais qui ont l'avantage, à défaut d'autre chose, d'enseigner immédiatement au lecteur à quel concept grec il a affaire[1]. D'autre part, on s'est efforcé, sans présumer qu'on y soit parvenu, de tenir un juste milieu entre la langue, particulièrement elliptique, d'Aristote en Λ et les besoins de la clarté. Chaque fois donc que cela ne paraissait pas nuire à la compréhension, on a rendu les formulations lapidaires du livre, mais il a fallu souvent, en tâchant de réduire l'intervention au minimum, apporter un peu de fluidité à un texte qui en manque singulièrement. Pour autant, on n'a pas cru bon d'insérer les termes parfois ajoutés entre des crochets obliques, qui auraient pu nuire à l'aisance de la lecture, sans pour autant vraiment informer sur le texte source. Chaque fois que ces ajouts relèvent d'une certaine interprétation du texte, on s'en justifie dans le commentaire.

1. On renvoie plus généralement aux glossaires, en fin de volume.

Remerciements

J'exprime ici toute ma reconnaissance à D. Lefebvre et M. Rashed, pour m'avoir confié la préparation de ce volume, pour leurs remarques attentives et toujours éclairantes, enfin pour la possibilité qu'ils m'ont offerte de présenter, dans le cadre de leur séminaire au Centre Léon Robin (Université Paris-Sorbonne, UMR 8061), certaines de mes hypothèses de lecture. J'ai particulièrement bénéficié, à cette occasion, de la discussion avec Gwenaëlle Aubry, qui avait accepté de répondre à cette présentation et je l'en remercie. Plus généralement, je remercie tous ceux avec lesquels j'ai pu échanger, à diverses occasions, sur le livre *Lambda* : Th. Auffret, E. Berti, M. Crubellier, S. Fazzo, P. Golitsis, J.-B. Gourinat, G. Guyomarc'h, A. Laks, C. Natali, A. Ross. Enfin, mes remerciements vont au Centre Léon Robin et à ses membres, pour m'avoir accueillie pendant la préparation de ce volume et m'avoir offert un cadre de travail privilégié.

mai 2017.

Abréviations

An. Post. : *Seconds analytiques*
Cat. : *Catégories*
DA : *De l'âme*
DC : *Du ciel*
DMA : *Du mouvement des animaux*
DP : *De la philosophie*
EE : *Éthique à Eudème*
EN : *Éthique à Nicomaque*
GA : *De la génération des animaux*
GC : *De la génération et de la corruption*
Metaph. : *Métaphysique*
Meteor. : *Météorologiques*
PA : *Parties des animaux*
Phys. : *Physique*
Pol. : *Politique*
Protr. : *Protreptique*

MÉTAPHYSIQUE

LIVRE Λ

CHAPITRE 1

| C'est sur la substance que porte cette étude, car c'est des substances qu'on recherche les principes et les causes. En effet, si l'univers est comme un certain tout | la substance en est la partie première ; et, s'il est une succession, même ainsi[1] la substance est première, puis vient la qualité ou[2] la quantité. En même temps, ces dernières ne sont pas même des êtres à proprement parler, mais des qualités et des mouvements, ou bien alors le non-blanc et le non-droit sont aussi des êtres. En tout cas, nous disons de ces derniers également qu'ils sont, par exemple quand nous disons « le non-blanc est ». En outre, aucune autre chose que la substance n'est séparée. Les anciens philosophes en | témoignent également dans les faits, car c'est de la substance qu'ils recherchaient les principes, les éléments et les causes. Les philosophes d'aujourd'hui considèrent davantage les universels comme des substances, car sont universels les genres, dont ils disent qu'ils sont davantage des principes et des substances, en raison de la tournure abstraite de leur recherche. Les philosophes d'autrefois, en revanche, considèrent que le sont davantage les réalités individuelles, comme le feu et la terre, et non | le corps qui leur est commun[3]. **1069a18**

Il y a trois sortes de substances : l'une est sensible, et elle se divise en substance éternelle et substance corruptible (sur cette dernière tout le

1. En 1069a20, je lis καί, en suivant les mss EJMC, repris par S. Fazzo et S. Alexandru, au lieu de κἂν en A^{b}, édité par Christ (*Aristotelis Metaphysica*, Leipzig, Teubner, 1886, 1952), Ross et Jaeger (*Aristotelis Metaphysica*, Oxford, Oxford University Press, 1957).

2. En 1069a21, je lis ἢ au lieu de εἶτα τὸ, avec les mss EJC, suivis par S. Fazzo et S. Alexandru.

3. En 1069a30, je lis κοινὸν σῶμα sans virgule, en suivant Bonitz, Jaeger, S. Fazzo et S. Alexandru. Le sens, cependant, n'en est guère modifié.

monde s'accorde : ce sont par exemple les plantes et les animaux). De cette substance, il est nécessaire de saisir les éléments, qu'il y en ait un ou plusieurs. L'autre substance est immobile et certains disent qu'elle est séparée : les uns la divisent en deux, d'autres réunissent en une seule nature les Formes et les réalités mathématiques, d'autres conservent seulement de ces deux classes celle des réalités mathématiques. Les deux
1069b1 premières sortes de substances relèvent donc de la physique | (car elles s'accompagnent de mouvement), tandis que la troisième relève d'une science différente, s'il n'y a aucun principe qui leur soit commun.

CHAPITRE 2

|La substance sensible est soumise au changement. Or, si le changement **1069b3** se réalise à partir des opposés ou des intermédiaires – non pas | de tous les opposés (car le son est non-blanc), mais à partir du contraire –, il existe nécessairement quelque chose de sous-jacent qui change d'un contraire à l'autre, car les contraires ne changent pas. En outre, ce qui est sous-jacent subsiste, tandis que le contraire ne subsiste pas. Il y a donc un troisième terme, en plus des contraires : la matière. Si donc il y a quatre sortes de changement : selon la substance, | selon la qualité, la quantité ou le lieu, et si génération et corruption absolues sont le changement selon le ceci, augmentation et diminution le changement selon la quantité, altération le changement selon l'affection, transport le changement selon le lieu, les changements se réaliseront d'un contraire à l'autre dans chaque cas. Il est donc nécessaire que la matière, qui est capable d'être les deux | contraires, change.

Or, puisque l'être est double, tout change de l'être en puissance vers l'être en acte (par exemple, du blanc en puissance vers le blanc en acte, et de même pour l'augmentation et la diminution). Il en découle que non seulement, par accident, il est possible d'advenir à partir d'un non-être, mais aussi que tout advient à partir d'un être, | d'un être en puissance cependant, mais qui est non-être en acte. Et cela, c'est l'Un d'Anaxagore (car cela vaut mieux que de dire que « tout était ensemble »[1]), c'est le Mélange d'Empédocle et d'Anaximandre, et c'est ce dont parle Démocrite. Pour nous, toutes choses étaient en puissance, mais non en acte[2]. Il en résulte que ces philosophes auraient effleuré la notion de matière.

1. Anaxagore, fr. DK 59 B1. Simplicius (*In Phys.* 155, 23 *sq.*) rapporte qu'il s'agissait là des premiers mots de l'ouvrage d'Anaxagore. Aristote cite à nouveau cette formule à la fin de ce chapitre, en 1069b29, puis en Λ 6, 1071b28 et en Λ 7, 1072a20.

2. Ce passage constitue le fr. DK 59 A61 d'Anaxagore et DK 68 A57 de Démocrite. En 1069b20-23, on suit le texte des mss EJ, avec la ponctuation suivante : καὶ τοῦτ' ἔστι τὸ

Toutes les choses qui changent ont une matière, | mais différente pour chacune. Et, parmi les êtres éternels, tous ceux qui ne sont pas soumis à la génération, mais qui peuvent être mus par transport, ont une matière, non pas sujet de la génération, mais sujet du mouvement d'un lieu vers un autre. On peut se demander de quelle sorte de non-être vient la génération, car le non-être a trois sens. Si donc quelque chose est en puissance, cependant il n'est pas en puissance de n'importe quoi, mais une chose différente vient d'une chose différente. Il ne suffit pas non plus de dire que « toutes | les choses étaient ensemble », car elles diffèrent par la matière : sinon, pourquoi sont-ce des êtres en nombre infini qui ont été engendrés, et non un seul ? De fait, l'Intellect est un, de sorte que, si la matière aussi est une, a été engendré en acte cela seul dont la matière était en puissance.

Il y a donc trois causes et trois principes : deux constituent le couple de contraires, dont l'un est définition et forme, l'autre privation ; le troisième est la matière.

Ἀναξαγόρου ἕν (βέλτιον γὰρ ἢ "ὁμοῦ πάντα") καὶ Ἐμπεδοκλέους τὸ μῖγμα καὶ Ἀναξιμάνδρου, καὶ ὡς Δημόκριτός φησιν· ἦν ἡμῖν πάντα δυνάμει, ἐνεργείᾳ δ' οὔ. On renvoie au commentaire pour la discussion de ce passage difficile.

Chapitre 3

| Après cela, il faut dire que ne sont engendrées ni la matière, ni la 1069b35
forme – je veux dire la matière et la forme dernières. En effet, tout ce qui
change est quelque chose qui est changé par | quelque chose en quelque 1070a1
chose : ce par quoi il y a changement, c'est le moteur premier; ce qui change, c'est la matière; ce en quoi la chose change, c'est la forme. On ira donc à l'infini, si ce n'est pas seulement le bronze qui devient circulaire, mais si sont aussi engendrés le cercle et le bronze. Il est donc nécessaire de s'arrêter.

Après cela, il faut dire que chaque substance est engendrée | à partir d'un être synonyme (les substances naturelles et les autres choses). En effet, les êtres sont engendrés soit par art, soit par nature, soit par hasard, soit spontanément. L'art est principe de génération dans autre chose, tandis que la nature est principe dans la chose même (car un homme engendre un homme), et les autres causes sont des privations de celles-là.

Il y a trois sortes de substances : la matière, d'une part, qui est une | réalité déterminée en apparence, car toutes les choses qui existent par contact et non par cohésion naturelle sont matière et sujet; la nature, d'autre part, qui est une réalité déterminée et un certain état, vers lequel se réalise le changement; enfin, la troisième substance, qui est composée de ces deux-là, est la substance individuelle, comme Socrate et Callias. Pour certaines choses, il n'existe pas de réalité déterminée en dehors de la substance composée, comme par exemple la forme d'une maison, à | moins qu'il ne s'agisse de l'art (et il n'y a ni génération ni corruption pour ces choses, mais c'est d'une autre manière que sont et ne sont pas la maison – celle qui est sans matière – et la santé et tout ce qui est relatif à un art). Mais, si du moins il existe une réalité déterminée en dehors de la substance composée, cela concerne les êtres naturels. C'est bien pourquoi Platon n'avait pas tort de dire qu'il y a autant de Formes que d'êtres naturels, si du moins il y a des Formes qui soient distinctes de ces choses, telles que le feu, la chair, la tête, | car elles sont toutes matières, et la dernière matière est celle de ce qui est le plus substance.

Les causes motrices sont causes en ce qu'elles existent antérieurement à la substance. En revanche, les causes au sens de définition existent simultanément : c'est quand l'homme est en bonne santé que la santé existe, de même que la figure du cercle de bronze et le cercle de bronze existent simultanément. Mais, quant à savoir si quelque chose subsiste après, il faut l'examiner. | Dans certains cas, en effet, rien ne s'y oppose : par exemple, si l'âme est dans ce cas, ce n'est pas l'âme entière, mais l'intellect, car pour l'âme entière, c'est peut-être impossible. Il est donc manifeste qu'il n'y a aucun besoin, pour ces raisons du moins, que les Idées existent : un homme engendre un homme, l'individu un individu. Il en va de même pour les arts, car l'art médical est la définition de la santé.

Chapitre 4

| Les causes et les principes de choses différentes sont différents, en un sens, mais en un autre sens, si on parle en général et par analogie, ils sont les mêmes pour toutes les choses. En effet, on peut se demander si les principes et les éléments des substances et des relatifs sont différents ou les mêmes, et | semblablement pour chacune des catégories. Mais il est absurde que les éléments soient les mêmes pour elles toutes, car c'est d'eux que proviendront les relatifs et les substances. | Que sera donc cet élément? En effet, en dehors de la substance et des autres catégories, il n'y a rien de commun, or l'élément est antérieur à ce dont il est l'élément. Mais assurément, la substance n'est pas un élément des relatifs, ni aucun d'entre eux un élément de la substance. En outre, comment se peut-il que toutes les choses | aient les mêmes éléments? En effet, il n'est pas possible qu'un élément soit identique à ce qui est composé d'éléments : par exemple, qu'à « BA » soient identiques « B » ou « A ». Alors cela n'est pas non plus possible pour les éléments intelligibles[1], comme par exemple l'Être ou l'Un, car ceux-ci appartiennent aussi à chacun des composés. Aucun d'entre eux ne sera donc ni substance ni relatif, ce qui est pourtant nécessaire. Toutes les choses n'ont donc pas | les mêmes éléments. **1070a31** **1070b1**

Ou plutôt, comme nous le disons, ils sont les mêmes en un sens, mais non en un autre. Par exemple, pour les corps sensibles, ce sont peut-être d'une part, comme forme, le chaud et, d'une autre manière, le froid qui en est la privation, d'autre part, comme matière, ce qui, en premier et par soi, est en puissance l'un et l'autre; et sont substances ces éléments, ainsi que les choses qui en sont composées et dont ils sont les principes, ou toute chose une | qui est engendrée à partir du chaud et du froid, comme par

1. En 1070b7, à la suite de S. Fazzo, je lis στοιχείων, en suivant les mss EJMC, le ps.-Alex. et les deux versions arabes du texte, plutôt que στοιχεῖόν ἐστιν, présent en A[b] et suivi par Ross, Jaeger et S. Alexandru.

exemple la chair ou l'os, car il est nécessaire que ce qui est engendré soit différent des éléments. Pour ces choses donc, les éléments et les principes sont les mêmes, mais ils sont différents pour des choses différentes, et il n'est pas possible de parler ainsi à propos de tout, sauf par analogie, comme si on disait qu'il y a trois principes : la forme, la privation et la matière. Mais chacun d'entre eux est différent dans | chaque genre : par exemple, pour la couleur, c'est le blanc, le noir et la surface ; c'est la lumière, l'obscurité et l'air pour le jour et la nuit qui en sont composés.

Puisque ce ne sont pas seulement les constituants immanents qui sont causes, mais aussi certaines réalités extérieures, comme le moteur, il est évident que principe et élément sont deux choses différentes, que les deux sont causes, que le principe se divise entre ces causes et que la cause | du mouvement et du repos est un certain principe[1]. Il en résulte que, par analogie, il y a trois éléments, mais quatre causes et quatre principes. Cependant, ils sont différents dans des êtres différents et la première cause motrice d'êtres différents est différente. Pour « santé, maladie, corps », le moteur est la médecine ; pour « forme, un certain désordre, briques », le moteur est l'art de bâtir[2]. | Et, puisque, dans le cas des êtres naturels, le moteur d'un homme est un homme, et que, dans celui des produits de la réflexion, c'est la forme ou son contraire, d'une certaine manière, il y aura trois causes, mais d'une autre manière, il y en aura quatre. En effet, la médecine, en un sens, c'est la santé ; l'art de bâtir, c'est la forme de la maison ; et un homme engendre un homme. En outre, en dehors de cela, il y a, comme | premier de tous, le moteur de toutes choses.

1. En 1070b25, je lis οὖσα, avec les mss EJMC, ainsi que les versions arabes et latines du texte, également suivis par Jaeger, S. Fazzo (*Commento*, *op. cit.*, p. 215), A. Stevens et Ch. Rutten (*Aristote. Métaphysique*, dans *Aristote*, *Œuvres. Éthiques, Politique, Rhétorique, Poétique, Métaphysique*, R. Bodéüs (éd.), Paris, Gallimard, 2014), plutôt que la leçon καὶ οὐσία du ms A^b et éditée par Ross. Bien que grammaticalement difficile, cette première leçon n'est pas impossible, comme le montre la formule de Λ 7, 1072a25. Elle paraît également mieux attestée et s'avère plus conforme au contexte démonstratif qui ne requiert pas qu'Aristote souligne la substantialité de ce quatrième principe.

2. En 1070b29-30, je supprime avec Ross la proposition καὶ εἰς ταῦτα διαιρεῖται ἡ ἀρχή, déjà présente à l'identique en b24. Sur les raisons de cette suppression, voir *infra*, p. 173 n. 2.

CHAPITRE 5

| Puisque certaines choses sont séparées, tandis que d'autres ne sont 1070b36
pas séparées, ce sont les premières | qui sont substances. C'est pour cette 1071a1
raison également que les causes de toutes les choses sont les mêmes, parce que, sans les substances, il n'y a ni affection ni mouvement. Ensuite, ces causes seront peut-être l'âme et le corps ou l'intellect, le désir et le corps.

C'est d'une autre manière encore que les principes sont les mêmes par analogie, à savoir l'acte | et la puissance, mais ces principes aussi sont différents pour des choses différentes et ils sont principes de différentes manières. Dans certains cas, en effet, la même chose est tantôt en acte, tantôt en puissance, comme par exemple du vin, de la chair ou un homme. Ces principes se rattachent aussi aux causes dont on a parlé : en effet, sont en acte la forme, si elle est séparée, le composé de matière et de forme, et d'autre part la privation (comme par exemple | l'obscurité ou le malade), tandis que la matière est en puissance, car elle est ce qui est capable de devenir les deux contraires. Mais, en-acte et en-puissance diffèrent d'une autre manière, dans le cas des choses qui n'ont pas la même matière et dont certaines n'ont pas la même forme, mais une forme différente. Par exemple, la cause d'un homme, ce sont les éléments – le feu et la terre comme matière – et sa forme propre et, en outre, une | autre cause externe, comme son père, et, en plus de cela, le Soleil et le cercle oblique[1], qui ne sont ni sa matière, ni sa forme, ni sa privation, ni de même forme que lui, mais ses causes motrices.

En outre, il faut voir que certaines causes peuvent se dire de manière générale, d'autres non. Les premiers principes de toutes choses sont donc ce qui, en premier, est en acte telle chose déterminée et quelque chose d'autre qui l'est en puissance. Ces causes ne sont | donc pas des universels, car c'est l'individu qui est principe des individus. En effet,

1. *Scil.* l'écliptique.

un homme en général est principe d'un homme en général, mais il n'y en a aucun ; tandis que Pélée est le principe d'Achille, ton principe, c'est ton père, et ce « B »-ci est principe de ce « BA »-ci, alors que le « B » en général est principe de « BA » dans l'absolu. Ensuite, s'il est vrai que les causes des substances sont causes de toutes choses, cependant, les causes et les éléments | sont, comme on l'a dit, différents pour des choses différentes qui n'appartiennent pas au même genre (les couleurs, les sons, les substances, les quantités), à moins que ce ne soit par analogie. Pour les choses qui appartiennent à la même espèce aussi, ils sont différents, non pas spécifiquement, mais parce que quelque chose diffère selon les individus : il y a ta matière, la forme, le moteur et ma matière, mais ils sont les mêmes dans leur définition générale.

Quant à rechercher | quels sont les principes ou les éléments des substances, des relatifs et des qualités, et s'ils sont les mêmes ou différents, il est évident que, puisqu'ils se disent en plusieurs sens, il en existe pour chaque genre, et que, si l'on distingue entre ces sens, ils ne sont pas les mêmes, mais différents, sauf de la manière que voici où ils sont les mêmes pour toutes choses : d'une certaine manière, ils sont les mêmes par analogie[1], parce qu'ils sont matière, forme, privation, moteur ; d'une autre manière aussi, les causes des substances | sont comme les causes de toutes choses, parce que tout est détruit, si elles sont détruites ; en outre, c'est parce qu'il y a ce qui est premier en entéléchie. Mais, d'une autre manière, les premières causes sont aussi différentes que les contraires qui ne se disent ni comme genres ni en plusieurs sens ; | en outre, les matières aussi sont différentes.

On a donc dit quels sont les principes des choses sensibles, combien ils sont, comment ils sont les mêmes et comment ils diffèrent.

1. En 1071a33, avec Bonitz (*Aristotelis Metaphysica*, A. Marcus, 1848-1849 ; Hildesheim, Olms, 1960), Jaeger et S. Alexandru, je supprime la disjonction ἤ et conserve l'article τῷ au datif. Comme le montre S. Alexandru, la formule τῷ ἀνάλογον n'a rien d'impossible et a plusieurs parallèles en Λ 4, 1070b16-17 et en Λ 5, 26-27.

CHAPITRE 6

|Puisqu'il y a, a-t-on dit[1], trois substances, deux qui sont naturelles 1071b3
et une qui est immobile, il faut dire, au sujet de cette dernière, qu'il existe nécessairement | une substance éternelle immobile. En effet, les substances sont les premiers des êtres et si toutes sont corruptibles, toute chose est corruptible. Mais il n'est pas possible que le mouvement soit engendré ni qu'il se corrompe (car il a toujours existé), de même que le temps : de fait, il ne peut y avoir ni antérieur ni postérieur, s'il n'y a pas de temps. Le mouvement est donc continu, ainsi que le temps, | car soit le temps est la même chose que le mouvement, soit il en est une affection. Mais il n'existe pas de mouvement continu, hormis le mouvement local et, dans celui-ci, le mouvement circulaire.

Mais, s'il existe quelque chose capable de mouvoir ou de produire, mais qui ne soit pas en activité, il n'y aura pas de mouvement, car il se peut que ce qui possède une puissance ne l'actualise pas. Il ne nous est donc non plus d'aucune utilité de forger des substances éternelles, | comme le font les partisans des Formes, s'il n'y a pas en elles un principe capable de causer le changement. Ce principe ne suffit donc pas, ni non plus aucune autre substance en plus des Formes, car s'il n'est pas en activité, il n'y aura pas de mouvement. Et cela ne suffira pas non plus s'il est en activité, mais que sa substance soit une puissance, car le mouvement ne sera pas éternel. En effet, il est possible que l'être en puissance n'existe pas. | Il faut donc qu'il y ait un principe tel que sa substance soit acte. En outre, il faut donc que ces substances soient dénuées de matière, car elles doivent être éternelles, si du moins quelque chose d'autre aussi est éternel. Elles sont donc acte.

Cependant, il y a un problème. Il semble, en effet, que tout ce qui est en activité en ait la puissance, mais que tout ce qui a la puissance ne

1. *Cf.* Λ 1, 1069a30-35.

l'actualise pas, de sorte que la puissance serait antérieure. | Mais alors, s'il en est ainsi, aucun des êtres n'existera, car il est possible d'avoir la puissance d'être, mais de n'être pas encore. Cependant, s'il en va comme le disent les théologiens qui engendrent tout de la Nuit, ou comme les physiciens qui disent que « toutes les choses étaient ensemble »[1], c'est la même impossibilité. Comment, en effet, quelque chose sera-t-il en mouvement, s'il n'y a pas une certaine cause en acte? car le | bois, en tout cas, ne se mettra pas en mouvement par lui-même, mais il le sera par l'art du charpentier, ni non plus les menstrues, ni la terre : ce sera par les graines et la semence. C'est pourquoi certains font l'acte éternel, comme Leucippe et Platon, car ils disent qu'il existe toujours du mouvement; mais il ne disent pas pourquoi, ni quel est ce mouvement, ni, s'il est de telle ou telle manière, ce qui en est la cause. De fait, rien ne se meut au | hasard, mais il faut toujours qu'il y ait une cause quelconque, comme à présent : quelque chose est mû d'une certaine manière par nature, mais d'une autre manière par contrainte, par l'intellect ou autre chose. Ensuite, quelle sorte de mouvement est première? car cela fait une énorme
1072a1 différence. Mais de plus, Platon | ne peut même pas mentionner ce qu'il estime parfois être le principe, à savoir le moteur qui se meut lui-même, car l'âme est postérieure et contemporaine du ciel, à ce qu'il dit. Donc penser que la puissance est antérieure à l'acte, c'est correct en un sens, ce ne l'est pas en un autre (on a dit comment)[2]. Que | l'acte soit antérieur, Anaxagore en témoigne (car l'Intellect est en acte[3]), ainsi qu'Empédocle avec l'Amitié et la Discorde, et ceux qui affirment qu'il existe toujours un mouvement, comme Leucippe. Il en résulte que le Chaos ou la Nuit n'ont pas duré un temps infini, mais que les mêmes choses existent toujours, soit selon un cycle, soit d'une autre manière, s'il est vrai que l'acte est antérieur à la puissance.

Si donc le même existe | toujours selon un cycle, il faut que demeure toujours quelque chose qui agisse de la même manière. Si, en revanche, il doit y avoir génération et corruption, il faut que quelque chose d'autre existe qui agisse toujours dans un sens et dans un autre. Il est donc nécessaire que cette autre chose agisse d'une certaine manière par soi et d'une autre manière par autre chose : soit donc par une chose différente, soit par la première. Il est alors nécessaire que ce soit par la première, car,

1. Anaxagore, fr. DK 59 B1. *Cf.* Λ, 2, 1069b21.

2. Essentiellement en *Metaph.* Θ 8. Voir p. 42-43 et p. 224-225.

3. En 1072a5-6, je lis le datif ἐνεργείᾳ, transmis par les mss EJA^b et édité par S. Fazzo, plutôt que le nominatif ἐνέργεια transmis par les mss MC et édité par Ross, Jaeger et S. Alexandru.

| sinon l'autre serait cause à la fois pour elle-même[1] et pour la seconde. Il est donc préférable qu'il s'agisse de la première, car elle était aussi cause de ce qui existe toujours de la même manière, tandis que l'autre l'était de ce qui est autrement, et toutes deux le sont, à l'évidence, de ce qui est toujours autrement. C'est donc ainsi également que sont les mouvements : pourquoi donc faudrait-il chercher d'autres principes ?

1. En 1072a15, avec les mss EJC, suivis par S. Fazzo, je lis αὑτῷ au lieu de αὐτῷ, transmis par les mss A^{b}M et reproduit par la quasi totalité des éditeurs.

CHAPITRE 7

| Mais puisqu'il est possible qu'il en soit ainsi et que, s'il n'en est 1072a19 pas ainsi, tout proviendra de la | Nuit, du « Tout était ensemble »[1] et du non-être, ces difficultés peuvent être résolues. Et il existe quelque chose qui est toujours mû d'un mouvement incessant, à savoir du mouvement circulaire (et c'est évident, non seulement en raison, mais dans les faits), de sorte que le premier ciel sera éternel. Il existe donc aussi quelque chose qui meut. Mais puisque ce qui est mû est un moteur et un intermédiaire, | il y a donc quelque chose qui meut sans être mû[2], qui est éternel, substance et acte.

Or c'est ainsi que meuvent le désirable et l'intelligible : ils meuvent sans être mus. Les premiers d'entre eux sont identiques. En effet, le beau apparent est l'objet de l'appétit, tandis que le beau réel est l'objet premier de la volonté. Et nous désirons une chose parce qu'elle semble belle, plutôt qu'elle ne semble belle parce que nous la désirons, | car le principe, c'est l'intellection. Or l'intellect est mû par l'intelligible, et l'une des deux séries est intelligible par elle-même. Dans celle-ci, la substance est première et, dans la substance, celle qui est simple et en acte (l'un et le simple ne sont pas identiques, car l'un signifie une mesure, tandis que le simple signifie un mode d'être de la chose elle-même). Mais, de plus, le beau et | ce qui est préférable par soi sont dans la même série, et ce qui est premier est toujours le meilleur ou | ce qui lui est analogue. Que la finalité 1072b1 existe dans les êtres immobiles, la division le révèle, car la finalité existe pour quelque chose et en vue de quelque chose : l'un de ces termes existe

1. Anaxagore, fr. DK 59 B1.

2. En 1072a24-25, je lis ἐπεὶ δὲ τὸ κινούμενον καὶ κινοῦν καὶ μέσον, ἔστι τοίνυν τι ὃ οὐ κινούμενον κινεῖ, en adoptant la correction, suggérée par Bonitz, de τοίνυν ἔστι en ἔστι τοίνυν et en référant τὸ κινούμενον au mû éternel évoqué à la ligne a21. Voir le commentaire du passage.

dans les êtres immobiles, mais l'autre non. Le moteur meut donc en tant qu'il est aimé et il meut les autres choses par quelque chose qui est mû [1].

Si donc quelque chose est mû, il est possible qu'il soit | autrement, de sorte que le transport premier est aussi un acte en tant qu'il est mû, mais, de ce fait, il est possible qu'il soit autrement [2], selon le lieu, même si ce n'est pas selon la substance. Mais, puisqu'il existe un moteur qui est lui-même immobile, étant un acte [3], il n'est en aucune manière possible qu'il soit autrement. En effet, le transport est le premier des changements et le premier transport est celui qui est circulaire. Or c'est celui | que meut ce moteur. Il est donc un être nécessaire et, en tant qu'il est par nécessité, il est de belle manière, et c'est ainsi qu'il est principe. Le nécessaire, en effet, a plusieurs sens : ce qui est par contrainte, parce que cela va contre l'impulsion ; ce sans quoi le bien n'est pas ; ce dont il n'est pas possible qu'il soit autrement, mais qui est simplement. D'un tel principe dépendent donc le ciel et la nature.

Quant à son occupation, | elle est comme celle qui est la meilleure pour nous pendant peu de temps (car lui, il est toujours ainsi, mais pour nous, de fait, c'est impossible), puisque son acte est aussi un plaisir. Et c'est pour cette raison que la veille, la sensation, l'intellection sont ce qu'il y a de plus plaisant, tandis que les espoirs et les souvenirs le sont par leur intermédiaire. Or l'intellection qui est par elle-même porte sur le meilleur par lui-même, et celle qui l'est au plus haut point porte sur ce qui l'est au plus haut point. Et l'intellect | se pense lui-même, en appréhendant l'intelligible, car il devient intelligible en le touchant c'est-à-dire en le pensant, si bien que l'intellect et l'intelligible sont identiques. En effet, le réceptacle de l'intelligible, c'est-à-dire de la substance, c'est l'intellect, et il passe à l'acte lorsqu'il le possède. Il en résulte que ce

1. À la l. 24, je lit κινουμένῳ, en suivant les mss, plutôt que la conjecture de Ross κινούμενα.

2. En 1072b5-6, je suis la leçon des mss EJ, qui reste intelligible en l'état, (voir A. Laks, « *Metaphysics* Lambda 7 », dans M. Frede, D. Charles (eds.), *Aristotle's* Metaphysics *Lambda*, *op. cit.*, p. 228-230). Je lis donc : ὥσθ᾽ ἡ φορὰ ἡ πρώτη καὶ ἐνέργειά ἐστιν, ᾗ κινεῖται· ταύτῃ δὲ … Le passage peut très bien se comprendre sans proposition conditionnelle et il est acceptable de dire que le mouvement premier est un acte. Il est vrai que l'argument s'applique au premier mobile, qui n'est pas un acte, mais en acte, mais l'argument présente à l'évidence une forme ramassée qui condense au sein d'un même objet la considération du mouvement et celle de la substance qui le réalise. Quant à la ponctuation adoptée, elle découle à la fois de considérations syntaxiques et de la structure de l'argument : si l'on ne référait pas ᾗ κινεῖται à ἐνέργειά ἐστιν, la conséquence énoncée à partir de ὥστε n'aurait aucun rapport avec la conditionnelle dont elle résulte.

3. À l'instar de S. Alexandru, je suis, en 1072b8, les mss EC (et sans doute aussi J) et lis le nominatif ἐνέργεια, plutôt que le datif des mss A^{b}M, qu'éditent Ross, Jaeger et S. Fazzo.

que l'intellect semble avoir de divin, c'est cela, plutôt que ceci [1], et que la contemplation est ce qu'il y a de plus plaisant et de meilleur. Si donc l'état d'excellence dans lequel nous sommes parfois, le dieu s'y trouve toujours, c'est | admirable, et si cet état est meilleur encore, c'est encore plus admirable. Or c'est ainsi qu'il est. Et certes, il est aussi vie, car l'acte de l'intellect est vie et lui [2], il est cet acte ; et son acte est par soi une vie excellente et éternelle. Or [3] nous disons que le dieu est un vivant éternel et excellent, de sorte que la vie et la durée continue | et éternelle appartiennent au dieu, car c'est cela même le dieu.

Mais tous ceux qui conçoivent, comme les Pythagoriciens et comme Speusippe, que le plus beau et le meilleur ne se trouvent pas dans le principe, à cause du fait que les principes des plantes et des animaux sont causes, tandis que le beau et le parfait sont dans les êtres qui procèdent d'eux, tous ceux-là se trompent. | En effet, la semence provient de choses différentes, antérieures et parfaites, et ce qui | est premier, ce n'est pas la **1073a1** semence, mais ce qui est parfait. Par exemple, on peut dire qu'un homme est antérieur à la semence, non pas celui qui est engendré à partir d'elle, mais un autre, dont provient la semence.

Donc, qu'il existe une substance éternelle, immobile et séparée des choses sensibles, c'est | manifeste à partir de ce qu'on a dit. D'autre part, on a aussi montré [4] que cette substance ne peut avoir aucune grandeur, mais qu'elle est sans partie et indivisible, car elle meut pendant un temps infini, alors que rien de fini ne possède une puissance infinie. Et puisque toute grandeur est soit infinie soit finie, pour cette raison, elle ne peut | avoir une grandeur finie, ni d'autre part, avoir une grandeur infinie, parce que, d'une manière générale, il n'existe pas de grandeur infinie. Mais on a aussi montré qu'elle est impassible et inaltérable, car tous les autres mouvements sont postérieurs au mouvement local. Telles sont donc les raisons évidentes pour lesquelles les choses sont de cette manière.

1. En 1072b23, comme S. Fazzo, je suis le texte des mss : ὥστ' ἐκεῖνο μᾶλλον τούτου ὃ δοκεῖ ὁ νοῦς θεῖον ἔχειν et ne reprends pas l'inversion des cas des deux démonstratifs suggérée par Ross, sur la base du texte du ps.-Alex.

2. En 1072b27, je lis le pronom neutre ἐκεῖνο, au lieu du masculin ἐκεῖνος, avec les mss EJMC, suivis par S. Fazzo.

3. En 1072b28, je lis δέ, en suivant les mss, plutôt que δή retenu par Bonitz, Ross, Jaeger et Alexandru. La définition du dieu n'est pas une conséquence de la démonstration qui précède, mais résulte plutôt d'une convergence heureuse entre le discours philosophique et le discours traditionnel.

4. Cf. *Phys.* VIII 10, 266a10-b27 et 267b17-26.

CHAPITRE 8

| Faut-il poser qu'il n'y a qu'une seule substance de ce genre ou qu'il y en a plusieurs | et, dans ce cas, combien y en a-t-il ? Il ne faut pas ignorer cette question, mais il faut aussi rappeler les déclarations des autres philosophes, parce que, au sujet du nombre, ils n'ont rien dit qui exprime une vue claire. En effet, la théorie des Idées ne contient aucun examen particulier de ce sujet : ceux qui affirment l'existence des Idées disent que les Idées sont des Nombres et, concernant les Nombres, ils en parlent tantôt | comme s'il y en avait une infinité, tantôt comme s'ils étaient limités à la décade ; quant à la cause pour laquelle il y a telle quantité des Nombres, ils n'en disent rien qui s'appuie sur une démonstration diligente. Nous, au contraire, nous devons en parler à partir de ce qui a été établi et déterminé.

D'une part, en effet, le principe, c'est-à-dire le premier des êtres, ne peut être mû ni par soi ni | par accident, et il est le moteur du mouvement premier, éternel et unique. D'autre part, puisqu'il est nécessaire que le mû soit mis en mouvement par quelque chose, que le premier moteur soit immobile par soi, que le mouvement éternel soit mis en mouvement par quelque chose d'éternel et que le mouvement unique le soit par quelque chose d'unique ; en outre, puisque nous voyons que, en plus du transport simple de l'univers, que meut, selon | nous, la substance première et immobile, il y a d'autres transports éternels qui appartiennent aux planètes (car le corps mû en cercle est éternel et ne s'arrête pas – on l'a montré dans les traités de physique consacrés à ce sujet[1]), il est également nécessaire que chacun de ces transports soit mis en mouvement par une substance immobile par soi et éternelle. En effet, puisque la nature des astres est une | certaine substance éternelle, le moteur est éternel et antérieur au mû, et ce qui est antérieur à une substance est nécessairement une substance. Il est donc manifeste qu'il existe nécessairement autant de substances qui sont

1. Voir *Phys*. VIII 8-9 et surtout *DC* I-II (cf. *infra*, p. 292).

1073b1 éternelles de nature, immobiles par soi et sans grandeur, | pour la raison énoncée précédemment[1]. Que ces moteurs soient donc des substances et que, parmi celles-ci, l'une soit première, une autre seconde, dans le même ordre que celui des transports des astres, c'est manifeste.

Quant au nombre des transports, c'est dorénavant à partir de celle | parmi les sciences mathématiques qui s'apparente le plus à la philosophie qu'il faut l'examiner : l'astronomie. Celle-ci, en effet, fait l'étude d'une substance sensible mais éternelle, tandis que les autres sciences mathématiques ne font l'étude d'aucune substance, comme par exemple l'arithmétique et la géométrie. Que donc les transports soient plus nombreux que les objets transportés, c'est manifeste pour ceux qui ont touché même modérément à cette question, car chacun | des astres planétaires est transporté de plus d'un mouvement. Mais, quant à savoir combien ils se trouvent être, nous allons à présent énoncer, pour nous en faire une idée, ce qu'en disent certains mathématiciens, de manière à concevoir dans notre esprit un nombre déterminé. Quant au reste, soit qu'on le recherche soi-même, soit qu'on l'apprenne des chercheurs, | s'il apparaît à ceux qui s'occupent de ces questions que quelque chose s'oppose à ce qu'on vient de dire, il faut apprécier les deux positions, mais ne se laisser convaincre que par les plus précises.

Eudoxe plaçait donc, d'une part, le transport du Soleil et de la Lune dans trois sphères pour chacun : la première était celle des étoiles fixes, la deuxième suivait le cercle qui passe | par le milieu du Zodiaque[2], et la troisième suivait le cercle oblique dans la largeur du Zodiaque (mais le cercle sur lequel la Lune est transportée est oblique selon un plus grand angle que celui que suit le Soleil). D'autre part, il plaçait chacun des astres planétaires dans quatre sphères : la première et la deuxième étaient les mêmes que | celles mentionnées plus haut (car il posait que la sphère des fixes est celle qui transporte toutes les sphères et que la sphère qui se range sous elle et qui suit le cercle qui passe par le milieu du Zodiaque a un transport commun à toutes). Il posait aussi que les pôles de la troisième sphère de chaque planète étaient sur le cercle qui passe par le milieu du Zodiaque et que le transport de la quatrième sphère suivait le cercle | oblique par rapport au milieu[3] de celle-ci. Il posait enfin que les pôles de la troisième sphère étaient propres à chacune des autres planètes, mais que ceux de Vénus et de Mercure étaient les mêmes.

1. Voir Λ 7, 1073a5-11.
2. *Scil.* l'écliptique.
3. *Scil.* l'équateur.

Callippe plaçait les sphères dans la même position qu'Eudoxe, c'est-à-dire dans le même ordre de leurs distances[1] : il attribuait à Jupiter | et à Saturne le même nombre de sphères que lui ; en revanche, au Soleil et à la Lune il pensait qu'on devait ajouter encore deux sphères – si l'on voulait rendre compte des phénomènes – et, à chacune des autres planètes, une sphère.

Mais il est nécessaire, si l'on veut que la combinaison | de toutes les **1074a1**
sphères rende compte des phénomènes, que, pour chaque planète, il y ait d'autres sphères, en nombre égal moins une, qui tournent en sens inverse et qui rétablissent dans la même position la première sphère de l'astre qui se range chaque fois en dessous. C'est seulement ainsi, en effet, | qu'il est possible que l'ensemble produise le transport des planètes. Donc, puisque les sphères sur lesquelles les planètes sont transportées sont, pour les unes, huit[2], pour les autres, vingt-cinq[3], et que, parmi celles-ci, les seules dont il n'est pas besoin qu'elles tournent en sens inverse sont celles sur lesquelles est transporté l'astre du rang le plus bas[4], les sphères qui tournent en sens inverse des transports des deux premières planètes seront au nombre de six, et celles qui tournent en sens inverse | des transports des quatre dernières seront au nombre de seize. Donc le nombre de l'ensemble des sphères, de celles qui transportent l'astre et de celles qui tournent en sens inverse, sera de cinquante-cinq. Mais, si l'on n'ajoute pas à la Lune et au Soleil les mouvements dont nous avons parlé, il y aura quarante-sept sphères au total.

Admettons donc que tel soit le nombre des sphères, | si bien qu'il est raisonnable de concevoir que les substances et les principes immobiles non-sensibles[5] sont en nombre équivalent (en effet, que cela soit nécessaire, laissons de plus forts esprits le dire). Mais, s'il n'est pas possible qu'un transport ne contribue pas au transport d'un astre, et si, en outre, il faut juger que chaque nature, c'est-à-dire chaque substance impassible qui a par | soi atteint l'excellence, est une fin, il ne peut exister aucune nature en plus de celles-ci et il est nécessaire que ce nombre soit celui des substances. En effet, s'il en existait d'autres, elles

1. Comme S. Fazzo, on conserve la proposition τοῦτ᾽ ἔστι τῶν ἀποστημάτων τὴν τάξιν en 1073b33-34, présente dans les mss JA ^{b}MC et dans la paraphrase du ps.-Alex.

2. Pour Jupiter et Saturne.

3. Pour Mars, Mercure, Vénus, le Soleil et la Lune.

4. *Scil.* la Lune.

5. En 1074a16, à la suite de S. Fazzo et de S. Alexandru, je suis le ms M, et lis καὶ οὐκ αἰσθητὰς. Les mss EJA ^{b}C donnent καὶ τὰς αἰσθητὰς qui, dans le contexte, ne fait guère sens et que Ross et Jaeger suppriment donc.

causeraient le mouvement, en tant qu'elles sont la fin d'un transport ; mais il est impossible qu'il y ait d'autres transports en plus de ceux qu'on a énoncés. C'est ce qu'il est raisonnable de concevoir à partir des | objets transportés. En effet, si tout ce qui transporte est, par nature, en vue de ce qui est transporté, et si chaque transport est celui d'un objet transporté quelconque, aucun transport ne peut avoir pour fin lui-même ni un autre transport, mais chacun doit avoir les astres pour fin. En effet, si un transport a pour fin un transport, il faudra aussi que ce dernier soit en vue d'autre chose. Il en résulte que, puisqu'il n'est pas possible d'aller à l'infini, | la fin de chaque transport sera l'un des corps divins transportés dans le ciel.

Que le ciel soit unique, c'est manifeste. En effet, s'il existe plusieurs ciels, comme il existe plusieurs hommes, le principe de chacun sera spécifiquement unique, mais multiple, du moins numériquement. Mais toutes les choses numériquement multiples ont une matière (car une seule et même définition s'applique à plusieurs choses, | comme celle de l'homme, tandis que Socrate est unique). Mais la quiddité première n'a pas de matière, car elle est une entéléchie. C'est donc à la fois par la définition et par le nombre que le premier moteur, qui est immobile, est unique [1] ; et donc ce qui est mû éternellement et continûment est seulement un. Il n'y a donc qu'un seul ciel.

1074b1 Une tradition, | remontant à la plus haute antiquité et livrée à la postérité sous la forme d'un mythe, rapporte que ces êtres sont des dieux et que le divin enveloppe la nature entière. Quant au reste, il a été ajouté sous une forme mythique, pour persuader la foule et | pour servir les lois et l'intérêt commun : on dit, en effet, que les dieux ont forme humaine et qu'ils sont semblables à certains autres animaux, à quoi s'ajoutent aussi d'autres propos conformes et presque semblables à ceux qu'on a mentionnés. Si on isolait l'élément premier de cet ensemble et qu'on ne gardât que cela, à savoir qu'on pensait que les substances premières étaient des dieux, on jugerait | que c'est parler divinement et que, puisque selon toute vraisemblance chaque art et chaque philosophie ont, autant que possible, été découverts à plusieurs reprises et de nouveau perdus, ces antiques opinions, tels des vestiges, ont été conservées jusqu'à nos jours. En conséquence, l'opinion de nos pères et des premiers penseurs, dans cette mesure seulement, est claire pour nous.

1. En 1074a38 je lis les mots ἓν μόνον, transmis par les mss, mais que le ms A^b omet.

Chapitre 9

| La question de l'intellect soulève certains problèmes. En effet, il semble être le plus divin des phénomènes mais quant au mode d'être qui pourrait le rendre tel, cela soulève certaines difficultés. En effet, s'il ne pense rien, en quoi sera-t-il vénérable ? Il est comme celui qui dort. S'il pense, mais que quelque chose d'autre en soit maître, alors ce qui constitue | sa substance n'étant pas une intellection, mais une puissance, il ne sera pas la substance la meilleure, car c'est du fait de penser que lui vient son prix.

En outre, que sa substance soit un intellect ou qu'elle soit une intellection, que pense-t-il ? En effet, soit il se pense lui-même, soit il pense autre chose et, si c'est autre chose, c'est soit toujours la même, soit des choses diverses. Cela fait-il donc une différence ou non de penser le beau ou une chose prise au hasard ? | Ou bien n'est-il pas absurde de réfléchir à certaines choses ? Il est donc évident qu'il pense ce qu'il y a de plus divin et de plus précieux et qu'il ne change pas, car c'est vers le pire qu'irait le changement et pareille chose serait déjà un mouvement.

En premier lieu donc, s'il n'est pas une intellection mais une puissance, il est raisonnable de penser que la continuité de l'intellection lui est pénible. Ensuite, il est évident | que quelque chose d'autre sera plus précieux que l'intellect, à savoir l'objet pensé. En effet, le fait de penser et l'intellection appartiendront même à celui qui pense le pire, de sorte que, s'il faut éviter cela (car mieux vaut ne pas voir certaines choses que de les voir), l'intellection ne sera pas ce qu'il y a de meilleur. Il se pense donc lui-même, s'il est vrai qu'il est ce qu'il y a de plus excellent, et son intellection est une intellection de l'intellection.

| Cependant, il apparaît que la science, la sensation, l'opinion et la réflexion portent toujours sur autre chose, et sur elles-mêmes accessoirement. En outre, si penser et être pensé sont deux choses différentes, selon lequel des deux termes le bien appartient-il à l'intellect ? De fait, l'essence

de l'intellection et celle de l'objet pensé ne sont pas les mêmes. Ou bien
1075a1 ne faut-il pas dire que, dans | certains cas, la science est son objet ? que, pour les sciences productrices, c'est la substance prise sans matière, c'est-à-dire la quiddité, et que, pour les sciences théorétiques, l'objet, c'est la définition et l'intellection ? Puisque l'objet pensé et l'intellect ne diffèrent donc pas l'un de l'autre, pour toutes les choses qui n'ont pas de matière, ils seront identiques et | l'intellection ne fera qu'un avec l'objet pensé.

Voici qu'il reste encore un problème, si l'objet pensé est composé, car l'intellect changera en passant d'une partie à une autre du tout. Ou bien ne faut-il pas dire que tout ce qui n'a pas de matière est indivisible ? L'état dans lequel l'intellect humain, ou du moins celui des êtres composés, se trouve pendant un certain temps (car il ne possède pas son bien dans telle ou telle partie, mais c'est dans une certaine totalité qu'il possède l'excellence, qui est quelque chose d'autre), | cet état n'est-il pas semblable à celui dans lequel se trouve l'intellection qui est intellection d'elle-même, pendant l'éternité tout entière ?

Chapitre 10

|Il faut aussi examiner de laquelle de ces deux manières la nature du tout possède le bien et l'excellence : est-ce comme quelque chose de séparé et qui existe en soi et par soi, ou bien comme l'ordre ? Ou bien n'est-ce pas des deux manières à la fois, comme pour une armée ? Dans ce cas, en effet, c'est à la fois le bien qui réside dans l'ordre et le stratège, et surtout | ce dernier, car il n'existe pas à cause de l'ordre, mais c'est l'ordre qui existe à cause de lui. Toutes les choses sont ordonnées ensemble d'une certaine manière, mais non de manière semblable – les animaux aquatiques, ceux qui volent et les plantes –, et les choses ne sont pas telles que l'une ne soit pas en rapport avec l'autre, mais il existe un rapport. En effet, toutes les choses sont ordonnées ensemble en rapport à quelque chose d'unique : c'est comme dans une maison, où il est le moins permis | aux hommes libres d'agir au hasard, mais où toutes leurs actions ou la plupart sont ordonnées, tandis qu'aux esclaves et aux bêtes il est permis d'agir peu dans l'intérêt commun et beaucoup au hasard. Tel est, en effet, pour chacun, le principe qui est sa nature. Je veux dire, par exemple, qu'il est nécessaire pour toute chose d'en venir du moins à se dissoudre en éléments et qu'il existe d'autres phénomènes de cette sorte, auxquels toutes les choses participent | dans l'intérêt du tout. **1075a11**

Il ne faut pas ignorer toutes les impossibilités et toutes les absurdités qui découlent des autres doctrines, ni quelles sont les doctrines de ceux qui s'expriment avec le plus d'habileté, ni lesquelles posent le moins de problèmes. En effet, tous les philosophes produisent toutes choses à partir des contraires, mais ils ne s'expriment pas correctement en disant « toutes choses » et « à partir des contraires » ; et comment toutes les choses, dans lesquelles les contraires existent, | viendront des contraires, ils ne le disent pas. En effet, les contraires ne s'affectent pas mutuellement. Or, pour nous, cela se résout de manière raisonnable par l'existence d'un troisième terme. Mais d'autres philosophes font de l'un des contraires une matière, comme ceux qui opposent l'Inégal à l'Égal ou, à l'Un, le Multiple. Or cela aussi se résout de la même manière, car la matière, qui est une, n'est le contraire de rien.

En outre, | toutes les choses participeront du mauvais, hormis l'Un, car le mal en soi est l'un des deux éléments. D'autres philosophes ne posent même pas comme principes le bien ni le mal. Pourtant, en toutes choses, c'est au plus haut point le bien qui est principe. Ceux, en revanche, qui disent qu'il est principe[1] ont raison, mais comment le bien est principe, ils ne le disent pas : est-ce comme fin, comme moteur ou comme forme?
1075b1 | Empédocle aussi s'exprime de manière absurde, car il fait de l'Amitié le bien et l'Amitié est principe à la fois comme moteur (car elle rassemble) et comme matière, car elle est une partie du Mélange. À supposer même qu'il arrive que la même chose soit principe | à la fois comme matière et comme moteur, néanmoins, leurs essences ne sont pas les mêmes. De laquelle de ces deux manières l'Amitié est-elle donc principe? C'est aussi une absurdité que la Discorde soit incorruptible, celle-là même[2] qui est la nature du mal. Anaxagore, en revanche, dit que c'est comme moteur que le bien est principe, car l'Intellect meut; mais il meut en vue de quelque chose, de sorte que cela est différent de lui, à moins de parler comme nous : | en effet, la médecine, c'est en un sens la santé. C'est aussi une absurdité de ne pas donner de contraire au bien, c'est-à-dire à l'Intellect. Tous ceux qui parlent des contraires ne font pas usage des contraires, à moins qu'on n'arrange leurs propos.

Et pourquoi certains êtres sont-ils corruptibles et d'autres incorruptibles? Personne ne l'explique, car ils produisent tous les êtres à partir des mêmes principes. En outre, les uns produisent les êtres | à partir du non-être; tandis que d'autres, afin de ne pas y être contraints, font de tous les êtres une chose unique. En outre, pourquoi y aura-t-il toujours génération et quelle est la cause de la génération? Personne ne le dit. Pour ceux qui posent deux principes, il est nécessaire qu'il y ait un autre principe supérieur et, pour ceux qui posent l'existence des Formes, il y aura encore un autre principe supérieur, car pourquoi y a-t-il eu ou | y a-t-il participation? Et, tandis que, pour d'autres, il existe nécessairement

1. En 1075a38, on lit le nominatif ἀρχή, avec les mss EJMC, plutôt que l'accusatif ἀρχήν, transmis par A ᵇ et édité par Ross et Jaeger.

2. En 1075b7, après Christ, Bonitz et S. Fazzo, je suis les mss et lis αὐτό, plutôt que la correction de Shorey (« Emendation of Aristotle's 1075b7 » *Classical Philology*, 19, 1924, p. 369-370), éditée par Ross, Jaeger et S. Alexandru : αὐτῷ. La leçon adoptée, outre son fondement textuel, a pour elle de prolonger la formule τὸ κακὸν αὐτό en 1075a35-36. En outre, comme le précise S. Fazzo (*Il libro* Lambda, *op. cit.*, p. 301), la référence à Empédocle est ici suffisamment claire pour rester implicite.

un contraire quelconque à la sagesse et à la science la plus précieuse, pour nous, en revanche, ce n'est pas nécessaire, car rien n'est contraire à l'être premier. Toutes les choses contraires, en effet, ont une matière et pareilles choses sont en puissance. Or l'ignorance qui est contraire à la sagesse conduit vers son contraire, mais rien n'est contraire à l'être premier.

En outre, s'il[1] n'existe pas d'autres êtres en dehors des | choses sensibles, il n'y aura ni principe, ni ordre, ni génération, ni phénomènes célestes, mais il y aura toujours un principe de principe, comme pour tous les théologiens et tous les physiciens. Et, si les Formes ou les Nombres existent, ils ne seront causes de rien ; et, dans le cas contraire, ils ne seront pas, du moins, causes du mouvement. En outre, comment la grandeur et le continu proviendront-ils d'êtres sans grandeur ? En effet, le Nombre ne produira pas | le continu, ni comme moteur, ni comme forme. Mais, de plus, aucun contraire ne sera ce qui est précisément capable de produire ou de mouvoir, car il pourrait ne pas être. Et assurément, son acte de produire serait postérieur à une puissance. Il n'y aurait donc pas d'êtres éternels ; or, il y en a. Il faut donc supprimer l'une de ces deux affirmations ; on a dit comment[2]. En outre, en vertu de quoi les nombres, ou | l'âme et le corps et, d'une manière générale, la forme et la chose constituent-ils une unité ? Personne ne dit rien à ce sujet, ni ne peut rien en dire, à moins de dire, comme nous, que le moteur produit l'unité.

Quant à ceux qui affirment que le nombre mathématique est premier et qu'il y a ainsi toujours une substance qui en suit une autre et des principes | différents pour chacune, ils rendent la substance de l'univers **1076a1**
épisodique (car aucune substance n'est utile à une autre, soit en existant, soit en n'existant pas) et ils forgent de nombreux principes. Or les êtres ne veulent pas être mal gouvernés : « Le commandement de plusieurs n'est pas une bonne chose : qu'un seul soit chef ! »[3]

1. En 1075b24, plutôt que la leçon εἴ τε, en A^{b}EJ suivie par Ross, je lis la leçon ἔτι εἰ des mss MC, conjecturée par Jaeger, puis éditée par S. Fazzo et S. Alexandru.

2. *Cf.* Λ 6 et en particulier 1071b12-1072a5.

3. Homère, *Iliade* II, v. 204.

COMMENTAIRE

Commentaire au chapitre 1

Résumé du chapitre

Aristote propose une introduction rapide, mais relativement complète, de l'enquête du livre Λ. [I. 1] *Il commence ainsi par définir son objet – les causes et les principes des substances (1069a18-19) –,* [I. 2] *puis il en justifie l'étude, en raison de la priorité de la substance, parmi tous les sens de l'être, priorité en vertu de laquelle c'est vers la substance également que la recherche des principes, depuis les présocratiques, s'est toujours orientée (1069a19-26).* [II] *Cette permanence du questionnement philosophique permet alors, au cours d'un rapide examen dialectique qui oppose les présocratiques aux platoniciens, d'esquisser une première alternative concernant la nature individuelle ou universelle des substances et de leurs principes (1069a26-30). L'introduction se referme sur la présentation d'un programme de travail,* [III. 1] *à travers l'énumération de trois sortes de substances (1069a30-36),* [III. 2] *puis d'une rapide interrogation sur les sciences à l'œuvre dans cette recherche (1069a36-b2).*

[I. 1] *L'objet du traité : causes et principes de la substance*

1069a18-19 : « C'est sur la substance que porte cette étude, car c'est des substances qu'on recherche les principes et les causes. »

Ce qu'on rend ici, au moyen d'un démonstratif, par « *cette* étude » correspond en réalité, en grec, à une formule plus vague : « *l'*étude » (ἡ θεωρία). Néanmoins, la majorité des commentateurs estime que l'étude en question est bien celle qu'entreprend Λ. Plusieurs éléments viennent à l'appui de cette lecture. La formule n'est pas sans parallèle [1] et correspond

1. *Premiers analytiques* I 1, 24a10; *Topiques* I 1, 100a18. Je remercie J.-B. Gourinat d'avoir attiré mon attention sur ces passages.

à une manière assez habituelle, de la part d'Aristote, d'énoncer, au début d'un traité, le thème de l'enquête qui va suivre, en prêtant à l'article une valeur démonstrative. D'un point de vue conceptuel surtout, c'est la convergence entre ce thème et les réalisations effectives du livre Λ qui doit convaincre de lire ce prologue comme l'énoncé d'un programme de recherche. Cela ne signifie pas, cependant, que la θεωρία qui s'annonce soit sans rapport avec une recherche scientifique déjà entamée, dans le prolongement de laquelle le livre Λ[1] se situerait. Le confirme, au plan historique, cette référence, en 1069a25-26, aux anciens philosophes qui, eux aussi, recherchaient les principes et les causes des substances. Le confirme également, au plan conceptuel, l'objet même de cette θεωρία – la substance –, dont la justification qui va suivre, jusqu'en 1069a26, va permettre de situer le livre Λ dans le prolongement d'un programme de recherche progressivement défini depuis *Métaphysique* A.

Aristote, en effet, explique ici que son étude portera sur la substance, *parce que* les substances sont ce dont on recherche les principes et les causes. Selon le ps.-Alex. et Ross[2], cette précision sert simplement à rappeler que toute connaissance est une connaissance par les causes. L'étude de la substance (οὐσία) se justifierait donc par elle-même, indépendamment de la recherche des causes et des principes. Cependant, Frede[3] remarque à juste titre qu'Aristote présente cette recherche comme une justification de l'étude de la substance (γάρ)[4]. Il faut alors comprendre que si Aristote se propose, en Λ, de faire l'étude de la substance, c'est parce qu'il est à la recherche de certaines causes et de certains principes

1. En ce sens, *cf.* Frede, « *Metaphysics* Λ 1 », dans M. Frede, D. Charles (eds.), *Aristotle's* Metaphysics *Lambda*, *op. cit.*, p. 55-56 ; E. Berti, « Le livre Λ de la *Métaphysique* d'Aristote », art. cit., p. 413-421 ; « The Program of *Metaphysics* Lambda (chapter 1) », art. cit., p. 68-69 ; S. Fazzo, « L'esordio del libro Lambda della *Metafisica* », *Rivista de filosofia neo-scolastica* 100, 2008, p. 168-173 et « La prima frase del libro lambda della *Metafisica* » dans R. Pozzo, M. Sgarbi (ed.), *I filosofi e l'Europeo. Atti del XXXVI Congresso nazionale di filosofia della Società Filosofica Italiana*, Milano, Mimesis, 2009, p. 34-35. Selon E. Berti et S. Fazzo, le terme « θεωρία » autoriserait à lui seul à définir cette étude. Berti relie cette θεωρία à celle définie en *Metaph.* α, en lien avec les causes et les principes. Selon S. Fazzo, le terme désignerait la science théorétique, définie en Z 1 (θεωρητέον, 1028b7), comme portant sur la substance (voir *Commento*, *op. cit.*, p. 115-116).

2. ps.-Alex., *In Metaph.* 668, 18-25 ; Ross, *Aristotle. Metaphysics*, *op. cit.*, vol. 2, p. 348.

3. M. Frede, « *Metaphysics* Λ 1 », art. cit., p. 58-60.

4. On pourrait alors envisager, comme M. Frede (*ibid.*, p. 56-57) et S. Fazzo (« La prima frase del libro lambda della *Metafisica* », art. cit., p. 35), que cette justification soit d'ordre historique, en traduisant ζητοῦνται par « *ils* recherchent ». Cependant, il est clair que l'étude sur la substance désigne aussi celle que mène Λ, et que les arguments qui suivent, en 1069a19-24, sont en partie personnels.

qui se trouvent être ceux des substances[1]. L'étude de la substance se justifierait ainsi en vertu d'une recherche archéologique et étiologique déjà en place. La suite de l'argument, à partir de 1069a19, en justifiant le primat de la substance dans cette recherche des principes et des causes, permettra de déterminer plus précisément la nature de cette enquête déjà entamée que Λ semble prolonger.

Commence en tout cas, dès ce moment, de s'esquisser une certaine continuité entre le programme d'étude de Λ et celui de *Métaphysique* A 2, qui définit la sagesse (σοφία) comme la science des premiers principes et des premières causes[2]. On notera également la proximité entre l'objet de Λ (les principes et les causes des substances) et celui qu'Aristote rappelle être le sien en H 1, 1042a4-6 : les causes, les principes et les éléments des substances, suggérant ainsi la possibilité que Λ se rattache, de près ou de loin, à une enquête dont les livres Z et H participent également. Plus généralement, on notera que Λ se présente, de même que Z et H, comme un traité sur la substance. Ces points communs cachent, bien sûr, de profondes différences de traitement : Λ ne se préoccupe guère de définir l'essence de la substance[3], ni ne consacre aucune remarque à la question de la définition. Il reste que c'est bien autour d'un intérêt ousiologique général que Λ, non moins que Z et H, se définit ici, intérêt dont rien n'atteste à ce stade, contrairement à ce que les interprètes antiques et médiévaux[4] ont souvent affirmé, qu'il se résume à la substance suprasensible.

[I. 2] *La priorité de la substance*

1069a19-26 : « En effet, si l'univers est comme un certain tout [...] les principes, les éléments et les causes. »

Aristote énonce quatre arguments visant à justifier que les causes et les principes qu'on recherche soient bien ceux des substances. Le

1. Selon Frede (« *Metaphysics* Λ 1 », art. cit., p. 61-62), la justification serait inverse : Aristote dirait que son étude porte sur la substance, parce que les principes qu'il recherche sont eux-mêmes des substances. C'est vrai, puisque rien n'est antérieur à la substance, et ce point découle naturellement des arguments en faveur de la priorité de la substance (1069b19 *sq.*). Cependant, le dernier argument, en b25-26 vise clairement à établir, non pas que les principes recherchés sont des substances, mais qu'ils sont ceux des substances. C'est donc cette lecture qu'on privilégie ici pour l'ensemble du passage.

2. *Metaph.* A 2, 982b7 *sq.* Voir *supra*, p. 36-37.

3. Z 2, 1028b31-32. Voir en ce sens M. Frede, « Introduction », art. cit., p. 2.

4. Voir l'introduction dans ce volume, p. 14.

premier (a19-21) exprime un intérêt pour l'univers (τὸ πᾶν)[1] et son mode de structuration qui se maintiendra tout au long du livre. Pour l'heure, Aristote évoque une alternative : le monde est ordonné soit comme un tout (ὅλον τι), soit en vertu de la succession (ἐφεξῆς) des parties qui le composent. Dans le premier cas, il serait doté d'unité[2], de sorte que ses composants seraient arrangés ensemble de manière à constituer une réalité différente de la simple juxtaposition des parties. Dans le second cas, les parties de l'univers seraient ordonnées par consécution, sans contact ni unité[3]. On peut s'interroger sur les cibles de ces deux hypothèses. On considère habituellement qu'Aristote souscrit de préférence à la première, qu'il défend en Λ 10 (1075a11-25), tandis que, par la seconde, il viserait Speusippe, dont il critique la conception épisodique de l'univers (Λ 10, 1075b37-1076a4)[4]. Mais, Aristote ne souhaite sans doute pas encore trancher entre ces deux modes de structuration, mais plutôt montrer que, quelle que soit la conception à laquelle on souscrit, cela revient toujours et dans tous les cas à souscrire également à la priorité de la substance sur les autres sens de l'être. Aristote évoque ici rapidement sa doctrine des catégories et la priorité de la substance, en vertu de la fonction de sujet (ὑποκείμενον) de cette dernière : la substance est ce sans quoi les

1. Certains interprètes ont envisagé que τὸ πᾶν désignât l'être lui-même. Le tout qu'il constitue dans le premier membre de l'alternative serait alors soit le composé de matière et de forme (selon Bonitz, *Commentarius*, *op. cit.*, p. 553-554), soit celui de la substance et de ses accidents (selon le ps.-Alex., *In Metaph.*, 669, 3-5). Ces interprétations sont à la fois peu naturelles et peu crédibles. « τὸ πᾶν » n'est pas un synonyme de τὸ ὄν, mais il désigne ordinairement l'univers (*cf.* par exemple, en Λ 8, 1073a29). De plus, il s'avère difficile de comprendre en quoi la substance pourrait être une partie du composé, soit de forme et de matière, soit de substance et d'accidents. Dans le premier cas, cela impliquerait que la substance désigne la forme, par opposition à la matière, alors que c'est sa fonction de sujet que l'argument doit mettre en relief (*cf.* Ross, *Aristotle. Metaphysics*, *op. cit.*, vol. 2, p. 349). Dans le second cas, l'argument serait tautologique. Averroès mentionne encore deux autres hypothèses : le genre (selon Alexandre d'Aphrodise, *ap.* Averroès, *Grand Commentaire*, *op. cit.*, p. 48) ou le composé formé de l'individu et de l'universel (selon Averroès lui-même, *ibid.*, p. 49).

2. *Cf.* Δ 6, 1016b12 *sq.* et I 1, 1052a22 *sq.*

3. Ce qui ne se touche pas, qui n'est pas continu, selon Bonitz (*Index aristotelicus*, Berlin, G. Reimer, 1870, 399b18 *sq.* – désormais cité *Index*).

4. Ainsi que le dernier Platon et Xénocrate, selon Frede (« *Metaphysics* Λ 1 », art. cit., p. 64). Rien n'interdit de penser qu'Aristote associe d'autres philosophes (sans doute certains présocratiques) à l'hypothèse du tout. On pourrait également penser que l'hypothèse de la succession lui convienne parfois. En ce sens voir Frede (*ibid.*, p. 63-66) qui estime qu'Aristote accepte le modèle de la succession pour les substances immobiles (*cf.* Λ 8, 1073b1-3) et celui du tout pour les substances sensibles. Mais alors, l'univers, c'est-à-dire la totalité de ce qui est (τὸ πᾶν), n'obéirait plus à aucun modèle précis.

catégories non-substantielles ne sont pas, mais qui peut exister séparément (χωριστόν) et qui leur est donc antérieur [1].

Le second argument (a21-24) se présente comme l'approfondissement du précédent, qu'il replace plus nettement dans le cadre de la plurivocité de l'être [2]. Aristote y précise le fondement de la priorité de la substance, en énonçant un partage entre les êtres au sens propre, et ceux en un sens second ou dérivé. Les qualités, les quantités et les mouvements ne sont pas des êtres à proprement parler, pour les mêmes raisons qu'ils sont postérieurs à la substance. Aristote les assimile au cas du non-blanc et du non-droit : de même que ces derniers n'ont de sens qu'en fonction du blanc et du droit dont ils sont la négation, de même les qualités ou les mouvements se définissent par leur rapport à la substance, dont ils sont les attributs. Et de même qu'il est possible de dire que le non-blanc et le non-droit « sont » en vertu de leur appartenance à un sujet [3] (puisque certaines substances sont non-blanches ou non-droites [4]), de même, les qualités et les mouvements existent et sont des êtres, en vertu de la substance qu'ils déterminent. La spécificité du troisième argument (a24) tient alors à l'explicitation qu'il apporte à ce qui, jusqu'à présent, était simplement sous-entendu : aucun être, hormis la substance, ne peut exister séparément, puisqu'aucun n'est un être indépendamment de son rapport à la substance.

On retrouve ainsi la proximité, qu'on a déjà relevée, entre ce passage de Λ 1 et le début du livre Z (1028a10-31), où Aristote établit que la substance est l'être au sens premier (πρώτως) et propre (ἁπλῶς), en vertu de sa fonction de sujet à l'égard des autres catégories. Le texte de Λ 1, cependant, en comparaison de celui de Z 1, frappe par son caractère elliptique. Rien n'y est clairement précisé : ni les raisons pour lesquelles les qualités ou les quantités ne sont pas des êtres ἁπλῶς, ni même ce qui l'est. La substance n'est d'ailleurs pas même mentionnée. L'argument paraît ainsi présupposer une claire connaissance de ce point de doctrine et présente une formulation allusive qui est, sur le plan formel, l'une des caractéristiques du livre Λ.

D'une manière générale, on peut s'interroger sur la nature exacte de la priorité de la substance qu'Aristote argumente dans ce passage. À l'évidence, elle est d'ordre ontologique et chronologique, mais les

1. Voir, par ex., *Cat.* 5, 2a34 *sq.* ; *Metaph.* Γ 2, 1003b4-17 ; Z 1, 1028a13-31.
2. Voir, par ex., Γ 2, 1003a33 *sq.* ; Δ 7 et E 2.
3. Δ 7, 1017a18-19.
4. Les privations aussi sont des êtres, par leur relation à la substance. *Cf.* Γ 2, 1003b8.

interprètes[1] hésitent à lui attribuer une valeur logique. Il est certain que, contrairement à ce qu'il en est en *Métaphysique* Γ 2, 1003b4-17, Aristote ne pose pas ici que les autres catégories se *disent* en rapport à un terme unique (πρὸς ἓν λεγόμενον), ni, comme c'est le cas en Z 1, 1028a32-b2, qu'elles sont connues et définies en vertu de ce rapport. Néanmoins, il semble que cela soit sous-entendu par l'argument tout entier et par le deuxième en particulier, qui suggère que les catégories non-substantielles sont *dites* des êtres, en vertu de leur rapport attributif à la substance, de la même manière que, du non-blanc et du non-droit, *nous disons* (λέγομεν, 1069a23) qu'ils sont, en vertu de leur appartenance à une substance non-blanche et non-droite.

En réalité, ce prologue de Λ formule une recherche qui rejoint celle annoncée en *Métaphysique* A 2 et Γ 1-2[2]. À un premier niveau, en effet, c'est à la sagesse, science des premiers principes et des premières causes, que la recherche de Λ paraît se rattacher : si, en effet, la recherche des principes et des causes de la substance se justifie en raison de la priorité de cette dernière à l'échelle de l'univers, cela signifie que ce sont les principes et les causes des êtres premiers qu'Aristote recherche et, dans cette mesure, les premiers principes et les premières causes de l'ensemble des êtres. À un second niveau, cette justification paraît rapprocher Λ du projet de la science de l'être en tant qu'être et de ses principes, science présentée en Γ 1 et immédiatement redéfinie en Γ 2, en vertu de la priorité ontologique et logique de la substance, en une science des principes et des causes de la substance. Dans la mesure, en effet, où Aristote explique ici que c'est de la substance qu'il recherche les causes et les principes parce que cette dernière est, de toutes les sens de l'être, la réalité première, il semble exprimer à mots couverts qu'il est à la recherche des principes et des causes de tous les êtres, ou bien encore des êtres en tant qu'ils sont des êtres, et que cette recherche peut donc, en vertu de la priorité de l'οὐσία, se concentrer sur ce terme premier, en fonction duquel les principes des êtres, pris en un autre sens, seront connus[3]. Le chapitre 5 (1070b36-1071a2) montrera en tout cas que, compte tenu de la séparation de la substance, les principes de la substance sont donc aussi les principes des autres êtres. En conséquence, la connaissance des premiers sera, *ipso facto*, la connaissance des seconds[4].

1. Par ex. E. Berti, « Le livre Λ de la *Métaphysique* d'Aristote », art. cit., p. 413.
2. Voir *supra*, p. 35-36.
3. Λ semble ici reproduire le raisonnement de Γ 2, 1003b16-19.
4. D'une manière plus générale, c'est le propos de l'ensemble des chapitres 4 et 5 que de montrer que les principes et les causes des substances sont les causes de tous les êtres.

Le quatrième argument (a25-26) se distingue assez nettement des précédents : ici c'est l'exemple des présocratiques (qui seront bientôt opposés aux platoniciens) qui doit témoigner en faveur de l'argumentation aristotélicienne. Le fait que ce soit de la substance également qu'ils se trouvent rechercher les principes, les causes et les éléments paraît confirmer non pas seulement la priorité de l'οὐσία, mais ce que cette priorité doit justifier, à savoir l'orientation de la recherche des causes et des principes vers ceux de la substance[1]. *Métaphysique* Z 1 (1028b2-7) offre à nouveau un parallèle intéressant : comme en Λ 1, Aristote y formule, de manière plus développée, la continuité historique qui rassemble les philosophes, anciens et modernes, autour de la question de la substance et qui justifie, comme ici, de se tourner vers cette question. Ce jugement de Λ 1 paraît aussi prolonger une remarque de Γ 1 (1003a28-32), où Aristote estime que la recherche présocratique des éléments des êtres était en réalité une recherche des principes des êtres en tant qu'ils sont des êtres. Ce texte de Λ 1 paraît poursuivre l'argument à la lumière de la priorité de la substance, en montrant que cette recherche des principes des êtres en tant qu'êtres, de part et d'autre de l'histoire, chez les présocratiques comme chez Aristote, doit se redéfinir en science des principes des substances.

[II] *Examen dialectique : nature individuelle ou universelle de la substance et de ses principes*

1069a26-30 : « Les philosophes d'aujourd'hui [...] et non le corps qui leur est commun. »

Le ton dialectique et historique de l'argument précédent se prolonge dans ce nouveau développement qui oppose les Anciens aux Modernes sur la question de la substance et de ses principes[2]. Aristote livre ici une version de la gigantomachie du *Sophiste* (246a-c)[3], qui précise ce que les philosophes contemporains d'abord, les présocratiques ensuite, tiennent pour être une substance et un principe des substances. Le passage constitue ainsi une étape préparatoire de l'enquête, en circonscrivant certaines positions philosophiques remarquables.

1. On aura noté une légère différence de programme, puisque la recherche des Anciens porte sur les *éléments* des substances. Peut-être est-ce d'ailleurs pourquoi l'énoncé de l'objectif de la recherche, au début du chapitre, ne mentionne pas la notion d'élément, afin de suggérer la nécessité d'élargir l'enquête des principes aux causes externes. Je remercie G. Aubry de m'avoir montré l'importance de cette nuance.

2. *Cf.* M. Frede, « *Metaphysics* Λ 1 », art. cit., p. 67.

3. Sur ce parallèle, voir S. Menn, *The Aim*, Iα1, p. 18 ; IIIβ1, p. 24.

Les philosophes contemporains (οἱ νῦν 1069a26) désignent les platoniciens[1], dont Aristote explique qu'ils accordent une plus grande substantialité aux universels (τὰ καθόλου). Comme le montre Frede[2], cela suggère que les universels ne sont pas les seules substances dont ils reconnaissent l'existence. En Z 2, 1028b19-21, Aristote explique que Platon compte, parmi les substances, les Formes, les réalités mathématiques et les corps sensibles. De même, en H 1, 1042a6 *sq.*, comme plus loin en Λ 1, 1069a31, Aristote précise que *tous* les philosophes s'accordent à reconnaître l'existence des substances naturelles, comme les plantes ou les animaux. Les platoniciens paraissent ainsi admettre la substantialité des individus sensibles, mais la subordonner à celle des universels[3].

Cette hiérarchie tient au statut de principe des termes en question. C'est ce qu'enseigne, en *Métaphysique* B 5, le développement de la 14e aporie[4], où Aristote dessine un contraste parallèle à celui qu'il expose ici entre les anciens philosophes et leurs successeurs. Les termes que les uns et les autres tiennent pour principes des substances sont pour cette raison davantage substances, parce que, en tant que principes, il peuvent exister séparement, sans les substances qui leur sont subordonnées, et parce qu'ils constituent ainsi ce par quoi ces substances subordonnées se définissent, ce dont elles tirent leur nature ou leur substance. Aristote précise ici que si les platoniciens sont portés à définir ces principes comme des genres, c'est en raison du caractère abstrait (λογικῶς) de leur recherche. Habituellement, « λογικῶς » s'oppose à « φυσικῶς »[5] et désigne une pensée abstraite, sans contact avec le réel, qui raisonne en des termes généraux et non propres ou adaptés au sujet traité. C'est ce goût de l'abstraction et de la généralité qui explique que le genre paraisse davantage substance et principe, puisqu'il est, selon les platoniciens, ce qui confère leur nature aux réalités individuelles, ce qui en constitue la substance même[6].

La mention du feu et de la terre permet d'identifier certains des anciens philosophes en question (Héraclite[7], à travers l'exemple du feu, peut-être

1. L'emploi du présent (τιθέασιν 1069a27) ne constitue pas un indice suffisant, contrairement à ce qu'avance Elders (*Aristotle's Theology*, *op. cit.*, p. 79), pour argumenter une datation haute de ce texte. Le fait qu'Aristote désigne les académiciens comme des philosophes contemporains (οἱ νῦν) s'explique amplement en raison de l'opposition de ces derniers aux Anciens (οἱ πάλαι 1069a28-29), c'est-à-dire aux présocratiques.

2. M. Frede, « *Metaphysics* Λ 1 », art. cit., p. 68.

3. *Cf.* aussi Z 2, 1028b19 ; H 1, 1042a14-15.

4. *Metaph.* B 5, 1002a4 *sq.*

5. *Phys.* III, 5, 204b4-10. *Cf.* Bonitz, *Index*, *op. cit.*, 432a46 *sq.*

6. Voir Frede, « *Metaphysics* Λ 1 », art. cit., p. 68.

7. *Metaph.* A, 984a7-8.

Parménide également, dont Aristote dit qu'il pose le feu et la terre comme principes et causes [1]), mais elle n'a évidemment aucune valeur restrictive : sont visés tous les présocratiques qui préfèrent les individus (τὰ καθ' ἕκαστα) aux universels.

Comme précédemment au sujet des genres, le feu et la terre n'ont pas pour but d'illustrer tout ce que ces anciens philosophes reconnaissent pour substance (en ce qu'il n'admettraient pas la substantialité des composés) [2], mais ce qu'ils tiennent le plus pour substances, parce qu'ils le tiennent également pour un principe constitutif de la substance des choses [3]. Il s'agit, en l'occurrence, d'éléments matériels, comme le feu, la terre, l'eau ou l'air, c'est-à-dire de corps singuliers et non d'un « corps commun » (κοινὸν σῶμα). Les occurrences parallèles de l'expression montrent qu'il peut s'agir de désigner par là soit le genre des corps élémentaires que sont le feu et la terre, c'est-à-dire la corporéité commune à ces principes matériels [4], soit même le genre des corps composés dont on recherche les principes [5]. Dans tous les cas, la formule exprime, à l'évidence, l'opposition de l'individu au genre et résume, dans cette mesure, le contraste entre les options λογικῶς des platoniciens et celles φυσικῶς des Anciens [6].

Se dessine ainsi plus nettement la nature de la divergence entre les platoniciens et les présocratiques. Comme le souligne S. Menn [7], elle fait écho à l'opposition entre les causes formelles (auxquelles se rapportent les genres) et les causes matérielles (illustrées par les corps élémentaires), dans la prétention de chacune de ces deux sortes de causes à constituer la

1. A 5, 986b34-987a1.

2. *Cf.* par ex. Λ 1, 1069a31. Voir également Z 2, 1028b9-10 et H 1, 1042a9-10.

3. *Cf.* Frede, « *Metaphysics* Λ 1 », art. cit., p. 69-70. C'est pourquoi on suit, dans la traduction, la suggestion de Frede, qui recommande de suppléer en 1069a29 non pas seulement τιθέασιν, mais également μᾶλλον.

4. Cf. *Phys.* III 4, 203a34-b1, où l'expression désigne la conception démocritéenne du principe : la corporéité commune à tous les corps. Même chose en *Metaph.* A 9, 992a4-6. En ce sens, *cf.* par ex. Thémistius (*Paraphrase*, *op. cit.*, p. 50), Ross (*Aristotle. Metaphysics*, *op. cit.*, vol. 2, p. 350) ou Frede (« *Metaphysics* Λ 1 », art. cit., p. 69). C'est aussi la lecture de S. Menn (*The Aim*, IIIβ1, p. 24) qui estime que Λ 1 exprime l'opposition entre l'ancienne physique et la nouvelle, dont Démocrite et Platon seraient les représentants.

5. C'est ce qu'enseigne la 6 e aporie, en *Metaph.* B 3 (998a20-b4), où Aristote montre que les présocratiques définissent les principes comme des constituants matériels singuliers plutôt que comme des genres : les éléments du son articulé en sont les lettres, et non pas le son articulé, comme genre commun (τὸ κοινὸν ἡ φωνή 998a25). Or le « son articulé commun » n'est pas le genre des lettres, mais des sons articulés eux-mêmes.

6. S. Fazzo, *Commento*, *op. cit.*, p. 98, 219-220, qui édite la leçon des mss EJMC καθ' ἕκαστον, comprend que les présocratiques posent, non pas les individus comme principes, mais les principes des individus, s'opposant ainsi aux platoniciens, qui s'interrogent sur les principes des définitions (λογικῶς).

7. S. Menn, *The Aim*, IIIβ1, p. 23-24.

substance des choses. Mais la divergence porte tout autant sur le caractère universel ou individuel des principes des substances et relève ainsi de la 12e aporie[1], à laquelle les chapitres 4-5 apporteront une réponse, en insistant sur la nature individuelle des principes[2] et en déterminant à quelles conditions on peut les formuler de manière générale[3]. Plus précisément encore, la divergence qu'évoque ce passage rejoint l'alternative présentée dans la 6e aporie[4], qui porte sur la nature des principes élémentaires et qui oppose les platoniciens (qui envisagent les éléments comme les genres des êtres) aux présocratiques (qui les définissent comme des constituants matériels premiers). En d'autres termes, le désaccord qu'Aristote évoque ici ne concerne pas seulement deux conceptions du principe, mais, plus précisément, deux conceptions du principe comme élément[5]. Le chapitre 4 (1070a33-b10), à nouveau, se fera l'écho de cette aporie et examinera, pour les tester, ces deux conceptions du principe élémentaire.

[III. 1] *Programme de travail : tripartition des substances*

1069a30-33 : « Il y a trois sortes de substances : l'une est sensible, et elle se divise en substance éternelle et substance corruptible (sur cette dernière tout le monde s'accorde : ce sont par exemple les plantes et les animaux). De cette substance, il est nécessaire de saisir les éléments, qu'il y en ait un ou plusieurs. L'autre substance est immobile [...] »

Quelles que soient les difficultés, que la section précédente vient d'évoquer, l'examen qui va suivre doit pouvoir disposer d'une liste relativement fiable des différentes sortes de substances, dont il faudra rechercher les principes et les causes. C'est cette liste qu'Aristote propose ici, dans un nouveau développement qui s'appuie encore sur les opinions des prédécesseurs, mais qui présente également validité personnelle : Aristote admet l'existence des substances de chacune des sortes qu'il énumère et dont l'examen constituera donc les étapes successives de la recherche menée dans le livre Λ.

Cette nouvelle section prolonge le parallélisme structurel entre ce premier chapitre de Λ et ceux des livres Z (1-2) et H (1), puisque dans ces trois traités Aristote fait précéder le cœur de l'enquête par

1. *Metaph.* B 1, 996a9-10 et B 6, 1003a7 *sq.*
2. Λ 5, 1071a19-24.
3. Λ 4, 1070a31-33 ; Λ 5, 1071a17-18.
4. *Metaph.* B 3, 998a20-b14. Selon S. Menn (*The Aim*, IIIβ1, p. 24), la 14e aporie serait également à l'arrière-plan de ce passage.
5. Cf. *Metaph.* Δ 3, 1014a31-35 et 1014b6-14.

une doxographie, plus ou moins exhaustive, sur ce que les uns et les autres tiennent pour substances[1]. Dans ces trois textes également, cette doxographie s'organise autour d'une même ligne de partage, entre le cas, relativement consensuel, des substances sensibles et celui, plus problématique, des substances suprasensibles[2]. Cependant, en Λ 1, c'est à travers un schéma tripartite qu'Aristote envisage cette dualité entre la classe des substances sensibles et celle de la substance immobile, au moyen d'une subdivision de la première en substances corruptibles et substances éternelles. Il n'est certes pas inhabituel qu'Aristote mentionne ces dernières dans un contexte similaire : elles figurent également en Z 2 et en H 1, soit à travers la mention du ciel (οὐρανός) et de ses parties (H 1, 1042a10-11), soit, de manière plus explicite, par l'identification des parties en question, à savoir les astres, le soleil et la lune (Z 2, 1028b13). Dans aucun de ces deux textes cependant, Aristote ne va jusqu'à les constituer en une classe à part entière. Selon Elders[3], cette originalité répondrait à l'existence, chez Platon, d'une classe de réalités intermédiaires entre le sensible et l'intelligible (*sc.* l'âme ou les êtres mathématiques). Dans ce cas, il s'agirait, comme le montre Frede[4], de proposer une correction de la tripartition platonicienne, en montrant que le mouvement n'est pas toujours synonyme de corruptibilité. Il est clair, en tout cas, que les substances sensibles éternelles constituent le point d'articulation entre les substances immobiles et les substances corruptibles, de sorte que leur mise en évidence, dans une rubrique à part entière, procure son principe de progression à l'enquête qui va suivre.

Conformément à la marche de la connaissance qui conduit de ce qui est le plus connaissable pour nous à ce qui l'est le plus par nature[5], c'est la double rubrique des substances sensibles qu'Aristote mentionne ici en premier et c'est par elle également qu'il commencera l'examen. À la subdivision des substances sensibles en substances éternelles, d'une part, et substances corruptibles de l'autre, il joint ici deux précisions : l'une qui fait état du relatif consensus dont ces substances font l'objet; l'autre qui affirme la nécessité d'en déterminer les éléments. Le texte du passage présente plusieurs difficultés. La première concerne l'objet de ce consensus : il peut paraître étrange, en effet, qu'Aristote le restreigne aux

1. Z 2, 1028a8-27 ; H 1, 1042a6-12.

2. Z 2, 1028b13-15 ; Z 2, 1028b27-32 ; H 1, 1042a6-7.

3. L. Elders, *Aristotle's Theology*, *op. cit.*, p. 81-82.

4. M. Frede, « *Metaphysics* Λ 1 », art. cit., p. 72-73.

5. *Cf.* par ex. Z 3, 1029a33-b5 ; *Phys.* I 1, 184a16-19 et surtout *An. Post.* I 2, 71b33-72a5.

seules substances corruptibles, alors que les textes parallèles de Z 2 et de H 1 n'indiquent rien de tel [1]. C'est pourquoi Thémistius et le ps.-Alex. [2] le font porter sur la substance sensible en général. Frede [3], qui penche pour cette solution, ajoute en ce sens qu'on voit mal quel peut être le point de discorde qu'Aristote pourrait vouloir mettre en évidence au sujet des substances sensibles éternelles : leur éternité, explique-t-il, peut certes diviser les philosophes, mais ce n'est pourtant pas leur éternité qui importe ici, mais leur substantialité. Néanmoins, la tradition manuscrite [4] est unanime sur ce point : ce sur quoi tous les philosophes s'accordent concerne les substances corruptibles uniquement. L'argument de Frede est d'ailleurs à double tranchant : s'il est vrai que tous n'estiment pas que les astres sont éternels [5], alors ce doute suffit à remettre en cause l'existence d'une classe de substances sensibles éternelles. Du reste, l'éternité de ces substances fera l'objet d'une justification au cours du livre (Λ 2, 1069b25-26; Λ 6, 1071b3-11), ce qui suffit à convaincre qu'Aristote ne tient pas l'éternité de certaines substances sensibles pour consensuelle.

Le second problème, plus délicat, concerne l'objet de la recherche des éléments des substances : s'agit-il de la substance sensible en général, ou bien de la substance éternelle uniquement? Ross, dont nous suivons le texte, corrige la leçon transmise par les mss EJ et décide de faire porter la saisie des éléments sur l'ensemble des substances sensibles [6].Néanmoins, les mss MC, que Ross n'a pas recensés, soutiennent l'option contraire [7] : la saisie des éléments concerne le cas des substances éternelles uniquement [8]. Selon S. Fazzo [9], ce texte est à la fois plus clair et plus significatif, puisqu'il permettrait de rendre compte de la mention, apparemment anodine, du

1. Z 2, 1028b7-13 ; H 1, 1042a7-11.

2. Thémistius, *Paraphrase*, *op. cit.*, p. 51 ; ps.-Alex., *In Metaph.*, 670, 26-27.

3. M. Frede, « *Metaphysics* Λ 1 », art. cit., p. 80. *Cf.* également S. Alexandru, *Aristotle's* Metaphysics *Lambda*, *op. cit.*, p. 116.

4. Les mss EJA ^{b}MC lisent tous : ἡ (…) φθαρτή, ἣν πάντες ὁμολογοῦσιν.

5. Bien que les académiciens admettent l'éternité de ces substances, cela ne suffit sans doute pas à faire valoir un consensus universel.

6. Les mss EJ donnent la leçon suivante : « μία μὲν αἰσθητή – ἧς ἡ μὲν ἀΐδιος ἡ δὲ φθαρτή, ἣν πάντες ὁμολογοῦσιν, οἷον τὰ φυτὰ καὶ τὰ ζῷα ἡ δ' ἀΐδιος, ἧς ἀνάγκη τὰ στοιχεῖα λαβεῖν » À l'évidence, l'une des deux occurrences de ἡ ἀΐδιος est fautive. Ross supprime la seconde. Même leçon chez S. Alexandru, *Aristotle's* Metaphysics *Lambda*, *op. cit.*, *ad loc.* et p. 117.

7. μία μὲν αἰσθητή, ἧς ἡ μὲν φθαρτή, ἣν πάντες ὁμολογοῦσιν, οἷον τὰ φυτὰ καὶ τὰ ζῷα, ἡ δ' ἀΐδιος, ἧς ἀνάγκη τὰ στοιχεῖα λαβεῖν.

8. C'est ainsi que Thomas d'Aquin (§ 2425) et Averroès (*Grand Commentaire*, *op. cit.*, p. 63-64) comprennent le passage, dans l'idée que Λ n'est pas un traité de physique, mais de philosophie première. Il s'agirait donc de saisir les éléments des astres, dont les substances immobiles sont les principes.

9. *Cf.* S. Fazzo, « Heavenly Matter in Aristotle, *Metaphysics Lambda* 2 », *Phronesis* 58, 2013, p. 167-172 ; *Il libro* Lambda, *op. cit.*, p. 235-237 ; *Commento*, *op. cit.*, p. 220-224. Selon

nombre des éléments à saisir. Cette allusion aurait une valeur interrogative cruciale : parce qu'elles réalisent un mouvement uniquement local, les substances sensibles éternelles ne seraient pas affectées par les contraires que sont la forme et la privation, de sorte qu'elles n'auraient qu'un seul principe interne (c'est-à-dire un seul élément) et non pas plusieurs.

Bien que le balancement qu'Aristote exprime ici, au sujet du nombre des éléments, puisse faire songer au contraste entre les quatre éléments matériels des corps sublunaires (eau, terre, air, feu) et l'unique élément des astres (l'éther), S. Fazzo a raison de considérer que les éléments ne désignent pas ici seulement les corps simples, mais aussi les principes et les causes immanentes (forme, privation et matière), auxquels Aristote attribue, en Λ, le nom d'éléments (στοιχεῖα) [1]. Elle a également raison de souligner la difficulté que représente l'application des contraires à l'ensemble des substances sensibles. Cependant, on peut hésiter à souscrire à sa lecture [2]. D'une part, il est vraisemblable que les astres sont un composé de matière et de forme, de sorte que la difficulté d'expliquer leur mouvement en termes de contrariété n'implique pas qu'ils n'aient qu'un seul principe élémentaire [3]. D'autre part, Aristote n'affirme nulle part que la recherche du nombre des principes élémentaires en Λ ne porte que sur la substance sensible éternelle. Au contraire, on note en Λ 2, 4 et 5 [4], un intérêt récurrent et appuyé pour le nombre des éléments et des principes des substances sensibles, dans leur ensemble [5]. La première partie de cette tripartition des substances met ainsi en évidence la double nécessité, dans la suite du livre, d'établir l'existence de substances sensibles éternelles, en plus des substances sensibles corruptibles (en faveur desquelles les sens d'une part, le consensus philosophique de l'autre, apportent un témoignage suffisant), puis de déterminer, de manière globale, les principes et les éléments de ces substances, au moyen d'un compte précis.

S. Fazzo, même la leçon des mss EJ fait porter la recherche des éléments sur la substance éternelle uniquement, en raison de la répétition de ἡ ἀΐδιος en 1069a32.

1. Λ 4, 1070b16, 25.

2. Pour une critique d'ordre philologique de la leçon retenue par S. Fazzo, voir P. Golitsis, « Collation but not Contamination : on Some Textual Problems of Aristotle's *Metaphysics* Kappa 1065a25 *sq.* », *Revue d'histoire des textes* 10, 2015, p. 6, n. 23.

3. Sur ce point, voir le commentaire à Λ 2, p. 134, n. 1.

4. Voir Λ 2, 1069b32-34 ; Λ 4, 1070b18-19, b25-26, b30-32 ; Λ 5, 1071b2.

5. De même, c'est sur l'ensemble des substances sensibles, que le ps.-Alex. (*In Metaph.*, 670, 32-34), qui lit un texte proche de celui des mss MC, et Frede (« *Metaphysics* Λ 1 », art. cit., p. 79), qui adopte le texte du ps.-Alex., comprennent le passage. Quant à Alexandre d'Aphrodise, Averroès (*Grand Commentaire*, *op. cit.*, p. 59-60) rapporte que c'est le texte tel que Ross le corrige qu'il choisit de lire et de commenter, bien qu'il connaisse l'existence d'une autre version.

1069a33-36 : « L'autre substance est immobile [...] réalités mathématiques. »

Aux substances sensibles, Aristote n'oppose pas ici la classe du suprasensible, comme il le fait habituellement [1], mais celle de la substance immobile, classe apparemment plus vaste, puisque certains seulement la disent séparée du sensible. C'est donc que pourraient se ranger dans cette rubrique de l'immobile certaines substances immanentes qu'Aristote n'identifie pas. Compte tenu de la portée dialectique du passage, il peut songer aux conceptions de certains philosophes : peut-être à Eudoxe, dont on lit, en A 9, 991a14-18, qu'il concevait les Formes comme des réalités immanentes ; peut-être à des philosophes académiciens ou pythagoriciens [2], qui sont dits admettre l'immanence des réalités mathématiques, en B 2, 998a5 *sq.* ou en N 3, 1090a20 *sq.* Mais la précision peut également recouvrir une signification polémique, car, comme le notent M. Frede et D. Lefebvre [3], la forme constitue bel et bien, pour Aristote, une substance immobile non séparée. Aussi cette porte qu'Aristote entrouve en dissociant l'immobile du séparé peut-elle avoir pour fonction de souligner l'erreur de ces platoniciens qui affirment la séparation de la forme, alors même que l'étude qui suivra consistera précisément à montrer que les formes n'existent pas indépendamment du composé, tandis que les substances immobiles séparées ne doivent pas être conçues comme des formes, mais comme des actes.

Quoi que puisse désigner l'hypothèse d'une substance immobile non séparée, il est clair que ce n'est pas cette option qu'Aristote souhaite envisager, puisque c'est vers la substance séparée qu'il se tourne presque immédiatement. Toutefois, il n'en propose pas une version personnelle, mais, conformément à ce qu'exige ce temps d'introduction, il prolonge le ton dialectique du passage, en présentant les définitions que les académiciens en ont formulées. Le passage reproduit le mode de classement mis au point en M 1 (1076a17-21), en introduction à l'examen des théories concurrentes de la substance immobile. Aristote cite donc en premier lieu la position de Platon, qui range dans la rubrique des substances immobiles ces deux genres distincts que sont les Formes et les

1. Aristote parle généralement d'une οὐσία χωριστή ou d'une οὐσία παρὰ τὰς αἰσθητάς (par ex. : B 2, 997a35 ; Z 2, 1028b30, 31 ; Z 17, 1041a8-9).

2. Sur ce point, voir Ross, *Aristotle. Metaphysics*, *op. cit.*, vol. 1, p. 232.

3. *Cf.* Frede, « *Metaphysics* Λ 1 », art. cit., p. 72, qui rejette toutefois cette hypothèse, et surtout D. Lefebvre, « La question de l'unité d'une science des substances : interprétation de *Métaphysique*, Λ, 1, 1069a36-b2 », dans M. Bonelli (éd.), *Physique et Métaphysique chez Aristote*, *op. cit.*, p. 152 (désormais cité « La question de l'unité »).

réalités mathématiques; celle de Xénocrate [1], dont l'originalité consiste dans l'identification des premières aux secondes; celle de Speusippe [2], enfin, qui n'admet pas l'existence des Formes. En situant explicitement la question de la substance immobile dans le cadre de la philosophie académicienne, cette rapide doxographie signale que c'est directement avec les conceptions académiciennes que le traitement aristotélicien devra dialoguer, afin de leur substituer une conception rénovée de la substance immobile.

Pour l'heure, cependant, Aristote en livre une présentation neutre. À la différence de la doxographie parallèle de Z 2 [3], cet exposé n'exprime non plus aucun doute sur l'existence d'une substance immobile et séparée. Cela peut s'expliquer en raison du caractère dialectique du passage, qui place la question sous l'autorité des académiciens. Cela suggère également qu'Aristote en Λ, sans tenir cette existence pour évidente – puisqu'il en formulera une démonstration en bonne et due forme [4] – la tient toutefois pour acquise. En Λ, en tout cas, le traitement de la substance immobile ne portera pas uniquement sur le problème de son existence, mais sur celui de sa nature également. C'est ainsi la 4 e aporie [5], qui concerne l'existence d'un ou plusieurs genres de substances suprasensibles, qui trouvera une réponse dans le livre.

[III. 2] *Programme de travail : les sciences à l'œuvre dans la recherche*

1069a36-b2 : « Les deux premières sortes de substances relèvent donc de la physique (car elles s'accompagnent de mouvement), tandis que la troisième relève d'une science différente, s'il n'y a aucun principe qui leur soit commun. »

Si la liste des substances a permis d'établir un programme de travail, elle a toutefois laissé en suspens la question de la méthode, c'est-à-dire de la science ou des sciences, au moyen desquelles procéder dans cette étude. C'est cette question qu'Aristote aborde ici dans ce qui constitue le dernier temps d'introduction au traité. Cette interrogation semble faire

1. *Cf.* également M 9, 1086a6 *sq.*

2. Voir aussi Λ 10, 1075b37-1076a3, ou M 6, 1080b27-28; M 8, 1083a21-24; M 9, 1086a25.

3. Z 2, 1028b19-32.

4. En Λ 6, 1071b3-22, principalement.

5. *Metaph.* B 1, 995b13-18; B 2, 997a34-b1.

écho à deux apories. Certains interprètes[1] notent la proximité entre la question centrale de ce passage et celle de la 10e aporie[2], qui concerne l'identité ou la différence des principes des êtres corruptibles et de ceux des êtres incorruptibles. Cependant, ces deux questions ne se superposent pas exactement : les substances sensibles ne sont pas toutes corruptibles et les substances immobiles ne sont pas les seules éternelles. C'est pourquoi il semble que ce passage fasse plus directement écho à la 3e aporie[3], puisqu'il s'interroge, comme elle, sur l'unité ou la multiplicité des sciences à l'œuvre dans l'étude de l'ensemble des substances, sensibles et suprasensibles[4].

Ce passage présente des difficultés nombreuses qui en rendent l'interprétation incertaine et âprement discutée[5]. Une première difficulté concerne la conjonction εἰ (« si »), en 1069b1, à laquelle les commentateurs anciens et médiévaux[6] accordent un sens non pas hypothétique mais causal, proche de ἐπεί ou ἐπειδή (« puisque »). Aristote affirmerait donc ici l'absence de principe commun et, par suite, la nécessité, plutôt que l'éventualité, que la substance immobile fasse l'objet d'une science différente de la physique. Cette lecture constitue sans doute une forme de surinterprétation qui tient au désir de ces commentateurs de faire de

1. C'est le cas, par ex., de Bonitz, *Commentarius*, *op. cit.* p. 472 ; L. Elders, *Aristotle's Theology*, *op. cit.*, p. 84 ; M. Frede, « *Metaphysics* Λ 1 », art. cit., p. 75 ; G. Aubry, *Dieu sans la puissance*, *op. cit.*, p. 150, S. Menn, *The Aim*, IIIβ1, p. 20.

2. *Metaph.* B 1, 996a2-4 ; B 4, 1000a5-1001a3.

3. *Metaph.* B 1, 995b10-13. *Cf.*, par ex., J. J. Cleary, *Aristotle and Mathematics. Aporetic Method in Cosmology and Metaphysics*, Leiden, New York, Köln, Brill, 1995, p. 380 et D. Lefebvre, « La question de l'unité », art. cit., p. 138.

4. C'est donc que l'affirmation liminaire du chapitre, en 1069a18, selon laquelle Λ s'ordonne à l'étude (θεωρία) de la substance ne présumerait pas de l'unité de la science sur laquelle cette θεωρία doit reposer.

5. Un problème, d'ordre textuel, concerne la question de savoir s'il faut lire κοινή, en 1069b2, avec les mss EJA[b], la paraphrase de Thémistius, le commentaire du ps.-Alex. et les traductions arabes du texte, leçon que reprennent tous les éditeurs et les traducteurs du texte, ou bien la variante κινήσεῶς que portent les mss MC. Pour une discussion du sens que cette leçon conférerait au texte, voir D. Lefebvre, « La question de l'unité », art. cit., p. 146-152 et M. Frede, « *Metaphysics* Λ 1 », art. cit., p. 74. Cependant, comme l'explique S. Alexandru (*Aristotle's* Metaphysics *Lambda*, *op. cit.*, p. 118) et comme D. Lefebvre le souligne (p. 155), la leçon κοινή, bien attestée par les deux familles de mss et lue par l'ensemble des commentateurs anciens, est préférable et donne le sens le plus conforme à la problématique de l'ensemble du livre.

6. Alexandre d'Aphrodise, *ap.* Averroès, *Grand Commentaire*, *op. cit.*, p. 67 ; Thémistius, *Paraphrase*, *op. cit.*, p. 53 ; ps.-Alex., *In Metaph.*, 671, 15. Dans le commentaire d'Averroès (*ibid.*, p. 65), le lemme correspondant à ce passage suppose ἐπεί, ce qui toutefois ne serait pas le cas des autres traductions arabes du passage. *Cf.* M. Crubellier, *ap.* M. Frede, « *Metaphysics* Λ 1 », art. cit., p. 73.

Λ le traité de philosophie première censé couronner la *Métaphysique*. Elle ne paraît pas non plus nécessaire, dans la mesure où le sens hypothétique de la particule n'obère en rien la possibilité, de souligner, au terme de l'enquête, la différence maximale de la substance immobile et de la substance sensible. Enfin, elle semble mal respecter le rythme argumentatif de ce chapitre qui se présente comme une introduction, au cours de laquelle Aristote n'a rien dit de précis sur sa propre conception de la substance immobile, de sorte qu'il peut sembler étrange qu'il se prononce déjà sur la nature de ses principes [1].

Une seconde difficulté d'interprétation concerne, à la ligne suivante, le référent du pronom αὐτοῖς, qu'on rapporte le plus souvent aux deux sortes de substances [2], au prix d'un changement de genre et d'un passage du féminin au neutre. Cette anomalie invite à rapporter ce pronom à un autre référent. Le pronom τινες, en 1069a34, constitue un candidat plus probable, auquel cas Aristote n'énoncerait pas ici une éventualité relative à sa propre enquête, mais décrirait la situation épistémique dans laquelle se placeraient les platoniciens. Mais, dans ce cas, le principe commun (ἀρχὴ κοινή 1069b2) manque d'un complément. D. Lefebvre [3] fait l'hypothèse que ce principe commun désigne celui qui peut unir deux sciences distinctes. Dans ce cas, Aristote dirait ici que, s'il n'y a pas, selon les platoniciens, de principe commun aux sciences qui font l'étude des substances sensibles et des substances immobiles, les premières feront l'objet de la physique et les secondes d'une science différente, qui a, chez eux, le nom de dialectique [4]. Aristote tirerait donc les conséquences de la séparation de la substance immobile aux yeux des platoniciens, séparation qui les contraindrait à distinguer fermement la science des substances sensibles et celle des substances immobiles. Cette lecture présente l'avantage de la continuité argumentative : la doxographie sur les substances se doublerait ici d'une doxographie sur les sciences qui en font l'étude, sans poser la difficile question de l'existence, aux yeux d'Aristote

1. S. Fazzo (*Commento*, *op. cit.*, p. 228-229) défend une version nouvelle de cette lecture causale du εἰ, capable de répondre à cette objection. Selon elle, en effet, Aristote répondrait lui-même à la question d'un principe commun à l'ensemble des substances, en 1069b2 *sq.*, où il définit la substance sensible par le changement et indique donc que ses principes seront ceux du mouvement.

2. Celles désignées par ἐκεῖναι, en 1069b36, et la substance immobile, désignée par ἅυτη, en b1.

3. D. Lefebvre, « La question de l'unité », art. cit., p. 158-159, 170.

4. D. Lefebvre, *ibid.*, p. 170-173. Cette interprétation s'appuie également sur l'hypothèse que cette conditionnelle introduise une double apodose, ce qui fera l'objet d'un examen plus bas.

lui-même, d'un principe commun à l'ensemble des substances. En outre, elle permet, comme le suggère D. Lefebvre, de souligner la capacité de la philosophie aristotélicienne, contrairement à celle de l'Académie, de ne pas cloisonner l'étude de l'immobile et celle du sensible, puisque les formes et les moteurs immobiles sont partie prenante de la connaissance du corruptible.

Reste qu'il paraît difficile de renoncer à une interprétation programmatique de ce passage. Assurément cette alternative clôt une doxographie platonicienne sur la substance immobile [1] et il est fort probable qu'elle soit marquée par son contexte. Cela n'exclut pas, toutefois, qu'elle puisse exprimer un enjeu pour la recherche aristotélicienne elle-même, exactement comme la présentation, plus haut, des deux sortes de substances sensibles, bien que marquée par un contexte dialectique, débouchait sur l'énoncé d'un programme de recherche conforme aux réalisations du livre Λ. En outre, la référence aux substances sensibles, de même que l'emploi du singulier pour désigner la substance immobile, alors même que la doxographie platonicienne en a mentionné plusieurs classes, peut suggèrer qu'Aristote procède ici à une sorte de récapitulation, en soulevant une question d'ordre général, au sujet de la méthodologie à mettre en œuvre dans l'étude des principes des substances. Aussi paraît-il préférable, en dépit de la difficulté syntaxique qui n'est pas si inhabituelle en Λ, d'assurer au passage une portée plus générale, en référant αὐτοῖς aux substances sensibles *et* immobiles et en considérant que c'est bien l'existence d'un principe commun aux substances qu'Aristote interroge ici. Cela ne contraint pas à renoncer à la continuité argumentative mise en œuvre par une lecture doxographique du passage, car la question concerne tout autant les platoniciens qu'Aristote, puisqu'elle concerne en vérité tous ceux qui admettent l'existence des substances immobiles. Il est même probable, comme on le verra plus loin, que cette question n'ait vraiment de sens qu'à l'intérieur du cadre platonicien. Cela n'empêche pas qu'Aristote soulève ici un enjeu qui n'est pas étranger à sa propre démarche et auquel il lui appartiendra, d'une manière ou d'une autre, de répondre.

Si cette lecture est correcte, le passage soulève alors une dernière difficulté, relative à la structure qu'il convient d'accorder à ce raisonnement. L'interprétation la plus courante qui en est donnée comprend qu'Aristote énonce ici à la fois une certitude et une incertitude. La

1. Et lui est d'ailleurs étroitement articulée, par le δή (1069a36). *Cf.* D. Lefebvre, « La question de l'unité », art. cit., p. 170, n. 92.

certitude concernerait le fait que ce soit à la physique d'examiner les substances sensibles ; l'incertitude, quant à elle, serait formulée par cette conditionnelle dont l'apodose serait unique : s'il n'y a aucun principe commun à l'ensemble des substances, alors ce sera à une autre science de faire l'étude de la substance immobile. Aristote évoquerait donc ici la distinction très classique entre la science physique et la philosophie première, qu'il rattache toujours à la science de ce qui n'est pas physique, de ce qui est immobile [1] et séparé [2], en la référant soit à la substance immobile ou première [3], soit à la forme en tant qu'elle est séparée de la matière [4]. Cependant, le domaine de validité de ces deux sciences a ici quelque chose de surprenant. Il semble décevant que ce soit à la physique qu'Aristote confie la tâche d'étudier les substances sensibles et non pas, comme dans les livres centraux, à une science ousiologique, qui les envisagerait non dans leur mobilité, mais dans leur substantialité [5]. Cette difficulté, cependant, n'est pas insurmontable, puisqu'Aristote remarque en Z 11, (1037a13-17), c'est-à-dire au cœur de l'analyse ousiologique, que l'étude de la substance sensible appartient, en un sens, à la physique. En d'autres termes, référer à la physique l'étude des substances sensibles et de leurs principes ne préjuge pas que la physique ne puisse être mise à contribution au sein d'un discours métaphysique. En revanche, il peut paraître réellement incompréhensible que ce soit à la physique qu'Aristote reconduise l'étude des substances immobiles, de sorte que ce serait la physique qui ferait ici office de science générale de la substance. En d'autres termes, le passage paraît enfermer le traité dans un dilemme impossible : soit on admet l'existence d'un principe commun aux substances sensibles et immobiles et c'est alors à la thèse d'une physique universelle qu'il faut s'en remettre, soit on refuse pareille hypothèse et la possibilité d'une science métaphysique générale disparaît au profit d'un morcellement apparemment irrémédiable des sciences.

Certains interprètes ont tenté de résoudre ce dilemme, en redéfinissant la science physique dont il est ici question, afin qu'il soit moins surprenant

1. *GC* I 3, 318a5-6 ; *Phys.* II 7, 198a29-31 ; *DC* III 1, 298b19-20.

2. *PA* I 1, 641b8-10 ; *DA* I 1, 403b15-16.

3. Quoi que cela puisse désigner : le moteur immobile ou la forme. Cf. *DC* I 8, 277b9-10 ; *DMA* 6, 700b7-9 ; *Metaph.* Γ 2, 1004a2-4 ; Γ 3, 1005a33-b2 ; E 1, 1026a15-16, 29-30.

4. *Phys.* I, 9, 192a34-36 ; II 2, 194b14-15. Sur les occurrences de la philosophie première, *cf.* G. Guyomarc'h, « Fonction et objets de la "philosophie première" chez Aristote », *Revue de philosophie ancienne* 32, 2014, p. 137-178.

5. Cela constitue, aux yeux de Jaeger (*Aristote*, *op. cit.*, p. 224), l'une des preuves en faveur d'une datation haute du livre Λ, qui précéderait la constitution du projet ontologique.

que l'étude de l'immobile lui soit confiée. E. Berti et P. Donini[1] font l'hypothèse que la science physique ne désigne pas ici celle de la maturité, mais une science théorétique, à mi-chemin entre la physique et la philosophie première, et à laquelle Aristote aurait souscrit, dans le *Protreptique* ou en *Métaphysique* α, avant qu'il ne distingue clairement ces deux champs[2]. Cette interprétation se fonde sur plusieurs indices : 1) la désignation de la recherche en cours, en Λ 8, 1073b4, comme une simple philosophie, ce qui suggérerait que la distinction entre la philosophie première et la philosophie seconde ne serait pas encore formulée ; 2) l'étude de la substance immobile en Λ 6-9 qui s'appuie sur des considérations physiques ; 3) enfin, la possibilité de référer la θεωρία sur la substance en 1069a18 à celle définie en *Métaphysique* α.

Néanmoins, à l'examen, ces indices peuvent paraître insuffisants. D'une part, le rapprochement entre la θεωρία de *Métaphysique* α et celle présentée en Λ 1 peut paraître trop lâche, puisque le livre α ne souffle mot de ce qui est au cœur du projet scientifique de Λ – la substance. D'autre part, les indices d'une certaine indistinction, dans le livre Λ, entre la science du sensible et celle de l'immobile ne sont pas tous convaincants : qu'Aristote mentionne, sans autre précision, la philosophie, en Λ 8, peut n'avoir rien de significatif, dans la mesure où il s'agit, dans ce contexte, de dessiner la frontière qui délimite la philosophie de son autre – la science mathématique –, ce qui n'interdit pas de tracer certaines frontières internes à la philosophie. Quant à l'étude de la substance immobile en Λ 6-9, tout y indique que les acquis de la science physique constituent un point de départ seulement de la recherche[3]. Enfin, c'est surtout le texte même de Λ 1 qui contredit cette hypothèse, dans la mesure où la justification qu'Aristote donne en faveur de l'étude des substances sensibles par la science physique suggère que cette dernière désigne bel et bien pour lui la science de la maturité, celle qui se penche de manière restreinte sur le genre des êtres naturels[4].

1. E. Berti, « Le livre Λ de la *Métaphysique* d'Aristote », art. cit., p. 413-421 ; « The Program of *Metaphysics* Lambda (chapter 1) », art. cit., p. 82-84 ; P. Donini, *Commentary and Tradition. Aristotelianism, Platonism, and Post-hellenistic Philosophy*, Berlin, New York, De Gruyter, 2011, p. 31-34 (désormais cité *Commentary and Tradition*).

2. Selon E. Berti (« Le livre Λ de la *Métaphysique* d'Aristote », art. cit., p. 409), l'autre science ne serait donc pas la philosophie première, mais la dialectique platonicienne.

3. Comme le souligne D. Lefebvre (« La question de l'unité », art. cit., p. 135), la référence aux traités de physique en Λ 8, 1073a32 suffit à suggérer qu'Aristote les distingue de son enquête présente.

4. Voir en ce sens D. Lefebvre, « La question de l'unité », art. cit., p. 166.

Une autre solution consiste à modifier la structure de l'argument, afin qu'il présente une conditionnelle dont l'apodose ne serait pas simple, mais double [1]. Dans ce cas, l'absence de principes communs à l'ensemble des substances aurait pour conséquence que la philosophie première porterait sur l'immobile uniquement, tandis que ce serait à la physique d'étudier les substances sensibles. Mais, par conséquent, s'il s'avérait que toutes les substances eussent un principe commun, leur étude serait l'œuvre d'une même science, conçue soit comme une sorte d'ousiologie générale [2], soit comme la philosophie première elle-même [3], dont le domaine de validité pourrait s'étendre aux substances sensibles [4]. Ainsi comprise, l'alternative ferait écho à Γ 3 (1005a32-b2) et E 1 (1026a27-32), qui travaillent à distinguer de la physique une philosophie première et universelle.

Néanmoins, reste en suspens la question de savoir si Aristote estime remplie la condition qu'il pose ici. En un sens, on pourrait estimer qu'il existe assurément un principe commun à l'ensemble des substances – le Premier Moteur lui-même [5]. Sa pure actualité fait du concept d'acte (ἐνέργεια) un concept capable de décrire l'ensemble des substances [6]. Sa principialité s'étend manifestement à l'ensemble des substances sensibles et pourrait même concerner les substances immobiles planétaires, compte tenu de l'ordre auquel Aristote les soumet en Λ 8 (1073b1-3) et de l'insistance avec laquelle il souligne, contre Speusippe à la fin de Λ 10 (1076a3-4), qu'il ne peut y avoir qu'un seul premier principe. Pourtant,

1. Hypothèse formulée par C. H. Kahn, « On the Intended Interpretation of Aristotle's *Metaphysics* », dans J. Wiesner (éd.), *Aristoteles Werk und Wirkung*, Berlin, New York, De Gruyter, 1985, p. 319-320, n. 20 et M. Crubellier (*ap.* M. Frede, « *Metaphysics* Λ 1 », art. cit., p. 77). M. Frede (*ibid.* p. 76-77) et S. Menn (*The Aim*, IIIβ1, p. 17) l'adoptent, de même que D. Lefebvre (« La question de l'unité », art. cit., p. 170), quoiqu'il en livre une interprétation différente.

2. *Cf.* par ex. Thomas d'Aquin, § 2427 ; G. Aubry, *Dieu sans la puissance*, *op. cit.*, p. 150-151.

3. En ce sens, par ex. M. Frede, « *Metaphysics*, Λ », art. cit., p. 76-77 ; S. Menn, *The Aim*, IIIβ1, p. 17.

4. Contrairement à ce qu'affirme P. Donini (*Commentary and Tradition*, *op. cit.*, p. 23), cette hypothèse n'est pas syntaxiquement impossible : la particule δή continue de relier ce passage à la typologie des substances en 1069a30-36, puisque c'est de cette typologie que découle l'assignation d'une certaine science à chaque sorte de substances. Quant à la précision « μετὰ κινήσεως γάρ », en 1069b1, elle peut être lue comme la justification, non d'une affirmation (les substances sensibles sont étudiées, quoi qu'il arrive, par la physique), mais de la légitimité d'une hypothèse (si aucune science générale n'étudie les substances sensibles, ce sera donc à la physique, compte tenu de la mobilité de ces substances, de le faire).

5. *Cf.* Frede, « Introduction », art. cit., p. 9 ; « *Metaphysics* Λ 1 », art. cit., p. 74-77 ; E. Berti, « Le livre Λ de la *Métaphysique* d'Aristote », art. cit., p. 410 ; P. Donini, *Commentary and Tradition*, *op. cit.*, p. 25-30 ; S. Menn, *The Aim*, IIIβ1, p. 20.

6. G. Aubry, *Dieu sans la puissance*, *op. cit.*, p. 159-160.

cette réponse peut sembler étrange. Le Premier Moteur est lui-même une substance immobile, de sorte qu'on ne peut voir en lui le principe de la *totalité* des substances [1], à moins soit de l'exclure de cette classe, soit d'en faire la préfiguration du concept de *causa sui*. En vérité, comme D. Lefebvre [2] l'exprime très clairement, le Premier Moteur est le principe commun aux substances sensibles et aux substances immobiles *différentes de lui*, si bien que la question de l'existence d'un principe commun aux trois sortes de substances paraît sans espoir et absurde. Du reste, Aristote n'entreprendra nulle part d'y répondre [3].

Pourquoi l'évoquer alors dans cette fin de Λ 1 ? Sans doute en raison du contexte, car les doctrines académiciennes soumettent les substances immobiles à des principes supérieurs (l'Être et l'Un, en Λ 4, 1070b7 ; l'Égal et l'Inégal ou l'Un et le Multiple, en Λ 10, 1075a28, 32-33), ce qu'Aristote précisément refuse [4]. Est-ce à dire que cette question, aussitôt posée, devienne obsolète ? Pas tout à fait, car tout l'enjeu de l'enquête menée en Λ, au sujet de la substance immobile en particulier, consiste précisément à répondre à l'alternative épistémique soulevée par cette question, mais en en reformulant la condition. Si le statut principiel de la substance immobile, en effet, rend absurde la question d'un principe commun à l'ensemble des substances, il demeure qu'il autorise, pour cette même raison, à envisager que la science qui en fait l'étude ait une validité universelle, puisqu'elle met au jour un principe sous lequel se range l'ensemble des substances subordonnées.

Cette question, posée à un stade précoce de l'enquête et qui fait mine d'ignorer le statut principiel de la substance immobile, pour mieux s'inscrire dans la continuité des problèmes soulevés par les conceptions académiciennes, conserve ainsi une certaine pertinence et s'avère capable de décrire l'ambiance épistémique de Λ. Il existe assurément une forme

1. Le Premier Moteur ne sera pas non plus une cause univoque, puisque, comme le font remarquer M. Frede (« *Metaphysics*, Λ 1 », art. cit., p. 75) et J.-B. Gourinat (« Le premier moteur selon *Physique*, VIII et *Métaphysique*, Λ : physique et philosophie première. », dans M. Bonelli (éd.), *Physique et Métaphysique chez Aristote*, *op. cit.*, p. 183 – désormais cité « Le premier moteur selon *Physique*, VIII et *Métaphysique*, Λ »), il ne sera pas une cause des substances sensibles dans le même sens que pour les substances immobiles.

2. D. Lefebvre, « La question de l'unité », art. cit., p. 169.

3. Selon Frede (« Introduction », art. cit., p. 6-7), l'objectif d'Aristote n'aurait jamais été de rechercher les principes des substances immobiles, mais plutôt les principes des substances, dont les substances immobiles font partie. Cependant, il demeure que, dans cette fin de Λ 1, c'est bel et bien le problème de l'existence d'un principe commun aux deux genres de substances qu'Aristote évoque.

4. Voir l'introduction p. 20.

de rupture entre l'étude des substances sensibles, en Λ 2-5, et celle de la substance immobile, à partir de Λ 6. Aux premières, qui sont naturelles (Λ 6, 1071b3), une étude fondée sur une réappropriation des principes du changement ; à la seconde, une étude qu'Aristote, dans d'autres traités où il évoque *Métaphysique* Λ [1], décrit clairement comme une philosophie première. Pourtant, à n'en pas douter, c'est bien un traité métaphysique que Λ constitue tout entier, qui, même dans les chapitres 2-5, intègre les principes du changement à une description des principes de la substance en tant que telle. Et, à n'en pas douter non plus, c'est bien une enquête générale qu'Aristote réalise dans ce traité, dont l'unité repose, en premier lieu, sur la priorité de la substance, en second lieu sur l'identité des principes, discutée en Λ 4-5, et à laquelle la principialité universelle du Premier Moteur donne le fondement le plus solide. En d'autres termes, le statut principiel de la substance immobile permet tout à la fois de redéfinir et de satisfaire les conditions qu'Aristote pose ici à l'articulation, au sein d'une même étude, des principes des deux sortes de substances.

1. *DMA* 6, 700b9 et *DC* I 8, 277b9-10. Toutefois, on ne peut pas déduire de ces occurrences que l'étude des principes sensibles des substances sensibles, en Λ, ne mérite pas elle aussi le nom de philosophie première.

Commentaire au chapitre 2

Résumé du chapitre

L'étude des principes des substances trouve ici son point de départ dans l'examen des substances sensibles, envisagées à travers la question du changement. [I] *Après avoir énoncé les trois principes du changement que sont les contraires, d'une part, le substrat matériel, de l'autre (1069b3-9),* [II] *après avoir précisé dans quelles catégories le changement a lieu (1069b9-14),* [III] *Aristote propose, dans le reste du chapitre, un approfondissement de la nature de la matière dont il souligne successivement* [III. 1] *le rapport à la puissance (1069b15-24) et* [III. 2] *la diversité (1069b24-32).* [IV] *Au terme du chapitre, il peut affirmer que trois principes et trois causes des substances sensibles sont désormais établis : la forme, sa privation et la matière (1969b32-34).*

[I] *Trois principes du changement*

1069b3 : « La substance sensible est soumise au changement. »

Il est naturel qu'Aristote entame sa recherche par l'examen des substances sensibles. Ces substances, en effet, font l'objet d'un certain consensus (1069a31) et correspondent à ce qui est le plus connaissable pour nous. Pour attendu qu'il soit, ce point de départ manifeste toutefois une singularité : celle de ne pas reprendre la subdivision des substances sensibles (1069a30-31) en substances corruptibles et éternelles, suggérant ainsi la volonté d'Aristote d'en traiter d'un même mouvement. Apparaît ainsi l'un des enjeux de cette étude qui devra être en mesure de rendre compte, au moyen d'une même perspective, de substances de nature pourtant différente [1].

1. Sur cet enjeu, voir M. Frede, « Introduction », art. cit., p. 12-17 et D. Charles, « *Metaphysics* Λ 2 : Matter and Change », dans M. Frede et D. Charles (eds.), *Aristotle's* Metaphysics *Lambda*, *op. cit.*, p. 81.

L'adoption du critère du changement (μεταβολή), lui aussi, paraît tout indiqué. Aristote reformule ainsi une base de raisonnement déjà mentionnée en Λ 1 : les substances sensibles s'accompagnent toutes du mouvement (μετὰ κινήσεως γάρ, 1069b1). En outre, manifeste à la perception, le changement convient lui aussi à une enquête qui trouve son point de départ dans ce qui est le plus connu pour nous, c'est-à-dire dans la sensation. Il demeure que ce critère d'étude témoigne d'un biais particulier, car ce sera donc à la physique qu'il reviendra d'identifier les principes et les causes des substances sensibles, dont Λ 1 a pourtant montré qu'elles faisaient l'objet de l'enquête en raison, non pas de leur mobilité, mais de leur appartenance à la première catégorie de l'être [1]. À ce titre, ce sont donc les principes des substances sensibles en tant que substances, et non en tant que sensibles, qu'on doit rechercher. Se dessine ainsi un second enjeu pour l'enquête qui va suivre et qui devra montrer que c'est du changement que les substances sensibles tirent leur être substantiel, de sorte que la connaissance des principes du changement soit aussi, *ipso facto*, la connaissance des principes des substances sensibles comme telles [2].

1069b3-9 : « Or, si le changement [...]. Il y a donc un troisième terme, en plus des contraires : la matière. »

Le raisonnement vise à établir l'existence de trois principes du changement, qui sont aussi trois principes des substances sensibles. L'ensemble du passage se présente comme un rappel des démonstrations de *Phys.* I 5-7, dont Aristote restitue ici brièvement les acquis principaux. Comme en *Phys.* I 5, 188a21-26, il commence (b3-5) par poser que tout changement s'effectue soit entre des opposés (ἀντικείμενα), soit entre leurs intermédiaires [3]. Comme en *Phys.* I 5, 188a30-b8, il précise également entre quelle sorte d'opposés le changement a lieu : les contraires (τὰ ἐναντία), c'est-à-dire deux termes qui appartiennent au même genre [4].

1. *Metaph.* Λ 1, 1069a19-24.

2. C'est l'hypothèse que formule M. Frede (« Introduction », art. cit., p. 12-15) : la forme, comme principe de changement, est aussi un principe de la nature de la substance et de son comportement.

3. *Metaph.* I 7, 1057a18 *sq.*

4. *Metaph.* I 4, 1055a4 *sq.* définit la contrariété comme la différence maximale dans un même genre. Voir Ross, *Aristotle. Metaphysics*, *op. cit.*, vol. 2, p. 349.

Aristote propose de déduire de l'existence des contraires celle d'un troisième principe sous-jacent (b6-7). Comme en *Phys.* I 6-7 [1], c'est à la mise en évidence de la notion de sujet, d'ὑποκείμενον, que conduit le raisonnement. Puisqu'il est impossible que les contraires s'affectent mutuellement (οὐ γὰρ τὰ ἐναντία μεταβάλλει, 1069b6-7) [2], mais qu'ils se succèdent pourtant bel et bien, il faut conclure qu'il existe quelque chose qui change et qui est distinct des contraires eux-mêmes, c'est-à-dire quelque chose qui passe lui-même d'un contraire à l'autre et qui s'avère donc en être le support successif [3].

En b7-8, Aristote continue de mobiliser les doctrines de *Phys.* I, qui se trouvent ici restituées dans l'ordre de leur démonstration : à l'existence des contraires (I 5), qui enseigne celle du sujet (I 6), fait suite l'affirmation de la subsistance de ce dernier, qu'Aristote établit et développe en *Phys.* I 7 [4], à partir d'une analyse des différentes manières de dire qu'une chose est engendrée d'une autre [5] et qui, dans tous les cas, manifestent clairement la subsistance du sujet, par opposition à la fluence de ses propriétés contraires.

La conclusion du raisonnement, en b8-9, contient deux affirmations. La première pose, en plus des contraires, l'existence d'un troisième principe du changement [6], ce qui exprime implicitement l'un des points fondamentaux de la doctrine aristotélicienne du changement, à savoir que le sujet du changement n'est pas lui-même un contraire [7]. La seconde affirmation identifie ce troisième principe à la matière (ὕλη) [8], qu'Aristote définit précisément par sa fonction de sujet [9].

À l'issue de ce premier raisonnement, on peut formuler une remarque qui vaudra pour le reste du chapitre et même, au-delà, pour le reste du

1. *Phys.* I 6, 189a27-b1 ; I 7, 190a13-21 ; 190b17 ; 190b29-35.

2. Cf. *Phys.* I 6, 189a21-26 ; I 7, 190b29-35 ; Λ 10, 1075a30-31.

3. Voir H 5, 1044b23-24 : ce n'est pas le blanc qui est engendré, mais c'est le bois qui devient blanc.

4. *Phys.* I 7, 189b32-190a21.

5. 189b32-190a13.

6. Voir, par ex., *Phys.* I 6, 189a34-b1 et b16.

7. 190a29-35. Aristote reviendra sur ce point, en Λ 10, 1075a32-34.

8. Cf. *Phys.* I 7, 191a7-14.

9. Voir la définition de la matière, en *Phys.* I 9, 192a31. Pourtant, comme le rappelle D. Charles (« *Metaphysics* Λ 2 : Matter and Change », art. cit., p 85), si toute matière est un sujet, tout sujet ne se réduit pas à la seule matière : le sujet des changements selon le lieu, la quantité ou la qualité n'est pas, à proprement parler, la matière, mais la substance composée. Dans la mesure, cependant, où Λ 2 n'est pas une étude du changement, mais des *principes* des substances sensibles, Aristote peut se contenter de n'évoquer que la matière, qui est ce en vertu de quoi la substance sensible constitue un sujet du changement.

livre, concernant la nature de l'emprunt que font à la science physique les recherches menées en Λ. Aristote se satisfait ici d'une reformulation rapide des résultats de la recherche physique, dont il ne reprend pas le détail. Sans doute ce procédé témoigne-t-il du caractère allusif du livre Λ, qui se présente parfois plus comme une synthèse que comme une recherche développée. Mais cela témoigne surtout de la fonction instrumentale de la science physique au sein du livre [1]. La physique est ici convoquée, non pas dans ses problématiques, mais dans ses résultats seulement. Ce caractère instrumental suggère ainsi la différence fondamentale qui sépare une recherche proprement physique du projet scientifique du livre Λ qui, tout en prenant appui sur la physique, ne semble nullement s'y résumer, mais s'orienter au contraire vers une description de la substance elle-même.

Que la physique soit ici mise au service d'une connaissance de la substance paraît d'ailleurs confirmé par ce rapprochement qu'on peut opérer entre l'étude des principes des substances sensibles en Λ 2 et la fin de H 1, dont on ne doute pas qu'il se consacre à une étude ousiologique. Dans ce chapitre, en effet, l'examen des substances sensibles s'appuie également sur le phénomène du changement, dont Aristote énonce les mêmes principes : les opposés (1042a33) et le sujet matériel (1042a32-33). Ces similitudes de traitement concernent également certaines démonstrations à venir en Λ 2, puisque, comme en H 1, Aristote précisera bientôt les variétés que peuvent recouvrir ces principes du changement, soit en énumérant les différentes sortes de changement et donc les différentes sortes d'opposés (H 1, 1042a34-b3 ; Λ 2, 1069b9-14), soit en énonçant la différence qui sépare la matière soumise à la génération de la matière purement locale (H 1, 1042b5-6 ; Λ 2, 1069b24-26). En H 2, 1042b9, Aristote affirme, à l'issue de ces développements, que la substance sensible considérée comme matière et sujet est dorénavant connue. C'est donc que les descriptions physiques de H 1, qui sont aussi celles qu'on trouve en Λ 2, permettent une caractérisation, même partielle, de la substance sensible considérée comme telle.

On peut alors s'interroger sur la connaissance de la substance sensible qu'apporte, en Λ 2, ce premier énoncé des principes du changement. En identifiant la fonction du substrat, cet énoncé approfondit l'une des rares descriptions qu'Aristote a, pour le moment, données de la substance, dont il a souligné la priorité, en Λ 1, 1069a19-24 et suggéré que cette priorité se fondait sur la fonction de sujet de la substance. En soulignant la

1. *Cf.* par ex. C. Rapp, « The Principles of Sensible Substances in *Metaphysics* Λ 2-5 », dans Ch. Horn (éd.), *Aristotle's* Metaphysics *Lambda – New Essays*, *op. cit.*, p. 89-90.

permanence de ce substrat et son irréductibilité aux contraires, cet énoncé apporte aussi un éclaircissement sur la nature de la substance sensible qui ne se confond ni avec certaines des déterminations qu'elle accueille, ni avec le changement lui-même dans lequel elle ne se dissout pas. Enfin, en identifiant ce substrat à la matière, ce passage permet de préciser la nature de la substance sensible, en identifiant l'un de ses éléments constitutifs.

[II] *Quatre sortes de changement*

1069b9-14 : « Si donc il y a quatre sortes de changement [...] d'un contraire à l'autre dans chaque cas. »

L'étude des principes des substances sensibles se poursuit dans cette énumération des différentes sortes de changements, laquelle s'appuie largement sur les résultats de la *Physique*, dont Aristote rappelle ici des points établis au début des livres III et V. Le passage se présente sous la forme d'un raisonnement qui, de l'existence de quatre sortes de changements, déduit celle de quatre sortes de contraires, entre lesquels le changement s'effectue. L'argument progresse en trois temps : le premier qui énonce l'existence du changement dans quatre catégories [1], le second qui leur attribue un nom déterminé [2], le troisième enfin qui inscrit la contrariété dans ces quatre variétés du changement.

Au regard des démonstrations de la *Physique*, ce passage présente quelques particularités, dont l'une est d'importance [3]. On peut s'avouer surpris, en effet, que, contrairement à *Phys.* V 2 (225b10-11), Aristote affirme ici que les quatre changements sont marqués par la contrariété, alors même que le changement selon la substance, à strictement parler, n'a pas lieu entre des contraires, mais entre des contradictoires, puisqu'il n'y a pas de contraire à la substance [4]. Aristote prolonge peut-être ici la

1. Cf. *Phys.* III 1, 200b33-34; 201a3-15 et, dans une moindre mesure, V 1, 225a34-b9 et V 2, 226a23-26, où Aristote fait la différence entre les changements qui sont des mouvements et le changement selon l'οὐσία, qui n'en est pas un.

2. Rappel de *Phys.* V 2, 226a26-32.

3. On note, en outre, que ce n'est pas « οὐσία » le terme qui sert ici à désigner le changement « selon la *substance* », mais une allusion tantôt à l'essence (τί, 1069b9), tantôt au « ceci » (τόδε, 1069b11). La chose, cependant, ne doit pas faire difficulté, puisque, comme le montre *Metaph.* Z 1, 1028a11-12, c'est dans l'οὐσία que sont réunis le τί ἐστι et le τόδε τι. Il en va de même de la substitution de l'affection (πάθος) à la qualité (ποῖον), dans la définition de l'altération, puisque *Metaph.* Δ 21, 1022b15-16 définit le πάθος comme ce qui se dit de la qualité selon laquelle un être peut être altéré.

4. On notera, à ce propos, que le passage parallèle en H 1, 1042a33 ne commet pas cette erreur. On pourrait ajouter le cas du transport, qui n'a pas toujours lieu entre des contraires

remarque qui l'a conduit, en 1069b4-5, à préciser que le changement n'a pas lieu entre tous les opposés, mais entre les contraires seulement, c'est-à-dire entre des termes de même genre, ce qui, en un sens, peut continuer de valoir dans le cas de la génération et de la corruption. Peut-être aussi cette singularité est-elle révélatrice de la volonté, de la part d'Aristote, d'unifier l'étude des substances sensibles autour des mêmes principes. En ne distinguant pas, en effet, entre les contraires et les contradictoires, Aristote ménage la possibilité de décrire l'ensemble des changements au moyen des même termes et des mêmes principes, sans avoir à marquer aucune singularité [1].

1069b14-15 : « Il est donc nécessaire que la matière, qui est capable d'être les deux contraires, change. »

Cette nouvelle remarque, qui renoue avec l'étude du principe matériel, fonctionne comme un pivot puisqu'elle introduit la notion de puissance (δύναμις) sur laquelle le prochain développement se fondera en partie, en même temps qu'elle donne un complément au raisonnement précédent. Aristote, en effet, vient de conclure que le changement, quelle que soit la catégorie dans laquelle il s'inscrit, consistera toujours à passer d'un contraire à l'autre. Or, dans la mesure où le premier argument du chapitre, en 1069b3-9, a montré que le changement n'affecte pas les contraires, il semble normal qu'Aristote ajoute à présent que c'est donc la matière qui change, en étant capable (δυναμένην, 1069b14) de devenir l'un ou l'autre des contraires dont elle est le support.

L'apport principal de cette remarque consiste donc à définir la matière comme une puissance des contraires. Cette proposition est à la fois habituelle [2] et nécessaire, compte tenu des précédentes étapes de la démonstration. Pour l'heure, la relation qui unit la notion de matière à celle de puissance est purement cinétique : c'est d'une puissance de changement qu'il s'agit et non pas encore d'un mode d'être [3]. La matière n'est pas

(voir *infra*, p. 122-123), et celui du changement quantitatif. En *Cat.* 5, 3b24, Aristote affirme que la quantité n'a pas de contraires : dans l'absolu, 4 n'est pas plus contraire à 8 qu'à 10. Cependant, comme le montre J. Bogen (« Change and Contrariety in Aristotle », *Phronesis* 37, 1992, p. 18), dès lors qu'on réfère ces quantités à un sujet, on peut estimer que certaines sont contraires à d'autres : pour un animal, quatre pieds sont effectivement contraires à deux pieds. En *Phys.* V 2, Aristote ne voit aucune difficulté à définir l'augmentation et la diminution en rapport à la contrariété.

1. *Cf.* en ce sens G. Aubry, *Dieu sans la puissance*, *op. cit.*, p. 153.

2. *Cf.* par ex. *Metaph.* I 4, 1055a30 ; Θ 9, 1051a5-13 et, en Λ, 1070b10-13 ; 1071a10-11.

3. Conformément à la distinction en *Metaph.* Θ 1, 1045b34-1046a4 et Θ 6, 1048a25-30.

encore caractérisée comme un être en puissance, mais comme ce qui a la puissance de changer. C'est précisément ce passage du sens cinétique au sens ontologique de la δύναμις que la suite du chapitre va opérer.

[III. 1] *Approfondissement sur la matière : matière et puissance*

1069b15-20 : « Or, puisque l'être est double, [...] d'un être en puissance cependant, mais qui est non-être en acte. »

La caractérisation de la matière comme puissance des contraires donne l'occasion d'envisager le changement sous un nouvel angle, permettant, dans un premier temps (1069b15-18), de le décrire comme le passage de l'être en puissance à l'être en acte, dans un second temps (b18-20), de répondre à l'aporie du devenir, en montrant à quelle condition et en quel sens tout provient à la fois de l'être et du non-être. Le raisonnement, dans son ensemble, s'appuie sur une prémisse unique, qui pose que l'être se prend en deux sens : l'être en puissance (τὸ δυνάμει ὄν) et l'être en acte (τὸ ἐνεργείᾳ ὄν). En *Phys.* III 1, c'est cette dualité qui permet à Aristote de définir le mouvement comme l'entéléchie de l'être en puissance[1]. La conséquence qu'il en tire ici est sensiblement différente et témoigne de l'orientation ontologique de l'enquête, puisque les notions d'acte et de puissance ne servent pas à définir le changement lui-même, mais à décrire le mode d'être de ce qui change et, de la sorte, l'impact du changement sur l'être de la substance.

En posant que tout ce qui change va de l'être en puissance à l'être en acte, Aristote complète l'énoncé des principes du changement et des substances sensibles qui compte, en un sens, deux nouvelles entrées : la δύναμις et l'ἐνέγρεια. Il suggère surtout une façon nouvelle d'envisager le changement et les termes entre lesquels il a lieu, en substituant aux contraires, les notions d'acte et de puissance. Les termes entre lesquels s'effectue le changement peuvent donc être décrits tantôt comme des contraires, tantôt comme l'être en puissance et l'être en acte, qui ne sont plus deux termes opposés, mais corrélatifs, nécessairement reliés au sein d'une progression. C'est ainsi la matière et, par suite, la substance sensible qui en est composée[2] qui se voient dorénavant

1. *Phys.* III 1, 200b26-201a11. En *Phys.* III 1, le mouvement inclut la génération et la corruption et, à cet égard, se présente comme un équivalent de μεταβολή.

2. Cf. *Metaph.* H 2, 1042b9-10, où la substance, entendue comme matière, est assimilée à un être en puissance.

caractérisées, non pas seulement comme un sujet, ni comme porteuse d'une puissance de changement, mais comme un être en puissance[1].

À partir de 1069b18, la dualité des sens de l'être, conjuguée à la description du changement, comme passage de l'être en puissance à l'être en acte, autorise à conclure que le devenir est issu à la fois de l'être et du non-être, du non-être par accident (κατὰ συμβεβηκός, 1069b18) et de l'être en puissance. D'une formulation très lapidaire, le passage n'est véritablement compréhensible qu'à la lumière de *Phys.* I 8[2]. Dans ce texte, Aristote formule ce problème, d'essence parménidienne, qui rend le devenir impossible : ce dernier ne peut provenir de l'être, car la chose existerait déjà; il ne peut non plus provenir du non-être, puisque rien n'en procède. Aristote propose alors deux solutions qui consistent à distinguer entre plusieurs sens de l'être et du non-être. La première solution fait la différence entre le non-être absolu et le non-être par accident : le premier n'existe pas; le second, en revanche, est un principe du devenir et désigne la privation, c'est-à-dire l'un des contraires entre lesquels a lieu le changement. En *Phys.* I 8, Aristote évoque ensuite une seconde solution qui repose sur la distinction entre l'acte et la puissance, mais qu'il ne développe pas, renvoyant à des éclaircissements donnés ailleurs[3].

Ce sont ces deux solutions qu'Aristote énonce en Λ 2. Celle qui, dans la *Physique*, fait l'objet du développement le plus long – le non-être comme privation – se voit ici très brièvement rappelée, en guise de prélude à la solution qu'Aristote privilégie manifestement ici, à savoir l'être en puissance (ou non-être en acte) comme origine du devenir. Selon S. Menn[4], cela s'explique en raison de l'importance qu'Aristote accorde à sa découverte du substrat matériel, ainsi qu'à la distinction qu'il maintient, contre les académiciens, entre ce substrat et les contraires[5]. La matière n'est pas la privation; elle est un être en un sens, et si on peut aussi la décrire comme un non-être, c'est en un sens différent de celui qui vaut pour la privation[6]. Cette particularité du passage s'explique également en raison de son contexte, car en mettant l'accent sur l'être

1. En *Metaph.* Θ 6, 1048b8-9, Aristote mobilise la matière comme l'exemple même du sens ontologique de la puissance. Voir également H 1, 1042a28, où la matière est définie comme ce qui est en puissance une réalité déterminée (τόδε τι).

2. *Phys.* I 8, 191a23-b29.

3. *Cf.* aussi *GC* I 3, 317b13-18. Selon S. Menn, c'est justement à Λ 2 qu'Aristote ferait ici référence. Cf. *The Aim*, IIIβ1, p. 28.

4. *The Aim*, IIIβ1, p. 29-30.

5. *Cf.* Λ 10, 1075a31-34.

6. En *Phys.* I 9, 192a3-6, la matière est désignée comme non-être par accident, par opposition à la privation qui est non-être par soi.

en puissance, plutôt que sur la privation, Aristote privilégie l'étude d'un principe du changement qui décrit bien mieux la substance sensible que la privation ne peut le faire. Le rappel de l'aporie du devenir offre donc l'occasion de décrire la matière, non plus simplement comme un sujet des contraires, mais comme ce dont une chose procède. Or tel est le second élément définitionnel de la matière, dont il n'avait pas encore été question en Λ 2 [1].

1069b20-24 : « Et cela, c'est l'Un d'Anaxagore […] la notion de matière. »

Par ce rapide développement historique, Aristote cherche, comme en *Métaphysique* A, à retrouver ses propres conceptions causales chez ses prédécesseurs, afin, tout à la fois, de les gratifier d'avoir conçu la cause matérielle [2], et de souligner l'inachèvement de leur doctrine [3]. Comme Aristote le montre ailleurs au sujet d'Anaxagore et de Démocrite [4], tous ont, en effet, considéré que le devenir était réel et que, puisque rien ne naît de rien, il doit donc exister un substrat dont toute chose procède.

Dans son détail, le passage donne quelques indications sur la conception que chacun des présocratiques cités s'est faite de ce substrat. En premier lieu, Aristote mentionne la conception anaxagoréenne de l'« Un ». Par là, il entend désigner ce qu'Anaxagore décrit comme un mélange d'homéomères en nombre infini, dans lequel tout est confondu et dont les êtres dotés de qualités distinctives sont issus, sous l'action séparatrice de l'Intellect [5]. Le fait qu'Aristote désigne ce substrat du nom d'« Un » peut surprendre : en *Metaph.* A 8, 988b16-19 [6], c'est l'Intellect qu'il désigne de ce nom. Cependant, comme le montre Ross [7], ce qu'Aristote désigne ici du nom d'« Un » est un mélange (μῖγμα), que le *De la sensation et*

1. *Phys.* I 9, 192a31-32. *Cf.* également II 3, 194b23-26.

2. 983b6 *sq.* ; 984a16-19 ; A 7, 988a23. *Cf.* sur Empédocle : A 3, 984a8-11 ; sur Anaxagore : A 3, 984a11-16 ; sur Démocrite : A 4, 985b4-10.

3. A 4, 985a10-18 ; A 8, 989b19-21 ; A 10, 993a13-16.

4. Voir *Phys.* I 4, 187a25-b5 (= fr. DK 59 A52) et *Metaph.* Γ 5, 1009a25-30.

5. *Cf.* par ex. *Metaph.* A 3, 984a11-16 (= fr. A43) ; *Phys.* I 4, 187a25-b5 (= fr. A52) ; III 4, 203a20-33 (fr. A45) ; *DC* III 3, 302a28-b4 (= fr. A43) ; *GC* I 1, 314a16-b1 (= fr A46) ; B4 (= Simplicius, *In Phys.*, 157, 9 *sq.*).

6. Cela a conduit Jackson à corriger ἕν en ὄν. Voir « On Some Passages in Arist. *Metaph.* Λ », *Journal of Philology* 29, 1903, p. 139 *sq.*

7. Ross, *Aristotle. Metaphysics*, *op. cit.*, vol. 2, p. 351. En outre, en *Phys.* I 4, 187a20-21, Aristote rassemble Anaxagore, Anaximandre et Empédocle autour d'une conception commune du substrat, dont il affirme l'unité

des sensibles 447b10 décrit bien comme une réalité une. C'est toutefois à une formule anaxagoréenne plus classique qu'Aristote se réfère ensuite, (« tout était ensemble », ὁμοῦ πάντα, 1069b21) [1], censée décrire l'état de confusion des semences, avant que l'Intellect n'y opère la dissociation.

Cette citation intègre ici un propos critique, puisqu'Aristote estime qu'elle constitue une formulation à laquelle il vaut mieux en préférer une autre. Cependant, les interprètes ne s'accordent pas sur ce qu'il faudrait préférer. Deux possibilités se dégagent : soit on considère, avec la plupart des interprètes [2], que ce qu'Aristote préfère est une formulation qui énonce la distinction entre l'acte et la puissance (en 1069b23) [3] ; soit on estime, comme on le propose dans la traduction, que c'est la description de la matière comme unité qu'Aristote valorise [4]. Dans le premier cas, il faudrait ponctuer différemment le passage et ouvrir, après la citation d'Anaxagore, une longue parenthèse incluant les références à Empédocle, Anaximandre et Démocrite, qui se verraient eux aussi soumis à la critique [5]. Dans le second, que reflète notre traduction, la proposition « car cela vaut mieux que de dire que "tout était ensemble" » (βέλτιον γὰρ ἢ « ὁμοῦ πάντα ») constitue à elle seule une brève parenthèse exprimant, en passant, une remarque sur Anaxagore. D'un point de vue conceptuel, la première lecture paraît justifiée, car l'insistance sur l'existence uniquement potentielle du substrat initial vaut mieux que la formulation assez vague, selon laquelle tout était ensemble, au sein d'un mélange initial. Néanmoins, D. Charles [6] a montré que l'insistance sur l'unité, elle aussi, était préférable, car ce qui unifie la matière, c'est la puissance qu'elle possède toujours, sans qu'il soit nécessaire qu'existe réellement un mélange unique regroupant toute la matière existante. D. Charles [7] ajoute que la seconde hypothèse convient mieux à la connotation positive du passage : puisque ce dernier se conclut par un *satisfecit*, il semble préférable que la part de critique

1. fr. B1 = Simplicius, *In Phys.*, 155, 23 *sq.*

2. Depuis Jackson, « On Some Passages in Arist. *Metaph.* Λ », art. cit., p. 139 *sq.*

3. Dans ce cas, le sujet de la proposition « βέλτιον γὰρ ἢ "ὁμοῦ πάντα" » se situerait à la fin du passage.

4. *Cf.* ps.-Alex., *In Metaph.*, 673, 5-22 ; Averroès, *Grand Commentaire*, *op. cit.*, p. 81 ; J. Bollack, *Empédocle I, Introduction à l'ancienne physique*, Paris, Tel-Gallimard, 1965, p. 86, n. 1 ; L. Elders, *Aristotle's Theology*, *op. cit.*, p. 93 ; D. Charles, « *Metaphysics* Λ 2 : Matter and Change », art. cit., p. 108 et S. Fazzo, *Il libro* Lambda, *op. cit.*, *ad loc.*

5. Il faudrait donc adopter la ponctuation suivante : « καὶ τοῦτ' ἔστι τὸ Ἀναξαγόρου ἕν· βέλτιον γὰρ ἢ "ὁμοῦ πάντα" – καὶ Ἐμπεδοκλέους τὸ μῖγμα καὶ Ἀναξιμάνδρου, καὶ ὥς Δημόκριτός φησιν – [...] ».

6. D. Charles, « *Metaphysics* Λ 2 : Matter and Change », art. cit., p. 99.

7. *Ibid.*, p. 108.

qu'il comporte soit relativement limitée [1]. Il est donc plus satisfaisant du point de vue argumentatif, et non moins pertinent du point de vue conceptuel, de considérer qu'Aristote affirme ici qu'il vaut mieux désigner la conception anaxagoréenne de la matière du nom d'« Un », plutôt que de celui qu'Anaxagore lui-même lui a donné.

Empédocle peut légitimement figurer dans cette liste, puisque lui aussi pose que les êtres sont issus d'un substrat initial, qu'il conçoit comme un mélange des quatre racines ou éléments [2]. En revanche, il est étrange de voir Anaximandre lui être associé. On comprend que sa conception de l'infini (ἄπειρον) soit liée à la matière, puisqu'il constitue un substrat principiel, immortel et divin [3], dont les êtres sont engendrés [4] par séparation (ἀπόκρισις) et éjection (ἔκκρισις) [5]. Cependant, aux dires mêmes d'Aristote, l'ἄπειρον constitue un principe unique distinct des éléments [6], contrairement à la notion empédocléenne de mélange, qui implique une multiplicité interne. Pour autant, il ne semble pas nécessaire d'intervenir sur le texte, en intervertissant le nom d'Anaxagore et celui d'Anaximandre. Comme le montre Ross [7], La chose peut s'expliquer, en raison de la conception aristotélicienne du μῖγμα qui désigne une fusion complète et qui serait donc en réalité mieux approprié à l'ἄπειρον d'Anaximandre qu'au Mélange empédocléen. Dans tous les cas, il est clair qu'Aristote estime que ces deux théories présentent un certain nombre de points communs, puisqu'elles impliquent que les êtres et leurs contrariétés sortent par dissociation d'un substrat initial, dans lequel ils étaient, d'une manière ou d'une autre, inclus [8].

La référence à Démocrite s'appuie sur une doctrine analogue, puisqu'Aristote rapporte qu'il fait procéder les êtres d'un substrat décrit,

1. En outre, on comprendrait mal qu'Aristote gratifie *plusieurs* philosophes d'avoir perçu le concept de matière, si une longue parenthèse isolait Empédocle, Anaximandre et Démocrite.

2. Fr. DK 31 B6; *Metaph.* A 4, 985a31-33 (= fr. A37).

3. Fr. DK 12 A9, 4-5; A14, 1-3; A15, 14-21 (= Aristote, *Phys.* III 4, 203b4-15).

4. *Phys.* I 4, 187a12-20 (= fr. A16); III 7, 207b35 (= fr. A4); III 8, 207b34-208a4 (= fr. A14, 8-12). *Cf.* aussi fr. A9, 4-5; A14, 1-3.

5. Fr. A9, 10-14.

6. *Phys.* I 4, 187a12-20 (= fr. A16); *GC* II 1, 329a8-13.

7. Ross, *Aristotle. Metaphysics*, *op. cit.*, vol. 2, p. 352. Zeller (*Die Philosophie der Griechen in ihrer geschichtlichen Entwicklung*, vol. 1, Leipzig, O. R. Reisland, 1920 [2], p. 279, n. 1), propose une autre hypothèse : la rédaction rapide du passage aurait conduit Aristote à une sorte de zeugme.

8. C'est la raison de leur association, selon M. Conche, *Anaximandre. Fragments et témoignages*, « Épiméthée », Paris, P.U.F., 1991, p. 96. Selon Bollack (*Empédocle I, Introduction à l'ancienne physique*, *op. cit.*, p. 88), le mélange d'Empédocle et l'infini d'Anaximandre ont ceci de commun qu'ils ne sont entourés ni limités par rien.

tantôt comme une réserve séminale (πανσπερμία)[1], tantôt comme un mélange de plein et de vide[2]. Il est toutefois difficile de déterminer en quoi consiste cette référence et, plus précisément, si Aristote cite les paroles de Démocrite, ou s'il se contente de faire allusion à ce qu'il a dit. En effet, la formule « ὡς Δημόκριτός φησιν » (1069b22-23) paraît introduire une citation, qui correspondrait alors à la distinction qui suit entre l'acte et la puissance. Or il semble étrange, à tout le moins, qu'Aristote attribue à Démocrite cette distinction qui lui est propre. Une solution avantageuse consisterait à restituer un texte qui pourrait correspondre à une citation de Démocrite[3]. C'est ce à quoi D. Charles[4] s'essaie, en suggérant de corriger soit ἡμῖν en αἰεί, soit ὁμοῦ (à partir d'une variante du ms E, attestée par le ms M) en ὁμοίως, et en plaçant « δυνάμει, ἐνεργείᾳ δ' οὔ »[5] entre parenthèses. Démocrite aurait donc affirmé, soit que « tout était éternellement », soit que « tout était semblablement », ce qu'Aristote corrigerait en posant que cela ne l'était qu'en puissance, mais non pas en acte. De la sorte, le texte serait à la fois complet et cohérent. Néanmoins, il faut avouer que cette hypothèse reste hautement conjecturale et qu'aucun témoin du texte ne la confirme[6]. C'est pourquoi nous conservons ici le texte des mss.

Ce choix de leçon, cependant, laisse ouverte la possibilité de ponctuer le texte de manière à restituer une brève citation de Démocrite, en

1. *DA* I 2, 403b31 (= Leucippe, fr. DK 67 A28); *DC* III 4, 303a15-16 (= Leucippe, fr. A15).

2. *Metaph.* A 4, 985b5-23 (= Leucippe, fr. DK 67 A6).

3. Comme le souligne D. Charles (« *Metaphysics* Λ 2 : Matter and Change », art. cit., p. 108), cela ne sert à rien de corriger la leçon « ἡμῖν » (b23), transmise par la majorité des mss (EJA ᵇC) et attestée par Alexandre d'Aphrodise et Averroès (*Grand Commentaire*, *op. cit.*, p. 85 et 79), en « ὁμοῦ », variante du ms E et transmise par le ms M (*cf.* aussi ps.-Alex., *In Metaph.*, 673, 20). Cette correction, proposée par H. Jackson (« On Some Passages in Arist. *Metaph.* Λ », art. cit., p. 139 *sq.*) est adoptée par la majorité des interprètes modernes. Sans doute a-t-elle l'avantage de construire un balancement entre deux occurrences de « ὁμοῦ πάντα », dont la première serait un rappel de la doctrine d'Anaxagore, tandis que la seconde en constituerait la correction. Pourtant, elle ne permet pas d'attribuer à Démocrite une citation qui lui convienne mieux, puisqu'elle exprimerait toujours une distinction aristotélicienne. C'est d'ailleurs pourquoi la plupart de ceux qui se rallient à cette correction ponctuent après « ὡς Δημόκριτός φησιν » et font de la distinction entre l'acte et la puissance une déclaration aristotélicienne. De son côté, Jaeger (*Aristotelis Metaphysica*, *op. cit.*, *ad loc.*) propose la conjecture ἦν μὲν, sans doute plus probable, mais dont la gain paraît mince, car elle n'évite pas de choisir entre une citation tronquée et une citation improbable.

4. D. Charles, « *Metaphysics* Λ 2 : Matter and Change », art. cit., p. 109-110.

5. Plus précisément, D. Charles (*ibid.*, p. 109) fait l'hypothèse qu'un γάρ aurait sauté après δυνάμει. Il lit donc « δυνάμει γάρ, ἐνεργείᾳ δ' οὔ ».

6. La même remarque vaut *a fortiori* pour les hypothèses formulées par H. de Ley (« Aristotle, *Metaphysics* Λ 2, 1069b20-24 », art. cit., p. 198) et L. Elders (*Aristotle's Theology*, *op. cit.*, p. 93) qui proposent chacun une modification lourde.

attribuant à ce dernier les quelques mots qui précèdent la distinction entre l'acte et la puissance, c'est-à-dire « ἦν ἡμῖν πάντα ». C'est l'hypothèse que formule Alexandre d'Aphrodise[1] et à laquelle souscrit S. Fazzo[2], pour qui la citation de Démocrite serait peut-être un pastiche de la célèbre formule « ἦν ὁμοῦ πάντα » d'Anaxagore, soulignant à la fois la stabilité du monde physique et le caractère originaire de la diversité des êtres. Cela n'est pas impossible, mais reste néanmoins incertain, tant la formule est elliptique. Le plus sûr reste de considérer que la référence à Démocrite n'introduit ici aucune citation. Comme Jackson et, plus récemment, S. Alexandru l'ont montré, la formule « ὡς Δημόκριτός φησιν » peut très bien constituer une allusion à des propos qu'Aristote n'envisage pas de citer[3]. En conséquence, il ne semble pas improbable que la référence à Démocrite soit ici aussi allusive que celle qui vise Empédocle et Anaximandre et que, conformément au style rapide du livre Λ, Aristote se satisfasse de renvoyer aux travaux de l'atomiste, sans préciser, parce que cela lui paraît clair, en quoi Démocrite aussi fait procéder les êtres d'un substrat qui préfigure la conception aristotélicienne de la matière.

Pour intéressantes qu'elles soient, ces doctrines présocratiques restent des formulations partielles de la nature véritable de la matière. C'est pourquoi Aristote les complète et les corrige par le rappel de sa distinction entre l'acte et la puissance[4]. De fait, les présocratiques cités partagent cette erreur d'envisager que les contraires coexistent en acte dans le substrat[5], duquel les êtres seraient issus, non par actualisation, mais par association ou dissociation[6]. En d'autres termes, ils commettent tous l'erreur de croire que, puisque rien ne naît de rien, les êtres existent déjà en acte, mais confondus ou mêlés[7]. Ce faisant, ils contreviennent au principe de contradiction, car il n'y a qu'en puissance que les contraires peuvent être unis, de sorte que si des êtres aux determinations contraires procèdent d'une même chose, cela ne peut exister qu'en puissance.

1. *Ap.* Averroès, *Grand Commentaire*, *op. cit.*, p. 83.

2. Cf. *Il libro* Lambda, *op. cit.*, p. 239-245 et *Commento*, *op. cit.*, p. 126.

3. Comme c'est le cas au sujet des théologiens en Λ 6, 1071b26, de Platon ou d'Empédocle, en *GC* II 1, 329a13 et b1.

4. Quant au fait qu'Aristote s'exprime ici à l'imparfait, cela peut venir de ce qu'il prolonge, en la corrigeant, la conception des présocratiques qui posent une origine à la génération du monde. S. Alexandru (*Aristotle's* Metaphysics *Lambda*, *op. cit.*, *ad loc.*) propose, en ce sens, d'insérer ἦν en 1069b21, avant ὁμοῦ πάντα de façon à compléter la citation d'Anaxagore. Dans ce cas, on comprendrait d'autant mieux que la correction d'Aristote se fasse dans ces termes mêmes.

5. *Metaph.* Γ 4, 1007b25-29 ; Γ 5, 1009a22-36

6. Cf. *Phys.* I 4, 187a12-25 (= fr. DK 12 A16 ; 31 A46) ; *GC* I 2, 315b6-8 ou I 8, 325a25-33.

7. Voir D. Charles, « *Metaphysics* Λ 2 : Matter and Change », art. cit., p. 99.

[III. 2.] *Approfondissement sur la matière : la diversité des matières*

1069b24-25 : « Toutes les choses qui changent ont une matière, mais différente pour chacune. »

Si les développements précédents ont élaboré une définition générale de la matière, Aristote se concentre à présent sur les nuances de la notion. Il affirme ici à la fois l'unité et la multiplicité du concept de matière : son unité, puisque la matière est, dans tous les cas, une puissance et le sujet du changement; sa multiplicité, puisque cette puissance et cette fonction de substrat peuvent varier selon les êtres considérés. Cette diversité peut elle-même s'entendre en plusieurs sens. En premier lieu, elle peut s'appuyer sur la diversité des changements eux-mêmes [1]. En second lieu, des matières qui se prêtent au même changement, relevant de la même catégorie, peuvent aussi recéler des potentialités diverses [2]. Dans les deux cas, cette multiplicité répond à celle des puissances. La suite du texte envisage ces deux cas de diversité de la matière.

1069b25-26 : « Et, parmi les êtres éternels, [...] sujet du mouvement d'un lieu vers un autre. »

La diversité qu'Aristote examine ici est celle qui se fonde sur la diversité des changements et sur le statut ambigu des substances célestes, à la fois sensibles et éternelles. C'est cette ambiguïté qui conduit à leur attribuer une matière qui est bien le sujet du transport d'un lieu vers un autre (ποθὲν ποί), mais qui ne soit pas en même temps celui du changement substantiel (ὕλη γενητή). Comme Aristote le rappelle dans un passage parallèle de *Metaph.* H 1 (1042b3-6) [3], de la génération et de la corruption procèdent les changements qualitatifs et quantitatifs, tandis que le transport, en tant qu'il constitue le premier des mouvements [4], peut s'envisager seul et indépendamment des autres. Si donc les substances éternelles sont dotées d'une matière uniquement susceptible d'un certain transport, c'est qu'elles ne se soustraient pas seulement au changement

1. *Cf.* en ce sens P.-M. Morel, *Aristote. Métaphysique, Livre Eta*, introduction, traduction et commentaire, Paris, Vrin, 2015, p. 102.

2. On pourrait ajouter un troisième fondement : la multiplicité individuelle, en vertu de laquelle la matière de Socrate n'est pas celle de Callias. Cependant, cette multiplicité numérique n'est pas envisagée ici, mais dans un autre contexte, en Λ 5, 1071a28-29.

3. *Cf.* aussi, plus généralement, *DC* I 2-4.

4. *Phys.* VIII 7, 260a26-261a28.

substantiel, mais à tous les autres également : leur éternité les rend inaltérables et impassibles.

Cette allusion à la matière des astres rejoint, en substance, les autres descriptions qu'Aristote en donne en *Metaph.* H et Θ, et qui mentionnent tantôt une matière « locale » [1], tantôt une puissance de passer d'un endroit à un autre [2]. À la différence de la plupart de ces occurrences, ce texte de Λ 2 a quelque chose de plus affirmatif, car il n'exprime aucun doute quant à la possibilité d'attribuer une matière aux substances sensibles éternelles. Il faut dire que les premières descriptions du chapitre ont permis de donner de la matière, comme substrat et puissance, une définition suffisamment unitaire pour l'attribuer à l'ensemble des choses qui changent.

On peut toutefois se demander si cette unité de traitement n'est pas tout à fait de façade. On perçoit une difficulté, lorsqu'on rapproche cette distinction entre deux sortes de matières de la 10ᵉ aporie [3]. Cette aporie, en effet, pose la question de l'identité ou de la différence entre les principes des êtres corruptibles et ceux des êtres éternels. Ces principes, dit Aristote, ne peuvent être tout à fait identiques, puisqu'on ne saurait expliquer sans cela ni l'éternité de certains êtres, ni la corruptibilité des autres. La distinction entre une matière soumise à la génération et à la corruption et une autre purement locale rend compte de cette différence [4]. Mais, de la sorte, elle reconduit également les substances corruptibles et les substances sensibles éternelles à deux principes qui, dans le contexte de la 10ᵉ aporie, doivent être jugés différents. En somme, cette distinction entre deux sortes de matière engage à s'interroger sur la possibilité de proposer, à partir de la perspective du changement, un traitement des astres identique à celui des substances corruptibles. Cette difficulté peut se décliner selon deux axes au moins.

Un premier axe concerne le rôle principiel de cette matière locale [5]. Constitue-t-elle, pour les astres, un principe de même nature que celui que la matière soumise à la génération constitue pour les substances corruptibles ? Bien sûr, chacune constitue un principe du devenir, comme sujet et puissance, pour les substances concernées. Mais l'analogie pourrait s'arrêter là, puisque cette matière n'est pas chaque fois le

1. *Metaph.* H 1, 1042b6 : « ὕλη τοπική » ; H 4, 1044b8 : « ὕλη κινητὴ κατὰ τόπον ».

2. Θ 8, 1050b21 : « δύναμις ποθὲν ποί ».

3. *Metaph.* B 4, 1000a5-1001a3.

4. Comme le note le ps.-Alex., *In Metaph.*, 668, 8-12. Voir aussi S. Fazzo, « Heavenly Matter in Aristotle, *Metaphysics Lambda* 2 », art. cit., p. 173.

5. Voir M. Frede, « Introduction », art. cit., p. 16 ; D. Charles, « *Metaphysics* Λ 2 : Matter and Change », art. cit., p. 90.

principe du même changement : elle est un principe de changement substantiel pour les unes, de transport pour les autres [1]. La différence n'est pas ancedotique, puisque la substance corruptible est bien comme substance, à la fois dans son existence et dans sa nature, le produit de la génération. La matière générative est donc, dans cette mesure, un principe proprement substantiel, qui participe à l'advenue de substances d'une certaine nature. À l'évidence, la matière locale des substances éternelles ne peut tenir ce rôle [2]. Toutefois, M. Frede et D. Charles [3] proposent une manière de préserver partiellement l'analogie entre ces deux principes matériels, en montrant que la matière locale est, pour les substances éternelles, le principe d'un changement caractéristique de leur nature, exactement comme la matière générative n'est pas seulement le principe de l'engendrement des substances corruptibles, mais un principe qui procure la possibilité, au sein de la substance engendrée, de réaliser des changements conformes à leur essence.

La description de la matière locale peut susciter un autre problème. Subordonner les substances éternelles aux mêmes principes que ceux des substances corruptibles suppose que leur matière soit elle aussi un sujet des contraires. Ce n'est pas la notion même de transport qui fait ici difficulté : ce mouvement, non moins que les autres, peut consister en une transition entre deux contraires (le haut et le bas, la droite et la gauche) [4]. Cependant, ces termes contraires dessinent un mouvement rectiligne. Or les astres réalisent un mouvement circulaire, dont Aristote souligne à plusieurs reprises qu'il se soustrait à la contrariété [5]. La difficulté est réelle

1. C'est pourquoi Aristote explique, en H 4, 1044b7-8, que les substances sensibles éternelles n'ont pas de matière, puisqu'elles ne sont pas *engendrées* à partir d'une matière. Elles sont toutefois bel et bien *constituées* d'une matière. Voir sur ce point P.-M. Morel, *Aristote. Métaphysique, Livre Eta*, *op. cit.*, p. 170 et n. 1.

2. Cela n'a pas seulement pour conséquence que la matière des astres n'est pas le principe de l'existence de ces substances. On pourrait également se demander si elle demeure un substrat de la forme substantielle. Dire qu'elle n'est pas le sujet de la génération et de la corruption signifie qu'elle n'a pas la puissance de changer de forme. Mais cela signifie-t-il qu'elle a quand même la puissance de l'accueillir, qu'elle en est bien un sujet ? Cette question n'est jamais tranchée, ni même clairement évoquée par Aristote.

3. M. Frede, « Introduction », art. cit., p. 14-16 ; D. Charles, « *Metaphysics* Λ 2 : Matter and Change », art. cit., p. 91-92.

4. *Cf.* par exemple *Phys.* V 2, 226a23-25 ou *DC* II 2, 285a27-31.

5. Aristote montre tantôt qu'aucun point du cercle n'est déterminé comme début, milieu ou fin, de sorte que le mouvement n'a pas lieu entre des termes extrêmes et contraires (*Phys.* VIII 9, 265a27-b8), tantôt que le mouvement sur un cercle va du même au même, de sorte qu'il n'est pas composé de mouvements contraires (VIII 8, 264b10 *sq.*), tantôt encore que le mouvement circulaire lui-même n'a aucun contraire (*DC*, I 2 et surtout 4). Sur ce dernier

et exprime à nouveau toute l'ambiguïté des substances sensibles éternelles qui ne se rangent jamais tout à fait dans aucune classe. Il semble bien, en tout cas, qu'il faille conclure que la matière locale n'est pas un sujet des contraires [1], de sorte que les substances sensibles éternelles, sans se soumettre à des principes différents de ceux des substances corruptibles, ne se soumettraient cependant pas à l'ensemble d'entre eux.

Il reste que cette particularité ne fait jamais, en Λ, l'objet d'aucune formulation explicite de la part d'Aristote. Sans doute n'est-il pas possible de définir le mouvement des substances sensibles éternelles en termes de contrariété. On peut toutefois penser qu'Aristote ne souhaite pas souligner ce cas particulier, mais l'intégrer au contraire, même imparfaitement, à une analyse générale. Le confirme en un sens la manière dont Aristote, en *Métaphysique* H 1, 1042a34-35, décrit les termes entre lesquels a lieu le transport : il s'agit, dit-il, d'un mouvement qui mène d'ici (ἐνταῦθα) à ailleurs (ἄλλοθι). La différence relative de deux lieux, qui caractérise en Λ 2 le mouvement circulaire uniquement, sert en H 1 à décrire le mouvement local en général. En H 1 d'ailleurs, le point s'intègre à une définition des quatre sortes de changement en termes, non de contrariété, mais d'opposition, ce qui présente l'avantage de décrire plus adéquatement la génération et la corruption, qui elles non plus ne sauraient, à proprement parler, conduire d'un contraire à l'autre. En d'autres termes, l'élargissement auquel procède H 1 suggère qu'Aristote, sans être indifférent aux difficultés que la notion de contraires peut soulever dans le cadre d'une définition générale des différentes sortes de changement, ne souhaite pas élaborer, sur cette base, de distinctions conceptuelles plus poussées [2].

texte, voir C. Noble, « Topsy-Turvy World : Circular Motion, Contrariety, and Aristotle's Unwiding Spheres », *Apeiron* 46, 2013, p. 391-418.

1. Voir en ce sens les remarques de S. Fazzo, « Heavenly Matter in Aristotle, *Metaphysics Lambda* 2 », art. cit., p. 169-173. C'était déjà la position d'Alexandre d'Aphrodise, qui y voyait une raison, soit de nier la matérialité des astres (cf. *In Metaph.* 22, 2-3 ; 169, 18-19 ; 375, 37-376, 1 ; *De mixtione* 229, 6-9), soit de redéfinir le concept de matière sur d'autres bases (cf. *Quaestio* I 10). Néanmoins, dans la mesure où la contrariété se définit en termes de possession et de privation complète, on pourrait se demander si la différence de lieux qui caractérise le mouvement circulaire ne peut pas s'intégrer à ce schéma. Du reste, bien que le mouvement circulaire, pris dans sa totalité, ne comporte aucun contraire, chaque partie qui le constitue peut néanmoins se voir décrite comme un contraire, si on la rapporte à l'extrémité d'un diamètre, comme Aristote l'envisage en *DC* I 8, 277b23-26

2. Sur cet effort d'unification, voir A. Falcon, *Aristotle and the Science of Nature. Unity without Uniformity*, Cambridge, Cambridge University Press, 2005, p. 107.

1069b26-28 : « On peut se demander de quelle sorte de non-être vient la génération, car le non-être a trois sens. »

Le sens de cette remarque est relativement clair. Les trois sens du non-être auxquels Aristote fait ici allusion correspondent vraisemblablement à ceux qu'il énumère en N 2[1] : le non-être selon les catégories, le non-être comme faux et le non-être comme puissance. Et, comme Aristote le pose en N 2 (1089a28), c'est évidemment au non-être comme puissance qu'il faut référer la génération. La difficulté du passage concerne, en fait, sa fonction argumentative. Par l'interrogation qu'il exprime sur le rapport de la génération au non-être, ce texte paraît faire suite aux lignes b18-20, plutôt qu'à la distinction entre la matière locale et celle soumise à la génération[2]. Pour rendre compte de la continuité argumentative du passage, D. Charles et S. Fazzo[3] font l'hypothèse que le terme « génération » (γένεσις) soit ici à entendre en un sens large, c'est-à-dire comme synonyme du changement *et* du mouvement[4], de sorte qu'Aristote, après avoir montré qu'il existe plusieurs matières (l'une de changement, l'autre de mouvement), poursuivrait le raisonnement en s'interrogeant sur le non-être dont le changement *et* le mouvement, proviennent tous deux. Cela permettrait d'introduire, à partir de b28, une réflexion sur la diversité des puissances qui fasse pendant à celle qu'Aristote vient de mener sur la diversité des matières. Cette interprétation peut se prévaloir du témoignage de *Metaph.* N 2, où l'interrogation sur les sens du non-être permet d'établir un rapport entre la génération en un sens large et le

1. N 2, 1089a26-31. Voir aussi *Metaph.* Θ 10, 1051a34-b2. *Cf.* Ross, *Aristotle. Metaphysics*, *op. cit.*, vol. 2, p. 351. Selon D. Charles (« *Metaphysics* Λ 2 : Matter and Change », art. cit., p. 89, n. 2), le passage est à lire en rapport à K 11, 1067b25-30, où l'on distingue entre (1) le non-être selon l'union ou la séparation du sujet et d'un prédicat et (2) le non-être comme puissance, lequel se diviserait entre ce qui n'est pas un individu et ce qui n'est pas telle ou telle qualité (non-blanc, non-bon). De la sorte, le non-être comme puissance pourrait représenter l'origine de tous les changements : celle de la γένεσις ἁπλῆ dans le premier cas, celle des mouvements, dans le second. Pourtant, le texte de N 2 comporte aussi cette distinction.

2. Le ps.-Alex. (*In Metaph.*, 673, 34-36) note qu'Aristote tient ici un discours désordonné et estime que le passage est déplacé, ce à quoi souscrit Jaeger. Ross (*Aristotle. Metaphysics*, *op. cit.*, vol. 2, p. 352) souligne également le saut argumentatif, mais édite le texte à sa place.

3. D. Charles, « *Metaphysics* Λ 2 : Matter and Change », art. cit., p. 89, n. 2 ; S. Fazzo, « Heavenly Matter in Aristotle, *Metaphysics Lambda* 2 », art. cit., p. 170.

4. Bien que les termes « γενητά » et « γενητή », (1069b25 et 26) se rattachent à la génération absolue, S. Fazzo (*ibid.*) estime que la particule « ἀλλά », en 1069b26, n'a pas un sens adversatif, mais équivaut à ἀλλὰ ἤ et signifie « sauf ». Aristote ne nierait donc pas que la matière des astres soit un sujet de génération, mais il discriminerait un cas de génération qui lui convienne : la génération selon le lieu.

non-être comme puissance, lequel peut se subdiviser en deux sens, dont l'un convient à la génération absolue, l'autre au mouvement.

1069b28-29 : « Si donc quelque chose est en puissance, cependant il n'est pas en puissance de n'importe quoi, mais une chose différente vient d'une chose différente. »

Si cet énoncé s'appuie sur la remarque qui précède [1], ce ne peut être qu'en vertu d'un raisonnement très elliptique, dans lequel Aristote, après s'être interrogé sur le non-être dont procède la génération, ne prendrait pas la peine d'identifier pour lui-même le sens qui lui paraît pertinent, mais s'engagerait immédiatement dans une réflexion sur la puissance et sa diversité. Cette nouvelle remarque ne se résume pas à répéter la différence entre la matière locale et celle qui est sujet de génération. Elle recouvre, au contraire, une signification plus vaste, en faisant signe vers un nouveau fondement de multiplicité. Car, de fait, si les matières ou les puissances diffèrent selon les êtres, ce n'est pas seulement parce que certains ne se prêtent pas à la même catégorie de changement que les autres, mais aussi parce que, même à l'intérieur de la classe des substances corruptibles, les matières et les puissances ne sont pas toutes identiques. Dans leur cas également il faut dire que tout ne provient pas de tout, que la matière n'est pas en puissance de n'importe quoi. Bien que la laine, le bois et le bronze soient tous une matière et un être en puissance, les potentialités de chacun diffèrent néanmoins : c'est pourquoi l'on ne fera jamais une scie en bois ou en laine [2], ni un manteau en airain. Car la matière, bien qu'elle se définisse dans tous les cas par la puissance, n'existe toutefois jamais sans un contraire [3], c'est-à-dire sans certaines déterminations qui lui confèrent une nature et resserrent l'éventail de ses potentialités. C'est pourquoi chaque être provient d'une matière non pas identique à toute autre, mais qui possède au contraire les potentialités requises pour qu'advienne un être de cette nature. En somme, c'est ici la notion de matière prochaine [4] qu'Aristote esquisse, c'est-à-dire d'une

1. Ce que peut suggérer la particule δή.

2. *Metaph*, H 4, 1044a27-29.

3. *GC* II 1, 329a25-26. Cela rejoint la distinction proposée par D. Charles (« *Metaphysics* Λ 2 : Matter and Change », art. cit., p 100-102), entre la matière comme δύναμις, c'est-à-dire comme principe de changement, et la matière comme δυνάμει ὄν, c'est-à-dire comme substrat qualifié, doté de certaines déterminations et des potentialités correspondantes.

4. Cf. *Metaph.* Θ 7.

matière déterminée, aux potentialités distinctives, de laquelle la substance est directement issue.

1069b29-32 : « Il ne suffit pas non plus [...] cela seul dont la matière était en puissance. »

L'énoncé de la diversité des matières et des puissances donne ici l'occasion d'une nouvelle critique des conceptions présocratiques. De même que, plus haut (1069b20-21), alors qu'il s'agissait d'insister sur la nature potentielle de la matière, Aristote reprochait à Anaxagore de ne pas suffisamment l'exprimer et proposait donc de souligner l'unité du substrat initial, afin d'éviter de croire que c'est en acte que les êtres existent ensemble dans le mélange, de même, alors qu'il s'agit à présent de souligner la diversité réelle des matières et des puissances, Aristote complète son examen par une nouvelle critique d'Anaxagore qui ne serait pas parvenu à définir des principes du devenir capables de rendre compte de la multiplicité et de la diversité des êtres. Car, si l'on peut dire que ce mélange est un, en tant qu'il est une puissance, il demeure que la variété des puissances et des matières n'y est pas clairement envisagée. Comme le note D. Charles [1], la critique reste ici prudente : Aristote ne reproche pas à Anaxagore de s'être totalement trompé, mais de ne pas être allé assez loin. En un sens, en effet, dire que « toutes les choses étaient ensemble » suggère qu'Anaxagore est conscient de la diversité des êtres, puisque c'est cette diversité qui est incluse dans le mélange initial. Cela ne suffit pas, cependant, à rendre compte de l'existence d'être multiples et différents, car ce mélange n'en constitue pas moins une matière unique. Or, bien que tous les contraires s'y trouvent inclus, des êtres différents ne peuvent en procéder, puisque le principe moteur qui doit les en tirer (l'Intellect) est, lui aussi, unique et uniforme [2].

En concluant que tout ce qui advient est en acte ce que sa matière était en puissance, Aristote réaffirme donc la nécessité qu'il existe différentes matières, dotées de potentialités diverses, sans quoi ce serait un seul

1. D. Charles, « *Metaphysics* Λ 2 : Matter and Change », art. cit., p. 98.

2. Parce qu'il est pur et sans mélange : *cf.* par ex. fr. DK 59 B3, B12; Aristote, *DA* I 2, 405a16-17, 405b19-21; III 4, 429a18-20, b22-26. Comme le souligne D. Charles (« *Metaphysics* Λ 2 : Matter and Change », art. cit., p. 98), il y a peut-être ici un forçage, car l'Intellect n'est pas un principe aveugle et peut donc être à l'origine d'êtres de nature différente, même en opérant sur un matériau identique. Aristote l'admet lui-même, en *Metaph.* H 4, 1044a25-27. Certes, cela suppose que les moteurs soient différents, mais, puisque le principe générateur d'Anaxagore est intelligent, il pourrait donc suivre plusieurs plans, de même qu'un même artisan peut fabriquer, à partir du même bois, un coffre aussi bien qu'un lit.

et même être qui devrait en procéder. Il suggère également le lien qui unit la matière d'une chose, c'est-à-dire sa matière prochaine, et le fait d'être cette chose en puissance. Il suggère enfin, d'une manière qui n'a jamais été aussi claire dans tout le chapitre, la force du lien qui unit une substance à sa matière. Cette dernière n'est pas seulement un principe de changement, mais elle est aussi *ipso facto* un principe de la substance, principe dont les potentialités rendent compte, jusqu'à un certain point, de la nature de la chose qui en procède. En d'autres termes, la matière n'est pas différente de la substance, mais elle est la substance elle-même, envisagée sous un certain point de vue [1]. L'étude des substances sensibles sous l'angle du changement porte ici ses fruits, en donnant l'occasion d'apercevoir le rapport substantiel qui unit un individu à sa matière. La même remarque vaut pour les termes de puissance et d'acte, dont la valeur ici n'est plus seulement cinétique, identifiant les termes entre lesquels a lieu le changement, mais aussi ontologique, qualifiant deux modes d'être de la chose elle-même.

[IV] *Récapitulation : trois principes et trois causes*

1069b32-34 : « Il y a donc trois causes et trois principes : deux constituent le couple de contraires, dont l'un est définition et forme, l'autre privation ; le troisième est la matière. »

Cette récapitulation témoigne de la fermeté avec laquelle Aristote tient le cap qu'il s'était fixé dans l'introduction du livre. Cette conclusion est plus qu'une simple répétition des acquis du chapitre, puisqu'Aristote y précise pour la première fois la nature des contraires : d'une part, la forme (εἶδος), énoncée dans la définition (λόγος) [2], d'autre part, sa privation (στέρησις) [3]. Le rappel des démonstrations de *Phys.* I sur les principes du changement est dorénavant complet [4]. Cette identification des contraires témoigne à nouveau de la capacité des principes du changement à rendre compte de l'être des substances changeantes, car, bien que les

1. C'est ce que formulera le chapitre 3, 1070a9-10. *Cf.* aussi *Metaph.* H 1, 1042a32 et H 2, 1042b9-10 : la matière est la substance du point de vue de la puissance.

2. En *Phys.* II 3, 194b26-29, la définition de la cause formelle unit les notions d'εἶδος et de λόγος.

3. Bien que les *Cat.* 10, 12b26-13a31 et *Metaph.* Δ 10, 1018a20-25 fassent des contraires, d'une part, de la possession d'une forme et de sa privation, de l'autre, deux classes distinctes d'opposés, *Metaph.* I 4, 1055a33-b27 établit clairement que toute contrariété repose sur la possession et la privation parfaite.

4. *Phys.* I 7, 191a7-14.

changements soient de quatre sortes et que la forme puisse donc désigner des déterminations superficielles de la substance, à l'évidence néanmoins, elle peut aussi en exprimer l'essence. On perçoit à nouveau en quoi les principes du changement sont aussi des principes des substances qui changent : la substance est sa forme, plus encore qu'elle n'est sa matière.

Ces précisions donnent une nouvelle occasion de soulever le problème de l'application aux substances sensibles éternelles des principes du changement, dans un sens analogue à celui qui les unit aux substances corruptibles. C'est la forme ici qui peut faire difficulté et, plus précisément, le rapport qui l'unit au changement. De fait, c'est du changement, et plus particulièrement de la génération, que les substances corruptibles tirent leur nature et leur forme essentielle. À l'évidence, cela ne vaut pas dans le cas des substances éternelles, dont la forme essentielle paraît, par conséquent, indépendante du changement[1]. Ce rapport de la forme au changement peut susciter une autre difficulté[2] : la forme essentielle des substances corruptibles est pour elles le principe de changements à venir. Être d'une certaine nature, c'est se soumettre à certains changements que la possession de cette nature exige. Or, dans la mesure où les corps célestes ne peuvent réaliser qu'un seul et unique changement, leur forme ne semble guère pouvoir déterminer, dans un éventail si restreint de possibilités, l'actualisation de certaines potentialités plutôt que d'autres.

1. *Cf.* M. Frede, « Introduction », art. cit., p. 15 : les substances sensibles éternelles ne deviennent pas ce qu'elles sont; elles l'ont toujours été. Dans cette mesure, Frede se demande si elles ont une forme, puisque cette dernière est liée au changement et que ces substances ne connaissent pas le changement adéquat. *Cf.* également D. Charles, « *Metaphysics* Λ 2 : Matter and Change », art. cit., p. 96. S. Fazzo (*Commento*, *op. cit.*, p. 223) soulève une difficulté similaire : la matière locale est le sujet d'un changement d'un lieu vers un autre, mais aucun de ces termes n'est capable d'instancier la forme. Les astres n'auraient donc qu'un seul élément. Il paraît toutefois nécessaire d'estimer que les astres ont une forme. Et, même si la question est particulièrement disputée, notamment parce qu'Aristote l'aborde très rarement, il semble également nécessaire de les concevoir comme des êtres vivants (sans quoi ils ne sauraient être des dieux), qui possèdent donc une âme (cf. *DC* II 12, 292a19-21, où Aristote rappelle qu'il ne faut pas concevoir les astres comme dépourvus de vie et d'action. Voir également Λ 7, 1072b3-4, où le mouvement céleste repose sur le désir des astres pour le Premier Moteur, ce qui implique que ces derniers possèdent une âme et les facultés requises pour concevoir le Premier Moteur et le désirer). Du reste, comment les astres mériteraient-ils le nom de substances s'ils se réduisaient à une matière? En ce sens, voir par exemple, A. Falcon, *Aristotle and the Science of Nature. Unity without Uniformity*, *op. cit.*, p. 74. Pour une remise en cause récente de l'animation des astres, voir D. Blyth, « Heavenly Soul in Aristotle », *Apeiron* 48, 2015, p. 427-465.

2. *Cf.* M. Frede, « Introduction », art. cit., p. 14-16; D. Charles, « *Metaphysics* Λ 2 : Matter and Change », art. cit., p. 103-105.

Ces problèmes témoignent à nouveau de la difficulté de soumettre l'éternel à un schéma explicatif issu de l'analyse du corruptible. La forme essentielle des astres ne peut constituer un principe en tout point identique à celui qu'elle représente pour les substances corruptibles. Peut-être, cependant, existe-t-il des raisons de ne pas renoncer à la comprendre en rapport au changement que ces astres réalisent. D. Charles[1] indique une solution partielle à la seconde difficulté, en montrant que la forme peut, dans tous les cas, expliquer que la substance subisse certains changements : dans le cas des substances corruptibles, parce qu'elle détermine la réalisation des changements qui découlent de la nature de la chose ; dans le cas des substances éternelles également, parce que leur âme[2] expliquerait l'actualisation de leur unique puissance matérielle. La forme des astres pourrait ainsi rendre compte de la réalisation constante d'un mouvement dont Aristote souligne par ailleurs la supériorité, en ce qu'il est uniforme, éternel par nature, quasi immuable. Mais, dans cette mesure, c'est la première difficulté qui pourrait, elle aussi, trouver un élément de réponse, puisque ce mouvement de rotation pourrait constituer un changement qui permette aux astres, non pas d'acquérir une forme qu'ils possèdent toujours déjà, mais d'accomplir, à travers le mouvement, la supériorité et l'éternité qui sont essentiellement les leurs. Dans le cas des substances sensibles éternelles, non moins que dans celui des substances corruptibles, forme et matière peuvent engager à la réalisation d'un changement qui accomplit et exprime la nature de la substance qui le réalise.

1. D. Charles, « *Metaphysics* Λ 2 : Matter and Change », art. cit., p. 104.

2. Et l'amour qu'elles conçoivent pour le Premier Moteur. Voir n. 1 page précédente.

COMMENTAIRE AU CHAPITRE 3

Résumé du chapitre

Le chapitre 3 poursuit l'étude des principes des substances sensibles, mais abandonne l'examen des substances éternelles, dont la connaissance ne peut dorénavant progresser qu'à la condition qu'on entame l'étude des substances immobiles. De même que Λ 2 se consacrait à l'examen de la matière, de même, Λ 3 propose un approfondissement de la forme, en même temps qu'il introduit un quatrième principe, le moteur, qui contribue à préciser le mode de causalité de la forme. [I] *Après avoir démontré que ni la forme ni la matière ne sont engendrées (1069b35-1070a4),* [II] *après avoir établi que chaque substance est engendrée par un agent de même forme (1070a4-9),* [III] *Aristote entame l'énumération des différents sens de la substance sensible (1070a9-13), énumération qui conduit à soulever le problème de l'existence de la forme en dehors du composé.* [IV] *De l'examen de cette question (1070a13-20) il résulte que* [V] *la forme, en dépit de la séparation logique dont elle peut faire l'objet, n'a pas besoin d'exister indépendamment du composé, puisque le principe de synonymie en explique l'actualisation dans la matière (1070a21-26).* [VI] *En conséquence, la théorie platonicienne des Idées doit être abandonnée (1070a26-30). Ce faisant, le chapitre peut se lire comme une première manière de disqualifier l'une des définitions platoniciennes de la substance immobile.*

[I] *Ni la forme, ni la matière ne sont engendrées*

1069b35-1070a4 : « Après cela, il faut dire que ne sont engendrées ni la matière, ni la forme […]. Il est donc nécessaire de s'arrêter. »

Les interprètes[1] notent souvent la manière abrupte dont Aristote introduit ce premier argument et qui se répète à l'identique en 1070a4.

1. Ross, *Aristotle. Metaphysics*, *op. cit.*, vol. 2, p. 354 ; L. Elders, *Aristotle's Theology*, *op. cit.*, p. 97 ; L. Judson, « Formlessness and the Priority of Form : *Metaphysics* Z 7-9 and Λ 3 », dans M. Frede, D. Charles (eds.), *Aristotle's* Metaphysics *Lambda*, *op. cit.*, p 125 (désormais cité « Formlessness »).

Signe du faible niveau d'élaboration rédactionnelle du livre, cette formule indique sans doute le caractère hypomnématique du passage[1], dans lequel Aristote se contente de noter rapidement certains points qu'il était libre de développer à l'oral. Cela ne signifie pas, cependant, que cette juxtaposition se fasse sans ordre[2]. L'argument prolonge, au contraire, les développements de Λ 2. D'une part, comme l'a montré S. Fazzo[3], il est un complément nécessaire de la réponse à la 10ᵉ aporie, réponse qui a établi, dans le chapitre 2, que les substances incorruptibles n'ont pas les mêmes principes (la même matière) que les autres, et qui doit à présent affronter le second volet de cette aporie, en montrant que les principes des êtres corruptibles ne le sont pas eux-mêmes, puisque ni la forme ni la matière ne sont soumises au devenir. D'autre part, ce premier argument de Λ 3 constitue, à sa manière, la conclusion appropriée de l'enquête menée dans le chapitre précédent, car, en montrant que les principes du changement ne sont pas eux-mêmes soumis au devenir, il établit qu'ils sont des principes au-delà desquels il n'y a pas lieu de remonter : l'étude de la substance et de ses causes a d'ores et déjà atteint un premier objectif.

Il reste à déterminer de quelle forme et de quelle matière il s'agit ici. En ajoutant qu'il s'agit de la forme et de la matière « dernières » (τὰ ἔσχατα, 1069b36), Aristote apporte une précision ambiguë, puisqu'elle peut faire signe tout aussi bien vers la forme et la matière prochaines, celles qui se tiennent au plus près de la substance engendrée, que vers celles qui en sont les plus éloignées. C'est dans le cas de la matière surtout que la chose peut faire difficulté, car la matière prochaine désigne précisément celle qui procède de niveaux matériels antécédents, comme le phlegme vient du gras et, à travers lui, du doux[4]. Pourtant, Aristote lui-même indique clairement, à travers l'exemple de la sphère de bronze (a2-4), que c'est bien de la forme *et* de la matière prochaines qu'il s'agit ici[5]. L'exemple,

1. Comme le note Ross, *Aristotle. Metaphysics*, *op. cit.*, vol. 2, p. 354. *Cf.* également Oehler, « Die systematische Integration der aristotelischen Metaphysik. Physik und Erste Philosophie im Buch Lambda », art. cit., p. 189-217. À l'inverse, ce style haché serait, selon M. Burnyeat, *A Map*, *op. cit.*, p. 145-149, le signe de la hâte dans laquelle Aristote aurait composé le traité.

2. Rien n'oblige à conclure, avec L. Judson (« Formlessness », art. cit., p 126), au caractère parenthétique de l'argument.

3. S. Fazzo, « Heavenly Matter in Aristotle, *Metaphysics Lambda* 2 », art. cit., p. 174.

4. Cf. *Metaph.* H 4, 1044a21-22. C'est pourquoi plusieurs interprètes pensent qu'Aristote désigne ici la forme prochaine et la matière première. *Cf.* ps.-Alex., *In Metaph.*, 675, 36 ; Bonitz, *Commentarius*, *op. cit.*, p. 475 ; Reale, *Aristotele, la* Metafisica, *op. cit.*, vol. 3, p. 562.

5. *Cf.* Thomas d'Aquin, § 2442 ; Ross, *Aristotle. Metaphysics*, *op. cit.*, vol. 2, p. 354 ; L. Elders, *Aristotle's Theology*, *op. cit.*, p. 97 ; M. Crubellier, « What the Form Has to Be and What It Needs not Be (*Metaphysics*, Λ 3) », dans Ch. Horn (éd.), *Aristotle's* Metaphysics

certes, paraît des plus mal choisis, puisque le bronze est un alliage et qu'il est donc un produit. Cet exemple est pourtant habituel [1] et n'a d'ailleurs rien d'inapproprié, dès lors qu'on comprend qu'Aristote n'affirme pas que la matière prochaine ne procède pas de causes antérieures, mais que cette procession n'est pas une génération. L'exemple suggère donc que c'est bien sur la substance que se concentre ici le point de vue. En mettant l'accent sur l'impossibilité d'engendrer la matière prochaine, Aristote montre qu'il ne confond pas les causes de la matière et la matière comme cause de la substance, puisque la cause matérielle d'une substance est sa matière prochaine uniquement, celle qui n'a pas à subir de modification pour pouvoir accueillir la forme dont elle est en puissance [2], de même que la cause matérielle de l'homme correspond aux menstrues et non pas au feu ni à la terre dont les menstrues procèdent pourtant [3].

Par l'énoncé des trois principes du changement (le moteur, la matière et la forme), Aristote suggère implicitement l'une des raisons pour lesquelles ni la matière ni la forme ne sont engendrées. Si la génération, en effet, repose sur l'alliance d'une forme *et* d'une matière, alors ni la forme seule, ni la matière seule ne sauraient être engendrées, puisque seul le composé peut l'être. Au regard des résultats du chapitre 2, ce triptyque présente des éléments nouveaux. Aristote substitue le moteur prochain [4] à la privation [5] et introduit ainsi le concept de moteur, qui complète, de manière encore timide [6], le tableau des principes et des causes des substances sensibles. On observe aussi que la forme apparaît ici comme l'objectif du changement et, en ce sens, comme sa cause finale [7]. Peut-être cela permet-il de rendre compte de ce qu'Aristote ne mentionne jamais la cause finale, en Λ, alors même qu'il dit être à la recherche des principes et des causes des substances. Il en sera certes question, au sujet du Premier Moteur (*Metaph.* Λ 7, 1072b1-4), mais afin d'envisager si ce concept peut être mis en relation avec les substances immobiles. Pour expliquer cette

Lambda – New Essays, *op. cit.*, p. 122 (désormais cité « What the Form Has to Be »). D'autre part, la seule occurrence de ὕλη ἔσχατη, en *Metaph.* H 6, 1045b18, désigne clairement la matière prochaine.

1. *Cf.* Z 8, 1033a28-31.

2. Θ 7, 1049a5-18.

3. H 4, 1044a15-18 ; 1044a34-b3 ; Θ 7, 1049a1-3.

4. Ce πρῶτον κινοῦν ne désigne évidemment pas le Premier Moteur, mais le moteur prochain, comme c'est le cas en *Phys.* VII, 2 243a32 ; 245a8 ; 245b1.

5. La disparition de la privation se comprend sans mal, puisque sa substance est en un sens identique à celle de la forme. Cf. *Metaph.* Z 7, 1032b2-5.

6. La notion ne sera véritablement établie qu'en Λ 4, 1070b22 *sq.*

7. Cette description se répétera presque à l'identique en 1070a11-12.

bizarrerie, il faut sans doute se ranger à l'avis de ceux [1] qui estiment que la mention de la cause finale serait ici relativement inutile, puisque, comme en témoigne ce texte, la forme d'un être est également la fin vers laquelle il s'ordonne en tant que substance. Dès lors, la cause finale ne serait pas oubliée, mais économiquement associée à l'exposé de la nature de la forme, qui, à l'échelle de la substance entière, tient le rôle de la fin [2]. Peut-être est-ce pourquoi ce n'est que lorsque la finalité constitue un principe des substances sensibles, sans se confondre avec leur forme, c'est-à-dire lorsqu'elle décrit le ressort causal de la substance immobile, que cette notion fait son apparition explicite.

L'énoncé des trois principes du changement autorise, dans un dernier temps, à formuler un raisonnement par l'absurde. Si la matière et la forme, en effet, étaient engendrées, si la sphéricité et le bronze étaient le produit d'une génération, ils le seraient chacun de la réunion d'une forme et d'une matière antécédentes, lesquelles seraient elles-mêmes le produit d'une forme et d'une matière encore antérieures, sans qu'on ne puisse jamais s'arrêter à une forme ou à une matière premières et indépassables. En d'autres termes, c'est à la régression à l'infini que contraint l'hypothèse de la génération des principes de la génération.

Dans son détail comme dans son orientation générale, ce premier argument de Λ 3 continue de faire écho au premier livre de la *Physique*, où Aristote établit, par ce même argument de la régression à l'infini, que la matière, entendue comme puissance, est à la fois inengendrée et incorruptible [3]. Plus directement encore, il fait écho à plusieurs passages des livres Z-H. Dans la plupart de ces textes cependant [4], Aristote s'y

1. Ross, *Aristotle. Metaphysics*, *op. cit.*, vol. 2, p. 361. Même jugement chez G. Reale (*Aristotele, la* Metafisica, *op. cit.*, vol. 3, p. 571) ; L. Elders (*Aristotle's Theology*, *op. cit.*, p. 120) et M. Frede, « *Metaphysics* Λ 1 », art. cit., p. 17-18. Düring (*Aristoteles*, *op. cit.*, p. 208) estime que l'absence de la cause finale indique que ces premiers chapitres de Λ sont d'une rédaction précoce. Bien qu'il soit impossible d'en juger définitivement, il semble difficile de rattacher leur rédaction à des époques à ce point reculées, alors qu'une référence d'Aristote lui-même à son *DP* (en *Phys.* II 2, 194a27-36 = fr. 28 Ross) montre que la finalité y avait déjà fait l'objet d'un développement.

2. Sur cette association entre la fin et la forme, on peut citer, entre autres nombreux exemples, *Phys.* II 9, 200a14-15, 200a34-35 ; *GC* II 9, 335b6-7 ; *GA* I 1, 715a4-6 ; *Metaph.* Z 17, 1041a27-30 ; H 4, 1044b1.

3. *Phys.* I 9, 192a25-34. C'est ce que soulignent clairement Judson (« Formlessness », art. cit., p. 126), et C. Cerami (*Génération et Substance : Aristote et Averroès entre physique et métaphysique*, Berlin, De Gruyter, 2015, p. 200 – désormais cité *Génération et Substance*).

4. *Metaph.* Z 15, 1039b22-27 ; H 3, 1043b14-23 ; H 5, 1044b21-23. Sur l'argument de H 3, on renvoie au commentaire de P.-M. Morel, *Aristote. Métaphysique, Livre Eta*, *op. cit.*, p. 141-150.

préoccupe uniquement de la forme. Seul le chapitre Z 8 (1033a24-b19)[1] présente une argumentation plus ample, mais nettement similaire, dans sa méthode, comme dans ses objectifs : comme en Λ 3, la démonstration y vise à établir que ni la matière, ni la forme, ne sont engendrées ; comme en Λ 3, elle procède au moyen des mêmes exemples (la sphère de bronze) et des mêmes rappels (les trois principes de la génération) et repose sur l'impossibilité de la régression à l'infini. Si Λ 2, centré sur les principes du changement et la cause matérielle, se proposait plus haut comme la reformulation condensée des résultats de *Phys.* I, le chapitre 3 quant à lui, en raison de son intérêt pour la cause formelle, se rattache, dès ce premier moment, aux chapitres 7 à 9 du livre Z, qui offrent une analyse de la forme en rapport avec la génération et le changement[2].

Λ 3 manifeste encore, dès ce premier argument, sa solidarité vis-à-vis d'un autre texte qui trouvera, dans la suite, un écho plus appuyé. En *Metaph.* B 4, le développement de la 8e aporie élabore un argument qui conduit sommairement, et pour les mêmes raisons, à la conclusion de Λ 3 : puisque tout ce qui est engendré est quelque chose et provient de quelque chose, il est donc nécessaire que le dernier terme (τὸ ἔσχατον) soit inengendré, puisqu'il faut s'arrêter et que rien ne provient du non-être absolu (999b6-8). Dans le contexte de B 4, cet argument se rattache au problème de l'existence de la matière et de la forme surtout en dehors des individus composés (999a26-28). Or c'est cette même question qu'Aristote examine en Λ 3, à partir de 1070a13. Se dessine ainsi un parallèle très net entre ces deux textes, qui encourage à voir en Λ 3 le texte ou l'un des textes (avec Z 8 ou H 3) dans lesquels Aristote apporte une réponse à la 8e aporie[3].

1. Et son corrélat, en Z 9, 1034b7-19, au sujet des catégories non substantielles.

2. Sur ces chapitres et leur contribution à l'analyse de la substance proposée au livre Z, voir l'étude de C. Cerami, *Génération et Substance*, *op. cit.*, p. 165-229. Il reste difficile, en l'état, de déterminer avec certitude si l'argumentation de Λ 3 préfigure les développements de Z 7-9 ou si elle les résume : la formulation schématique qu'Aristote donne ici de ces différents points, ainsi que l'ordre démonstratif moins serré auquel ils s'intègrent, plaide tout aussi bien en faveur de la reprise (M. Burnyeat, *A Map*, *op. cit.*, p. 146 ; S. Fazzo, *Commento*, *op. cit.*, p. 147, 150) que de l'esquisse. En ce sens, M. Crubellier (« What the Form Has to Be », art. cit., p. 121) estime que Λ 3 réalise un objectif antérieur à celui poursuivi par Z 7-9 : non pas prouver le principe de synonymie, mais en déterminer le sens. Cela ne doit toutefois pas conduire à minorer le rapport de Λ 3 à la 8e aporie, qui est comme le fil conducteur du chapitre.

3. *Cf.* S. Menn, *The Aim*, IIγ2, p. 1, 7 et IIIβ1, p. 32-33.

[II] *Le principe de synonymie*

1070a4-5 : « Après cela, il faut dire que chaque substance est engendrée à partir d'un être synonyme [...]. »

En *Cat.* 1, 1a6-8, Aristote définit les choses synonymes comme celles dont le nom et la définition sont communs. Aristote établit donc ici que chaque substance corruptible compte, parmi les causes de sa génération, un principe, numériquement distinct, mais de nature identique et qui répond donc, pour cette raison, à la même définition que l'être engendré. La formule « être engendré *à partir* de quelque chose » (ἔκ τινος), habituellement réservée à l'énoncé de la cause matérielle, exprime ici la causalité du moteur ou du producteur [1]. M. Crubellier [2] souligne qu'il n'est pas anodin qu'Aristote s'en tienne ici à une formule délibérément vague, qui ne précise pas le mode de causalité du principe synonyme [3], puisque c'est sur l'entrecroisement de la cause motrice et de la cause formelle que ce principe repose [4].

Ce nouvel argument s'intègre de plein droit aux objectifs de l'enquête. À l'échelle du livre Λ, il témoigne de la capacité du changement à rendre compte de l'être des substances corruptibles, puisque le moteur synonyme est ce qui confère à chaque substance sa nature et permet l'actualisation de sa forme [5]. À l'échelle de Λ 3, ce principe de synonymie prolonge la démonstration précédente qui, en posant l'impossibilité d'engendrer la matière et la forme, a implicitement soulevé la question de l'existence séparée des formes des substances composées. Or le principe de synonymie fait directement écho à ce problème. Dans son versant platonicien, il se pourrait qu'il s'y rapporte positivement, en promouvant l'existence de formes séparées. M. Crubellier [6], en effet, fait l'hypothèse d'une origine platonicienne de ce principe. L'autobiographie intellectuelle de Socrate, dans le *Phédon* (100d-e), l'exprimerait à mots couverts, en posant que rien d'autre que le beau ne rend une chose belle et en encourageant donc à postuler l'existence séparée d'un beau en soi. Mais il est clair que, dans

1. Comme le note Ross, *Aristotle. Metaphysics*, *op. cit.*, vol. 2, p. 354.

2. M. Crubellier, « What the Form Has to Be », art. cit., p. 124.

3. Ce qui aurait été le cas, si Aristote avait écrit ὑπό : voir M. Crubellier, *ibid.*

4. Comme le montreront les lignes 1070a21 *sq.* qui distingueront ces deux sortes de causes dans la relation temporelle qu'elles entretiennent avec l'être engendré.

5. Cf. *Metaph.* Z 8, 1034a5 : le générateur est cause de ce que la forme est dans la matière. Plus généralement, sur la contribution de l'étude physique de la génération à l'analyse métaphysique des substances en Z 7-9, voir C. Cerami, *Génération et Substance*, *op. cit.*, p. 228-229.

6. M. Crubellier, « What the Form Has to Be », art. cit., p. 124.

son versant aristotélicien, c'est de manière négative que ce principe de synonymie se rattache à cette question, puisqu'il place la synonymie dans un agent producteur et montre ainsi que l'impossibilité d'engendrer les formes des substances n'oblige pas à admettre leur séparation.

Les chapitres Z 7-9 confirment cette articulation. Dans ces chapitres, en effet, Aristote argumente à trois reprises en faveur de ce principe de synonymie [1], dans des termes semblables à ceux de Λ 3, et selon un ordre qui témoigne de la solidarité problématique qui unit ici le principe de synonymie, en amont, à la démonstration de l'impossibilité d'engendrer la matière et la forme et, en aval, à l'interrogation sur l'existence séparée des formes [2]. On comprend, dans ces conditions, que ce soit à ce même principe qu'Aristote se référera à la fin de Λ 3 (1070a24-30), lorsqu'il montrera l'inutilité de l'existence des Idées pour rendre compte de la génération des substances, faisant ainsi peut-être jouer Platon contre lui-même.

1070a5-6 : « […] (les substances naturelles et les autres choses). »

Telle que nous la comprenons, cette remarque vise à préciser le domaine d'application du principe de synonymie, en le rattachant aux réalités à la fois naturelles et techniques. De fait, la suite de l'argument, comme chacune des occurrences de ce principe de synonymie dans le reste du traité, mobilisera de concert le cas de l'art et celui de la nature. Il existe, parmi les interprètes, une autre manière de construire le passage, en envisageant que le concept de substance fasse ici l'objet d'une attribution commune aux êtres naturels et aux autres choses [3]. Il faudrait ainsi traduire « … (les êtres naturels sont des substances, et le sont aussi les autres choses) ». Dans cette lecture cependant, cette remarque briserait la continuité de l'argument, en introduisant une précision que la suite du passage n'exploite pas. En outre, Aristote manifeste, dans plusieurs textes – et notamment dans le texte parallèle de Z 7 – une réelle réticence à accorder le statut de substance aux artefacts [4]. Si rien n'indique

1. *Metaph.* Z 7, 1032a22-b14 ; Z 8, 1033b29-1034a8 ; Z 9, 1034a21-b4.

2. En Z 8 en particulier, ces trois questions sont indissociables : l'impossibilité d'engendrer la forme et la matière conduit à soulever le problème de l'existence séparée des formes (1033b19-26), problème qui trouve une réponse négative (1033b26-29) en vertu du principe de synonymie (1033b29-1034a8).

3. C'est la lecture défendue par Bonitz (*Commentarius*, *op. cit.*, p. 475 : « οὐσίαι » est l'attribut commun de « τὰ φύσει » et de « τὰ ἄλλα »), suivie notamment par Ross (*Aristotle. Metaphysics*, *op. cit.*, vol. 2, p. 354).

4. Cf. *Metaph.* Z 7, 1032a19-20. Voir aussi Z 17, 1041b28-30 ; H 3, 1043b18-23.

qu'il le leur refuse en Λ, il paraît toutefois étrange qu'il soutienne aussi nettement une position contraire. C'est pourquoi on adopte ici une autre construction [1], en coordonnant cette remarque, non pas à la substantialité, mais au principe de synonymie.

Ce faisant, cette remarque permet d'élargir le champ d'application du principe de synonymie à l'ensemble des réalités artificielles qui, pour certaines, n'existent qu'à titre d'affection du sujet, mais qui répondent, non moins que les autres, au principe énoncé : la médecine est identique à la santé. Elle permet aussi d'introduire, entre ces deux sortes de réalités que sont l'art et la nature, une distinction que la suite du chapitre mobilisera au sujet de l'existence séparée de la forme (1070a13-20).

1070a6-9 : « En effet, les êtres sont engendrés [...], et les autres causes sont des privations de celles-là. »

Comme l'indique L. Judson [2], la justification (γάρ), introduite en 1070a6, court jusqu'à la fin du passage et englobe donc les menues descriptions qu'Aristote donne de chacun de ces modes de génération. Le passage ne sert donc pas uniquement à révéler l'identité des « autres choses », mais aussi et surtout à rendre compte de la validité du principe de synonymie dans chacun de ces modes génératifs. C'est ce qu'indique la mention du principe selon lequel « un homme engendre un homme », formule par laquelle Aristote illustre généralement [3] le principe de synonymie et dont l'apparition ici [4] laisse à penser que le passage présente cette même fonction. C'est également ce qu'indique l'argumentation parallèle de Z 7-9 qui accompagne la démonstration du principe de synonymie de l'énoncé de la plupart de ces modes de génération, afin de les leur appliquer [5].

Aristote envisage ici ces quatre modes selon deux lignes de partage. La première établit une distinction entre deux causes par soi : l'art (τέχνη)

1. *Cf.* Alexandre d'Aphrodise, (*ap.* Averroès, *Grand Commentaire*, *op. cit.*, p. 95, 98-101) ; S. Fazzo, *Commento*, *op. cit.*, p. 252-253 ; Ch. Rutten et A. Stevens, *Métaphysique*, *op. cit.*, *ad loc.*

2. L. Judson, « Formlessness », art. cit., p. 126-127.

3. *Cf.* par ex. Z 7, 1032a25, Z 8, 1033b32 ; Λ 3, 1070a27-28 ; Λ 4, 1070b34.

4. À condition que cette formule soit bien à sa place. Voir *infra*.

5. Énoncé en *Metaph.* Z 7, 1032a12-13 ; application aux choses naturelles en Z 7, 1032a24-25 ; Z 8, 1033b29-32 ; Z 8, 1034a4-8 ; Z 9, 1034a33-b3 ; application aux artefacts en Z 7, 1032b5-14 ; Z 9, 1034a21-31 ; application aux produits du hasard en Z 8, 1033b33-1034a2 ; examen du cas des êtres engendrés par le hasard *et* incomplets (comme la mule), en Z 9, 1034b3-4.

et la nature (φύσις). Aristote fonde leur différence sur le rapport de chacune de ces causes à son produit : l'art est principe dans autre chose, la nature dans la chose même. Cette distinction est classique[1], mais la description qu'Aristote en donne ici fait difficulté, puisque même dans le cas de la nature, la génération se fait dans autre chose que le générateur, comme le suggère la formule selon laquelle « un homme engendre un homme » (ἄνθρωπος ἄνθρωπον γεννᾷ)[2]. C'est pourquoi le ps.-Alex.[3] estime nécessaire de déplacer cette remarque en 1070a5, c'est-à-dire juste après l'énoncé du principe de synonymie, dont elle serait effectivement une illustration appropriée. Néanmoins, cela briserait la continuité argumentative du passage[4], puisque la remarque qu'on donne entre parenthèse (1070a5-6), quelle que soit la construction qu'on en adopte, se rattacherait mal à ce qui précède.

En vérité, le fait qu'un homme engendre un homme, s'il ne peut illustrer l'identité numérique de l'agent naturel et de son produit, en illustre toutefois l'identité spécifique[5]. En ce sens, la formule peut se proposer comme la justification de ce que la nature est un principe de génération dans la même chose (espèce). Dans le cas de l'art, en revanche, cette identité est nécessairement détournée. Le médecin n'est pas formellement identique à la santé qu'il restaure dans son patient. Comme le montre longuement Aristote en Z 7 et 9 et comme il le montrera plus bas en 1070a29-30, ce n'est que lorsqu'on envisage l'art (plutôt que l'artisan), qu'on peut comprendre que le principe de synonymie s'applique également dans le cas des artefacts : l'art s'identifie, en un sens, à sa fin (la médecine est identique à la santé) et c'est cette fin qui, présente dans l'âme de l'artisan, guide son raisonnement et sa production[6]. Aussi l'art est-il un principe de génération dans autre chose, non pas seulement parce que l'être engendré est numériquement distinct du générateur, mais aussi parce que sa forme peut être actualisée dans une substance d'une espèce différente de celle dans laquelle se trouve la forme génératrice.

1. Cf. *Phys.* II 1, 192b8-23 : les êtres naturels ont en eux-mêmes le principe de leur mouvement ou de leur repos; les artefacts sont mus en vertu d'une cause extérieure.

2. C'est la différence numérique entre le générateur et l'engendré que cette formule doit servir à illustrer en Z 7, 1032a25 et en Z 8, 1033b32.

3. *In Metaph.*, 648, 30, suivi par Reale, *Aristotele, la* Metafisica, *op. cit.*, vol. 3, p. 562.

4. *Cf.* Bonitz, *Commentarius*, *op. cit.*, p. 476; Ross, *Aristotle. Metaphysics*, *op. cit.*, vol. 2, p. 355.

5. C'est ce que mettent en évidence Ross, *ibid.* p. 355; L. Elders, *Aristotle's Theology*, *op. cit.*, p. 102; L. Judson, « Formlessness », art. cit., p. 127.

6. *Metaph.* Z 7, 1032b5-14; Z 9, 1034a21-31. *Cf.* aussi *infra*, 1070a14-15 et 29-30.

À cette ligne de partage entre l'art et la nature s'ajoute celle qui distingue les modes de génération par soi et ceux qu'Aristote décrit ici comme leurs privations. En *Phys.* II 5-6, Aristote définit le hasard (ἡ τύχη) et la spontanéité (τὸ αὐτόματον) comme des causes par accident, dont la première concerne les actes issus du choix (προαίρεσις) et de la pensée (διάνοια), la seconde, les phénomènes affectant les êtres inanimés et les vivants irrationnels. C'est pourquoi l'une peut apparaître comme une privation de l'art, l'autre, comme une privation de la nature. Les interprètes notent la difficulté que soulève l'application du principe de synonymie dans leur cas. Pour résoudre cette difficulté, L. Judson [1] fait l'hypothèse que la description du hasard et de la spontanéité en termes de privation aurait pour fonction de les exclure du principe de synonymie. Cependant, C. Cerami a montré que Z 9 propose, sur ce point, une argumentation méthodique en faveur de l'extension du principe de synonymie dans le cas des générations spontanées dans le domaine de l'art, comme de la nature. Il est donc probable qu'Aristote s'accommode ici également de cette thèse [2]. Il est clair surtout qu'il n'apparaît pas nécessaire, dans le contexte de Λ 3, de traiter plus avant cette question [3].

[III] *Les trois sens de la substance*

1070a9 : « Il y a trois sortes de substances [...]. »

La formule qui servait, en Λ 1 (1069a30), à introduire la tripartition des substances s'intègre à présent à une perspective différente, dans laquelle « substance » ne signifie plus seulement la substance individuelle, mais les différents sens dans lesquels la substance sensible peut se dire. Ces trois sens (matière, forme et composé) constituent une doctrine classique, dont le corpus se fait souvent l'écho, dans les livres Z et H notamment [4]. Comme la suite de l'examen le montrera bientôt, l'analyse de ces trois sens et de leur conformité aux critères de la substantialité prolongera directement le questionnement ouvert depuis le début du chapitre, sur la possibilité de l'existence séparée de la matière et de la forme surtout.

1. « Formlessness », art. cit., p. 128.

2. Voir *Génération et Substance*, *op. cit.*, p. 190-192, 210-227.

3. C'est la position de S. Menn, *The Aim*, IIγ2, p. 9 et IIIβ1, p. 33.

4. Citons *Metaph.* Z 3, 1029a30-33 ; 13, 1038b2-3 ; H 2, 1043a26-28 ; *DA* II 1, 412a7-9. En *Metaph.* Δ 8, 1017b23-26 et Z 15, 1039b20-22, Aristote n'énonce que deux de ces sens : le sujet et la forme dans le premier texte, la forme et le composé dans le second. En Z 3, 1029a2-5 et H 1, 1042a26-31, c'est avec le sujet que ces trois sens sont mis en relation.

1070a9-11 : « [...] la matière, d'une part, qui est une réalité déterminée en apparence, car toutes les choses qui existent par contact et non par cohésion naturelle sont matière et sujet [...]. »

L'énumération des trois sens de la substance suit un ordre attendu, qui va du plus simple (les principes immanents de la substance) au plus complexe (la substance composée), du plus connu pour nous (la matière [1]) au plus connu par nature (la forme), de ce qui est le moins substance (la matière) à ce qui l'est le plus (la forme et le composé [2]). Que la matière soit ici qualifiée de substance n'a pas de quoi surprendre, en vertu du lien conceptuel, dont Λ 2 notamment s'est fait l'écho, unissant la matière, d'une part, à la notion de sujet [3] et celle-ci à la notion de substance [4], d'autre part, à l'être en puissance dont la substance procède et qui est donc en un sens la substance elle-même [5].

Le passage marque l'apparition du concept de « réalité déterminée » (τόδε τι). Cette notion, qu'on pourrait traduire littéralement par « ce quelque chose », se situe à l'intersection de celle d'essence (τί ἐστι) et d'individu (τὸ καθ' ἕκσατον), et désigne une réalité dont la détermination est suffisante pour la constituer comme une chose une et distincte [6]. Les deux premiers sens de la substance seront progressivement mis en relation avec cette notion [7], qui fonctionne ici comme un critère, permettant de mesurer le degré de substantialité des principes de la substance [8]. De la substance, en effet, Aristote a seulement montré, à ce stade du livre Λ, qu'elle était un sujet (1069a19-23) et qu'elle existait séparément des autres catégories (1069a24). Cependant, la fonction de sujet et l'existence

1. La matière est en un sens évidente, selon Z 3, 1029a30-33.

2. La substance composée apparaît comme οὐσία μάλιστα en 1070a20.

3. Λ 2, 1069b8-9 ; H 1, 1042a26-27 ; H 2, 1042b9-10.

4. Λ, 1, 1069a19-24 ; Δ 8, 1017b23-26 ; Z 3, 1028b33-36 ; H 1, 1042a32.

5. Λ 2, 1069b31-32.

6. En *Metaph.* Z 1, 1028a10-28, Aristote montre l'entrelacement de ces notions en rapport à celle de substance. Le premier sens de l'être désigne l'essence (τί ἐστι) et la réalité déterminée (τόδε τι), lesquelles sont instanciées dans la substance, qui constitue par conséquent un sujet déterminé (τὸ ὑποκείμενον ὡρισμένον) et un individu (καθ' ἕκαστον). On perçoit ainsi que la notion de τόδε τι désigne une forme d'individualité en rapport avec la détermination formelle. M. Zingano préfère souligner la permanence du τόδε τι, permanence qui va nécessairement de pair avec la détermination formelle, sans quoi la matière serait τόδε τι au plus haut point (voir « Individuals, Form and Movement : from Lambda to Z-H », dans Ch. Horn (éd.), *Aristotle's* Metaphysics *Lambda – New Essays*, *op. cit.*, p. 151).

7. Même procédé en *Metaph.* H 1, 1042a26-31.

8. Voir en ce sens L. Judson, « Formlessness », art. cit., p. 130.

séparée ne se réciproquent pas nécessairement, puisque, comme Aristote le montre en *Metaph.* Z 3 (1029a26-30), le sujet pur n'est pas séparé, ni n'est donc par lui-même une substance. Lui manquent cette détermination et cette unité qu'exprime la notion de réalité déterminée, laquelle parvient à articuler, au sein de celle de substance, la fonction de sujet et l'existence séparée.

La mise en évidence de la notion de réalité déterminée révèle ainsi la continuité argumentative du chapitre, puisqu'elle nourrit le questionnement qu'a fait émerger la preuve de l'impossibilité d'engendrer la forme et la matière. Dans la mesure, en effet, où la notion de réalité déterminée paraît toujours aller de pair avec celle de séparation [1], on comprend que ce soit avec la matière et la forme qu'Aristote la mette explicitement en relation, afin de déterminer si la matière et la forme présentent une détermination suffisante pour exister séparément du composé [2].

Λ 3 n'est pas le seul texte dans lequel Aristote se penche sur le rapport de la matière et de la réalité déterminée. Il en ressort tantôt, comme en *Metaph.* Z 3 (1029a27-28), une claire distinction entre ces concepts, tantôt leur mise en relation, mais au prix de nuances qui suggèrent toute la différence qui les sépare : en *DA* II 1 (412a7-8), Aristote montre que la matière n'est pas *par soi* (καθ' αὑτό) une réalité déterminée ; en *Metaph.* H 1 (1042a27-28), qu'elle ne l'est pas en acte mais *en puissance* (δυνάμει), en vertu de la forme qu'elle peut accueillir [3]. C'est la même ambiguïté que ce passage exprime, mais d'une manière plus confuse, en conditionnant l'identité de la matière et de la réalité déterminée à une question d'apparence.

1. *Metaph.* Δ 8, 1017b23-26 ; Z 3, 1029a27-30 ; H 1, 1042a28-29.

2. M. Crubellier (« What the Form Has to Be », art. cit., p. 127-128) formule une autre hypothèse : Aristote approfondirait ici le principe de synonymie, en se demandant à quel titre les deux principes de la substance (forme et matière) peuvent vraiment être qualifiés de *ceci*, c'est-à-dire porter le même nom que la substance engendrée et en constituer un principe synonyme. Cela tient à l'hypothèse de M. Crubellier, selon laquelle Aristote ne donnerait pas ici un énoncé affirmatif du principe de synonymie, mais un examen de son sens et de sa recevabilité. Héritant ce principe de Platon, il s'interrogerait pour savoir s'il implique la séparation de la forme. Si l'hypothèse d'un héritage platonicien de ce principe est particulièrement éclairante, en revanche, celle consistant à voir en Λ 3 un chapitre consacré à l'évaluation du principe de synonymie paraît minorer le rapport direct de ce chapitre à la 8 e aporie, qui soulève dans les mêmes termes le problème de l'existence séparée de la forme et au regard de laquelle le principe de synonymie est plus un instrument de réponse qu'une source d'embarras.

3. Sur ce passage : P.-M. Morel, *Aristote. Métaphysique, Livre Eta*, *op. cit.*, p. 96-100.

Le sens du passage est très obscur et a suscité de nombreuses hypothèses [1], qui répondent, pour la plupart, à une alternative : soit la notion d'apparaître relève d'une justification positive, de sorte que ce serait en vertu de son apparaître que la matière pourrait être jointe au τόδε τι, soit il s'agit au contraire d'une restriction. Les autres textes du corpus, dans lesquels Aristote envisage le rapport de la matière à la réalité déterminée confortent plutôt cette dernière option, puisqu'ils reviennent toujours à souligner que la matière n'est pas par elle-même une réalité déterminée. C'est aussi ce qu'indique la justification qu'Aristote donne à la fin de ce passage (1070a10-11) et qui précise que la matière existe en vertu d'un contact (ἁφή) et non d'une cohésion naturelle (σύμφυσις).

Ces deux notions entretiennent une opposition très classique : la cohésion naturelle est à l'origine de l'existence d'une chose réellement une numériquement [2]. À l'évidence, cette précision sert à limiter l'attribution du concept de réalité déterminée à la matière. En en soulignant le manque d'unité, Aristote ne suggère manifestement pas qu'elle s'impose à la sensation comme une réalité déterminée [3], mais plutôt que ce n'est qu'en apparence qu'elle peut passer pour telle, c'est-à-dire en vertu d'une apparence superficielle, qui nous fait voir une chose une, puisque les parties en sont jointes, mais à laquelle manquent l'unité et la détermination propres au τόδε τι [4]. Le passage paraît ainsi faire écho à cette remarque de

1. On peut éliminer celles qui pensent nécessaire de corriger le texte, afin soit de lui faire clairement nier l'identité de la matière et du τόδε τι (comme si le texte en l'état n'y suffisait pas), soit de lui faire exprimer une doctrine plus attendue. Schwegler (*Die Metaphysik des Aristoteles*, *op. cit.*, p. 241), qui édite <μὴ> τόδε τι, illustre la première option; Jaeger (*Aristotelis Metaphysica*, *op. cit.*, *ad loc.*) qui donne, dans son apparat : τῷ <δυνάμει> τόδε τι οὖσα φαίνεσθαι, illustre la seconde : à l'évidence, c'est quelque chose du texte de H 1 qu'il cherche à retrouver.

2. Cf. *Metaph.* Δ 4, 1014b22-26; Z 16, 1040b15-17; *Phys.* V 3, 227a23 *sq.* Voir *Metaph.* Δ 6, 1016a7 : ce qui existe par contact n'est pas continu et n'est donc pas un en ce sens.

3. C'est l'une des hypothèses formulées par Alexandre (*ap.* Averroès, *Grand Commentaire*, *op. cit.*, p. 105-109) : c'est en vertu de l'apparence sensible que lui confère la forme que la matière peut apparaître comme une réalité déterminée. La traduction du passage par A. Jaulin et M.-P. Duminil (*Aristote. Métaphysique*, *op. cit.*, *ad loc.*) relève de cette hypothèse : « d'une part la matière qui est un ceci du fait qu'elle est visible [...] ». Alexandre en donne une variante : Aristote voudrait ici désigner la matière prochaine qui, à la différence de la matière première, apparaît effectivement à la sensation. C'est l'hypothèse qu'Averroès paraît retenir (*ibid.* p. 109-112).

4. Troisième hypothèse formulée par Alexandre, *ap.* Averroès, *Grand Commentaire*, *op. cit.*, p. 105-109 et adoptée par Ross, *Aristotle. Metaphysics*, *op. cit.*, vol. 2, p. 356; L. Judson, « Formlessness », art. cit., p. 129; S. Fazzo, *Commento*, *op. cit.*, p. 255; S. Menn, *The Aim*, IIIβ1, p. 34. Alexandre aurait formulé une quatrième hypothèse, mais qu'il ne semble

Metaph. Z 16, où Aristote pose que bien des réalités matérielles *semblent* (δοκουσῶν) être des substances, mais constituent plutôt des puissances, puisqu'elles ne disposent pas d'une réelle unité, mais s'apparentent à un tas [1].

1070a11-12 : « [...] la nature, d'autre part, qui est une réalité déterminée et un certain état, vers lequel se réalise le changement [...] » [2]

On s'attendrait à ce que ce soit vers la forme qu'Aristote se tourne à présent, mais c'est pourtant la nature (φύσις) qu'il mentionne. L'équivalence, cependant, ne fait pas de doute [3]. Il ne fait pas de doute non plus que la forme est une substance et une cause de la substance, le principe en vertu duquel la matière est un sujet défini [4]. Aristote décrit ici cette forme ou cette nature comme une ἕξις [5], c'est-à-dire à la fois comme une possession et un état. L'ἕξις désigne ordinairement le contraire de la privation [6], qui forme avec elle l'un des deux termes entre lesquels a lieu le changement. En qualifiant ici la forme ou la nature d'ἕξις, Aristote met donc l'accent sur la forme en tant qu'elle est réalisée, actualisée dans un sujet. Il met également en lumière la finalité qu'elle représente, en constituant le terme *vers* lequel le changement se réalise.

Quant à l'association de la forme à la notion de réalité déterminée, elle s'avère, elle aussi, habituelle [7] : la forme, en effet, possède à la fois unité et détermination. Cette association pourrait toutefois surprendre, car c'est à la substance composée que la notion de réalité déterminée convient généralement le mieux, au point de paraître désigner l'individualité même.

pas retenir : sur la base de *Phys.*, I 7, 191a8, où Aristote pose que la matière n'est connaissable que par analogie, il fait l'hypothèse que τῷ φαίνεσθαι signifie qu'on ne connaît la matière qu'en relation aux choses qui revêtent une apparence.

1. *Metaph.* Z 16, 1040b5-17.

2. S. Fazzo (*Il libro* Lambda, *op. cit.*, *ad loc.*) et M. Crubellier (« What the Form Has to Be », art. cit., p. 137) suivent la leçon des mss, qui donnent : ἡ δὲ φύσις τόδε τι εἰς ἥν καὶ ἕξις τις. On suit ici la correction proposée par Bonitz (*Commentarius*, *op. cit.*, p. 477), sur la base du ps.-Alex. (*In Metaph.*, 676, 30), et reprise par Ross, Jaeger et S. Alexandru : ἡ δὲ φύσις τόδε τι καὶ ἕξις τις εἰς ἥν. Dans tous les cas, le sens du passage n'est pas radicalement différent. Sur les nuances qui séparent ces deux leçons, voir M. Zingano (« Individuals, Form and Movement : from Lambda to Z-H », art. cit., p. 147-149).

3. *Metaph.* Δ 4, 1015a10-15 ; *Phys.* II 1, 193a30-1 ; *PA* I 1, 640b28 ; *Metaph.* Z 7, 1032a23.

4. C'est l'un des sens de la substance énoncé en Δ 8. C'est pourquoi il n'y pas lieu de s'inquiéter, comme L. Judson (« Formlessness », art. cit., p. 130), que cette proposition, qu'il tient pour représentative de la métaphysique des livres Z-H, trouve ici une formulation si rapide.

5. L'association des deux notions est habituelle : *cf.* par exemple H 5, 1044b32-33.

6. Voir notamment *Metaph.* I 4, 1055a33 *sq.*

7. *Cf.* par ex. *Metaph.* Δ 8, 1017b23-26 ; Z 3, 1029a27 ; H 1, 1042a28-29 ; Θ 7, 1049a35.

C'est pourquoi ce texte a pu être interprété en faveur de l'individualité des formes[1]. Cependant, de l'examen des textes qui associent ces deux notions de forme et de réalité déterminée, il ressort que cette dernière fonctionne généralement de pair avec une troisième notion, celle de séparation[2]. C'est pourquoi c'est la substance composée, qui est absolument séparée (χωριστὸν ἁπλῶς)[3], qui est aussi le plus pleinement une réalité déterminée, si bien que, dans son cas, cette notion fait écho à celle d'individualité ou d'unité numérique. Cela ne signifie pas, cependant, qu'elle lui soit équivalente. Dans le cas de la forme, en effet, la séparation qui accompagne le statut de τόδε τι, est une séparation limitée, non pas absolue, mais logique[4]. Cela indique que la notion de réalité déterminée désigne, non pas l'individualité numérique, mais ce qui peut suffire à fonder la séparation mentale, une sorte de distinction ou de détermination propres à la forme, mais qui ne disent rien de son individualité numérique[5].

1070a12-13 : « [...] enfin, la troisième substance, qui est composée de ces deux-là, est la substance individuelle, comme Socrate et Callias. »

Le dernier sens de la substance n'a rien de surprenant. Il s'agit de celui qu'Aristote envisage presque exclusivement depuis le début du livre, celui dont il recherche les principes et les causes – la substance sensible, dont Aristote indique ici deux aspects qui ne l'avaient pas encore explicitement été dans le livre : cette substance est composée de la forme

1. *Cf.* par ex. A. C. Lloyd, *Form and Universal*, Liverpool, Francis Cairns, 1981, p. 38-39; M. Frede, « Substance in Aristotle's *Metaphysics* », dans A. Gotthelf (éd.), *Aristotle. On Nature and Living Things. Philosophical and Historical Studies*, Pittsburgh, Mathesis Publication, 1985, p. 23; J. Whiting, « Form and Individuation in Aristotle », *History of Philosophical Quarterly* 3, 1986, p. 367; M. Frede, G. Patzig, *Aristoteles Metaphysik Z : Text, Übersetzung und Kommentar*, Munich, C. H. Beck, 1988, vol. 1, p. 52; Ch. Witt, *Substance and Essence in Aristotle. An Interpretation of* Metaphysics *VII-IX*, Ithaca, London, Cornell University Press, 1989, p. 177. On reparlera du problème de l'individualité des formes, au sujet de Λ 5, 1071a28-29. Pour l'heure, il importe surtout de déterminer si la notion de τόδε τι implique l'individualité numérique.

2. C'est le cas en *Metaph.* Δ 8, 1017b25-26, Z 3, 1029a27-29 et H 1, 1042a28-29.

3. H 1, 1042a30-31.

4. H 1, 1042a28-29 : ὁ λόγος καὶ ἡ μορφή, ὃ τόδε τι ὂν τῷ λόγῳ χωριστὸν ἐστιν.

5. C'est la position défendue par M. L. Gill dans *Aristotle on Substance. The Paradox of Unity*, Princeton, Princeton University Press, 1989, p. 31-34 et dans « Individuals and Individuation in Aristotle », dans T. Scaltsas, D. Charles, M. L. Gill (eds.), *Unity, Identity, and Explanation in Aristotle's Metaphysics*, Oxford, Clarendon Press, 1991, p. 68. *Cf.* également M. J. Loux, *Primary Ousia. An Essay on Aristotle's Metaphysics Z and H*, Ithaca, London, Cornell University Press, 1991, p. 143-14 et G. Galluzzo, « Universals in Aristotle's *Metaphysics* », dans R. Chiaradonna, G. Galluzzo (ed.), *Universals in Ancient Philosophy*, Pisa, Edizioni della Normale, 2013, p. 239.

et de la matière qui en apparaissent donc comme les principes immanents ; elle est strictement individuelle et diffère donc de substances de même espèce mais numériquement distinctes.

[IV] *Examen de la séparabilité de la forme*

1070a13-17 : « Pour certaines choses, [...] et tout ce qui est relatif à un art). »

Aristote formule ici le problème de la séparation de la forme en des termes assez vagues. La séparation logique est manifestement concernée, puisque c'est elle qui justifie que les formes artificielles, à la condition qu'elles s'identifient à l'art, c'est-à-dire qu'elles soient pensées par l'artisan, existent à part du composé. Néanmoins, la question ne peut se réduire à la séparation logique, sans quoi l'on ne comprendrait pas que les formes naturelles, qui sont elles aussi toutes séparables en pensée, se voient, plus loin, réserver un sort éventuellement différent [1]. À l'évidence, c'est à une séparation réelle qu'Aristote songe ici : non pas celle de la substance par opposition aux accidents, mais celle qui permettrait à la forme d'exister indépendamment de la matière.

Ce questionnement découle directement des développements précédents [2]. En prouvant que ni la forme ni la matière ne sont engendrées (1069b35-1070a4), Aristote est conduit à s'interroger sur la possibilité qu'elles existent indépendamment de la substance composée. Dans le cas de la matière, cette possibilité doit être aussitôt refermée, puisque la matière ne présente pas l'unité ni la détermination suffisantes pour exister séparément. Dans le cas de la forme, en revanche, cette possibilité reste ouverte, puisque la forme a été qualifiée de réalité déterminée. Deux textes parallèles confirment cette articulation. En *Metaph.* H 3 (1043b14-23), c'est immédiatement après avoir rappelé que les formes

1. L. Judson (« Formlessness », art. cit., p. 131-133) fait l'hypothèse que c'est de séparation logique uniquement qu'il est question. Le cas particulier des formes naturelles s'expliquerait, selon lui, en ce que ces formes, en vertu de l'éternité spécifique, seraient séparées logiquement *et* éternellement, par opposition aux formes artificielles.

2. Selon S. Menn (*The Aim*, IIIβ1, p. 34-35), c'est toute la problématique du livre qui conduit à ce questionnement, puisqu'Aristote serait à la recherche, non pas *des* causes et *des* principes des substances, mais de *la* cause et *du* principe qui soit une réalité déterminée et qui puisse exister séparément. C'est pourquoi, en 1070a9-13, il testerait la matière et la forme ; c'est pourquoi, à présent, il prolongerait l'examen au sujet de la forme qui a réussi le test du τόδε τι, pour déterminer si elle peut aussi exister séparément et constituer ce principe vers lequel tendrait l'ensemble du livre.

ne font pas l'objet d'un processus d'engendrement qu'émerge la question de leur existence séparée. L'enchaînement est plus évident encore dans le texte parallèle de Z 8, où la démonstration de l'impossibilité d'engendrer la matière et la forme (1033a24-b19) introduit directement la question de savoir si la forme existe en dehors des individus (1033b19-26)[1]. Du reste, la solidarité qui unit, en Λ 3, la question de l'existence séparée des formes à la démonstration de l'impossibilité de les soumettre à la génération, n'est que le symptôme de la solidarité, plus directe, qui relie ce chapitre à la 8ᵉ aporie. Comme en Λ 3, cette aporie interroge la possibilité qu'existe quelque chose en dehors des individus (παρὰ τὰ καθ' ἕκαστα, 999a26) et, plus précisément, que la forme (τὴν μορφὴν καὶ τὸ εἶδος, 999b16) existe en dehors du composé (παρὰ τὸ σύνολον, *ibid.*). Et, comme en Λ 3, cette éventualité paraît soutenue par l'impossibilité que les termes derniers de la génération soient eux-mêmes engendrés.

Aristote reprend d'ailleurs ici les termes exacts du développement de la 8ᵉ aporie, puisqu'il élabore sa réponse, en distinguant le cas des artefacts et celui des substances naturelles. Ce faisant, Λ 3 affronte la question subsidiaire qu'Aristote avait formulée dans le cadre de la 8ᵉ aporie, en s'interrogeant sur les types d'êtres pour lesquels on peut admettre l'existence séparée de la forme et ceux pour lesquels on ne le peut pas[2]. Le cadre conceptuel de la 8ᵉ aporie permet de comprendre les raisons de ce contraste. La question de l'existence séparée de la forme émerge, en B 4, d'une réflexion sur la génération et ses principes. C'est dans cette mesure qu'on peut comprendre cette distinction entre les produits de l'art et ceux de la nature, parce que chacun s'ordonne à des processus de génération distincts. Aussi le cas des artefacts fait-il ici l'objet d'un refus direct[3]. Une nuance est toutefois permise, à condition qu'on envisage cette forme, non pas dans sa relation à l'artefact, mais comme objet de pensée[4]. Mais on ne saurait admettre autrement que la forme des produits de l'art existe en dehors de ces produits eux-mêmes.

1. En Z 8, le refus de l'existence séparée des formes est facilité par le fait que la forme y est décrite comme un τοιόνδε (1033b24). Λ 3 se démarque ici des développements de Z 7-9, soit qu'il les corrige, soit qu'il affronte ces problèmes de manière indépendante.

2. B 4, 999b17 *sq.* Z 8, en revanche, n'articule pas sa réponse à cette distinction. Dans cette mesure, Λ 3 offre un développement en partie indépendant de celui de Z 7-8. Voir en ce sens S. Menn, *The Aim*, IIIβ1, p. 34.

3. De même qu'en B 4, 999b18-20.

4. Ross, *Aristotle. Metaphysics*, *op. cit.*, vol. 2, p. 356, renvoie à Z 9, 1034a24.

Son instanciation dans l'esprit de l'artisan suffit à expliquer la fabrication des artefacts [1].

Au sujet de quoi Aristote précise-t-il, dans la parenthèse, qu'elle n'y a ni génération ni corruption? En d'autres termes, de quelle « maison sans matière », c'est-à-dire de quelle forme, s'agit-il? De celle dont on vient d'admettre la séparation logique, c'est-à-dire de la forme pensée par l'artisan [2], ou bien de celle qui existe dans les artefacts, abstraction faite de la matière [3]? Selon la première option, ce serait les modalités de la séparation logique qu'Aristote approfondirait, en déterminant le mode d'existence de cette forme, dont l'apparition et la disparition ne dépendent pas de celle du composé, mais procèdent « d'une autre manière » (ἄλλον τρόπον), en vertu de l'acte de pensée de l'artisan. Dans le second cas, ce serait plutôt un malentendu qu'Aristote souhaiterait prévenir, en montrant que l'inséparabilité de la forme substantielle ne contraint pas pour autant à revenir sur la thèse de son inengendrement et de son incorruptibilité. Parce qu'elle est indissociable du composé, la forme des artefacts apparaît et disparaît au gré des productions et des destructions des artefacts eux-mêmes. Elle n'en est pas pour autant soumise à la génération ni à la corruption, au risque de conduire à la régression à l'infini. Son existence, bien qu'intermittente, n'est donc pas le résultat d'un changement, mais c'est « d'une autre manière » (ἄλλον τρόπον) qu'elle vient à l'existence et qu'elle disparaît, en vertu de la génération puis de la corruption *du composé*.

Cette seconde option n'est pas sans fondement, notamment parce que les textes parallèles des livres centraux ne reconduisent pas cette thèse à la forme en pensée, mais à celle qui est un principe de génération [4]. Bien sûr, rattacher cette remarque à la forme substantielle ne permet

1. H 3, 1043b14-23 développe le même contraste. Dans son examen du passage, P.-M. Morel, *Aristote. Métaphysique, Livre Eta*, *op. cit.*, p. 146-150, rattache cette différence de traitement, non à la problématique de la génération, mais à la plus faible substantialité des artefacts. Parce que les formes des artefacts ne seraient pas des formes au sens fort, il serait d'emblée clair qu'elles ne sont pas séparables de la matière. Cette lecture n'est pas incompatible avec celle qu'on propose ici, en lien avec le thème de la génération et dont la pertinence paraît confirmée à la fois par l'insistance d'Aristote sur le principe de synonymie à la fin de Λ 3, et par les textes parallèles à celui-ci, en B 4 et Z 8.

2. En ce sens, ps.-Alex., *In Metaph.*, 677, 5-10; Thomas d'Aquin, § 2448; Ross, *Aristotle. Metaphysics*, *op. cit.*, vol. 2, p. 356; Elders, *Aristotle's Theology*, *op. cit.*, p. 107; L. Judson, « Formlessness », art. cit., p. 132. L'expression οἰκία ἡ ἄνευ ὕλης rappelle la formule οὐσία ἄνευ ὕλης, par laquelle Aristote désigne la quiddité en Z 7, 1032b14 et Λ 9, 1075a1-2.

3. Hypothèse que semble suivre P.-M. Morel, *Aristote. Métaphysique, Livre Eta*, *op. cit.*, p. 146.

4. *Metaph.* Z 15, 1039b22-27; H 3, 1043b14-18; H 5, 1044b21-23, 28-29. Il est vrai que, en Z 15, c'est du λόγος qu'il est question, mais par contraste avec le composé.

pas de prolonger le contraste qu'Aristote élabore ici entre les artefacts et les substances naturelles, puisqu'on pourrait dire la même chose des formes de ces dernières [1]. Toutefois, il est évident qu'Aristote ne souhaite pas maintenir jusqu'au bout cette différence entre les artefacts et les substances naturelles. Du reste, il n'est pas tout à fait exact de dire que cette interprétation estomperait le contraste que le texte dessine encore, à ce stade, entre le cas de l'art et celui de la nature. En *Metaph.* H 3, 1043b14-15 en effet, Aristote évoque la possibilité que les formes soient éternelles, ce qui ne peut valoir qu'au sujet des substances naturelles, en raison de l'éternité des espèces vivantes. Peut-être est-ce là une autre raison qui explique que cette remarque s'applique ici au cas des artefacts uniquement.

1070a17-18 : « Mais, si du moins il existe une réalité déterminée en dehors de la substance composée, cela concerne les êtres naturels. »

Même prudente (εἴπερ), cette hypothèse est surprenante, puisque c'est une caractéristique générale de la conception aristotélicienne de la forme que d'en affirmer l'immanence et la dépendance à l'égard du composé. C'est pourquoi Ross [2] essaie d'expliquer cette séparation, en la rattachant au cas de l'intellect, qu'Aristote évoque d'ailleurs plus loin (1070a25-26). Cependant, dans cette hypothèse, la séparabilité des formes ne concernerait pas l'ensemble des êtres naturels, mais certains d'entre eux seulement, ce que le texte n'indique pas. Du reste, la fin du chapitre (1070a26-30) montre clairement qu'Aristote, pas plus en Λ 3 qu'ailleurs, n'admet que les formes des substances naturelles puissent exister séparément du composé, puisque le principe de synonymie condamne clairement la théorie des Idées à l'inutilité. Dans ces conditions, le problème n'est pas tant de déterminer sous quelles modalités les formes des substances naturelles existeraient en dehors du composé que les raisons pour lesquelles Aristote n'estime pas absurde de l'envisager. Deux réponses complémentaires peuvent être avancées, qui sont celles qu'expriment les deux autres textes où Aristote pose, comme ici, le problème de la séparation de la forme à partir du contraste entre la nature et l'art.

D'une part, les développements de la 8 e aporie, en B 4, montrent que c'est en rapport au problème de la génération (999b12 *sq.*) que se pose la question de l'existence séparée des formes : c'est parce qu'il faut pouvoir

1. Objection formulée par L. Judson, « Formlessness », art. cit., p. 132.

2. *Aristotle. Metaphysics*, *op. cit.*, vol. 2, p. 356. C'est également l'hypothèse de D. Bostock, *Aristotle,* Metaphysics *Books Z and H*, Translated with a Commentary, Oxford, Clarendon Press, 1994, p. 265, au sujet de H 3.

expliquer la génération des substances composées et, dans cette mesure, déterminer d'où chaque chose tire sa nature, qu'il paraît nécessaire d'affirmer que les formes existent indépendamment du composé. Si, dans le cas des produits de l'art, il n'est pas nécessaire qu'aucune forme existe en dehors du composé, à moins qu'on n'envisage par là la forme à laquelle l'artisan pense pour guider sa production, dans le cas des réalités naturelles en revanche, il semble qu'on ne puisse se satisfaire d'une séparation seulement logique. Dans la mesure, en effet, où tous les membres d'une espèce naturelle possèdent la même forme, sans qu'on ne puisse l'expliquer par l'industrie humaine, il n'est pas absurde de penser que cette nature commune leur vient d'une forme substantielle qui existe indépendamment d'eux tous. D'autre part, plusieurs interprètes[1] ont montré que l'éternité des espèces (à laquelle Aristote fait peut-être allusion en H 3), peut expliquer qu'il envisage ici que la forme des substances naturelles existe séparément du composé. Dans la mesure, en effet, où la forme d'une espèce naturelle se perpétue indéfiniment, on comprend alors qu'on soit tenté de prêter à cette forme une existence séparée de la matière, de la corruptibilité et, par suite, compatible avec l'éternité des espèces.

1070a18-20 : « C'est bien pourquoi Platon [...] le plus substance. »

La réponse provisoire, mais contrastée, qu'Aristote vient d'esquisser explique qu'il envisage ici, de manière plutôt inhabituelle, le bien-fondé de la théorie platonicienne des Idées. L'insistance avec laquelle il souligne l'égale quantité (ὁπόσα) des Formes et des êtres naturels montre que ce sont les limites que Platon aurait su mettre à sa théorie des Idées qui trouvent grâce à ses yeux. En effet, Aristote semble affirmer ici qu'il n'existait pas, pour Platon, de Formes des artefacts[2]. Cela paraît en conflit avec les dialogues, comme le suggère par exemple le célèbre développement consacré aux « trois lits »[3], en *République* X (597b *sq.*).

1. L. Elders, *Aristotle's Theology*, *op. cit.*, p. 107 ; D. Bostock, *Aristotle*, Metaphysics *Books Z and H*, *op. cit.*, p. 265 ; L. Judson, « Formlessness », art. cit., p. 133 ; S. Menn, *The Aim*, IIIγ2, p. 8.

2. On trouve une affirmation similaire en *Metaph.* A 9, 991b6-7 et dans le commentaire d'Alexandre d'Aphrodise à ce passage (cf. *In Metaph.*, 79, 20-80, 7 = fr. 3 *Peri Ideôn* Ross).

3. Certains citent aussi la *Lettre VII*, 342a-d, où Platon affirmerait l'existence d'Idées même pour les ποιήματα : *cf.* R. S. Bluck, « Aristotle, Plato, and Ideas of Artefacts », *Classical Review*, 1947, p. 75 ou S. Mansion, « La critique de la théorie des Idées dans le Περὶ ἰδεῶν d'Aristote », *Revue philosophique de Louvain* 47, 1949, p. 180, n. 38.

De très nombreuses hypothèses ont donc été avancées pour résoudre ce qui apparaît comme une contradiction entre le témoignage aristotélicien et les textes platoniciens[1].

Certaines consistent à rejeter le témoignage aristotélicien qui, selon Cherniss[2], serait le produit d'une mauvaise interprétation de la doctrine platonicienne. D'autres, plus charitables, reposent sur une relecture du texte aristotélicien, soit pour l'expurger de l'affirmation problématique, soit pour en expliquer les raisons. Selon la première perspective, on pourrait faire l'hypothèse, avec Alexandre d'Aphrodise[3], qu'Aristote dit ici, non pas que Platon a eu raison de poser l'existence de Formes pour les réalités naturelles et de s'en abstenir dans le cas des réalités artificielles, mais qu'il a eu raison de poser l'existence de Formes pour les premières et tort d'en affirmer également pour les secondes. Cependant, la critique du *Phédon*, en *Metaph.* A 9 (991b6-7), confirme que c'est bien de restriction qu'il s'agit, puisqu'Aristote y affirme que les platoniciens ne postulaient pas l'existence de Formes pour les réalités artificielles, comme la maison ou l'anneau.

On pourrait envisager, dans une seconde perspective, que ce ne soit pas à Platon lui-même qu'Aristote attribue cette affirmation, mais à d'autres platoniciens[4]. Or, si rien n'encourage à corriger le texte

1. Voir la discussion chez G. Fine, *On Ideas : Aristotle's Criticism of Plato's Theory of Forms*, Oxford, Clarendon Press, 1995, p. 82 *sq.* (désormais cité *On Ideas*).

2. H. Cherniss, *Aristotle's Criticism of Plato and the Academy*, New York, Russell and Russell, 1944, rééd. 1972, p. 235 *sq.*

3. *Ap.* Averroès, *Grand Commentaire*, *op. cit.*, p. 117. Voir aussi R. S. Bluck, « Aristotle, Plato, and Ideas of Artefacts », art. cit., p. 75.

4. Certains suggèrent une attribution à Xénocrate, dont Proclus rapporte qu'il définissait la Forme en référence à la nature uniquement (fr. 30 Heinze = Proclus, *In Parm.*, 888, 18-19 Cousin). Interprétation soutenue par R. S. Bluck, « Aristotle, Plato, and Ideas of Artefacts », art. cit., p. 76 ; M. Isnardi-Parente, « Platone e la prima Academia di fronte al problema delle idee degli "artefacte" », *Rivista critica di storia delle filosofia*, 19, 1964, p. 123-158, « Le *Peri Ideôn* d'Aristote : Platon ou Xénocrate, », *Phronesis* 26, 1981, p. 136, 139. Cependant, le même Proclus témoigne que cette définition était en accord avec Platon. D'autre part, il est probable que « φύσις » ne désigne pas, pour Xénocrate, la nature, par opposition à l'art, mais ce à quoi Platon attribuait une nature, incluant donc les artefacts. Sur ce dernier point, voir G. Fine, *On Ideas*, *op. cit.*, p. 83 et J. Brunschwig, « Aristote, Platon et les formes d'objets artificiels », dans P.-M. Morel (éd.), *Aristote et la notion de nature*, Bordeaux, Presses Universitaires de Bordeaux, 1997, p. 59. De son côté, Leszl envisage que cette restriction n'exprime pas une doctrine que Platon aurait effectivement soutenue, mais celle qu'Aristote et d'autres platoniciens estiment qu'il aurait dû soutenir. Voir *Il « De Ideis » di Aristotele e la teoria platonica delle idee*, Florence, Leo S. Olschki Editore, 1975, p. 139-140 (désormais cité *Il « De Ideis »*).

de Λ 3 [1], rien n'autorise non plus à penser que Platon puisse être ici le nom d'une tendance académicienne dissidente [2], mais à laquelle Aristote se sentirait obligé de le rattacher, en raison de l'indissociabilité du maître et de ses disciples. *Metaph.* A 9 ou M 4-5, en effet, sur cette question précisément comme sur la théorie des Idées et des Nombres en général, suggèrent plutôt qu'Aristote pouvait distinguer entre les diverses tendances doctrinales académiciennes.

C'est pourquoi d'autres hypothèses cherchent, à l'inverse, à résoudre la difficulté à partir d'une reconsidération de la doctrine platonicienne [3]. En particulier, Robin [4] estime qu'Aristote mobilise ici une distinction platonicienne entre les arts de production et les arts d'imitation. Il serait inutile, pour ces derniers, de postuler l'existence de Formes séparées, puisque la production des arts imitatifs peut se suffire d'une référence aux artefacts eux-mêmes. Cette dernière interprétation s'adapte très bien au texte de Λ 3, qui souligne l'égale quantité de Formes et de réalités naturelles, ce qui pourrait donc suggérer que, dans le cas des réalités artificielles, c'est d'inégalité qu'il est question, les Formes étant moins nombreuses que les artefacts [5]. Néanmoins, elle ne permet pas de rendre compte, de manière aussi satisfaisante, du texte parallèle de *Metaph.* A 9, où les arts d'imitation ne sont pas évoqués [6].

1. *Cf.* Bluck, « Aristotle, Plato, and Ideas of Artefacts », art. cit., p. 75. Les commentateurs anciens rapportent deux variantes textuelles : selon Thémistius (*Paraphrase*, *op. cit.*, p. 61), le texte concernerait « celui qui a défendu les Formes »; selon Alexandre d'Aphrodise (*ap.* Averroès, *Grand Commentaire*, *op. cit.*, p. 112), il s'agirait de « ceux qui ont postulé les Idées ».

2. *Cf.* M. Isnardi-Parente, « Platone e la prima Academia di fronte al problema delle idee degli "artefacte" », art. cit.; W. Leszl, *Il « De Ideis »*, *op. cit.*, p. 140.

3. Dans ce cas, certains envisagent que Platon ait renoncé, dans les dialogues de vieillesse, à l'existence de Formes artificielles (voir H. Jackson, « Plato's Later Theory of Ideas I », *Journal of Philosophy* 10, 1881, p. 255-258, R. Heinze, *Xenokrates* : Darstellung der Lehre und Sammlung der Fragmente, Leipzig, Teubner, 1982, p. 53-54; P. Wilpert, *Zwei aristotelische Früschriften über die Ideenlehre*, Regensburg, Druck von J. Habbel, 1949, p. 56, 59, 63-66). Comme le note G. Fine (*On Ideas*, *op. cit.*, p. 84), cela s'accorde mal avec le témoignage d'Aristote sur le *Phédon*. En outre, des dialogues tardifs, comme le *Timée* (28a-b) ou les *Lois* (965b-c) font allusion à des Idées d'artefacts.

4. L. Robin, *La théorie platonicienne des Idées et des Nombres d'après Aristote*, Hildesheim, Georg Olms Verlagsbuchhandlung, 1963 rééd., p. 178. Ross, *Aristotle. Metaphysics*, *op. cit.*, vol. 2, p. 356, accepte cette hypothèse.

5. *Cf.* l'hypothèse de Franck, *The Arguments « from the Sciences » in Aristotle's Peri ideôn*, New York, Bern, Frankfurt am Main, Nancy, Peter Lang, 1984 p. 91-92.

6. G. Fine (*On Ideas*, *op. cit.*, p. 84) montre, en outre, que certains textes, comme le *Gorgias* 503e, réfèrent les arts d'imitation à des formes.

Cette perspective présente toutefois l'intérêt de suggérer que Platon peut ne pas avoir estimé nécessaire de référer toute production à une instance transcendante. En ce sens, G. Fine[1] fait l'hypothèse que Platon, tout en affirmant l'existence de formes des artefacts, ne leur aurait pas prêté les traits caractéristiques des Formes platoniciennes, à savoir l'éternité et la séparation. Cette hypothèse est sans doute la plus convaincante, puisqu'elle revient à attribuer à Platon la différence de statut ontologique qu'Aristote a précédemment esquissée entre les formes des artefacts et celles des substances naturelles. Et de fait, ce n'est pas réellement sa propre position qu'Aristote cherche à exprimer par cette différence, sans quoi il affirmerait plus clairement l'immanence de toutes les formes, même naturelles. C'est pourquoi il est probable que le contraste qu'il établit ici entre les formes artificielles et les formes naturelles trouve son origine dans une nuance que Platon lui-même aurait formulée à ce sujet, parce qu'il aurait perçu l'inutilité de postuler l'existence de Formes des artefacts, dont la production peut très bien s'expliquer en référence à un εἶδος qui ne désigne pas une forme éternelle et séparée, mais une notion simplement.

L'éloge, certes timide, qu'Aristote adresse à Platon s'accompagne toutefois d'une réserve (a19-20)[2]. L'exemple du feu, de la chair et de la tête sert à renforcer ou à expliciter le doute qu'Aristote fait porter, au regard de la doctrine platonicienne, sur l'existence de formes séparées. Compte tenu de ce qui précède, le plus probable est de référer « ces choses » (τούτων) aux exemples même qui vont suivre[3]. Aristote cherche

1. G. Fine, *On Ideas*, *op. cit.*, p. 85-87.

2. En 1070a19, on lit la variante ἄλλα du ms A ᵇ (*cf.* aussi ps.-Alex., *In Metaph.*, 677, 14), éditée par Bonitz, Ross et S. Fazzo, plutôt que la leçon ἀλλά, transmise par les mss EA ᵇMC et par Alexandre d'Aphrodise (*ap.* Averroès, *Grand Commentaire*, *op. cit.*, p. 117-119), ou que la conjecture ἀλλ' οὐ formulée par Jaeger (reprenant une hypothèse de Cherniss, *Aristotle's Criticism of Plato and the Academy*, *op. cit.*, p. 250, et rejoignant la conjecture « ἀλλά γ' οὐ » de Christ). Cette conjecture repose sur une mauvaise lecture du ms J (ἄλλου) : S. Fazzo (*Il libro* Lambda, *op. cit.*, p. 251) et S. Alexandru (*Aristotle's* Metaphysics *Lambda*, *op. cit.*, p. 123) ont montré qu'il faut lire ἀλλα, de sorte que l'ensemble de la tradition manuscrite transmet une même leçon, à l'accentuation près. Quant à la leçon ἀλλά, elle ne paraît pas non plus satisfaisante, puisqu'elle compromet la cohérence du passage, dont la fin ne peut plus servir à justifier (γάρ) ce que le début exprime (voir en ce sens L. Elders, *Aristotle's Theology*, *op. cit.*, p. 109 et S. Alexandru, *Aristotle's* Metaphysics *Lambda*, *op. cit.*, p. 123).

3. Ross (*Aristotle. Metaphysics*, *op. cit.*, vol. 2, p. 357) comprend que « τούτων » désigne les choses terrestres. Aristote exprimerait donc un doute quant à l'existence de Formes « distinctes » (ἄλλα) des réalités concrètes. Mais alors, la remarque qui suit ne ferait plus sens. Ross n'estime donc pas impossible, sur la suggestion du ps.-Alex. (*In Metaph.*, 677, 15-17), que ces deux lignes soient à déplacer en 1070a10-11, à la suite de la mention de la matière comme l'un des sens de la substance. Dans cette hypothèse, le développement sur

ici à nuancer l'affirmation selon laquelle il existe, chez Platon, un *aussi grand nombre* de Formes que de réalités naturelles, en montrant qu'il n'y a pas lieu d'affirmer l'existence de Formes pour ces réalités, certes naturelles, mais qui, à l'image du feu, de la chair et de la tête, ne sont rien d'autre que des matières.

La remarque possède ainsi une double portée. À un premier niveau, elle complète la doxographie platonicienne, en rappelant une autre limite du domaine d'extension des Formes, qui n'existent ni pour les artefacts, ni pour les réalités non-substantielles [1]. À un second niveau, elle possède une validité aristotélicienne, puisque, comme Aristote le précise en Z 16 (1040a5-10) et comme il l'explicite ici, le feu, la chair ou la tête sont des matières et diffèrent donc de la substance. À travers cette énumération hiérarchique, qui va de l'élément (le feu), à la partie homéomère du vivant (la chair), puis de celle-ci à une partie anhoméomère (la tête) [2], Aristote souligne à la fois la différence entre la matière et la substance composée et leur rapport : chaque matière est, pour le terme supérieur, un substrat qui se prête à une élaboration plus complexe, mais il n'y a que le dernier stade, la dernière matière qui constitue, à proprement parler, la matière de la substance elle-même [3]. On retrouve ainsi le thème de la matière prochaine [4] qui avait ouvert le chapitre, au sein d'un argument qui suggérait précisément que la matière de la substance ne se confondait pas avec n'importe quel degré d'élaboration matérielle.

[V] *Antériorité des causes motrices, simultanéité des causes formelles*

1070a21-24 : « Les causes motrices [...] existent simultanément. »

En déterminant les modalités chronologiques de l'existence des causes motrice et formelle de la substance composée, Aristote exprime ici, à la lumière du principe de synonymie, certains éléments de sa propre

Platon serait d'une grande cohérence, puisqu'il se conclurait, comme à l'accoutumée, sur une note négative. En outre, les remarques, en l'état assez énigmatiques, sur la matière présenteraient un sens plus développé et plus satisfaisant. Néanmoins, on perdrait la continuité de l'énumération des trois sens de la substance, puisque la mention de la forme paraîtrait isolée. De plus, on comprendrait mal qu'Aristote, dès l'évocation de la matière comme l'un des sens de la substance, affirme que la substance composée désigne ce qui est principalement substance, alors qu'elle n'a, à ce stade de l'argument, pas même encore été mentionnée.

1. *Metaph.* A 9, 990b8-31.
2. Selon une hiérarchie explicitée en *GA* I 1, 715a10-11.
3. *Metaph.* H 4, 1044a15-18; 1044a34-b3; Θ 7, 1049a5-18.
4. La formule « ἡ τελευταία (*sc.* ὕλη) » paraît synonyme de « ὕλη ἔσχατη ».

réponse au problème de l'existence séparée de la forme. Car s'il a admis plus haut que Platon avait de bonnes raisons de croire en l'existence de formes séparées dans le cas des réalités naturelles, il est temps, à présent, de mieux marquer la différence qui ne manque toutefois pas de l'opposer à Platon.

Le passage propose deux éléments de réponse. D'une part, en soulignant la simultanéité de la cause formelle et de la substance composée, Aristote montre ici clairement son rejet de la séparation de la forme vis-à-vis de la matière. Et, quoique les exemples dont il use ici appartiennent tous à l'ordre technique, la suite du passage, en faisant référence à l'âme (1070a25) ou à l'homme (1070a27-28), suggère clairement que cette simultanéité ne concerne pas uniquement les artefacts, mais les substances naturelles également.

D'autre part, il ne faudrait pas croire que l'antériorité de la cause motrice serve ici seulement à mieux souligner, par contraste, la dépendance de la forme. Les deux remarques se complètent au contraire et achèvent de préciser la position aristotélicienne. On se souvient, en effet, que l'examen de la séparabilité de la forme (1070a13 *sq.*) se proposait comme une réponse à la 8 e aporie, qui situait cette question dans le cadre de la génération et de ses causes : c'est parce qu'il faut expliquer d'où une substance tire sa nature qu'on peut envisager que la forme, d'une manière ou d'une autre, précède cette substance et, dans cette mesure, existe en dehors d'elle. Aristote, en distinguant ici entre l'antériorité du moteur et la simultanéité de la forme [1], précise les modalités de cette préexistence et de cette séparation, en les rattachant à la cause motrice qui est au fondement du principe de synonymie [2]. Dans la mesure, en effet, où ce principe implique que toute substance est engendrée par un être de même nature, on comprend alors à quel titre la forme existe en dehors du composé, à savoir en tant qu'elle est présente dans la cause motrice, soit en constituant le plan que vise l'artisan, soit en étant la forme substantielle du générateur naturel. De séparation absolue, néanmoins, il n'est nullement question, non seulement parce que cette forme génératrice est elle-même inséparable de la substance qui tient le rôle de la cause motrice, mais encore et surtout parce que la forme substantielle ne peut advenir avant la substance elle-même. L'impossibilité de la soumettre à la

1. *Cf.* notamment *An. Post.* II 12, 95a21-23.

2. Le flou maintenu plus haut (1070a5) sur le mode de causalité de ce principe synonyme serait ainsi dissipé : contrairement à Platon, le principe de synonymie ne reposerait pas sur la causalité formelle, mais sur celle du moteur. Voir en ce sens M. Crubellier, « What the Form Has to Be », art. cit., p. 133.

génération ne signifie donc nullement qu'elle lui préexiste : elle apparaît en même temps que la substance est engendrée[1].

1070a24-26 : « Mais, quant à savoir si quelque chose subsiste [...] c'est peut-être impossible. »

La question de la postériorité de la forme vis-à-vis de la substance composée émerge assez naturellement[2] de la question précédente qui en a envisagé l'antériorité, et elle permet à l'évidence de compléter l'examen de la séparabilité de la forme. Compte tenu du peu d'attention qu'Aristote lui accorde, cette question paraît toutefois relativement périphérique, puisque, de fait, elle est indifférente au problème de la génération, en rapport auquel s'est essentiellement posé le problème de l'existence séparée de la forme. C'est pourquoi Aristote annonce ici un examen qu'il ne conduira pas en Λ et se contente d'esquisser une piste de réponse qui indique la subsistance possible de l'intellect, puisqu'il n'est pas lié à la matière organique[3]. L'incertitude qu'exprime Aristote, concernant la possibilité que l'âme entière subsiste au composé, suggère une forme d'antériorité de ce texte par rapport à la doctrine du *De l'âme*, mais peut également s'expliquer en raison du caractère relativement hors-sujet de la question dans le présent contexte.

[VI] *Inutilité des Idées platoniciennes*

1070a26-30 : « Il est donc manifeste [...] la définition de la santé. »

Le chapitre se referme sur un rejet désormais explicite de la théorie des Idées. Aristote présente ce rejet comme le point d'aboutissement des développements précédents[4]. C'est parce qu'il a souligné l'existence

1. C'est pourquoi Aristote explique, en Z 8, 1033a28-31, que la forme est produite *par accident* : l'apparition de la forme est dépendante de celle du composé.

2. Jaeger suspecte le passage d'être déplacé et l'édite entre doubles crochets droits. L'enchaînement des idées, de l'antériorité à la postériorité, ne le rend cependant pas incompréhensible.

3. Sur la séparation de l'intellect, *cf.* par ex. *GA* II 3, 737a9-11 ; *DA* I 1, 403a7-11 ; I 4, 408b18-19 ; 408b28-30 ; III 4, 429a24-b5 ; III 5, 430a17-18 ; 430a22-23.

4. L. Judson (« Formlessness », art. cit., p 135) estime que ces raisons ne se situent pas dans ce qui précède immédiatement (1070a21-26), mais dans le premier énoncé du principe de synonymie (1070a4-9). Il est certain que les remarques concernant la possibilité que la forme subsiste à la disparition du composé n'ont aucune utilité au regard de ce dernier argument. Il n'en va sans doute pas de même de l'énoncé comparatif de l'antériorité de la cause motrice et de la simultanéité de la cause formelle, dont on a vu qu'il pouvait être lu à la lumière du principe de synonymie justement, et qu'il permettait donc de préciser le mode de séparation de la forme.

simultanée d'une substance et de sa forme, c'est parce qu'il a montré à quel titre la forme existe en dehors de l'être engendré, dans le moteur isomorphe, qu'Aristote peut dorénavant estimer que l'inutilité des Idées est pleinement manifeste. Et c'est pourquoi l'on retrouve ici, à l'appui de « ces raisons », le principe de synonymie.

La formulation qu'Aristote donne ici de ce principe montre que la critique des Idées recouvre deux aspects. Le premier vise manifestement la séparation pleine et absolue des Idées, séparation qui s'avère en fin de compte inutile. Le générateur suffit à rendre compte de l'inscription de la forme dans la matière et, dans cette mesure, de la nature des substances engendrées. À cet égard, Aristote formule ici, de manière plus ramassée, la même argumentation qu'en *Metaph.* Z 8, 1033b26-1034a8, où il souligne, pour les mêmes raisons, l'inutilité des Formes au regard de la génération, en vertu de l'isomorphie du générateur et de l'engendré. La précision, selon laquelle c'est un individu qui en engendre un autre (ὁ καθ' ἕκαστον τὸν τινά), exprime une seconde critique. Par cette formule, Aristote n'attire pas l'attention sur la séparation des Formes, mais sur leur universalité. Car, de même que, pour rendre compte de la nature des choses, point n'est besoin d'affirmer l'existence de formes séparées, de même, pour expliquer que plusieurs substances sensibles possèdent la même forme, point n'est besoin d'affirmer l'universalité substantielle de cette forme. Le principe de synonymie dispense de recourir à un universel séparé, puisque le générateur de chaque substance, bien qu'individuel, suffit à rendre compte de la possession d'une même forme par tous les membres de l'espèce[1].

Ce rejet des Formes platoniciennes marque un progrès dans la réalisation du projet scientifique de Λ. En premier lieu, il implique que la nature de la substance immobile, de même que son rapport causal aux substances sensibles, reste à déterminer : cette substance n'est pas à l'image des Idées, sa causalité n'est pas formelle. En second lieu, ce rejet suggère également une première avancée dans le débat qu'Aristote a déjà mentionné en Λ 1 (1069a26-30), concernant la nature individuelle ou universelle des principes en général, et des éléments en particulier : en soulignant ici que les causes du devenir sont individuelles, Aristote exprime d'ores et déjà sa position sur cette question qui fera précisément l'objet de sa recherche dans les deux chapitres suivants.

1. Sans quoi, comme le note M. Crubellier (« What the Form Has to Be », art. cit., p. 135), la version aristotélicienne du principe de synonymie pourrait ne pas se démarquer de celle de Platon, en posant que l'Homme engendre l'homme.

COMMENTAIRE AU CHAPITRE 4

Résumé du chapitre

En Λ 4, l'étude revient sur les causes des substances déjà dégagées, afin de déterminer leurs modes d'identité et de différence. Cette question occupera Aristote jusqu'à la fin du chapitre 5, dont la césure avec le chapitre précédent est relativement artificielle[1]. *Pour l'heure,* [I] *Aristote commence par énoncer schématiquement la thèse principale qu'il entend défendre – l'identité analogique des principes (1070a31-35),* [II] *puis il entreprend de réfuter l'identité numérique ou générique des principes élémentaires, soutenue par ses prédécesseurs (1070a35-b10). Il entame ensuite une démonstration positive, dont le premier résultat établit* [III. 1] *que les principes élémentaires (forme, privation, matière) sont différents pour chaque genre et identiques seulement par analogie (1070b10-21).* [III. 2] *En second lieu, il procède à l'élargissement de la notion de principe à des termes extérieurs, et applique la notion d'identité analogique à la cause motrice (1070b22-30).* [III. 3] *Après un rappel du principe de synonymie (1070b30-34),* [III. 4] *il énonce enfin un nouveau mode d'identité des principes : l'identité numérique du Premier Moteur (1070b34-35).*

[I] *Énoncé de la thèse et du problème*

1070a31-33 : « Les causes et les principes [...] les mêmes pour toutes les choses. »

La question directrice des chapitres 4-5 prolonge plusieurs lignes argumentatives, qui contribuent toutes à préciser la nature et l'enjeu de la recherche à laquelle Aristote se livre en Λ. À un premier niveau, le problème de l'identité des principes et des causes de tous les êtres fait

1. M. Crubellier, « Metaphysics Λ 4 », dans M. Frede, D. Charles (eds.), *Aristotle's* Metaphysics *Lambda*, *op. cit.*, p. 141-143, envisage, cependant, qu'une raison possible de cette césure réside dans le dépassement progressif de la notion d'élément.

directement écho au programme d'étude défini au chapitre 1. Il faut noter, en effet, que ce n'est pas sur l'identité des principes des substances seulement, mais plus largement sur celle de l'ensemble des êtres qu'Aristote s'interroge en Λ 4-5. La nuance, loin d'être négligeable, n'est toutefois pas une nouveauté, puisque, en Λ 1 (1069a18-26), la priorité de la substance a suggéré que le livre Λ réalisait, *via* la substance, une étude des principes et des causes de l'ensemble des êtres. À un second niveau, la question des chapitres 4-5, en même temps qu'elle réitère l'ambition universelle du traité, interroge les conditions de possibilité d'une telle ambition. Comme l'a montré M. Crubellier[1], c'est en fait la possibilité même de toute science universelle, de tout projet métaphysique que le problème de l'identité des principes de toutes choses met à l'épreuve, puisque ce n'est qu'à la condition que les êtres ne se subordonnent pas à des principes irréductiblement différents qu'on peut espérer en acquérir la connaissance, au sein d'une même enquête. Dans cette mesure, l'enjeu de cette interrogation est double, en faisant se croiser le problème de l'ordre et de l'unité du réel et celui de son intelligibilité.

À cette double question, Aristote montre ici qu'il faut savoir apporter une réponse mesurée qui conserve un certain équilibre entre le respect de la diversité des êtres et le souci d'en faire la science. Deux apories, présentées en *Metaph.* B, en expliquent les raisons. La 9e aporie s'interroge sur l'unité numérique ou spécifique des principes (*Metaph.* B 1, 996a1). Bien sûr, en Λ 4-5, c'est une question plus fondamentale qu'Aristote affronte et qui ne tient pas l'identité des principes pour acquise, sous quelque forme que ce soit. On comprend néanmoins que, dans l'écart qui subsiste entre l'unité numérique et l'unité spécifique, se joue quelque chose de l'opposition plus radicale entre identité et différence. En B 4, Aristote expose les difficultés auxquelles conduit chacune de ces deux formes d'unité : si l'unité numérique des principes, la plus forte qui soit, garantit la possibilité qu'il y ait une science de tous les êtres, elle compromet en revanche leur diversité, tandis que, à l'inverse, l'hypothèse de l'unité spécifique sauve la multiplicité des choses, au prix de leur intelligibilité (B 4, 999b24-1000a4). C'est donc un équilibre subtil qu'Aristote doit trouver, qui, sans renoncer définitivement à l'unité strictement numérique de quelques principes, saura en lever les contraintes, tout en parvenant à revaloriser le pouvoir d'intelligibilité des modes non numériques d'identité.

1. M. Crubellier, « *Metaphysics* Λ 4 », art. cit., p. 138.

La 12e aporie, portant sur la nature individuelle ou universelle des principes (B 1, 996a9-10), repose sur des considérations similaires[1]. On se souvient que l'exposé dialectique des conceptions présocratiques et platoniciennes sur la nature des substances et de leurs principes avait déjà permis de l'évoquer, dans le chapitre 1 (1069a26-30). Bien sûr, on remarquera, là encore, que ce problème ne recoupe pas exactement celui de Λ 4-5. Il le rejoint toutefois partiellement, dans la mesure où le parti de l'universalité conforte celui de l'identité, tandis que l'individualité des principes semble les condamner à diversité. Le développement de cette aporie, en B 6 (1003a6-17), suggère à nouveau la voie étroite, dans laquelle Aristote doit s'engager. Car, si l'hypothèse du statut d'universel des principes garantit leur identité pour toutes choses et, par suite, qu'on puisse en acquérir la science, elle entre toutefois en contradiction avec la structure même du réel et l'irréductibilité des sens de l'être à un genre commun. Et si, à l'inverse, l'hypothèse de l'individualité des principes est plus conforme à la structure du réel, elle paraît en compromettre l'intelligibilité. L'examen de cette aporie, en *Metaph.* M 10 (1086b6-1087a24) montre qu'une partie de la réponse repose sur une reconsidération de la nature de la science et, plus précisément, de l'adage selon lequel il n'y a de science que de l'universel. Les chapitres Λ 4-5 complètent cette réponse sur une autre base, en montrant à quelles conditions les principes et les causes, en dépit de leur individualité et de la multiplicité irréductible des sens de l'être, disposent d'une forme d'unité suffisante pour qu'on ne désespère pas de la science.

On ne s'étonnera donc pas qu'Aristote modélise ici sa réponse. D'un côté, en effet, il faut reconnaître que les principes diffèrent, en raison même de la différence qui réside entre les êtres dont ils sont les principes. Si Aristote n'explicite pas encore ici en quoi consiste cette différence, on devine toutefois qu'elle implique une diversité à la fois en nombre et en nature : en nombre, puisque les êtres sont des individus dont d'autres individus sont les principes[2], en nature, puisque les êtres et leurs principes appartiennent à des genres différents[3] et, au sein de ces genres, à des espèces différentes[4]. D'un autre côté, il faut admettre que les principes présentent des modes d'unité, dont Aristote donne ici deux motifs : la formulation universelle ou en général (ἂν καθόλου λέγῃ τις,

1. *Cf.* M. Crubellier, « *Metaphysics* Λ 4 », art. cit., p. 138-139.
2. Ce sera l'objet des lignes 1071a20-24 du chapitre 5.
3. Voir Λ 4, 1070b19-20 ; Λ 5, 1071a24-26.
4. *Cf.* Λ 5, 1071a26-29.

1070a32) et l'analogie (κατ' ἀναλογίαν)[1]. On peut toutefois se demander si ce sont bien deux modes d'identité qu'Aristote annonce ici ou si l'analogie ne vient pas plutôt expliciter en quoi consiste le fait de parler en général (en vertu d'une valeur épéxégétique du καί). De fait, le résumé de l'enquête, en Λ 5, 1071a29-b1, n'accorde aucune place à l'identité des principes en vertu de leur universalité. Aussi la notion d'unité analogique vient-elle ici préciser en quel sens il convient d'entendre que les principes sont universels, universalité qu'Aristote restreint clairement ici, en prenant soin de distinguer l'être du dire[2], et dont il précise qu'elle ne vaut qu'à la condition qu'on la fonde sur l'analogie[3]. Bien qu'incomplète[4], cette solution n'a pas de quoi surprendre, puisque l'analogie et le seul des modes d'unité ou d'identité qui puisse transcender les différences à la fois individuelles, spécifiques et génériques et, par suite, convenir à l'ensemble des êtres.

1070a33-35 : « En effet, on peut se demander [...] chacune des catégories. »

L'énoncé du problème fait suite à celui de sa solution. Les termes dans lesquels Aristote le formule contribuent à préciser la nature du questionnement qu'il entame ici. On note la place de choix qu'il accorde à la notion de relatif (πρός τι), qui se trouve être la seule catégorie non substantielle à être citée et que la suite du passage continuera de mobiliser, en lieu et place des autres catégories[5]. Il y a sans doute des raisons proprement aristotéliciennes à cette mise en exergue. À l'existence séparée de la substance, le relatif oppose une double dépendance, puisqu'il est une affection à la fois de la substance et de la qualité ou de la quantité[6]. Aussi est-il la catégorie qui diffère le plus de la substance et qui peut le mieux exprimer la diversité des genres de l'être et la difficulté qu'il y a

1. L'analogie est l'un des quatre sens de l'un par soi, en *Metaph.* Δ 6, 1016b31-32, et du même par soi, en Δ 9, 1019a4-9, en plus du nombre, de l'espèce et du genre.

2. Comme en Λ 5, 1071a17-18.

3. Comme P. Aubenque l'a souligné, c'est sur les principes et non sur l'être que porte cette analogie, qui ne se prête donc nullement à une interprétation en termes d'*analogia entis*. Voir *supra*, p. 28, n. 3.

4. Deux autres motifs, fondés sur l'unité numérique du Premier Moteur (Λ 4, 1070b34-35 ; Λ 5, 1071a35-36) et sur la priorité de la substance (Λ 5, 1070b36-1071a2 ; 1071a34-35) viendront compléter cette liste.

5. Λ 4, 1070a36, b3, b9.

6. N 1, 1088a22-29.

donc à leur trouver des principes communs[1]. Cependant, il est probable que la place accordée à la notion de relatif témoigne également des origines platoniciennes du problème. M. Crubellier[2], en effet, rappelle que c'est comme relation que Platon définit le genre de l'Autre, dans le *Sophiste*, 255d-e[3], et que, selon le témoignage de Simplicius[4], Speusippe n'admettait rien d'autre que la substance et le relatif.

Ainsi s'explique, en partie du moins, qu'Aristote substitue, dans la formulation du problème, la notion d'élément (στοιχεῖον) à celle de cause, mentionnée plus haut dans l'énoncé de la solution. La suite de l'argumentation suggère même que ce n'est pas sur l'identité des principes *et* des éléments que ce problème invite à se pencher, mais sur celle des principes envisagés *comme* éléments, c'est-à-dire comme termes premiers et immanents[5]. Ce décalage flagrant, entre les termes de la question et ceux de sa réponse, indique que les développements du chapitre seront le lieu d'un élargissement de la notion de principe, à certains termes externes, comme le moteur[6]. Il indique aussi quelles sont les origines du problème qu'Aristote énonce ici[7]. Peut-être, comme le suggère G. Aubry[8], s'agit-il en partie de récuser le monisme des présocratiques qui ramènent toute chose à une constitution élémentaire unique. Cependant, comme la mise en exergue de la notion de relatif le laisse entendre, ce problème présente des origines platoniciennes manifestes. M. Crubellier[9] rappelle en effet qu'Aristote, à la fin de *Metaph.* A 9 (992b18-993a10), accuse les platoniciens de commettre l'erreur de croire qu'il est possible de connaître les éléments de tous les êtres, au motif que ces éléments seraient partout identiques. En A 9, Aristote oppose plusieurs arguments, épistémiques notamment, à cette affirmation. Son objection principale,

1. Thomas d'Aquin, § 2457. *Cf.* également Ross, *Aristotle. Metaphysics*, *op. cit.*, vol. 2, p. 359 et M. Crubellier, « *Metaphysics* Λ 4 », art. cit., p. 145.

2. M. Crubellier, « *Metaphysics* Λ 4 », art. cit., p. 145. *Cf.* aussi Elders, *Aristotle's Theology*, *op. cit.*, p. 113.

3. Aristote s'en souvient, dans sa critique du *Sophiste*, en *Metaph.* N 2, 1089b5 *sq.*

4. Simplicius, *In Cat.*, 63, 22-24.

5. Cf. *Metaph.* Δ 1, 1013a4-7 ; Δ 3, 1014b14-15.

6. *Metaph.* Λ 4, 1070b22 *sq.* Voir les analyses de M. Crubellier, « *Metaphysics* Λ 4 », art. cit., p. 142-144 et de G. Aubry, *Dieu sans la puissance*, *op. cit.*, p. 156.

7. On se souvient que c'est au sujet de la nature (individuelle ou universelle) du principe, entendu comme élément, qu'il a rappelé, en Λ 1 (1069a26-30), les divergences doctrinales opposant les présocratiques aux platoniciens. Cela suggère que c'est aussi sur la 6e aporie qu'Aristote sera amené à se prononcer dans ces chapitres.

8. G. Aubry, *Dieu sans la puissance*, *op. cit.*, p. 156.

9. M. Crubellier, « *Metaphysics* Λ 4 », art. cit., p. 138. Sur le contexte platonicien du chapitre, *cf.* également Elders, *Aristotle's Theology*, *op. cit.*, p. 113.

cependant, est la même que celle qu'il va bientôt faire valoir en Λ 4, à savoir la multiplicité des sens de l'être, que les platoniciens ont négligé d'observer et qui rend douteux, à tout le moins, que toutes les catégories proviennent des mêmes éléments.

[II] Pars destruens : *en quels sens les principes et les causes sont différents*

1070a35-b4 : « Mais il est absurde [...] un élément de la substance. »

Ici commence la *pars destruens* du chapitre, qui contribue à préciser pour quelles raisons Aristote a précédemment affirmé la diversité des principes. Le motif de cette diversité, ici comme dans la totalité de la démonstration jusqu'en b10, repose sur la multiplicité des sens de l'être et leur irréductibilité à un genre commun[1].

Cette thèse métaphysique fondamentale se trouve ici conjuguée à une première description (1070a36), par laquelle Aristote énonce les implications de l'hypothèse de principes identiques à tous les êtres. En précisant que, dans ce cas, les substances et les relatifs devront *procéder* des mêmes éléments, il exprime le type de relation qui devrait unir les êtres à leurs éléments. Plus précisément, il rappelle à la fois la primauté de l'élément et son immanence[2], de sorte que tous les êtres devraient être précédés par et constitués des mêmes éléments.

Dans un premier argument, Aristote peut alors faire fond sur ces réquisits, pour montrer qu'il n'existe aucun type d'être auquel un élément commun à toutes choses puisse correspondre (1070b1-3). Par définition, en effet, l'élément est antérieur à ce dont il est le principe[3]. S'il s'avérait donc que tous les êtres eussent les mêmes éléments, il serait nécessaire que cet élément commun ne soit d'aucune des catégories dont il est le principe. Cependant, il n'y a pas de genre commun sous lequel les catégories se subsumeraient toutes et auquel pourrait appartenir leur élément commun.

À cette première conclusion, Aristote croit bon d'ajouter une précision (1070b3-4) qui répond à la possibilité d'une objection qu'il ne prend pas la peine ici d'expliciter, mais dont les développements de *Metaph.* M et N suggèrent qu'elle n'est pas sans rapport avec les doctrines platoniciennes[4]. On pourrait faire l'hypothèse, en effet, que l'une des catégories soit

1. *Cf.* par exemple Δ 28, 1024b15 ou *Phys.* III 1, 200b34-35.
2. Voir la première définition de l'élément, en Δ 3, 1014a26-30.
3. Même principe en *Metaph.* M 10, 1087a3-4.
4. Comme le montre M. Crubellier, « *Metaphysics* Λ 4 », art. cit., p. 146.

le principe élémentaire de l'ensemble des autres. On respecterait ainsi l'hétérogénéité des catégories, puisque cet élément serait l'une d'entre elles et non d'un genre commun à elles toutes ; on respecterait également l'antériorité de l'élément vis-à-vis de ce dont il est l'élément, puisque la catégorie qui serait l'élément des autres leur serait antérieure. Dans ce cas, le plus naturel est sans doute d'envisager que ce soit la substance l'élément des relatifs, puisqu'elle est la première des catégories. Aristote déclare la chose impossible, mais sans en préciser les raisons. Selon Ross [1], ce serait parce que la multiplicité des sens de l'être en serait compromise, dans la mesure où rien n'est composé de substances sans en être soi-même une : il n'y aurait donc plus ni relatif, ni qualité, ni quantité. On comprend plus aisément pourquoi Aristote refuse l'hypothèse contraire : le relatif ne peut assurément pas être un élément des substances, puisqu'il en dépend. En *Metaph.* N 1 (1088b1-4), Aristote le justifie, en montrant que, dans ce cas, les relatifs seraient comme la matière des substances. Or la matière d'une chose est ce que cette chose est en puissance, tandis que le relatif n'est une substance ni en puissance ni en acte. Pas plus qu'aucune autre catégorie, le relatif ne saurait donc être antérieur à la substance, ni en constituer un élément [2].

1070b4-9 : « En outre, comment se peut-il que toutes les choses aient les mêmes éléments ? [...] Aucun d'entre eux ne sera donc ni substance ni relatif, ce qui est pourtant nécessaire. »

Aristote propose ici un second argument qui ajoute à l'absurdité de l'hypothèse d'un élément commun, l'impossibilité qu'elle se réalise [3]. L'argument présente une structure comparable à celle du premier : comme précédemment, c'est une analyse de la notion de principe élémentaire, soulignant la différence qui le sépare de ce dont il est l'élément, qui motive le refus. En effet, bien que la syllabe « BA » soit constituée des deux éléments « B » et « A », elle en diffère malgré tout, de sorte que la lettre n'est pas identique à la syllabe dont elle est le principe. L'exemple qu'Aristote convoque ici mobilise l'une des représentations les plus

1. Ross, *Aristotle. Metaphysics*, *op. cit.*, vol. 2, p. 359. De son côté, M. Crubellier (« *Metaphysics* Λ 4 », art. cit., p. 146) indique ce passage de *Metaph.* A 9 (992b21-22), où Aristote évoque la possibilité que seule la substance soit composée d'éléments, mais sans en préciser, les raisons.

2. Rien n'est antérieur à la substance : *Metaph.* Z 13, 1038b23 ; M 10, 1087a1-4 ; N 1, 1088b1-4.

3. *Cf.* M. Crubellier, « *Metaphysics* Λ 4 », art. cit., p. 147.

fondamentales de la notion de στοιχεῖον qui désigne initialement le son ou la lettre, comme constituant premier et indivisible de la syllabe[1]. Dans l'éventualité donc où il existerait un élément universel, ce dernier devrait être distinct de tout ce dont il est le principe : principe de la substance, du relatif et de chacune des autres catégories, il devrait donc n'être lui-même ni substance, ni relatif, ni d'aucune catégorie. Pourtant, comme Aristote l'a rappelé plus haut (1070b1-2), il n'y a rien en dehors de ces catégories. L'hypothèse d'un élément commun s'effondre donc. Vu sous cet angle, ce second argument paraît répéter, du point de vue de la différence, ce que le premier a énoncé du point de vue de l'antériorité, afin de montrer à nouveau que l'immanence inhérente à la notion d'élément est incompatible avec l'irréductibilité des sens de l'être à un genre commun.

La suite de l'argument mobilise toutefois des données nouvelles. Aristote y fait référence à la doctrine platonicienne, selon laquelle l'Être et l'Un sont des éléments intelligibles, les plus universels qui soient[2]. Pris dans sa globalité, le sens du passage est relativement clair. Il s'agit de prolonger la réfutation de l'hypothèse de principes élémentaires communs à tous les êtres, dans le cas précis des éléments intelligibles[3]. On peut toutefois hésiter sur la manière dont cette référence s'intègre à la progression argumentative[4]. Trois hypothèses sont envisageables, selon

1. Voir Platon, *Théétète*, 203a *sq.* C'est aussi l'exemple de la syllabe qui illustre la première définition de l'élément en *Metaph.* Δ 3, 1014a26-30.

2. Cf. *Metaph.* A 6, 987b18-20 ; A 9, 992a6-9 ; B 3, 998b9-11 ; Δ 3, 1014b6-9 ; M 6, 1080b7 ; M 10, 1087a5 ; N 4, 1091b2-3 ; 1091b23-24 ; 1092a5-8.

3. M.-P. Duminil et A. Jaulin (*Aristote. Métaphysique*, *op. cit.*, *ad loc.*) proposent une traduction qui exprime une compréhension différente du passage. Aristote ne réfuterait pas qu'il y ait des éléments intelligibles des êtres, mais qu'il y ait des éléments des intelligibles (sur la base du ms A[b] : οὐδὲ δὴ τῶν νοητῶν στοιχεῖόν ἐστιν, οἷον τὸ ὂν ἢ τὸ ἕν). Elles expliquent en note qu'il s'agirait de refuser que l'Être et l'Un soient des éléments des genres et renvoient à la discussion de la 6[e] aporie, en B 3, 998b9-10. Pourtant, dans cette aporie, Aristote ne dit pas que certains postulent que l'Être et l'Un sont les éléments des genres, mais qu'ils sont les éléments *comme* genres.

4. Avec M. Crubellier (« *Metaphysics* Λ 4 », art. cit., p. 147-148) et S. Fazzo (*Il libro* Lambda, *op. cit.*, *ad loc*), on suit la leçon majoritaire στοιχείων. Il n'est, certes pas impossible, que cette leçon soit contaminée par le génitif pluriel νοητῶν qui le précède, mais elle reste bien attestée et n'implique aucune contradiction, contrairement à ce qu'avance S. Alexandru, *Aristotle's* Metaphysics *Lambda*, *op. cit.*, p. 126. La plupart des éditeurs (Ross, Jaeger, S. Alexandru) suivent la leçon transmise par le manuscrit A[b] (στοιχεῖόν ἐστιν) et comprennent donc qu'Aristote explique ici qu'aucun intelligible n'est un élément. La raison en serait que, puisque ces intelligibles (comme l'Être et l'Un) se prédiquent de toutes choses et leur sont donc identiques, ne se vérifierait pas alors cette caractéristique de la notion d'élément, à savoir qu'il diffère de ce qui en est composé. Le passage posséderait une fonction parenthétique et la conclusion de l'argument, en 1070b8-9, ne ferait pas allusion au cas des intelligibles.

le référent qu'on donnera, dans la conclusion de ce second argument (1070b8-9), à « aucun d'entre eux » (οὐδὲν αὐτῶν). Le plus simple serait sans doute de lire dans ces lignes une sorte de bilan, dans lequel Aristote montrerait qu'aucun élément en général, c'est-à-dire ni corporel et individuel, ni intelligible et universel, ne peut être à la fois commun à toutes choses et correspondre à l'une des catégories. C'est la lecture proposée par Alexandre d'Aphrodise[1], qui estime donc que la référence aux éléments intelligibles est de nature parenthétique, censée montrer que, en vertu de la prédication universelle de l'Être et de l'Un, en vertu d'autre part, de la différence entre l'élément et ce qui en procède, tout composé devra être différent de ses éléments constitutifs. Toute réalité composée, toute catégorie, devra donc être non-être et non-un, ce qui est évidemment impossible et absurde.

Si cette ligne argumentative est cohérente, elle reste extrêmement implicite. C'est pourquoi on pourrait souhaiter construire autrement le passage, de façon à étoffer davantage la part de l'argument consacrée aux éléments intelligibles. Dans ce cas, il faut envisager que la dernière phrase du passage se réfère à l'un ou l'autre aspect de l'analyse consacrée à l'Être et à l'Un. Le ps.-Alex. fait l'hypothèse que c'est au sujet des composés[2] qu'Aristote souligne, en 1070b8-9, qu'aucun d'entre eux ne peut être d'aucune des catégories, et ce pour des raisons globalement identiques à celles avancées par Alexandre. Parce qu'ils seraient distincts de leurs éléments, les composés ne seraient ni être ni un. Comme le précédent, l'argument repose sur une part non négligeable d'implicite, puisque le texte n'exprime jamais clairement la notion de non-être qui en est pourtant le pivot. On pourrait également regretter qu'il ne permette pas vraiment de rendre compte de la mobilisation de l'exemple des intelligibles, si ce n'est à titre de complément d'une argumentation qui fonctionne malgré tout sans lui.

C'est pourquoi il est préférable de considérer que c'est des éléments intelligibles[3] eux-mêmes qu'Aristote souligne, à la fin du passage, qu'ils ne peuvent appartenir ni à la catégorie des substances, ni à celle

1. Alexandre d'Aphrodise, *ap.* Averroès, *Grand Commentaire*, *op. cit.*, p. 148. Le syntagme « aucun d'entre eux » (οὐδὲν αὐτῶν) se réfèrerait donc aux éléments, en 1070b6. Il en va de même pour les éditeurs qui suivent la leçon du ms A [b] (voir note précédente).

2. ps.-Alex., *In Metaph.*, 679, 24-680, 4. Il est suivi par Schwegler (*Die Metaphysik des Aristoteles*, *op. cit.*, p. 244 *sq.*) et Tricot (*Aristote Métaphysique*, introduction, traduction, notes et index, Paris, Vrin, 1948, vol. 2, p. 160-161 et n. 1 p. 161). Dans cette hypothèse, « οὐδὲν αὐτῶν » se réfèrerait aux composés (τῶν συνθέτων), en 1070b8.

3. C'est donc à τῶν νοητῶν στοιχείων (1070b7) que renverrait la formule « aucun d'entre eux » (οὐδὲν αὐτῶν).

des relatifs. Cette hypothèse de lecture, déjà envisagée par Alexandre d'Aphrodise et défendue par M. Crubellier et S. Fazzo[1], permet sans doute de restituer au passage le sens et la structure les plus satisfaisants. On a déjà noté, en effet, que ce second argument présentait un rythme semblable au premier, puisqu'il mobilise, comme lui, une analyse de la notion d'élément (l'antériorité dans le premier cas, la différence avec le composé dans le second), analyse dont Aristote conclut ensuite chaque fois qu'elle rend l'hypothèse d'un élément commun incompatible avec la multiplicité des sens de l'être. Tout porte à croire que cette homologie structurelle se prolonge dans la suite de l'argument et que la référence aux éléments intelligibles répond à une objection silencieuse. De même que, plus haut (1070b3-4), l'hypothèse, de connotation platonicienne, selon laquelle les catégories seraient les éléments les unes des autres répondait au fait qu'il n'existe rien antérieurement aux catégories, de même à présent, l'exemple, typiquement platonicien, des éléments intelligibles comme l'Être et l'Un paraît se soustraire à la différence dont Aristote vient de dire qu'elle existe toujours entre l'élément et ce qui en est composé, puisque l'Être et l'Un sont prédiqués de tout et donc, en un sens, identiques à tout. Et, comme précédemment, Aristote montre ici que cette objection ne tient pas, puisqu'elle atteste, une fois encore, que la multiplicité des genres de l'être est incompatible avec l'hypothèse d'un élément commun. Prédiqués de tous les êtres, ces éléments intelligibles n'appartiendraient donc à aucune catégorie en particulier, ce qui s'avère pourtant nécessaire puisqu'il n'y a rien en dehors des catégories.

[III] Pars construens : *en quels sens les principes et les causes sont les mêmes*

1070b9-11 : « Toutes les choses n'ont donc pas les mêmes éléments. Ou plutôt, comme nous le disons, ils sont les mêmes en un sens, mais non en un autre. »

Ici s'achève le versant négatif et polémique de la réponse à l'aporie énoncée en 1070a33-35 : les éléments sont nécessairement distincts à la fois numériquement, spécifiquement et génériquement. Dorénavant, jusqu'en 1070b22, la discussion sera consacrée à apporter une réponse à la fois plus personnelle et plus positive, puisqu'elle énoncera un mode d'identité des principes élémentaires.

1. Alexandre d'Aphrodise, *ap.* Averroès, *Grand Commentaire*, *op. cit.*, p. 149 ; M. Crubellier, « *Metaphysics* Λ 4 », art. cit., p. 147-148 ; S. Fazzo, *Commento*, *op. cit.*, p. 264-265.

[III. 1] *Identité analogique des éléments*

1070b11-16 : « Par exemple, pour les corps sensibles, [...] il est nécessaire que ce qui est engendré soit différent des éléments. »

Dans une première étape (b11-13), Aristote propose, sinon une définition, du moins une identification de ce qu'il considère comme des éléments. Cette identification prend appui sur les résultats de Λ 2, qu'Aristote réinvestit ici dans l'analyse, non pas immédiatement des substances, mais, de manière plus fondamentale ou plus large, des corps. L'énoncé aboutit à une double liste d'éléments : l'une spécifique au cas des corps sensibles (chaleur, froid et matière), l'autre qui en donne une formulation élargie, dont on devine qu'elle pourra valoir dans d'autres exemples encore (forme, privation, matière).

Dans les deux cas, on peut s'avouer surpris que le chaud et le froid fassent figure de forme et de privation. La chaleur n'est pas une forme, mais une qualité. Comme l'a montré M. Crubellier [1], il peut y avoir deux raisons, soit doctrinale et réaliste, soit fonctionnelle et argumentative, à cette assimilation de la chaleur à la forme. Dans le premier cas, ce serait le rôle de la chaleur, dans les processus de génération des corps, qui expliquerait son statut de forme [2]. Dans le second, chaud et froid seraient ici mobilisés en lieu et place de la forme et de sa privation, en raison de leur clarté et de leur commodité, notamment en ce qu'ils sont un exemple indubitable de contrariété [3].

Le cas du chaud et du froid n'est toutefois pas le plus surprenant. L'est plus encore le fait que la forme, la privation et la matière soient ici décrits tels des éléments. Bien que l'annonce d'une recherche des éléments des substances sensibles, en Λ 1, 1069a32-33, ait permis d'anticiper ce point, Aristote n'a pourtant, ni en Λ ni nulle part ailleurs dans la *Metaph.* [4], jamais désigné ainsi ces trois principes. Il existe certes quelques raisons de ne pas s'avouer trop surpris. Si l'élément, en effet, peut se définir comme

1. M. Crubellier, « *Metaphysics* Λ 4 », art. cit., p. 149.

2. Telle est l'hypothèse de Ross, *Aristotle. Metaphysics.*, *op. cit.*, vol. 2, p. 360. Elle semble également avoir été formulée par Alexandre d'Aphrodise (*ap.* Averroès, *Grand Commentaire*, *op. cit.*, p. 152). Voir par ex. *GC* I 3, 318b4-18, où le chaud est assimilé à l'εἶδος.

3. Alors que la forme, en tant qu'elle est une substance, n'a pas de contraire. *Cf.* M. Crubellier, « *Metaphysics* Λ 4 », art. cit., p. 150. Voir également Thomas d'Aquin, § 2465. Dans le même ordre d'idées, Ch. Rapp, « The Principles of Sensible Substances in *Metaphysics* Λ 2-5 », art. cit., p. 100, fait l'hypothèse que c'est pour mieux illustrer le changement physique que le chaud et le froid font figure de forme et de privation.

4. *Cf.* M. Crubellier (« *Metaphysics* Λ 4 », art. cit., p. 144) qui insiste sur l'originalité de cette proposition. *Phys.* I 6, 189b16-18 l'esquisse toutefois.

un principe indivisible et immanent, dont provient la chose et dont elle est constituée [1], on comprend que la forme, la privation et la matière se voient qualifiées d'éléments [2]. Néanmoins, sans être incompréhensible, cette assimilation demeure déconcertante, tout particulièrement à l'égard de la forme. Il semble, en effet, que, en décrivant la forme comme un élément, on retombe dans les apories du *Théétète* [3]. Or Aristote montre, longuement en Z 17, plus brièvement en H 3, que la forme n'est précisément pas un élément, ni même un composé d'élément, mais une cause d'unité des éléments, lesquels relèvent de la matière [4]. En définissant la forme comme un élément du composé, Aristote ne souhaite évidemment pas en compromettre l'unité ni la nature, mais faire fond sur l'immanence et la primauté de la forme, pour s'inscrire dans un débat, dont les termes, qu'il hérite de ses prédécesseurs, sont centrés sur la notion d'élément.

Dans la seconde étape de son raisonnement (b13-16), Aristote établit que les principes dont il vient d'affirmer qu'ils sont des éléments, satisfont les conditions que la réfutation des lignes 1070a35-b10 a progressivement formulées. En effet, en insistant sur la substantialité des éléments, il montre que sa version respecte à la fois l'irréductibilité des genres de l'être (puisque les éléments appartiennent à l'une des catégories) et la primauté de la substance *et* des éléments (puisque les éléments sont eux-mêmes substances). Et, puisque rien n'est antérieur à la substance, il faut non seulement que les éléments soient eux-mêmes des substances, mais encore que d'autres substances en soient issus, à savoir ce qui est composé des éléments.

On peut s'interroger sur l'identité de ces instances dont Aristote dit ici qu'elles procèdent des éléments. Il pourrait s'agir de deux niveaux d'élaboration corporelle, tous deux issus du chaud et du froid, que le passage mentionne tour à tour : celui des corps simples (eau, feu, terre, air), puis celui des homéomères qui en dérivent, comme la chair ou l'os [5]. Cependant, M. Crubellier [6] a montré que cette lecture n'accordait aucune place à la notion d'unité sur laquelle Aristote insiste pourtant [7]. C'est pourquoi il est probable que, plutôt que d'énumérer deux

1. *Metaph.* Δ 3, 1014b14-15 : le point commun à tous les sens de l'élément est d'être un terme premier et immanent à chaque chose (τὸ πρῶτον ἐνυπάρχον ἑκάστῳ).

2. *Cf.* en ce sens S. Menn, *The Aim*, IIIβ1, p. 40.

3. *Cf.* le songe de Socrate, en *Théétète*, 201e *sq.*

4. *Metaph.* Z 17, 1041b10-33 ; H 3, 1043b4-14.

5. *Cf.* Thomas d'Aquin, § 2466-2467 ; Ross, *Aristotle. Metaphysics*, *op. cit.*, vol. 2, p. 360 ; Elders, *Aristotle's Theology*, *op. cit.*, p. 117.

6. M. Crubellier, « *Metaphysics* Λ 4 », art. cit., p. 150-151.

7. En outre, dans cette lecture, on voit mal quelle affirmation antérieure la dernière remarque du passage (selon laquelle le composé doit différer des éléments) peut venir justifier.

niveaux hiérarchiques de constitution matérielle, Aristote veut apporter ici une précision, en montrant que ce n'est pas tout ce qui provient du chaud, du froid et de la matière qui mérite le nom de substance, mais qu'il faut également, pour cela, que cette chose présente une unité véritable.

Dans cette hypothèse, cette remarque se présente alors à la fois comme un rappel des démonstrations de Λ 3 et comme une réponse à l'analyse de la notion d'élément qui a été conduite plus haut. En Λ 3 (1070a10-11), en effet, Aristote a montré que ce n'est qu'à la condition de présenter une unité suffisante, de l'ordre de la cohésion naturelle (σύμφυσις), qu'une réalité matérielle peut être qualifiée de substance. C'est aussi en vertu de cette unité que le composé corporel peut manifester une nature propre et distincte de celle de ses éléments, de sorte que se trouve vérifié le principe selon lequel un élément diffère de ce dont il est le principe. Le fond de l'argumentation de *Metaph.* Z 17 ou H 3, où Aristote refuse que la forme soit un élément du composé, se trouve ainsi, sinon respecté, du moins prolongé par cette insistance sur l'unité du composé substantiel qui ne se réduit pas à la somme de ses parties.

1070b16-21 : « Pour ces choses donc, [...] le jour et la nuit qui en sont composés. »

Dans cette troisième étape, Aristote livre les raisons de sa thèse. Il maintient ici ensemble les deux aspects de sa doctrine, selon laquelle les principes sont à la fois identiques et différents. D'un côté, l'identité générique des éléments ne peut réellement constituer une réponse à l'aporie des lignes 1070a33-35. C'est pourquoi Aristote ne souligne guère ici cette identité et insiste sur l'impossibilité de tenir, sur cette base, un discours universel. D'un autre côté, si les principes et les éléments de toutes choses sont les mêmes, c'est parce qu'ils peuvent se prêter à un mode d'identité analogique, le seul qui puisse traverser les différents genres de l'être. On peut donc dire, en un sens, que tout a les mêmes éléments, à savoir forme, privation et matière, en ce que chaque être, quel qu'en soit le genre, répond à des principes, de nature certes différente, mais qui remplissent chaque fois la même fonction, qui jouent le même rôle causal[1].

C'est pourquoi le ps.-Alex. (*In Metaph.*, 680, 26) propose de déplacer cette proposition en 1070b9, afin qu'elle complète le second argument de la réfutation.

1. Comme le montre Ch. Rapp (« The Principles of Sensible Substances in *Metaphysics* Λ 2-5 », art. cit., p. 102), le procédé prolonge *Phys.* I 7 (191a7-8), où la structure de l'analogie est déjà mobilisée pour identifier un principe commun à l'ensemble des êtres naturels – le substrat : ce que l'airain est à la statue, le bois l'est au lit.

[III. 2] *Identité analogique des causes motrices*

1070b22-25 : « Puisque ce ne sont pas seulement les constituants immanents [...] un certain principe. »

L'identité par analogie de la forme, de la privation et de la matière, constitue une réponse complète à l'aporie de 1070a33-35, concernant l'identité des éléments. En revanche, elle ne peut suffire à clore le questionnement ouvert au tout début du chapitre, et qui portait sur la notion plus vaste de principe et de cause. Ici commence donc une nouvelle étape de la réflexion qui, sur la base d'une compréhension élargie de la notion de principe, permettra de compléter doublement les modes d'identité des principes de toutes choses, à la fois en élargissant l'identité analogique à la notion de cause externe, c'est-à-dire de moteur (1070b25-34), et en fondant sur son exemple la possibilité d'une identité numérique (1070b34-35). Pour l'heure, c'est à la réorientation du discours qu'Aristote se consacre, en mettant en exergue le concept de cause motrice.

Le tout repose sur une prémisse qui structure le concept de cause (αἴτια), à partir d'une ligne de partage entre immanence et extériorité[1]. Il est remarquable que ce soit sur la notion de cause – et non sur celle de principe – qu'Aristote s'appuie ici. Il commence, en effet, par affirmer du moteur qu'il est une cause, pour lui attribuer ensuite le statut de principe. Ce détour n'exprime pas un infléchissement de la notion de principe à l'œuvre dans le traité, mais plutôt une délimitation de sa pertinence. Toutes les causes, en effet, sont des principes (Δ 1, 1013a16-17). En revanche, parmi les sens du principe, certains[2] ne sont pas concernés par l'étude des principes des substances. En passer par la notion de cause n'exclut donc pas de travailler sur celle de principe, mais recentre l'étude sur les sens pertinents dans le contexte.

Ce partage entre immanence et extériorité prolonge l'exploitation des acquis des chapitres précédents, qui n'ont pas seulement conclu à l'existence de la forme, de la privation et de la matière, mais aussi, à partir du chapitre 3, à celle du moteur. Il permet également de suggérer combien les philosophes visés en 1070a35-b10 ont été aveugles à une rubrique de la causalité[3], puisqu'en réduisant la notion de cause et de principe à celle

1. *Cf.* aussi Δ 1, 1013a4-7 et 7-10.

2. Le point de départ (Δ 1, 1012b34-1013a1) ; le meilleur point de départ (1013a1-4) ; le principe de la démonstration (1013a14-16). Sur ce non-recoupement entre principe et cause, voir R. Bodéüs et A. Stevens, *Aristote. Métaphysique, Livre Delta*, introduction, traduction et commentaire, Paris, Vrin, 2014, p. 81-82.

3. Comme en *Metaph.* A 9, 991b3-9 (M 5, 1080a2-11) et *GC* II 9, 335a24-b7.

d'élément, qu'il soit corporel ou intelligible, ils ont négligé de prendre en compte une cause indispensable à l'explication des substances sensibles et ont donc élaboré leur réponse à la question de l'identité des principes sur une base trop restreinte.

De ce partage, Aristote tire successivement quatre conséquences. En premier lieu, il exprime implicitement l'équivalence du principe et de la cause, en montrant que, compte tenu de l'appartenance de termes extérieurs à la notion de cause, c'est donc celle de principe qui diffère de la notion d'élément, non pas en ce qu'elles s'excluraient mutuellement, mais plutôt en ce que la première s'avère de plus large extension que la seconde. En second lieu, il souligne que deux termes (ἄμφω) sont causes, mais sans préciser de quelles réalités il s'agit. Le plus naturel serait de penser qu'il s'agit des deux concepts qui viennent d'être mentionnés : le principe et l'élément[1]. Néanmoins, la particule δέ, qui introduit cette deuxième conséquence, suggère plus volontiers qu'elle est à mettre sur le même plan que la précédente et qu'elle constitue donc elle aussi un prolongement du partage entre causes immanentes et causes externes. En outre, la proposition qui suit, pour peu qu'on n'en modifie pas la place[2], ne saurait se comprendre autrement : ces deux causes entre lesquelles le principe se divise sont nécessairement les mêmes que celles dont il vient d'être question. Or cette division interne au principe n'a évidemment aucun sens s'il s'agit d'un partage entre lui-même et l'élément. C'est donc des constituants internes et des réalités externes (comme le moteur)

1. Ch. Rutten et A. Stevens (*Métaphysique*, *op. cit.*, *ad loc.*) traduisent ainsi : « Il est clair que le principe et l'élément sont différents mais sont tous deux des causes… »

2. La proposition καὶ εἰς ταῦτα διαιρεῖται ἡ ἀρχή (« le principe se divise entre ces causes ») revient en 1070b29, dans les mss EJMC, mais pas en A b ni dans les versions arabes, ni chez le ps.-Alex. (*In Metaph.*, 681, 4), où cette formule n'apparaît qu'en b24. Certains éditeurs (Bonitz, Jaeger, Alexandru) suppriment les deux formules. S. Alexandru (*Aristotle's* Metaphysics *Lambda*, *op. cit.*, p. 127-129) explique son choix, en rappelant que le goût des divisions est un procédé scolaire. Pourtant, le raisonnement serait amputé si l'on ne lisait pas ici cette médiation entre la causalité du moteur et sa principialité. C'est pourquoi il ne semble pas non plus opportun de conserver, comme Christ, la seconde occurrence uniquement. D'autres, comme Tricot (*Aristote Métaphysique*, vol. 2, *op. cit.*, p. 162) et S. Fazzo (*Il libro* Lambda, *op. cit.*, *ad loc.* et p. 259-260) font le choix de conserver les deux occurrences, ce que l'exacte identité des deux formules rend toutefois douteux. C'est donc ici que la formule paraît la plus pertinente, puisqu'elle explicite une distinction conceptuelle dans un raisonnement qui n'est consacré qu'à cela. M. Crubellier (« *Metaphysics* Λ 4 », art. cit., p. 155), en raison d'une seconde difficulté textuelle, et sur la base du témoignage de la version arabe de Abū Bišr Mattā, a proposé de déplacer cette formule après τὸ δ' ὡς κινοῦν ἢ ἱστὰν ἀρχή τις καὶ οὖσα. Le raisonnement gagne sans doute en cohérence, mais la modification est lourde et repose sur un témoignage restreint.

qu'Aristote souligne ici à nouveau qu'ils sont causes [1]. Dans ces conditions, on comprend que le concept de principe, en raison de son équivalence précédemment suggérée avec la notion de cause, se partage lui aussi entre principe internes et principes externes. La dernière conséquence du passage, qui en est aussi la cible, peut alors être énoncée : le moteur est un principe et, à ce titre, peut intégrer la discussion présente [2].

1070b25-29 : « Il en résulte [...] l'art de bâtir. »

L'élargissement des concepts de principe et de cause porte ici ses fruits. Aristote peut affirmer, d'un point de vue comptable, qu'il existe trois éléments et quatre principes, en vertu de la plus grande extension de la notion de principe. Mais il peut surtout étendre la notion d'identité analogique, de sorte que les principes de toutes choses sont les mêmes par analogie, en ce que chacun provient d'une forme et de sa privation, d'une matière et d'un moteur [3].

Cependant, puisque la thèse qu'il souhaite défendre ne soutient pas seulement que les principes sont identiques, mais qu'il sont aussi, en un autre sens, différents, Aristote tempère immédiatement cette identité analogique des principes, en rappelant le fondement générique de leur diversité. Sa démarche est ici la même qu'en 1070b16-21, mais élargie au concept de moteur. Par « première cause motrice », il ne faut pas comprendre une allusion au Premier Moteur Immobile, dont il n'a jamais encore été question et dont Aristote montrera au contraire, à la fin du chapitre, qu'il est identique pour toutes choses. Mais les deux exemples

1. *Cf.* en ce sens M. Crubellier (« *Metaphysics* Λ 4 », art. cit., p. 155) et M.-P. Duminil et A. Jaulin, *Aristote. Métaphysique*, *op. cit.*, n. 2, p. 385.

2. Intervient ici un problème textuel. En 1070b25, le ms A^b donne la leçon καὶ οὐσία, suivie par Ross et S. Alexandru. Aristote préciserait donc que ce principe moteur est une substance, ce qui paraîtrait naturel, compte tenu des développements précédents sur la substantialité des éléments (1070b13-15). Cela permettrait également d'échapper à la difficulté grammaticale de la leçon des mss EJMC, qui donnent le participe présent οὖσα. Ce glissement du neutre au féminin n'est toutefois pas sans exemple : on le retrouve dans des conditions identiques en Λ 7, 1072a25-26, où le participe s'accorde avec l'attribut féminin qui le précède et non avec son sujet au neutre. En outre, il n'est pas certain que la nécessité de prouver que les principes sont des substances s'applique au cas du moteur avec autant d'urgence qu'au sujet des éléments. On suit donc la leçon majoritaire. Vont en ce sens Jaeger, Elders (*Aristotle's Theology*, *op. cit.*, p. 119) ; M. Crubellier (« *Metaphysics* Λ 4 », art. cit., p. 155) ; S. Fazzo (*Commento*, *op. cit.*, p. 215) ; Ch. Rutten et A. Stevens (*Métaphysique*, *op. cit.*, *ad loc.*).

3. Sur l'absence de la cause finale dans cette énumération, voir notre commentaire à Λ 3, p. 133-134. Il est moins probable que cette absence s'explique en raison du caractère dialectique du passage, comme le suggère M. Crubellier (« *Metaphysics* Λ 4 », art. cit., p. 157), dans la mesure où elle est visible depuis le chapitre 3.

convainquent que l'expression ne désigne pas non plus la cause motrice prochaine[1], puisque celle-ci diffère non seulement en genre et en espèce, mais en nombre : le père de Socrate n'est pas celui de Callias. La différence qui réside entre la médecine et l'art de bâtir n'est pas tant de nombre que de genre, puisqu'ils sont les mêmes pour tous les artefacts qui se rangent sous eux, c'est-à-dire pour toutes les maisons et pour tous les soins.

Comme précédemment (1070b20-21), Aristote illustre la diversité générique des principes moteurs, à l'aide de deux exemples, qui appartiennent à deux catégories différentes. Ces exemples présentent toutefois deux nouveautés. En premier lieu, ils suggèrent l'articulation du principe externe aux principes internes, en se focalisant sur le rapport du moteur, non pas à l'être dont il est le principe, mais aux éléments sur lesquels il agit. En second lieu, ce sont deux exemples artificiels qu'Aristote choisit ici, peut-être pour introduire plus facilement au rappel du principe de synonymie qui fera suite (1070b30-34) ; peut-être aussi pour illustrer l'identité du principe moteur à l'intérieur d'un même genre. Dans le cas de réalités naturelles en effet, le moteur est toujours individuel. Il n'y a que l'art, en tant qu'il est distinct de l'artisan, qui manifeste une réelle identité générique.

[III. 3] *Rappel du principe de synonymie*

1070b30-34 : « Et, puisque, dans le cas des êtres naturels, [...] un homme engendre un homme. »

Aristote mobilise ici de concert les réalités naturelles et les artefacts (les « produits de la réflexion (διάνοια) »), dans un rappel appuyé du principe de synonymie (1070a4-9 et 27-30). Il achève ainsi d'exploiter les acquis des chapitres précédents et de restituer, au sujet du moteur, tout ce qui en a déjà été dit en Λ 3, dans des termes assez semblables. Le sens du passage ne pose en lui-même aucune difficulté. Aristote ajuste son calcul des principes, en précisant qu'ils peuvent, en un sens, être réduits à trois. Ce faisant, il ne s'agit pas d'opérer un retour au nombre des éléments, mais plutôt de souligner l'identité spécifique du moteur et de la forme qui autorise, de ce point de vue, à distinguer seulement trois principes de nature différente.

La fonction argumentative du passage est plus problématique. On ne peut nier que ces remarques permettent d'opérer une réduction du nombre

1. Contrairement à ce que propose Ross, *Aristotle. Metaphysics*, *op. cit.*, vol. 2, p. 361.

des principes[1]. Pourtant, telle ne semble pas en être la seule fonction, puisqu'Aristote fait immédiatement suivre l'énoncé de cette réduction par celui du nombre, plus complet et plus habituel, de quatre principes. Peut-être cette hésitation sur le nombre des principes sert-elle à préparer l'étude prochaine de la substance immobile. D'un côté, elle la prépare de manière négative, car ce rappel du principe de synonymie permet de nier toute utilité aux Idées et donc de justifier que l'étude des principes externes, dont le moteur a été mentionné à titre d'exemple seulement (« comme le moteur », οἷον τὸ κινοῦν, 1070b23), n'engage pas à poser des substances immobiles à la manière platonicienne. Mais c'est aussi plus positivement que cette hésitation sur le nombre des principes peut préparer l'étude de la substance immobile. En montrant que le moteur, bien qu'assimilable à la forme, n'en constitue pas moins un principe à part entière, Aristote invite à approfondir l'étude du moteur, considéré en lui-même, c'est-à-dire dans sa causalité motrice, ce qui peut, à terme, conduire à remonter, de moteur en moteur, jusqu'au premier d'entre eux[2].

[III. 4] *Identité numérique du Premier Moteur*

1070b34-35 : « En outre, en dehors de cela, il y a, comme premier de tous, le moteur de toutes choses. »

C'est donc sur le concept de cause motrice qu'Aristote fonde le mode d'unité le plus fort qui soit et qu'il a explicitement refusé aux éléments : celui de l'unité numérique[3]. Il y a deux raisons à cela : en premier lieu, son extériorité le soustrait aux contraintes issues de la plurivocité de l'être, puisque, en étant extérieur aux êtres dont il est le principe, le moteur premier et universel n'a ni à être de toutes les catégories à la fois, ni d'aucune. En second lieu, le moteur est le seul principe qui soit susceptible d'intégrer une chaîne causale, puisque, comme Aristote l'a montré à l'entrée de Λ 3 (1069b35-1070a4), ni la forme ni la matière prochaine de la substance ne sont engendrées ni ne se rattachent donc à des termes causaux homogènes mais antérieurs.

1. Comme en *Phys.* II 7, 198b22-27, par exemple. *Cf.* Thomas d'Aquin, § 2473.

2. *Cf.* M. Crubellier, « *Metaphysics* Λ 4 », art. cit., p. 156. C'est pourquoi, selon lui, l'ambition d'Aristote n'est pas tant ici d'opérer une réduction : en dépit de l'identité spécifique du moteur et de la forme, on ne peut toutefois pas se passer de moteur, contrairement à ce qu'ont cru les platoniciens qui ont négligé cette cause.

3. La cause finale peut se prêter à une unité numérique, mais en tant qu'elle se rattache au Premier Moteur justement.

Ce nouveau mode d'identité anticipe doublement sur les démonstrations à venir, puisqu'il mobilise à la fois le principe de l'impossibilité de la régression à l'infini [1] et la preuve de l'existence du Premier Moteur. Cette anticipation encourage P. Aubenque [2] à croire que cette dernière remarque est une interpolation. Il est vrai qu'Aristote n'y fait pas allusion, lorsqu'il énonce la thèse à défendre à l'entrée de Λ 4 (1070a31-33). À la fin de Λ 5 cependant, il n'oubliera pas de se référer une seconde fois à l'unité numérique du Premier Moteur (1071a36). Du reste, ce nouveau mode d'identité est indispensable, puisqu'il donne aux principes un mode d'unité sans lequel le monde risquerait de manquer de cohérence. En soulignant l'identité numérique d'un principe au moins, Aristote se donne les moyens de répondre à une question qu'il a laissée pendante depuis le début du traité, concernant le mode de structuration de l'univers, et dont il apparaît à présent qu'il forme un tout, puisque toute chose peut se ramener à un seul principe [3]. Le risque de la dispersion ou du désordre, qu'illustre le cosmos speusippéen [4], dans lequel les principes valent pour une strate du réel seulement, s'éloigne donc, en même temps que se renforcent l'intelligibilité du monde et la possibilité de réaliser une science universelle des principes, une σοφία, puisque les êtres répondent à des principes doublement identiques, par analogie pour les uns, en nombre pour un autre [5].

Ce mode d'identité est donc crucial. Il est pourtant formulé de manière extrêmement elliptique, tellement elliptique qu'on peut hésiter sur le sens de certains détails. On peut s'interroger, par exemple, sur le type de réalités dont ce moteur est le premier. S'agit-il de tous les êtres ou de tous les moteurs ? La première hypothèse n'est pas sans caution : elle permettrait de donner un sens identique aux deux occurrences de πάντα dans cette phrase ; elle éviterait sans doute ce qui peut apparaître comme une tautologie ; enfin, elle n'est pas conceptuellement fausse, puisque c'est bien comme premier des êtres qu'Aristote décrit le Premier Moteur en Λ 8 (1073a24). L'anticipation sur la ligne argumentative du traité serait toutefois un peu lourde, puisqu'elle ne se contenterait pas de mobiliser l'existence d'un Premier Moteur, mais les analyses plus ontologiques qui

1. En *Metaph.* α 2 pour tous les sens de la cause ; en *Phys.* VII 1, 242a50 *sq.* et VIII 5, 255b14 *sq.* au sujet des moteurs uniquement.

2. P. Aubenque, *Le Problème de l'être chez Aristote*, *op. cit.*, p. 398.

3. Voir sur ce point M. Crubellier, « *Metaphysics* Λ 4 », art. cit., p. 140 ou G. Aubry, *Dieu sans la puissance*, *op. cit.*, p. 157.

4. *Cf.* Λ 10, 1075b37-1076a4.

5. Voir *supra*, p. 160.

l'accompagnent. Il faut reconnaître aussi que l'argument de la tautologie n'est pas définitif. Le parallèle entre les formules « τὸ ὡς πρῶτον πάντων κινοῦν », qui énonce ici l'existence d'un moteur absolument premier, et « τὸ πρῶτον αἴτιον ὡς κινοῦν », qui désignait le moteur premier de chaque genre en 1070b27, suggère qu'Aristote souhaite ici montrer que le moteur qui l'intéresse à présent transcende la primauté générique à laquelle il a fait allusion précédemment[1].

Une seconde difficulté concerne la nature de ces choses (ταῦτα), en dehors desquelles, dit Aristote, il faut encore mentionner l'identité du moteur premier. Le plus naturel serait de penser qu'il s'agit d'une allusion aux quatre principes sur lesquels Aristote s'est concentré durant tout le chapitre : forme, privation, matière et moteur[2]. Cependant, la continuité argumentative du passage encourage à rattacher « ces choses » aux moteurs synonymes, dont il vient d'être question, de sorte qu'Aristote indiquerait ici que tous les moteurs ne sont pas synonymes[3] et que le tout premier d'entre eux, en l'occurrence, ne l'est pas[4].

On remarquera, en tout cas, dans cette dernière remarque du chapitre, combien l'étude des substances immobiles est partie intégrante de celle des substances sensibles, puisqu'elle fonde ici un mode fondamental d'identité des principes de ces dernières. La solidarité entre ces deux champs d'étude ne signifie pas que les chapitres 1 à 5 ne soient rien de plus qu'une propédeutique à la cible véritable du traité – le Premier Moteur[5]. Cela signifie, en revanche, que ces deux champs d'étude sont nécessairement appelés à se compléter, puisque le monde est un et que les principes, en un sens, sont identiques.

1. *Cf.* en ce sens M. Crubellier, « *Metaphysics* Λ 4 », art. cit., p. 158.

2. M. Crubellier penche pour cette hypothèse dont il souligne à juste titre qu'elle convient le mieux à l'enjeu du chapitre, en soulignant qu'on tient désormais une cinquième cause et un second mode d'identité universelle, (*ibid.*).

3. *Cf.*, en Λ 5, 1071a15-17, l'exemple du Soleil.

4. *Cf.* Ch. Rapp, « The Principles of Sensible Substances in *Metaphysics* Λ 2-5 », art. cit., p. 105. Alexandre (*ap.* Averroès, *Grand Commentaire*, *op. cit.*, p. 161) ajoute que, si synonymie il y a, elle doit être d'un genre particulier, à savoir universel. C'est une hypothèse de cet ordre que formule Averroès (*ibid.*) et que reprend G. Rolf (« An Argument for Divine Omniscience in Aristotle », *Apeiron* 22, 1989, p. 64-75) : le Premier Moteur serait un moteur universel, parce qu'il contiendrait en lui toutes les formes. Toutefois, en Λ 5, 1071a11-19, Aristote montre clairement qu'il n'est pas nécessaire que tous les moteurs soient de même forme que leur mobile et que l'étendue de leur pouvoir causal même en dépend.

5. Voir, par exemple, Alexandre, *ap.* Averroès, *Grand Commentaire*, *op. cit.*, p. 68 ; Thémistius, *Paraphrase*, *op. cit.*, p. 65, 67, 71 ; ps.-Alex., *In Metaph.*, 668, 2-10, 681, 24-25.

Commentaire au chapitre 5

Résumé du chapitre

Aristote poursuit l'examen de l'identité et de la différence des principes de toutes choses. Il commence par proposer deux nouveaux modes d'identité, fondés [I] *sur la priorité de la substance (1070b36-1071a3)* [II] *et sur les notions d'acte et de puissance (1071a3-17).* [III] *Il s'interroge ensuite sur l'universalité de ces principes (1071a17-24), en montrant que, s'ils peuvent être formulés de manière générale, ils constituent toutefois des réalités individuelles.* [IV] *Aussi s'attache-t-il ensuite à préciser leurs différences (1071a24-29), en insistant sur leur diversité générique et numérique. Le chapitre se referme sur deux bilans,* [V] *dont l'un résume les acquis de la discussion depuis Λ 4 (1071a29-b1),* [VI] *l'autre ceux de l'enquête depuis Λ 2 (1071b1-2).*

[I] *Identité focale*

1070b36-1071a3 : « Puisque certaines choses sont séparées, [...] le désir et le corps. »

Puisque le questionnement de Λ 4-5 porte sur l'identité des principes de toutes les catégories, il est naturel qu'Aristote mobilise la priorité de la substance pour fonder sur elle un mode nouveau d'identité. En un sens, cette « unité focale », pour reprendre une expression de M. Crubellier[1], n'est rien d'autre que la reformulation bien comprise du raisonnement qui, dès le début du livre Λ (1069a18-26), a justifié qu'on recherche les principes et les causes des substances. L'argument en reprend les descriptions et la terminologie, d'une part, en rappelant que la substance seule peut exister séparément (Λ 1, 1069a24), d'autre part, en soulignant que les êtres non-substantiels, qu'Aristote ne désigne plus ici du

1. M. Crubellier, « *Metaphysics* Λ 4 », art. cit., p. 140.

nom platonicien de « relatifs »[1], mais de ceux – plus habituels en Λ – d'affections et de mouvements[2], n'existent qu'en vertu du sujet dont ils dépendent. C'est sur cette double base qu'il est possible d'argumenter que les causes de la substance sont donc également et transitivement les causes des êtres non-substantiels[3].

L'argument a ceci de remarquable qu'il formule une motif d'identité inédit, qui n'apparaît nulle part dans les définitions qu'Aristote en donne en *Metaph.* Δ ou I et qui, de manière originale, étend aux principes eux-mêmes l'unité que la priorité de la substance ne permet généralement d'envisager qu'au niveau de l'être[4]. Il permet également de compléter l'identité analogique des principes : dorénavant, si l'on peut dire que les catégories non-substantielles procèdent de principes identiques à ceux des substances, ce n'est pas seulement parce que, par analogie, toutes procèdent d'une forme, d'une privation, d'une matière et d'un moteur, mais aussi parce toutes procèdent « focalement » des principes des substances elles-mêmes.

L'argument se referme sur une liste d'exemples qui, dans le contexte, doivent être interprétés comme des causes des substances, puisque c'est par les substances que toutes les choses ont les mêmes principes. L'énoncé est rapide, schématique, et même prudent. Il ne va pas sans poser plusieurs problèmes concernant : (1) le type de causalité dont les termes énoncés sont représentatifs ; (2) le sens de la disjonction (inclusive ou exclusive) qu'Aristote introduit ici. On admet généralement que le passage énonce, au sein d'une disjonction inclusive, les causes des vivants uniquement, puisque les vivants seuls sont véritablement des substances, comme

1. Λ 4, 1070a34, a36, b3, b9.

2. Λ 1, 1069a22.

3. Cette lecture suppose la leçon ταὐτά (1071a1), en suivant la correction de Christ, reprise par l'ensemble des éditeurs du texte, contre la leçon des mss ταῦτα, qui implique de lire, non pas que les causes de toutes choses sont *identiques*, mais que *ces choses*, c'est-à-dire les substances, sont les causes de tous les êtres. Même si, comme l'a montré A. Code (« Some Remarks on *Metaphysics* Λ 5 », dans M. Frede, D. Charles (eds.), *Aristotle's* Metaphysics *Lambda*, *op. cit.*, p. 162-165), il n'est pas absurde d'attribuer aux substances un rôle causal, cette interprétation restitue mal l'enjeu de Λ 4-5. Elle ne permettrait pas, en effet, d'énoncer une identité des principes valable pour tous les sens de l'être, mais pour les êtres non-substantiels seulement. La fin du chapitre 5 (1071a34-35), où Aristote résume les acquis de la discussion, confirme d'ailleurs clairement que la priorité de la substance fonde ici l'identité des principes de toutes les catégories. En outre, la suite immédiate de ce passage (1071a2-3) mobilise des exemples, non de substances, mais de principes de la substance, puisque le désir (ὄρεξις) n'est pas une οὐσία. Voir en ce sens Ross, *Aristotle. Metaphysics*, *op. cit.*, vol. 2, p. 361-362 et A. Code, p. 165-166.

4. Γ 2, 1003a34-b17 ; Z 1.

l'ont suggéré, au chapitre 3, la distinction entre les réalités naturelles et les artefacts (1070a5-6), puis l'analyse de la matière (1070a19-20)[1]. Dans ce cas, on pourrait interpréter ces deux groupes d'exemples comme désignant, soit les causes des plantes (l'âme et le corps) puis celles des animaux et de l'homme (l'intellect, le désir et le corps)[2], soit plus probablement les causes de tous les vivants sublunaires, puis celles des substances supralunaires (les astres)[3].

Cependant, on peine alors à retrouver les quatre types de causes énoncés dans le chapitre précédent. Dans la première série, en effet, âme et corps font spontanément figure de forme et de matière, mais auxquelles ne se joignent ni la privation, ni surtout le moteur; dans la seconde, l'intellect et le désir s'apparentent volontiers à la cause motrice[4], mais ce sont à présent les notions de privation et surtout de cause formelle qui font défaut. C'est pourquoi il peut sembler raisonnable d'envisager que cette liste de causes n'a pas pour but de traduire l'ensemble des rubriques de la causalité, mais de n'en représenter qu'une seule, qui puisse valoir pour toutes les substances et, pour cette raison, pour tous les êtres. Or, puisqu'Aristote a fait allusion, quelques lignes plus haut, à l'existence du moteur premier[5], on peut faire l'hypothèse que les causes qu'il énonce ici sont de possibles causes motrices premières. S. Menn[6] remarque, en ce sens, que le corps, l'âme, et les deux facultés que sont l'intellect et le désir, figurent parmi les causes motrices que Platon mentionne dans le Xe livre des *Lois* (896c-987a). Ce serait donc les hypothèses platoniciennes de causes motrices premières qu'Aristote rappellerait ici, d'une part au moyen de précautions[7] qui découleraient du caractère provisoire de cette affirmation, d'autre part au moyen d'une disjonction

1. A. Code, « Some Remarks », art. cit., p. 166, s'étonne de l'exclusion des artefacts, mais en raison d'une lecture des lignes 1070a5-6 différente de celle qu'on a retenue (voir p. 137-138), selon laquelle Aristote attribuerait la substantialité aux réalités naturelles *et* aux autres choses.

2. Ross, *Aristotle. Metaphysics*, *op. cit.*, vol. 2, p. 362. Le ps.-Alex. (*In Metaph.*, 682, 1-5) lit un texte qui conforte cette perspective, puisque le couple « désir et corps » ferait suite au trio « intellect, désir et corps » : Aristote énoncerait consciencieusement les principes des trois genres de vivants (plantes, hommes, animaux).

3. *Cf.* Alexandre d'Aphrodise, *ap.* Averroès, *Grand Commentaire*, *op. cit.*, p. 166; Averroès, *ibid.* p. 165; Thomas d'Aquin, § 2476; S. Fazzo, *Commento*, *op. cit.*, p. 271.

4. Ce que démontrent *DA* III 9-10, *DMA* 6-7 et, bien sûr, Λ 7, 1072a26 : « κινεῖ δὲ ὧδε τὸ ὀρεκτὸν καὶ τὸ νοητόν ».

5. Thémistius, par ex., place ce passage dans la continuité directe de Λ 4, 1070b34-35. Cf. *Paraphrase*, *op. cit.*, p. 69.

6. *The Aim*, IIIβ1, p. 42.

7. Aristote anticipe (le futur ἔσται) et exprime un doute (« peut-être », ἴσως).

dont la valeur serait celle de l'exclusion et qui indiquerait les corrections qu'Aristote estime devoir y apporter : ce n'est pas l'âme le moteur premier, mais un intellect séparé qui meut par le désir qu'il inspire.

Cette lecture soulève, à son tour, quelques difficultés. D'une part, s'il s'agissait vraiment de faire écho à l'hypothèse du Premier Moteur, on voit mal pourquoi Aristote mobiliserait ces exemples au sein d'un argument centré sur la priorité de la substance. D'autre part, la mention récurrente du corps intègre mal ce schéma, puisque le corps, à propement parler, n'est pas le nom d'une cause motrice pour Aristote, ni, pour Aristote comme pour Platon, celui d'une cause motrice première. C'est pourquoi il reste préférable de voir dans cette double énumération une liste chaque fois relativement complète des causes des substances. À dire vrai, le contexte immédiat de ce passage y invite, puisque, dans les dernières lignes du chapitre 4, Aristote n'a pas seulement annoncé l'existence du Premier Moteur, mais a rappelé le principe de synonymie (1070b30-34). Rien n'empêche donc d'accorder à ces quatre causes le sens le plus obvie : à l'évidence, l'âme et le corps, lorsqu'ils fonctionnent en couple comme ici, doivent être interprétés comme des causes formelle et matérielle[1] ; à l'évidence également, intellect et désir sont deux causes motrices. Néanmoins, en vertu du principe de synonymie, on peut adjoindre à chacune de ces deux séries le principe causal qui semble *a priori* lui faire défaut. Dans le cas des vivants sublunaires, en effet, l'âme, comme forme du vivant, est aussi une cause motrice. Dans le cas des substances célestes, l'instance causale dont elles tirent à la fois leur nature et le principe de leur mouvement ne se loge sans doute pas dans l'âme en général, s'il faut inclure par là certaines facultés psychiques sans pertinence dans le contexte (nutrition, perception), mais dans ces facultés supérieures que sont l'intellection et le désir.

[II] *Identité analogique de l'acte et de la puissance*

1071a3-6 : « C'est d'une autre manière [...] ils sont principes de différentes manières. »

Aristote énonce ici l'essentiel d'un argument qui élargira l'identité analogique des principes à des termes principiels qui n'ont pas encore été envisagés pour eux-mêmes, à savoir l'acte et la puissance[2]. C'est la première fois que l'acte et la puissance sont explicitement présentés

1. *Cf.* Λ 10, 1075b35 : « ἡ ψυχὴ καὶ τὸ σῶμα καὶ ὅλως τὸ εἶδος καὶ τὸ πρᾶγμα ».

2. Comme le montre A. Code (« Some Remarks », art. cit., p. 169), le passage fait écho à Θ 6, 1048b6-9, où la notion d'analogie permet de déterminer en quoi l'acte se dit en des sens identiques.

comme des principes. Bien sûr, à l'échelle du corpus, cette affirmation n'est ni originale, ni incompréhensible[1]. Et même en Λ, acte et puissance, ont rapidement émergé de l'analyse des principes des substances sensibles, dès le chapitre 2[2]. Il n'en demeure pas moins que les différentes énumérations des causes et des principes[3], pas plus qu'elles n'ont mentionné la cause finale, n'ont jamais fait allusion à l'acte et à la puissance, qui apparaissaient jusque là comme des modes d'être des principes. Néanmoins, parce que l'acte et la puissance sont essentiels à leur fonction même de principe, parce que, par exemple, il est essentiel à la matière, *en tant que principe*, qu'elle soit une puissance de changement et un être en puissance, on comprend que ces deux termes puissent désormais être présentés tels des principes à part entière.

Le passage témoigne d'une seconde nouveauté. L'énoncé de la différence qui réside entre l'acte et la puissance ne se borne pas à rappeler[4] que l'acte et la puissance sont *différents* (ἄλλα) selon les choses, mais il précise aussi qu'ils existent *de manière différente* (ἄλλως). Comme la suite le montrera, ce second motif de diversité consiste en ce que l'acte et la puissance peuvent être à la fois des principes internes *et* des principes externes. Cette particularité contribue à faire de l'acte et de la puissance des principes universels, d'une universalité qui ne se substitue ni à l'identité analogique, ni à l'identité numérique, mais qui la complète ou l'étend. Acte et puissance ont cette particularité de pouvoir qualifier l'ensemble des principes : tous les principes sont en acte ou en puissance[5], parce que tous sont principes en raison de ce qu'ils sont en acte ou en puissance. Ces deux termes s'avèrent ainsi à même de décrire l'ensemble des principes des substances et, en valant pour les causes externes et les moteurs, de fonder la causalité numériquement universelle du premier d'entre eux.

1071a6-11 : « Dans certains cas, en effet, [...] ce qui est capable de devenir les deux contraires. »

Aristote met ici davantage l'accent sur l'unité de la chose dont l'acte et la puissance sont les principes que sur l'unité des principes eux-mêmes. En outre, à partir de 1071a11, il dira clairement s'interroger sur

1. *Metaph.* Δ (12, 1019a15-26, 1019b35-1020a5) et Θ (1, 1046a10 *sq.*) définissent la puissance comme un principe de changement, et le livre Θ encore (chapitre 8), en affirmant l'antériorité de l'acte sur la puissance, rattache donc la notion au principe.

2. Λ 2, 1069b14-16; 1069b19-23; 1069b31; Λ 4, 1070b12-13.

3. Λ 2, 1069b32-34; Λ 4, 1070b25-26; 1070b32.

4. Comme en Λ 4, 1070a31, 1070b17, 1070b26-27.

5. *Cf.* S. Fazzo, *Commento*, *op. cit.*, p. 136.

une autre manière (ἄλλως) dont acte et puissance diffèrent. C'est donc qu'Aristote ne décrit pas ici seulement l'identité analogique de l'acte et de la puissance et la diversité des actes et des puissances selon la diversité des êtres eux-mêmes, mais qu'il corrèle ces deux points à la description d'un premier mode de principialité de l'acte et de la puissance. Ces derniers sont ici les principes d'une chose en lui appartenant, tandis qu'ils en seront plus bas les principes en appartenant à d'autres individus. Ici, c'est une même chose qui est tantôt en puissance, tantôt en acte, puisque tels sont les termes et les principes du changement. Par cette précision, Aristote indique une première manière dont l'acte et la puissance sont des principes, en constituant des principes immanents du changement[1].

Aussi Aristote les rapproche-t-il aussitôt de la forme, de la privation et de la matière[2]. Que la matière soit en puissance n'a pas de quoi surprendre : on sait, depuis Λ 2, que la matière est ce qui peut accueillir les contraires[3] et qu'elle constitue donc un être en puissance[4]. Il n'est guère plus étonnant qu'Aristote dise de la forme et de la privation[5] qu'elles sont en acte, puisqu'elles constituent les deux contraires dont la matière est en puissance. On retrouve là, du reste, une affirmation cruciale des livres centraux, qui décrivent la forme comme un acte[6]. Deux problèmes se

1. Selon A. Code (« Some Remarks », art. cit., p. 167-168), la structure ὁτὲ... ὁτέ signifierait que, *dans certains cas*, c'est l'être en puissance qui est cause, *dans d'autres*, l'être en acte, c'est-à-dire un principe externe. Cependant, cette interprétation paraît doublement incompatible avec la suite de l'argumentation. D'une part, les lignes a8-11 rapprochent l'acte et la puissance des principes immanents. D'autre part, c'est justement le cas du principe externe qu'Aristote analyse dans la seconde partie de son argument, en a11-17. Ce sont donc bien des principes immanents qui sont ici décrits. *Cf.* en ce sens S. Fazzo, *Commento*, *op. cit.*, p. 272.

2. Comme l'a montré S. Fazzo (*Commento*, *op. cit.*, p. 272), cette précision donne aussi l'occasion d'opérer une nouvelle réduction des principes et des causes.

3. Λ 2, 1069b14-15 ; Λ 4, 1070b12-13.

4. Λ 2, 1069b15-16, 19-20, 23, 28-29, 32.

5. La particule δέ, en effet, qui suit l'énoncé de la privation, pourrait faire penser que son cas s'oppose à celui introduit par μέν, à savoir l'ἐνέργεια. C'est d'ailleurs du côté de la puissance que le ps.-Alex. (*In Metaph.*, 682, 33) la range, tandis que Schwegler (*Die Metaphysik des Aristoteles*, *op. cit.*, p. 248) et Elders (*Aristotle's Theology*, *op. cit.*, p. 126-127) envisagent qu'elle constitue un cas mixte. Pourtant, Aristote ne décrit jamais la privation autrement qu'au sein du couple de contraires, de sorte que, si la forme est en acte, la privation l'est aussi. Pour résoudre cette difficulté, on peut envisager, comme on le suggère dans la traduction, qu'Aristote énonce ici un double balancement : l'un, général, qui oppose ce qui est en acte à ce qui est en puissance, l'autre, plus restreint, qui énumère deux cas d'êtres en acte : la forme et la privation.

6. *Cf.* par ex. *Metaph.* H 2, 1043a12-13, 19-20 ; H 3, 1043a30-31, 1043b1-2 ; H 6, 1045a23-25, 1045b17-19 ; Θ 8, 1050a4 *sq.*, 1050b2-3.

posent cependant, dont les solutions sont sans doute liées. D'une part, on peut éprouver de la difficulté à comprendre ce que vient faire le composé de matière et de forme au sein de cette liste de principes élémentaires. D'autre part, c'est l'allusion d'Aristote à l'éventualité de la séparation de la forme qui peut faire difficulté.

Selon Ross [1], cette allusion doit se comprendre en rapport aux réflexions de Λ 3 (1070a13-18), sur la possibilité que la forme existe en dehors des individus. On se souvient, néanmoins, qu'Aristote a conclu son examen en refusant que les formes soient réellement séparées du composé (1070a21-24) [2]. C'est pourquoi A. Code [3] propose une légère modification du passage, en corrigeant ἐάν (« si ») en κἄν (« même si »), de sorte qu'Aristote ne s'interrogerait pas ici sur l'éventualité d'une thèse qu'il a toujours rejetée, mais ferait plutôt allusion aux Formes platoniciennes, qui, dans l'hypothèse où elles existeraient, devraient se ranger du côté de l'acte. Cependant, l'inutilité des Idées, proclamée en Λ 3, 1070a26-30, rend peu probable qu'il en soit question ici. Une autre modification textuelle, mieux attestée (ms A^b) et plus conforme au contexte, consisterait à lire que la forme est en acte si la substance séparée existe (ἐὰν ᾖ τὸ χωριστόν) [4]. Cette *lectio facilior* pose toutefois le problème d'ôter toute raison au composé de matière et de forme de figurer ensuite dans cette liste.

On l'a dit : il semble étrange que le composé soit mêlé aux principes élémentaires. Si Aristote choisit de le faire figurer ici du côté de l'acte, c'est sans doute parce qu'il doit expliciter, en partie du moins, les modalités sous lesquelles la forme est en acte. Or, dans la mesure où elle ne peut être réellement séparée de la matière, c'est dans le composé uniquement que son actualité se manifeste. Si le changement est un passage de l'être en puissance à l'être en acte, ce n'est pas parce qu'il ferait succéder la forme à la matière, mais parce qu'il conduit à sa réalisation dans le substrat. Les deux problèmes énoncés plus haut trouvent peut-être ainsi leur solution. Pour expliquer que la forme soit en acte, Aristote choisirait d'évoquer les deux manières dont peut se traduire cette actualité : soit lorsque la forme est considérée en elle-même, en vertu d'une séparation qui ne peut

1. Ross, *Aristotle. Metaphysics*, *op. cit.*, vol. 2, p. 363.

2. Selon G. Aubry, *Dieu sans la puissance*, *op. cit.*, p. 159 et n. 1, ici commencerait justement à se manifester la différence entre la forme et l'acte, puisque la forme ne peut exister séparément de la matière et de la puissance.

3. A. Code, « Some Remarks », art. cit., p. 169-170.

4. Solution adoptée par Rutten et Stevens, *Métaphysique*, *op. cit.*, p. 1596, n. 15.

être qu'en pensée [1], soit lorsqu'elle se réalise dans la matière au sein du composé [2].

On remarquera que la description des êtres et de leurs éléments du point de vue de l'acte et de la puissance a pour effet de soulever la question des principes en termes d'actualisation : si les principes immanents d'un être autorisent à le décrire comme étant tantôt en puissance, tantôt en acte, se pose alors la question de savoir ce qui permet le passage d'un état à l'autre, ce qui préside à l'actualisation de la puissance. Cette description oriente donc l'enquête vers les principes externes, c'est-à-dire vers les causes motrices, dont la prochaine étape du raisonnement montre qu'elles sont, elles aussi, descriptibles en termes d'acte.

1071a11-17 : « Mais, en-acte et en-puissance [...] mais ses causes motrices. »

Aristote définit ici la seconde manière dont la puissance et l'acte peuvent constituer des principes, en vertu d'une relation qui traversent des individus numériquement multiples, de sorte que le principe en acte d'un être ne lui est pas immanent. Compte tenu de la division des notions de principe et de cause à laquelle Aristote a procédée en Λ 4 (1070b22 *sq.*), ce second mode d'existence et de principialité met nécessairement en jeu la notion de moteur et consistera à mettre en évidence, non seulement la convergence des notions d'acte et de cause motrice, mais, ce faisant, la manière ou les manières dont la cause motrice en acte d'un être se relie au principe matériel et potentiel de ce même être, la manière ou les manières dont elle en constitue un principe d'actualisation.

Ce cadre général du questionnement demande encore à être précisé. Aristote, en effet, n'évoque pas seulement le cas des choses qui ne partagent pas la même matière (ὧν μὴ ἔστιν ἡ αὐτὴ ὕλη), mais celui de choses qui diffèrent par la forme (ὧν οὐκ ἔστι τὸ αὐτὸ εἶδος). Le texte des

1. *Metaph.* H 1, 1042a28-29, par ex. Telle est l'interprétation du ps.-Alex. (*In Metaph.*, 683, 1-2) qu'on reprend ici. A. Code (« Some Remarks », art. cit., p. 169) estime qu'elle n'est pas appropriée au contexte. C'est toutefois la seule qui convienne aux formes aristotéliciennes, sans contradiction avec le corpus.

2. Ainsi s'expliquerait également cette bizarrerie qui veut que les deux exemples de privation concernent, pour l'un, la privation seule (« l'obscurité »), pour l'autre, le tout qu'elle forme avec la matière (« le malade »). Peut-être s'agit-il d'un rappel, certes rapide, de ce que les contraires doivent s'entendre en deux sens, soit en eux-mêmes, en vertu d'une séparation qui ne peut être que logique, soit réalisés dans un substrat. Selon Ross (*Aristotle. Metaphysics*, *op. cit.*, vol. 2, p. 363), κάμνον (« le malade ») aurait ici le double sens de « celui qui est malade » et « le fait d'être malade ».

mss est toutefois assez ambigu, puisqu'il énonce ces deux situations, mais sans les corréler clairement[1]. La question se pose donc de savoir comment Aristote souhaite articuler ces deux modes de diversité. Les exemples qui suivent permettent toutefois de s'en faire une idée, puisqu'Aristote mentionne, parmi les causes motrices de l'homme, à la fois son père et le Soleil, c'est-à-dire une cause motrice synonyme et une autre qui ne l'est pas. Du reste, la structure de l'argument tout entier, depuis 1071a6, suggère que la cible d'Aristote ici est double. C'est de la cause motrice qu'il est question à présent, en raison de la différence numérique (ou de matière) qui distingue le moteur de son mû. Mais la fin de Λ 4 (1070b30-34) a montré que, à cette différence numérique, pouvait parfois s'ajouter une différence spécifique, dans le cas de moteurs hiérarchiquement plus élevés. En d'autres termes, tout porte à croire qu'Aristote n'envisage ces deux différences numérique et spécifique, ni pour les cumuler, ni pour les coordonner sur un même plan, mais, conformément à la notion de cause motrice elle-même, pour inclure la seconde dans la première, à titre de spécification partielle. C'est pourquoi il semble raisonnable de suivre, comme nous le faisons ici, la conjecture légère de Ross, qui insère ἐνίων dans la seconde proposition, de sorte que la différence spécifique devient une particularité qui s'ajoute, dans le cas de *certains* moteurs seulement, à la différence numérique qu'ils connaissent déjà nécessairement[2].

Les causes de l'homme, énumérées en b13-17, doivent illustrer, sous l'angle de la puissance et de l'acte, ce partage des principes entre immanence et extériorité. Du côté de l'immanence, se rangent naturellement la

1. Certains ont donc introduit une coordination : <καὶ> ὧν selon Thémisius, <ἢ> ὧν selon Zeller. Cependant, comme l'a montré Ross (*Aristotle. Metaphysics*, *op. cit.*, vol. 2, p. 364), les deux négations qui structurent ces deux cas – μὴ dans le premier, οὐκ dans le second – indiquent qu'ils ne sont pas à mettre sur le même plan. C'est pourquoi la lecture la plus naturelle de ce passage conduit à corréler ces différences numérique et spécifique. Ce serait alors le cas de ce qui n'a pas la même matière *et dont* la forme diffère également qu'Aristote examinerait ici. C'est la lecture majoritaire, à laquelle se rallient Averroès (*Grand Commentaire*, *op. cit.*, p. 172), Thomas d'Aquin (§ 2481), ps.-Alex. (*In Metaph.*, 683, 25) et, plus récemment, S. Fazzo (*Il libro* Lambda, *op. cit.*, *ad loc.* et p. 263-264) et S. Alexandru (*Aristotle's* Metaphysics *Lambda*, *op. cit.*, *ad loc.*). A. Code (« Some Remarks », art. cit., p. 172) formule une autre hypothèse, en suivant la même leçon. Le passage montrerait que, tandis que la différence numérique entre un être et son moteur existe toujours, de sorte qu'ils ne partagent jamais la même matière, leur différence spécifique est appelée à disparaître, puisque c'est un être de même forme que le moteur synonyme doit engendrer. Cependant, le double exemple du père et du Soleil peut convaincre qu'il n'est question ni seulement des moteurs non-synonymes, ni seulement des moteurs de même forme.

2. Ross, *Aristotle. Metaphysics*, *op. cit.*, vol. 2, p. 364. Interprétation similaire d'Elders, *Aristotle's Theology*, *op. cit.*, p. 128.

matière de l'homme [1] et sa forme propre, c'est-à-dire celle de son espèce, la forme humaine. D'un autre côté, tout homme dépend, comme on vient de le voir, de deux causes génératrices : son père, qui est de même forme que l'engendré et qui rend compte de l'actualisation de cette forme dans la matière de ce dernier; puis, à l'autre extrémité – ou presque – de la chaîne des moteurs, le Soleil, dont le mouvement est cause de l'alternance de la génération et de la corruption dans la nature, selon que son parcours sur l'écliptique, c'est-à-dire sur le cercle oblique par rapport à l'équateur terrestre, le conduit à s'approcher ou à s'éloigner d'un point terrestre donné [2]. Dans ces deux derniers cas, l'acte désigne un principe capable d'actualiser de l'extérieur les potentialités de la matière. Cependant, dans le cas du Soleil, l'actualité qui est la sienne appartient à un moteur qui n'est pas de même forme que le mû (ὁμοειδὲς), de sorte que l'acte, s'il continue à désigner la nature du principe comme tel, nécessairement corrélé à la puissance de la chose, n'est à aucun égard ce que la chose en puissance est appelée à devenir [3] : l'homme dépend alors d'un principe et d'un acte qui ne lui ressemblent pas, mais dont la causalité est toutefois nécessaire à son engendrement et à son explication [4].

[III] *Examen de l'universalité des principes*

1071a17-18 : « En outre, il faut voir que certaines causes peuvent se dire de manière générale, d'autres non. »

Aristote entame ici un nouvel examen, centré sur la question de l'universalité ou de l'individualité des principes et des causes. Plusieurs motifs peuvent expliquer ce questionnement. On se souvient qu'Aristote, au début de Λ 4 (1070a31-33), a partiellement structuré sa réponse au problème de l'identité des principes autour de cette question : s'il était alors envisageable de dire que les principes sont identiques pour toutes, choses, c'était à condition qu'on parle en général (καθόλου) et (c'est-

1. Les « éléments » désignent ici soit les corps simples uniquement – selon l'acception habituelle du terme – soit la forme également – conformément à la logique du passage (*cf.* Ross, *Aristotle. Metaphysics*, *op. cit.*, vol. 2, p. 364).

2. *Cf.* Λ 6,1072a9-16, *GC* II 10, 336a15-b18 et aussi *Phys.* II 2, 194b13 : « ἄνθρωπος γὰρ ἄνθρωπον γεννᾷ καὶ ἥλιος ».

3. *Cf.* S. Menn, *The Aim*, IIIβ1, p. 37.

4. Cette allusion au Soleil et à son mouvement sur l'écliptique constitue une nouvelle anticipation d'Aristote sur les développements de Λ 6-7 (*cf.* S. Fazzo, *Commento*, *op. cit.*, p. 273), ce qui suggère que l'étude des principes et des causes des substances sensibles atteint progressivement un terme et demande à se poursuivre sur un autre plan, à travers l'examen des substances immobiles.

à-dire) par analogie. Il semble donc compréhensible que la possibilité d'exprimer de manière universelle les principes et les causes des êtres refasse ici surface, maintenant que les différentes formes de l'identité analogique des principes ont toutes été étudiées. Du reste, cette question, qui fait l'objet de la 12ᵉ aporie[1], est au cœur du problème de Λ 4-5, puisque l'universalité des principes garantit leur identité, tandis que leur individualité semble les condamner à la différence. C'est pourquoi Aristote doit ici répondre à la question du statut ontologique des principes, tout en évitant de compromettre l'intelligibilité des choses et la possibilité de la science, dont la 12ᵉ aporie montre qu'elles requièrent une forme d'universalité.

Pour l'heure, c'est une universalité nuancée qu'Aristote affirme ici et qu'il limite doublement. D'une part, il ne s'agit pas d'admettre la possibilité que des causes universelles existent, mais, plus simplement que certaines puissent se dire de manière universelle. En d'autres termes, Aristote affirme ici la possibilité, non pas que certaines causes soient des réalités proprement universelles, mais qu'elles puissent être exprimées à travers un aspect qui autorise à les attribuer à plusieurs êtres. D'autre part, il limite encore cette universalité, en opérant un partage entre certains cas pour lesquels cette formulation universelle est acceptable, et d'autres pour lesquels on ne peut l'admettre. Il y a deux façons de comprendre cette distinction. *A priori* elle semble indiquer un partage entre deux sortes d'entités, entre, par exemple, la forme et la matière, qui selon Elders[2], pourraient se prêter à une formulation générale, et le moteur qui ne pourrait jamais s'affirmer universellement. On pourrait aussi envisager qu'il s'agisse, pour Aristote, de souligner la différence entre les causes motrices premières qui, tels le soleil ou le Premier Moteur, s'appliquent à plusieurs choses, et les causes prochaines dont la validité est toujours particulière. Néanmoins, la suite du passage et les exemples mobilisés en 1071a20-24 indiquent qu'il est préférable d'opter pour une autre interprétation, selon laquelle ce sont toutes les causes qui peuvent se prêter à cette formulation générale, selon qu'on exprime la réalité individuelle qui est véritablement cause – Pélée – ou qu'on en indique le genre – l'homme[3].

1. Voir le commentaire à Λ 4, 1070a31-33, p. 161.
2. L. Elders, *Aristotle's Theology*, *op. cit.*, p. 131.
3. *Cf.* par exemple Ross, *Aristotle. Metaphysics*, *op. cit.*, vol. 2, p. 365 ou A. Code, « Some Remarks », art. cit., p. 173.

1071a18-19 : « Les premiers principes de toutes choses sont donc ce qui, en premier, est en acte telle chose déterminée et quelque chose d'autre qui l'est en puissance. »

Quelle que soit la possibilité de désigner les causes par leurs caractéristiques générales, c'est l'individualité des principes qu'Aristote souhaite souligner. C'est pourquoi il affirme ici que tous les êtres procèdent de causes premières, c'est-à-dire prochaines, qui sont chacune, soit en acte, soit en puissance, la réalité déterminée dont elles sont les causes. Dans le cas de la puissance, il s'agit évidemment du principe matériel. Dans le cas de l'acte, on peut hésiter entre deux termes dont Aristote a montré[1] qu'ils sont en acte et constituent une réalité déterminée (τοδί ou τόδε τι)[2] : la forme et le moteur. Toutefois, la mention de la primauté de ce principe actuel (πρῶτον) suggère que c'est de la cause motrice qu'il s'agit, puisqu'Aristote souligne, en Λ 3, qu'elle préexiste au composé, tandis que la cause formelle lui est simultanée[3]. Il est clair, cependant, que toute référence à la cause formelle n'est pas exclue, puisque c'est du moteur synonyme qu'il est question, c'est-à-dire du seul qui soit en acte ce que la matière de l'engendré est appelée à devenir.

1071a19-24 : « Ces causes ne sont donc pas des universels, [...] le "B" en général est principe de "BA" dans l'absolu. »

On pourrait hésiter sur l'objet réel de la négation qui ouvre le passage. Le texte grec présente, en effet, une formulation ambiguë, dont le sens peut tout aussi bien être prédicatif, (« ces causes ne sont donc pas des universels »)[4] qu'existentiel (« ces universels [*sc.* platoniciens] n'existent donc pas »)[5]. Toutefois, A. Code[6] a probablement raison d'estimer que ce dernier sens est passablement hors de propos, puisqu'il ne semble pas que ce soit l'objet de ce texte, ni même vraiment de Λ, de discuter de l'existence des universels platoniciens, mais plutôt de leur inutilité causale. Du reste, on comprend assez que l'affirmation précédente, concernant

1. Λ 5, 1071a8 *sq.*
2. Λ 3, 1070a11.
3. Λ 3, 1070a21-26. En outre, A. Code (« Some Remarks », art. cit., p. 174) note que les exemples qui suivent sont ceux du père et de la lettre, c'est-à-dire de la cause efficiente et de la matière.
4. En ce sens, *cf.* Ross, *Aristotle. Metaphysics*, *op. cit.*, vol. 2, p. 365 ; A. Code, « Some Remarks », art. cit., p. 174-175 ; S. Menn, *The Aim*, IIIβ1, p. 37, n. 72.
5. Traduction adoptée par Tricot, *Aristote Métaphysique*, vol. 2, *op. cit.*, p. 165 ; A. Jaulin, M.-P. Duminil, *Aristote. Métaphysique*, *op. cit.*, p. 387 ; S. Fazzo, *Il libro* Lambda, *op. cit.*, p. 180.
6. A. Code, « Some Remarks », art. cit., p. 175.

la particularité des causes prochaines, autorise Aristote à conclure que ces causes, qu'on peut certes bien formuler de manière générale, ne sont pas elles-mêmes des réalités proprement universelles[1]. Le refus de l'universalité s'accompagne ici d'une justification qui repose sur un principe d'homogénéité entre les causes et leurs effets. Des individus ont nécessairement pour causes, motrices ou élémentaires, d'autres individus, tandis que les causes universelles ne peuvent être causes que de réalités elles-mêmes universelles. Mais, puisque rien n'est une réalité universelle, puisqu'aucun homme n'est l'homme en général, c'est donc que les causes ne le sont pas non plus.

[IV] *Diversité générique et numérique des principes*

1071a24-27 : « Ensuite, s'il est vrai que les causes [...] à moins que ce ne soit par analogie. »

Pris dans sa globalité, le sens de ce nouvel argument est relativement clair : il s'agit de rappeler la diversité générique des principes[2] que seule l'analogie parvient à unifier[3]. Le passage exprime toutefois une nouveauté, en proposant une confrontation entre deux motifs distincts

1. Autre problème : Christ hésite sur la place de cette proposition, introduite par un μέν auquel aucun δέ ne fait suite, et la déplace en 1071a18, à la suite du partage entre les causes qui peuvent se dire de manière générale et celles qui ne le peuvent pas. Il corrige alors le δή de 1071a18 en δέ. Mais, dans ce cas, on ne comprend pas ce qui, dans ce partage, autorise à conclure (« donc », οὖν) que les causes ne sont pas des universels, alors même qu'on viendrait d'admettre la possibilité d'en exprimer certaines universellement.

2. La formule ὥσπερ ἐλέχθη fait vraisemblablement référence, non à l'établissement de l'identité focale des principes, en Λ 5, 1070b36-1071a3, mais à leur diversité générique, en Λ 4, 1070b19-21. *Cf.* en ce sens Ross, *Aristotle. Metaphysics*, *op. cit.*, vol. 2, p. 366.

3. Le passage s'ouvre sur une difficulté textuelle. En 1071a24, la tradition manuscrite transmet deux leçons : soit εἴδη (mss J[2]A[b]MC et sans doute également le ms E ; voir, à ce sujet, S. Fazzo, *Il libro* Lambda, *op. cit.*, p. 265 et S. Alexandru, *Aristotle's* Metaphysics *Lambda*, *op. cit.*, p. 132), soit ἤδη (avec les mss E[pc]J). La première leçon paraît inappropriée. Il y aurait une dissymétrie entre l'affirmation, à la fin du passage, de la diversité générique de *toutes* les causes et l'énoncé, au début de ce même passage, de la causalité des formes uniquement. La seconde leçon ne présente pas cette difficulté. Jaeger propose : « ἔπειτα, ἤδη τὰ τῶν οὐσιῶν (ἄλλα δὲ ἄλλων) αἴτια καὶ στοιχεῖα, ὥσπερ ἐλέχθη, τῶν μὴ ἐν ταὐτῷ γένει, χρωμάτων ψόφων οὐσιῶν ποσότητος, πλὴν τῷ ἀνάλογον ». Il s'agirait de dire que les causes et les éléments des substances sont déjà, en vertu de la priorité de la substance, des causes de choses qui diffèrent par le genre. S. Alexandru (*Aristotle's* Metaphysics *Lambda*, *op. cit.*, p. 131) rappelle toutefois que la leçon ἤδη est faiblement attestée et grammaticalement peu probable. Il semble donc raisonnable de souscrire à la correction de Rolfes (*Aristotelische Metaphysik übersetzt und mit einer Einleitung und erklärenden Anmerkungen versehen*, Leipzig, Duerr'schen Buchhandlung, 1904, vol. 3, *ad loc.*) qui propose de lire εἰ δή. En sous-entendant πάντων (*cf.* Λ 5, 1070b36-1071a2), on comprend donc qu'Aristote rappelle ici que les causes des substances sont les causes de toutes choses.

d'identité, qu'Aristote a toujours envisagés séparément, à savoir l'identité focale des principes et leur identité analogique. Plus précisément, il s'agit de montrer que l'identité focale des principes ne dispense pas d'avoir recours à l'analogie pour les unifier, en raison de la diversité des sens de l'être. La cause d'une substance est aussi la cause des autres catégories dont cette substance est le sujet. Il n'en demeure pas moins que la forme ou la matière d'une couleur ne sont pas celles de la substance qui en est affectée, sans quoi c'est la multiplicité des sens de l'être qu'on serait contraint de nier, alors même que l'identité focale des principes repose sur elle. Bien qu'il n'insiste pas sur ce point, Aristote semble ici dégager un sens inédit de la causalité, puisque la priorité de la substance et sa fonction de sujet permettent d'attribuer aux causes de la substance, à l'égard de ses propriétés, une causalité qui ne se ramène à aucun des sens déjà répertoriés de la cause, une causalité « focale » qui rend compte de l'existence des propriétés, sans en être ni la forme (ou la privation), ni la matière, ni la cause efficiente.

Reste à déterminer la fonction de cette remarque. Ce passage s'apparente à un questionnement subsidiaire, dans lequel Aristote, alors que tous les modes d'identité ont dorénavant été établis, s'interroge sur les rapports qu'entretiennent ces différents modes. On peut toutefois y voir le prolongement du questionnement précédent sur l'universalité des principes, unversalité qu'Aristote continuerait à limiter[1], en rappelant ici la diversité des genres de l'être, de même qu'il mobilisera plus loin, la diversité numérique, par laquelle il réaffirmera, sous un autre angle, l'individualité des principes établie plus haut.

1071a27-29 : « Pour les choses qui appartiennent à la même espèce [...] dans leur définition générale. »

Après avoir envisagé des êtres et des principes qui diffèrent par le genre, il semble normal qu'Aristote poursuive en se penchant ici sur ceux qui n'en diffèrent pas. Toutefois, il semble sauter une étape, en posant la question de ce qui appartient à la même espèce[2], de sorte que la différence qui sépare ici les principes est uniquement numérique. Le saut s'explique peut-être parce que l'identité générique d'êtres et de principes d'espèces

1. Selon la suggestion du ps.-Alex., *In Metaph.*, 684, 20 *sq.* et de Thomas d'Aquin, § 2483.

2. Contrairement à Ross (*Aristotle. Metaphysics*, *op. cit.*, vol. 2, p. 366), pour qui εἶδος est ici synonyme de γένος. De fait, c'est bien sous la même espèce humaine que se rangent les exemples mentionnés ici.

différentes n'est pas fondamentalement distincte de celle qui concerne le niveau de l'espèce, tandis que la question de la diversité numérique s'avère nettement plus pertinente, au regard des enjeux de Λ 4-5. Elle prolonge, en effet, l'affirmation de l'individualité des principes (1071a19-24), en même temps qu'elle en exprime une diversité qui, en dépit de l'analogie ou de la priorité de la substance (et à l'exception du Premier Moteur), s'avère irréductible, si bien qu'Aristote l'explicitera à nouveau à la fin du chapitre (1071a36-b1).

L'objet général du passage est donc clair : des êtres qui appartiennent à la même espèce procèdent de principes dont la définition est la même, qui peuvent ainsi s'exprimer de manière universelle, mais qui diffèrent toutefois en raison de l'individualité de ces êtres, c'est-à-dire de manière numérique [1]. Ce sont les exemples qui posent ici problème et, plus précisément, la possibilité d'appliquer à tous la diversité numérique que le passage met en évidence. On touche au délicat problème de l'individualité des formes, dont ce texte précisément serait, pour certains, l'un des indices les plus probants. Aristote, en effet, illustre ici la manière dont l'individualité d'un être rejaillit sur ses principes : de même que deux hommes ne partagent pas la même matière, de même que (à condition de ne pas être frères) leurs moteurs respectifs sont différents en nombre, de même leurs formes paraissent devoir être soumises au même raisonnement, si bien que chacun possèderait une forme spécifiquement identique à celle de tous les autres membres de l'espèce humaine, mais numériquement distincte [2].

En un sens, cette thèse paraît la plus indiquée, pour des raisons qui tiennent à la fois aux orientations de la métaphysique aristotélicienne et au contexte du passage. D'un côté, en effet, elle semble la seule compatible avec le refus de la substantialité des universels [3]. De l'autre, elle semble naturellement prolonger l'affirmation de l'individualité des principes, en l'élargissant à une autre cause prochaine. C'est pourquoi il semble nécessaire à beaucoup (anciens et modernes) [4] d'élargir le contraste

1. *Cf.* Δ 6, 1016b32-33 et Δ 9, 1018a5 *sq.* pour la distinction entre unité ou identité numériques et unité ou identité spécifiques.

2. Ce ne serait pas à la singularité de chaque forme qu'il faudrait conclure, c'est-à-dire à la possibilité que chacune présente des caractéristiques singulières, mais à son individualité.

3. *Cf.* essentiellement Z 13 et aussi Z 16, 1040b23-27, 1041a3-5. C'est aussi, selon certains, ce que doit indiquer la description de la forme en termes de τόδε τι. Cependant, voir sur ce point le commentaire à Λ 3, 1070a12, p. 144-145.

4. *Cf.* par ex. Thémistius (*Paraphrase*, *op. cit.*, p. 71), ps.-Alex. (*In Metaph.*, 684, 21-24), Thomas d'Aquin (§ 2483), Ross (*Aristotle. Metaphysics*, *op. cit.*, vol. 2, p. 366), Elders (*Aristotle's Theology*, *op. cit.*, p. 134), E. Hartman (*Substance, Body, and Soul. Aristotelian

qu'Aristote explicite ici clairement au moyen des deux possessifs, entre *ma* matière et *ta* matière, au cas de tous les autres principes cités [1].

Le texte, cependant, n'est pas si explicite [2]. Du reste, on voit mal sur quoi pourrait reposer la multiplicité numérique des formes. Car c'est la matière le fondement ordinaire de la différence numérique; c'est par leur matière que les êtres sont des individus distincts de tous les autres [3]. Considérée en elle-même, c'est-à-dire indépendamment de toute matière, la forme devrait donc être un universel. Ce serait pourquoi, selon certains interprètes, Aristote réserverait ici les indices de la différence numérique au cas de la matière [4], afin de montrer que les principes diffèrent selon les individus, non pas en ce que chacun serait individuel, mais plutôt en ce que l'ensemble qu'ils composent est chaque fois différent, puisqu'un ou deux d'entre eux varient [5].

C'est donc à un véritable dilemme qu'on se trouve ici confronté. Il est clair que la thèse de l'individualité des formes pose des problèmes à la fois doctrinaux et textuels. Mais il est tout aussi clair qu'Aristote n'a vraisemblablement pas ici pour unique but de souligner la différence des matières, sans quoi il ne mobiliserait pas également l'exemple du moteur, de sorte que la distribution parcimonieuse des possessifs n'est

Investigations, Princeton, Princeton University Press, 1977, p. 63), J. Whiting (« Form and Individuation in Aristotle », art. cit., p. 370), T. Irwin (*Aristotle's First Principles*, Oxford, Clarendon Press, 1988, p. 243), M. Frede et G. Patzig, *Aristoteles Metaphysik Z : Text, Übersetzung und Kommentar*, *op. cit.*, vol. 1, p. 52), M. Frede (« Introduction », art. cit., p. 26), M. Zingano (« Individuals, Form and Movement : from Lambda to Z-H », art. cit., p. 152).

1. C'est pourquoi les traducteurs généralisent, le plus souvent, l'emploi du possessif.

2. D. Konstan et I. Ramelli ont montré que les adjectifs possessifs se prêtaient mal à cette généralisation, puisqu'Aristote, s'il avait voulu indiquer que tous les principes étaient soumis à la différence numérique, aurait dû écrire non pas ἡ ἐμή (« la mienne », c'est-à-dire *ma* matière), mais τὰ ἐμά (« les miens », c'est-à-dire *mes* principes). Voir « Aristotle and Individual Forms : the Grammar of the Possessive Pronouns at *Metaphysics* Λ, 5, 1071a27-29 », *The Classical Quarterly* 56, 2006, p. 109-111.

3. Cf. *Metaph.* Δ 6, 1016b32 ; Δ 9, 1018a5-6 pour la définition de l'identité ou de l'unité numériques en lien avec la matière. On trouve la même chose dans le livre Λ lui-même, au chapitre 8, 1074a32-33. Z 8, 1034a5-8 est le *locus classicus* des partisans de l'universalité des formes : Socrate et Callias diffèrent par leur matière, mais sont identiques par leur forme, qui est indivisible. Mais voir C. Cerami, *Génération et Substance*, *op. cit.*, p. 208.

4. Voir, par exemple, R. Albritton, « Forms of Particular Substances in Aristlotle's *Metaphysics* », *Journal of Philosophy* 54, 1957, p. 700-701 ; J. H. Lesher, « Aristotle on Form, Substance, and Universals : a Dilemma », *Phronesis* 16, 1971, p. 174 ; D. K. Modrak, « Forms, Types, and Tokens in Aristotle's *Metaphysics* », *Journal of History of Philosophy* 17, 1979, p. 376-377.

5. Suggestion de M. J. Loux (*Primary Ousia. An Essay on Aristotle's Metaphysics Z and H*, *op. cit.*, p. 233-234) ou d'A. Code (« Some Remarks », art. cit., p. 178).

sans doute pas un indice définitif. Du reste, et même si la forme n'est pas explicitement mentionnée, on voit mal comment son universalité s'avérerait compatible avec l'affirmation de l'individualité des principes des individus. C'est donc qu'il faut chercher une troisième voie, à partir de la singularité de la conception aristotélicienne de la forme : son immanence [1]. Car la forme n'existe jamais indépendamment d'une matière et ne préexiste pas à la substance composée. En un sens donc, la question de son individualité ou de son universalité est une question, sinon sans objet, à tout le moins qui requiert d'être posée dans des termes particuliers, distincts de ceux dans lesquels se pose le problème des universels platoniciens qui sont indépendants des individus. Et c'est peut-être pourquoi la forme aristotélicienne peut être à la fois universelle et individuelle : elle est universelle, puisqu'elle ne diffère pas d'un individu à l'autre et ne contient en elle-même rien qui puisse fonder une multiplicité. Mais elle est aussi individualisée par son appartenance à un individu, par son existence dans telle ou telle matière [2], de sorte qu'elle est ainsi particulière à chacun. C'est peut-être pourquoi Aristote l'inclut ici, parmi les exemples exprimant la différence numérique des principes, sans toutefois insister sur l'individualité propre et par soi de la forme.

[V] *Bilan de Λ 4-5*

1071a29-b1 : « Quant à rechercher quels sont les principes ou les éléments des substances, [...] en outre, les matières aussi sont différentes. »

Le chapitre se referme sur un résumé des différents acquis de la discussion. Ce résumé débute ici par un rappel du problème qu'Aristote examine depuis Λ 4, dans des termes assez fidèles à ceux par lesquels il a ouvert l'enquête. On y retrouve notamment le couple conceptuel que forment les notions de principe et d'élément. Une nuance indique toutefois que cette fin de Λ 5 tient compte des avancées de la recherche. D'une part, la disjonction qui relie les principes et les éléments suggère qu'ils ne sont pas équivalents ; d'autre part, la suite du résumé se focalisera

1. Voir, en particulier, M. L. Gill (« Individuals and Individuation in Aristotle », art. cit., p. 69) et G. Galluzzo (« Universals in Aristotle's *Metaphysics* », art. cit., p. 209-231, 240-242). *Cf.* également K. F. Johansen, « The Aristotelian Form : Particular or Universal ? », Copenhague, Det Kongelige Danske Videnskabernes Selskab, 2008, p. 17-37 et S. Fazzo, *Commento*, *op. cit.*, p. 138, 274-265.

2. S. Fazzo, *ibid.*, p. 138, exprime cela de manière très claire : le texte ne poserait pas la différence entre *ma* forme et *ta* forme, mais entre la forme *en moi* et la forme *en toi*.

exclusivement sur les notions plus vastes de principe et de cause[1]. Quant au rappel de la thèse principale, il est lui aussi conforme à ce qu'Aristote a annoncé au début de Λ 4 et développé ensuite : les principes sont à la fois les mêmes et différents, selon les points de vue qu'on adopte sur eux.

Les raisons de cette différence tiennent à la multiplicité des sens selon lesquels les principes se disent[2]. Si les principes d'êtres de catégories différentes sont eux-mêmes différents, c'est précisément parce qu'ils peuvent s'attribuer, en des sens distincts, à chacune de ces catégories, de sorte que, si l'on tient compte de ces multiples attributions en les distinguant les unes des autres, on devra conclure à leur diversité. En d'autres termes, c'est l'un des aspects de la *pars destruens* de Λ 4 (1070a35-b10) qu'Aristote rappelle ici, au terme de laquelle il avait conclu que, en raison de la multiplicité irréductible des genres de l'être, les principes de toutes les choses ne pouvaient être identiques.

Le résumé des différents modes d'identité des principes (a33-36) est globalement conforme aux démonstrations des chapitres 4-5. Aristote mentionne donc, en premier lieu, l'analogie en vertu de laquelle toutes les rubriques de la causalité sont identiques[3]. Toutefois, ni l'acte ni la puissance, auxquels Aristote a consacré de longues remarques (Λ 5, 1071a3-17), ne sont repris dans ce rappel, sans doute parce qu'ils désignent plus des modes d'être des principes déjà nommés que des réalités à part entière. Ce ne sera donc qu'au sujet du Premier Moteur, qui s'identifie tout entier à l'actualité, que cette dernière sera nommée. En second lieu, Aristote rappelle l'identité focale des principes en exprimant peut-être (« comme », ὡς)[4] l'embarras qu'il éprouve à définir le type de causalité

1. C'est la notion de cause qu'Aristote mobilise en 1071a34. En outre, M. Crubellier (« *Metaphysics* Λ 4 », art. cit., p. 143) a montré que le féminin « αἱ αὐταὶ ἢ ἕτεραι », en 1070a31, indique qu'Aristote substitue les principes aux éléments. Enfin, il est probable que le neutre, employé dans ce passage, ne doive pas se comprendre en référence aux στοικεῖα, mais aux αἴτια.

2. Le passage est toutefois elliptique. Ross (*Aristotle. Metaphysics*, *op. cit.*, vol. 2, p. 366) sous-entend donc ταὐτά dans le passage et fait l'hypothèse qu'Aristote énonce un contraste entre la diversité des principes, qui résulte de la distinction de ces multiples sens, et l'identité des principes, lorsqu'on ne distingue pas entre ces sens. Le passage semble alors anticiper sur la suite. En outre, il est délicat de faire de la multiplicité de sens des principes le fondement de leur identité. C'est de l'inverse que cela est habituellement le signe. On suit donc ici la construction du passage, proposée par M. Crubellier (« *Metaphysics* Λ 4 », art. cit., p. 137, n. 2).

3. *Cf.* Λ 4, 1070b17-19, 1070b25-26.

4. P. Aubenque (*Le Problème de l'être chez Aristote*, *op. cit.*, p. 401-402) interprète différemment cette nuance, dans laquelle il voit le signe de l'impossible unité ontologique du monde : les causes de la substance ne seraient pas les causes des autres êtres, mais il faudrait faire *comme si* c'était le cas.

des principes des substances à l'égard de ses accidents et qui ressort de la confrontation qu'il a menée plus haut (1071a24-27) entre l'identité focale et l'identité par analogie. Enfin, il mobilise, tel un cas à part, l'identité particulière, c'est-à-dire numérique et donc absolue, du moteur premier de toutes choses, qu'il désigne ici par le concept d'entéléchie. Cette description n'est ni incompréhensible, ni inhabituelle. En Λ 8 (1074a36) également Aristote désignera le Premier Moteur comme une entéléchie. Plus globalement, c'est la correspondance, établie plus haut, entre l'acte et le moteur qui autorise à voir, dans la cause motrice première, un être premier en entéléchie. Le concept d'entéléchie, en effet, est voisin de celui de l'acte [1]. Au sens strict, l'entéléchie exprime, non pas l'acte ou l'activité, mais l'accomplissement de celui qui a atteint sa fin (ἐν τέλος ἔχειν) [2]. Les deux concepts se recoupent toutefois en partie, dans la mesure, d'une part, où l'entéléchie désigne l'actualité acquise d'un être et où, d'autre part, elle n'exclut pas l'exercice d'une activité [3]. En désignant le Premier Moteur comme ce qui est premier en entéléchie, Aristote tire donc les conséquences de l'attribution de l'acte à la cause motrice, en même temps qu'il anticipe sur les démonstrations à venir, qui établiront la pure actualité du Premier Moteur. Par cette désignation, il ramasse également en un seul terme les deux manières que le Premier Moteur a d'être en acte, en suggérant à la fois qu'il est accompli et qu'il mène une activité.

À la fin du passage (a36-b1) Aristote énonce la diversité qui concerne les causes ou les principes premiers, c'est-à-dire prochains, qui se tiennent au plus près de la diversité des êtres eux-mêmes. Il ne répète pas la différence générique des êtres et des principes, mais se concentre sur des modes inférieurs, mais non moins radicaux, de diversité. À travers l'exemple de la matière, il vise donc la différence numérique des principes. Quant aux contraires, il en énonce une diversité moins explicite, infra-générique toutefois. Il peut alors s'agir soit d'une diversité qui se manifesterait à un niveau qu'Aristote a abordé plus haut, à savoir celui de l'espèce, soit, plus probablement, puisqu'il s'agit des causes prochaines, d'une diversité liée,

1. *Metaph.* Θ 8, 1050a21-23.

2. Pour cette étymologie supposée de ce néologisme aristotélicien, *cf.* K. Von Fritz, *Philosophie und sprachlicher Ausdruck bei Demokrit, Plato und Aristoteles*, New York, Leipzig, Paris, London, G. E. Stechert, 1938, p. 66. Voir plus généralement M. R. Johnson, *Aristotle's Teleology*, Oxford, Oxford University Press, 2005, p. 88-90 qui insiste sur la différence entre l'ἐνέργεια et l'ἐντελέχεια.

3. Voir les deux sens de l'entéléchie, en *DA* II 5, 417a21-b2 : l'entéléchie première correspond au savant qui possède la science sans l'exercer, tandis que l'entéléchie seconde convient au savant en train de contempler et signifie donc une activité.

elle aussi, à la multiplicité des individus[1]. Dans ce dernier cas, on peut comprendre qu'Aristote exprime en deux temps distincts, et de manière un peu détournée, la diversité des contraires et celle de la matière, puisque l'une est par soi, l'autre relative.

[VI] *Bilan de Λ 2-5*

1071b1-2 : « On a donc dit quels sont les principes des choses sensibles, combien ils sont, comment ils sont les mêmes et comment ils diffèrent. »

Aristote referme ici non pas seulement l'enquête de Λ 4-5, dédiée à l'identité des principes de toutes choses – substances et accidents –, mais aussi celle qui, depuis Λ 2, s'attache à déterminer la nature et le nombre des principes et des causes des substances sensibles[2]. Si rien n'indique ici que cette étude revêt un caractère instrumental, au regard des objectifs scientifiques du livre Λ, il est toutefois clair que l'enquête a atteint un terme et qu'elle doit dorénavant se poursuivre au plan des substances immobiles, conformément au programme d'étude exposé en Λ 1, conformément aussi aux diverses anticipations qui, dans les deux derniers chapitres, ont montré la nécessité de subordonner les substances sensibles à des principes métaphysiques.

1. *Cf.* en ce sens Alexandre d'Aphrodise (*ap.* Averroès, *Grand Commentaire*, *op. cit.*, p. 185) et Ross (*Aristotle. Metaphysics*, *op. cit.*, vol. 2, p. 367).
2. *Cf.* Alexandre d'Aphrodise, *ap.* Averroès, *Grand Commentaire*, *op. cit.*, p. 187.

Commentaire au chapitre 6

Résumé du chapitre

Λ *6 marque le début de l'examen des substances immobiles.* [I] *Après un rappel du programme présenté en* Λ *1, Aristote annonce l'objectif du chapitre (et d'une partie du suivant) : prouver l'existence d'au moins une substance immobile éternelle (1071b3-5). Pour ce faire,* [II] *il commence par montrer l'éternité du mouvement local circulaire (1071b5-11),* [III. 1] *puis passe à l'analyse de sa cause motrice, dont il établit en premier lieu qu'elle doit être en acte (1071b12-17),* [III. 2] *puis, qu'elle doit être purement actuelle, de quoi découlent son éternité et son immatérialité (1071b17-22). Ces résultats le conduisent* [IV. 1] *à mentionner l'existence d'une aporie, relative au rapport d'antériorité et de postériorité de l'acte et de la puissance (1071b22-26). L'examen de cette aporie procédera successivement à la critique* [IV. 2] *de l'hypothèse d'une puissance primordiale (1071b26-31),* [IV. 3] *puis de celle d'un mouvement éternel, mais désordonné et sans cause (1071b31-1072a3),* [IV. 4] *avant de conclure à la priorité de l'acte et à l'impossibilité de l'engendrement du monde (1072a2-9).* [V] *Aussi Aristote s'attachera-t-il à préciser l'articulation des causes de permanence et de changement dans le monde, au sein d'un cycle perpétuel (1072a9-18).*

[I] *Nouvelle étape de la recherche : la substance immobile*

1071b3-5 : « Puisqu'il y a, […] substance éternelle immobile. »

Aristote annonce le nouveau volet de son enquête, en rappelant la tripartition des substances énoncée en Λ 1. Ici commence donc l'étude de la substance immobile, qui se poursuivra jusqu'à la première moitié du chapitre 10, et dont cette introduction donne l'occasion de formuler deux remarques. La première concerne le domaine de validité scientifique de l'enquête qui s'ouvre. Aristote souligne ici clairement la différence qui sépare les substances *naturelles*, dont il vient de traiter, de celle, *immobile*, vers laquelle il se tourne maintenant. Cela ne signifie pas que la science physique ne sera pas utile à l'étude qui s'annonce, puisque la substance immobile est un principe de mouvement. Cela signifie en revanche que, moins encore que précédemment, la physique ne pourra suffire à l'étude d'une substance étrangère au changement et dont la connaissance relève donc de la philosophie première.

Une seconde remarque concerne ce qu'on peut espérer apprendre dans ce nouveau volet de l'enquête. Le programme de recherche qu'Aristote énonce ici est conforme à la marche de la connaissance scientifique, qui doit commencer par établir le fait (ὅτι), avant d'en examiner le pourquoi (διότι). Peut-être est-ce en raison de cet ordre démonstratif qu'Aristote ne rappelle pas l'objet même du livre Λ – la recherche des principes et des causes des substances. Peut-être surtout est-ce là un signe de ce que la substance immobile est pour lui, contrairement aux académiciens, un principe ultime, qui ne peut donc répondre à d'autres principes. Dans tous les cas, il est clair que, en définissant cette substance immobile comme un principe ultime, Aristote donnera un accomplissement et un terme à l'étude des principes des substances sensibles qui, en Λ 4 (1070b34-35) et 5 (1071a35-36), a clairement indiqué que le premier moteur de toutes choses restait à étudier. L'examen qui s'ouvre se présente ainsi comme l'occasion d'un double progrès, en procédant à l'analyse d'une nouvelle sorte de substances et en procurant un achèvement à l'étude des causes des substances sensibles et de celles qui sont éternelles surtout [1].

[II] *Preuve de l'existence d'un mouvement éternel*

1071b5-6 : « En effet, les substances sont les premiers des êtres et si toutes sont corruptibles, toute chose est corruptible. »

La preuve de l'existence d'une substance immobile s'articule en deux temps qui démontrent, pour l'un, l'existence d'un mouvement éternel (1071b5-11), pour l'autre, celle d'une substance éternellement motrice et, pour cette raison, dépourvue de puissance (1071b12-22). Restera alors, dans le chapitre suivant, à déduire de ces modalités d'existence l'immobilité de la substance motrice première (Λ 7, 1072a24-26).

Pour l'heure, Aristote fonde la preuve de l'existence d'un mouvement éternel sur un rappel de la priorité de la substance. Le propos adapte au

1. Voir en ce sens M. Frede, « Introduction », art. cit., p. 27.

cas particulier de l'éternité le raisonnement qu'Aristote a tenu à l'entrée de Λ 5, 1070b36-1071a2 : parce que, de tous les sens de l'être, seules les substances existent séparément, rien d'éternel ne saurait exister, s'il n'y avait à son fondement une substance incorruptible. En lui-même, le raisonnement ne prouve rien encore, mais il indique une piste à suivre : établir l'incorruptibilité d'un être non-substantiel qui requiert l'existence d'une substance incorruptible. Contrairement aux apparences, la substance immobile n'est encore ici qu'indirectement concernée, puisque c'est du mouvement qu'Aristote va bientôt établir l'éternité. Ce sont donc les astres les substances incorruptibles qui en sont le sujet et dont l'examen trouve ici un nouveau départ qui précisera le type de mouvement local qu'elles réalisent, puis la nature de la cause motrice à laquelle elles s'ordonnent.

1071b6-9 : « Mais il n'est pas possible [...] s'il n'y a pas de temps. »

L'affirmation est double et remarquablement elliptique. Le passage s'appuie manifestement sur les résultats de *Phys.* VIII 1 [1], où l'impossibilité de l'engendrement et de la corruption du mouvement et du temps est longuement établie. Aristote y offre plusieurs arguments, qui consistent tous à montrer la contradiction qu'il y a à concevoir que le mouvement naisse ou périsse, puisqu'il existerait alors un mouvement antérieur au premier et postérieur au dernier [2]. Quant à l'éternité du temps, Aristote en réfère ici la preuve aux notions d'antériorité et de postériorité, mais sans en préciser clairement la fonction. *Phys.* VIII 1, à nouveau, aide à reconstituer l'argument. En 251b10-28, Aristote montre que le temps est éternel, puisque l'engendrement du temps ne peut être que dans l'instant, qui est un moyen terme entre le passé et le futur. Par suite, l'engendrement du temps ou sa destruction obligeraient à penser un

1. Plusieurs interprètes donnent d'ailleurs à l'imparfait ἦν de la ligne 1071b7 la valeur d'un renvoi à *Phys.* VIII 1 : *cf.* L. Elders, *Aristotle's Theology*, *op. cit.*, p. 139 ; E. Berti, « Unmoved Mover(s) », art. cit., p. 184 ; S. Fazzo, *Il libro* Lambda, *op. cit.*, p. 266.

2. *Phys.* VIII 1 offre au moins deux arguments en faveur de l'inengendrement du mouvement. 1) Du point de vue du mobile : si le mouvement est engendré, le mobile est soit engendré, soit éternel. Dans le premier cas, l'engendrement du mobile constitue un mouvement antérieur au premier mouvement ; dans le second cas, il est absurde que ce mobile éternel n'ait pas déjà été en mouvement. En tout cas, la cause qui l'a maintenu au repos a dû être abolie à un certain moment, ce qui constitue un mouvement (251a8-28). 2) Du point de vue de la relation entre le mobile et le moteur : l'engendrement du mouvement implique que le moteur et le mobile actualisent leur puissance, pour l'un active, pour l'autre, passive, ce qui constitue en soi un premier mouvement (251a28-b10). En 251b28-252a5, Aristote réfute la corruptibilité du mouvement, car elle implique que ce qui détruit le mouvement soit lui-même détruit, ce qui ne peut se faire que par un mouvement.

« avant » et un « après » le temps, alors même que ces deux notions n'ont de sens que par l'existence du temps lui-même. L'argument reproduit ainsi, au sujet du temps, le même raisonnement que celui qui a prouvé l'éternité du mouvement : l'hypothèse d'un engendrement ou d'une corruption du temps conduit à envisager qu'il y ait un temps antérieur au premier ou postérieur au dernier.

1071b9-11 : « Le mouvement est donc continu, [...] dans celui-ci, le mouvement circulaire. »

Comme en *Phys.* VIII 6, 259a15-18, Aristote déduit la continuité du mouvement de son éternité[1]. Contrairement à ce que suggère E. Berti[2], l'inférence n'est pas illégitime. Aristote ne s'appuie pas ici sur l'éternité établie plus haut pour affirmer la continuité de n'importe quel mouvement, mais il indique plutôt une condition de possibilité de cette éternité. Car il ne faudrait pas croire que la présence éternelle du mouvement dans le monde puisse se limiter à une succession ininterrompue de mouvements contigus. En *Phys.* VIII 6 (258b26-259a6), Aristote montre, en effet, que l'éternité *du* mouvement implique celle *d'un* mouvement continu, ou, pour le dire autrement, que des mouvements limités ne peuvent se succéder éternellement sans qu'un mouvement unique et éternel ne les enveloppe et n'assure, par sa propre continuité, la succession des mouvements, des naissances et des destructions.

L'affirmation de la continuité du mouvement s'accompagne de deux corollaires. Le premier prolonge la solidarité, introduite plus haut, entre le mouvement et le temps. Si le mouvement est continu, le temps l'est donc aussi, en vertu d'une relation qu'Aristote laisse ici indéterminée[3]. Dans tous les cas, s'il peut déduire la continuité du temps de celle du mouvement, c'est parce que le temps se réfère prioritairement, non à n'importe quel mouvement, mais au mouvement unique, éternel et continu qui en est

1. *Phys.* V 3, 226b20 *sq.* : sont continues deux choses dont les extrémités sont en contact, de sorte qu'elles finissent par ne plus en constituer qu'une seule.

2. « Unmoved Mover(s) as Efficient Cause(s) in *Metaphysics* Λ 6 », dans M. Frede, D. Charles (eds.), *Aristotle's* Metaphysics *Lambda*, *op. cit.*, p. 184.

3. E. Berti (« Unmoved Mover(s) », art. cit., p. 184) indique que l'hypothèse de l'identité du temps et du mouvement pourrait renvoyer à Platon (*cf.* Simplicius, *In Phys.*, 700, 18). Celle selon laquelle le temps est une affection (πάθος) du mouvement relève de la doctrine aristotélicienne et figure dans les mêmes termes en *Phys.* VIII 1, 251b28. Aristote ne précise pas ici la nature de cette affection, à savoir que le temps est le nombre du mouvement selon l'antérieur et le postérieur, (cf. *Phys.* IV, 11, 219b1-2).

la mesure[1]. Le second corollaire s'avère, quant à lui, indispensable à la démonstration. Car il est manifeste que tous les mouvements ne sont pas continus. La plupart d'entre eux, au contraires, sont limités par les opposés entre lesquels ils se réalisent et qui en déterminent l'arrêt[2]. Il n'y a, en réalité, qu'une seule sorte de mouvement qui puisse être continue : le mouvement local circulaire. Là non plus, Aristote ne prend pas la peine de justifier cette affirmation, dont on trouve une démonstration en *Phys.* VIII 8-9. Sur un cercle, en effet, tous les points sont indifféremment début, milieu et fin, de sorte que se mouvoir vers A revient au même que se mouvoir à partir de A. Aussi le mouvement, se poursuit-il, sans que le mobile ne s'arrête en aucun point du cercle qu'il parcourt[3].

À ce stade de la démonstration, le programme annoncé au début de Λ 6 a franchi une première étape. L'éternité du mouvement est bel et bien établie : le mouvement dans le monde n'a jamais fait et ne fera jamais défaut, car il existe à son fondement un mouvement unique, continu et éternel – le mouvement circulaire –, dont on comprend, en vertu de la priorité de la substance, qu'il est réalisé par des substances sensibles, dont l'éternité fait ici l'objet d'une nouvelle description, voire d'une nouvelle justification, qui vient compléter celle déjà fournie, en Λ 2. Reste à établir, sur cette base, l'existence d'une substance immobile qui soit la cause du mouvement circulaire éternel.

On aura noté le tour particulier de cette démonstration. Le ton y est abstrait, comme en *Phys.* VIII du reste, et n'identifie jamais le mouvement circulaire qu'il mentionne, ni les substances éternelles qui le réalisent (les astres). Cela s'explique, au moins partiellement, en raison du caractère elliptique du passage. Tout y est lapidaire. Aristote se contente de recueillir les résultats d'une enquête physique, dont on trouve l'exposé en *Phys.* VIII, mais sans en reformuler clairement les raisons[4]. Cela suggère à l'évidence qu'il tient tous ces points pour bien connus et bien établis, ce qui indique la postériorité de *Metaph.* Λ, sinon à *Phys.* VIII, du moins aux recherches et aux démonstrations dont *Phys.* VIII donne une

1. Cf. *Phys.* IV 14, 224a12-28. Même déduction en *GC* II 10, 337a22-24.

2. Telle est d'ailleurs, en *Phys.* VIII 2, la première objection à l'éternité du mouvement (252b9-12 et 252b28-253a2).

3. *Phys.* VIII 8, 264b9-265a12; 9, 265a27-b8. En *Phys.* VIII 9, Aristote ajoute que le mouvement circulaire est le premier des transports (265a13-27), le seul mouvement régulier (265b11-16) et la mesure de tous les mouvements (265b8-11).

4. Voir en ce sens J.-B. Gourinat, « Le premier moteur selon *Physique*, VIII et *Métaphysique*, Λ », art. cit., p. 184.

formulation développée [1]. Cela suggère également que, quelle que soit sa dette à l'égard des démonstrations de la science de la nature, l'étude de la substance immobile ne s'y résume en aucun cas. La physique conserve le rôle instrumental qu'elle a depuis Λ 2. Les résultats de la recherche physique sont mis au service d'un projet scientifique différent. *A fortiori*, dans l'optique de l'étude de la substance immobile, on comprend sans difficulté que l'attention d'Aristote ne se concentre pas sur les données de la science physique, qui ne sont ici convoquées que pour servir de tremplin à l'élaboration d'une connaissance proprement métaphysique.

[III. 1] *Preuve de l'existence d'une substance immobile : existence d'un moteur en acte*

1071b12-14 : « Mais, s'il existe quelque chose capable de mouvoir [...] ne l'actualise pas. »

De la preuve de l'existence d'un mouvement éternel et continu, Aristote passe ici à celle de sa cause motrice. Dans cette première étape, il établit par un raisonnement contrefactuel rapide que la cause motrice du mouvement éternel est nécessairement en acte. Le passage comporte deux éléments principaux. Le premier correspond au contenu de la protase, qui mentionne l'existence de quelque chose capable de mouvoir ou de produire le mouvement éternel. Aristote tient manifestement ce point pour acquis. Il s'agit pourtant du résultat d'une déduction à part entière, qui conclut de l'existence du mouvement éternel à celle de sa cause motrice [2], en vertu du principe qui joue un rôle capital dans la preuve de l'existence du moteur immobile en *Phys*. VII-VIII : « tout mû est nécessairement mû par quelque chose » [3]. Les deux démonstrations de ce principe, en *Phys*. VII 1 (241b35-242a49) et VIII 4, montrent que le moteur est toujours autre que le mobile, soit qu'il en constitue une partie, mais différente de celle qui est mue, soit qu'il s'agisse d'une réalité tout à fait extérieure. Ce principe est manifestement à l'œuvre ici et suggère que, dès ce stade, Aristote estime évidente l'existence d'un

1. En faveur de cette nuance, voir. M. Crubellier, « Premiers principes métaphysiques de la science de la nature : la démonstration de l'existence du moteur immobile de l'univers au huitième livre de la *Physique* », dans C. Cerami (éd.), *Nature et Sagesse. Les Rapports entre physique et métaphysique dans la tradition aristotélicienne. Recueil de textes en hommage à Pierre Pellegrin* (désormais cité *Nature et sagesse*), Louvain-la-Neuve, Peeters, 2014, p. 99.

2. Déduction dont on trouve une formulation plus explicite en *GC* II 10, 337a17-18.

3. *Phys*. VII 1, 241b34 : « Ἅπαν τὸ κινούμενον ὑπό τινος ἀνάγκη κινεῖσθαι ». Voir L. Elders, *Aristotle's Theology*, *op. cit*., p. 144.

moteur distinct des substances mues en cercle et qui constitue lui-même une substance, en vertu de la priorité de cette dernière. Il est toutefois remarquable qu'Aristote tienne pour acquis ce principe à l'établissement duquel il consacre de longues démonstrations en *Phys.* VII et VIII, afin de mieux se concentrer sur un point que les recherches physiques n'ont jamais permis de traiter, à savoir les conditions de la motricité, et donc de la principialité, de la cause motrice du mouvement éternel.

C'est toutefois pour une autre raison que cette formule « quelque chose capable de mouvoir ou de produire » (κινητικὸν ἢ ποιητικόν [...] τι, 1071b12-13) a été abondamment commentée par les interprètes. E. Berti a proposé d'y voir le signe de la causalité efficiente de la substance immobile[1]. L'observation repose sur trois indices : (1) le suffixe -ικόν qui exprimerait l'efficience, (2) l'adjectif ποιητικόν qui, en *GC* I 7, 324b13-14, désigne la cause efficiente, (3) l'existence d'une occurrence parallèle à cette formule en Λ 10 (ποιητικὸν καὶ κινητικόν, 1075b31), où la conjonction καί suggérerait, selon Berti, que la disjonction (ἤ) de Λ 6 ne serait pas à prendre au sens fort. La cause du mouvement éternel ne serait donc pas *soit* susceptible de mouvoir, *soit* susceptible de produire le mouvement, mais les deux et constituerait, à ce titre, une cause efficiente, plutôt que finale[2].

1. *Cf.* E. Berti, « De qui est fin le Moteur immobile ? », dans M. Bastit, J. Follon (éd.), *Essais sur la théologie d'Aristote, Actes du colloque de Dijon*, Louvain-la-Neuve, Peeters, 1988 p. 6 ; « The Unmoved Mover as an Efficient Cause in Aristotle's *Metaphysics*, XII », dans Th. Pentzopoulou-Valalas, S. Dimopoulos (eds.), *Aristotle on* Metaphysics, Aristotle University of Thessaloniki, Department of Philosophy and Education, Thessaloniki, p. 73 (désormais cité « The Unmoved Mover ») ; « Unmoved Mover(s) », art. cit., p. 186-187 ; « La causalité du moteur immobile selon Aristote », dans *Dialectique, physique et métaphysique*, *op. cit.*, p. 383-384 ; « Le rapport entre cause motrice et cause finale dans la *Métaphysique* », dans *Dialectique, physique et métaphysique*, *op. cit.*, p. 458. La remarque est déjà formulée par Brentano, *The Psychology of Aristotle, in Particular His Doctrine of the Active Intellect, with an Appendix Concerning the Activity of Aristotle's God*, édition et traduction par R. George, Berkeley, Los Angeles, London, University of California Press, 1977, p. 166 (désormais cité *The Psychology of Aristotle*).

2. L'immobilité du Premier Moteur serait toutefois préservée : *GC* I 7, 32424-b15 montre que la première cause productrice n'est pas affectée par ce sur quoi elle agit. C'est pourquoi D. Sedley (« *Metaphysics* Λ 10 », », dans M. Frede, D. Charles (eds.), *Aristotle's* Metaphysics *Lambda*, *op. cit.*, p. 345) interprète l'adjectif ποιητικόν en Λ 6 par opposition à παθητικόν, sur la base de ce texte du *GC* I 7. *Cf.* également E. Berti, « Unmoved Mover(s) », art. cit., p. 187-188, qui renvoie à la distinction que L. Judson a élaborée, à partir de *GC* I 7, entre les causes efficientes *energetic* et celles *non-energetic*, auxquelles appartiendrait le Premier Moteur (« Heavenly Motion and the Unmoved Mover », dans M. C. Gill, G. Lennox (eds.), *Self-Motion From Aristotle to Newton*, Princeton, Princeton University Press, 1997, p. 155-171).

Puisque ce n'est qu'en Λ 7 (1072a26-b4) qu'Aristote évoque le mode de causalité de la substance immobile, nous différons au commentaire de ce chapitre l'étude spécifique de cette question. On notera simplement qu'il est prématuré de déduire de ce passage une description trop précise de la substance immobile, dont il n'a pas même encore été question[1]. La formule incriminée appartient, en effet, à une étape provisoire du raisonnement, où l'existence d'une substance immobile n'est pas précisément établie. C'est pourquoi il faut sans doute accorder à la disjonction entre κινητικόν et ποιητικόν une valeur plus forte que ne le dit E. Berti[2]. Ce qu'il importe à Aristote de souligner, c'est que la cause du mouvement éternel doit disposer d'une véritable causalité motrice, contrairement aux principes platoniciens qu'il évoquera bientôt. Aussi énonce-t-il, de manière encore ouverte, les deux modes sous lesquels cette motricité peut être conçue, sans préjuger que chacun doive nécessairement être retenu[3]. C'est à l'examen qui va suivre qu'il appartiendra de trancher entre ces deux options, et dont il résultera à terme que l'hypothèse d'une cause productrice est incompatible avec le niveau d'actualité requis par une cause éternellement motrice.

C'est pourquoi l'attention d'Aristote se porte essentiellement, non sur la protase, mais sur la conclusion du raisonnement, qui établit que la cause du mouvement circulaire ne doit pas seulement disposer d'une puissance motrice véritable, mais aussi exercer cette puissance. L'affirmation prolonge le rapprochement entre les notions d'acte et de cause motrice (Λ 5, 1071a11-17), mais en le fondant sur un principe relatif à la puissance : toute puissance peut ne pas s'actualiser[4]. Ici apparaissent, pour la première fois en Λ 6, ces notions d'acte et de puissance, autour desquelles s'articulera presque entièrement la description de la substance immobile. À ce stade du raisonnement, ces deux notions présentent un

1. Voir J.-B. Gourinat « Le premier moteur selon *Physique* VIII et *Métaphysique* Λ », art. cit., p. 191.

2. Voir A. Laks, « *Metaphysics* Λ 7 », art. cit., p. 242, suivi par J.-B. Gourinat, « L'intellect divin d'Aristote est-il cause efficiente ? », *Bollettino filosofico* 20, Universita della Calabria, 2004, p. 58-59.

3. En outre, l'occurrence de Λ 10 n'est pas aisée à rabattre sur celle de Λ 6. En Λ 10, en effet, Aristote reproche aux contraires platoniciens de n'être ni des causes motrices, ni des causes productrices, incapables d'expliquer le mouvement céleste et la génération dans la nature. Mais, il s'agit là de deux tâches qui n'incombent pas toutes au Premier Moteur.

4. Le même principe, en *Metaph.* Θ 8 (1050b10-11) et N 2 (1088b19-20), sert à argumenter que les êtres éternels sont nécessairement en acte.

sens cinétique : acte et puissance désignent deux aspects du mouvement[1] ou, plus précisément, deux aspects de la motricité. La preuve de l'existence d'une substance immobile vient en tout cas de franchir une première étape : le mouvement circulaire force à poser l'existence d'une cause motrice en acte.

1071b14-16 : « Il ne nous est donc non plus d'aucune utilité [...] causer le changement. »

Bien que provisoires, les résultats dont Aristote dispose l'autorisent à formuler une nouvelle critique de la théorie des Idées, afin de dénoncer leur inutilité explicative. Cela découle de ce que les Idées sont dépourvues d'un certain principe de changement : « εἰ μή τις δυναμένη ἐνέσται ἀρχὴ μεταβάλλειν ». Traditionnellement, on interprète la formule comme partie prenante de l'examen de la cause motrice du mouvement éternel et on comprend donc qu'Aristote affirme que les Idées ne possèdent rien qui puisse *causer* le changement.

Selon S. Fazzo[2] cependant, cette lecture serait fautive, car elle implique de prêter au verbe μεταβάλλειν (« changer ») un sens transitif, en contradiction avec le sens intransitif des sept autres occurrences du verbe, dans le livre Λ. Aussi faudrait-il comprendre qu'Aristote reprocherait aux Idées d'être dépourvues de tout principe qui leur permette de *subir un changement*. Le rapprochement que S. Fazzo effectue entre cette formule de Λ 6 (δυναμένη [...] ἀρχὴ μεταβάλλειν) et celle de Λ 2, 1069a14 (ἀνάγκη δὴ μεταβάλλειν τὴν ὕλην δυναμένην) permettrait de préciser la nature de ce principe de changement qui fait défaut aux Idées : la matière. Ce serait donc l'immatérialité des Formes qu'Aristote condamnerait ici[3]. Sur la base de cette nouvelle lecture du passage, S. Fazzo avance plus généralement l'hypothèse selon laquelle Aristote, jusqu'à ce point, n'a jamais abordé la substance immobile, dont l'examen ne débuterait en réalité qu'en Λ 7. Ce serait du mobile éternel, c'est-à-dire des astres, qu'il serait uniquement question en Λ 6. Après avoir établi l'existence d'un mouvement éternel, Aristote passerait, en 1071b12, à l'examen, non de sa

1. Cf. *Metaph.* Δ 12, 1019a15-16 ; Θ 1, 1046a9-11, 3, 1047a30-32.

2. S. Fazzo, « Fra atto e potenza : l'eternità del cielo nel libro *Lambda* della *Metafisica* », dans A. Fermani, M. Migliori (ed.), *Attività e virtù. Anima e corpo in Aristotele*, Milano, Vita e pensiero, 2009, p. 113-146 (désormais cité « Fra atto e potenza ») ; *Il libro* Lambda, *op. cit.*, p. 267-270 ; *Commento*, *op. cit.*, p. 100-101, 141-143, et 290-295.

3. Selon Fazzo, le verbe « ἐνέσται » également indique une composition matérielle.

cause motrice, mais de son substrat, en montrant ici qu'il doit être en acte et donc matériel, puis plus loin (1071b17-22), qu'il doit être éternellement en acte, ce que la nature particulière de la matière locale rend possible[1].

Pour intéressantes qu'elles soient, ces observations textuelles ne sauraient vraiment convaincre de renoncer à la lecture traditionnelle de ce passage et du chapitre 6 plus globalement. Elle seule, en effet, peut expliquer qu'Aristote croie bon de mobiliser ici une critique de la théorie des Formes. Car les Formes sont notoirement immobiles[2], de sorte qu'on voit mal pourquoi Aristote ponctuerait ici son étude de la substance éternellement mue par l'évocation de substances qui ne le sont pas du tout. Il en va tout autrement, si on considère que c'est bel et bien de la substance immobile qu'Aristote a entrepris l'étude. Depuis Λ 1, en effet, il est clair que les Formes constituent une version alternative de la substance immobile, avec laquelle on comprend aisément qu'Aristote entre à présent en dialogue, pour mieux défendre les avantages de la conception nouvelle qu'il est en train d'élaborer. En outre, de sa lecture du *Phédon* 100b *sq.*, Aristote déduit que les Formes ont la prétention d'être une cause du devenir, selon que les choses sensibles en participent ou cessent d'en participer[3]. C'est vraisemblablement pourquoi il juge pertinent d'évoquer ici cette conception rivale de la substance immobile, qui prétend remplir le rôle causal dont le raisonnement précédent a montré la nécessité[4].

Mais à l'évidence, cette critique d'Aristote revient à montrer que les Formes sont tout à fait dénuées de motricité. L'observation rejoint les démonstrations plus développées de *Metaph.* A 9, de M 5 ou du *GC* II 9[5], où Aristote souligne chaque fois que les Formes sont, au mieux, des causes formelles, et qu'elles ne sauraient donc, quand bien même elles

1. Ainsi s'expliqueraient, ajoute Fazzo, les parallèles entre Λ 6, 1071b12-22 et un autre développement sur les astres, en Θ 8, 1050b6-30. Quant à l'immatérialité des substances recherchées (Λ 6, 1071b20-21), elle s'expliquerait par le statut de la matière locale qui, par définition, n'est pas le sujet de la génération ni de la corruption, ce qui engendre parfois un doute quant à la matérialité des substances qui en sont composées (cf. *Metaph.* H 4, 1044b7-8 et H 5, 1044b27). Toutefois, Aristote ne suit jamais jusqu'au bout cette logique (contrairement à Alexandre par exemple, *cf.* p. 123, n. 1) et ne formule pas cette hésitation en Λ : au chapitre 2, la matière locale est clairement présentée comme une matière et clairement attribuée aux substances astrales (*cf.* p. 120). Surtout ce doute n'a de sens que lorsqu'il s'agit de comparer les substances sensibles éternelles aux substances corruptibles : dans le contexte de Λ 6, qui envisage d'emblée la question de l'éternité, il n'a pas lieu d'être.

2. *Cf.* par exemple *Metaph.* A 7, 988b3-4.

3. Voir *Metaph.* A 9, 991b3-9 et le passage parallèle de M 5, 1080a2-11, ainsi que *GC* II 9, 335b7-16.

4. En ce sens, *cf.* par exemple E. Berti, « Unmoved Mover(s) », art. cit., p. 189.

5. Voir n. 2. *Cf.* aussi *Metaph.* A 9, 991a10-11 ou Λ 10, 1075a16-20 ; 27-29.

existeraient, suffire à expliquer le changement. Le reproche fait écho à celui de Λ 3, 1070a26-27, qui souligne aussi l'inutilité explicative des Idées. Les deux critiques sont d'ailleurs liées. En Λ 3, Aristote explique qu'on peut se passer de la théorie des Idées, dans la mesure où le principe de synonymie entre une substance et sa cause motrice suffit à rendre compte de sa nature. C'est donc que les Idées n'ont pas la causalité formelle qu'elles prétendent avoir, puisqu'une cause motrice ou productrice assume la fonction qu'elles sont censées remplir. Mais c'est donc aussi – comme Aristote le montre à présent – que la causalité motrice même leur est étrangère. Bien qu'il se concentre ici sur le cas particulier des Idées, le raisonnement pourrait sans mal être élargi à cette autre conception académicienne de la substance immobile – celle des Nombres –, dont Aristote souligne, en *Metaph.* Λ 10, 1075b27-30 ou N 5, 1092b23, qu'on ne saurait leur attribuer aucune causalité motrice.

1071b16-17 : « Ce principe ne suffit donc pas, [...] il n'y aura pas de mouvement. »

Puisque les lignes b12-14 ont mis sur la voie d'une substance qui soit à la fois une cause motrice *et* en acte, Aristote peut à présent mettre en évidence une seconde insuffisance des substances académiciennes [1]. Cette nouvelle critique traduit le principe général selon lequel tout ce qui a une puissance ne l'actualise pas, de sorte que même s'il s'avérait que certaines substances académiciennes fussent motrices, leur potentialité intrinsèque les condamnerait quand même à l'inutilité. Aristote ne précise pas la cible de sa critique [2]. La plupart des commentateurs y voit une

1. Le pronom αὕτη, en 1071b16, pourrait renvoyer aussi bien à la substance des Formes, qu'au principe de changement qui leur fait défaut (ἀρχή, 1071b15). Dans le premier cas, Aristote soulignerait que ni les Formes, ni rien d'autre que les Formes, ne sont un principe satisfaisant, puisqu'aucune de ces choses n'est jamais en acte. Le raisonnement reviendrait à élargir la critique précédente à d'autres substances que les Formes. Dans le second cas (que reflète notre traduction), il faudrait comprendre que le principe moteur, qui fait défaut aux Formes, mais qui pourrait se trouver instancié dans d'autres substances, ne suffit pas non plus à sauver la théorie académicienne, si cette dernière le conçoit sous le mode de la potentialité. L'argument ne procéderait donc pas par élargissement, mais par intensification. Outre que cette lecture repose sur le référent le plus explicite et le plus proche, elle présente l'avantage de clairement séparer ces deux critiques, qui se complètent sans se confondre. Car ce n'est pas parce qu'elles sont en puissance que les Formes sont dépourvues de causalité motrice.

2. La potentialité des Idées, quant à elles, ne fait pas de doute, bien qu'Aristote n'ait pas besoin de l'évoquer ici. Cf. *Metaph.* Θ 8, 1050b34-1051a2.

allusion aux Nombres[1]. L'hypothèse fait toutefois problème, puisque les Nombres sont, non moins que les Idées, dépourvus de pouvoir moteur. C'est pourquoi, selon Robin[2], il s'agirait de l'âme du monde. Cette dernière, en effet, est incontestablement motrice, mais à la faveur de sa propre mobilité et ne semble donc pas pouvoir être convoquée à titre de conception alternative de la substance immobile. S. Menn[3] avance une hypothèse plus convaincante : l'intellect démiurgique du *Timée*. En *Metaph.* Λ 10 (1075b18-20), en effet, Aristote souligne à nouveau que les Formes ne sont pas des causes motrices. C'est pourquoi, poursuit-il, il faut encore postuler l'existence d'un principe supérieur qui rende compte de la participation des réalités sensibles aux Idées. Le démiurge pourrait parfaitement assumer cette tâche et représenter, par conséquent, une substance motrice académicienne, dont Aristote serait toutefois autorisé à dire qu'elle peut être inactive, puisque le *Timée*, en faisant le récit de la naissance du monde, suggère que le démiurge n'a pas toujours agi[4]. *Metaph.* Λ 10 enseigne peut-être une seconde hypothèse, qui n'est pas incompatible avec la précédente. En 1075b30-34, Aristote souligne la potentialité qui affecte les contraires platoniciens – l'Un et la Dyade –, en montrant que ces principes contraires ne sauraient, pour cette raison, apparaître comme des causes motrices ou productrices des réalités éternelles.

On remarquera toutefois que ces deux dernières hypothèses mobilisent l'exemple d'une cause motrice qui n'est pas *toujours* en activité, de sorte que ce n'est pas l'existence du mouvement qu'elle ne saurait expliquer, mais son éternité. Peut-être Aristote anticipe-t-il ici sur la suite de l'argument, qui examine les conditions du mouvement éternel. Peut-être cherche-t-il simplement à contrer toute possibilité théorique, même virtuelle, derrière laquelle la doctrine platonicienne pourrait se retrancher.

1. *Cf.* ps.-Alex., *In Metaph.*, 688, 30-689, 1 ; Bonitz, *Commentarius*, *op. cit.*, p. 489 ; Ross, *Aristotle. Metaphysics*, *op. cit.*, vol. 2, p. 369 ; Elders, *Aristotle's Theology*, *op. cit.*, p. 144 ; E. Berti, « Unmoved Mover(s) », art. cit., p. 189.

2. L. Robin, *La théorie platonicienne des Idées et des Nombres d'après Aristote*, *op. cit.*, p. 98, suivi par Tricot, *Aristote Métaphysique*, vol. 2, *op. cit.*, p. 667 et R. Salis, *Il commento di pseudo-Alessandro al libro* Λ *della* Metafisica *di Aristotele*, Soveria Mannelli, Rubbbettino Editore, 2005, p. 413.

3. *The Aim*, IIIβ2b, p. 8-9.

4. Il est d'ailleurs probable que cette critique se retrouve, dans le même contexte, en Λ 10, 1075b20-24 (voir *infra*, p. 379 *sq.*).

[III. 2] *Preuve de l'existence d'une substance immobile : existence d'un moteur purement actuel*

1071b17-20 : « Et cela ne suffira pas non plus [...] que sa substance soit acte. »

Comme précédemment (1071b12-13), Aristote développe un raisonnement contrefactuel qui vise à préciser le rapport de la cause motrice du mouvement éternel à la puissance et à l'acte. Et comme précédemment (1071b13-14), il fonde son raisonnement sur un principe général, relatif à la notion de puissance. Le passage ajoute toutefois une variable nouvelle : l'éternité du mouvement. De là, on peut déduire que, si c'est le mouvement éternel qu'il faut expliquer, il ne suffit donc pas de poser l'existence d'une cause motrice active à un certain moment. Il faut encore que cette cause soit éternellement active. Mais, le raisonnement énonce bien plus que cela. Aristote va jusqu'à poser que cette cause motrice est substantiellement en acte, de sorte que toute puissance se trouve exclue de son être. La raison en est donnée par ce principe général relatif à la puissance : tout ce qui est en puissance peut ne pas être[1]. Si donc la substance motrice s'avérait en puissance, à un égard ou à un autre, elle et/ou son action motrice pourraient ne pas exister.

Aristote double ainsi la description de la substance motrice en termes d'activité par celle en termes d'actualité[2]. L'une est la condition de possibilité de l'autre : la substance motrice ne peut être éternellement active qu'à la condition d'être substantiellement actuelle. Pour le dire autrement, ce n'est plus seulement ici dans sa motricité que la substance considérée peut-être déclarée en acte, mais dans son être même, dans sa substance. Toute forme de puissance la condamnerait à ne pouvoir soutenir le mouvement éternel dont elle est la cause. C'est cela que la tradition a pour coutume de désigner du nom d'acte pur, exprimant par là que la substance immobile constitue une substance totalement dénuée de puissance[3]. De la pure actualité de cette substance découlera la quasi totalité des descriptions qu'Aristote en donnera, aux chapitres 6 et 7, et qui se présenteront toutes, à un égard ou à un autre, comme la mise en application des réquisits de l'acte pur.

1. Le même principe figure en Θ 8 (1050b11-13) et en N 2 (1088b21), au cœur d'un examen, similaire à celui-ci, des rapports entre l'acte, la puissance et les êtres éternels.

2. *Cf.* L. Elders, *Aristotle's Theology*, *op. cit.*, p. 145 ; E. Berti, « Unmoved Mover(s) », art. cit., p. 190-191.

3. Sur cette interprétation traditionnelle, son histoire, ses cautions et les objections qu'elle a récemment soulevées, voir *infra*, le commentaire à 1071b22.

Comme l'a bien montré G. Aubry[1], ce résultat se traduit par une mutation des notions d'acte et de puissance qu'Aristote n'emploie plus ici dans un sens uniquement cinétique, mais proprement ontologique, conformément à la distinction établie en *Metaph.* Θ[2]. Puissance et acte n'expriment plus ici deux aspects du mouvement ou de la motricité, mais deux modes d'êtres de la substance elle-même[3]. Le passage entérine un changement de point de vue, de la physique à la science de la substance. Une comparaison avec le livre VIII de la *Physique* montre clairement la singularité de la science mise en œuvre ici : c'est en Λ uniquement que le Premier Moteur du ciel est décrit comme une substance et que cette substance est définie en termes d'acte. L'examen des réquisits du mouvement éternel donne ainsi l'occasion d'un discours proprement métaphysique; l'exploitation des données de la science physique permet de décrire l'être d'une substance supérieure, qui cause le mouvement, mais qui lui reste étrangère.

1071b20-22 : « En outre, il faut donc [...] quelque chose d'autre aussi est éternel. »

On est frappé par l'emploi du pluriel, alors qu'Aristote vient d'affirmer, dans la ligne qui précède, l'existence d'*un* principe dont la substance est un acte. Cela ne soulève aucune difficulté doctrinale, puisque Λ 8 prouvera l'existence d'une multiplicité de substances immobiles[4]. L'embarras est plutôt d'ordre argumentatif, voire génétique, puisque les interprètes hésitent à voir dans ce pluriel soit la marque d'une correction, postérieure à la rédaction de Λ 8[5], soit le signe d'une anticipation de ce qu'Aristote était appelé à y soutenir[6]. Des deux hypothèses, la seconde est sans

1. G. Aubry, *Dieu sans la puissance*, *op. cit.*, p. 163-164.

2. Θ 1, 1045b34-1046a4; Θ 6, 1048a25-30.

3. La lettre du passage traduit cette acception nouvelle : la puissance ne désigne plus le principe du mouvement, mais un mode d'être de la substance (ἡ δ οὐσία [...] δύναμις; τὸ δυνάμει ὄν), dont le risque n'est plus d'ordre cinétique – l'inaction –, mais ontologique – le non-être. Il en va de même de la notion d'acte qui ne se traduit plus dans sa dimension d'activité, à travers le verbe ἐνεργέω, mais à travers le substantif ἐνέργεια, censé exprimer le mode d'être de la substance (ἡ οὐσία ἐνέργεια).

4. Rien ne justifie donc l'hypothèse d'Elders (*Aristotle's Theology*, *op. cit.*, p. 146), pour qui ce pluriel n'est pas de la main d'Aristote. Ce rejet repose sur l'inauthenticité supposée de *Metaph.* Λ 8 (p. 68), ce que le témoignage de Théophraste (*Metaph.* 5a17-21), sur la doctrine développée dans ce chapitre, suffit à réfuter.

5. Jaeger, *Aristote*, *op. cit.*, p. 364.

6. Ross, *Aristotle. Metaphysics*, *op. cit.*, vol. 2, p. 369; A. Mansion, « La genèse de l'œuvre d'Aristote d'après les travaux récents », *Revue néo-scolastique de philosophie* 29, p. 338-339.

doute la plus probable. Compte tenu du degré d'information en science physique dont témoigne Λ 6, il est vraisemblable qu'Aristote n'ignore pas que l'unité d'un mouvement éternel et continu est garantie par l'unicité de son moteur [1], de sorte que la multiplicité des rotations astrales requiert une multiplicité de substances motrices, comme Λ 8 l'établira. Mais peut-être faut-il surtout souligner que ce pluriel peut n'avoir pour l'heure qu'une signification purement générique [2], dans la mesure où Aristote a toujours évoqué la substance immobile comme une classe de substances, dont le nombre d'exemplaires reste ouvert.

L'examen des conditions du mouvement éternel permet ici d'attribuer deux qualités nouvelles à la substance motrice. La première, dans l'ordre des raisons, est l'éternité, qui découle de l'éternité même du phénomène que cette substance doit expliquer [3]. Il en va de même de l'immatérialité, qu'Aristote déduit de l'éternité de cette substance, en raison de la corruptibilité associée à la matière. Les démonstrations précédentes, fondées sur les notions d'acte et de puissance, ne sont évidemment pas étrangères à cette déduction [4], dans la mesure où, depuis Λ 2, la matière est décrite en termes de puissance. Aussi Aristote n'envisage-t-il pas que le moteur du mouvement céleste soit composé de la matière locale, qui échappe à la corruptibilité, mais qui relève de la puissance [5]. C'est ainsi la 4 e aporie qui trouve dès à présent une réponse partielle, puisqu'il est désormais clair qu'il existe au moins une substance séparée du sensible.

Il faut toutefois noter que la réponse aristotélicienne se distingue de celle de Platon, en évitant de reconduire la substance suprasensible à la notion de forme. Pourtant, la substance immobile aristotélicienne a longtemps été décrite comme une forme pure. Cette interprétation, qui remonte à Alexandre d'Aphrodise [6], a dès lors constitué une sorte de

1. Comme Aristote l'affirme en *Phys.* VIII 6, 259a13-20, ainsi qu'en Λ 8, 1073a28.

2. Voir E. Berti, « Unmoved Mover(s) », art. cit., p. 191.

3. Même méthode de déduction, en *Phys.* VIII 6, 258b10-11 ou *GC* II 11, 337a18-19.

4. Comme le suggère le τοίνυν de la ligne 1071b20.

5. L'argument se distingue de celui de *Metaph.* Θ 8, 1050b6 *sq.*, où Aristote n'exclut pas que les êtres éternels possèdent une matière incorruptible (1050b21-22). Mais c'est à une autre visée démonstrative que ce passage s'ordonne : établir la corrélation entre les êtres éternels en général et l'acte. En Λ 6 en revanche, Aristote s'emploie à déterminer la cause du mouvement des astres. La puissance, même limitée, de la matière locale, n'est dorénavant plus acceptable. L'exclusion de toute matière est clairement affirmée dans l'argumentation parallèle de N 2 (1088b20-21), qui porte, comme ici, sur les substances immobiles et non sur les êtres éternels en général.

6. *Cf.* par ex. *De anima* 87, 24-88, 3 ; *Quaestio* I 1, 4, 7 ; *Quaestio* I 25, 39, 14 ; *De principiis*, § 53, 74. Voir la reconstitution des sources argumentatives de cette doctrine alexandrinienne par G. Guyomarc'h, *L'Unité de la métaphysique selon Alexandre d'Aphrodise*, *op. cit.*, p. 267-285.

vulgate. Deux articles célèbres, d'E. E. Ryan d'abord, de S. O'Flynn Brennan [1] ensuite, ont toutefois profondément remis en cause cette interprétation, en montrant qu'elle ne reposait sur aucun indice textuel, ni doctrinal. Nulle part, ni en *Metaph.* Λ, ni ailleurs, Aristote ne décrit la substance immobile comme une forme pure [2]. Tout porte à croire, au contraire, qu'il évite soigneusement d'avoir recours à ce terme, et préfère décrire la substance immobile en termes d'acte plutôt que de forme, puisque la forme est celle d'une matière, tandis que l'acte peut exister séparément de la puissance [3].

1071b22 : « Elles sont donc acte. »

Traditionnellement, on voit dans cette simple phrase l'expression la plus éloquente de la doctrine de l'acte pur. En affirmant que la ou les substances immobiles sont *un* acte, Aristote montrerait qu'elles ne sont pas seulement *en* acte, comme n'importe quelle substance qui actualise ses potentialités, mais que leur degré d'actualité est absolument indépendant de toute puissance sous-jacente. Cette lecture, on le voit, repose d'une part sur la différence qu'on postule entre l'en-acte et l'acte, entre l'ἐνεργείᾳ au datif et l'ἐνέργεια au nominatif, d'autre part, sur un choix éditorial qui conduit à privilégier la leçon au nominatif, transmise pas les mss A^bMC [4], dans l'idée qu'elle reflète mieux le degré supérieur d'actualité du Premier Moteur.

Ce choix éditorial et l'interprétation qui l'accompagne ont été sévèrement remis en cause par S. Fazzo [5]. Au plan éditorial, elle observe que les meilleurs mss (EJ) transmettent le datif. Elle observe plus généralement que les manuscrits anciens omettent souvent de noter les iotas adscrits, si bien qu'il n'est jamais certain de pouvoir lire le nominatif. Elle observe enfin qu'il n'y a, dans tout Λ, qu'une seule occurrence (Λ 7, 1072a25), où l'ensemble des mss principaux atteste le nominatif, sans qu'on sache naturellement, si cela ne tient pas à l'omission du iota problématique [6]. Au plan doctrinal, elle conclut de ces observations

1. E. E. Ryan, « Pure Form in Aristotle », *Phronesis* 18, 1973, p. 209-224; S. O'Flynn Brennan, « Is Aristotle's Prime Mover a Pure Form? », *Apeiron* 15, 1981, p. 80-95.

2. *Metaph.* Λ 8, 1074a35 parle de quiddité, mais non de forme.

3. *Cf.* G. Aubry, *Dieu sans la puissance*, *op. cit.*, p. 19-20.

4. Leçon retenue pas Ross, Jaeger et S. Alexandru. Bekker et Christ avaient précédemment édité le terme au datif, en suivant le ms E.

5. S. Fazzo, *Il libro* Lambda, *op. cit.*, p. 58 et 271-280; *Commento*, *op. cit.*, p. 55-59, 294-295 et 316. Voir aussi « Unmoved Mover as a Pure Act or Unmoved Mover in Act? The Mystery of a Subscript Iota », dans Ch. Horn (ed.), *Aristotle's* Metaphysics *Lambda – New Essays*, *op. cit.*, p. 181-205.

6. L'occurrence de 1072a25 lui paraît donc douteuse et elle édite le terme au datif.

que c'est la doctrine de l'acte pur tout entière qui s'effondre. Celle-ci ne serait rien d'autre que le fruit d'une longue tradition interprétative [1], dont le seul support textuel résiderait dans l'absence d'un lettre qu'un examen paléographique poussé devrait convaincre d'éditer. Nulle part, en Λ, Aristote ne dirait donc que la substance immobile est un acte, mais il se contenterait d'affirmer que le Premier Moteur est en acte par essence, c'est-à-dire qu'il est toujours et nécessairement en train d'agir, de causer le mouvement éternel.

Cette argumentation appelle deux remarques. On notera pour commencer que l'usage du nominatif, dans les manuscrits, est un peu moins exceptionnel qu'il n'y paraît, puisque, en 1072b8 également, les deux familles de mss (EJC) s'entendent à décrire le Premier Moteur comme *un* acte (ἐνέργεια ὄν). On pourra bien sûr estimer que c'est en raison d'une omission, mais il reste à fonder ce jugement sur de bonnes raisons de se défier des mss. Ces raisons correspondent, selon S. Fazzo, à l'*usus scribendi et cogitendi* d'Aristote, qui, partout dans le corpus, emploie la notion d'acte en corrélation avec celle de puissance. Tout le corpus témoignerait donc, selon S. Fazzo, que le concept d'acte est un concept fondamentalement relatif, qui ne pourrait s'entendre ni indépendamment de la puissance, ni indépendamment d'une substance dont il constitue le mode d'être, de sorte qu'il n'y aurait aucun sens à dire du Premier Moteur qu'il n'est rien d'autre qu'un acte. Mais, à vrai dire, on saurait ici difficilement tirer argument d'une règle statistique, puisque la substance immobile est à part et que la corrélation ordinaire, pour les substances sensibles, entre l'acte et la puissance ne saurait rien enseigner au sujet de la substance immobile qui en est le principe [2]. En d'autres termes, la tradition manuscrite s'accorde, par deux fois, à décrire le Premier Moteur comme un acte, de sorte que rien n'interdit de croire que,

1. S. Fazzo en situe les racines chez Alexandre (cf. *De principiis*, § 64 ; *Quaestio* I 25, 39, 9-12) et la systématisation à l'époque médiévale, chez Averroès en particulier (*Grand Commentaire*, *op. cit.*, p. 195-197). Voir sur ce point S. Fazzo, « Unmoved Mover as a Pure Act or Unmoved Mover in Act? The Mystery of a Subscript Iota », art. cit., p. 186-188, 199 *sq*. Sur l'occurrence du *De principiis*, voir aussi R. Brague, « Alexander of Aphrodisias' *On Cosmos* by Charles Genequand », *Studia Islamica* 94, 2002, p. 202.

2. Il est vrai que, en Θ 8, 1050b18, des principes argumentatifs identiques à ceux exploités en Λ 6 conduisent à montrer que les êtres éternels sont *en* acte, dans une formulation similaire à celle de 1071b22 (ἐνεργρείᾳ ἄρα πάντα). Mais c'est alors des astres qu'il est question, tandis que c'est de leur principe qu'il s'agit ici, pour peu que, contrairement à S. Fazzo, on voie bien en Λ 6 le traitement de la substance immobile, comme on en a montré plus haut la nécessité (*cf.* p. 207-208). Dans tous les cas, il n'est pas exact d'affirmer (*cf.* « Unmoved Mover as a Pure Act or Unmoved Mover in Act? The Mystery of a Subscript Iota », art. cit., p. 190) que le Premier Moteur est dans un rapport à l'acte identique à celui de tous les êtres éternels : le Premier Moteur n'est pas marqué par la puissance qui reste consubstantielle aux astres, du fait de leur mouvement.

en 1071b22 également, les mss A^{b}MC [1], transmettent la bonne leçon, qui a le mérite de mieux exprimer la situation singulière du Premier Moteur.

Mais, au-delà de ces problèmes paléographiques, on se demandera surtout s'il n'est pas réducteur de faire de la doctrine de l'acte pur le résultat de l'omission malencontreuse d'un simple iota. Car cette doctrine n'affirme rien d'autre que ceci : le Premier Moteur ne contient aucune puissance, ce qui signifie, à un premier niveau, qu'il est éternellement et nécessairement actif [2] et, à un second niveau, que cela ne se peut qu'en étant substantiellement actuel. L'emploi du nominatif ἐνέργεια, en 1071b22, s'il offre une expression claire de cette doctrine, n'en constitue pas le seul indice. En réalité, c'est l'argumentation tout entière qui conduit à cette conclusion : puisque tout ce qui est en puissance peut ne pas être, ce n'est qu'à la condition d'être totalement dépourvue de puissance que la substance immobile peut réellement apparaître comme la cause du mouvement éternel. C'est donc bien de pure actualité qu'il doit s'agir à son sujet, d'une pure actualité qui ne se substitue en aucun cas à sa substance, mais qui en dit le mode d'être exclusif. Peu importe qu'il faille lire ici le datif ou le nominatif : la doctrine de l'acte pur ne s'en trouve pas fondamentalement menacée.

C'est sur cette notion d'acte que s'achève cette première section du traité, consacrée à la substance immobile. Le programme démonstratif énoncé au début du chapitre (1071b4-5) n'est pourtant pas totalement rempli, puisqu'il n'a nulle part été question d'immobilité. Ce n'est qu'en Λ 7, 1072a24-26 que l'immobilité de ce Premier Moteur sera explicitement établie. Toutefois, on peut d'ores et déjà en lire ici une préfiguration d'ordre ontologique, car il est évident que la substance qui ne contient aucune puissance ne contient pas non plus celle du mouvement [3].

[IV. 1] *L'antériorité de l'acte sur la puissance : énoncé d'une aporie*

1071b22-26 : « Cependant, il y a un problème. [...] la puissance d'être, mais de n'être pas encore. »

Aristote développe ici rapidement les termes d'une aporie, en en donnant des raisons *pro et contra*. D'un côté, il semble que la puissance soit toujours première, puisqu'elle s'avère apparemment indispensable à

1. Auxquels les deux versions arabes de la *Métaphysique* font écho

2. Jusqu'à ce point, cette interprétation n'est pas remise en cause par S. Fazzo.

3. *Cf.* par ex. K. Oehler, « Der Beweis für den unbewegten Beweger bei Aristoteles », dans *Antike Philosophie und byzantinisches Mittelarlter*, *op. cit.*, p. 177 ; B. Manuwald, *Studien zum unbewegten Beweger in der Naturphilosophie des Aristoteles*, Stuttgart, F. Steiner, 1989, p. 39, n. 121 ; E. Berti, « Unmoved Mover(s) », art. cit., p. 190. *Contra*, voir A. Laks, « *Metaphysics* Λ 7 », art. cit., p. 215.

tout acte, tandis que l'inverse ne serait pas vrai. Mais, d'un autre côté, si toute puissance ne s'actualise pas, le monde lui-même risquerait de ne pas être, alors qu'on a prouvé l'éternité d'un certain mouvement, réalisé par certaines substances éternelles[1]. Comme l'a bien montré S. Menn[2], le passage constitue une reprise des termes de la 13e aporie qui interroge le rapport des principes à la puissance et à l'acte (B 1, 996a9-11)[3]. On saisit facilement la parenté entre ces deux problèmes, puisqu'en posant la question du rapport de la puissance ou de l'acte au principe, la 13e aporie interroge donc la possibilité de rattacher l'un de ces deux termes à un être premier et antérieur.

Les raisons dont Aristote fait chaque fois état pour justifier la difficulté permettent de préciser les critères d'antériorité qui sont ici à l'œuvre. Il s'agit, en premier lieu, d'un critère d'ordre ontologique, qu'Aristote fait parfois remonter à Platon, et qu'il définit en termes de dépendance non-réciproque[4]. C'est en vertu de ce critère que la puissance peut ici apparaître comme antérieure à l'acte, car si elle ne s'actualise pas toujours, tandis que tout acte la requiert, c'est donc que l'existence de la puissance serait indépendante de celle de l'acte, tandis que l'acte lui-même ne pourrait exister sans la puissance. Et c'est aussi pourquoi Aristote peut objecter que l'existence même du monde s'en trouverait menacée, car ce n'est qu'à la condition que la puissance puisse exister seule, qu'on pourra alors craindre qu'elle ne passe jamais à l'acte, puisque rien d'autre qu'elle n'existerait. À ce critère d'antériorité se rattache partiellement celui fondé sur le temps, puisque le terme qui peut exister seul peut donc aussi exister avant ce qui dépend de lui, comme l'illustrent, en faveur de la puissance, les conceptions cosmologiques qui font le récit de l'engendrement du monde.

Λ 6 n'est certes pas le seul texte où Aristote examine la relation d'antériorité et de postériorité entre la puissance et l'acte. Θ 8 en propose, au contraire, un examen complet et plus poussé. Mais il n'y a qu'en Λ 6 qu'Aristote rattache directement ces analyses à la 13e aporie. De fait, les démonstrations précédentes ont doublement contraint de s'y confronter. En définissant la substance immobile comme un principe moteur en

1. Sur l'importance de la référence à l'éternité du mouvement pour la validité de l'argument, voir E. Berti, « Unmoved Mover(s) », art. cit., p. 193.

2. S. Menn, « *Aporiai* 13-14 », art. cit., p. 256.

3. Le développement de cette aporie, en B 6, 1002b33-1003a3, mobilise d'ailleurs des arguments similaires à ceux de Λ 6.

4. *Cat.* 12, 14a29-35; *Metaph.* Δ 11, 1019a2-4; M 2, 1077a36-b4. *Cf.* J. Beere, « The Priority in Being of *Energeia* », dans M. Crubellier, A. Jaulin, D. Lefebvre et P.-M. Morel (éd.), Dunamis. *Autour de la puissance chez Aristote*, Louvain-la-Neuve, Peeters, 2008, p. 430; S. Menn, « *Aporiai* 13-14 », art. cit., p. 217.

acte, elles ont avancé une réponse à cette 13 e aporie, en proposant de reconduire l'acte au principe ; en ajoutant que ce principe moteur était dépourvu de puissance, elles ont suggéré que l'acte constituait un terme antérieur, conformément au critère platonicien dégagé plus haut. Aussi s'avère-t-il nécessaire de trancher la difficulté, en réfutant les arguments qui plaident en faveur de la priorité de la puissance, sans quoi la preuve de l'existence du Premier Moteur risquerait de s'effondrer.

[IV. 2] *Critique des partisans de la puissance*

1071b26-31 : « Cependant, s'il en va comme le disent les théologiens [...] les graines et la semence. »

La discussion de l'aporie est de nature essentiellement dialectique. Elle procède en deux temps, qui sont aussi deux étapes d'une critique adressée aux conceptions cosmologiques qui nient l'antériorité ontologique (et éventuellement chronologique) de l'acte et qui refusent donc de définir le principe premier comme un acte. Aussi la critique repose-t-elle, en chaque cas, sur un examen des réquisits de la notion de cause, mais adapté aux particularités de la conception rivale considérée.

Les premières cibles visées sont celles qui commettent l'erreur la plus manifeste. Aristote rassemble sous une même rubrique deux classes distinctes de penseurs. Aux « théologiens »[1], c'est-à-dire aux poètes et aux mythologues il associe, comme souvent, des philosophes authentiques[2]. Il cite à nouveau Anaxagore (fr. DK 59 B1), dont le nom sert ici probablement à désigner un certain type de conception, à laquelle d'autres physiciens adhèrent, de même que la mention de la Nuit a sans doute permis plus haut d'illustrer une certaine conception poétique. Toutefois, tous les penseurs de la matière évoqués en Λ 2 ne se rangent pas dans son camp. Aristote citera plus loin Empédocle (1072a6) et Leucippe (1071b32, 1072a7) – et donc Démocrite indirectement – en exemple de

1. Le terme s'inspire du néologisme θεολογία, forgé par Platon, en *République* II 379a5, pour désigner la mythologie traditionnelle. La mention de la Nuit permet de préciser de quels poètes Aristote convoque ici les vues : Orphée assurément (*cf.* fr. DK B12 = Damascius, *De principiis* I 319, 8), peut-être aussi Musée (*cf.* fr. DK 2 B14 = Philodème, *De pietate* 137, 5), Acousilaos (*Cf.* fr. DK 9 B1 = Damascius, *De principiis* I 320, 10) ou Épiménide (*cf.* fr. DK 3 B5 = Damascius, *De principiis* I 320, 17). L'alternative χάος ἢ νύξ, en 1072a8, suggère une équivalence entre ces deux termes et encourage à inscrire également Hésiode dans cette liste (*Théogonie* v. 116). Il est probable que la Nuit ne figure pas ici pour elle-même, mais à titre d'illustration générique de n'importe quel principe potentiel dont les poètes, sous couvert de noms variés, racontent que le monde est né.

2. Selon S. Menn (*The Aim*, IIIβ2a, p. 5, IIIβ2b, p. 14), cette association aurait été initialement formulée par Démocrite.

ceux qui ont affirmé l'antériorité de l'acte sur la puissance. C'est donc que les physiciens qu'il dénonce ici ne sont pas tous ceux qui ont posé un principe matériel à l'origine du monde, mais ceux qui ont également affirmé que le monde avait été engendré à partir de cette matière et de cette puissance, à un certain moment du temps, alors qu'il n'existait pas auparavant[1]. C'est aussi pourquoi les théologiens leur sont associés, puisqu'en racontant la naissance de toutes choses à partir d'un principe qu'ils appellent Nuit ou Chaos, ils affirment que le monde a commencé d'exister. Sur le fond, les deux propos, poétique et philosophique, reviennent donc au même : l'engendrement absolu du monde à partir d'un principe potentiel, dont l'existence serait indépendante de celle des réalités en acte et qui, en outre, les précéderait chronologiquement. Aussi Aristote leur oppose-t-il une réfutation commune.

Cette dernière consiste à montrer que tout passage à l'acte ne requiert pas seulement l'existence d'une puissance, mais également celle d'une cause en acte qui actualise cette puissance. Aristote en propose une illustration à partir d'exemples soigneusement choisis dans le domaine de l'art (le bois et l'art du charpentier) et de la nature, qu'elle soit animale (les menstrues et la semence) ou végétale (la terre et les graines)[2]. Ce faisant, il inscrit la nécessité d'une cause en acte dans tous les cas de génération sur le modèle desquels les théologiens et les physiciens pourraient concevoir l'engendrement du monde lui-même.

L'argument rappelle celui par lequel Aristote, en *Metaph.* Θ 8[3], prouve que l'acte précède chronologiquement la puissance. Replacé dans le cadre de l'hypothèse de l'engendrement du monde, il implique que le monde ne saurait provenir d'une puissance primordiale, sans qu'une cause en acte ne l'actualise et n'en fasse sortir les êtres qu'elle contenait en puissance. Cela ne revient pas seulement à dire que le monde procède de deux principes – une cause motrice en acte, en plus de la puissance –, mais que la puissance ne peut exister indépendamment d'une cause en acte qui s'exerce sur elle, si bien que le monde n'a, en fait, jamais commencé d'exister. Il est impossible, en effet, que cette cause en acte ait elle-même été engendrée, ni qu'elle s'actualise à un certain moment, car d'où son existence ou son actualité pourraient-elles alors provenir, sinon d'une cause en acte et antérieure ? On se retrouverait alors

1. C'est cette critique qu'Aristote formule contre Anaxagore, en *Phys.* VIII 1, 252a14-16, et qui explique qu'il porte sur Empédocle, Démocrite et Leucippe un jugement plus indulgent, puisqu'ils compensent l'engendrement du monde par des principes éternels en acte.

2. Sur la structure en chiasme du passage, voir Ross, *Aristotle. Metaphysics*, *op. cit.*, vol. 2, p. 370.

3. 1049b17-1050a3 et, en particulier, 1049b26-27.

confronté à l'absurdité exposée en *Phys.* VIII 1 et qui a justifié l'éternité du mouvement au début de Λ 6, à savoir qu'il y aurait un mouvement antérieur à au premier [1]. C'est donc de toute éternité qu'une cause en acte actualise la puissance. L'antériorité de l'acte s'en trouve établie, au plan à la fois chronologique et ontologique, car s'il est nécessaire qu'il existe un principe éternellement en acte, il s'avère alors également nécessaire que ce principe ne tire son acte de rien d'autre que de lui-même : c'est l'acte, à présent, qui peut apparaître comme un terme premier, indépendant de la puissance.

[IV. 3] *Critique des partisans de l'éternité du mouvement*

1071b31-37 : « C'est pourquoi certains font l'acte éternel, [...] car cela fait une énorme différence. »

Le second temps de la réponse à l'aporie est aussi celui d'une critique plus nuancée, adressée à ceux qui ont compris, quoiqu'insuffisamment, que l'acte était antérieur à la puissance. Aussi cette seconde critique commence-t-elle par un *satisfecit* adressé à Platon et à Leucippe. Ces derniers auraient compris que le monde ne peut être totalement engendré d'une puissance, puisqu'il n'y aurait alors aucune raison pour que la cause générative de l'univers se mette à agir à un certain moment plutôt qu'à un autre. Aussi posent-ils que le mouvement a toujours existé, de sorte que cet acte, que le mouvement constitue, serait lui-même éternel. L'argument s'inspire sans doute de celui qu'Aristote rapporte en *Phys.* VIII 1 (252a32-b4), au sujet de Démocrite, qui a posé l'éternité du mouvement, contre les partisans de l'engendrement du monde [2]. Une autre source du passage se trouve en *DC* III 2 (300b8-25) [3], où, contre l'hypothèse d'un repos initial, Aristote convoque à la fois Platon, Leucippe et Démocrite, qui soutiennent l'existence éternelle du mouvement, dont témoigneraient, pour le premier, les mouvements désordonnés dont les éléments sont animés avant la fabrication du monde par le démiurge [4], pour les autres, les mouvements perpétuels des atomes dans le vide.

1. Selon S. Menn, *The Aim*, IIIβ2b, p. 14, tout le passage s'inspire de *Physique* VIII 1 et de 252a5-b5 en particulier. Dans ces deux textes, Aristote reproduirait en réalité la critique d'Anaxagore formulée par Démocrite.

2. Selon S. Menn, *The Aim*, IIIβ2b, p. 14.

3. *Cf.* Ross, *Aristotle. Metaphysics*, *op. cit.*, vol. 2, p. 370 ; E. Berti, « Unmoved Mover(s) », art. cit., p. 195.

4. *Timée* 30a. L'automotricité de l'âme du monde paraît mieux fonder l'éternité du mouvement (cf. *Lois* X ou *Phèdre* 245c). La suite du chapitre (de même que *DC* III 2) montre toutefois que ce passage seul autorise les critiques qu'Aristote développera bientôt.

Toutefois, l'éternité de l'acte repose, chez Leucippe et Platon, sur la nature du mouvement premier, non sur celle du principe, de sorte que l'acte ne constitue pas encore un terme indépendant et antérieur. À l'éloge succède donc une série de quatre critiques. La première envisage, d'un point de vue général, la cause du mouvement éternel. *Phys.* VIII 1 (252a32-b4) aide à comprendre le fond de cette critique, au sujet des atomistes [1]. Dans ce texte, en effet, Aristote montre que ce n'est pas parce qu'un phénomène s'est toujours produit qu'il est sans cause, de sorte que Démocrite a eu tort de ne pas rechercher la cause de l'existence éternelle du mouvement [2]. Quant à Platon, à condition qu'on fonde son adhésion à l'éternité du mouvement sur l'existence de mouvements chaotiques et pré-cosmiques, comme on l'a indiqué plus haut [3], la même remarque peut alors lui être adressée, puisque ces mouvement désordonnés sont antérieurs à la mise en activité de la cause démiurgique ou psychique du monde.

C'est du *DC* III 2 que les critiques suivantes s'inspirent. Aristote y formule également (300a10), mais à l'encontre des atomistes uniquement, cette même critique relative à la nature du mouvement éternel, qu'il reproche ici à Leucippe et à Platon de n'avoir pas définie. Et, de fait, l'éternité du mouvement est censée reposer, à leurs yeux, sur une succession de mouvements contigus et désordonnés, alors même que le début du chapitre (1071b10-11) a rappelé que ce n'est qu'à la condition de définir le mouvement comme une translation unique et circulaire qu'on peut en démontrer l'éternité. Par conséquent, Aristote peut souligner, dans une troisième critique, que, pas plus qu'ils n'en ont défini la nature, Leucippe ni Platon n'ont su attribuer au mouvement éternel une cause précise, qui puisse expliquer qu'il soit de telle ou telle sorte [4]. En

1. *Cf.* en ce sens S. Menn, *The Aim*, IIIβ2, p. 15.

2. Voir aussi *Metaph.* A 4, 985b19 et surtout *GA* II 6, 742b17-743a1.

3. Voir en ce sens Elders, *Aristotle's Theology*, *op. cit.*, p. 148-149 ; E. Berti, « Unmoved Mover(s) », art. cit., p. 195.

4. En 1071b34, la leçon des mss (οὐδὲ ὡδὶ οὐδὲ τὴν αἰτίαν) est inintelligible. Depuis Zeller, plusieurs corrections en ont été proposées. Le plus sûr reste que le texte ait initialement comporté la formule ὡδὶ ἢ ὡδί, qui est habituelle chez Aristote, et dont le second membre aurait disparu soit par haplographie, soit par déformation en οὐδέ. C'est ce que supposent les corrections formulées, dans le premier cas par S. Fazzo (οὐδ' ὡδὶ ἢ ὡδὶ, οὐδὲ τὴν αἰτίαν) et par S. Alexandru (οὐδὲ διὰ τί ὡδὶ ἢ ὡδὶ οὐδὲ τὴν αἰτίαν), dans le second, par Diels, que suit Ross (οὐδ' εἰ ὡδὶ ἢ ὡδὶ τὴν αἰτίαν), et par Jaeger (οὐδὲ τοῦ ὡδὶ ἢ ὡδὶ τὴν αἰτίαν). Toutes ces corrections sont convergentes sur le fond et accordent au passage un sens similaire. On suit le texte de Ross, relativement clair d'un point de vue syntaxique, et qui repose sur une correction économique.

expliquant ici que rien ne se meut au hasard, Aristote emprunterait, selon S. Menn [1], les termes de la critique platonicienne des atomistes, en *Lois* X (889a-890b), mais pour les retourner contre Platon, afin de souligner que les mouvements élémentaires du *Timée* sont tout aussi dépourvus de cause que les mouvements atomiques [2].

Dans une dernière critique, Aristote suggère toutefois que les atomistes et Platon ont formulé une réponse lourdement contradictoire à la question de la nature et de la cause du mouvement éternel. Aristote prolonge ici l'ironie du passage, en continuant d'emprunter à Platon ses propre termes [3], mais pour mieux souligner l'erreur dans laquelle il est lui aussi tombé. En *DC* III 2 (300b8-25), il montre en effet que les mouvements atomiques éternels postulés par Leucippe ou Démocrite, de même que les mouvements chaotiques du *Timée*, relèvent de la contrainte. Or tout mouvement contraint est nécessairement second et oblige donc soit à poser un mouvement naturel antérieur, soit à régresser indéfiniment de mouvement contraint en mouvement contraint. Aussi peut-il souligner ici que la question de la nature du mouvement premier est loin d'être anodine, puisque Platon et les atomistes lui ont prêté des caractéristiques qui lui interdisent d'être premier ni éternel.

1071b37-1072a3 : « Mais de plus, Platon [...] à ce qu'il dit. »

Quelle que soit l'association un peu forcée qu'Aristote a maintenue jusqu'ici entre Platon et les atomistes, il ne peut évidemment ignorer tout ce qui les sépare. Platon n'a évidemment pas négligé de poser la question du principe du mouvement dans le monde, et consacre au contraire de longues analyses, dans le *Timée* (30b-37c) ou les *Lois* X (891e-899d), à montrer que, contrairement à ce que prétendent les atomistes, le monde et son mouvement procèdent, non du hasard, mais de l'automotricité d'une âme intellective. Aussi Aristote ajuste-t-il ici sa critique. La charge n'en est pas moins sévère, puisqu'elle revient à pointer une nouvelle contradiction de la doctrine platonicienne. Dans le *Timée* (34c) [4] en effet,

1. S. Menn, *The Aim*, IIIβ2, p. 15.

2. Comme Ross l'a montré (*Aristotle. Metaphysics*, *op. cit.*, vol. 2, p. 370) et comme l'expression parallèle en *GC* II 11, 337a17-18 le suggère (ἀεί τι δεῖ εἶναι), l'expression « ἀλλὰ δεῖ τι ἀεὶ ὑπάρχειν » se réfère plus vraisemblablement à la cause du mouvement qu'au mouvement lui-même.

3. Elders (*Aristotle's Theology*, *op. cit.*, p. 150) signale les occurrences de la formule en *Euthydème* 275c, *Phédon* 80c et 95c, *République* 588a et *Lois* 704c et 782c.

4. Sur le sens de ἐνίοτε, qui ne signifie pas que Platon ne souscrirait pas toujours à l'hypothèse de l'âme du monde, mais qu'il y aurait une contradiction entre le statut qu'il lui

Platon rattache la naissance de l'âme automotrice à celle du ciel lui-même qu'elle est chargée d'animer. Mais il en découle alors que la cause est postérieure à ce qui devrait en être un effet [1] et que le mouvement éternel demeure inexpliqué.

On jugera peut-être injuste [2] le traitement réservé à Platon, dans tout ce passage, non seulement parce qu'Aristote réfère l'affirmation platonicienne de l'éternité du mouvement aux mouvements élémentaires du *Timée*, plutôt qu'à l'automotricité de l'âme du monde, dont les *Lois* soulignent pourtant qu'elle est animée d'un mouvement antérieur à celui des corps, mais également parce qu'il choisit ici de prendre le *Timée* au pied de la lettre, en considérant comme réaliste la chronologie des événements exposée dans le dialogue. La stratégie d'Aristote consiste manifestement à privilégier la lecture du *Timée* à celle des *Lois*. Ce choix facilite assurément le rejet de la théorie platonicienne, mais il n'est pas totalement opportuniste [3]. Le *Timée* exprime mieux ce qu'Aristote tient pour des insuffisances réelles de la doctrine platonicienne qui, quel que soit le primat qu'elle accorde à l'âme et à l'intellect, n'en continue pas moins d'affirmer l'antériorité de la puissance. L'âme du monde, en effet, parce qu'elle est automotrice, comporte une certaine puissance et ne peut donc être première, ni chronologiquement, ni ontologiquement, ce que le récit du *Timée* a l'avantage de mettre en lumière, en faisant le récit de sa naissance. Et, quelle qu'en soit la part mythologique, le *Timée* atteste clairement, aux yeux d'Aristote, que Platon a réellement affirmé l'engendrement du monde. Dans ces conditions, peu importe que cette naissance ait été précédée de mouvements chaotiques éternels. Ils sont une puissance dont le monde est né.

accorde dans les *Lois* et celui du *Timée*, *cf.* L. Elders, *Aristotle's Theology*, *op. cit.*, p. 149 ; E. Berti, « Unmoved Mover(s) », art. cit., p. 196 ; S. Menn, *The Aim*, IIIβ2, p. 16.

1. Alors que les causes motrices sont, par nature, antérieures à leur mobile : 1070a21.

2. *Cf.* Ross, *Aristotle. Metaphysics*, *op. cit.*, vol. 2, p. 370-371, H. Cherniss, *Aristotle's Criticism of Plato and the Academy*, *op. cit.*, p. 414 ; G. S. Claghorn, *Aristotle's Criticism of Plato's* Timaeus, La Haye, M. Nijhoff, 1954, p. 111.

3. Selon Berti, « Unmoved Mover(s) », art. cit., p. 196, la cible du passage résiderait dans les doctrines non-écrites : en référant le mouvement à la dyade (*Metaph.* Γ 2, 1004b28-29) et cette dernière à la puissance et à la matière (A 6, 987b33-988a17), Aristote serait autorisé à considérer comme définitive l'affirmation de mouvements élémentaires antérieurs à l'âme du monde, dont l'un et la dyade seraient les principes. Ce n'est pas impossible, mais la référence aux doctrines non-écrites reste ici silencieuse, alors qu'Aristote ne craint pas de les évoquer plus explicitement, en Λ 10, 1075a32 *sq.*

[IV. 4] *Conclusion de l'aporie*

1072a3-4 : « Donc penser que la puissance est antérieure à l'acte, c'est correct en un sens, ce ne l'est pas en un autre (on a dit comment). »

Au terme de la revue critique de ses prédécesseurs, Aristote propose une conclusion définitive à l'aporie, dont le contenu n'étonnera guère. Il est plus problématique, en revanche, d'identifier à quoi Aristote fait référence, pour appuyer cette conclusion. Renvoie-t-il à la discussion de l'aporie qui vient de s'achever, ou au traitement, bien plus complet qu'il a donné de la question, en *Metaph.* Θ 8 ?

En faveur de la première option, Bonitz[1] a fait valoir qu'un simple εἴρηται ne suffirait pas à constituer un renvoi entre deux livres différents de la *Métaphysique*[2]. Il estime donc qu'Aristote renvoie ici aux lignes 1071b22-26, soit à l'exposé de l'aporie, qui, par sa structure *pro et contra*, propose des raisons de considérer que la puissance est parfois antérieure, puis de nuancer l'affirmation. S. Menn[3] a fortement remis en cause cette interprétation, d'une part en indiquant plusieurs occurrences où le verbe εἴρηται exprime un renvoi entre deux livres différents de la *Métaphysique*, d'autre part en montrant que les lignes 1071b22-26 sont insuffisantes pour qu'Aristote s'estime autorisé à formuler pareille conclusion. Dans la mesure, en effet, où ces lignes ne comportent rien d'autre que l'exposé d'une aporie, il serait absurde de tirer de l'énoncé du problème lui-même celui de sa solution. Ce ne pourrait donc être qu'à Θ 8 qu'Aristote se référerait ici, c'est-à-dire à un chapitre où il a montré que la puissance, au niveau d'un individu, peut être chronologiquement antérieure, mais que l'acte, en revanche, lui est toujours antérieur, au plan à la fois définitionnel, chronologique et ousiologique[4].

On aura compris que, au-delà d'un problème de référence somme toute limité, l'enjeu de la question n'est autre que celui du statut éditorial et scientifique du livre Λ. Car s'il s'avérait qu'Aristote fît effectivement référence, en Λ, à l'un des livres centraux de la *Métaphysique*, ce serait alors la place du traité lui-même qui s'en verrait bouleversée. Λ ne

1. Bonitz, *Commentarius*, *op. cit.*, p. 492, suivi par Ross, *Aristotle*, *op. cit.*, vol. 2, p. 371 ; Reale, *Aristotele, la* Metafisica, *op. cit.*, vol. 2, p. 581 ; Elders, *Aristotle's Theology*, *op. cit.*, p. 153. Elders évoque toutefois la possibilité que la phrase soit un ajout.

2. On notera qu'une formule quasi similaire, en Λ 10, 1075b34 (τοῦτο δ' εἴρηται πῶς), sert à renvoyer à des analyses développées en Λ 6.

3. S. Menn, « *Aporiai* 13-14 », art. cit., p. 258-259 ; *The Aim*, IIIα1, p. 9, IIIβ2, p. 12, 17. Schwegler (*Die Metaphysik des Aristoteles*, *op. cit.*, p. 254) déjà avait signalé un renvoi à Θ 8.

4. Voir en particulier 1049b11-12, dont la formulation est très proche de celle de Λ 6.

pourrait plus passer pour un traité isolé et précoce, proposant un projet métaphysique différent de celui que les livres centraux mènent à bien, mais pour un élément crucial au contraire de ce projet, voire pour son aboutissement.

À dire vrai, compte tenu de la proximité conceptuelle, qu'on a déjà relevée, entre l'analyse de l'acte et de la puissance en Θ et celle dont témoignent Λ et le chapitre 6 en particulier, compte tenu également de la similitude très nette entre le jugement balancé qu'Aristote exprime ici (la puissance est antérieure en un sens, non en un autre) et celui qu'il développe en Θ 8, il paraît raisonnable de lire une référence au traitement de Θ 8. Cela ne constitue peut-être pas un indice définitif de l'ordre dans lequel les traités métaphysiques ont été rédigés, mais cela témoigne, en revanche, de la continuité logique qui réside entre les analyses de Λ 6 et celles de Θ. Λ 6 offre ici un prolongement évident aux démonstrations de Θ 8, en reconduisant au principe absolument premier la notion d'acte, dont Θ 8 établit scrupuleusement qu'elle est par nature antérieure.

Pour autant, il serait excessif de réduire la discussion offerte en Λ 6 à un bavardage dialectique, sans force démonstrative. Les développements de 1071b28-31 contribuent positivement à établir l'antériorité de l'acte sur la puissance, tandis que celle de la puissance sur l'acte reste effectivement attestée par le premier membre de l'aporie, qui, au sens strict, n'affirme rien de faux. Il reste vrai que toute puissance ne passe pas à l'acte. Seule la conclusion qu'on pourrait en tirer, en affirmant l'absolue indépendance de la puissance, s'avère inacceptable. En d'autres termes, la solution de l'aporie qu'Aristote formule ici ne repose sans doute pas seulement sur un renvoi possible à des démonstrations déjà faites, mais aussi sur ce qui a été, certes rapidement – comme partout en Λ –, mais effectivement établi.

1072a4-7 : « Que l'acte soit antérieur, [...] comme Leucippe. »

L'énoncé de la conclusion de l'aporie se prolonge ici, à travers l'affirmation explicite de l'antériorité de l'acte sur la puissance. Conformément au caractère dialectique du passage, Aristote appuie cette conclusion sur les confirmations que certains prédécesseurs peuvent y apporter, en dépit des insuffisances de leurs théories. On peut s'étonner de voir Anaxagore cité, alors même que c'est pour illustrer la position inverse qu'Aristote a évoqué ses travaux, en 1071b28. Son appartenance aux tenants de l'antériorité de l'acte est toutefois motivée, puisqu'Aristote rappelle que le principe premier d'Anaxagore est en acte. L'affirmation s'explique peut-être en raison, soit de l'éternité de l'Intellect anaxagoréen (fr. DK 59 B14), soit de sa pureté (fr. B12)[1]. Peut-être aussi repose-t-elle sur sa causalité motrice[2], dont l'engendrement du monde dépend. Il est clair, en tout cas, que l'actualité de l'Intellect anaxagoréen ne saurait être totale, sans quoi le monde lui-même ne serait pas engendré, puisque son principe intellectif y aurait toujours déjà pourvu. En d'autres termes, c'est une pensée contradictoire que celle d'Anaxagore et qui explique peut-être l'usage contrasté qu'en fait ici Aristote.

On s'étonnera moins, en revanche, de voir mobilisé Empédocle, dont la position, en un sens, est préférable à celle d'Anaxagore. En *Phys.* VIII 1 (250b26-251a5), Aristote montre qu'Empédocle, en posant l'éternelle alternance de l'engendrement puis de la corruption du monde, sous le règne respectif de l'Amitié et de la Discorde, affirme donc, à sa manière, l'existence éternelle du mouvement, de ses principes et, dans cette mesure, de l'acte. Antérieurement à l'engendrement de ce monde-ci, il n'y aurait pas une puissance absolue, puisqu'un monde l'aurait déjà précédé et que chaque état de l'univers serait le produit de l'action, conciliatrice ou séparatrice, d'un principe en acte. Quant à Leucippe, auquel les développements précédents ont montré qu'on pouvait associer Platon, il illustre lui aussi, et mieux même que les philosophes précédents, l'antériorité de l'acte, puisque le mouvement dont il affirme l'éternité n'est précédé d'aucun repos, même périodique. Ces trois physiciens partagent donc une même réussite et une même omission. Tous ont postulé, sous une forme ou sous une autre, l'existence éternelle d'une réalité en acte, mais tous ont omis de s'interroger sur ce qui en est la cause. C'est à quoi la théorie du Premier Moteur a déjà permis de répondre et dont la fin de Λ 6 analysera bientôt les conséquences sur l'articulation des mouvements dans le monde.

1072a7-9 : « Il en résulte que le Chaos [...] l'acte est antérieur à la puissance. »

Aristote referme cette conclusion sur l'énoncé d'une conséquence qui revient, presque mot pour mot, à rejeter définitivement les vues des théologiens, par l'évocation desquelles il avait ouvert l'examen (1071b27). Les physiciens, qui leur avaient été associés, sont ici épargnés, puisqu'Aristote vient de montrer qu'ils ont pu, comme Anaxagore, contrebalancer cette puissance par l'affirmation d'un principe en

1. Voir Elders, *Aristotle's Theology*, *op. cit.*, p. 154.
2. *Cf.* Λ 10, 1075b8 : ὁ γὰρ νοῦς κινεῖ.

acte. Mais il est clair, dans tous les cas, qu'il faut renoncer au modèle mythologique d'explication du monde, dont certains physiciens ont pu s'inspirer. Le monde ne peut avoir été précédé d'une puissance d'une durée infinie. L'insistance sur cette durée indéfinie [1] s'explique en raison de la progression argumentative du texte. Aristote ne s'exprime pas encore tout à fait en son nom propre, mais ménage une forme de consensus entre deux positions favorables à l'antériorité de l'acte et donc à la permanence du même : celle de l'éternité stricte de toutes choses, celle de leur retour périodique, qu'illustre la doctrine d'Empédocle [2]. Or, selon cette dernière option, le monde peut certes avoir été précédé d'une puissance, mais elle-même précédée d'un monde en acte, de sorte que la Nuit ou le Chaos ne peuvent effectivement pas avoir duré indéfiniment. Reste à trancher entre ces deux conceptualisations possibles de l'éternité.

[V] *Le mode de permanence des choses*

1072a9-10 : « Si donc le même existe toujours selon un cycle, il faut que demeure toujours quelque chose qui agisse de la même manière. »

C'est le choix du retour périodique qu'Aristote formule ici. On pourrait s'en étonner. Ne professe-t-il pas l'éternité du monde ? Mais il est clair que l'éternité du monde n'implique pas celle de tout ce qui le compose. Il y a bel et bien alternance de génération et de corruption des êtres sublunaires. Si donc le même ordre se maintient toujours, c'est au sein d'un monde éternel, dans lequel des cycles se répètent indéfiniment [3]. Aristote, en un sens, peut parfaitement souscrire à l'hypothèse empédocléenne du

1. Elders (*Aristotle's Theology*, *op. cit.*, p. 154-155) juge cette durée infinie (ἄπειρον χρόνον) inintelligible. D'une part, explique-t-il, aucune cosmogonie n'invoque un chaos ou une nuit d'une durée infinie, d'autre part, l'argument d'Aristote implique qu'il ne peut y avoir eu quoi que ce soit d'indéfini à l'origine du monde. Il suggère donc de lire χρόνος, et de ponctuer après chaque terme. Aristote nierait donc qu'il y ait jamais eu de chaos, de nuit, mais aussi d'infini ou de temps, avant le monde. Le passage ferait ainsi allusion aux cosmologies pythagoriciennes, qui postulent un infini dont le monde est issu. Pour défendre la leçon des mss, E. Berti (« Unmoved Mover(s) », art. cit., p. 197) explique que, dès lors que le monde a été précédé de la puissance, celle-ci a une fin, mais aucun commencement. L'existence du chaos serait donc toujours d'une durée infinie. L'expression, du reste, est assez habituelle et revient deux fois, au sujet d'Anaxagore en *Phys.* VIII 1, 250b25 et 252a14.

2. *Cf.* Bonitz, *Commentarius*, *op. cit.*, p. 493, Ross, *Aristotle. Metaphysics*, *op. cit.*, vol. 2, p. 371. Selon S. Menn (*The Aim*, IIIβ2, p. 17), Aristote viserait aussi le mythe de Cronos dans le *Politique* de Platon. Même hypothèse chez Elders (*Aristotle's Theology*, *op. cit.*, p. 155-156), qui ajoute une référence possible à la thèse platonicienne de la Grande Année (*Timée* 39d).

3. C'est pourquoi il n'y a pas lieu de suspecter, comme Schwegler (*Die Metaphysik des Aristoteles*, *op. cit.*, p. 255) et Reale (*Aristotele, la* Metafisica, *op. cit.*, vol. 2, p. 581), que περιόδῳ, en 1072a10 soit une glose.

retour périodique du même, mais à une correction près, qui transforme en profondeur cette hypothèse, en faisant porter le cycle, non plus sur le monde lui-même, mais sur les réalités sublunaires qu'il comporte.

S. Menn[1] rappelle que la principale critique qu'Aristote oppose à la doctrine d'Empédocle concerne son incapacité à indiquer une cause de l'éternelle alternance du règne de l'Amitié et de la Discorde. Chacune est une cause, soit du rassemblement des éléments, soit de leur séparation[2] : rien dans leur nature ne saurait donc expliquer que l'une passe à l'acte ou s'efface, au contraire, selon un rythme régulier, de surcroît, qui demeure à expliquer. C'est cet oubli qu'Aristote répare ici, en déduisant de la permanence cyclique du même, non pas d'abord l'existence de deux causes contrastées, qui puissent expliquer l'alternance des êtres et des phénomènes, mais celle d'une cause supérieure et unique, à l'action éternellement identique, qui explique à la fois la mise en activité des causes subordonnées et la stabilité du cycle.

Comme plusieurs interprètes l'ont remarqué[3], Aristote paraît ici revisiter le *Timée* (36c-40b), où Platon décrit les cercles du Même et de l'Autre, constitutifs de l'âme du monde et dont les mouvements règlent ceux de l'univers. Ici, c'est la tâche dévolue au cercle du Même que cette cause de permanence doit assumer. Au sein de la pensée aristotélicienne, en revanche, on peut hésiter à identifier cette cause, soit au mouvement de la sphère des fixes[4], soit au Premier Moteur lui-même[5]. En vérité, il est vraisemblable qu'il ne faille pas dissocier l'une de l'autre la référence au mouvement premier et celle au moteur premier. De fait, on ne peut expliquer la permanence du même dans le monde, l'éternité des espèces par exemple, sans la référer au mouvement circulaire du premier ciel. Mais tout le chapitre a suffisamment montré que ce mouvement premier tient son existence, son éternité et sa régularité d'un moteur actuel, qu'Aristote ne peut pas ne pas implicitement inclure ici dans son raisonnement, alors même qu'il a reproché à Leucippe et à Platon de ne pas s'interroger sur la cause du mouvement éternel. C'est donc sans doute à cette unité fonctionnelle que composent la motricité de la substance immobile et son effet qu'Aristote songe ici.

1. S. Menn, *The Aim*, IIIβ1, p. 20-27.
2. Cf. *Phys.* VIII 1, 252a19-b5. Voir également *Metaph.* B 4, 1000b12-17.
3. S. Fazzo, *Commento*, *op. cit.*, p. 300-301 ; S. Menn, *The Aim*, IIIβ2, p. 20-21.
4. Identification la plus couramment acceptée. Voir, en ce sens, Ross, *Aristotle. Metaphysics*, *op. cit.*, vol. 2, p. 371 ou E. Berti, « Unmoved Mover(s) », art. cit., p. 198.
5. Selon Elders, *Aristotle's Theology*, *op. cit.*, p. 156 et Menn, *The Aim*, IIIβ2, p. 22.

1072a10-12 : « Si, en revanche, il doit y avoir génération et corruption, il faut que quelque chose d'autre existe qui agisse toujours dans un sens et dans un autre. »

Le raisonnement précédent a permis d'expliquer la permanence de l'ordre universel, non pas que cette permanence se réalise à travers un cycle. C'est ce que cette nouvelle étape permet d'établir, en référant l'existence de deux phénomènes contraires – génération et corruption – à deux processus causaux eux-mêmes contraires. On notera le caractère très abstrait du raisonnement, qui ne précise pas même l'objet de la génération et de la corruption – le monde lui-même selon Empédocle, les êtres sublunaires, selon Aristote – permettant ainsi d'élaborer un schéma causal plus largement valable. On notera surtout que c'est à la double activité d'une seule et même cause qu'Aristote choisit ici de référer l'explication de deux phénomènes contraires, et non à l'activité unique de deux causes contraires, comme on pourrait spontanément s'y attendre et comme la théorie d'Empédocle l'illustre.

Plusieurs raisons complémentaires peuvent expliquer ce choix. Aristote prolonge ainsi le schéma platonicien du *Timée*, en attribuant à un seul et même principe la cause de diversité et de changement assumée par le cercle de l'Autre. C'est aussi ce que doit concrètement traduire, à ses yeux, le mouvement du Soleil, dont la trajectoire sur l'écliptique explique la succession des saisons et des phénomènes de réchauffement puis de refroidissement, propices à la génération et à la corruption[1]. Mais d'un point de vue formel, rattacher à une seule et même cause ces phénomènes contraires répond aussi à un principe d'économie, dont la suite du passage montrera l'importance.

1072a12-18 : « Il est donc nécessaire [...] pourquoi donc faudrait-il chercher d'autres principes ? »

Si une seule et même cause peut rendre compte de la génération et de la corruption, il reste à introduire, au sein de son activité, un facteur de diversité qui explique qu'elle agisse en sens contraires. C'est pourquoi Aristote réfère ici les deux activités de cette seconde cause à deux facteurs causaux différents. Le premier correspond à la nature de cette seconde cause, tandis que le second doit procéder d'un élément causal extérieur, puisque la nature d'une même chose ne peut être à l'origine de deux changements contraires. Apparaît alors une alternative : soit ce

1. *Cf.* en particulier *GC* II 10, 336a23-b26. Voir aussi *Meteor.* I 9, 346b20-23.

facteur causal extérieur correspond à la cause de permanence du même, soit à une troisième cause. La conclusion d'Aristote, en 1072a14-15, montre clairement sa préférence pour la première hypothèse. La clef du raisonnement repose manifestement sur un principe d'économie. Le détail de l'argument s'avère toutefois obscur, en raison à la fois d'une difficulté textuelle et du flou dont Aristote entoure son raisonnement, en usant de démonstratifs dont il ne précise pas les référents.

En suivant la leçon des principaux mss EJC (αὑτῷ en 1072a15)[1], on propose la construction suivante du passage[2] : Aristote explorerait ici les conséquences de l'existence d'une troisième cause, en montrant que cette troisième cause (ἐκεῖνο) serait alors cause à la fois de sa propre activité (αὑτῷ) et d'une partie de celle du Soleil, en raison de l'influence qu'elle exercerait sur lui. Mais ce serait à une démultiplication bien inutile des causes qu'on serait alors contraint, puisqu'en voulant éviter de rattacher les phénomènes contraires de la génération et de la corruption à deux principes distincts, on aurait tout de même été conduit, pour expliquer l'activité contrastée de cette cause unique, de poser l'existence d'un autre principe de même rang[3].

Dans tous les cas, et quelles que soient la leçon et l'interprétation retenues, il est clair que l'argument repose sur un principe d'économie,

1. Leçon également attestée par la paraphrase de Thémistius et les deux versions arabes citées par Averroès. Les éditeurs (Bonitz, Ross, Jaeger et S. Alexandru) ont le plus souvent privilégié la leçon αὐτῷ (mss A ^{b}M, ainsi qu'une citation du ps.-Alex.) qu'ils rattachent au Soleil. Ils interprètent donc la ligne a14-15 comme présentant un raisonnement contrefactuel, énonçant les conséquences indésirables de l'existence d'une troisième cause. Dans ce cas, la cause de permanence du même serait, en raison de son caractère premier et englobant, une cause à la fois de la seconde et de la troisième, elle-même censée agir sur la seconde. Aristote poursuivrait donc en montrant qu'il vaut mieux simplifier le raisonnement, en rattachant le facteur causal extérieur qui s'exerce sur le Soleil à la première cause directement. Voir la reconstruction de l'argument par Ross, *Aristotle. Metaphysics*, *op. cit.*, vol. 2, p. 372, suivi par E. Berti, « Unmoved Mover(s) », art. cit., p. 198.

2. Cette leçon pourrait autoriser une autre construction, en référant le raisonnement (et donc le démonstratif ἐκεῖνο de la ligne a14) à la cause du même, dont Aristote dirait qu'elle est cause à la fois de son propre mouvement et de celui du Soleil, qui lui est subordonné. Le raisonnement autoriserait alors Aristote à conclure que, puisque la cause du même s'exerce déjà sur le Soleil, en raison de son statut, on n'aurait nul besoin de postuler une troisième cause. En ce sens, *cf.* M.-P. Duminil, A. Jaulin, *Aristote. Métaphysique*, *op. cit.*, p. 391, n. 1 ; S. Fazzo, *Il libro* Lambda, *op. cit.*, *ad loc.* et p. 273-274, et *Commento*, *op. cit.*, p. 299 ; S. Menn, *The Aim*, IIIβ2, p. 19, n. 39. Dans cette interprétation cependant, on pourrait s'étonner qu'Aristote emploie le pronom ἐκεῖνο (« celle-là ») pour mentionner la cause du même, alors qu'il vient tout juste de la désigner par le pronom τοῦτο (« celle-ci »). En outre, l'adverbe πάλιν encourage à penser qu'on a ici affaire à un raisonnement contrefactuel, ce dont cette lecture ne rend pas compte.

3. Hypothèse partiellement formulée par Elders, *Aristotle's Theology*, *op. cit.*, p. 158.

qui encourage à se dispenser de l'hypothèse d'une troisième cause. La génération et la corruption procèdent donc, pour l'une, de l'activité naturelle de la seconde cause, pour l'autre, de l'influence que la première a sur elle. Comme dans le *Timée* (36c, 39a, 40a-b), où Platon souligne la domination du cercle du Même sur celui de l'Autre, la causalité du Soleil est soumise à celle de la sphère des fixes, de sorte que la génération et la corruption se produisent continûment[1]. Et c'est précisément ce qu'Aristote souligne à la fin de ce raisonnement (1072a15-17), en montrant que la combinaison de ces deux causes permet d'argumenter la permanence cyclique du même.

Il faut avouer cependant que ce schéma peine à trouver un corrélat convaincant, au sein du modèle astronomique aristotélicien[2]. Initialement en effet, cette combinaison n'a pas pour but d'expliquer la continuité de la génération et de la corruption[3], mais la possibilité que l'un des deux phénomènes contraires puisse bel et bien se produire. Par suite, il faudrait comprendre que le Soleil serait cause par soi du réchauffement et de la génération, tandis que ce serait l'influence exercée sur lui par la sphère des fixes qui serait cause de la corruption. Mais, ce faisant, ce serait du côté de la destruction que la cause de la permanence se verrait contradictoirement ramenée. Du reste, ce schéma ne correspond pas à la compréhension aristotélicienne du mouvement du Soleil sur l'écliptique qui lui appartient tout entier. C'est pourquoi certains interprètes rattachent le mouvement par soi du Soleil à sa course sur l'écliptique et celui que le Soleil doit à la sphère des fixes, à son mouvement diurne[4]. Toutefois, le problème demeure, puisque ce second mouvement ne permet pas d'expliquer la génération ni la corruption, qui devraient donc toutes deux être rattachées au mouvement par soi du Soleil.

Une solution consiste à pleinement tirer les conséquences de l'abstraction considérable de tout ce raisonnement. Car ce n'est peut-être pas pour exposer son propre modèle astronomique qu'Aristote l'élabore ici, sans quoi il procèderait avec plus de clarté. Il est possible, au contraire, qu'il s'efforce d'offrir un schéma général, permettant d'affirmer l'éternité cyclique de l'ordre cosmique, qu'il n'est pas le seul à défendre, mais

1. C'est sur cette combinaison des mouvements qu'Aristote insiste dans le *GC* II 10, 336a23-b26.

2. Voir S. Menn, *The Aim*, IIIβ2, p. 19, qui souligne la difficulté.

3. Selon Alexandre et Averroès : *Grand Commentaire*, *op. cit.*, p. 205-206, 210-211.

4. C'est, du reste, ce que le schéma de Λ 8 exposera. *Cf.* Ross, *Aristotle. Metaphysics*, *op. cit.*, vol. 2, p. 372 ; E. Berti, « Unmoved Mover(s) », art. cit., p. 199 ; S. Menn, *The Aim*, IIIβ2, p. 21.

dont il veut proposer une version corrigée. Aussi établit-il, contre ses prédécesseurs et Empédocle surtout, qu'il existe en tout premier lieu, une cause de permanence qui assure au cycle sa continuité. Aussi s'efforce-t-il ensuite, contre Empédocle toujours, de ne pas référer les différentes phases de ce cycle à deux causes dédiées.

Tout le raisonnement, on l'a vu, est guidé par un principe d'économie, qui obéit sans doute pour partie à une règle argumentative générale, mais pour partie également à un objectif plus précis. C'est ce qu'exprime assez clairement la dernière phrase du chapitre, par laquelle Aristote indique que le modèle d'articulation des mouvements et de leurs causes dispense de postuler des principes supplémentaires. La remarque souligne bien entendu l'exhaustivité des principes dégagés jusqu'à ce point, dans un style qui n'est pas inhabituel en Λ. Mais il est vraisemblable qu'elle obéit à un objectif critique plus précis. Certains interprètes [1] songent à une ultime critique des Idées. Compte tenu de l'étude que cette remarque vient clore, on pourrait penser que l'interlocuteur privilégié d'Aristote ne soit pas Platon, du moins pas à travers sa théorie des Idées, mais les tenants du cycle universel, et Empédocle en premier lieu. Or, la théorie empédocléenne postule effectivement un principe moteur supplémentaire, une cause tout entière dédiée à l'explication de la corruption – la Discorde –, qui apparaît à Aristote comme un mal principiel [2], alors même qu'il ne peut y avoir aucun mal, ni aucune corruption parmi les principes [3]. Si donc, afin d'éviter cette difficulté, c'est à un même principe qu'il faut rattacher à la fois la génération et la corruption, il s'avère structurellement nécessaire d'expliquer l'un des phénomènes par la causalité par soi du principe, l'autre par une causalité extérieure qui ne puisse pas constituer un principe de corruption à part entière. Aussi n'y a-t-il guère d'autre choix que d'articuler la cause de permanence à celle de la diversité, ce qui présente l'avantage de fonder en raison la stabilité du cycle universel.

1. Ross, *Aristotle. Metaphysics*, *op. cit.*, vol. 2, p. 372 ; E. Berti, « Unmoved Mover(s) », art. cit., p. 199.

2. *Metaph.* A 4, 984b32-985a10 ; Λ 10, 1075b7-8.

3. *Metaph.* Θ 9, 1051a19-21. Je me permets de renvoyer sur ce point à mon article « Principe du bien et principe du mal chez Aristote », *Chora. Revue d'études anciennes et médiévales* 15, 2017.

Commentaire au chapitre 7

Résumé du chapitre

[I] *Après une rapide transition, qui rappelle l'antériorité de l'acte et l'existence d'un moteur éternel (1972a19-24),* [II] *Aristote s'attache à prouver l'immobilité de ce moteur (1072a24-26).* [III] *Surgit alors le problème du mode de causalité de la substance immobile, qu'Aristote définit comme une causalité finale, reposant sur l'amour du premier ciel pour une substance motrice désormais décrite comme excellente et suprêmement intelligible (1072a26-b4).* [IV] *Cette excellence est ensuite traduite en termes de nécessité substantielle et de principialité (1072b4-14).* [V] *La suite du chapitre s'interroge sur le mode de vie de cette substance et le définit comme une contemplation éternelle et excellente de soi-même, dont découlent la vitalité et la divinité de la substance immobile (1072a14-30). Le chapitre se referme sur une double conclusion :* [VI] *l'une, de nature polémique, qui défend contre Speusippe, l'association du principe et du bien (1072b30-1073a3),* [VII] *l'autre, qui dresse le bilan des caractéristiques du Premier Moteur et insiste sur sa séparation (1073a3-13).*

[I] *Transition et bilan*

1072a19-24 : « Mais puisqu'il est possible qu'il en soit ainsi […]. Il existe donc aussi quelque chose qui meut. »

L'étroite connexion du chapitre 7 au précédent s'exprime dans cette transition, par laquelle Aristote dresse le bilan des résultats de Λ 6. Cette transition comporte deux étapes, qui reprennent les deux temps principaux de l'enquête de Λ 6. Dans un premier temps (a19-21), Aristote rappelle brièvement la discussion de l'antériorité de l'acte. Le schéma d'explication de l'éternité périodique du même, développé à la fin de

Λ 6 (1072a9-17), n'est pas à exclure de cette reprise, puisque ce schéma découle directement de l'antériorité de l'acte sur la puissance et du refus de l'hypothèse d'une puissance primordiale[1].

Dans un second temps (1072a21-24), Aristote résume les acquis de la première partie de Λ 6. Il en rappelle deux points et en introduit un troisième. Le premier élément de rappel concerne l'éternité du mouvement (*cf.* 1071b5-11). En associant ici le caractère incessant (ἄπαυστον, 1072a21) de ce mouvement à son éternité, Aristote en souligne la continuité, dans des termes très proches de ceux de *Phys*. VIII 1 (250b13-14)[2], prolongeant ainsi la parenté démonstrative déjà soulignée entre Λ 6 et *Phys*. VIII. Le second élément de rappel concerne l'existence d'un moteur[3]. On note le caractère affirmatif du passage, qui substitue aux formulations hypothétiques de Λ 6 un énoncé catégorique, plus conforme à ce temps de reprise. Cette transition témoigne toutefois d'une nouveauté. A. Laks souligne, en effet, le ton plus concret du passage, qui rompt avec l'abstraction considérable dont le chapitre 6 a fait preuve. Aristote ne résume pas ici simplement les résultats logiques de sa démonstration, mais il en appelle aux faits[4]. Et, à la différence de Λ 6, il se concentre davantage sur le mobile éternel que sur son mouvement, conformément à la priorité de la substance, rappelée en 1071b5-6. Aussi précise-t-il, pour la première fois en Λ, l'identité de ce mobile : le premier ciel, c'est-à-dire la sphère des fixes.

1. La proximité des οὕτως, à la fin de Λ 6 (1072a17) et dans ce début de Λ 7 (οὕτω et οὕτως, 1072a19) renforce la continuité entre ce passage et le début de Λ 7. Voir en ce sens S. Fazzo, *Commento*, *op. cit.*, p. 308-309. Voir aussi A. Laks, « *Metaphysics* Λ 7 », art. cit., p. 214.

2. Rapprochement observé par R. Brague, *Aristote et la question du monde*, Paris, Presses Universitaires de France, 1988, p. 430, également souligné par A. Laks, « *Metaphysics* Λ 7 », art. cit., p. 214.

3. On pourrait rattacher cette mention du moteur à la section suivante, comme le propose A. Laks, « *Metaphysics* Λ 7 », art. cit., p. 215. Il s'agit clairement d'une charnière qui permet à la démonstration d'avancer, mais qui n'en découle pas moins de ce qui précède.

4. A. Laks (*ibid.*) propose soit de supprimer la parenthèse, soit de l'étendre jusqu'en 1072a23, car c'est l'appel aux faits qui, à ses yeux, sous-tend l'identification du mobile éternel comme premier ciel (voir aussi S. Fazzo, *Il libro* Lambda, *op. cit.*, p. 274). Le balancement entre λόγῳ et ἔργῳ donne toutefois à penser que c'est le même point que ces deux sources d'évidence doivent argumenter. Or c'est l'éternité du mobile, non son identité astronomique, que le raisonnement peut fonder. Du reste, on note un appel aux faits identique, en faveur de l'éternité du ciel, en *DC* I 3, 270b11-16.

[II] *Preuve de l'immobilité du Premier Moteur*

1072a24-26 : « Mais puisque ce qui est mû [...] éternel, substance et acte. »

L'unité démonstrative que forment Λ 6 et Λ 7 se constate encore ici, dans ce passage consacré à faire la preuve de l'immobilité de la substance motrice première, conformément au programme énoncé au début de Λ 6, 1071b4-5. Le passage mobilise la notion d'intermédiaire (μέσον), dont l'immobilité du Premier Moteur est censée découler, mais en vertu d'une ligne argumentative que le texte ne formule pas clairement. Ross[1] justifie l'inférence ainsi : Aristote rappellerait dans ce passage qu'il existe deux genres de moteurs, selon qu'ils sont mus ou immobiles. Or, en qualifiant les premiers d'*intermédiaires*, il montrerait donc qu'ils ne correspondent pas au moteur *premier* qu'il recherche et qui doit donc être immobile. Comme Bonitz le premier l'a indiqué, cette bipartition des moteurs repose sur un argument plus développé, qu'Aristote mentionne à plusieurs reprises, en *Phys*. VIII 5 (256b20-24), en *DMA* 6, (700b35-701a2), ou en *DA* III 10 (433b13-15). Il s'agit d'un schéma tripartite du mouvement, dont les extrêmes seraient le mobile non-moteur et le moteur non-mû, reliés entre eux par un moyen terme – le moteur-mû.

Cette interprétation du passage soulève toutefois un certain nombre de problèmes textuels, puisqu'un καὶ (« et ») sépare deux notions qui, dans cette lecture, devraient aller de pair : celle de moteur mû et celle d'intermédiaire[2]. Aussi les éditeurs ont-ils pris coutume de corriger le passage, soit en intervenant directement sur le texte[3], soit en suspectant

1. Ross, *Aristotle. Metaphysics*, *op. cit.*, vol. 2, p. 374.

2. Les éditeurs du texte ont généralement travaillé sur la leçon suivante, transmise par les mss JA b et, partiellement, par le ms E : ἐπεὶ δὲ τὸ κινούμενον καὶ κινοῦν καὶ μέσον τοίνυν ἔστι τι ὃ οὐ κινούμενον κινεῖ. Dans le ms E, l'article τὸ précédant κινούμενον est ajouté au-dessus de la ligne, mais il a généralement été lu comme appartenant à la leçon transmise par E. On y revient p. 237, n. 2. Ce texte pose un autre problème, dont les conséquences interprétatives sont plus limitées : il s'agit de la place de l'adverbe τοίνυν qui, selon la ponctuation la plus naturelle qu'on donnera au texte, se retrouvera à l'initiale de la proposition principale, ce qui s'avère grammaticalement incorrect. Brandis, Bekker et Christ ponctuaient de telle sorte que τοίνυν ne figure pas en tête de la proposition : ἐπεὶ δὲ τὸ κινούμενον καὶ κινοῦν, καὶ μέσον τοίνυν ἔστι τι ὃ οὐ κινούμενον κινεῖ. Le passage devient alors franchement incompréhensible : le moteur immobile n'est pas un intermédiaire.

3. Bonitz propose de supprimer le καὶ problématique et d'intervertir l'ordre des mots τοίνυν ἔστι en ἔστι τοίνυν (cf. *Observationes criticae in Aristotelis libros metaphysicos*, Berlin, A. H. Hayn, 1842, p. 125-126 ; *Commentarius*, *op. cit.*, p. 495). C'est ce texte qu'éditent Schwegler et, plus récemment, S. Alexandru. Au sujet de τοίνυν, Ross indique deux autres possibilités : sa suppression ou sa correction en κινοῦν (*Aristotle. Metaphysics*, *op. cit.*, vol. 2, p. 374). En faveur de la première hypothèse, voir également A. Laks, « *Metaphysics* Λ 7 », art. cit., p. 219, qui suspecte une dittographie.

une lacune. Compte tenu, en effet, du caractère ramassé de l'argument, certains ont proposé, sur la base de textes parallèles, en *Phys*. VIII 5 en particulier, de suppléer les éléments manquants, afin de retrouver ici le triptyque habituel des mus et des moteurs [1].

Reste à comprendre pour quelle raison l'immobilité du Premier Moteur peut être déduite de cette série. Une solution serait d'envisager que l'argument repose sur une relation de symétrie inversée entre les termes extrêmes de ce triptyque. La notion d'intermédiaire rendrait cela possible : composé des deux qualités des extrêmes – la mobilité et la motricité – le moteur intermédiaire serait dans un rapport analogue à chacun des extrêmes. Si donc l'une de ses qualités pouvait exister seule, comme on le constate au sujet de la mobilité, l'autre le pourrait également. L'argument remonte à Alexandre [2] et se retrouve depuis, à quelques nuances près, chez la quasi totalité des commentateurs. Selon Manuwald [3], il serait significatif que ce soit à cet argument par symétrie qu'Aristote s'en remette ici. De nature plus métaphysique, il serait parfaitement à sa place en Λ, tandis que l'impossibilité de la régression à l'infini constituerait, selon Manuwald, un argument plus physique et moins concluant, qui ne permettrait pas d'établir l'existence d'un moteur immobile, mais seulement d'un moteur qui n'est mû par rien d'autre que lui-même.

On peut adresser deux objections majeures à cette interprétation [4]. La première en concerne l'esprit. Il est indéniable que l'immobilité du

1. Bonitz (*Observationes criticae in Aristotelis libros metaphysicos*, *op. cit.*, p. 125-126 ; *Commentarius*, *op. cit.*, p. 496) propose donc : ἐπεὶ δὲ τὸ μὲν κινούμενον καὶ μὴ κινοῦν, τὸ δὲ κινούμενον καὶ κινοῦν, καὶ τρίτον τοίνυν ἔστι τι ὃ οὐ κινούμενον κινεῖ […]. De même, Jaeger propose, dans son apparat : ἐπεὶ δὲ <τὸ κινούμενον καὶ οὐ κινοῦν ἔσχατον καὶ> τὸ κινούμενον καὶ κινοῦν μέσον, <ἕτερον/τρίτον> τοίνυν ἔστι τι ὃ οὐ κινούμενον κινεῖ […]. Sur la base de la paraphrase de Thémistius, Jackson fait l'hypothèse d'une corruption de μή, ὂν en μέσον, et suggère : ἐπεὶ δὲ τὸ κινούμενον καὶ κινοῦν καὶ μή, ὂν τοίνυν ἔστι τι ὃ οὐ κινούμενον κινεῖ. *Cf.* également, dans un autre ordre d'idée, la conjecture de C. Diano (« Le Professeur Diano explique Aristote, *Métaphysique* 12, 1072a24 », dans C. Diano, *Studi i saggi di filosofia anica*, Padova, Antenore, 1973, p. 283-286) : ἐπεὶ δὲ τὸ κινούμενον καὶ κινοῦν καὶ <μή>, μέσον τοίνυν ἔστι τι ὃ οὐ κινούμενον κινεῖ.

2. Alexandre d'Aphrodise, *ap.* Averroès, *Grand Commentaire*, *op. cit.*, p. 214-215 ; *De principiis*, § 29-31.

3. B. Manuwald, *Studien zum Unbewegten Beweger in der Naturphilosophie des Aristoteles*, *op. cit.*, p. 35-40.

4. Une objection mineure serait qu'elle est inutilement invasive. Comme l'ont montré L. Elders (*Aristotle's Theology*, *op. cit.*, p. 164) et A. Laks (« *Metaphysics* Λ 7 », art. cit., p. 219), la conjonction καί, précédant μέσον, peut avoir un sens adverbial et conforter l'hypothèse d'une bipartition entre un moteur mû et *aussi* intermédiaire et un autre immobile.

Premier Moteur repose ici sur le contraste entre son statut de principe et celui d'intermédiaire du moteur mû. Et il est évident que ce contraste prend sens, pour Aristote, en raison du schéma tripartite du mouvement. Les notions de désirable et d'intelligible, moteurs non mus, qu'Aristote introduira bientôt (1072a26), suggèrent que ce schéma soit d'ores et déjà à l'œuvre. Mais il est tout aussi clair que le principe d'une symétrie entre les extrêmes de cette série n'est pas le ressort argumentatif principal de l'argument. Car si le premier terme de ce trio est un moteur non-mû, ce n'est pas par symétrie avec le mobile non-moteur, mais en raison de son statut de principe. Et, inversement, si le moteur-mû peut être qualifié d'intermédiaire, ce n'est pas d'abord parce qu'il se tiendrait entre deux extrêmes, mais parce qu'il est ce par quoi le moteur premier peut mouvoir. En d'autres termes, ce schéma ne se fonde pas tant sur l'idée d'une symétrie entre les extrêmes que sur la logique même de l'impossibilité de la régression à l'infini, qui implique que la chaîne des moteurs et des mus s'arrête à un moteur premier qui, en raison même de son statut principiel, ne peut lui-même être mû [1].

Une seconde objection, pointée par S. Fazzo, concerne les référents des notions en présence. Chacune des lectures mentionnées plus haut donne une tournure abstraite au raisonnement : ce serait d'un moteur intermédiaire envisagé en général, ou bien d'une triade mû-moteur-intermédiaire tout aussi abstraitement conçue, qu'il s'agirait ici. Or on peut tout aussi bien envisager que ce soit du mobile éternel (cité à la ligne a21) qu'Aristote parte dans ce raisonnement, afin de montrer, au moyen d'une double prédication, soutenue par une structure de coordination banale (καὶ...καὶ...), que, puisqu'il est à la fois moteur (comme Λ 6, 1072a9-17 l'a montré) et intermédiaire, son moteur doit donc lui-même être immobile [2]. Le passage s'en trouve nettement amélioré. Mieux intégré

Quant à l'hypothèse selon laquelle c'est le triptyque des moteurs et des mus que le texte mentionnerait, S. Fazzo a suggéré que l'article τὸ puisse introduire une sorte de citation schématique de l'argument : « le mû-moteur-intermédiaire » ou bien encore « le mû, le moteur et l'intermédiaire ». Voir S. Fazzo, « Sur la composition du traité dit *De Motu Animalium* : contribution à l'analyse de la théorie aristotélicienne du Premier Moteur », dans A. Laks, M. Rashed (éd.), *Aristote et le mouvement des animaux, dix études sur le* De Motu Animalium, Villeneuve d'Asq, Presses universitaires du Septentrion, 2004, p. 218.

1. Sur la pertinence de l'argument de l'impossibilité de la régression à l'infini dans ce passage, voir A. Laks, « *Metaphysics* Λ 7 », art. cit., p. 217-219, et S. Fazzo, *Commento*, *op. cit.*, p. 89-90 et 310–315.

2. Cette interprétation s'appuie, chez S. Fazzo (*Il libro* Lambda, *op. cit.*, p. 275-280), sur la leçon des mss MC, ainsi que du ms E, dans lequel l'article τὸ qui précède κινούμενον est ajouté au-dessus de la ligne : ἐπεὶ δὲ κινούμενον καὶ κινοῦν καὶ μέσον, τοίνυν ἔστι τι ὃ οὐ

à son contexte, il fait ressortir la structure argumentative de la section tout entière : de l'existence d'un mobile éternel, Aristote déduirait, dans un premier temps (1072a21-24), celle d'un moteur, dans un second temps, l'immobilité de ce moteur. En outre, dans cette hypothèse, on n'a plus à s'étonner de la conjonction qui précède la notion d'intermédiaire, puisque dorénavant cette conjonction ne sépare plus la notion d'intermédiaire de celle de moteur-mû, mais les réunit, au contraire. Enfin, on comprend aussi plus aisément qu'Aristote conclue à l'immobilité du premier moteur : du fait même que le premier ciel est un moteur intermédiaire, son moteur, qui est nécessairement le premier de tous, ne peut être qu'immobile. Les démonstrations de *Phys.* VIII 5, et plus généralement le schéma tripartite du mouvement, sont loin d'être étrangers à cette conclusion, mais en vertu, non d'une bipartition abstraite des moteurs à replacer dans le cadre d'un argument par symétrie, mais des conséquences de l'impossibilité de la régression à l'infini sur l'immobilité du premier moteur d'une série.

Comme le signale A. Laks [1], ce recours tacite aux démonstrations de la *Physique* porte toutefois la marque de son contexte, puisqu'Aristote l'intègre à un rappel des qualités du Premier Moteur, établies en Λ 6 – éternité, substantialité et actualité. À l'exception de la première, ces qualités n'ont jamais été évoquées en *Phys.* VIII. Ce rappel témoigne ainsi de la nature scientifique particulière de cette étude, qui adopte sur le Premier Moteur un point de vue, non pas physique, mais ousiologique, et parvient donc à en éclairer la nature. On peut même envisager que cette seconde remarque constitue plus qu'un rappel des déterminations du Premier Moteur, mais une seconde preuve de son immobilité [2], qui en formule des raisons proprement métaphysiques, fondées non plus sur la considération du mouvement et de la série des moteurs, mais sur la nature de la substance motrice qui, en raison de sa pure actualité, ne peut être mue.

κινούμενον κινεῖ [...]. C'est cette interprétation qu'on retient ici, à deux modifications textuelles près, qui n'en changent pas la teneur. On choisit, d'une part, conformément aux indications de Bonitz, de souscrire à l'interversion de τοίνυν ἔστι en ἔστι τοίνυν, interversion dont S. Alexandru a montré qu'elle était philologiquement probable (cf. *Aristotle's* Metaphysics *Lambda*, *op. cit.*, p. 139-140). On choisit, d'autre part, de ne pas athétiser l'article τὸ, qui reste bien attesté dans les deux familles de mss (je remercie P. Golitsis d'avoir discuté de ce point avec moi). On s'évite ainsi une légère tautologie qui, dans le leçon de S. Fazzo, invite à lire que le mobile éternel est mû.

1. A. Laks, « *Metaphysics* Λ 7 », art. cit., p. 219.

2. Comme on l'a déjà observé plus haut : voir p. 216. Voir aussi A. Laks, « *Metaphysics* Λ 7 », art. cit., p. 219.

[III. 1] *Le mode de causalité de la substance immobile – Deux modèles de réflexion*

1072a26-27 : « Or c'est ainsi que meuvent le désirable et l'intelligible : ils meuvent sans être mus. »

En prouvant l'existence d'une substance immobile, les analyses précédentes ont soulevé un nouveau problème : comment donc un moteur immobile peut-il mouvoir ? De fait, la *Physique* enseigne que c'est généralement en étant mû qu'un moteur meut son mobile, en lui transmettant par contact le mouvement qui l'anime [1]. C'est à cette difficulté qu'Aristote souhaite répondre dans la section qui s'ouvre ici et dont les résultats sont parmi les plus célèbres et les plus abondamment commentés de la *Métaphysique* tout entière.

Dans un premier temps, cette réponse convoque les notions de désirable (ὀρεκτόν) et d'intelligible (νοητόν), qui constituent deux exemples ordinaires de moteurs immobiles [2], dont Aristote souligne à plusieurs reprises qu'ils occupent, au sommet de la chaîne des moteurs et des mus, une position analogue à celle qu'il vient de prêter au Premier Moteur : l'objet du désir ou de l'intellect sont des principes immobiles d'un être vivant, qu'ils mettent en mouvement au moyen d'un moteur-mû, correspondant respectivement à la faculté désirante ou intellective [3]. C'est à partir de ces deux paradigmes qu'Aristote va modeler sa réflexion concernant la substance première. À ce stade, la comparaison ne porte encore explicitement que sur la motricité de l'immobile, non sur le ressort de cette motricité : si le désirable et l'intelligible sont mentionnés, c'est parce qu'ils meuvent comme le Premier Moteur, c'est-à-dire en restant immobiles, non parce qu'ils mouvraient tous au même titre, c'est-à-dire comme finalité. Il est toutefois probable, et la suite de la démonstration l'exigera, que la comparaison entre ces trois termes s'élargisse à ce point également.

1. *Cf.* par exemple *Phys.* III 2, 202a7-9 ; *GC* I 6, 323a25-28. Voir aussi Théophraste, *Metaph.* 5a4-5.

2. *DA* III 10, 433a13-15, 433b11-12 ; *DMA* 6, 700b17-24.

3. *DA* III 10, 433b13-18 ; *DMA* 6, 700b35-701a2. A. Laks (« *Metaphysics* Λ 7 », art. cit., p. 222) note que cela suppose qu'Aristote revienne sur les analyses du *GC* I 7, 324b13-18, où la fin n'est motrice que par métaphore : ce n'est pas la santé qui guérit le patient, mais la médecine et le médecin. Cependant, la contradiction n'est peut-être qu'apparente, car même ici, la fin ne peut mouvoir que parce qu'elle dispose d'un relais efficient, le désirable et l'intelligible ne peuvent mouvoir que parce qu'ils sont effectivement conçus et désirés.

[III. 2] *Identité du premier désirable et du premier intelligible*

1072a27 : « Les premiers d'entre eux sont identiques. »

C'est à faire la preuve de cette identité qu'Aristote se consacre jusqu'en 1072b1, en procédant essentiellement en deux temps : 1. en reconduisant le caractère désirable d'une chose à l'intellection qu'on en a (1072a27-30), 2. en reconduisant cette intellection aux intelligibles, qui s'ordonnent en une série, au sommet de laquelle le premier intelligible correspond aussi au meilleur (1072a30-b1).

Mais pourquoi entreprendre de prouver que l'objet le plus désirable est aussi le plus intelligible ? Le projet ne saurait se justifier qu'en raison de la convergence qu'il prépare entre le mode de motricité du *Premier* Moteur et celui de l'objet *premier* du désir et de l'intellect. S'il s'agissait simplement de convoquer le désirable et l'intelligible, afin de confirmer, par un objet d'expérience quotidienne, que la motricité du principe premier n'est pas à ce point inhabituelle qu'elle en serait impensable, le raisonnement pourrait s'arrêter là. Si, en revanche, Aristote entreprend ici d'examiner plus à fond ces deux sortes de moteurs, afin de montrer que, identiques en leurs instances premières, ils reposent donc sur le même ressort moteur, c'est vraisemblablement parce qu'ils ne doivent pas seulement enseigner que l'immobile peut mouvoir, mais ce en vertu de quoi il le peut[1]. On mesure ainsi l'enjeu de cette preuve. Comme le montre J. G. Defilippo[2], si le premier désirable ne s'identifiait pas au premier objet de l'intellect, le Premier Moteur pourrait alors être intelligible sans être désiré, si bien que sa motricité serait compromise ; il pourrait aussi être désirable sans être intelligible, de sorte que le ciel ne comprendrait pas ce qu'il désire.

Cette démonstration s'appuiera régulièrement sur des concepts et des distinctions qui, sans être inédits ni même inhabituels, témoignent du climat platonicien de l'argument. C'est le cas ici de la notion de premier désirable, dont A. Laks[3] a montré qu'elle fait écho au *Lysis* (219d-e) et à la remontée jusqu'au premier objet d'amour. On comprend ce recours à des outils platoniciens. En se donnant pour objectif de faire converger le bien et l'intelligibilité au sein du principe, c'est un projet d'inspiration platonicienne qu'Aristote formule ici, qui n'est pas sans faire écho

1. Même remarque chez M. Bordt, « Why Aristotle's God is not the Unmoved Mover », *Oxford Studies in Ancient Philosophy* 40, 2011, p. 107.

2. Joseph G. De Filippo, « Aristotle's Identification of the Prime Mover as God », *The Classical Quarterly* 44, 1994, p. 400 (désormais cité « Aristotle's Identification »).

3. A. Laks, « *Metaphysics* Λ 7 », art. cit., p. 223.

à la description de l'Idée du Bien, en *République* VI. Bien que Λ 6 ait suffisamment montré que la substance immobile n'est pas telle que les académiciens la conçoivent, l'examen de sa motricité en Λ 7 consistera cependant à reconduire au Premier Moteur bon nombre des descriptions platoniciennes du principe – unité, intelligibilité, beauté – mais afin d'en proposer une version rénovée qui pourra d'autant mieux s'opposer aux erreurs académiciennes [1] qu'elle aura été formulée sur la base de concepts et de procédés partagés [2], dont Aristote aura montré le sens véritable et l'usage correct.

1072a27-28 : « En effet, le beau apparent est l'objet de l'appétit, tandis que le beau réel est l'objet premier de la volonté. »

Pour reconduire le désirable à l'intellection, Aristote procède en deux temps, dont le premier consiste ici à montrer que le caractère désirable d'un objet est corrélé à son degré d'intelligibilité. C'est ce que doit établir le croisement entre deux distinctions complémentaires. La distinction classique entre l'appétit (ἐπιθυμία) et la volonté (βούλησις) exprime la différence entre une faculté désirante irrationnelle et une autre rationnelle [3]. À cette division entre deux aspects du désir répond celle entre deux sortes d'objets désirables : l'un qui s'adresse au sens et peut donc s'avérer trompeur (τὸ φαινόμενον καλόν), l'autre qui est réellement bon et désirable (τὸ ὂν καλόν). D'origine platonicienne [4], cette dernière distinction intervient à plusieurs reprises chez Aristote et s'y voit régulièrement reconduite aux mêmes facultés désirantes [5], à ceci près qu'elle porte généralement sur le bien (τὸ ἀγαθόν) et non, comme ici, sur le beau (τὸ καλόν).

La substitution n'est sans doute pas accidentelle. En *Metaph.* M 3 (1078a31-32), Aristote élabore une distinction entre le bien, qui n'existe que dans les actions, et le beau qui existe aussi dans les êtres immobiles. À ce titre, la notion de beauté facilite la reconduction du désirable à l'intelligible et à la substance immobile, sur la base d'un moyen terme qui

1. *Cf.* par exemple la critique de Speusippe, à la fin du chapitre, en 1072b30-1073a3.

2. Voir en ce sens les remarques de S. Fazzo, *Commento*, *op. cit.*, p. 28-30.

3. Cf. *DA* III 10, 433a23-26.

4. Ne serait-ce que par la distinction entre apparence et réalité. *Cf.* plus particulièrement *Gorgias*, 466e. Voir aussi les occurrences parallèles dans S. Fazzo, *Commento*, *op. cit.*, p. 319.

5. Cf. *DA* III 10, 433a23-29 ; *DMA* 6, 700b22-23 ; *EN* III 6, 1113a15 ; *EE* VII 2, 1235b25-26.

puisse les qualifier tous [1]. Il est toutefois probable qu'Aristote ne veut pas trop accentuer ici la distinction entre le beau (qui convient aussi à l'ordre théorique) et le bien (qui convient à l'ordre pratique uniquement). La suite de l'argument consistera, en réalité, à l'estomper progressivement : l'argument des rangées (107134-35) mobilisera de concert la notion de beau et celle de préférable, et c'est sur la possibilité que la finalité (c'est-à-dire un bien qui fait l'objet de l'action) existe dans les êtres immobiles que se conclura l'argument (1072b1-2).

Il ne faudrait pas croire que cette convergence du plus désirable et du plus intelligible soit purement accidentelle. Il s'agit d'une corrélation essentielle et nécessaire entre le caractère désirable d'une chose et son intelligibilité. Car le beau réel, qui est donc réellement désirable, est ici décrit comme l'objet premier de la volonté, c'est-à-dire d'une instance du désir gouvernée par des indications rationnelles. C'est dire que le caractère désirable d'une chose peut être conçu par l'intelligence, qu'il est intelligible. Mais c'est dire aussi que le caractère désirable d'une chose est corrélé à son degré d'intelligibilité, de sorte que plus une chose est belle, plus elle est désirable et plus elle est intelligible. L'identité du premier désirable et du premier intelligible n'en est toutefois pas encore établie, puisqu'il reste à s'assurer de la réciprocité de cette relation, de façon à établir en regard que plus une chose est intelligible, plus elle est belle et désirable [2].

1. Voir en ce sens M. Crubellier, « La beauté du monde. Les sciences mathématiques et la philosophie première », *Revue internationale de philosophie* 51, 1997, p. 330. C'est cette fonction de moyen terme qu'illustre l'hypothèse de L. Castelli (« *Metaphysics* XII, 7, 1072A27-B1 : An Argument of Identity », *The British Journal for the History of Philosophy* 19, 2011, p. 840-848 – désormais cité « *Metaphysics* XII, 7, 1072A27-B1 »). Tout ce passage de Λ 7 serait une application du lieu de l'identité, exposé en *Topiques* VII 1, 152a5-30. La notion de καλόν permettrait d'argumenter l'identité numérique du premier désirable et du premier intelligible, en établissant ici que le premier désirable est ce qui est beau au plus haut point, puis dans la suite de l'argument, que le premier intelligible aussi est beau au plus haut point, de sorte que l'un et l'autre se correspondraient au sein du même individu. Cette interprétation, très éclairante sur la structure bipartite du passage, ne doit toutefois pas masquer le travail d'imbrication du désirable et de l'intelligible, puisqu'Aristote ne montre pas seulement ici que l'objet de la volonté, qui est désirable, est beau, mais aussi qu'il est intelligible.

2. C'est pourquoi L. Castelli (« *Metaphysics* XII, 7, 1072A27-B1 », art. cit., p. 840) a raison de souligner, contre A. Laks (« *Metaphysics* Λ 7 », art. cit., p. 223), que la preuve de l'identité du premier désirable et du premier intelligible court jusqu'en 1072b1.

1072a29-30 : « Et nous désirons une chose [...] le principe, c'est l'intellection. »

En affirmant ici qu'on n'éprouve du désir pour un objet qu'à la condition de s'en représenter la bonté, Aristote fait un pas vers le renversement de la relation entre le désirable et l'intelligible. Si la représentation de la beauté d'un objet, en effet, est nécessaire à la possibilité même d'en éprouver du désir, c'est donc que le désir se soumet à l'ordre de la pensée [1]. Il ne suffit donc pas de dire, comme c'était le cas précédemment, que le caractère intelligible d'une chose dépend de sa bonté. On peut à présent commencer à rendre réciproque cette relation entre l'intelligible et le désirable, en montrant que le désir dépend de la pensée, que le caractère désirable d'une chose dépend de son intellection effective. Le désirable est ainsi reconduit à l'intellection.

1072a30-31 : « Or l'intellect est mû par l'intelligible, et l'une des deux séries est intelligible par elle-même. »

À ce stade de la démonstration, Aristote a établi que l'intellect et son exercice étaient au principe du désir, de sorte qu'on ne pouvait désirer une chose sans la concevoir, et même qu'on la désirait plus lorsqu'on la concevait mieux. En d'autres termes, il a montré que l'intellect permettait de reconnaître la bonté d'un être, non pas qu'il la constituait [2]. C'est pourquoi Aristote entreprend ici non plus de remonter du désir à son principe – l'intellect –, mais de ce dernier à son propre principe – l'intelligible.

Ce n'est toutefois pas l'ensemble des termes intelligibles qui intéresse ici Aristote, mais le tout premier d'entre eux, puisque c'est de lui qu'il doit montrer qu'il s'identifie à ce qu'il y a de meilleur. C'est pourquoi il s'en remet au procédé de la συστοιχία – série, colonne ou rangée – qu'il mentionne avec un tel naturel qu'on est en droit de penser que son auditoire en était familier [3]. Ce procédé, bien décrit par D. Lefebvre [4],

1. Comme le remarque A. Laks (*ibid.*, p. 224), le verbe δοκεῖ indique peut-être l'ensemble de nos représentations (*cf.* en ce sens *EE* VII 2, 1235b26-28). Aristote commence donc ici par évoquer un sens général de la pensée, avant de la subsumer sous son aspect proprement intellectif.

2. *Cf.* en ce sens, Joseph G. De Filippo, « Aristotle's Identification », art. cit., p. 401.

3. *Cf.* la remarque d'A. Laks, « *Metaphysics* Λ 7 », art. cit., p. 225.

4. D. Lefebvre, « L'usage de la série des contraires en *Métaphysique* Γ 2, 1004b27-1005a5 », dans M. Hecquet-Devienne, A. Stevens (éd.), *Aristote,* Métaphysique, *Gamma. Édition, traduction, études*, Louvain-la-Neuve, Éditions Peeters, 2008, p. 303-315 (désormais cité « L'usage de la série des contraires »).

désigne un mode de classement en deux colonnes de termes, les uns positifs, les autres qui en constituent la privation [1]. Au plan vertical, les termes d'une même série sont ainsi unis par un rapport d'analogie [2]; au plan horizontal, les couples de termes de même niveau s'opposent mutuellement. Le critère de l'intelligibilité permet ici de distinguer une série positive de termes intelligibles par soi, et une autre rassemblant des termes qui ne sont intelligibles qu'en relation à ceux de la première.

Aristote rattache ce procédé aux pythagoriciens [3], mais en fait régulièrement un usage personnel [4]. Deux raisons, en particulier, expliquent qu'il y ait ici recours. Il s'agit en effet pour lui de hiérarchiser des intelligibles qui appartiennent à l'ensemble des catégories de l'être et qui ne se laissent donc pas ordonner autour d'une priorité spécifique ni générique. La priorité focale de la substance n'est d'aucune utilité non plus, puisqu'il est entendu qu'il existe plusieurs sortes de substances, entre lesquels ce mode de priorité ne peut opérer. Le procédé des rangées, en revanche, permet d'ordonner, à partir d'une contrariété principielle, des termes de catégories différentes ou qui appartiennent au contraire à une même catégorie [5]. Une seconde raison tient à la convergence qu'Aristote doit établir entre cette série des intelligibles et l'ordre axiologique. Or, à cet égard, il peut s'appuyer sur l'équivalence, établie par d'autres avant lui [6], entre la série positive et le bien ou le beau [7].

1072a31-34 : « Dans celle-ci, la substance est première [...] un mode d'être de la chose elle-même). »

Même pythagoricien dans son origine, même platonicien dans son esprit, puisqu'il revient à hiérarchiser les intelligibles en les faisant converger vers le bien [8], l'argument des séries repose sur des critères de classement conformes au projet scientifique du livre Λ et aux acquis du

1. Cf. *Metaph.* Γ 2, 1004b27-28; *Phys.* III 2, 201b25-26.

2. Cf. *Metaph.* N 6, 1093b7-21.

3. Cf. *Metaph.* A 5, 986a23-26; *EN* I 4, 1096b5-7; II 5, 1106b28-31; *DC* II 2, 285a10.

4. Voir *De la sensation et des sensibles* 7, 447b30-448a1; *GC* I 3, 319a15-17; *PA* III 7, 670b21; *Metaph.* I 3, 1054b31-1055a2.

5. *Cf.* D. Lefebvre, « L'usage de la série des contraires », art. cit., p. 310-311.

6. Les pythagoriciens, selon Ross (*Aristotle. Metaphysics*, *op. cit.*, vol. 2, p. 499); les académiciens, selon A. Laks (« *Metaphysics* Λ 7 », art. cit., p. 225).

7. Cf. *Metaph.* N 6, 1093b7-21; *EN* I 4, 1096b5-7; II 5, 1106b28-31; *EE* VII 12, 1245a1-2.

8. A. Laks, « *Metaphysics* Λ 7 », art. cit., p. 225, souligne le parallèle avec *République* V 476a. D'une manière générale, le projet d'Aristote ici n'est pas sans faire écho au livre VI de la *République*.

chapitre 6. Aussi est-ce la substance qui occupe le premier rang dans la série des intelligibles. À la priorité ontologique de la substance s'ajoute dorénavant ici sa priorité logique [1]. On devine donc quels intelligibles se subsument sous la substance : qualité, quantité et autres catégories, dont l'être et l'intelligibilité dépendent de la substance elle-même, puisqu'ils ne sont des êtres et ne peuvent être définis sans elle.

Mais puisqu'il existe plusieurs sortes de substances, il faut donc dégager un second critère de classement. Aristote mobilise ici deux critères qui se répondent : la simplicité et l'actualité. De la simplicité, il précise qu'elle ne doit pas être confondue avec l'unité : dire d'une substance qu'elle est simple, c'est préciser son mode d'être, tandis que l'un est une mesure [2]. La distinction paraît formulée avec trop de soin, au regard de la rapidité de l'argument général, pour qu'on puisse croire à une digression [3]. Il est probable qu'elle intègre une visée anti-platonicienne, par laquelle Aristote souligne clairement que le terme le plus intelligible n'a rien de commun avec les conceptions académiciennes de l'Un principiel [4]. Sa simplicité implique qu'il soit dénué de toute composition, ce qui renvoie vraisemblablement à l'immatérialité et à l'absence de puissance [5]. Comme précédemment, les motifs de cette priorité logique font suite à ceux de la priorité réelle : l'acte n'est pas seulement ontologiquement antérieur à la puissance, mais la précède également au plan logique [6].

À quoi peut donc correspondre ce premier intelligible, substance immatérielle et en acte ? E. Berti estime qu'il s'agit de la forme [7], qui mérite, il est vrai, ces qualificatifs. Toutefois, on voit mal ce que la mobilisation de cette notion ferait gagner à l'argument, tandis que la continuité entre cette description et celle de la substance immobile en Λ 6 est manifeste.

1. *Cf.* Z 1, 1028a34-36.

2. Cf. *Metaph.* I 1, 1052b24 *sq.*

3. Selon le ps.-Alex., *In Metaph.*, 695, 10-14 et A. Laks, « *Metaphysics* Λ 7 », art. cit., p. 225, n. 50, elle prépare la multiplicité des substances immobiles, en précisant d'ores et déjà que la substance immobile peut être une sans être unique.

4. *Cf.* Thomas d'Aquin, § 2525 ; Joseph G. De Filippo, « Aristotle's Identification », art. cit., p. 401 ; D. Lefebvre, « L'usage de la série des contraires », art. cit., p. 317 ; L. Castelli, « *Metaphysics* XII, 7, 1072A27-B1 », art. cit., p. 841 ; S. Menn, *The Aim*, IIIγ1, p. 10.

5. *Cf.* Thémistius, *Paraphrase*, *op. cit.*, p. 85 ; ps.-Alex., *In Metaph.*, 694, 27 *sq.* ; Bonitz, *Commentarius*, *op. cit.*, p. 497 ; Schwegler, *Die Metaphysik des Aristoteles*, *op. cit.*, p. 261 ; A. Laks, « *Metaphysics* Λ 7 », art. cit., p. 225 ; S. Menn, *The Aim*, IIIγ1, p. 11.

6. Θ 8, 1049b12-17.

7. *Cf.* « Ancora sulla causalità », art. cit., p. 18-19 et « The Finality of Aristotle's Unmoved Mover », art. cit., p. 865. E. Berti, *ibid.*, p. 865, n. 5, cite à l'appui de son hypothèse *Metaph.* Z 17, 1041b9-11 et Θ 10, 1051b26-28. Toutefois, il s'agit de textes extérieurs à Λ, alors que la description du Premier Moteur remonte à quelques lignes.

Ces deux critères de classement ne doivent donc laisser aucun doute : c'est bien de la substance immobile qu'il s'agit ici, qui, parce qu'elle est purement actuelle, est aussi suprêmement intelligible. L'argument a donc doublement progressé, non seulement parce qu'Aristote a défini l'intelligible premier, auquel il lui reste à associer le désirable, mais également parce que, en identifiant le premier intelligible à la substance immobile, il a commencé d'éclairer la motricité du Premier Moteur.

1072a34-b1 : « Mais, de plus, le beau et ce qui est préférable par soi [...] ou ce qui lui est analogue. »

L'appartenance du beau à la série des intelligibles par soi relève d'une équivalence, propre à l'argument des rangées, entre la série positive et le bien ou le beau [1]. Aristote ajoute que les termes de la série positive sont également préférables par soi, c'est-à-dire qu'ils peuvent faire, en vertu de leur nature propre, l'objet d'un choix. Ils ne sont donc pas seulement beaux, mais proprement désirables. Cette équivalence permet de rendre réciproque la relation établie plus haut entre le désirable et l'intelligible. Reste alors, pour parfaire l'argument, à considérer les termes premiers de ces deux ordres. Si tous les intelligibles par soi sont beaux et préférables, le premier des intelligibles est nécessairement ce qu'il y a de meilleur.

Aristote décrit cette relation sous deux aspects. Le premier intelligible est soit lui-même excellent, soit ce qui est analogue à l'excellence, c'est-à-dire occupant dans sa propre série la place du meilleur dans celle du beau. Le rapprochement proposé n'est donc pas celui d'une identité numérique, mais celui, soit d'une prédication [2], soit d'une identité analogique, conformément à la structure même de l'argument des rangées [3]. Il n'en reste pas moins satisfaisant, car l'analogie est définie en Δ 6 (1016b31-1017a3) comme un critère réel, bien que le moins strict, d'unité [4]. Sans doute est-il d'ailleurs, de tous les critères énumérés en Δ 6 (avec le genre, l'espèce et le nombre), le seul qui soit ici adéquat, puisque le bien n'est ni une chose unique, ni ne s'entend en un seul sens.

1. Voir *supra*, p. 244.

2. *Cf.* A. Laks, « *Metaphysics* Λ 7 », art. cit., p. 226. Cette interprétation de l'expression « ἔστιν ἄριστον ἀεὶ [...] τὸ πρῶτον », comme exprimant une prédication plutôt qu'une identité numérique, peut résoudre la difficulté soulevée par D. Lefebvre (« L'usage de la série des contraires », art. cit., p. 317-319), qui montre que l'argument de la συστοιχία ne permet normalement jamais d'établir une identité qui dépasse le cadre de l'analogie.

3. Voir en ce sens D. Lefebvre, *ibid.*, p. 309. En d'autres termes, l'identité d'analogie n'est pas un pis-aller, mais le produit de la structure même de l'argument des rangées.

4. Voir A. Laks, « *Metaphysics* Λ 7 », art. cit., p. 226.

L'identité du premier désirable et du premier intelligible n'en est pas moins établie. Mais est-il possible d'en déduire également quelque chose concernant la substance immobile elle-même ? Selon E. Berti [1], le Premier Moteur serait totalement étranger à cet argument des rangées, dont le domaine de validité serait proprement humain. Aussi seraient-ce, selon lui, la forme le premier intelligible [2] et la contemplation, le premier désirable. Cette lecture répond à l'idée que les concepts de désirable et d'intelligible ne constitueraient ici qu'un point de comparaison, et non d'identification, de la motricité de la substance immobile. Cependant, d'un point de vue fonctionnel, on peut avoir de la difficulté à comprendre à quoi pourrait servir cette description du désirable et de l'intelligible, si elle ne devait permettre d'en apprendre plus sur la substance immobile. D'un point de vue conceptuel également, on a vu que la continuité argumentative du passage conduisait plus naturellement à identifier le premier intelligible à la substance immobile qu'à la forme. C'est donc bien de la substance immobile elle-même qu'Aristote montre ici qu'elle est excellente, de sorte que la référence au désirable et à l'intelligible, initialement extérieure et paradigmatique, permet à présent d'identifier le ressort de la motricité du Premier Moteur. Ce dernier ne meut pas seulement comme le désirable et l'intelligible en tant qu'il meut sans se mouvoir ; il meut comme désirable et comme intelligible, c'est-à-dire, à titre de finalité, et c'est précisément à aplanir les dernières difficultés relatives à cette affirmation que la section suivante va se consacrer.

[III. 3] *La finalité dans les êtres immobiles*

1072b1-3 : « Que la finalité existe dans les êtres immobiles, [...] mais l'autre non. »

La division qu'Aristote énonce ici est au nombre des passages les plus disputés de *Metaph.* Λ. Le texte même n'en est pas sûr. Ce qui est clair, en revanche, c'est qu'elle doit permettre d'établir une compatibilité, apparemment problématique, entre la cause finale et les êtres immobiles. Aussi faut-il commencer par prendre la mesure de la difficulté que cette compatibilité pourrait soulever, afin de préciser ensuite à quelles conditions une division relative à la cause finale pourrait y répondre.

Un premier indice réside dans le développement de la première aporie, qui s'interroge sur la possibilité de ramener l'étude des quatre sortes de

1. E. Berti, « The Finality of Aristotle's Unmoved Mover », art. cit., p. 865.
2. Cf. *supra*, p. 245-246.

causes à la sagesse. En *Metaph.* B 2, 996a21-b1, Aristote fait valoir contre cette possibilité que la nature du bien et de la cause finale ne semble pas appartenir aux êtres dont on pense que la sagesse fait l'étude, à savoir aux êtres immobiles[1]. La raison en est assez simple : le bien est un principe de mouvement, parce qu'il est une fin, en vue de laquelle sont réalisées des actions. Puisque la fin meut, les êtres immobiles ne pourraient donc en avoir. Ce serait pourquoi l'étude de ces êtres n'enseignerait rien au sujet de la cause finale, puisque la connaissance d'un être est toujours la connaissance de ses causes[2].

Le premier livre de l'*EE* fait état d'un autre motif d'incompatibilité, qui touche à la distinction entre les biens pratiques (πρακτά) et d'autres qui ne le sont pas, distinction qui recoupe le partage énoncé en *Metaph.* M 3, entre le bien et le beau. Les biens pratiques sont des causes finales, puisqu'ils font l'objet d'une action (de la πρᾶξις), en étant ce en vue de quoi on agit[3]. À l'inverse, les biens non-pratiques sont étrangers à l'action et au mouvement, et c'est pourquoi ils existent dans les êtres immobiles[4]. La question se pose naturellement de savoir ce que signifie cette reconduction des biens non-pratiques aux êtres immobiles. S'agit-il de dire, comme en *Metaph.* B 2, que les êtres immobiles *n'ont* pas de fin ? Ou s'agit-il d'attribuer à la finalité elle-même une certaine mobilité, de sorte que les êtres immobiles *seraient* des biens non-pratiques ?

Cette dernière éventualité n'est pas sans fondement. Dans le *DA* III 10 (433a27-30), Aristote précise que le bien pratique peut être autrement qu'il n'est. La remarque sert à souligner que les biens pratiques appartiennent au domaine de l'action. Mais, si tel est le cas, c'est parce que ces biens peuvent être affectés par l'action qui les vise, qu'ils peuvent passer en notre possession. Ce faisant, c'est une forme de mobilité du bien luimême que cette remarque exprime et qui s'avère, du reste, nécessaire à son statut de cause finale, car rien n'apparaîtrait comme une fin, s'il n'était susceptible d'être réalisé par l'action et, dans cette mesure, modifié par

1. La fin du passage (996a29-b1) rattache ce problème aux académiciens. Selon S. Menn (*The Aim*, Iβ2c, p. 8), ce serait Speusippe l'auteur de cette objection.

2. Voir, à propos de ce passage, Ross, *Aristotle. Metaphysics*, *op. cit.*, vol. I, p. 228 ; M. Crubellier, « Aporiai 1-2 », dans M. Crubellier, A. Laks (éd.), *Aristotle* : Metaphysics *Beta. Symposium aristotelicum*, *op. cit.*, p. 56 ; S. Menn, *The Aim*, Iβ2c, p. 6.

3. *EE* I 8, 1218b5-6 ; *DMA* 6, 700b24-27.

4. *EE* I 7, 1217a31-34 ; I 8, 1218b4-6. Le texte et la construction de ces deux passages sont disputés. Je suis, dans les deux cas, la leçon des principaux mss.

elle[1]. C'est aussi pourquoi on peut envisager que les êtres immobiles sont des biens non-pratiques, dans la mesure où ces êtres, en raison de leur immobilité, ne peuvent apparemment être possédés ni réalisés par aucune action. Pas plus qu'on ne délibère sur ce qui est nécessaire[2], on ne saurait les prendre pour fin.

Ces textes présentent d'évidentes affinités avec ce passage de Λ 7 et suggèrent que c'est donc aux difficultés qu'ils exposent qu'Aristote souhaite ici répondre[3]. Cela signifie que la division qui s'annonce doit montrer qu'il n'y a aucune difficulté à associer la finalité au Premier Moteur, dans la mesure où l'immobilité de ce dernier, si elle l'empêche d'avoir des fins en vue desquelles il se mouvrait, ne l'empêche toutefois pas de constituer lui-même une fin, c'est-à-dire un bien qui, d'une manière ou d'une autre, puisse faire l'objet d'une action.

Malheureusement, le texte qui énonce cette division est fort concis et a pu paraître lacunaire[4]. Les textes des mss EJC transmettent la leçon : ἔστι γὰρ τινὶ τὸ οὗ ἕνεκα, ὧν τὸ μὲν ἔστι τὸ δ' οὐκ ἔστι (« car la finalité existe pour quelque chose : l'un de ces termes existe dans les êtres immobiles, mais l'autre non. »). Le texte n'explicite apparemment pas la division qu'il est censé développer et qu'Aristote mentionne ici de façon tellement allusive qu'il semble faire référence à quelque chose de bien connu[5]. C'est pourquoi les éditeurs ont pris l'habitude de corriger le texte, de façon à lui faire énoncer plus clairement cette distinction. À quatre reprises dans le corpus[6], Aristote établit une différence entre deux sortes de fins : le but lui-même et son bénéficiaire, c'est-à-dire celui dans

1. Cela ne signifie pas que les biens pratiques, en tant que causes finales, ne sont pas des moteurs immobiles. Pour mouvoir, le bien pratique n'a pas besoin d'être mû, car il meut comme fin; mais pour qu'il puisse constituer une fin, il faut toutefois qu'il puisse à terme être modifié par l'action, en tant qu'il est réalisé par elle ou qu'il passe en la possession de celui qui le convoite.

2. La cible d'Aristote, dans ces passages de l'*EE*, le suggère. Dans ces textes, Aristote veut souligner l'impossibilité que l'Idée du Bien constitue une finalité de l'action humaine, puisqu'elle n'est ni mobile, ni pratique (I 8, 1218b8-9). L'immobilité est ici celle du bien non-pratique lui-même et indique que l'immobilité d'un bien l'empêche de constituer une finalité. La mobilité est une condition, non pas suffisante, mais nécessaire du caractère pratique d'un bien. *Cf.* sur ces textes S. Menn, *The Aim*, IIIγ1, p. 12-15.

3. *Cf.* en ce sens S. Menn, *The Aim*, IIIγ1, p. 11-12.

4. Pour une histoire de l'édition du passage, voir l'article très complet de S. Fazzo, « Lambda 7. 1072b2-3 », *Elenchos* 23, 2002, p. 357-375.

5. *Cf.* Ross, *Aristotle.* Metaphysics, *op. cit.*, vol. II, p. 377 ou C. Natali, « I due sensi della causa motrice nel libro Lambda della Metafisica di Aristotele », dans Th. Pentzopoulou-Valalas, S. Dimopoulos (eds.), *Aristotle on* Metaphysics, *op. cit.*, p. 131 (désormais cité « I due sensi della causa motrice »).

6. *Phys.* II 2, 194a35-36; *EE* VIII 3, 1248b13-16; *DA* II 4, 415b1-2 et 415b20-21.

l'intérêt duquel ce but est visé. En *DA* II 4, cela s'exprime par un partage entre la finalité au datif (τὸ ᾧ) et la finalité au génitif (τὸ οὗ). Compte tenu du pronom au datif (τινι) présent en Λ 7, compte tenu également de la leçon transmise par le ms A^b qui en ajoute un au génitif (ἔστι γὰρ τινὶ τὸ οὗ ἕνεκα τινός), Christ a édité le texte le plus communément en usage[1] et que nous traduisons plus haut : ἔστι γὰρ τινὶ τὸ οὗ ἕνεκα <καὶ> τινός. On retrouverait ainsi la distinction classique entre la fin et son bénéficiaire, au moyen de la même terminologie que celle du *DA* II 4.

Contre cette leçon majoritaire se sont élevées des objections à la fois conceptuelles et philologiques. On a contesté la pertinence, dans le contexte de Λ 7, de la distinction entre la fin et son bénéficiaire : le Premier Moteur, c'est entendu, ne peut être un bénéficiaire, puisque sa perfection implique qu'il ne manque de rien; mais il ne pourrait pas non plus être un but, puisque tout but est un bien pratique, tandis que le Premier Moteur est une substance, dont on ne pourrait retirer aucun bien et qui ne saurait donc faire l'objet d'une visée[2]. Sur la base de la version arabe du commentaire d'Alexandre par Abū Bišr Mattā, certains interprètes[3] ont proposé la leçon alternative suivante : ἔστι γὰρ τινὶ τὸ οὗ ἕνεκα καί τι, exprimant une distinction entre une fin qui subsiste dans autre chose (comme le bonheur) et celle qui subsiste par elle-même, à titre de substance individuelle. C'est également sur des raisons à la fois interprétatives et textuelles que se fonde la proposition de S. Fazzo[4], qui s'en tient à la leçon des mss EJC. Fazzo estime que la division de

1. Même leçon chez Ross, Jaeger et chez S. Alexandru, suivie par Elders, *Aristotle's Theology*, *op. cit.*, p. 164; Frede, « Introduction », art. cit., p. 39-41 et S. Menn, « Aristotle's Theology », dans Ch. Shields (ed.), *The Oxford Handbook of Aristotle*, Oxford, Oxford University Press, 2012, p. 460-462, n. 40; *The Aim*, IIIγ1, p. 11, n. 18

2. Objection formulée par De Corte, *Aristote et Plotin*, Paris, Desclée de Brouwer, 1935, p. 159; S. Broadie, « Que fait le Premier Moteur d'Aristote ? (Sur la théologie du livre Lambda de la *Métaphysique* », *Revue philosophique de la France et de l'étranger* 183, 1993, p. 381-382 (désormais cité « Que fait le Premier Moteur d'Aristote ? »); E. Berti, « De qui est fin le Moteur immobile ? », art. cit., p. 11-15; « The Finality of Aristotle's Unmoved Mover », art. cit., p. 873; C. Natali, « I due sensi della causa motrice », art. cit., p. 128; A. Stevens, « La causalité et l'intellect dans la *Métaphysique* et le traité *De l'âme* », dans L. Couloubaritsis, S. Delcomminette (éd.), *La Causalité chez Aristote*, Paris, Vrin-Bruxelles, Ousia, 2011, p. 131 (désormais cité « La causalité et l'intellect »).

3. Rétroversion proposée par M. Bouyges, *Averroes, Tafsir ma ba'd at-tabi'at*, Beyrouth, 1952, p. CLXXIV, et adoptée par C. Natali, « I due sensi della causa motrice », art. cit., p. 134; C. Bonadeo Martini, « Ὡς ἐρώμενον : alcune interpretazioni di *Metaph.* Λ 7 », dans V. Cellupríca, C. D'Ancona (ed.), *Aristotele e i suoi esegeti neoplatonici. Logica e ontologia nelle interpretazioni greche e arabe*, Napoli, Bibliopolis, 2004, p. 225 *sq.*

4. S. Fazzo, « Lambda 7. 1072b2-3 », art. cit., p. 362-369. Voir également *Il libro* Lambda, *op. cit.*, p. 281-283 et *Commento*, *op. cit.*, p. 324-326.

Λ 7 n'est pas à lire en parallèle des textes du corpus qui énoncent une distinction entre deux sens de la finalité, mais dans le prolongement de l'argument des rangées. Il y aurait donc une distinction entre la fin elle-même et celui pour qui elle en est une [1], afin de souligner que la première appartient à la série des termes positifs, tandis que le second se rattache à la rangée des termes opposés.

Si on choisit ici de souscrire à la leçon traditionnelle, c'est parce que, sans manquer de soutien textuel, elle seule semble à même de résoudre les difficultés exposées plus haut. Bien que faiblement attestée dans la tradition manuscrite, cette leçon y apparaît toutefois à titre de variante [2], et semble, en réalité, confirmée par la version arabe du texte lu et commenté par Alexandre [3]. Mais surtout, cette leçon seule paraît en mesure d'apporter une réponse complète aux doutes portant sur l'existence de la cause finale dans les êtres immobiles. Certes, l'hypothèse de S. Fazzo apporte une réponse convaincante à la difficulté soulevée en B 2. En rattachant la finalité à la série des termes positifs, dont font partie les êtres immobiles, Aristote montrerait donc que ces derniers peuvent incarner des buts. Mais, comme le souligne S. Menn [4], ce partage demeure impuissant à résoudre le second aspect du problème, qui repose non plus sur la motricité de la fin, mais sur sa mobilité. On voit mal comment la finalité, dont Aristote dit dans l'*EE* qu'elle n'existe pas dans les êtres immobiles, pourrait subitement leur appartenir en Λ 7, sans qu'on n'opère aucune modification du concept. L'hypothèse d'une altération du texte et, par conséquent, la nécessité de le corriger, demeurent donc légitimes. Quant à l'hypothèse d'une distinction entre une fin relative et une autre substantielle, dépourvue

1. On rejoindrait la distinction du *DC* II 12, 292b6-7 : ce en vue de quoi et ce qui est en vue de ce but (τὸ τούτου ἕνεκα). *Cf.* S. Fazzo, « Lambda 7. 1072b2-3 », art. cit., p. 370. S. Fazzo ajoute (*Commento*, *op. cit.*, p. 324) que cette division peut être ici évoquée comme bien connue, en raison d'une référence au *Philèbe* 53-54c. M. Crubellier propose une compréhension différente de cette leçon. Le texte exprimerait la différence entre les biens visés qui n'existent pas encore, mais qui existeront au terme de la visée, et ceux qui existent déjà, comme le Premier Moteur (*cf.* « Rupture, reprise et révision, De la théologie des *Lois* à celle de *Métaphysique* Λ », dans F. Baghdassarian, G. Guyomarc'h (éd.), *Réceptions de la théologie aristotélicienne. D'Aristote à Michel d'Éphèse*, *op. cit.*, p. 17).

2. Comme le signalent S. Menn (« Aristotle's Theology », art. cit., p. 460, n. 40) et S. Alexandru, elle est présente dans le ms Vd et dans une scholie du ms E.

3. M. Rashed a montré que la rétroversion la meilleure de l'arabe vers le grec, en tenant compte de l'intermédiaire syriaque, attestait la leçon conjecturée par Christ. Cf. *Alexandre d'Aphrodise. Commentaire perdu à la* Physique *d'Aristote (livres IV-VIII). Les scholies byzantines*, Berlin, De Gruyter, 2011, p. 128-130. *Cf.* également S. Menn, « Aristotle's Theology », art. cit., p. 460, n. 40.

4. S. Menn, *The Aim*, IIIγ1, p. 11, n. 18.

de caution textuelle et de tout écho dans le corpus, elle s'avère incapable de répondre au problème de l'existence de la fin dans les êtres immobiles. Cette distinction, en effet, ne paraît pas vraiment ajustée à son contexte : elle met en jeu la différence entre des fins qui sont des affections d'un sujet et d'autres qui sont des substances, auxquelles appartiennent bien sûr les moteurs immobiles, mais d'autres biens encore qu'Aristote n'hésite pas à décrire par ailleurs comme pratiques et mobiles. Cette distinction, en somme, ne paraît pas exprimer la singularité du cas des êtres immobiles, ni reposer sur la difficulté que soulève leur immobilité.

En revanche, dès lors qu'on l'envisage à la lumière de la distinction classique entre le but et son bénéficiaire, le passage apporte une réponse complète à ces difficultés, en même temps qu'il lève les objections, évoquées plus haut, contre l'application de cette distinction au cas particulier du Premier Moteur. Il est évident qu'Aristote ne nie pas que ce dernier puisse constituer un but, comme l'attestent suffisamment le *DMA* 6 (700b29-35) et l'*EE* VIII 3 (1249b14-15). Et il est manifeste que c'est à résoudre les difficultés que pose cette description, en raison de l'assimilation de la fin au bien pratique, que ce passage doit servir. Par le rappel de la distinction entre le but et son bénéficiaire, Aristote répond à la difficulté soulevée par la première aporie, en montrant que la mobilité propre à la fin est celle du bénéficiaire. S'il est donc exclu que les êtres immobiles aient des fins, leur immobilité reste toutefois compatible avec les buts eux-mêmes. Et, pour cette même raison, le passage répond aussi au problème lié à la mobilité de la fin, en en transférant la réalisation et, par suite, la mobilité, du côté du bénéficiaire. Car, à condition qu'on évite de confondre le but visé et le bénéfice qu'on en tire, la réalisation du but, qui constitue une forme de mouvement, n'a plus à affecter la chose visée elle-même, mais celui qui se vise à travers elle, en se présentant comme une modification de l'être du bénéficiaire[1]. Rien n'empêche de prendre le Premier Moteur pour fin, si l'action qui le vise permet à l'agent d'établir un rapport au Premier Moteur, qui soit pour lui un bien et dont il tire bénéfice. Toutefois, cela ne dit pas encore en quoi le Premier Moteur présente quoi que ce soit de désirable qui puisse motiver à le prendre pour fin. Reste donc un point crucial à déterminer pour achever d'établir que le Premier Moteur est un bien pratique et une fin : définir ce qui, en lui,

1. *Cf.* en ce sens M.-P. Lerner, *La Notion de finalité chez Aristote*, Paris, P.U.F., 1969, p. 122 ; G. Richardson Lear, *Happy Lives and the Highest Good : an Essay on Aristotle's* Nicomachean Ethics, Princeton, Princeton University Press, 2004, p. 75 ; S. Menn, *The Aim*, IIIγ1, p. 16.

peut motiver le ciel à le prendre pour but et à développer une action dont il peut tirer bénéfice.

1072b3-4 : « Le moteur meut donc en tant qu'il est aimé et il meut les autres choses par quelque chose qui est mû. »

Lue à la lumière des développements précédents, cette phrase apporte une conclusion attendue et cohérente à l'analyse ouverte depuis 1072a26. La question de savoir comment meut la substance immobile semble trouver ici une réponse définitive et relativement complète : en premier lieu, le Premier Moteur meut en raison de l'amour que lui porte le premier ciel ; en second lieu, il meut l'ensemble des êtres, *via* la mobilité du premier ciel[1].

Il faut avouer cependant que le texte grec de ce passage est moins clair que la traduction qu'on en propose, puisqu'il ne précise pas le sujet du verbe mouvoir (κινεῖ δὴ ὡς ἐρώμενον). Aussi les interprètes qui refusent l'hypothèse de la causalité finale du Premier Moteur proposent-ils de structurer autrement cette phrase. On pourrait envisager que le sujet du verbe soit ici le même qu'en 1072a26, à savoir l'intelligible et le désirable[2]. Une autre possibilité serait de faire porter cette phrase sur des notions plus récemment mobilisées dans l'argument : soit sur l'objet premier du désir et de l'intellect[3], soit sur la cause finale elle-même[4]. Néanmoins, soit on estime qu'aucune de ces hypothèses n'implique une quelconque référence à la substance immobile, et c'est alors à une longue digression, argumentativement inutile, qu'on assiste depuis 1072a26, soit on s'accorde à voir dans cet examen une progressive identification des notions de désirable, d'intelligible et de finalité à la substance immobile elle-même, et ces hypothèses alternatives ne changent rien à la nature de la conclusion qu'Aristote tire ici. En outre, A. Laks[5] souligne que

1. Ou de son intellect, selon S. Menn, *The Aim*, IIIγ1, p. 13, n. 20.

2. Hypothèse formulée par A. Stevens, « La Causalité et l'Intellect », art. cit., p. 132.

3. À savoir la θεωρία, selon E. Berti, « The Finality of Aristotle's Unmoved Mover », art. cit., p. 865. Voir p. 247.

4. C'est ce que suppose la traduction du passage proposée par M.-P. Duminil et A. Jaulin, *Aristote. Métaphysique*, *op. cit.*, *ad loc.*, facilitée par la leçon δέ (mss EJ), au lieu de δή (mss A^{b}MC), qui lierait plus fortement cette phrase à la division relative à la cause finale. Avec Ross, suivis par S. Fazzo et S. Alexandru, on lit δή, dont la valeur conclusive paraît adaptée à la structure de l'argument tout entier qui trouve ici une issue, tandis que cette phrase ne précise rien de pertinent sur le problème de l'existence de la cause finale dans les êtres immobiles. Voir en ce sens S. Alexandru, *Aristotle's* Metaphysics *Lambda*, *op. cit.*, p. 141.

5. A. Laks, « *Metaphysics* Λ 7 », art. cit., p. 220.

l'amour (ἔρως) n'est pas une façon ordinaire de traiter du désirable, de l'intelligible, ni de la cause finale. C'en est une, en revanche, pour décrire le rapport au principe, comme en témoigne *PA* I 5 (644b31-35) où c'est en termes érotiques également qu'Aristote qualifie l'intérêt que l'homme peut prendre à la connaissance des dieux célestes. Du reste, ce concept prolonge l'ambiance platonicienne du passage, en faisant clairement écho au *Banquet*, qui définit l'amour comme un intermédiaire entre le dieu et le monde (202e-203a), en vertu d'une attraction au beau et à l'intelligible (209e *sq.*). Le Premier Moteur revêt ainsi certains attributs des substances immobiles platoniciennes qu'il est censé supplanter. Assimilé au beau au cours de l'argument des rangées, il en adopte le mode d'attraction [1].

Trois raisons pourraient encore dissuader de croire que cette phrase accorde au Premier Moteur une causalité finale. La première tient à la possibilité que le propos n'ait qu'une valeur métaphorique, n'affirmant pas que le Premier Moteur meut en étant aimé, mais *comme si* (ὡς) c'était le cas [2]. Mais, à nouveau, ce serait à l'hypothèse d'une digression qu'il faudrait en revenir [3], puisque l'examen du désirable et de l'intelligible ne permettrait pas d'éclairer la manière dont meut le Premier Moteur [4]. Il est vrai que, comme l'indique une remarque de Théophraste (*Metaph.* 5b1-2), c'est bel et bien d'un discours métaphorique qu'il s'agirait, si Aristote attribuait au ciel le désir, mais non pas l'âme qui lui permettrait de désirer [5]. Toutefois, bien qu'Aristote ne le mentionne pas ici, il est vraisemblable que, conformément à la mise en garde qu'il s'adresse à lui-même en *DC* II 12 (292a19-21), il ne conçoive pas les astres comme des corps inertes, dépourvus de vie et d'action, ce qui ne saurait s'accorder avec la divinité qu'il leur attribue toujours.

1. Selon K. Ch. Chang, la division des deux sens de la fin serait elle aussi un souvenir du *Banquet*. Voir « Plato's Form of Beautiful in the *Symposium* versus Aristotle's Unmoved Mover in the *Metaphysics* (Λ) », *The Classical Quarterly* 52, 2002, p. 444.

2. E. Berti, « The Unmoved Mover », art. cit., p. 78 ; « Unmoved Mover(s) », art. cit., p. 203 ; « The Finality of Aristotle's Unmoved Mover », art. cit., p. 865. Voir aussi D. Charles, « La cause finale », dans C. Viano, C. Natali, M. Zingano (éd.), *Aitia I. Les Quatre causes d'Aristote : origines et interprétations*, Leuven, Peeters, 2013, p. 154.

3. Voir en ce sens J.-B. Gourinat, « Le premier moteur selon *Physique*, VIII et *Métaphysique*, Λ », art. cit., p. 193, n. 32.

4. A. Laks (« *Metaphysics* Λ 7 », art. cit., p. 221) montre que l'adverbe ὡς répond à ὧδε en 1072a26. Voir aussi A. Ross, « The Causality of the Prime Mover in *Metaphysics* Λ », dans Ch. Horn (éd.), *Aristotle's* Metaphysics *Lambda – New Essays*, *op. cit.*, p. 221, qui souligne que cette lecture modale a toujours été pratiquée dans l'antiquité, même par les partisans de la causalité efficiente du Premier Moteur.

5. *Cf.* E. Berti, *Dialectique, Physique et Métaphysique*, *op. cit.*, p. 397-398.

Une deuxième raison d'envisager avec suspicion ce passage tient à la difficulté de comprendre en quoi le Premier Moteur peut paraître désirable au premier ciel. Bien sûr, le rappel des deux sens de la cause finale a montré qu'il n'y a pas d'obstacle à ce qu'un être immobile fasse l'objet d'une action. Mais il n'a pas établi à quel titre il le peut, c'est-à-dire quel bénéfice l'agent peut espérer en retirer [1]. Et, malgré les efforts d'Aristote pour faire converger, dans les lignes qui précèdent, le premier désirable et le premier intelligible, on pourrait considérer que l'excellence du Premier Moteur est d'ordre plus théorique que pratique : le Premier Moteur serait certes parfait et admirable, mais sans que cela ne puisse engager à l'action [2]. La lettre du passage contient peut-être un élément de réponse. Bien que le fait soit généralement peu remarqué, il n'est sans doute pas anodin qu'Aristote choisisse ici de s'en remettre au concept d'amour (ἔρως) – que rien, dans ce qui précède, n'a préparé à lire – plutôt qu'à celui, plus général, de désir. Incontestablement, le terme permet d'évoquer la doctrine du *Banquet*. Mais il se justifie peut-être également par une fonction explicative plus nette. Car rien d'autre n'est requis, pour aimer, que de pouvoir reconnaître l'intelligibilité et la beauté qu'Aristote a prêtées plus haut au Premier Moteur [3]. À cet égard, l'amour que les astres éprouvent pour le Premier Moteur apporte une réponse simple à la question de savoir ce qu'il peut présenter de désirable à leurs yeux.

Reste une troisième objection, qui porte sur la traduction de cet amour. L'amour, en effet, suppose qu'on tâche de s'unir à ce qu'on aime. Or, dans le cas du ciel, cette tâche est vaine et le mouvement circulaire ne saurait apparemment permettre de la réaliser. Les apories formulées par Théophraste (*Metaph.* 5a23-25; 5b7-10) témoignent de cette difficulté : pourquoi le désir engage-t-il les astres à un mouvement physique, tandis que celui de l'âme est plus noble et apparemment plus compatible avec l'amour, qui implique que les astres contemplent le Premier Moteur [4], non pas qu'ils se meuvent en cercle ? Et pourquoi ce mouvement se poursuit-il éternellement, plutôt que de conduire au repos, comme c'est le cas de tout désir naturel, lorsqu'il est satisfait ? Une longue tradition interprétative a pris coutume de répondre à ces questions par la notion d'imitation

1. Voir par exemple, E. Berti, « De qui est fin le Moteur immobile ? », art. cit., p. 11-15 ; *Dialectique, Physique et Métaphysique*, *op. cit.*, p. 388 ; « The Finality of Aristotle's Unmoved Mover », art. cit., p. 873.

2. Voir A. Stevens, « La Causalité et l'Intellect », art. cit., p. 131.

3. Au sujet de l'amour sensible, en tout cas, Aristote précise, dans l'*EN* VIII 5, 1157a6 *sq.* et IX 12, 1171b29-31, que sa naissance dépend seulement de la vue de l'aimé.

4. Voir S. Broadie, « Que fait le Premier Moteur d'Aristote ? », art. cit., p. 373 *sq.*

(μίμησις) : parce que les astres aiment le Premier Moteur, ils désireraient donc imiter l'acte éternel et immobile qui est le sien, en réalisant par la rotation un mouvement éternel qui s'apparente à l'immobilité. Cependant, cette interprétation ne va pas sans difficulté. D'une part, elle semble impliquer que le Premier Moteur soit une cause exemplaire plutôt que finale [1]. D'autre part, elle s'avère absente du corpus, qui ne mentionne jamais l'imitation en rapport au Premier Moteur. E. Berti [2] a suggéré qu'elle remontait, en fait à l'exégèse d'Alexandre d'Aphrodise, qui en propose en tout cas une systématisation [3]. Aussi faudrait-il, selon certains, renoncer à l'hypothèse de la causalité finale du Premier Moteur, qui ne saurait rendre raison du mouvement céleste : mieux vaudrait se tourner soit vers la causalité efficiente [4], soit vers la causalité formelle [5].

Pourtant, il est incontestable que, quelles que soient les difficultés soulevées par cette doctrine, c'est bel et bien comme finalité que le Premier Moteur est censé causer le mouvement céleste. Suffisent à l'établir,

1. S. Broadie, « Que fait le Premier Moteur d'Aristote ? », art. cit., p. 379-380 ; E. Berti, « Ancora sulla causalità », art. cit., p. 26-28-19 et « The Finality of Aristotle's Unmoved Mover », art. cit., p. 876.

2. « Il movimiento del cielo in Alessandro di Afrodisia », art. cit., p. 227-243.

3. *Cf.* par ex. *Quaestio* I 1, 4, 1-3 ; *Quaestio* I 25, 40, 17-23 ; *Quaestio* II 19, 63, 18-21 ; *De principiis* § 22-23, 76-78 ; *ap.* Simplicius, *in Phys.*, 941, 21-942, 2. En faveur de cette interprétation, on peut citer, parmi les Modernes, Elders, *Aristotle's Theology*, *op. cit.*, p. 177 ; Frede, « Introduction », art. cit., p. 39-41 ; S. Menn, *The Aim*, IIIγ1, p. 21-27.

4. En faveur de cette thèse, sous l'une ou l'autre de ses formes, citons entre autres Ch. Werner, *Aristote et l'idéalisme platonicien*, Paris, Alcan, 1910, p. 318-367 ; R. Mugnier, *La Théorie du premier moteur et l'évolution de la pensée aristotélicienne*, Paris, Vrin, 1930, p. 50 *sq.* ; J. Paulus, « La Théorie du premier Moteur chez Aristote », *Revue de philosophie* 30, 1933, p. 259-294 et 394-424 ; S. Broadie, « Que fait le Premier Moteur d'Aristote ? », art. cit., p. 392-393 ; A. Kosman, « Aristotle's Prime Mover », dans M. C. Gill, G. Lennox (eds.), *Self-Motion From Aristotle to Newton*, *op. cit.*, p. 142-151 ; L. Judson, « Heavenly Motion and the Unmoved Mover », art. cit., p. 155-171 ; D. Bradshaw, « A New Look at the Prime Mover », *Journal of the History of Philosophy* 39, 2001, p. 16 ; E. Berti, « De qui est fin le Moteur immobile ? », art. cit. ; « The Unmoved Mover », art. cit. ; « Unmoved Mover(s) », art. cit. ; « Ancora sulla causalità », art. cit. ; « The Finality of Aristotle's Unmoved Mover », art. cit., p. 866. Cette hypothèse connaît des nuances. Elle ne consiste pas toujours à nier que le Premier Moteur soit aussi une fin. Cette conciliation remonte au commentarisme néoplatonicien : *cf.* par ex. Simplicius, *In Phys.* 1354, 36 *sq.* ; 1360, 24-31. C'est également le cas pour Broadie, Bradshaw ou Judson. D'une manière différente, E. Berti également admet que le Premier Moteur soit une cause finale, puisque c'est de lui-même qu'il serait la fin. D'autre part, les partisans de l'efficience ne s'accordent pas sur le rapport du Premier Moteur au ciel. Certains le conçoivent comme une substance séparée (Berti), d'autres comme l'âme de la sphère des fixes (Werner, Mugnier, Paulus, Broadie, Kosman).

5. A. Stevens, « La Causalité et l'Intellect », art. cit., p. 136-137. Voir également D. Bradshaw, « A New Look at the Prime Mover », art. cit., p. 16-19, qui associe la causalité finale, efficiente et formelle. À cette hypothèse se joint en partie celle qui voit dans le Premier Moteur l'âme (et donc la forme) du premier ciel (*cf.* note précédente).

d'une part, l'analogie qu'Aristote développe en *DMA* 6 (700b30-35), entre le mouvement animal et celui du ciel, qui reposent tous deux sur la motricité du désirable, d'autre part, le témoignage de Théophraste lui-même qui, en dépit des apories qu'il développe à ce sujet, atteste que c'est bien en vertu du désir que le moteur immobile peut mouvoir le premier ciel (*Metaph.* 4b22-5a5). Il est possible, comme le souligne S. Menn[1], qu'Aristote n'ait pas élaboré lui-même de réponse précise à ces questions, sans quoi les apories de Théophraste n'auraient pas lieu d'être. Elles ne doivent toutefois pas contraindre à renoncer à lire ce passage dans son sens le plus obvie.

Aristote lui-même apporte peut-être un élément d'explication concernant l'éternité de ce mouvement. Dans le passage précédemment évoqué *Du mouvement des animaux*, il remarque que le ciel désire un bien qui n'est pas relatif mais absolu et qui ne s'épuise donc jamais. Aussi le mouvement qui le vise ne cesse-t-il pas, comme cesse, pour les vivants sublunaires, tout mouvement déclenché par le désir naturel d'un bien, sitôt ce bien obtenu. Parce que la différence de durée entre ces deux mouvements s'appuie sur celle des biens visés eux-mêmes, le parallèle qu'Aristote bâtit ici ne doit pas conduire à croire que l'éternité du mouvement astral serait le signe de son incapacité à s'emparer du bien visé. C'est la nature même de ce bien qui la réclame.

Quant à la nature cinétique et circulaire de ce mouvement, peut-être la notion d'amour peut-elle à nouveau apporter un éclaircissement. Si l'amour, en effet, implique que l'amant tâche de s'unir à l'aimé, il implique également le désir de se rendre aimable et, dans cette mesure, semblable à ce qu'on aime[2]. Si donc au fondement de l'amour que le ciel éprouve pour le Premier Moteur il y a l'excellence de ce dernier, son intelligibilité et sa beauté, elles-mêmes fondées sur sa pure actualité, on peut comprendre qu'il se traduise par un mouvement éternel et contenant en lui-même sa fin, version cinétique et approximative de l'acte pur. On peut continuer à comprendre cela en termes d'imitation, mais il est clair qu'elle est indirecte : le rapport des astres au Premier Moteur n'est pas d'imitation, mais d'amour et c'est pourquoi il n'a rien d'une causalité paradigmatique. La finalité des astres n'est pas de ressembler au Premier Moteur, mais le Premier Moteur lui-même. Simplement, cette finalité est à concevoir comme un amour qui, par sa dynamique propre, implique de retranscrire en soi, du mieux qu'on le peut, ce qu'on trouve

1. S. Menn, *The Aim*, IIIγ1, p. 20.

2. C'est, en tout cas, sur la ressemblance mutuelle des amants qu'Aristote fonde la stabilité de l'amour sensible, en *EN* VIII 5, 1157a6-12.

aimable[1]. Et parce que les astres sont par nature sujets à ce mouvement circulaire, la réalisation de ce dernier se présente également comme un accomplissement de soi. On peut alors comprendre en quoi le Premier Moteur, en dépit de l'impossibilité de se l'approprier, peut effectivement constituer la fin d'une action qui comporte un bien pour l'agent : l'amour qu'il suscite conduit l'amant à réaliser une forme d'excellence qui est pour lui l'accomplissement de sa nature[2].

[IV] *La nécessité du principe*

1072b4-13 : « Si donc quelque chose est mû, [...] mais qui est simplement. »

L'argument qui s'ouvre remplit plusieurs fonctions. Étroitement relié à l'articulation, énoncée en b3-4, entre le Premier Moteur et le ciel, il propose un approfondissement du rapport du moteur à son mobile, sous l'angle de la contingence et de la nécessité. Ce faisant, il offre peut-être, comme le propose A. Laks[3], une preuve du dernier *demonstrandum* énoncé en Λ 6 (1071b4) – établir l'existence *nécessaire* de la substance immobile –, ce qu'Aristote aborde ici d'un point de vue ousiologique, en faisant de la nécessité, non pas seulement un mode d'existence, mais un mode d'être[4]. En outre, cet examen, en raison du sens axiologique qu'Aristote accordera à la notion de nécessité, achèvera de reconduire le Premier Moteur au beau, et d'établir ainsi une équivalence nécessaire entre le principe et le bien.

L'argument global revient à attribuer au Premier Moteur un mode de nécessité, sur lequel repose son statut de principe, en raison du contraste qui l'oppose au premier ciel, dont le mouvement est signe de contingence. C'est cette prémisse qu'Aristote établit dans un premier temps (1072b4-7)[5], à partir d'une structure quasi syllogistique : 1. tout mobile peut être autrement qu'il n'est ; 2. le premier ciel réalise un mouvement local ; 3. bien

1. Il est clair qu'Aristote ne met pas directement en rapport la notion d'imitation au Premier Moteur. Mais il est aussi clair qu'il peut décrire, sinon en ces termes, dans cet esprit à tout le moins, le rapport téléologique au divin (cf. *DA* II 4, 415a26-b7). Il apparaît également que la *Métaphysique* de Théophraste n'exclut pas nécessairement qu'Aristote ait employé la notion, contrairement à ce que soutient E. Berti (« Il movimiento del cielo in Alessandro di Afrodisia », art. cit., p. 228). *Cf.* en ce sens l'analyse des deux occurrences du concept, en *Metaph.* 5a23-28 et 7b24-8a2, par S. Menn, *The Aim*, IIIγ1, p. 25.

2. Pour une discussion plus détaillée du débat, je me permets de renvoyer à F. Baghdassarian, *La question du divin chez Aristote*, *op. cit.*, p. 169-205. Voir également la synthèse proposée par A. Ross, « The Causality of the Prime Mover in *Metaphysics* Λ », art. cit.

3. A. Laks, « *Metaphysics* Λ 7 », art. cit., p. 227.

4. Voir sur ce point S. Fazzo, *Commento*, *op. cit.*, p. 331.

5. Sur le texte retenu de ce passage difficile, voir la n. 2 p. 68.

qu'éternel, il peut donc être autrement qu'il n'est. Le passage établit ainsi l'équivalence entre le mouvement et la contingence, en prêtant à l'acte et à la puissance un sens, non plus cinétique, mais ontologique. À cette première équivalence répond, dans un second temps (b7-10), celle entre l'immobilité et la nécessité, sur la base du concept d'acte. L'insistance sur les caractéristiques du mouvement causé par le Premier Moteur – mouvement premier, circulaire et éternel – sert vraisemblablement à rappeler les raisons pour lesquelles le Premier Moteur est un acte pur. Et de sa pure actualité, traduite ici en termes d'immobilité, découle donc pour lui l'absolue impossibilité qu'il soit autrement qu'il n'est.

De la double équivalence précédemment établie, Aristote peut à présent tirer la conclusion attendue : le Premier Moteur est un être nécessaire. Mais, à cette première conclusion s'en ajoute une autre, plus nouvelle, qui consiste elle aussi à établir une double équivalence entre la nécessité, la beauté et la principialité. La nécessité du Premier Moteur est présentée ici comme une nouvelle façon de dire sa perfection et son adéquation au beau. L'acte, à nouveau, explique ce lien entre nécessité et beauté, puisque c'est en raison de son degré d'actualité que le Premier Moteur est à la fois au sommet de la série de l'intelligible et du beau, et immobile et nécessaire. Et c'est parce qu'il est à la fois nécessaire et beau qu'il peut légitimement occuper le statut de principe (ἀρχή).

C'est la première fois que ce concept est explicitement attribué au Premier Moteur. Cette description est ici doublement motivée. Si le Premier Moteur est un principe, c'est parce qu'il est nécessaire, car l'être premier ne peut être contingent, sans quoi tous les êtres qui en dépendent pourraient ne pas exister[1]. Mais c'est aussi parce qu'il est beau et excellent. En *Metaph.* N 4 (1091b16-19), Aristote montre, contre Speusippe, que la notion même de principe se fonde en réalité sur celle du bien : c'est parce qu'il est un bien que le principe est premier, éternel et autarcique. Pour le dire autrement, c'est parce qu'il est un bien que le principe est tel. Excellent, beau et désirable, le Premier Moteur remplit donc les conditions d'une définition adéquate de la notion de principe.

Le passage s'achève par le rappel des différents sens du nécessaire, dans des termes très proches de la définition de *Metaph.* Δ 5 : la contrainte (1015a26), la condition du bien (1015a22), l'impossibilité d'être autrement (1015a33-36), c'est-à-dire l'être *simpliciter*, qui constitue le sens premier de la nécessité (1015b11-15)[2]. Aristote ne précise pas comment ces

1. Cf. *Metaph.* Θ 8, 1050b18-20, par exemple.

2. Voir R. Bodéüs, A. Stevens, *Aristote. Métaphysique, Livre Delta*, introduction, traduction et commentaire, *op. cit.*, p. 106-107, qui montrent que ce sens constitue à la fois le noyau

différents sens s'appliquent au Premier Moteur. Tous ne peuvent lui convenir : le Premier Moteur n'exerce aucune contrainte, puisque ce qui est contre-nature est toujours postérieur. Il n'est vraisemblablement pas ce sans quoi le bien ne peut advenir, car il n'est pas seulement une condition du bien, mais un bien [1]. Le Premier Moteur est donc nécessaire au sens premier et le plus essentiel, parce que sa nature ne comporte aucune possibilité de changement.

1072b13-14 : « D'un tel principe dépendent donc le ciel et la nature. »

Ici s'achève l'examen directement consacré à la causalité du Premier Moteur et à son statut principiel, dont Aristote souligne dans cette phrase à la fois l'étendue universelle et le caractère indirect. Le Premier Moteur est un principe universel, auquel s'ordonne l'ensemble du réel, supralunaire comme sublunaire ; mais, conformément à la causalité finale qui lui a été attribuée, il est un principe auquel le monde aspire, sans que son principe n'agisse directement sur lui.

[V. 1] *Le mode de vie du principe : l'occupation la meilleure*

1072b14-16 : « Quant à son occupation, [...] son acte est aussi un plaisir. »

L'examen qui s'ouvre ici marque un tournant. Dorénavant, il ne s'agira plus d'envisager le Premier Moteur dans sa fonction causale, mais en lui-même, dans l'occupation (διαγωγή) [2] qui est la sienne, indépendamment du mouvement qui lui est suspendu [3]. Ce faisant, c'est la nature même du principe qu'Aristote s'apprête à définir, approfondissant ainsi le regard proprement ousiologique que la perspective scientifique de Λ permet de

commun de tous les sens de la nécessité et, lorsqu'on l'envisage comme un propriété essentielle d'un être, un sens à part entière.

1. *Contra* voir E. Berti, « Ancora sulla causalità », art. cit., p. 20-21, « The Finality of Aristotle's Unmoved Mover », art. cit., p. 866 ; S. Fazzo, *Commento*, *op. cit.*, p. 331.

2. Le terme διαγωγή désigne au sens propre le fait de passer le temps. Il peut donc exprimer une activité, de l'ordre de la distraction (*EN* IV 14, 1127b34) et du loisir (*Pol.* VII 15, 1334a16 ; VIII 3, 1338a10), mais aussi un genre de vie qu'Aristote décrit comme libre, noble et plaisant (*EN* X 7, 1177a27 ; *Pol.* VIII 5, 1339a29, b14, b17). Voir sur ce point Ross, *Aristotle. Metaphysics*, *op. cit.*, vol. 2, p. 378-379 et R. Brague, *Aristote et la question du monde*, *op. cit.*, p. 437-439.

3. Sur la différence entre l'éclaircissement fonctionnel de la substance immobile qui a été mené jusqu'à ce point, et celui, interne, qui commence, voir M. Bordt, « Why Aristotle's God is not the Unmoved Mover », art. cit., p. 91, ainsi que F. Baghdassarian, *La Question du divin*, *op. cit.*, p. 244.

porter sur le Premier Moteur. La connaissance de la substance immobile dont on dispose à ce stade – éternité, actualité, excellence et intelligibilité – se verra ainsi réinvestie dans un examen d'un genre nouveau, qui ne cherchera plus à déterminer les conditions de sa motricité, mais sa nature même.

Cette recherche peut apparaître comme un supplément au programme énoncé au début de Λ 6[1], qui requiert d'établir l'existence nécessaire d'une substance immobile, non pas aussi de faire l'examen de son mode de vie. Toutefois, l'évidence avec laquelle Aristote l'introduit laisse à penser qu'elle s'intègre de plein droit à l'enquête en cours. Et, de fait, conforme aux objectifs scientifiques du livre Λ, puisqu'il conduit à décrire la nature du principe premier des substances, cet examen découle aussi directement des descriptions qui en ont été précédemment données et qui, en soulignant que le Premier Moteur était dénué de puissance, ont donc requis de déterminer dans quelle activité, non pas causale ou motrice, mais substantielle, cette pure actualité pouvait se traduire.

Le premier élément de définition qu'Aristote en donne repose sur une comparaison[2]. Le cas humain est convoqué pour fournir un modèle heuristique à l'étude du principe. De même que les notions ordinaires de désirable et d'intelligible avaient permis d'entamer l'examen de la motricité d'une substance peu commune, de même l'occupation humaine la meilleure permet d'ancrer le questionnement dans un terrain mieux connu[3]. Et de même que les notions de désirable et d'intelligible ont progressivement fait l'objet d'une réélaboration, qui leur a permis de dire la supériorité de la substance immobile, de même, il s'agira à terme de mettre en adéquation les enseignements du modèle humain avec l'excellence et la pleine actualité du Premier Moteur.

Toutefois, la commodité du modèle humain ne saurait suffire à en expliquer la mobilisation, sans quoi la comparaison serait arbitraire. C'est donc que quelque chose en l'homme ou, à tout le moins, dans son activité la meilleure, présente une affinité suffisante avec la substance immobile, pour autoriser à en apprendre davantage sur cette dernière. On serait tenté de penser que, à l'arrière-plan de la comparaison, il y a cette thèse philosophique classique, à laquelle Aristote souscrit entièrement,

1. Voir en ce sens A. Laks, « *Metaphysics* Λ 7 », art. cit., p. 207.

2. *Cf.* A. Laks, « *Metaphysics* Λ 7 », art. cit., p. 233 et S. Fazzo, *Commento*, *op. cit.*, p. 332.

3. Voir en ce sens A. Laks, « *Metaphysics* Λ 7 », art. cit., p. 233.

d'une parenté (συγγένεια) noétique entre l'homme et le dieu[1]. Cependant, comme S. Menn le souligne[2], cette affinité intellective ne peut suffire : à ce stade, la substance immobile n'a encore jamais été qualifiée de divine, puisque c'est l'examen qui s'ouvre qui doit le permettre (1072b25 *sq.*).

On pourrait encore envisager que ce soit les descriptions précédentes de la substance immobile qui justifient de la définir comme un intellect et de lui associer, par conséquent, l'exemple d'un autre être intellectif. C'est l'hypothèse que formulent, dans des termes toutefois distincts, J. G. Defilippo et S. Menn[3], qui voient dans l'intelligibilité de la substance immobile le signe de sa nature intellective. Selon le premier, la pure actualité de cette substance ne serait garantie qu'à la condition qu'elle soit éternellement pensée, de sorte qu'Aristote serait dans l'obligation de la définir comme un intellect se contemplant lui-même. Selon le second, la description de la substance immobile comme un intelligible immatériel conduirait Aristote à l'identifier à un intellect d'un type particulier, c'est-à-dire à un intellect agent, selon les termes du *DA* III 4-5. À moins qu'on n'estime plus simplement que, puisque le Premier Moteur vient d'être qualifié de principe, il s'en trouve donc implicitement assimilé à un intellect, en vertu d'une tradition philosophique, qu'illustrent Anaxagore et Platon[4] et à laquelle Aristote souscrit. Il est incontestable que cette assimilation se trouve à l'arrière-plan du passage et elle explique sans doute qu'Aristote s'en remette si naturellement à l'exemple de l'homme. Il faut avouer cependant que la nature intellective de la substance immobile ne constitue pas un prérequis officiel de la discussion, sans quoi Aristote ne s'interrogerait pas sur la nature de son occupation, pour la définir progressivement comme une intellection[5]. Aussi doit-il y avoir,

1. *Cf.* entre autres *Protr.* fr. 10c Ross (= Cicéron, *De finibus* II 13, 3940) ; fr. 11 Ross (= Jamblique, *Protr.* 40, 352, 16) ; *EN* X 7, 1177a12-17 ; 1177a21 ; 1177b26-34 ; X 9, 1179a26-27 ; *DA* I 4, 408b29-30 ; II 2, 413b24-27 ; III 4, 429b5 ; *GA* II 3, 736b16-21 ; *PA* IV 10, 686a27-32. Pour les racines anaxagoréenne et platonicienne de l'affirmation, voir par ex., Anaxagore, fr. DK 59 B12, 30-31 ou Platon, *Timée* 44d, 90a-c.

2. S. Menn, *The Aim*, IIIγ2, p. 1-2, 13.

3. Joseph G. De Filippo, « Aristotle's Identification », art. cit., p. 402-403. S. Menn, *The Aim*, IIIγ2, p. 2-14.

4. Anaxagore, fr. DK 59 B12, 4-8 ; Platon, par exemple, *Philèbe* 30d-e ; *Timée* 30d.

5. Pour autant, l'hypothèse de M. Gabriel (« God's Transcendent Activity : Ontotheology in *Metaphysics* 12 », *The Review of Metaphysics* 63, 2009, p. 385-414), selon laquelle Aristote n'identifie jamais le Premier Moteur à un intellect, est excessive. Certes, Aristote ne tient pas ici cette identité pour acquise, mais c'est tout l'enjeu de la démonstration qui s'ouvre que de la justifier, comme le montrera la conclusion du passage (1072b26-27), qui attribue la vie de l'intellect au principe immobile. Du reste, la nature intellective du Premier Moteur paraît requise à la fois par la tradition philosophique dans laquelle Aristote inscrit son analyse (les allusions fréquentes à Anaxagore tendent à le confirmer) et par l'association récurrente du

au fondement de cet exemple humain, d'autres motifs, plus généraux, de convergence.

Or, parmi les connaissances dont on dispose à ce stade et qui peuvent justifier la comparaison avec les occupations humaines, il y a l'éternité et la pure actualité de la substance immobile, lesquelles doivent se traduire dans une activité compatible avec l'immobilité [1]. *Metaph.* Θ 6 (1048b17-35) suggère que l'activité humaine peut, dans une certaine mesure, réunir ces critères, en raison de la distinction qu'Aristote y expose entre le mouvement et la πρᾶξις (action ou activité). Le premier s'ordonne à une fin (τέλος) extrinsèque, qui en détermine l'arrêt et à l'égard duquel il reste en puissance. La seconde possède une fin immanente et ne contient aucun motif interne d'arrêt, mais est au contraire pleinement achevée et mérite proprement le nom d'acte [2]. En d'autres termes, la πρᾶξις humaine, entendue en ce sens, donne l'exemple d'une activité conforme à la nature du Premier Moteur : distincte du mouvement et de la puissance, autotélique et potentiellement continue, proprement actuelle. Reste à mettre en corrélation l'excellence du Premier Moteur et l'exemple fourni par cette sorte d'activités humaines, en en considérant la meilleure. Or, parmi les exemples de πράξεις cités en Θ 6, il y a la contemplation (θεωρία), qu'Aristote définit, en *EN* X 7, comme la source d'un bonheur achevé, et qui se présente comme l'occupation (διαγωγή, 1177a27) humaine la meilleure et la plus plaisante (1177a23-27), la plus autarcique (1177a27) [3] et la plus continue (1177a22-23). Par là peut s'établir la conformité d'une certaine occupation humaine et de ce que doit être celle de la substance immobile, puisque la première semble traduire, au niveau humain, les exigences de l'acte pur.

La comparaison ne peut toutefois valoir sans restriction. Aristote en indique une limite, en opposant l'éternelle activité de la substance immobile à la fugacité de l'occupation humaine. La pure actualité et la simplicité de la substance immobile expliquent qu'elle se livre à la fois éternellement et continûment à une activité que l'homme, compte tenu de la puissance et de la composition constitutives de sa nature, ne peut mener que brièvement et de façon intermittente, puisque la réalisation de cette activité, sans contenir en elle-même aucune source d'arrêt, se fait

divin et de la pensée (par exemple, le dieu est *sophos*, selon *Metaph.* A 2, 983a6 ; il se pense lui-même, selon *EE* VII 12, 1245b16-18).

1. Cf. *EN* VII 15, 1154b26-27.

2. Voir aussi *Metaph.* Θ 8, 1050a23-b2 et *EE* II 1, 1219a13-18.

3. Voir aussi *Protr.* fr. 6 Ross (= Jamblique, *Protr.* 41, 15-43, 25) ; fr. 12 Ross (= Jamblique, *Protr.* 52, 16-54, 5).

au détriment de l'actualisation des autres parties constitutives de l'être humain[4]. Au critère de l'acte la suite du passage associe celui du plaisir, qui en est le prolongement. En 1072b16, Aristote signale en effet que le Premier Moteur prend plaisir à son activité[5]. L'affirmation, sans contredire l'immobilité du Premier Moteur (puisque le plaisir n'est ni un mouvement ni une progression[6]), fait écho à l'articulation qu'Aristote établit entre le plaisir et l'activité achevée[7]. Compte tenu de la pure actualité de la substance immobile, on devine que son occupation est aussi agréable qu'elle est éternelle, source d'un plaisir nécessaire et constant, qu'aucun terme ni lassitude ne viennent troubler. Cette remarque concernant le plaisir du Premier Moteur sert manifestement à justifier l'un ou l'autre des points précédemment énoncés. L'hypothèse la plus naturelle voudrait que la corrélation entre l'acte du Premier Moteur et son plaisir justifie qu'il se livre éternellement à l'activité qui est la sienne, puisque aucune fatigue ne l'encourage à s'en détourner[8]. Toutefois le plaisir que le Premier Moteur prend à son activité est, au même titre que l'éternité durant laquelle il s'y livre, une conséquence, de sa pure actualité. Ce n'est pas le plaisir qu'il y prend qui explique que le Premier Moteur ne change jamais d'occupation, mais sa pure actualité; et ce ne peut être que dans le cas d'être potentiels, appelés à changer régulièrement d'activité, que le plaisir peut expliquer qu'ils la prolongent un peu. C'est pourquoi la mention du plaisir sert ici vraisemblablement à souligner l'excellence de l'occupation du Premier Moteur[9].

4. Cf. *EN* VII 15, 1154b20-31 ; X 4, 1175a4-7 ; X 9, 1178b33-1179a9.

5. Avec les mss MC et une scholie du ms E, je lis la leçon ἡδονὴ ἡ ἐνέργεια, reproduite par tous les éditeurs depuis Ross. C'est l'acte qui engendre le plaisir, non l'inverse.

6. Cf. *EN* VII 12, 1153a7-17 ; X 3-4.

7. Cf. *Protr.* fr. 14 Ross (= Jamblique, *Protr.* 11, 56, 13-59, 18) ; *EN* VII 13, 1153a15 ; VII 14, 1153b14-15 ; X 4, 1174b23.

8. En ce sens, voir *EN* X 5, 1175b13-15. *Cf.* ps.-Alex., *In Metaph.* 697, 5 ; Bonitz, *Commentarius*, *op. cit.*, p. 501 ; R. Brague, *Aristote et la question du monde*, *op. cit.*, p. 440 ; C. Natali, « Attività di Dio e attività dell'uomo nella *Metafisica* di Aristotele », dans A. Bausola, G. Reale (eds.), *Aristotele. Perchè la metafisica*, Milano, Vita e pensiero, 1994, p. 206 (« désormais cité « Attività di Dio ») ; G. Aubry, *Dieu sans la puissance*, *op. cit.*, p. 171. En conséquence, pour que le plaisir porte sur l'éternité, il faut une parenthèse plus courte, qui isole ἡμῖν μὲν γὰρ ἀδύνατον seulement. C'est la ponctuation adoptée par Jaeger ; S. Fazzo, *Il libro* Lambda, *op. cit.*, *ad loc.* ; Ch. Rutten, A. Stevens, *Métaphysique*, *op. cit.*, *ad loc.*

9. On suit donc la ponctuation proposée par Ross.

1072b17-18 : « Et c'est pour cette raison […] le sont par leur intermédiaire. »

Aristote convoque à nouveau l'exemple, plus ordinaire, de plusieurs activités humaines qui attestent que le plaisir est à la mesure de l'acte[1]. Une double distinction structure cette énumération. La plus évidente oppose les activités présentes à celles qui se rapportent à elles à travers le temps. Une seconde distinction, obéissant aux mêmes critères d'actualité et de plaisir, préside à l'ordre dans lequel les activités présentes elles-mêmes sont citées : chacune comporte un degré d'actualité plus grand que la précédente, de sorte que l'intellection, s'avère à la fois la plus actuelle et la plus plaisante. Ce passage sert ainsi à prolonger la validité du rapprochement entre la meilleure occupation humaine et celle du Premier Moteur[2]. Mais parce que l'intellection elle-même peut être de plusieurs sortes, parce qu'on peut en envisager plusieurs degrés d'excellence, la suite de l'examen devra s'efforcer de définir, à partir des mêmes critères – l'acte, le plaisir et la perfection – celle qui constitue proprement l'activité humaine la meilleure et qui s'offre ainsi comme une version approchante de l'intellection que mène la substance immobile.

[V. 2] *L'intellection la meilleure*

1072b18-19 : « Or l'intellection qui est par elle-même […] sur ce qui l'est au plus haut point. »

Metaph. Δ 18 (1022a33-35) définit ce qui est par soi comme ce qui n'a pas d'autre cause que soi-même d'être ce qu'il est. À cet égard, l'intellection qui est par soi est l'intellection considérée en elle-même, dans son essence ou sa quiddité. Comme le note Ross[3], il s'agit d'une intellection pure, considérée indépendamment des autres facultés psychiques qui peuvent s'y associer. Cela ne signifie pas que cette intellection soit uniquement celle du Premier Moteur. L'homme aussi, lorsqu'il applique sa pensée à

1. Comme le montre A. Laks, « *Metaphysics* Λ 7 », art. cit., p. 234, c'est à l'ἐνέργεια et non au Premier Moteur que διὰ τοῦτο se rapporte.

2. En ce sens, *cf.* S. Herzberg, « God as Pure Thinking. An Interpretation of *Metaphysics* Λ 7, 1072b14-26 », dans Ch. Horn (éd.), *Aristotle's* Metaphysics *Lambda – New Essays*, *op. cit.*, p. 163 *sq.*, qui voit dans tout l'argument, jusqu'en 1072b26, une justification de la légitimité de la comparaison entre l'homme et le Premier Moteur.

3. Ross, *Aristotle. Metaphysics*, *op. cit.*, vol. 2, p. 379. *Cf.* aussi Joseph G. De Filippo, « Aristotle's Identification », art. cit., p. 405, qui renvoie à *Phédon* 65e-66a, où Platon évoque une pensée (διάνοια) par soi, libérée des images et de la sensation.

des intelligibles immatériels, réalise une intellection pure et par soi [1]. Du reste, ce n'est qu'en 1072b24 qu'Aristote se détourne explicitement du modèle humain, pour envisager à quelles conditions il peut valoir dans le cas du Premier Moteur. L'intellection ici décrite vise donc à expliciter la meilleure occupation humaine – c'est-à-dire la meilleure intellection –, en vue de déterminer la nature de celle que mène la substance immobile [2].

Aussi à l'excellence subjective de cette intellection Aristote associe-t-il ici celle de son objet : le meilleur par soi. Cette description reprend directement les enseignements de l'argument des rangées [3], qui a corrélé les intelligibles par soi et le beau (1072a34-b1). À l'intellection par soi, qui est le plus intellection, correspond donc l'intelligible par soi qui est le plus intelligible et aussi le meilleur. Les critères de définition de l'occupation recherchée font ainsi l'objet d'une intensification. L'intellection décrite est la plus actuelle et, par conséquent, la plus plaisante, d'autant plus qu'elle témoigne d'une parfaite adéquation entre la faculté et son objet, adéquation dont Aristote explique, en *EN* X 4 (1174b14-20), que découle ordinairement le plaisir.

Aristote, pourtant, ne s'en tient pas là et formule une intensification supplémentaire (ἡ μάλιστα τοῦ μάλιστα). On peut s'interroger sur le sens, apparemment inintelligible, de ce redoublement de perfection. Une première possibilité serait d'y voir une reformulation des critères précédents : Aristote préciserait que l'intellection par soi du meilleur par soi est l'intellection qui est *le plus* intellection, portant sur l'intelligible qui est *le plus* intelligible et donc véritablement le meilleur [4]. Mais une seconde lecture n'est pas exclue, qui voit ici l'indice d'une perfection supplémentaire, sélectionnant, parmi les degrés possibles de l'intellection précédemment décrite, son instanciation la plus parfaite. Aristote dessinerait ici en creux, comme il l'a fait plus haut (1072b15-16), le cas spécifique du Premier Moteur [5], en montrant qu'il mène une intellection

1. *DA* III 4, 430a3-10.

2. En ce sens, *cf.* notamment Joseph G. De Filippo, « Aristotle's Identification », art. cit., p. 405 ; C. Natali, « Attività di Dio », art. cit., p. 208 ; A. Laks, « *Metaphysics* Λ 7 », art. cit., p. 234 ; B. Botter, *Dio e divino in Aristotele*, *op. cit.*, p. 20 ; S. Herzberg, « God as Pure Thinking. An Interpretation of *Metaphysics* Λ 7, 1072b14-26 », art. cit., p. 167.

3. Voir Joseph G. De Filippo, « Aristotle's Identification », art. cit., p. 405 ; A. Laks, « *Metaphysics* Λ 7 », art. cit., p. 234.

4. En ce sens, Joseph G. De Filippo, « Aristotle's Identification », art. cit., p. 405. Le parallèle de *Metaph.* A 2, 982a32-b2, qui sert à exprimer la parfaite adéquation entre la science au plus haut point à ce qui est, au plus haut point, objet de science, plaiderait en ce sens.

5. Voir en ce sens ps.-Alex., *In Metaph.* 698, 20-21, ainsi que L. Elders, *Aristotle's Theology*, *op. cit.*, p. 187 ; V. Gomez-Pin, *Ordre et Substance*, Paris, Anthropos, 1976, p. 164-167 ; A. Laks, « *Metaphysics* Λ 7 », art. cit., p. 234.

absolument par soi, c'est-à-dire absolument pure et séparée des facultés psychiques inférieures – l'intellection d'un pur intellect en somme –, portant sur l'être intelligible et excellent qui serait le plus par soi, c'est-à-dire sur le terme absolument premier de la rangée. Dans tous les cas, l'intellection décrite porte sur le premier intelligible et le premier désirable. Commune à l'homme et au Premier Moteur, elle revient donc implicitement, pour ce dernier, à se penser lui-même.

1072b19-23 : « Et l'intellect se pense lui-même, [...] il passe à l'acte lorsqu'il le possède. »

C'est de l'auto-intellection humaine qu'Aristote énonce ici les conditions [1]. Plusieurs raisons peuvent expliquer l'apparition de ce nouveau thème. À un premier niveau, il complète la description de l'intellection la meilleure, non seulement en en éclairant les conséquences, c'est-à-dire en montrant que l'intellect, en pensant le meilleur par soi, se pense aussi lui-même, mais en mobilisant un critère supplémentaire d'excellence : la pensée de soi peut elle-même apparaître comme un bien, puisqu'elle repose sur l'identification de soi-même au terme premier et excellent de la rangée des intelligibles [2]. À un second niveau, cet examen de l'auto-intellection prolonge le parallèle établi plus haut entre l'homme et la substance immobile, en montrant que la meilleure intellection revient, pour l'homme également, à se penser et à mener une activité autarcique, dans laquelle il revêt, dans une certaine mesure, la nature excellente de la substance immobile.

Aristote définit les conditions de cette auto-intellection, dans des termes très semblables au *DA* III 4. Elle est la conséquence de l'opération par laquelle l'intellect saisit ou appréhende (κατὰ μετάληψιν) son objet intelligible. Deux justifications (γάρ, b20 et 22) en sont données. La première (b20-21) repose sur la nature particulière de cette saisie, qu'Aristote assimile à un toucher [3], grâce auquel l'intellect s'identifie à

1. C'est ce dont témoignent les conditions dont Aristote assortit cette auto-intellection et qui sont conformes à l'examen de l'intellect humain en *DA* III 4. C'est aussi ce qu'indiquent le verbe γίγνεται (b21), qui exprime un devenir, et la mention d'un élément de divinité de cet intellect (b23), ce qui implique qu'il n'est pas lui-même divin. *Cf.* A. Laks, « *Metaphysics* Λ 7 », art. cit., p. 234.

2. Voir en ce sens *EE* VII 12, 1244b33-1245a3, qui définit la connaissance de soi comme un bien, et par laquelle on devient soi-même objet de connaissance, en s'identifiant aux termes déterminés et désirables de la rangée positive.

3. Cf. *Metaph.* Θ 10, 1051b25.

son objet et devient donc lui-même intelligible [1]. La seconde énonce les modalités requises par ce toucher noétique et l'identification qu'il rend possible. Cela tient, d'une part, à la nature de l'intellect, qu'Aristote assimile à un réceptacle (τὸ δεκτικόν), séparé des organes corporels, de sorte qu'il ne possède par lui-même aucune nature et peut accueillir, sans y faire obstacle, l'intelligible, c'est-à-dire la substance formelle, elle-même séparée de la matière [2]. Cela tient, d'autre part, à l'actualisation de la potentialité de l'intellect, de sorte que ce dernier passe à l'acte lorsqu'il possède son objet (ἐνεργεῖ δὲ ἔχων). Le mécanisme ici décrit désigne probablement celui par lequel l'intellect en entéléchie première, qui possède [3] déjà ses objets, se hisse à un niveau supérieur d'actualité, c'est-à-dire à l'entéléchie seconde, en considérant actuellement les intelligibles qu'il contient, comme le savant qui possède la science peut se mettre à l'exercer. C'est à cette condition, en effet, que l'intellect pense alors par lui-même, sans être redevable à la manifestation extérieure de son objet, et qu'il peut donc mener une intellection *par soi*. C'est à cette condition également qu'il peut se penser lui-même (*DA* III 4, 429b5-9). L'auto-intellection humaine ne peut donc manifestement pas advenir spontanément, c'est-à-dire indépendamment de l'intellection d'un intelligible extérieur, dont l'intellect se distingue initialement.

1072b23-24 : « Il en résulte […] ce qu'il y a de plus plaisant et de meilleur. »

De la description du fonctionnement de l'intellect humain et des conditions de son auto-intellection, Aristote s'attache ici à isoler, à titre de conséquence (ὥστε), certains éléments d'excellence qui achèvent de montrer ce qui, dans la meilleure occupation humaine, s'approche de la perfection du Premier Moteur. En premier lieu, Aristote attire l'attention sur un élément de divinité que l'intellect peut posséder. La remarque reste assez imprécise, en raison notamment du sens des deux démonstratifs qu'il emploie ici, mais sans en indiquer les référents.

Compte tenu de l'apparition du thème de la divinité, on pourrait croire que la hiérarchie que le texte établit entre *cela* que l'intellect possède de divin et *ceci* qui ne l'est pas exprime la différence entre l'intellection du

1. Voir *DA* III 4, 429b5-9 ; 430a2-4.
2. Cf. *DA* III 4, 429a13-b5 ; 429b31-430a2.
3. Dans cette mesure, le verbe ἔχειν désignerait l'entéléchie première, l'ἕξις (cf. *DA* II 5, 417a25, a32), par contraste avec l'entéléchie seconde, évoquée ici par le verbe ἐνεργέω et qu'Aristote désigne généralement par le concept de θεωρία (par opposition à ἐπιστήμη). Ce terme apparaît plus loin, dans l'énoncé des conséquences de cet acte d'intellection.

Premier Moteur et celle de l'homme[1]. Toutefois l'argument n'a encore jamais explicitement qualifié le Premier Moteur de divin, de sorte que la divinité dont il est ici question possède sans doute une signification générale, synonyme de supériorité[2], permettant de déterminer ce qui, au sein même de l'intellection humaine, présente un niveau d'excellence comparable à l'activité intellective de la substance immobile. Si donc c'est un aspect de l'intellection humaine qu'il s'agit de valoriser, une autre hypothèse de lecture pourrait envisager que cet élément de divinité soit en rapport avec l'intellection de soi-même, tandis que les précisions relatives à la nature réceptive et potentielle de l'intellect en manifesteraient l'infériorité[3].

Cependant, la structure argumentative du passage encourage à ne pas chercher le référent de ces deux démonstratifs au-delà des indications qu'Aristote vient immédiatement de donner, au sujet du fonctionnement de l'intellection humaine. Le passage, en effet, depuis l'évocation de la possibilité pour l'intellect de se penser soi-même (en 1072b19-20), se présente comme une justification progressive de cette affirmation, qu'il appuie sur deux fondements (scandés par les deux γάρ) : la nature du toucher noétique d'une part (1072b20-21), la nature réceptive de l'intellect et son actualisation de l'autre (1072b22-23), dont Aristote déduit chaque fois une conséquence particulière – l'identité de l'intellect et de l'intelligible dans le premier cas (1072b21), l'élément de divinité de l'intellect dans le second (1072b23). C'est pourquoi il paraît préférable de situer le référent de ces deux démonstratifs dans les précisions qu'Aristote vient tout juste de donner concernant le rapport de l'intellect à l'intelligible.

Une première possibilité consisterait alors à voir dans ce passage une valorisation de l'acte par rapport à la puissance. L'élément de divinité de l'intellect résiderait donc dans son actualisation, plutôt que dans sa nature réceptive et potentielle. Et, puisque ces deux référents constituent respectivement l'élément le plus proche et le plus éloigné, Ross a proposé, en faveur de cette interprétation, une correction inspirée du commentaire du ps.-Alex., consistant à inverser le cas de ces deux démonstratifs, de façon à lire que ce que l'intellect possède de divin, c'est *ceci* (τοῦτο)

1. En ce sens, par ex., *cf.* Thémistius, *Paraphrase*, *op. cit.*, p. 93 ; Averroès, *Grand Commentaire*, *op. cit.*, p. 238 ; ps.-Alex., *In Metaph.* 693, 34-36.

2. *Cf.* A. Laks, « *Metaphysics* Λ 7 », art. cit., p. 235 : l'association de l'adjectif θεῖον au verbe δοκεῖν suggère que la divinité qui est ici en cause est celle qu'enseigne l'opinion générale, non un exposé technique.

3. Cela rejoint l'hypothèse formulée par A. Laks, « *Metaphysics* Λ 7 », art. cit., p. 235, n. 72. Voir aussi S. Fazzo, *Il libro* Lambda, *op. cit.*, p. 290 et *Commento*, *op. cit.*, p. 335-336.

plutôt que *cela* (ἐκείνου)[1]. Si cette correction ne saurait valoir contre le témoignage unanime des manuscrits[2], la lecture qu'elle facilite non plus ne peut pleinement convaincre. Elle revient, en effet, à prêter au texte une valorisation relativement banale de l'acte, alors même que ce passage doit déboucher sur les descriptions ultimes de l'occupation humaine la meilleure, c'est-à-dire sur l'affirmation du caractère absolument bon et plaisant de la contemplation.

C'est pourquoi il semble plus conforme au rythme et à la structure du passage de faire l'hypothèse qu'Aristote souligne ici la plus grande valeur de l'intelligible, en comparaison de l'intellect humain qui le reçoit[3]. Puisque, en effet, cet intellect n'est qu'un réceptacle des formes, puisqu'il n'est rien avant de penser, on peut comprendre que l'être intelligible qu'il accueille présente une supériorité évidente, *a fortiori* lorsque cet intelligible est celui qu'Aristote a décrit plus haut – le meilleur par soi. Car c'est l'intelligible le terme déterminé, c'est lui, le terme bon et positif, c'est de sa présence dans l'intellect que ce dernier tire sa nature et son actualisation.

Et c'est pourquoi Aristote peut énoncer, dans une seconde conséquence, que la contemplation (θεωρία) est l'activité la meilleure et la plus plaisante, puisque elle accomplit pleinement, dans une activité en entéléchie seconde[4], l'identification de l'intellect à ce terme divin qu'il possède, à savoir son objet intelligible. Le thème de l'auto-intellection n'est sans doute pas absent de cette valorisation, puisque l'intellection de l'intellect par lui-même est indissociable de la contemplation en acte de l'intelligible. Cette valorisation de la contemplation peut se comprendre en un sens général : toute contemplation est, d'une manière générale, l'activité la meilleure et la plus plaisante. Mais, elle présente également une signification plus spécifique. Le fait même qu'Aristote, à l'issue de ce passage, ne s'attache plus à déterminer la nature de la meilleure activité humaine, mais sa convenance au Premier Moteur indique que

1. Ross, *Aristotle. Metaphysics*, *op. cit.*, vol. 2, *ad loc.* et p. 380-381. Correction suivie par Jaeger et Alexandru. Interprétation semblable, sur la base du texte des mss, par Bonitz, *Commentarius*, *op. cit.*, p. 502 ; E. Zeller, *Die Philosophie der Griechen in ihrer geschichtlichen Entwicklung*, vol. 2, *op. cit.*, p. 431-433.

2. Voir en ce sens S. Fazzo, *Il libro* Lambda, *op. cit.*, p. 290.

3. Hypothèse suivie par M.-P. Duminil et A. Jaulin, *Aristote. Métaphysique*, *op. cit.*, p. 393. Cette lecture présente l'avantage de donner le même sens aux deux occurrences du verbe ἔχειν : ce que l'intellect *possède* de divin, c'est l'intelligible qu'il *possède*. Je m'écarte ainsi de l'interprétation du passage que j'ai proposée dans *La Question du divin chez Aristote*, *op. cit.*, p. 258.

4. Le terme θεωρία désigne généralement, par opposition à ἐπιστήμη, l'entéléchie seconde. Voir entre autres *DA* II 1, 412a11-23 ; II 5, 417a29 ; *Phys.* VIII 4, 255a34 ; *GA* II 1, 735a11 ; *Metaph.* Θ 6, 1048a34.

cette seconde conséquence constitue une sorte de conclusion générale, qui ramasse les développements précédents concernant la meilleure occupation humaine, pour les reconduire à la notion de contemplation, dont la supériorité est à présent fondée. La contemplation désigne donc ici l'intellection précédemment décrite, c'est-à-dire l'intellection pure et par soi de l'intelligible le plus haut, auquel l'intellect humain s'identifie, de sorte qu'il se pense aussi lui-même en pensant le meilleur.

[V. 3] *Divinité et vie de la substance immobile*

1072b24-26 : « Si donc l'état d'excellence [...]. Or c'est ainsi qu'il est. »

Aristote opère ici un retour explicite à la question du Premier Moteur. Ce faisant, il réaffirme la validité du parallèle qu'il a établi entre l'homme et la substance immobile et qui permet à présent de conclure que cette dernière aussi mène une contemplation en acte du meilleur et de soi. Plus qu'à l'ouverture de l'examen cependant, il s'efforce de préciser les points de divergence entre l'homme et le Premier Moteur, en adaptant la définition de cette contemplation à la nature particulière de la substance immobile. Deux motifs de distinction sont évoqués. Le premier reprend la différence, déjà énoncée (1072b15-16), entre la fugacité de la contemplation humaine et l'éternité de celle du Premier Moteur. Le second motif exprime une différence de degré ou de qualité : le Premier Moteur mène une activité contemplative, non pas strictement identique – l'éternité en plus – à celle de l'homme, mais meilleure encore. Elle surpasse donc en extension, comme en intension, celle dont l'homme donne l'exemple. La pure actualité de la substance immobile en est la raison, dans les deux cas. Dénuée de puissance, cette substance mène donc, sans début ni fin, une activité intellective qui ne peut la lasser. Dénuée de puissance, elle réalise donc une intellection d'une qualité supérieure.

Aristote, toutefois, ne précise pas ce qu'il faut entendre par là. Une première manière de comprendre cette supériorité serait d'élargir la contemplation en question à l'ensemble des intelligibles. Le Premier Moteur se contemplerait donc en contemplant l'intelligible, mais, à la différence de l'homme, cette pensée serait universelle, en embrassant d'un même coup l'ensemble des objets intelligibles [1]. À cette première

1. *Cf.* par ex. R. Norman, « Aristotle's Philosopher-God », *Phronesis* 14, 1969, p. 63-74; Joseph G. De Filippo, « Aristotle's Identification », art. cit., p. 407-408; J. Brunschwig, « *Metaphysics* Λ 9 : A Short-Lived Thought Experiment? », dans M. Frede, D. Charles (eds.), *Aristotle's* Metaphysics *Lambda*, *op. cit.*, p. 302 (désormais cité « A Short-Lived Thought Experiment? »), p. 303-304.

hypothèse peut s'en joindre une autre, qui explique la possibilité de cet élargissement. Thémistius [1], le premier, se fait l'écho d'une option interprétative devenue classique : puisque le Premier Moteur est un principe universel, ce serait donc en lui-même qu'il pourrait saisir l'ensemble des intelligibles : la pensée de soi serait pour lui une pensée de tout intelligible. L'hypothèse présenterait l'avantage de respecter la description traditionnelle du principe divin, dont Aristote rappelle en *Metaph.* A 2 (983a6) qu'il est savant (σόφος) et qu'il donc censé disposer d'une science universelle [2].

Toutefois, cette interprétation ne respecte ni la description du Premier Moteur, ni celle du modèle humain. D'une part, en effet, il s'avère délicat de comprendre en quoi le Premier Moteur pourrait contenir en lui l'ensemble des intelligibles. Ni la simplicité de sa nature, ni sa causalité, non pas formelle mais motrice, non pas efficiente mais finale, n'autorisent cette inclusion. Le Premier Moteur est un principe universel assurément, mais la manière dont il l'est n'exige pas qu'il contienne en lui la forme de toute chose. D'autre part, la description de la contemplation, dans les lignes précédentes, suggère que la mise en conformité de ce modèle avec la doctrine de l'acte pur n'exige pas d'ouvrir la pensée du Premier Moteur à un intelligible extérieur, mais plutôt de la recentrer fortement sur elle-même. Cela tient à deux raisons : l'objet de cette contemplation et le sujet divin qui la réalise.

D'une part, en effet, s'il faut concevoir la contemplation du Premier Moteur comme une intellection du meilleur, il faut alors se souvenir que le Premier Moteur est lui-même ce meilleur, de sorte que c'est à titre principal qu'il se pense lui-même et non pas, comme dans le cas humain, en raison de l'identification de l'intellect à cet objet, au sein du processus

1. Thémistius, *Paraphrase*, *op. cit.*, p. 93-94 (voir les remarques introductives de R. Brague, p. 37 et « Le destin de la "Pensée de la Pensée" des origines au début du Moyen Âge », dans Th. de Koninck, G. Planty-Bonjour (éd.), *La Question de Dieu selon Aristote et Hegel*, Paris, P.U.F., 1991, p. 174-180). Voir également Avicenne, *Commentaire sur le livre Lambda de la* Métaphysique *d'Aristote (chapitres 6-10)*, édition critique, traduction et notes par M. Geoffrey, J. Janssens, M. Sebti, Paris, Vrin, 2014, p. 56; *Thomas* d'Aquin, § 2614-2616; F. Brentano, *The Psychology of Aristotle*, *op. cit.*, p. 129; G. Rolf « An Argument for Divine Omniscience in Aristotle », art. cit., p. 64-66. Sur cette interprétation, voir aussi le commentaire à Λ 9, p. 345.

2. *Cf.* aussi *Metaph.* B 4, 1000b3 *sq.* et *DA* I 5, 410b47. Voir en ce sens G. Reale, *Aristotele, la* Metafisica, *op. cit.*, vol. 1, p. 150-152; vol. 3, p. 606; Th. de Koninck, *Aristote, l'intelligence et Dieu*, Paris, Presses Universitaires de France, 2008, p. 33-35. On échapperait ainsi au reproche de narcissisme, formulé par Norman (« Aristotle's Philosopher-God », art. cit., p. 63-64, 68-69), pour souligner l'absurdité de l'interprétation selon laquelle la pensée du Premier Moteur serait strictement auto-contemplative.

de la pensée. D'autre part, dès lors qu'il est exclu que la substance du Premier Moteur contienne en elle la forme de réalités extérieures, il semble donc également exclu qu'elle puisse s'ouvrir à la pensée d'intelligibles différents d'elle-même, puisque la pure actualité de la substance immobile interdit d'introduire de la puissance au sein de son intellect. Ce dernier ne peut ni *recevoir* un objet qu'il n'aurait pas déjà, ni lui *devenir* identique. En d'autres termes, l'acte intellectif du Premier Moteur, à la différence de la pensée humaine, n'est pas l'exercice d'une puissance, mais est toujours déjà en acte. Cela ne signifie pas seulement que cette pensée est éternelle, ni même qu'elle peut se saisir sans la médiation – nécessaire dans le cas humain – d'un intelligible extérieur, mais également et surtout qu'elle est une stricte auto-intellection, puisque tout autre objet de pensée implique que le Premier Moteur doive l'actualité de son intellection à un être dont il se distingue. Le Premier Moteur se pense donc éternellement et exclusivement, non par narcissisme, non par ignorance, mais parce qu'il réalise ainsi la contemplation parfaite et autarcique de l'objet intelligible le plus haut et du principe premier [1].

On aura noté, en passant, l'apparition dans ces lignes du discours théologique : pour la première fois du livre Λ, la substance immobile est clairement décrite comme un dieu. Rien ne fonde encore conceptuellement cette description, dont Aristote livrera une justification en 1072b28-30. Elle n'est toutefois pas sans rapport avec ce qui précède, dans la mesure où la contemplation humaine a été décrite comme présentant des aspects de divinité (1072b24), de sorte que la substance immobile, qui en offre une réalisation supérieure, peut passer pour un dieu. Par cette tonalité théologique nouvelle, l'étude de la substance immobile rejoint ainsi les remarques de la fin de l'*EN* X 8 (1178b8-23), qui justifient la félicité des dieux par l'exercice d'une activité nécessairement contemplative. Mais cette description du Premier Moteur prolonge également l'ambiguïté du rapport qu'Aristote établit ici entre ce dernier et l'intelligence humaine. Tout en suggérant, en effet, une forme de continuité entre l'intellect qui possède quelque chose de divin et celui qui est proprement un dieu, elle en exprime aussi mieux la distance, puisqu'il ne s'agit plus alors simplement de discriminer, par un discours technique, entre l'homme et une certaine substance, mais entre l'homme et le dieu.

1. C'est pourquoi le Premier Moteur peut réellement apparaître comme possédant la σοφία. Sur ces textes, voir également Oehler, « Aristotle on Self-Knowledge », *Proceedings of the American Philosophical Society* 118, 1974, p. 502 et Wedin, *Mind and Imagination in Aristotle*, New Haven, Yale University Press, 1988, p. 244.

1072b26-28 : « Et certes, il est aussi vie, [...] vie excellente et éternelle. »

L'examen se referme sur une série de remarques, consistant à traduire l'intellection de la substance immobile en termes de vitalité. Le raisonnement doit établir, par une structure quasi-syllogistique, une relation essentielle entre le Premier Moteur et la vie, en vertu d'une double équivalence entre la vie et l'acte intellectif, puis entre le Premier Moteur et cet acte[1]. L'affirmation de la vitalité du Premier Moteur n'a rien d'inattendu. En *DA* II 2 (413a22-25), Aristote explique que la vie se trouve partout où il y a ne serait-ce qu'un seul des phénomènes qui en sont caractéristiques, comme la sensation, le mouvement et le repos, ou l'intellection. Substantiellement identique à l'acte de l'intellect, on comprend donc que le Premier Moteur soit un vivant.

Les interprètes[2] ont pour coutume de noter qu'Aristote prolonge ici une remarque du *Sophiste* 248e-249b, où Platon souligne que l'intelligence ne peut aller sans la vie. Mais, à la différence de Platon, la vie du Premier Moteur n'est pas le produit de son animation. Ce passage corrige ainsi doublement la doctrine platonicienne, d'une part, en dissociant clairement l'âme de la vie, pour référer cette dernière, non pas à une instance psychique, mais au concept d'acte[3] ; d'autre part, en

1. Le verbe ὑπάρχειν, en b26, pourrait exprimer soit que la vie *appartient* au Premier Moteur (*cf.* Ross, *Aristotle. Metaphysics*, *op. cit.*, vol. 2, p. 373 ; C. Tredennick, *Aristotle. Metaphysics*, « The Loeb Classical Library », Cambridge, Harvard University Press, 1933, p. 151 ; J. Tricot, *Aristote Métaphysique*, vol. 2, *op. cit.*, p. 175 ; M.-P. Duminil, A. Jaulin, *Aristote. Métaphysique*, *op. cit.*, p. 393 ; S. Fazzo, *Il libro* Lambda, *op. cit.*, p. 338), soit que le Premier Moteur *est* la vie même (*cf.* A. Laks, « *Metaphysics* Λ 7 », art. cit., p. 236 ; S. Menn, *The Aim*, IIIγ2, p. 15). Plus naturelle, la première compréhension est aussi plus faible et reste en-deçà des précisions qu'Aristote donne dans ce passage. En 1072b27, on réfère le pronom neutre ἐκεῖνο, non à la dernière occurrence du terme, en b23, c'est-à-dire à ce que l'intellect humain contient de divin (voir en ce sens S. Fazzo, *Il libro* Lambda, *op. cit.*, p. 291), mais à celle de b15, où le même pronom au neutre désigne le Premier Moteur. Sur la base de la leçon ἐκεῖνος, attestée par le ms A [b] et retenue par la plupart des éditeurs, A. Laks (« *Metaphysics* Λ 7 », art. cit., p. 236-237) propose une structuration différente de l'argument jusqu'en 1072b30, en ne référant pas le pronom au « dieu » (1072b25), comme de coutume, mais à l'intellect. Son hypothèse repose sur l'idée que les remarques théologiques de 1072b28-30 ont elles aussi pour but de prouver le lien entre le Premier Moteur et la vie. Mais cette hypothèse ne paraît pas nécessaire : la fin du texte vise probablement à prouver, non que le Premier Moteur est vivant, mais qu'il est un dieu, sur la base de la vitalité qu'on vient de lui prêter. On revient plus bas sur ce passage

2. Elders, *Aristotle's Theology*, *op. cit.*, p. 198-199 ; F. Volpi, « La détermination aristotélicienne du principe divin comme ζωή (*Mét.*, Λ, 7, 1072b26-30) », *Les Études philosophiques*, 1991, p. 374.

3. *Cf.* sur ce point F. Volpi, *ibid.*, p. 378 ; I. Koch, « Le “Dieu Vivant” d'Aristote », dans M. Narcy, A. Tordesillas (éd.), *La Métaphysique d'Aristote, perspectives contemporaines*, Paris, Vrin, 2005, p. 213.

suggérant à nouveau que le principe premier du mouvement ne saurait être conçu à l'image de l'âme du monde [1], puisqu'une âme comporte une potentialité et implique un rapport au corps [2]. La vitalité du Premier Moteur n'a rien de métaphorique. Toutefois, elle ne constitue pas une qualité biologique, mais une détermination ousiologique de la substance immobile et, dans cette mesure, un concept proprement métaphysique.

Compte tenu de la nature de l'activité intellective du Premier Moteur, il ne suffit pas de dire que le Premier Moteur est un vivant, ni même que, en raison de sa pure actualité, il se confond avec la vie même. Il faut ajouter, comme Aristote le précise ici, que son acte est la vie la plus haute et la meilleure, qu'il mène pour l'éternité [3]. Le passage fait écho au fr. 14 (Ross) du *Protreptique* [4] qui travaille également à mettre en relation les concepts de vie, d'acte intellectif et de plaisir. L'activité de l'intelligence y est présentée comme la forme de vie la plus aboutie et, pour cette raison, la plus plaisante, de sorte que la vie philosophique serait la meilleure. Dans ces conditions, le Premier Moteur illustrerait, à un niveau supérieur encore, la vitalité et l'agrément du βίος φιλοσοφικός.

1072b28-30 : « Or nous disons que le dieu [...] c'est cela même le dieu. »

De même qu'Aristote a montré plus haut que l'intellection du Premier Moteur autorisait à lui prêter la vie, de même il établit à présent qu'elle doit conduire à lui accorder aussi le statut de divinité. La démonstration qu'il en donne prolonge doublement les développements précédents. D'une part, elle apporte une justification rétrospective à la désignation théologique du Premier Moteur, en 1072b25, d'autre part, elle s'appuie directement sur la description de sa vie, comme excellente et éternelle. Or Aristote montre ici que cette description reproduit une définition endoxale de la divinité, soit qu'en disant « nous » (φαμέν) Aristote désigne l'accord des académiciens [5], soit qu'il exprime plus largement

1. Après la critique de Λ 6, 1071b37-1072a3. Sur ces deux points, voir M. Crubellier, « Rupture, reprise et révision. De la théologie des *Lois* à celle de *Métaphysique* Λ », art. cit.

2. Par quoi on comprend à nouveau que le Premier Moteur n'est pas une forme.

3. On pourrait traduire autrement les lignes b27-28 et comprendre que la vie du Premier Moteur, qui est par soi parfaite et éternelle, est un acte (*cf.* M.-P. Duminil, A. Jaulin, *Aristote. Métaphysique*, *op. cit.*, *ad loc.*, Ch. Rutten, A. Stevens, *Métaphysique*, *op. cit.*, *ad loc.*). Le sens global du passage n'en serait pas altéré, mais il s'agit manifestement, dans ces lignes b26-28, d'aller de l'acte vers la vie, et non l'inverse.

4. = Jamblique, *Protr.* 11, 56.13-59.18.

5. Selon S. Fazzo, *Commento*, *op. cit.*, p. 53 ; S. Menn, *The Aim*, IIIγ2, p. 17-18. Menn renvoie à la définition du dieu, en *Définitions* 411a.

encore une conception populaire et typiquement grecque du dieu, comme vivant excellent et immortel.

La conséquence évidente, bien qu'implicite, de ce rappel est que le Premier Moteur mérite pleinement le titre de divinité. Mais Aristote s'attache plus explicitement à en déduire que la vie et une durée de vie éternelle[1] appartiennent essentiellement au concept de dieu. Cette déduction, en même temps qu'elle débouche sur une définition plus technique de la divinité, montre que la substance immobile en offre la meilleure illustration. De la sorte, le passage ne revient sans doute pas seulement à montrer que la divinité est une caractéristique supplémentaire qu'on peut légitimement attribuer au Premier Moteur, mais que ce dernier est essentiellement conforme à la nature du dieu, peut-être même qu'il en est le visage véritable, comme la fin de Λ 8 (1074b8-13) le montrera plus longuement[2].

[VI] *Conclusion polémique : le beau est principe*

1072b30-1073a2 : « Mais tous ceux qui conçoivent, [...] dont provient la semence. »

Plus que sur l'examen de l'activité intellective du Premier Moteur, c'est sur le premier moment de Λ 7 que la critique d'Aristote repose ici, c'est-à-dire sur la démonstration qui a conduit à décrire la substance immobile comme une substance excellente et ainsi à fonder sa principialité sur sa beauté (*cf.* 1072b10-11). Une fois n'est pas coutume, Aristote cite ses cibles : Speusippe[3], dont il souligne à plusieurs reprises en *Metaph.* Λ et N[4] qu'il a fait le choix de dissocier sa conception du principe ou de la substance immobile de celle du bien ; les pythagoriciens également, peut-être parce que quelque chose dans leur doctrine convainc Aristote qu'ils affirmaient eux aussi la différence du principe et du bien[5], peut-être parce que Speusippe lui-même cherchait dans la philosophie pythagoricienne des cautions à ses propres thèses[6]. Dans tous les cas, il est clair que c'est

1. Sur la notion d'ἀίων, voir *DC* I 9, 279a23-29, où Aristote donne pour étymologie la contraction de αἰεὶ εἶναι, exprimant ainsi l'éternité propre à la divinité.

2. Sur le statut scientifique du discours théologique, voir dans l'introduction, p. 12-13.

3. Ce passage constitue le fr. 42a (Tarán) de Speusippe : L. Tarán (éd.), *Speusippus of Athens*, Leiden, Brill, 1981.

4. Voir Λ 10, 1075a36-37 ; N 4, 1091a29-b3, 1091b32-1092a8 ; N 5, 1092a9-17.

5. Ross, *Aristotle. Metaphysics*, *op. cit.*, vol. 2, p. 381, évoque deux hypothèses : la place tardive du bien dans la table des opposés et la perfection du nombre dix.

6. *Cf.* L. Tarán, *Speusippus of Athens*, *op. cit.*, p. 335. *Cf.* Philolaos, fr. DK 32 A13, qui rapporte que Speusippe avait écrit un livre sur les pythagoriciens. De la même manière, il est possible que, en N 4, ce soit Speusippe lui-même qui ait convoqué l'exemple des théologiens. Voir en ce sens L. Tarán, *Speusippus of Athens*, *op. cit.*, p. 340, n. 145.

Speusippe la cible principale du passage et que c'est donc, comme en Λ 6 (1071b14-18), contre une conception académicienne de la substance immobile et du principe qu'Aristote argumente. La critique est d'ailleurs fort proche de celle de Λ 6, puisqu'Aristote montre ici que l'erreur de Speusippe rejoint l'hypothèse de l'antériorité de la puissance [1].

L'argument repose sur un rapprochement entre le beau et le bien d'une part, et ce qui est parfait ou accompli (τέλειον) de l'autre. En *Metaph.* Δ 16, Aristote définit ce qui est parfait comme ce à quoi il ne manque rien (1021b12-13), sous l'angle de l'excellence en particulier (1021b14-15), et comme ce qui est dans sa fin (τέλος, 1021b23 *sq.*). À cet égard, est parfait, et donc beau et bon, ce qui a atteint sa finalité naturelle et qui est donc en acte. Ce n'est évidemment pas cette corrélation entre le bien et l'acte qu'Aristote trouve critiquable, mais l'incapacité des philosophes incriminés à la retrouver dans les principes.

Aristote suggère ici que ces philosophes conçoivent les principes sur un modèle biologique, dont les animaux et les plantes donnent l'exemple. L'atteste avec plus d'évidence l'argumentation parallèle de *Metaph.* N 5 (1092a9-17), où Aristote montre clairement l'analogie qui est au fondement de la doctrine de Speusippe et qui consiste à concevoir les principes de l'univers (τὰς τοῦ ὅλου ἀρχάς), à l'image des principes dont les vivants sont engendrés. En découle une conception des principes comme des réalités inaccomplies et en puissance, non pas comme le serait la matière, mais comme l'est la semence qui est en puissance à l'égard de l'être à venir [2], tandis que le beau, c'est-à-dire l'accomplissement de la finalité, résiderait dans les réalités en acte qui en procèdent.

La réponse d'Aristote consiste, comme en *Metaph.* N 5, non pas à saper l'analogie entre les principes des vivants et ceux de l'univers, mais à montrer que les principes véritables ne sont pas ceux qu'on croit. Car antérieurement à la semence dont proviennent les réalités en acte, il y a d'autres termes, accomplis quant à eux, et dont la semence provient, de sorte que ce sont eux les causes véritables et les principes. Aristote l'illustre, au moyen du principe selon lequel un homme engendre un homme, mais dont il n'envisage pas ici les conséquences, au regard de l'immanence de la forme (comme en Λ 3), mais au regard de la nature accomplie du moteur. L'argument repose ainsi sur le même fondement

1. Voir A. Laks, « *Metaphysics* Λ 7 », art. cit., p. 238. En Λ 10, 1075a36-37 et N 4, 1091b32-1092a8, Aristote mentionne un autre motif : les conséquences de l'identification platonicienne de l'Un au bien qui auraient dissuadé Speusippe d'associer le principe au bien, puisque le principe contraire de l'Un aurait donc dû être défini comme un mal.

2. En Λ 6 (1071b28-31), la semence ne fait pas figure de principe en puissance, mais de cause en acte, au regard des menstrues. La position des théologiens et des physiciens, en faveur de l'antériorité de la puissance, paraît ainsi plus radicale encore.

que la discussion de l'antériorité de l'acte en Λ 6 (1071b28-31) et en Θ 8 (1049b17-27). En tout état de cause, il en résulte que la beauté du principe est indispensable à son statut, puisque ce n'est qu'à la condition d'être en acte, et donc accompli et excellent, qu'une substance peut assumer cette fonction.

[VII] *Bilan et rappel : les déterminations de la substance immobile*

1073a3-5 : « Donc, qu'il existe une substance éternelle, immobile et séparée des choses sensibles, c'est manifeste à partir de ce qu'on a dit. »

À la conclusion polémique qui précède se joint un bilan plus positif du chemin démonstratif parcouru. L'objectif énoncé au début de Λ 6 (1071b4-5) est à présent atteint : il existe assurément une certaine substance immobile et éternelle. La séparation sur laquelle Aristote insiste ici en est une conséquence immédiate. La mise en exergue de cette séparation n'est toutefois pas anodine : elle signale que c'est bien à la même rubrique que celle postulée par Platon, Speusippe et Xénocrate, que la version aristotélicienne de la substance immobile appartient et que c'est donc à la définition que les académiciens en donnent qu'elle doit se substituer[1]. Elle signale également avec évidence que la question soulevée par la 4 e aporie a trouvé une réponse : il existe effectivement quelque chose en dehors des substances sensibles.

1073a5-11 : « D'autre part, on a aussi montré [...] il n'existe pas de grandeur infinie. »

Au bilan des démonstrations de Λ 6-7 se joint celui d'autres attributs du Premier Moteur, qui n'ont pas été directement évoqués dans les chapitres précédents, mais dont l'énoncé justifie encore la séparation de la substance immobile à l'égard du sensible. La première de ces déterminations supplémentaires concerne l'absence de grandeur et l'indivisibilité du Premier Moteur. Au regard de Λ 6-7, cela n'a rien d'inattendu, puisque, en niant que le Premier Moteur comporte une matière (Λ 6, 1071b20-21), Aristote a implicitement nié qu'il comporte également aucune des déterminations des corps. Toutefois, c'est vraisemblablement à *Phys*. VIII 10 qu'Aristote renvoie, puisque la preuve qui suit reproduit, sous une forme condensée mais très similaire, la démonstration de ce

1. Voir A. Laks, « *Metaphysics* Λ 7 », art. cit., p. 238.

même point en 266a10-b27 et, plus brièvement, en 267b17-26[1]. Ce type d'emprunts à la *Physique* est habituel en Λ. Cependant, ce renvoi à *Phys*. VIII 10 a ceci de particulier qu'il opère explicitement la jonction entre la théorie du Premier Moteur en *Phys*. VIII et celle de *Metaph*. Λ, témoignant de la continuité argumentative qu'Aristote veut bâtir entre ces deux textes[2], et suggérant que c'est de la même substance, conçue selon la même théorie, qu'il s'agit chaque fois.

Certains interprètes expriment pourtant des doutes à ce sujet, considérant que la théorie du Premier Moteur en *Phys*. VIII requiert que ce dernier soit une cause efficiente, tandis que celle de Λ lui attribue une causalité finale[3]. Et de fait, quelque chose dans la démonstration de *Phys*. VIII 10, dont Aristote reproduit ici les grandes lignes, pourrait conforter cette hypothèse. Le problème repose sur la notion de puissance infinie. Attribuer de la puissance, même infinie, au Premier Moteur, requiert, au sens cinétique, qu'il meuve comme une cause efficiente et, au sens ontologique, qu'il ne soit pas un acte pur[4]. On peut toutefois remarquer que cette démonstration, ni ici, ni en *Phys*. VIII 10, ne revient jamais à reconduire directement la notion de puissance infinie au Premier Moteur[5]. Aristote dit bien que ce dernier meut pendant un temps infini, mais il n'en affirme pas pour autant qu'il dispose, pour ce faire, d'une puissance infinie, mais plutôt que, s'il était un corps et qu'il possédât une grandeur, il devrait alors disposer d'une puissance infinie. À strictement parler, c'est la motricité du corps, non celle du Premier Moteur, que la notion de puissance infinie exprime.

1. En ce sens, *cf.* par ex. Bonitz, *Commentarius*, *op. cit.*, p. 504 ; A. Laks, « *Metaphysics* Λ 7 », art. cit., p. 239 ; G. Aubry, *Dieu sans la puissance*, *op. cit.*, p. 173 ; S. Fazzo, *Commento*, *op. cit.*, p. 341. Blass (« Aristotelisches », *Rheinisches Museum* 30, 1875, p. 481-505), remarque que tout ce passage, depuis 1073a3 et jusqu'en Λ 8, 1073b38, forme une unité stylistique plus soignée, dépourvue ou presque de hiatus. Il estime donc que le passage serait repris d'une œuvre exotérique, sans doute le *DP*. Ainsi s'expliquerait qu'il fasse état d'attributs de la substance immobile qui n'ont pas été évoqués en Λ. M. Burnyeat, *A Map*, *op. cit.*, p. 142 et S. Menn, *The Aim*, IIIβ2b, p. 27 et IIIγ1, p. 1, n. 1, suivent cette hypothèse.

2. Voir J.-B. Gourinat, « Le premier moteur selon *Physique*, VIII et *Métaphysique*, Λ », art. cit., p. 185 qui souligne que le renvoi indique, sinon l'ordre chronologique de rédaction des textes, à tout le moins l'ordre logique auquel Aristote veut en subordonner la lecture.

3. Voir en ce sens M. De Corte, « La Causalité du premier moteur dans la philosophie aristotélicienne », *Revue d'histoire de la philosophie* 5, 1931, p. 105-146.

4. C'est pourquoi les partisans de la causalité efficiente du Premier Moteur s'appuient sur ce texte. Voir par exemple S. Broadie, « Que fait le Premier Moteur d'Aristote ? », art. cit., p. 379 ; E. Berti, « Unmoved Mover(s) », art. cit., p. 200 ; « The Finality of Aristotle's Unmoved Mover », art. cit., p. 863-868.

5. Voir G. Aubry, *Dieu sans la puissance*, *op. cit.*, p. 175. *Cf.* aussi J.-B. Gourinat, « Le premier moteur selon *Physique*, VIII et *Métaphysique*, Λ », art. cit., p. 198.

Du reste, ce concept de puissance infinie ne dit rien que Λ 6 n'ait déjà envisagé et dépassé. Il exprime en effet une puissance cinétique active de mouvoir toujours, ce que Λ 6 a pris en considération. Mais l'examen a montré ensuite que le mouvement éternel n'était possible qu'à la condition d'en concevoir le moteur comme un être substantiellement en acte, qui ne peut donc réaliser sa motricité qu'au travers de la causalité finale. En d'autres termes, Λ 6-7 ont déjà montré que le mouvement éternel exigeait d'en inscrire le moteur dans une conception métaphysique qui n'a pas de raison de se trouver ici remise en cause. Tout porte donc à croire que c'est bien la même théorie du Premier Moteur qui s'exprime dans la *Physique* et en Λ, envisagée certes sous deux points de vue différents, mais lui prêtant les mêmes qualités et la même causalité [6].

1073a11-12 : « Mais on a aussi montré [...] au mouvement local. »

Deux qualités supplémentaires de la substance immobile sont évoquées. À nouveau, cette description ne surprend pas : acte pur, le Premier Moteur ne peut se soumettre à aucun changement. Cependant, c'est sur une démonstration de nature physique qu'Aristote appuie ici cette description. Comme précédemment, il la réfère à une démonstration déjà réalisée. Mais à la différence de la remarque précédente, le renvoi semble plus difficile à déterminer. *Phys*. VIII 10 ne contient aucune allusion explicite à l'impassibilité du Premier Moteur. Les raisons sur lesquelles Aristote fonde ici l'impassibilité et l'inaltérabilité du Premier Moteur font écho à l'examen des relations d'implication entre les différentes sortes de changement, tel qu'on le trouve en *DC* I 3, 270a12-35 ou en *Phys*. VIII 7, 260a26 *sq.* [7]. Parce que le mouvement local est le premier des mouvements, tout être qui serait dégagé du mouvement local, serait donc aussi parfaitement immuable. Le passage achève ainsi de montrer que le Premier Moteur est une substance séparée et parfaitement immobile.

6. Voir l'article de J.-B. Gourinat, « Le premier moteur selon *Physique*, VIII et *Métaphysique*, Λ », art. cit., et en particulier p. 200 *sq.* Voir aussi, sur cette différence de points de vue, F. Baghdassarian, *La Question du divin*, *op. cit.*, notamment p. 40-46.

7. A. Laks, « *Metaphysics* Λ 7 », art. cit., p. 239, note que Λ 7, 1072b8 a rapidement fait allusion à ce texte de la *Phys.*

1073a13 : « Telles sont donc les raisons évidentes pour lesquelles les choses sont de cette manière. »

En même temps qu'elle apporte une conclusion à l'examen réalisé en Λ 6-7, la formule marque, au plan grammatical (μὲν οὖν, repris pas δέ en 1073a14), une transition avec l'objet du chapitre 8 [1], suggérant une continuité argumentative, déterminante du point de vue de la construction du livre Λ, entre les recherches de Λ 6-7 consacrées au Premier Moteur et celles de Λ 8, conduisant à la démultiplication des moteurs immobiles.

1. *Cf.* A. Laks, « *Metaphysics* Λ 7 », art. cit., p. 240. Il suggère même (n. 86) de repousser plus haut le début de cette transition, en 1073a3.

COMMENTAIRE AU CHAPITRE 8

Résumé du chapitre

En Λ *8, Aristote interroge un nouvel aspect de la substance immobile : non plus son existence, sa causalité, ni son mode de vie, mais son nombre.* [I] *Après une introduction qui situe le problème dans son contexte académicien (1073a14-23),* [II] *le chapitre commence par établir l'existence d'un nombre équivalent de substances immobiles et de mouvements circulaires célestes (1073a23-b3).* [III] *Aristote s'efforce ensuite, en s'aidant de l'astronomie, de préciser combien de sphères célestes il est nécessaire de postuler pour rendre compte des déplacements des planètes (1073b3-1074a17).* [IV] *Ce calcul achevé, il en revient aux substances immobiles, afin de montrer, sur la base des rapports téléologiques existant entre les moteurs, les sphères et les astres, qu'il ne peut exister davantage de substances immobiles (1074a17-38).* [V] *Le chapitre se clôt sur un ensemble de remarques théologiques, censées souligner la divinité des substances immobiles et le caractère traditionnel de cette position, en raison d'une relecture de l'histoire de la pensée et de la mythologie (1074a38-b14).*

[I] *Introduction du problème du nombre des substances immobiles*

1073a14-17 : « Faut-il poser [...] une vue claire. »

Si, à l'échelle du corpus, cette question n'est pas nouvelle[1], c'est à nouveau frais qu'Aristote l'envisage ici, comme partie prenante de l'étude de la substance immobile. Trois raisons peuvent en rendre compte. En premier lieu, il y a l'indétermination dans laquelle Aristote a toujours laissé cette question en Λ. On se souvient en effet qu'il a

1. *Phys*. VIII 6 a déjà soulevé la question d'une multiplicité de moteurs immobiles. Voir *infra*, p. 295-296, pour une comparaison avec Λ 8.

usé du pluriel, en Λ 6 (1071b21), pour conclure à l'immatérialité des substances motrices premières. Et si c'est au singulier essentiellement qu'il en a traité par ailleurs, tout porte à croire que c'est en raison d'une perspective générique. En d'autres termes, c'est de l'existence d'au moins une substance immobile qu'il a fait la démonstration, mais sans que rien n'ait jamais interdit qu'il en existe plusieurs [1]. En second lieu, la question du nombre des substances immobiles intègre de plein droit l'enquête du livre Λ, qui est explicitement et uniquement consacré à déterminer les principes des substances et régulièrement soucieux d'en livrer un compte précis [2]. Cette question répond encore à une troisième motivation, relative au contexte dialectique dans lequel Aristote a toujours inscrit l'examen de la substance immobile. Les académiciens, en effet, ont toujours postulé l'existence d'une multiplicité d'Idées ou de Nombres. Aussi n'est-ce pas seulement par souci d'exhaustivité qu'Aristote soulève ici le problème du nombre des substances immobiles, mais en raison même de l'histoire du concept qui, en même temps qu'elle a créé cette question, l'a laissée dans un état d'indétermination qu'Aristote se plaît à souligner, pour mieux mettre en évidence la supériorité de la version de la substance immobile qu'il est en train d'élaborer [3].

1073a17-22 : « En effet, la théorie des Idées [...] une démonstration diligente. »

Cette doxographie justifie le reproche formulé plus haut à l'encontre des théories académiciennes, en montrant non seulement en quoi elles demeurent confuses, mais surtout pourquoi il s'agit là d'une lacune importante. Comme le remarque G. E. R. Lloyd [4], on pourrait, en effet, considérer comme un défaut somme toute mineur que la théorie des Idées omette d'en fixer le nombre. Mais en réalité, cette doxographie suggère que le nombre des substances immobiles académiciennes touche à la nature même de ces dernières, de sorte que le silence des académiciens est plus qu'une omission, concernant certains attributs périphériques des substances immobiles, mais la marque de l'inachèvement de leur

1. Voir H. S. Lang, « The Structure and the Subject of *Metaphysics*, Λ », art. cit., p. 166 et Frede, « Introduction », art. cit., p. 48.

2. Voir Λ 1, 1069a33 ; Λ 2, 1069b32 ; Λ 4, 1070b18, 25-26, 32 ; Λ 6, 1072a9-17.

3. Voir à ce sujet l'article fondateur de Merlan, « Aristotle's Unmoved Movers », *Traditio* 4, 1946, p. 1-7.

4. « *Metaphysics* Λ 8 », dans M. Frede, D. Charles (eds.), *Aristotle's* Metaphysics *Lambda*, *op. cit.*, p. 252-253.

théorie. De fait, Aristote n'envisage pas ici les Idées pour elles-mêmes, mais les reconduit immédiatement aux Nombres. Speusippe, qui a refusé l'existence des Idées [1], paraît exclu du débat. Mais en vérité, il est probable que cette doxographie n'ait pas pour objectif de sélectionner certaines cibles et d'en exclure d'autres, mais de mettre en évidence un lien qu'Aristote juge essentiel entre les Idées et les Nombres et, ce faisant, entre les substances immobiles académiciennes et les Nombres [2]. Car dire d'une substance qu'elle est identique à un nombre, c'est dire que son essence est numérique ; c'est dire aussi que le nombre de ces substances numériques participe pleinement de la détermination de leur essence, de sorte que les hésitations des académiciens sont coupables, puisqu'elles témoignent de leur incapacité à comprendre la nature des substances immobiles, telle qu'ils l'ont pourtant professée.

Aristote, en effet, évoque une alternative, que les académiciens ne tranchent pas et dont il montre en M 8 qu'elle se partage entre deux options incohérentes. Les nombres sont nécessairement en quantité soit infinie, soit finie [3]. Dans le premier cas, l'hypothèse contredit à la fois la nature du nombre [4] et celle de l'Idée et en compromet le statut principiel [5] ; dans le second, l'hypothèse généralement privilégiée de la décade [6], en raison de sa perfection [7], paraît arbitraire. Pourquoi limiter les Nombres à dix ? [8] Et comment croire au statut principiel des Nombres, s'il n'en existe que dix, qui ne sauraient suffire à rendre compte de la diversité des êtres ? [9]

1. *Cf.* Λ 1, 1069a36 ; Z 2, 1028b21 ; M 1, 1076a20-21 ; M 6, 1080b11 *sq.* ; M 8, 1083b1-8 ; N 3, 1090b25-31.

2. Dans cette mesure, Speusippe est concerné par la critique. De fait, la théorie de la décade, évoquée plus bas, le concerne tout autant et les critiques qu'Aristote en formule, dans le livre M, valent aussi pour lui.

3. M 8, 1083b36 *sq.*

4. L'infini ne possède pas les attributs qui sont toujours ceux du nombre : le pair et l'impair (M 8, 1084a1-7)

5. Il y aura donc une Idée infinie, ce qui contredit à la fois la détermination de l'Idée et l'impossibilité qu'aucune chose sensible infinie n'existe (M 8, 1084a7-10).

6. Aristote l'attribue aux partisans des nombres idéaux, en M 8, 1084a12 et à Platon en *Phys.* III 6, 206b32. Par ailleurs, Speusippe est réputé y avoir souscrit : *cf.* fr. 28 Tarán (= Jamblique, *Théologie arithmétique* 82, 10-85, 23).

7. Depuis les pythagoriciens, la décade est considérée comme un nombre complet, qui contient toutes les espèces de nombres et, dans cette mesure, les principes de tout (voir par ex. A 6, 986a8 *sq.*, M 8, 1084a31 *sq.*). Sur les mérites que Speusippe attribuait à la décade, *cf.* fr. 28 Tarán.

8. M 8, 1084a25-27. Voir également 1084a29-31.

9. M 8, 1084a11-18.

Ces critiques sont vraisemblablement à l'arrière-plan du texte, puisqu'Aristote ne déplore pas seulement l'indécision des académiciens [1], mais l'arbitraire de leurs déclarations, qui ne s'appuient ni sur une cause précise, ni sur une démonstration en bonne et due forme. Motivées par des considérations numériques sans fondement, aucune ne repose sur la nature des substances immobiles qu'elles sont pourtant censées exprimer, ni sur la fonction principielle que les académiciens leur accordent. On devine alors quels seront les objectifs d'Aristote : proposer un examen rigoureux, qui arrête le nombre des substances immobiles, sur la base de leur fonction principielle. Et bien que la réalisation de cette tâche, au cours du chapitre, ne s'apparente guère à une démonstration apodictique [2], bien qu'elle exprime souvent un embarras et envisage que les résultats obtenus puissent être amendés [3], elle ne se départira jamais du souci de fonder la multiplicité des substances immobiles sur un examen scrupuleux de leur fonction principielle.

1073a22-23 : « Nous, au contraire, nous devons en parler à partir de ce qui a été établi et déterminé. »

Cette déclaration de méthode générale précise le souci de rigueur et de nécessité qui transparaît dans la critique précédente. Fixer le nombre des substances immobiles en partant de ce qui a déjà été établi et déterminé, c'est prendre appui sur des prémisses et suivre une démarche de type démonstratif [4] ; c'est prendre en compte des données fermes et précises ; c'est surtout ancrer son propos dans la connaissance dont on dispose déjà sur la substance immobile, sa nature et sa fonction.

Ce faisant, c'est une continuité évidente qu'Aristote établit entre Λ 8 et l'étude du Premier Moteur en Λ 6-7 [5]. Plus généralement, c'est

1. Selon Cleary, *Aristotle and Mathematics. Aporetic Method in Cosmology and Metaphysics*, *op. cit.*, p. 408, Aristote exagérerait à dessein l'opposition entre le parti de l'infini et celui de la décade, pour mieux justifier l'aporie qu'il s'apprête à développer.

2. Voir la remarque intéressante de S. Fazzo, *Commento*, *op. cit.*, p. 149-150, n. 96, qui fait l'hypothèse que σπουδὴ ἀποδεικτικὴ n'équivaille pas strictement à ἀπόδειξις.

3. *Cf.* 1073b10-17 ; 1074a10-14 ; 1074a16-17 ; 1074a24-25.

4. Voir S. Fazzo, *Commento*, *op. cit.*, p. 349-350.

5. Continuité conceptuelle, puisque c'est bien de la même sorte de substance (τὴν τοιαύτην οὐσίαν, 1073a14) qu'il s'agit dans ce chapitre (voir en ce sens Ross, « The Development of Aristotle's Thought », *Proceedings of the British Academy* 43, 1957, p. 73 ou G. E. R. Lloyd, « *Metaphysics* Λ 8 », art. cit., p. 252) ; continuité rédactionnelle avec la fin de Λ 7, 1073a3 (voir p. 281, n. 1 et p. 284). Disons toutefois qu'il reste discutable de référer toute cette section (jusqu'en 1073b32 au moins) au *DP*, dont rien n'atteste qu'Aristote ait pu y entrer dans des considérations métaphysiques et astronomiques similaires à celles qu'on lit en Λ 8.

l'ensemble de cette introduction qui témoigne de la pleine appartenance de cette question à la progression scientifique de Λ. S'il vaut la peine de le souligner, c'est parce que ce chapitre 8 a souvent été jugé comme étranger à la structure originelle du livre. Les raisons en sont nombreuses, certaines liées à des indices de datation du texte[1], d'autres à sa composition apparemment hétérogène et à la contradiction interne qu'il paraît comporter[2], d'autres encore à la contradiction doctrinale qu'on croit lire entre la multiplicité des substances immobiles et la théorie de Λ 6-7, d'autres enfin à la thématique générale de ce chapitre, qui mobilise des considérations astronomiques, apparemment étrangères aux préoccupations métaphysiques du reste du livre. Pour ces raisons, on a souvent vu dans Λ 8 un texte postérieur au reste du livre[3]. En outre, la place du chapitre, entre la fin de Λ 7, consacrée à l'intellection du Premier Moteur, et le chapitre 9 lui aussi dévolu à cette question, pourrait suggérer une insertion.

On ne peut traiter ici de toutes ces raisons, dont la discussion doit attendre qu'on progresse dans la lecture du chapitre[4]. On peut toutefois remarquer, dès à présent, que l'entrée en matière de Λ 8, loin de confirmer l'hétérogénéité de la problématique du chapitre à l'égard du reste du livre, en souligne la pleine appartenance, ne serait-ce que par ce rappel des théories académiciennes, qui ne se comprend qu'à la lumière de Λ 1, où Aristote a introduit la notion de substance immobile comme une rubrique générale, à l'intérieur de laquelle sa propre conception doit se substituer aux tentatives des platoniciens. En vérité, la question du nombre est partie prenante de l'étude de la substance immobile et des principes des substances et s'intègre donc au même projet métaphysique de l'ensemble du livre. Les considérations astronomiques qui suivront, plutôt que d'indiquer une mutation du point de vue métaphysique vers une science positive des phénomènes, témoignent de l'ancrage réaliste et causal de la conception aristotélicienne du suprasensible.

1. En particulier à l'imparfait par lequel Aristote évoque Callippe en 1073b33. Voir *supra*, p. 44. On y revient p. 303-305.

2. La preuve de l'unicité du ciel paraît ruiner la multiplicité des substances immobiles en 1074a31-38. Voir *infra*, p. 317 *sq*.

3. C'est la thèse formulée par Jaeger, *Aristote*, *op. cit.*, p. 355-359. Voir aussi Guthrie, « The Development of Aristotle's Theology » II, *The Classical Quarterly* 28, 1934, p. 95, 97; Ross, « The Development of Aristotle's Thought », art. cit., p. 74; Cleary, *Aristotle and Mathematics. Aporetic Method in Cosmology and Metaphysics*, *op. cit.*, p. 407, 415.

4. Et en partie dans celle du suivant, pour déterminer si l'examen de l'intellection divine en Λ 9 pâtit vraiment d'être séparé de celui de la fin de Λ 7. Voir p. 327-329.

[II. 1] *La multiplicité des substances immobiles*

1073a23-25 : « D'une part, en effet, le principe, [...] premier, éternel et unique. »

La manière dont Aristote conduit ici le raisonnement répond assez précisément à la méthode qu'il a déclaré vouloir adopter : la discussion s'appuie en effet sur un nombre important de prémisses, pour les unes, obtenues en Λ, pour d'autres, dans des traités physiques, sur lesquels on a vu que l'étude de la substance immobile reposait. Ici, la première série de prémisses se concentre sur le statut principiel du Premier Moteur. Deux éléments nouveaux complètent ce rappel. Le premier concerne la manière dont Aristote présente l'immobilité du Premier Moteur, en posant qu'il ne peut être mû, ni par soi ni par accident[1]. Le point n'est pas en désaccord avec les résultats de Λ 6-7, mais il s'agit d'une précision développée en *Phys*. VIII 6 (259b20-28). La seconde nouveauté concerne l'unicité du mouvement causé par le Premier Moteur, ce qui n'est pas, à strictement parler, une affirmation nouvelle (puisque le mouvement de la sphère des fixes a été décrit comme uniforme et simple à la fin de Λ 6, 1072a9-17), mais sur laquelle Aristote n'avait jamais attiré l'attention. Ces deux nuances répondent à une même nécessité conceptuelle : établir la parfaite correspondance entre un mouvement éternel et sa cause motrice. Elles confortent ainsi le point de vue causal adopté dans ce rappel, qui donne un ancrage réaliste au questionnement et facilitera, dans la suite, la reconduction d'une multiplicité de mouvements éternels à une multiplicité de substances immobiles.

1073a26-28 : « D'autre part, puisqu'il est nécessaire que le mû [...] quelque chose d'unique... »

Une deuxième série de prémisses formule plusieurs principes physiques généraux, dont l'existence du Premier Moteur découle et qui permettront de prolonger le raisonnement en faveur de l'existence d'autres moteurs immobiles. Si les trois premiers principes – le principe de transitivité, l'immobilité du moteur premier et l'éternité du moteur du mouvement éternel – reprennent des points déjà exploités en Λ, le dernier principe approfondit la notion d'unité, qu'Aristote a introduite plus haut (1073a25).

1. Sur la possibilité que ce texte témoigne d'une différence entre l'absolue immobilité du Premier Moteur et la mobilité accidentelle des autres moteurs immobiles, voir *infra*, p. 293-295.

En *Phys.* VIII 6 (259a13-20), il montre que la correspondance entre l'unité du mouvement et celle de son moteur est essentielle à la continuité et à l'éternité du mouvement[1]. On considère généralement que cette correspondance comporte la clef de l'argumentation du chapitre[2]. Et de fait, Aristote posera bientôt qu'il existe plusieurs moteurs immobiles, en raison d'une équivalence entre le nombre de ces derniers et celui des mouvements éternels (1073a32-b1). À bien y regarder pourtant, la correspondance exprimée par ce principe n'est pas distributive : elle implique qu'un mouvement un possède un moteur un, non pas qu'il existe un moteur *par* mouvement. Au mieux, elle exclut que chaque mouvement céleste soit le résultat d'une chaîne de plusieurs moteurs. Mais on pourrait continuer d'envisager que le Premier Moteur cause plusieurs mouvements éternels, en raison d'un rapport différencié de chaque astre à ce moteur unique, conformément au schéma développé en *DC* II 12 (292b1-25), où la multiplicité des mouvements célestes est la traduction des efforts contrastés que les planètes font en vue d'une même finalité[3].

En Λ, c'est apparemment à un autre paradigme qu'on a affaire. Tout en affirmant le caractère téléologique des mouvements célestes[4], Aristote a toujours pris soin de n'en référer qu'un seul au Premier Moteur[5]. Pour justifier cette démultiplication des moteurs, on a coutume de se tourner vers la nécessité d'expliquer la variété des mouvements célestes. C'est une piste que Théophraste lui-même indique (*Metaph.* 5a17-18), en expliquant que, s'il n'y avait qu'un seul moteur immobile, il n'y aurait donc également qu'une seule sorte de mouvement céleste[6]. Il sous-entend donc que rien, dans les corps célestes, ne saurait expliquer les variations cinétiques (différences de vitesse, de direction ou d'axe de rotation) que

1. Voir aussi *Phys.* VIII 10, 267a23-24 et *GC* II 10, 337a17-20.

2. *Cf.* par exemple G. E. R. Lloyd, « *Metaphysics* Λ 8 », art. cit., p. 254.

3. Pour cette objection, voir par ex. Thémistius, *Paraphrase*, *op. cit.*, p. 105 ; Avicenne, *Commentaire sur le livre Lambda de la* Métaphysique *d'Aristote (chapitres 6-10)*, *op. cit.*, p. 62 ; L. P. Gerson, *God and Greek Philosophy. Studies in the early History of Natural theology*, London-New York, Routledge, 1990, p. 133.

4. *Cf.* Λ 8, 1074a17-23.

5. Même en Λ 7 (1072a23-24), Aristote ne rattache le Premier Moteur qu'au premier ciel. Même chose dans le résumé qui précède en Λ 8 (1073a25).

6. La contrepartie de ce raisonnement est que, selon Théophraste, (*Metaph.* 5a19-21), l'harmonie globale du ciel pose problème : comment des mouvements différents, s'ordonnant à différents principes, peuvent-ils composer un ordre unique ? La critique est reprise et développée par Plotin, *Ennéade* V 1 [10], 9, 12-25.

l'enquête astronomique du chapitre exposera bientôt[1]. *Mutatis mutandis*, on se retrouverait dans la situation décrite en Λ 2 (1069b29-32), au sujet d'Anaxagore : l'intellect (moteur) serait un et, puisque la matière locale l'est également, les mouvements induits seraient aussi nécessairement d'une seule sorte. Ce serait donc dans une certaine singularité, soit de la substance immobile elle-même, soit du désir qu'elle suscite dans la sphère céleste correspondante[2], que se logerait la singularité du mouvement mis en œuvre[3]. Si cette interprétation explique bien pourquoi il faut compter un moteur immobile par mouvement éternel, cela ne vaut toutefois que dans le cadre du schéma astronomique qu'Aristote adopte en Λ 8, c'est-à-dire dans le cadre d'un modèle d'explication du mouvement des planètes, en vertu duquel ces dernières ne se meuvent pas directement par elles-mêmes, mais par un ensemble de sphères célestes concentriques qui les enveloppent et les transportent. En *DC* II 12 en revanche, ce sont bien les planètes elles-mêmes qui se meuvent et c'est pourquoi une même finalité peut expliquer la multiplicité de leurs mouvements.

On ne peut pas exclure qu'il s'agisse là de deux modèles concurrents d'explication des mouvements planétaires. Pour justifier ce saut conceptuel, G. E. R. Lloyd[4] fait l'hypothèse que la multiplication des moteurs immobiles a pour fonction de préserver l'excellence des planètes, de sorte que les multiples mouvements que chacune réalise ne sont plus, comme en *DC* II 12, la marque de son incapacité à se rapporter sans effort au principe. On peut toutefois remarquer, en suivant une indication d'I. Bodnár[5], que ces deux modèles, sans être strictement compatibles, peuvent s'accorder sur l'essentiel, si bien que le modèle à l'œuvre en Λ 8 ne contraint pas à renoncer ni à une compréhension téléologique du

1. Dans cette optique, S. Fazzo (*Commento*, *op. cit.*, p. 351-352) met en évidence l'incapacité de la matière locale de produire des mouvements différenciés. De même, J. Beere (« Counting the Unmoved Movers : Astronomy and Explanation in Aristotle's *Metaphysics* XII. 8 », *Archiv für Geschicte der Philosophie* 85, 2003, p. 16-18 – désormais cité « Counting the Unmoved Movers ») explique qu'une même cause ne peut engendrer des effets différents qu'à la faveur d'interférences, ce qui ne peut se produire dans le ciel.

2. Contrairement à ce que suggère S. Fazzo, *Commento*, *op. cit.*, p. 352, cette nécessité de démultiplier les moteurs pour expliquer la variété des effets cinétiques n'est pas plus compréhensible dans l'hypothèse de la causalité efficiente. Car si la finalité est la même, et que rien ne distingue entre eux ceux qui sont susceptibles de la désirer, le mouvement induit par cette orientation téléologique sera lui aussi toujours identique.

3. Dans tous les cas, cela pose la question de savoir comment fonder ces différences au sein des substances immobiles. On y revient, p. 318-320.

4. « *Metaphysics* Λ 8 », art. cit., p. 254.

5. I. Bodnár, « Cases of Celestial Teleology in *Metaphysics* Λ », dans Ch. Horn (éd.), *Aristotle's* Metaphysics *Lambda – New Essays*, *op. cit.*, p. 264.

mouvement des planètes, ni à interpréter la multiplicité des mouvements qui composent leur trajectoire comme l'effet de leur orientation constrastée vers leur fin. Dans la perspective de Λ 8, en effet, la planète ne se meut pas par elle-même, mais par les sphères célestes : il s'avère donc nécessaire de rendre compte du mouvement de chacune de ces sphères, non par la motricité de la planète elle-même, mais par un moteur dédié. Mais puisque, d'autre part, aucune de ces sphères n'est gratuite, mais que toutes contribuent à construire le parcours de la planète [1], on pourrait donc continuer de les considérer comme ce par quoi l'astre suit une trajectoire et réalise une activité qui lui permet d'atteindre la perfection visée.

L'hypothèse, bien sûr, ne va pas sans difficulté, et elle ne doit pas obscurcir le fait que c'est à titre de fins également que les moteurs immobiles meuvent les sphères. Elle permettrait toutefois de concilier l'explication de la multiplicité des mouvements planétaires par la multiplicité des moteurs *et* par l'activité des astres en vue d'une finalité. Elle permettrait également d'envisager que le mouvement des planètes réponde au même schéma téléologique que celui des astres fixes : de même que la rotation unique de ces derniers serait ce par quoi les étoiles s'ordonnent au Premier Moteur et ce dont ils retirent une forme d'accomplissement, de même, la trajectoire des planètes, quoique complexe, serait ce par quoi ces dernières viseraient un bien et réaliseraient leur perfection propre [2].

1073a28-36 : « … en outre, puisque nous voyons que, en plus du transport simple de l'univers, […] ce qui est antérieur à une substance est nécessairement une substance. »

La précédente série de prémisses a établi, d'un point de vue général, que chaque mouvement éternel procédait d'un moteur immobile. Reste à appliquer ces principes à des données concrètes, issues de la science du ciel, qu'Aristote formule ici dans une troisième série de prémisses. Le raisonnement repose sur trois points : 1. la distinction entre les étoiles fixes, qui réalisent une rotation diurne unique, à la périphérie de l'univers, et les planètes dont l'observation (« nous voyons », ὁρῶμεν) témoigne qu'elles réalisent, en plus de la rotation diurne, un mouvement à travers le zodiaque ; 2. l'attribution du Premier Moteur au mouvement des astres fixes, conformément à ce que Λ 7 (1072a23) et les premières prémisses de

1. *Cf.* 1074a17-18 et 24-31.
2. Voir le prolongement de cette discussion p. 315-316.

Λ 8 (1073a25) ont déjà établi ; 3. l'éternité des mouvements planétaires eux-mêmes, qui réclament donc un moteur éternel et immobile.

Si Aristote prend la peine de justifier ce dernier point, c'est qu'il ne va pas nécessairement de soi. On sait que le mot « planète » en grec (πλανητός) signifie errant, puisque le parcours des planètes semble irrégulier, en raison de leurs changements de position les unes par rapport aux autres et par rapport aux astres fixes, ainsi que de stations et de rétrogradations apparentes [1]. Or cette irrégularité constitue en soi une menace à l'éternité, puisque ce n'est qu'à la condition d'être circulaire – et donc régulier – qu'un mouvement local peut être éternel. Aussi est-ce à la circularité des transports planétaires qu'Aristote s'en remet ici pour en attester l'éternité. Ce faisant, il se place dans le prolongement de la théologie astrale platonicienne qui affirme que les planètes réalisent éternellement un mouvement régulier et circulaire, signe de leur intelligence et de leur divinité [2]. Mais, à la différence de Platon, Aristote ne fonde pas cette conviction sur la structure mathématique sous-jacente des déplacements planétaires, mais sur des considérations physiques, c'est-à-dire sur la composition matérielle des planètes et des sphères célestes. Le « corps mû en cercle » (τὸ κύκλῳ σῶμα) désigne l'éther, c'est-à-dire un cinquième corps élémentaire, correspondant à la matière locale évoquée en Λ 2 [3]. Plus qu'à *Phys*. VIII 8-9 [4], Aristote se réfère donc ici au *DC* I-II, où il prouve, d'une part, l'existence d'un cinquième élément éternel (I 3, 270a13-22) et naturellement mû en cercle (I 2, 269a3-7), d'autre part, que tous les corps célestes – les étoiles fixes, les planètes et les sphères – sont constitués d'éther (II 3, 286a10-12).

À ce stade, tous les éléments sont en place pour conclure à l'existence d'une multiplicité de moteurs immobiles. On notera toutefois que ce n'est pas sur la notion de moteur qu'Aristote met l'accent dans cette conclusion, mais sur celle de substance. Aussi s'emploie-t-il à en justifier la mobilisation. Puisque les astres sont des substances, leur moteur, qui leur est *ipso facto* antérieur, est lui-même une substance. L'argument

1. Par ex. *Timée* 38c-40d. A. C. Bowen a toutefois mis en doute que les Grecs aient eu conscience à cette époque des phénomènes de stations et de rétrogradations planétaires. *Cf.* « La scienza del cielo nel periodo pretolemaico », dans S. Petruccioli (éd.) *Storia della scienza* I. *La scienza antica*, Roma, Istituto della Enciclopedia italiana, 2001, p. 806-839.

2. Cf. *Lois* VII 822a-c ; XII 966e-967b. Voir aussi *Epinomis* 982c-d.

3. Λ 2, 1069b25-26. *Cf.* aussi H 1, 1042b6 ; H 4, 1044b8.

4. Selon Ross, *Aristotle. Metaphysics*, *op. cit.*, vol. 2, p. 384 et S. Fazzo, *Commento*, *op. cit.*, p. 352. Tout ce que prouve *Phys*. VIII, en effet, c'est que le mouvement circulaire est éternel, non pas que les planètes en particulier réalisent un mouvement circulaire.

articule opportunément la doctrine des catégories et de la priorité de la substance à un principe argumentatif physique, également à l'œuvre dans le *DC* (II 6, 288a34-b7), où l'antériorité du moteur autorise à lui prêter toutes les caractéristiques du mobile qui lui peuvent convenir.

1073a36-b1 : « Il est donc manifeste [...] pour la raison énoncée précédemment. »

Le nombre des substances immobiles, certes, reste à préciser. La conclusion n'en est pas moins définitive et la multiplicité des substances immobiles ne fera plus l'objet de discussion. Cette multiplicité est ici doublement fondée. Elle l'est d'un point de vue existentiel, puisqu'elle repose sur les réquisits du mouvement éternel, de sorte qu'il existe autant de moteurs que de rotations célestes. Et bien que le nombre de ces substances ne soit pas encore établi, il a toutes les chances d'échapper à l'arbitraire des académiciens, en se fondant sur des motivations causales. Cette multiplicité est aussi fondée d'un point de vue conceptuel, puisque les moteurs en question ne peuvent rien être d'autre que des substances, possédant toutes les caractéristiques requises par leur causalité motrice : éternité, immobilité, immatérialité. C'est donc bien de la même sorte de substance que celle évoquée dans les chapitres 6-7 qu'il s'agit ici et dans le prolongement desquels Aristote situe ses recherches, en rappelant la démonstration de l'absence de grandeur développée à la fin de Λ 7.

Toutefois, une nuance, dans cette description, pourrait en faire douter. Aristote, en effet, se contente de souligner que ces substances sont immobiles par soi[1], sans ajouter, comme il l'a fait au sujet du Premier Moteur (1073a24-25), qu'elles ne peuvent pas non plus être mues par accident. Cette omission a conduit plusieurs interprètes à faire l'hypothèse que ces nouvelles substances étaient mobiles par accident[2]. Un passage de *Phys*. VIII 6 (259b28-31) semble l'attester, où Aristote distingue entre deux types de mouvements accidentels – par soi et par autre chose – et attribue le second aux principes planétaires. Dans ces conditions, il semblerait donc que les moteurs immobiles planétaires, bien qu'ils ne comportent par nature aucune tendance au mouvement, puissent être affectés d'une forme limite de mobilité.

1. Même omission en 1073a33-34.

2. C'est ce que I. Bodnár, « Alexander's Unmoved Mover », dans C. Cerami (éd.), *Nature et Sagesse*, *op. cit.*, p. 404, nomme la lecture « *contrastive* ».

Plusieurs hypothèses restent ouvertes pour définir ce mouvement accidentel et, en conséquence, le statut ontologique des moteurs planétaires. Concernant le premier point, l'hypothèse la plus probable est qu'ils soient mus par les sphères qui les enveloppent[1]. E. Berti envisage, toutefois, qu'il s'agisse d'un mouvement intellectif, dû à leur contemplation du Premier Moteur[2]. Concernant le second point, on pourrait hésiter, soit à affirmer l'immanence des moteurs planétaires aux sphères, dont ils constitueraient donc les âmes[3], soit à préserver, dans leur cas également, la séparation vis-à-vis du sensible qu'Aristote accorde au Premier Moteur[4]. Mais, dans tous les cas, une différence réelle opposerait ces substances à celle dont Λ 6 et 7 ont traité[5].

Reste que ni la lettre, ni l'esprit de Λ 8 ne confirment vraiment cette différence. Au plan littéral en effet, cette hypothèse repose essentiellement sur un silence, dont il est peut-être hasardeux de tirer argument, dans la mesure où Aristote ne répète pas non plus toujours, au sujet du Premier Moteur, qu'il est absolument immobile. En 1073a26-27, il se contente de rappeler qu'il est immobile par soi. Il n'y a donc peut-être pas lieu de s'étonner que la description des moteurs planétaires qui en découle ne comporte rien de plus que ce que les prémisses physiques comportaient déjà. Du reste, Aristote donne, à plusieurs reprises, des signes clairs de vouloir traiter du même type de substance : c'est le nombre de cette sorte de substance (τὴν τοιαύτην οὐσίαν, 1073a14) qu'il interroge à l'entrée du chapitre et ce sont des qualités explicitement identiques à celles du Premier Moteur qu'il prête aux moteurs des planètes[6]. Au

1. Qu'il s'agisse soit de la sphère qui leur correspond, soit des sphères de rang supérieur. *Cf.* par ex. D. Stewart, « Aristotle's Doctrine of the Unmoved Mover », *The Thomist* 37, 1973, p. 543-544 ; S. Menn, « Aristotle's Theology », art. cit., p. 441 et *The Aim*, IIIβ2b, p. 23 ; M. Rashed, « *Physique* VIII entre physique et cosmologie », dans C. Cerami (éd.), *Nature et Sagesse*, *op. cit.*, p. 142-145.

2. *Aristotele. Dalla dialettica alla filosofia prima*, Milan, Bompiani, 20042, p. 509.

3. Alexandre, *ap.* Simplicius, *In Phys.* 1261, 14-1262, 13 (voir plus généralement I. Bodnár, « Alexander's Unmoved Mover », art. cit., p. 387-416) ; M. Bousset, « Sur la théologie d'Aristote : monothéisme ou polythéisme ? », *Revue thomiste* 44, p. 804 ; A. Sesmat, « L'Univers d'Aristote », *Revue de philosophie* 38, 1938, p. 305 ; L. P. Gerson, *God and Greek Philosophy. Studies in the early History of Natural theology*, *op. cit.*, p. 133 ; S. Fazzo, *Commento*, *op. cit.*, p. 151, 165-166, 350-351, 355. Il est certain que cette interprétation apporterait une réponse satisfaisante à la difficulté soulevée plus haut (p. 289), quant à la nécessité de postuler un moteur par mouvement.

4. H. A. Wolfson, « The Plurality of Immovable Movers in Aristotle and Averroes », *Harvard Studies in Classical Philology* 63, 1958, p. 238 ; E. Berti, *Aristotele. Dalla dialettica alla filosofia prima*, *op. cit.*, p. 509.

5. *Cf.* Alexandre, *De principiis*, § 92-93 ; Thémistius, *Paraphrase*, *op. cit.*, p. 100.

6. *Cf.* 1073a38-b1, où Aristote renvoie à Λ 7, 1073a5-11.

plan argumentatif également, on voit mal comment fonder la mobilité de ces moteurs. Cette mobilité semble contredire, en effet, la possibilité même du mouvement éternel qu'ils sont pourtant censés expliquer, dans la mesure où Λ 6 a suffisamment montré que ce mouvement réclamait une cause qui ne pouvait être éternellement active qu'à la condition d'être dépourvue de puissance[1]. Aussi paraît-il raisonnable, en l'absence d'indications explicitement contraires, de conclure à l'absolue immobilité des moteurs planétaires examinés en Λ 8[2].

On ne peut refermer l'examen de cette première conclusion de Λ 8, sans envisager la manière dont elle s'inscrit dans le corpus. Λ 8, en effet, n'est pas le seul texte qui propose l'examen du nombre des moteurs immobiles. En revanche, il semble être le seul qui réponde favorablement à l'hypothèse de la multiplicité. En *Phys.* VIII 6, Aristote soulève explicitement la question de savoir s'il n'y a qu'un seul moteur immobile et offre deux arguments en faveur de l'unicité[3]. Aussi la doctrine de Λ 8 paraît-elle contredire les autres développements du corpus, en substituant

1. *Cf.* par exemple M. Frede, « Introduction », art. cit., p. 29. M. Rashed, « *Physique* VIII entre physique et cosmologie », art. cit., p. 141-142, suggère toutefois que le texte de *Phys.* VIII 6 élabore un cas de mouvement accidentel compatible avec l'éternité du mouvement. En tout cas, même causé par autre chose, ce mouvement accidentel implique, de la part des moteurs planétaires, la possibilité d'être autrement et, dans cette mesure, une potentialité que Λ 6 semble exclure.

2. En ce sens, *cf.* Eudème de Rhodes, fr. 121 Werlhi ; Simplicius, *In Phys.* 810, 19-23 ; 1261, 14-1262, 13 ; Philopon, *In Phys.* ; 892, 4-13 ; 892, 20-24 ; ps.-Alex., *In Metaph.* 700, 13-14 ; 701, 34 ; 706, 31-36 ; C. Natali, *Cosmo e divinità. La struttura logica della teologia aristotelica*, L'Aquila, L. U. Japadre Editore, 1974, p. 91 ; P. Donini, *Commentary and tradition*, *op. cit.*, p. 29, n. 19 ; G. E. R. Lloyd, « *Metaphysics* Λ 8 », art. cit., p. 254 ; J. Beere, « Counting the Unmoved Movers » art. cit., p. 16. Quant au texte de *Phys.* VIII 6, on remarquera que les principes planétaires auxquels Aristote prête, sans conteste, un mouvement accidentel peuvent correspondre soit aux sphères (selon D. Blyth, « Heavenly Soul in Aristotle », art. cit., p. 450), soit aux âmes des planètes (lesquelles restent fixes sur leur sphère, de sorte que leur âme n'est pas mue accidentellement par soi). De fait, c'est bien de l'âme des vivants sublunaires qu'il est question dans ce qui précède et qui introduit cette distinction entre deux types de mouvements accidentels. On pourrait donc envisager que le texte distingue le mouvement auquel l'âme de deux types de vivants, supralunaires ou corruptibles, est sujette. On pourrait aussi envisager de construire différemment le passage, en y lisant une relative déterminative qui distingue entre les principes mus par accident et ceux qui ne le sont pas. Sur cette possibilité, voir I. Bodnár, « Eudemus'Unmoved Movers : Fragments 121-123b Werlhi », dans I. Bodnár, W. W. Fortenbaugh (eds.), *Eudemus of Rhodes*, New-Brunswick-London, Rutgers University Studies in Classical humanities, 2002, p. 174 et « Alexander's Unmoved Mover », art. cit., p. 402-403.

3. Le premier montre que l'unicité est *préférable* (259a8-13) ; le second, qu'elle est *nécessaire* à l'unicité et à la continuité du mouvement éternel (259a13-20). *Cf.* également *GC* II 10, 337a20-23.

ce qui est apparu comme une doctrine polythéiste au monothéisme que *Phys*. VIII et les premiers chapitres de Λ sont censés prôner.

Il va sans dire que cette dernière lecture manque de pertinence, puisque cette approche théologique, qui voit en Λ 8 la substitution, un rien décadente, du polythéisme au monothéisme, repose à la fois sur un malentendu concernant Λ 6-7, qui n'a jamais exclu que les substances immobiles fussent multiples, et sur un anachronisme évident. Le monothéisme est une posture théologique qui n'a ici aucun sens, puisqu'Aristote a toujours souscrit à l'existence d'une multiplicité de dieux (les astres aussi sont divins), comme de principes [1]. Reste l'apparente contradiction doctrinale entre ce qui serait deux états d'élaboration de la théorie du moteur immobile. On remarquera toutefois que la rupture entre *Phys*. VIII et Λ 8 n'est pas si nette, puisque l'argument principal et le plus définitif en faveur de l'unicité, en *Phys*. VIII (259a13-20), repose en réalité sur la même ligne argumentative que Λ 8 [2]. Dans ces deux textes en effet, c'est l'unicité du mouvement qui permet de conclure à l'unicité de son moteur immobile. La seule différence tient au nombre des mouvements éternels pris en considération [3]. Du reste, tout porte à croire que, dans l'argument de *Phys*. VIII 6 (comme dans celui de Λ 6-7), Aristote ne se préoccupe que du mouvement global du ciel, puisque c'est pour assurer la continuité du mouvement total (ἡ ὅλη κίνησις, 259a19-20) qu'il conclut à l'unicité, non du moteur immobile en général, mais du *premier* moteur immobile. Loin de contredire la théorie du Premier Moteur exposée en *Phys*. VIII, la doctrine de Λ 8 peut en apparaître comme le prolongement naturel [4].

[II. 2] *L'ordre des substances immobiles*

1073b1-3 : « Que ces moteurs soient donc des substances [...], c'est manifeste. »

L'affirmation de la multiplicité des substances immobiles se double ici d'une précision nécessaire, quoique laconique, concernant l'ordre qui doit prévaloir entre elles. Cet ordre répond à deux enjeux. En soumettant les substances immobiles à un ordre de succession conforme

1. *Cf*. par ex. *DP* fr. 17 Ross. Voir S. Menn, *The Aim*, IIIβ2b, p. 25.

2. Ce que note déjà clairement Simplicius, *In Phys*. 1255, 25-33.

3. Ce que montre, sous une forme encore hypothétique, *GC* II 10, 337a20-23.

4. Prolongement opportunément confié, selon A. Falcon (« Between Physics and Metaphysics : Aristotle at the Boundaries of Knowledge », dans C. Cerami (éd.), *Nature et Sagesse*, *op. cit*., p. 79, 92), à un traité de métaphysique, en raison des limites épistémiques de la physique.

à celui des mouvements célestes, Aristote évite à la fois la dispersion et l'empiètement, et soumet les substances immobiles à une unité de commandement qui garantit l'ordre des phénomènes et la principialité même de ces substances, puisque des principes désordonnés n'en sont pas[1]. En fondant cet ordre sur celui des phénomènes eux-mêmes, il substitue à la succession numérique des substances immobiles, prônée par les académiciens, une succession causalement fondée[2], afin que ces substances s'avèrent réellement utiles à l'explication du monde.

[III. 1] *Le nombre des sphères : méthode de recherche*

1073b3-8 : « Quant au nombre des transports, [...] comme par exemple l'arithmétique et la géométrie. »

Jusqu'en 1074a17, Aristote va s'employer à fixer le nombre des substances immobiles. Ce projet l'amène, dans un premier temps, à déterminer la méthode de cette recherche, en en précisant successivement trois aspects : l'outil scientifique approprié (1073b3-8), le point de départ de la réflexion (b8-10), la ligne de conduite à adopter (b10-17).

L'outil scientifique découle directement du raisonnement qui a permis d'établir la multiplicité des substances immobiles. Puisque, en effet, ces dernières sont aussi nombreuses que les mouvements célestes, c'est donc le nombre de ces mouvements qu'il faut déterminer. C'est donc aussi à partir de l'astronomie qu'il faut s'y essayer. Plusieurs raisons président à ce choix, certaines liées au domaine de compétence de l'astronomie, d'autres à son articulation avec la philosophie. D'une part, en effet, c'est l'œuvre de l'astronomie mathématique[3], telle que Platon la définit au XIIe livre des *Lois*[4], de dépasser l'observation superficielle des astres, qui fait croire à une course irrégulière des planètes, et de montrer, à l'aide de modèles géométriques, quels parcours circulaires et uniformes ils réalisent en vérité.

D'autre part, si Aristote décide de s'en remettre à l'astronomie, c'est parce que, sans être une science philosophique, elle en recoupe partiellement l'objet. Assurément, l'astronomie est bien ici une science mathématique et, dans cette mesure, ne saurait se confondre avec la

1. *Cf.* Λ 10, 1076a4 et *DP* fr. 17 Ross. Voir aussi Merlan, « Two Theological Problems in Aristotle's *Metaph. Lambda* 6-9 and *De Caelo* A. 9 », *Apeiron* 1, 1966, p. 9.

2. Sur cet ordre d'antériorité et de postériorité, issu de l'exemple des Nombres séparés, voir Merlan, « Aristotle's Unmoved Movers », art. cit., p. 10-11.

3. Par opposition à l'astronomie nautique, fondée sur l'observation sensible. Cf. *EE* I 6, 1216b12-15; *An. Post.* I 13, 78b39-40.

4. 966b-967d. Voir aussi *Epinomis* 977b-e; 990c-991b.

philosophie elle-même. Les mathématiques, en effet, procèdent par abstraction (ἐξ ἀφαιρέσεως) et séparent en pensée certains attributs des substances (la quantité pour l'arithmétique, la grandeur pour la géométrie), qui ne sont pas séparables en réalité, afin d'en déterminer les propriétés. En cela, précise Aristote, elles ne commettent aucune erreur, mais il est évident qu'elles ne sauraient non plus passer pour une étude philosophique, ordonnée à la connaissance des substances, puisqu'elles ne les étudient pas en elles-mêmes, mais dans certaines de leur propriétés seulement et indépendamment de leur nature [1].

En dépit de cette division, Aristote rapproche ici l'astronomie de la philosophie [2]. Que l'astronomie jouisse, parmi les sciences mathématiques, d'un statut particulier n'est pas une nouveauté. En *Phys*. II 2 (194a7-12), Aristote en isole certaines branches plus physiques – l'optique, l'harmonique et l'astronomie – qui manipulent des concepts mathématiques abstraits, mais pour les reconduire aux phénomènes physiques : la géométrie étudie la ligne physique en tant que mathématique, l'optique étudie la ligne mathématique en tant que physique. Toutefois la proximité qu'Aristote affirme ici entre l'astronomie et la philosophie est plus franche encore. Elle repose sur un critère différent de celui de *Phys*. II 2 et le plus crucialement philosophique – la substance. Or ni l'optique ni l'harmonique n'étudient aucune substance. L'astronomie, en revanche, ne peut se comprendre indépendamment de cette substance sensible éternelle dont elle étudie les déplacements. Cela ne contredit ni l'appartenance de l'astronomie aux sciences mathématiques, ni la différence qui la sépare de la philosophie. Si l'astronomie procède à l'examen de certaines substances, c'est parce qu'elle en formalise géométriquement les trajectoires : les modèles astronomiques ne prennent sens que dans la mesure où il se rapportent à des trajectoires réelles des substances célestes. Pour autant, l'astronome ne fait pas œuvre de physicien ni de philosophe, car il n'étudie les astres ni dans leur essence, ni dans leur statut substantiel.

En somme, bien qu'Aristote explique ici que la science métaphysique doive croiser les mathématiques, il en va tout autrement que chez les académiciens et la philosophie ne saurait se voir remplacer par les mathématiques [3]. Car les substances immobiles ne sont pas de nature mathématique, de sorte que ce n'est ni vers l'arithmétique, ni vers

1. Cf. *Metaph.* E 1, 1026a7-10 et 14-15 ; M 2, 1077b12-14 ; M 3, 1078a21-26 ; *An. Post.* I 13, 79a6-10 ; I 27, 87a31-37 ; *Phys*. II 2, 193b22-35 ; *DA* III 7, 431b12-19.

2. Sur le fait qu'Aristote distingue ici les mathématiques de la philosophie en général, et non de la philosophie seconde et/ou première, voir *supra*, p. 102.

3. *Metaph.* A 9, 992a32-b1.

la géométrie qu'il convient de se tourner[1], mais vers la science mathématique la plus proche de l'enquête philosophique et qui ne participe qu'indirectement, de manière à la fois parcimonieuse et instrumentale, à l'étude métaphysique.

1073b8-10 : « Que donc les transports soient plus nombreux que les objets transportés, [...] chacun des astres planétaires est transporté de plus d'un mouvement. »

Aristote formule ici la base de la réflexion astronomique à laquelle il va prendre part : l'explication du mouvement des planètes requiert de reconduire chacune à plusieurs transports circulaires. Plus précisément, il convoque le modèle des sphères homocentriques : tandis que les étoiles fixes sont toutes serties sur une même sphère, dont le mouvement va uniformément d'est en ouest autour de l'axe terrestre, les planètes font chacune l'objet d'un mécanisme indépendant, composé d'une multiplicité de sphères emboîtées et animées d'un mouvement circulaire, d'axe, de direction et de vitesse variables. Ce faisant, le mouvement de chaque sphère se combine avec celui qu'elle reçoit des sphères supérieures, jusqu'à produire le mouvement apparent de la planète, qui est logée sur l'équateur de la sphère intérieure.

Il est curieux qu'Aristote insiste sur l'évidence de la multiplicité des déplacements planétaires, puisqu'elle ne s'est pas toujours imposée à lui, ni à son maître. Dans le *Timée* (36c-40d), le démiurge place chaque planète sur un cercle unique, subdivision du cercle de l'Autre. De même, dans les *Lois* (VII 822a), Platon assigne à chaque planète une route unique et circulaire. Il arrive qu'Aristote se réfère à ce schéma dans le traité *Du ciel*[2]; il explique alors que chaque planète n'a qu'un seul mouvement, de direction contraire à celui des étoiles fixes et dont la vitesse serait variablement influencée par lui. En soulignant l'évidence du modèle auquel il s'en remet en Λ 8, Aristote exprimerait ironiquement, selon G. E. R. Lloyd[3], l'incapacité des platoniciens de produire une

1. Pour la critique implicite que contient cette exclusion, voir aussi S. Menn, *The Aim*, IIIβ2b, p. 25.

2. *DC* II 2, 285b28 *sq.* ; II 10, 291a29-b10. Sur la présence de ce modèle dans le *DC*, voir H. J. Easterling, « Homocentric Spheres in *De Caelo* », *Phronesis* 6, 1961, p. 149. En revanche, la multiplicité des déplacements de chaque planète est affirmée en *DC* II 12, 291b35-292a1 ; 293a1-2 ; 293a4-10 et II 6, 288a14-17. Toutefois, la question de savoir si le modèle précis des sphères homocentriques est présent dans le *DC* reste une question disputée.

3. « *Metaphysics* Λ 8 », art. cit., p. 255.

explication adéquate des phénomènes célestes. Peut-être, au contraire, s'agit-il pour lui de ménager une forme de continuité entre l'explication qu'il adopte à présent et ses précédentes affirmations, puisque même alors les planètes réalisaient un déplacement à la fois diurne et zodiacal[1]. Dans tous les cas, le modèle astronomique de Λ 8 se présente comme une manière alternative de résoudre le problème soulevé par Platon : la multiplication des rotations planétaires obéit à cette même volonté de fonder les apparentes irrégularités des trajectoires des planètes sur des parcours uniformes et éternels, mais plus complexes et, par suite, mieux à même de « sauver les phénomènes », c'est-à-dire de rendre compte des déplacements observés[2], tout en en préservant la régularité[3].

1073b10-17 : « Mais, quant à savoir combien ils se trouvent être, [...] ne se laisser convaincre que par les plus précises. »

Aristote procède ici à une dernière mise au point méthodologique. Sa démarche consistera à recueillir l'information disponible auprès des chercheurs les plus qualifiés – Eudoxe (1073b17-32), puis Callippe (1073b32-38). On considère généralement que, dans la seconde moitié de ce passage, Aristote esquisse aussi la possibilité d'apporter une contribution personnelle au débat, à laquelle correspondrait à l'hypothèse des sphères rétrogrades (*cf.* 1073b38 *sq.*). Toutefois, S. Fazzo[4] a remarqué qu'Aristote, dans ces lignes, ne s'exprime jamais à la première personne,

1. Du reste, même chez Platon, le mouvement des planètes met deux cercles en jeu : le leur et celui du Même, qui exerce une influence sur le premier. Il en va de même dans le *DC*, en raison de l'influence de la sphère des fixes.

2. Parmi les phénomènes à expliquer, G. E. R. Lloyd (*Une histoire de la science grecque* traduit de l'anglais par J. Brunschwig, Paris, Éditions La Découverte, 1990, p. 105) en recense cinq principaux : (1) les corps célestes tournent autour de la terre d'est en ouest en vingt-quatre heures environ; (2) d'un point donné, on observe différentes constellations en différentes saisons, mais les mêmes constellations apparaissent aux mêmes endroits, pendant les mêmes saisons, au cours de plusieurs années; (3) la position du Soleil par rapport aux étoiles varie régulièrement; (4) les planètes se meuvent d'ouest en est à travers le zodiaque, mais selon des temps de révolution variables; (5) leurs trajectoires témoignent de stations et de rétrogradations. Sur ce dernier point, voir toutefois p. 282, n. 1.

3. Aussi est-ce traditionnellement à une volonté platonicienne qu'on rattache l'hypothèse des sphères homocentriques, répondant à ce qui, depuis Eudème (*ap.* Simplicius, *In DC* 488a18-24), est présenté comme un défi lancé par Platon à l'astronomie. Voir P. Duhem, *Le Système du monde. Histoire des doctrines cosmologiques de Platon à Copernic*, tome 1, Paris, Hermann, 1913, p. 106 (désormais cité *Le Système du monde*). Pour une remise en cause de cette articulation entre le programme platonicien et le modèle eudoxéen, voir par ex. W. R. Knorr, « Plato and Eudoxus on the Planetary Motions », *Journal for the History of Astronomy* 15, 1970, pp. 313-329.

4. S. Fazzo, *Commento*, *op. cit.*, p. 358-352.

mais dessine au contraire une perspective de recherche pouvant s'adresser à tous ceux qui souhaiteraient prendre part au débat. Il ne s'ensuit pas encore de là que l'hypothèse des sphères rétrogrades soit à mettre au compte d'un astronome anonyme. En revanche, cela indique que la prudence, sur laquelle Aristote insiste ici, n'est sans doute pas uniquement l'aveu d'une forme d'amateurisme de sa part [1], mais le signe que ces questions constituent à ses yeux un champ de recherche ouvert.

[III. 2] *Eudoxe*

1073b17-22 : « Eudoxe [...] un plus grand angle que celui que suit le Soleil). »

Il est naturel qu'Aristote se tourne en premier lieu vers Eudoxe de Cnide (*ca.* 408-355). Disciple d'Archytas de Tarente, familier de l'Académie, Eudoxe est l'un des grands mathématiciens de l'Antiquité. Auteur d'une théorie des proportions exposée dans le Ve livre des *Éléments* d'Euclide, de la méthode d'exhaustion permettant le calcul des volumes et des aires, il est aussi, dans le domaine de l'astronomie, le premier à avoir élaboré le modèle des sphères concentriques qu'il exposait dans le traité perdu *Sur les vitesses*. Quoiqu'imparfait et très elliptique, le résumé qu'Aristote donne ici des travaux d'Eudoxe est précieux, puisqu'il en constitue, avec le commentaire de Simplicius au traité *Du ciel* (493, 4-507, 14) [2], l'un des rares témoignages antiques, à partir desquels des reconstitutions modernes en ont été progressivement proposées [3]. Ce résumé procède en

1. G. E. R. Lloyd note le défaut d'informations et de technicité des réflexions d'Aristote : voir *Aristotelian Explorations*, Cambridge, Cambridge University Press, 1996, p. 182-183 et « *Metaphysics* Λ 8 », art. cit., p. 245-251, 256; 262.

2. Simplicius se fait l'écho de Sosigène, lui-même tributaire d'Eudème. Sur les limites de la fiabilité du témoignage de Simplicius, voir I. Yavetz, « On the Homocentric Spheres of Eudoxus », *Archive for History of Exact Sciences* 51, 1998, p. 221-278; H. Mendell, « The Trouble with Eudoxus », dans P. Suppes, J. Moravcsik, H. Mendell (eds.), *Ancient and Medieval Traditions in the Exact Sciences : Essays in Memory of Wilbur Knorr*, Stanford, CSLI Publications, 2001, p. 59-138; A. C. Bowen, « La scienza del cielo nel periodo pretolemaico », art. cit.

3. En premier lieu par Schiaparelli, *Le sfere omocentriche di Eudosso, di Callippo e di Aristotele*, Milano, U. Hoepli, 1875. Voir également, pour les reconstitutions classiques du modèle d'Eudoxe, T. L. Heath, *Aristarchus of Samos*, Oxford, At the Clarendon Press, 1913; P. Duhem, *Le Système du monde*, *op. cit.*; J. L. E. Dreyer, *A History of Astronomy from Thales to Kepler*, New York, Dover publications, 1953; D. R. Dicks, *Early Greek Astronomy to Aristotle*, Ithaca, New York, Cornell University Press, 1970; E. Maula, *Studies in Eudoxus'Homocentric Spheres*, Helsinki, Societas Scientiarum fennica, 1974; O. Neugebauer, *A History of Ancient Mathematical Astronomy*, Berlin, Springer, 1975; G. E. R. Lloyd, *Une histoire de la science grecque*, *op. cit.*, p. 107 *sq.*

deux temps : le premier, qui porte ici sur le Soleil et la Lune, dont les mouvements respectifs s'avèrent moins complexes à expliquer ; le second, en 1073b22-32, qui porte sur les planètes au sens strict – Mercure, Vénus, Mars, Jupiter et Saturne.

Contrairement à ce que pourrait laisser croire la formule ramassée dont Aristote use ici, la sphère la plus externe du système solaire et du système lunaire ne se confond pas avec la sphère des fixes elle-même, mais accomplit un mouvement qui lui est identique, d'est en ouest, autour d'un axe nord-sud, correspondant à la rotation diurne. Cette première sphère témoigne ainsi de l'influence du premier ciel sur l'ensemble des déplacement célestes, puisque le mouvement de la sphère des fixes est reproduit au niveau de chaque système planétaire. La deuxième sphère accomplit, quant à elle, une rotation en sens inverse de la première[1], suivant l'écliptique. Avec la sphère externe, elle achève donc de proposer une adaptation du modèle platonicien – la sphère extérieure reproduisant le cercle du Même, la suivante, celui de l'Autre. Combinées entre elles, ces deux sphères reproduisent les mouvements globaux du ciel, c'est-à-dire à la fois la rotation diurne des planètes et leur déplacement à travers le zodiaque[2].

C'est en vue d'expliquer les mouvements particuliers de chaque planète et certaines de leurs irrégularités que s'ajoutent d'autres sphères encore. Dans le cas du Soleil et de la Lune, il faut, selon Eudoxe, postuler une troisième et dernière sphère, dont Aristote précise qu'elle suit un cercle incliné par rapport au plan de l'écliptique, mais selon un angle variable. Cette inclinaison, légère pour le Soleil, plus importante pour la Lune, répondait peut-être à des variations de latitude.

1073b22-32 : « D'autre part, il plaçait chacun des astres planétaires [...], mais que ceux de Vénus et de Mercure étaient les mêmes. »

D'apparence plus irrégulier, le mouvement des planètes requiert donc plus de sphères. Les deux premières réalisent un mouvement d'axe et de direction identiques aux deux sphères externes du Soleil et remplissent donc la même fonction : rendre compte de la révolution diurne de chaque planète et de leur révolution zodiacale selon une vitesse propre à chacune. On considère généralement que les mouvements combinés de la troisième

1. Sauf pour la Lune : sur ce point, voir Duhem, *Le Système du monde*, *op. cit.*, p. 118 ; Heath, *Aristarchus of Samos*, *op. cit.*, p. 197.

2. Dans le cas de la Lune en particulier, elle expliquerait la rétrogradation des nœuds, c'est-à-dire des points en lesquels la troisième sphère coupe la deuxième.

et de la quatrième sphères doivent permettre d'expliquer certaines irrégularités (stations, rétrogradations et variations de latitude), en faisant décrire à la planète une figure en huit couché, nommée « hippopède » – du nom de la ligne courbe qu'on fait décrire au cheval, en tirant sur sa bride d'un côté, puis de l'autre [1]. Cette figure est obtenue par la combinaison des deux dernières sphères, dont le sens de rotation est opposé et qui accomplissent chacune leur révolution en un temps égal à la révolution synodique de la planète. Au total, selon Eudoxe, il faut donc ajouter à la sphère des fixes et aux six sphères dédiées au Soleil et à la Lune, vingt sphères planétaires.

[III. 3] *Callippe*

1073b32-38 : « Callippe [...], à chacune des autres planètes, une sphère. »

Les travaux d'Eudoxe, pour novateurs qu'ils soient, ne sont ni les plus récents, ni les plus complets. Aussi Aristote se fait-il l'écho des corrections qu'un autre astronome de renom y a apportées. Simplicius [2] rapporte au sujet de Callippe de Cyzique qu'il a étudié avec Polémarque de Cyzique, lui-même familier d'Eudoxe, et qu'il a, lors d'un séjour à Athènes, collaboré avec Aristote à corriger le système d'Eudoxe. On situe généralement ces corrections aux alentours de 330, date à laquelle Callippe a procédé à la réforme du cycle de Méton [3], grâce à une meilleure estimation de la durée des saisons.

Il semblerait donc qu'on dispose ici de l'un des rares indices externes de datation d'un texte aristotélicien, puisqu'Aristote se réfère aux travaux de Callippe, à l'imparfait de surcroît (ἐτίθετο, 1073b33), ce qui suggère *a minima* que Λ 8 a été rédigé après 330 [4]. En outre, Jaeger voit dans cet

1. Reconstitution classique, remise en cause par I. Yavetz, « On the Homocentric Spheres of Eudoxus », art. cit. ; H. Mendell, « Refections on Eudoxus, Callippus and their Curves : Hippopedes and Callippopedes », *Centaurus* 40, 1998, p. 177-275 ; « The Trouble with Eudoxus », art. cit. ; A. C. Bowen, « La scienza del cielo nel periodo pretolemaico », art. cit..

2. *In DC* 493, 5-8.

3. Astronome athénien du ve siècle. Le solstice de l'année 330 est, en tout cas, la date à laquelle devait commencer le nouveau cycle de soixante-seize ans mis au point par Callippe, en remplacement du cycle de dix-neuf ans de Méton.

4. Les interprètes, influencés par Jaeger, ont donné beaucoup de poids à cet imparfait, qui suggérerait que Callippe était mort à l'époque de Λ 8 (*cf.* Jaeger, *Aristote*, *op. cit.*, p. 353 *sq.*). Mais, dans la mesure où on ignore quand Callippe est mort, l'indication n'est guère précise, si ce n'est qu'elle repousserait la date de Λ 8 dans les toute dernières années d'Aristote. Il suffit sans doute de noter que, imparfait ou pas, le texte doit manifestement être postérieur aux travaux de Callippe et à la date de 330 qui reste (voir *infra*) la plus vraisemblable. Sur cette question, voir aussi l'introduction, p. 44.

indice une confirmation du caractère étranger de Λ 8 au reste du traité, qui daterait, selon lui, du séjour d'Aristote à Assos, peu après la mort de Platon. La date tardive du chapitre 8 attesterait donc, selon Jaeger, qu'il participe d'une perspective scientifique différente et nouvelle, plus tournée vers les sciences positives que ne l'est l'*Ur-Metaphysik*, dont témoignerait le reste de Λ, et encline à réviser la théorie du Premier Moteur, en multipliant les substances immobiles.

On a pu contester cette chronologie et chercher à reculer la date des travaux de Callippe. Et, de fait, il est vrai qu'on ne dispose d'aucun témoignage incontestable sur l'astronome. Le récit de Simplicius est ambigu : en rapportant que Callippe a étudié avec Polémarque (συσχολάσας), faut-il comprendre qu'il était son élève ou son condisciple ? Et dans ce dernier cas, n'est-il pas possible que Callippe ait été l'élève d'Eudoxe lui-même et soit donc venu à Athènes, non pas après lui, mais avec lui (μετ' ἐκεῖνον), lors du séjour d'Eudoxe à l'Académie qu'on situe vers 355-350 ? [1] Ce serait alors à l'Académie, dans les dernières années de la vie de Platon, que Callippe aurait pu rencontrer Aristote et travailler à la réforme du modèle d'Eudoxe. Rien n'empêcherait alors d'envisager qu'il ait ensuite effectué un second séjour athénien [2], nécessaire à la réforme du cycle de Méton, réforme qu'il aurait pu entreprendre indépendamment de ses précédents travaux astronomiques [3].

En vérité, pour intéressantes qu'elles soient, ces hypothèses sont inutiles, si elles visent simplement, en réponse à Jaeger, à préserver la cohérence entre Λ 8 et le reste du livre Λ, car la problématique de Λ 8 – on l'a vu – fait naturellement suite à celle qui gouverne l'étude des substances immobiles depuis le début du traité [4]. Quant à la question, plus générale, de la date de rédaction de ce texte, il semble, en l'état

1. *Cf.* Düring, *Aristoteles*, *op. cit.*, p. 191 et M. Untersteiner, « La cronologia di Aristotele *Metafisica* XII, 8. Eudosso e Callippo », dans M. Untersteiner, *Scritti Minori. Studi di letteratura e filosofia graeca*, Paideia Editrice Brescia, 1971, p. 614-622.

2. Elders, *Aristotle's Theology*, *op. cit.*, p. 224.

3. M. Burnyeat, *A Map*, *op. cit.*, p. 144, parce qu'il suit les indications de Blass et considère qu'Aristote reprend un passage du *DP* jusqu'en 1073b38, propose de désolidariser les travaux de Callippe sur les sphères planétaires et la réforme du calendrier. Il fait également l'hypothèse (p. 145 n. 2) que l'imparfait ἐτίθετο suggère simplement que les travaux de Callippe sont achevés au moment de la rédaction du passage, ou bien que soit l'astronome soit Aristote ont quitté Athènes à cette époque. Toutefois, si l'on tient à conserver l'hypothèse d'un emprunt au *DP*, il reste plus simple de remarquer, avec S. Menn, *The Aim*, IIIβ2b, p. 27-28, que la section 1073b32-38 n'est pas dénuée de hiatus et peut ne pas appartenir à la même strate rédactionnelle que ce qui précède.

4. Du reste, Théophraste s'en fait clairement l'écho (*Metaph.* 5a19-23) et témoigne, dans cette mesure, de la solidarité conceptuelle de Λ 8 avec la théorie du moteur immobile.

actuel des choses, plus vraisemblable et moins coûteux de s'accorder sur la lecture habituelle du témoignage de Simplicius et de considérer que les observations nécessaires à la réforme du calendrier de Méton sont solidaires des corrections que Callippe a apportées aux travaux d'Eudoxe [1]. Pour autant, il est possible que Λ ait fait l'objet de réélaborations [2], si bien que ce passage dévolu à Callippe peut tout aussi bien témoigner de la date du chapitre ou du traité que d'un complément d'information venant actualiser une recherche en chantier. De ce seul indice donc, on ne saurait déduire une datation ferme de Λ 8 dans son entier, ni du traité lui-même *a fortiori*, mais plutôt que, à cette époque, Aristote travaillait à sa théorie des substances immobiles.

Les corrections de Callippe conservent l'esprit du système eudoxéen. Les mouvements planétaires continuent de faire l'objet d'une explication au moyen de l'emboîtement de plusieurs sphères. Seul change le nombre de ces sphères, afin de mieux rendre compte des déplacements observés [3]. Aristote rapporte que, laissant intacts les systèmes respectifs de Saturne et de Jupiter, pour lesquels l'hypothèse d'Eudoxe donnait sans doute des résultats satisfaisants, Callippe postulait une sphère supplémentaire dans le cas de Mercure, de Vénus et de Mars, et deux sphères pour le Soleil et la Lune, portant donc à cinq le nombre des sphères de chacune de ces planètes et à trente-quatre celui de l'ensemble des sphères célestes, celle des fixes comprise. Dans le premier cas, cette sphère supplémentaire visait peut-être à permettre une meilleure approche des stations et des rétrogradations de ces planètes, en conformité avec la révolution synodique de chacune. Dans le second, il s'agissait peut-être de mieux rendre compte de l'inégalité des saisons – en ce qui concerne le Soleil – et de certaines irrégularités du mouvement lunaire [4].

Mais tout cela justement, Aristote ne le dit pas. Il ne précise pas quels phénomènes les aménagements proposés par Callippe avaient pour but de sauver, pas plus qu'il n'a expliqué plus haut quelles irrégularités avaient conduit Eudoxe à postuler une troisième, voire une quatrième sphères. Il n'en précise pas toujours non plus l'inclinaison et n'en donne jamais

1. En particulier, les sphères que Callippe ajoute au Soleil pourraient être partie prenante de l'amélioration du calcul des saisons, dont témoigne son calendrier. En ce sens, Duhem, *Le Système du monde*, *op. cit.*, p. 124-125. Voir également S. Menn, *The Aim*, IIIβ2b, p. 28, n. 58 ; S. Fazzo, *Commento*, *op. cit.*, p. 32.

2. Voir la remarque de S. Fazzo, *Commento*, *op. cit.*, p. 32, n. 18.

3. Sur les insuffisances du système d'Eudoxe, voir par ex. G. E. R. Lloyd, *Une histoire de la science grecque*, *op. cit.*, p. 111.

4. Sur l'incertitude de cette reconstruction, *cf.* Neugebauer, *A History of Ancient Mathematical Astronomy*, *op. cit.*, p. 684 ; Lloyd, « *Metaphysics* Λ 8 », art. cit., p. 252.

ni la vitesse, ni la direction, ni l'axe de rotation. Son résumé, en d'autres termes, est particulièrement sélectif et, en soi, peu intelligible. Comme le note G. E. R. Lloyd[1], il est vraisemblable que ces silences s'expliquent en raison de l'objectif de la section tout entière, à savoir apprendre des astronomes combien de mouvements célestes postuler. Aussi Aristote se contente-t-il surtout d'en énoncer le nombre, sans entrer dans les détails du mécanisme. Est-ce à dire, comme le sous-entend Lloyd, que ces raccourcis témoignent d'une forme d'amateurisme de la part d'Aristote, qui ne comprendrait pas que le nombre des sphères est tributaire de ces détails, dans l'examen desquels il n'entre pas ? C'est possible, mais, s'il faut porter crédit au témoignage de Simplicius, qui rapporte que Callippe a collaboré avec Aristote, il l'est alors tout autant que la familiarité que ce dernier entretient avec ces théories le dissuade d'en mentionner des aspects dont la discussion, au regard des objectifs présents, serait inutile.

[III. 4] *Les sphères rétrogrades*

1073b38-1074a5 : « Mais il est nécessaire, si l'on veut que la combinaison de toutes les sphères [...] produise le transport des planètes. »

On attribue généralement cette nouvelle théorie à Aristote[2]. Le modèle des sphères homocentriques n'est pas remis en cause et il s'agit, comme précédemment, de rendre compte des phénomènes célestes. À la différence des deux modèles précédents cependant, ce ne sont pas certaines irrégularités planétaires qui motivent l'ajout de sphères, mais la globalité des déplacements célestes et le souci de garantir la cohérence des systèmes planétaires précédemment décrits.

Cette nuance est nouvelle : le résumé des travaux d'Eudoxe et de Callippe a laissé entendre que chaque système planétaire visait à expliquer le mouvement de *sa* planète et qu'il fonctionnait indépendamment de tous les autres, sans subir l'influence du précédent ni n'en exercer aucune sur le suivant. C'est en revanche à la possibilité de cette influence, et afin de s'en prémunir, que ces nouvelles sphères répondent. D'une manière générale, ces sphères rétrogrades visent à éviter qu'un système planétaire n'imprime son mouvement à la première sphère du système suivant. Puisque chaque sphère intermédiaire réalise un mouvement composé du sien et de celui qu'elle reçoit de la sphère qui la précède, il faut donc compenser la quasi

1. « *Metaphysics* Λ 8 », art. cit., p. 258.

2. Seule S. Fazzo (*Il libro Lambda*, *op. cit.*, p. 293-299 ; *Commento op. cit.*, p. 157, n. 99 et p. 363) a vraiment remis ce point en question, à partir d'arguments intéressants, discutés plus bas, p. 311 *sq*.

totalité des sphères d'une planète, en interposant entre elles et celles du système planétaire suivant un ensemble de sphères rétrogrades, de même axe et de même vitesse, mais de direction opposée. La dernière sphère d'une planète, comme Saturne, verra donc son mouvement compensé par une sphère exécutant le même mouvement, mais en sens inverse, de façon à retrouver le mouvement de la troisième sphère, qui devra lui-même être compensé, de façon à restituer le mouvement de la deuxième sphère, dont la compensation, à son tour, restituera le mouvement de la sphère externe [1]. À ce stade, le système de compensation peut s'arrêter, puisque le mouvement obtenu est identique à celui qu'exécute la première sphère du système de Jupiter et n'a donc pas à être neutralisé.

Loin de contredire les théories d'Eudoxe et de Callippe, cette théorie des sphères rétrogrades les inscrit dans une perspective d'ensemble, conforme aux paramètres de la physique aristotélicienne. Car si les sphères directes d'un système menacent de contaminer celles du système inférieur, c'est parce qu'elles constituent chacune un corps matériel ; c'est aussi parce que, en l'absence de vide [2], ces sphères sont toutes en contact et ne peuvent donc être isolées que par un autre corps éthéré. Comme la plupart des interprètes l'a noté [3], les sphères planétaires n'ont en somme rien d'une pure abstraction géométrique [4], mais constituent des entités physiques concrètes, dont le bien-fondé repose certes sur des modèles mathématiques, mais en vue de contribuer à la connaissance du réel lui-même. Se confirme ainsi, dans l'usage qu'Aristote fait des théories astronomiques, l'articulation de l'astronomie à la philosophie qu'il a évoquée plus haut.

1. *Cf.* l'explication de Beere, « Counting the Unmoved Movers », art. cit., p. 6-7, 19.

2. *Phys.* IV 5-8. Voir sur ce point, N. R. Hanson, « On Counting Aristotle's Spheres », *Scientia* 57, 1963, p. 225.

3. *Cf.* par ex. Duhem, *Le Système du monde*, *op. cit.*, p. 126-127 ; Heath, *Aristarchus of Samos*, *op. cit.*, p. 196, 217 ; Ross, *Aristotle. Metaphysics*, *op. cit.*, vol. 2, p. 391 ; Dreyer, *A History of Astronomy from Thales to Kepler*, *op. cit.*, p. 91, 121 ; M. Clagett, *Greek Science in Antiquity*, New-York, Scholar's Bookshelf, 1955, p. 84 ; M. Timpanaro Cardini, « Il cielo di Aristotele », *Physis. Rivista internazionale di storia della scienza* 6, 1964, p. 370 ; G. E. R. Lloyd, *Une histoire de la science grecque*, *op. cit.*, p. 92.

4. Cela ne signifie pas qu'Eudoxe ou Callippe ne se préoccupaient pas du réel. Voir par ex. L. Wright, « The Astronomy of Eudoxus. Geometry or Physics ? », *Studies in History and Philosophy of Science* 4, 1970, p. 165-172. C'est pourquoi Bechler, « Aristotle Corrects Eudoxus, *Metaph.* 1073b39-1074a16 », *Centaurus* 15, p. 113-123, a soutenu que ces sphères rétrogrades ne s'opposaient pas au caractère purement géométrique des sphères d'Eudoxe, mais à l'adhésion de ce dernier à l'existence du vide. Voir aussi, sur le caractère explicatif, plus qu'instrumental ou prédictif, de l'astronomie antique, A. Musgrave, « The Myth of Astronomical Instrumentalism », dans G. Munevar (ed.) *Beyond Reason*, Dordrecht, Kluwer Academic Publishers, 1991, p. 253-257.

Le détail de ce mécanisme soulève toutefois des difficultés, perçues dès l'Antiquité. L'une d'entre elles porte sur la possibilité même que des mouvements circulaires puissent aller en sens opposés, alors que la rotation est décrite, en *DC* I 4, comme le seul mouvement qui n'a aucun contraire. La théorie des sphères rétrogrades constituerait donc une violation de ce principe [1]. Néanmoins, ces rotations en sens opposé ne sont jamais effectuées par la même sphère. C'est pourquoi il est raisonnable de penser qu'Aristote ne renie pas ici l'absence de contraire au mouvement circulaire, non seulement parce que ces mouvements, qui sont réalisés par différentes sphères, ne se font pas obstacle les uns aux autres [2], mais surtout parce que, ce faisant, les points de départ et d'arrivée de chacun sont différents et ne contreviennent donc pas au principe de contrariété des mouvements, mis en lumière par Ch. Noble [3].

Une seconde difficulté concerne l'éventualité que ces sphères rétrogrades rendent certaines sphères redondantes et certains moteurs immobiles inutiles. L'ensemble des sphères rétrogrades, en effet, doit permettre de transmettre au système planétaire suivant le mouvement diurne. D'une part donc, il semblerait que la première sphère directe de chaque système planétaire soit inutile, puisqu'elle produit un mouvement que la dernière sphère compensatrice réalise déjà. D'autre part, le moteur immobile de cette première sphère directe aussi paraît inutile, puisqu'il est censé causer un mouvement identique à celui que cette première sphère directe reçoit déjà de la dernière sphère compensatrice. On pourrait donc se passer de six sphères et de six moteurs [4]. Cependant, comme

1. Le problème se pose également au sujet du mouvement zodiacal des planètes (*DC* II 3). Philopon souligne la contradiction (*ap.* Simplicius, *In DC* 189, 22-190, 31 ; 192, 5-14), suivi par Ch. Wildberg, *John Philoponus'Cristicism of Aristotle's Theory of Aether*, Berlin, De Gruyter, 1988, p. 87 ; Th. Kouremenos, « Aristotle's Argument in *DC* 1.3-4 for the Indestructibility of Aether and Eudoxus'Theory of Homocentric Spheres », *Classica und Medievalia* 54, 2003, p. 157-184.

2. Voir R. Hankinson, « Natural, Unnatural, and Supernatural Motions : Contrariety and the Arguments for Elements in *De Caelo* 1.2-4 », dans A. C. Bowen, Ch. Wildberg (eds.), *New Perspectives on Aristotle's* De Caelo, Leiden, Brill, 2010, p. 114-116.

3. Ch. Noble, « Topsy-Turvy World : Circular Motion, Contrariety, and Aristotle's Unwiding Spheres », art. cit., p. 10, 25-27.

4. Analyse formulée par certains lecteurs antiques d'Aristote (selon le témoignage de Sosigène, *ap.* Simplicius *In DC* 502, 19 *sq.*) et reprise par Duhem, *Le Système du monde*, *op. cit.*, p. 128 ; Heath, *Aristarchus of Samos*, *op. cit.*, p. 218-219 ; Dreyer, *A History of Astronomy from Thales to Kepler*, *op. cit.*, p. 113. Voir l'exposé du problème par I. Bodnár, « Aristotle's Rewinding Spheres : Three Options and their Difficulties », *Apeiron* 28, 2005, p. 257-275. I. Yavetz, « On the Homocentric Spheres of Eudoxus », art. cit., p. 237, n. 16, a poussé le raisonnement plus loin : la deuxième sphère directe aussi, à partir de Jupiter, serait redondante, puisque l'avant-dernière sphère compensatrice produit déjà ce mouvement le long de l'écliptique.

Sosigène[1] l'a souligné, l'objet des sphères compensatrices n'est pas seulement de produire le mouvement diurne des étoiles, mais de rétablir *dans la même position* la sphère externe du système subordonné. Or la dernière sphère compensatrice possède un axe de rotation distinct de celui de la première sphère de l'astre suivant (car identique à celui de la deuxième sphère directe). Cette première sphère directe réalise donc un mouvement différent[2] et son moteur reste indispensable[3]. En outre, J. Beere[4] a montré que supprimer la première sphère directe des six dernières planètes reviendrait à postuler que le mouvement diurne de ces planètes n'a pas de cause par soi, ce qui contredit le principe même de Λ 8, qui met en correspondance chaque rotation avec un moteur immobile dédié.

[III. 5] *Nombre total des sphères*

1074a6-14 : « Donc, puisque les sphères sur lesquelles les planètes sont transportées [...], il y aura quarante-sept sphères au total. »

Aristote commence par établir le nombre des sphères rétrogrades (1074a6-10), en les mettant en correspondance avec celui des sphères directes, à ceci près que, comme il l'a précisé plus haut, la sphère la plus externe ne requiert pas d'être compensée, et que, comme il le précise à présent, les sphères lunaires non plus, puisqu'il n'y a plus aucun astre dont elles pourraient troubler le mouvement. Il faut donc compter vingt-deux sphères rétrogrades. Un dénombrement plus global s'avère alors possible (1074a10-14). Le nombre de cinquante-cinq est attendu : les vingt-deux sphères rétrogrades s'ajoutent naturellement aux trente-trois sphères d'Eudoxe et de Callippe.

1. Sosigène, *ap.* Simplicius *In DC* 498, 1-7; 499, 7-11. Voir sur ce point I. Bodnár, « Aristotle's Rewinding Spheres : Three Options and their Difficulties », art. cit.

2. *Cf.* en ce sens D. R. Dicks, *Early Greek Astronomy to Aristotle*, *op. cit.*, p. 202-203.

3. Cette différence d'axe de rotation a suscité d'autres solutions. Hanson, « On Counting Aristotle's Spheres », art. cit., p. 227-230, estime qu'il faut ajouter six sphères compensatrices, en en intercalant une autre entre la dernière sphère rétrograde et la première sphère directe de la planète suivante. Ce faisant, on pourrait neutraliser l'influence de la dernière sphère rétrograde, dont le mouvement devrait sinon se cumuler avec celui de la première sphère directe et causer une rotation deux fois plus rapide qu'elle ne l'est en réalité. J. Beere, « Counting the Unmoved Movers » art. cit., p. 9-10, quant à lui, envisage que la dernière sphère rétrograde ne meuve pas la suivante, mais se contente d'en expliquer l'axe de rotation. Pour une critique des ces deux hypothèses, voir I. Bodnár, « Aristotle's Rewinding Spheres : Three Options and their Difficulties », art. cit.

4. J. Beere, « Counting the Unmoved Movers » art. cit., p. 14.

Nettement plus étonnante est la somme alternative qu'Aristote évoque ensuite, dans l'éventualité où on refuserait d'accorder certains mouvements au Soleil et à la Lune. Ce qui paraît curieux, ce n'est pas seulement qu'Aristote ne tranche pas avec fermeté une question qu'il a reproché aux académiciens de laisser dans le flou, mais surtout que son calcul le conduise à postuler quarante-sept sphères planétaires. On comprend généralement que les mouvements qu'Aristote envisage de refuser au Soleil et à la Lune sont ceux postulés par Callippe. Mais, en ôtant deux sphères (directes) à la Lune et quatre sphères (deux directes et deux rétrogrades) au Soleil, il aurait dû conclure à l'existence de quarante-neuf mouvements. Il est peu crédible qu'Aristote commette ici une erreur grossière, en oubliant qu'il n'accorde pas de sphères rétrogrades à la Lune[1]. Ainsi que Sosigène le premier l'envisage[2], il est plus probable que le nombre de quarante-sept relève d'une erreur de copiste, qui aurait substitué ἑπτά (« sept ») à ἐννέα (« neuf »)[3].

Dans le cas contraire, en effet, il faudrait déterminer de la suppression de quels autres mouvements le nombre de quarante-sept peut découler[4]. Dreyer[5] fait l'hypothèse qu'Aristote envisagerait de supprimer la troisième sphère solaire et, avec elle, sa sphère compensatrice. Le calcul tomberait juste, mais l'hypothèse manque d'appui. Le texte n'esquisse aucune distinction, que cette hypothèse réclame pourtant, entre la rubrique des sphères solaires (callippéennes *et* eudoxéennes) et celle des sphères lunaires (callippéennes seulement) qu'Aristote envisagerait de supprimer. Dans les deux cas, il évoque la possibilité de ne pas *ajouter* (προστιθείη τις, 1074a12) certains mouvements, faisant ainsi écho à ces sphères que Callippe a *ajoutées* (προσθετέας, 1073b36) au système d'Eudoxe. Une autre hypothèse, qui renouvelle en profondeur la théorie des sphères

1. Hypothèse évoquée par le ps.-Alex., *In Metaph.* 706, 8-13 et reprise par M. Burnyeat, *A Map*, p. 148, en raison de la hâte dans laquelle Aristote aurait écrit Λ.

2. Sosigène, *ap.* Simplicius, *In DC* 503, 29 *sq.*

3. En ce sens, G. E. R. Lloyd, *Une histoire de la science grecque*, *op. cit.*, p. 114 ; « *Metaphysics* Λ 8 », art. cit., p. 261 ; D. Sedley, « *Metaphysics* Λ 10 », art. cit., p. 331, n. 7 ; J. Beere, « Counting the Unmoved Movers » art. cit., p. 7, n. 14. C'est donc la leçon éditée par J. Barnes, dans J. Barnes (éd.), *The Complete Works of Aristotle : The Revised Oxford Translation*, vol. II, Princeton 1984, p. 1697, n. 4 et S. Alexandru, *Aristotle's* Metaphysics *Lambda*, *op. cit.*, *ad loc.* et p. 144.

4. Les hypothèses de Thomas d'Aquin (§ 2584) et de Krische (*Forschungen auf dem Gebiete der alten Philosophie* I, Göttingen, Dieterich, 1840, p. 298) sont disqualifiées, puisqu'elles suppriment des sphères, non pas solaires et lunaires, comme Aristote le dit expressément, mais de Mars et de Mercure.

5. *A History of Astronomy from Thales to Kepler*, *op. cit.*, p. 114.

rétrogrades, a été formulée par S. Fazzo[1], qui remarque que rien, dans le chapitre, ne permet formellement d'attribuer cette théorie à Aristote. Dans ce passage, en effet, Aristote ne la présente pas expressément comme son œuvre, pas plus qu'il ne s'exprime à la première personne, lorsqu'il évoque, plus haut (1073b13-17), la possibilité de prolonger les travaux des astronomes. Or, si on fait l'hypothèse que la théorie des sphères rétrogrades est l'œuvre d'un astronome anonyme, on peut alors expliquer, poursuit Fazzo, à la fois cette hésitation d'Aristote et le nombre de quarante-sept. Car, au sens strict, le Soleil et la Lune ne sont pas des planètes. En vertu de cette acception étroite, l'astre le plus bas auquel il faudrait refuser des sphères rétrogrades ne serait pas la Lune, mais Mercure. On pourrait donc envisager qu'Aristote présente ici la théorie des sphères rétrogrades, en tenant compte de cette ambiguïté lexicale que ses sources ne lui permettraient pas de lever. Il commencerait donc par exposer cette théorie telle qu'il la pense acceptable, c'est-à-dire en ne distinguant pas entre les planètes et le Soleil et la Lune, et en attribuant donc des sphères rétrogrades à Mercure et au Soleil (cinquante-cinq). Il évoquerait ensuite la possibilité d'entendre autrement le terme de « planète » et de restreindre par conséquent l'attribution de sphères rétrogrades à Saturne, Jupiter, Mars et Vénus (quarante-sept sphères).

L'hypothèse présente de nombreux avantages. En plus de justifier la *lectio difficilior*, elle rend plus compréhensible l'hésitation d'Aristote à propos d'une théorie qui ne serait, après tout, pas la sienne, de même qu'elle évite d'avoir à déterminer pourquoi il ne serait pas convaincu par certaines sphères callippéennes. Reste que, compte tenu de l'objectif même de la théorie des sphères rétrogrades, il est assez improbable qu'Aristote puisse hésiter sur l'extension du terme de « planète ». En effet, il est peu crédible qu'il ajoute foi à cette théorie, au point de la mentionner selon l'acception étroite du terme « planète », car rien, dans sa propre conception physique du ciel, ne permet d'annuler l'influence que les planètes peuvent avoir sur les Luminaires. Et il paraît tout aussi peu crédible que cette acception étroite soit effectivement employée par l'auteur anonyme, car le fondement même de cette théorie, tel qu'Aristote l'expose plus haut, repose précisément sur la possibilité que l'influence mutuelle des sphères soit partout possible. L'erreur de copie reste donc la solution la plus économique.

1. *Il libro Lambda*, *op. cit.*, p. 293-299 ; *Commento*, *op. cit.*, p. 157, n. 99 et p. 363. Voir *supra*, p. 300.

Compte tenu du peu de précisions qu'Aristote donne sur les sphères que Callippe a cru bon d'ajouter au Soleil et à la Lune, il est particulièrement délicat de déterminer pourquoi Aristote envisage de s'en passer[1]. Ces hésitations sont, en tout cas, conformes à la circonspection dont Aristote a dit qu'il fallait user en ces matières et qu'il répétera bientôt. Il est clair également que ce flottement ne remet pas en cause les progrès accomplis, en comparaison des tentatives académiciennes. Quelles que soient encore les hésitations d'Aristote, les mouvements célestes sont désormais mieux fondés et le nombre des substances immobiles, quoiqu'il ne soit pas définitivement arrêté, repose sur une structure causale bien identifiée.

[IV. 1] *Le nombre des substances immobiles : équivalence entre le nombre des transports et celui des moteurs*

1074a14-17 : « Admettons donc que tel soit le nombre des sphères, [...] laissons de plus forts esprits le dire). »

L'enquête astronomique a atteint son terme et Aristote en revient ici à l'objet véritable du chapitre — les substances immobiles. La ligne de partage qu'il trace entre le caractère raisonnable (εὔλογον, 1074a16) de la conclusion à laquelle il est parvenu et la démonstration de la nécessité qu'il laisse à d'autres, est remarquable[2]. Sans doute exprime-t-elle, en écho aux hésitations précédentes, une forme de modestie à l'égard d'une science astronomique dont Aristote n'estime pas qu'elle relève de son domaine de compétence. Incontestablement, elle exprime aussi une certaine prudence, qui prolonge l'affirmation du caractère scientifiquement ouvert des recherches astronomiques (1073b13-17). Mais il est probable qu'elle serve tout autant, et plus positivement, à rappeler la frontière épistémique entre les mathématiques et la philosophie (1073b3-8). En expliquant qu'il laisse à d'autres le soin de prouver la nécessité de chaque sphère,

1. Peut-être d'ailleurs l'un explique-t-il l'autre, les réserves d'Aristote sur certaines sphères callippéennes expliquant son silence sur leur fondement explicatif. Selon G. E. R. Lloyd, « *Metaphysics* Λ 8 », art. cit., p. 261-262, il s'agirait d'un énième signe de l'amateurisme d'Aristote. Voir aussi M.-P. Lerner, *Le Monde des sphères* I, Paris, Belles Lettres, 20082, p. 51. On pourrait aussi penser qu'Aristote souhaite respecter le schéma développé en *DC* II 12, qui requiert que les astres les plus éloignés du Premier Moteur accomplissent moins de mouvements, en raison de leur incapacité à atteindre le principe, mais rien n'indique qu'Aristote puisse superposer de force ce schéma métaphysique à des phénomènes célestes attestés.

2. La démonstration qu'Aristote laisse à d'autres est celle du nombre exact des mouvements éternels. En revanche, la preuve de l'équivalence des mouvements éternels et des substances immobiles est un problème d'ordre philosophique, dont Aristote lui-même va établir la nécessité (1074a21-22).

Aristote indique à demi-mots qu'il s'agit là d'un problème relativement secondaire et distinct de celui, prioritaire et proprement métaphysique, qui motive le chapitre[1].

1074a17-22 : « Mais, s'il n'est pas possible qu'un transport [...] il est nécessaire que ce nombre soit celui des substances. »

Aristote entreprend ici de prouver l'équivalence, qu'il vient de réaffirmer, entre le nombre des sphères et des mouvements et celui des substances immobiles. Bien que cette équivalence ait déjà été présentée comme une évidence (1073a36-b1), il ne s'agit pas là d'une redite. Précédemment, c'est une équivalence « par le bas » qu'Aristote a établie, en montrant que chaque mouvement éternel répond à un moteur immobile, de sorte qu'il ne peut y avoir *moins* de substances immobiles que de mouvements célestes. C'est à présent une preuve « par le haut », qu'il s'agit de fournir, en établissant qu'il ne peut pas non plus y avoir *plus* de substances immobiles que de mouvements célestes, quelle que soit par ailleurs la possibilité d'en réviser ultérieurement le nombre.

La démonstration s'articule en deux temps. Ici (1074a17-22) Aristote énonce deux principes démonstratifs : 1. tout mouvement céleste est directement subordonné à son mû ; 2. toute substance immobile est un moteur. Ce n'est qu'à partir de 1074a22, qu'il montre en quoi ces deux principes permettent d'argumenter l'équivalence des moteurs et des mouvements. La notion de finalité est au cœur de chaque étape du raisonnement. Elle se trouve, dès à présent, au fondement de ces deux principes argumentatifs, soit, de manière encore implicite, dans la subordination de chaque mouvement à un astre, soit, plus explicitement, dans la motricité de la substance immobile[2]. Les substances immobiles

1. Il n'est toutefois pas impossible que, selon les indications de S. Fazzo (*Commento*, *op. cit.*, p. 366), « τοίς ἰσχυροτέροις » constitue une allusion ironique aux académiciens.

2. Il est préférable de lire le nominatif τέλος, présent dans une scholie du ms E et retenu par tous les éditeurs depuis Bonitz, plutôt que le génitif τέλους transmis par les mss EJA ᵇMC. Comme l'explique S. Fazzo (*Il libro Lambda*, *op. cit.*, p. 299 ; *Commento*, *op. cit.*, p. 367), cette dernière leçon pourrait très bien résulter d'un phénomène d'attraction des cas (à partir du génitif ἀρίστου, à la même ligne). Lloyd (« *Metaphysics* Λ 8 », art. cit., p. 263-264) propose de conserver la leçon des mss et rattache les premières occurrences de φύσις et d'οὐσία (a19 et 21) aux sphères. Le sens global de l'argumentation ne serait guère modifié : la causalité finale des substances immobiles resterait un principe argumentatif, mais qui ne serait plus clairement exprimé au début du texte. Par ailleurs, que ce soit aux substances immobiles qu'Aristote rattache la notion de finalité est requis par la remarque de 1074a22-23, qui établit que si d'autres substances immobiles existaient, elles mouvraient d'autres transports à titre de fins. Pour défendre l'hypothèse de la causalité efficiente, E. Berti, « Unmoved

planétaires se trouvent ainsi décrites à l'image de celle étudiée en Λ 7, dont Aristote reconduit ici plusieurs caractéristiques : l'impassibilité, l'excellence [1] et la finalité.

1074a22-24 : « En effet, s'il en existait d'autres, [...] en plus de ceux qu'on a énoncés. »

Aristote développe un raisonnement contrefactuel, qui approfondit le second principe énoncé plus haut, en explicitant les conséquences de la finalité, qui est au fondement de la motricité des substances immobiles [2]. Si d'autres substances immobiles existaient, devraient aussi exister d'autres mouvements célestes, orientés vers la perfection de ces substances, ce dont Aristote affirme clairement l'impossibilité. Ce refus catégorique n'est pas une façon de revenir sur l'incertitude qu'il a exprimée plus haut, concernant le nombre exact des mouvements célestes. La certitude dont il fait preuve ici concerne l'impossibilité qu'existent des mouvements plus nombreux que ceux requis par l'explication des phénomènes célestes (quel qu'en soit le nombre). On aura noté que l'argument, pris en lui-même, n'est pas encore probant : pour qu'il le soit, il faut attendre la prochaine section argumentative (1074a24-31), qui montrera en quoi des mouvements supplémentaires seraient à la fois inutiles et absurdes, en explicitant le lien entre les mouvements et les astres, énoncé par le premier principe de 1074a17-18.

Mover(s) », art. cit., p. 204, envisage que ce soit les astres les finalités. Le texte dirait alors que puisque tout mouvement se rattache à un astre qui en est la fin, il ne peut exister un plus grand nombre de substances immobiles car elles produiraient sinon des mouvements, dont la fin ne serait pas l'astre, mais ces substances immobiles supplémentaires. Cette lecture se heurte à plusieurs objections. D'une part, si on suit la leçon τέλος, il paraît nécessaire que les termes de « nature » et de « substance », en 1074a19-22, désignent partout la même chose. Or il est évident que ce sont les substances immobiles qui sont visées en a22. D'autre part, on ne voit pas pourquoi Aristote admettrait que les substances immobiles supplémentaires sont la fin des transports (a23-24), s'il n'avait pas déjà admis plus haut (a19-20) que les substances immobiles sont des causes finales.

1. Puisque les moteurs planétaires sont dits avoir atteint l'excellence, G. Aubry (*Dieu sans la puissance*, *op. cit.*, p. 176) fait l'hypothèse qu'ils comportent de la puissance. C'est pourtant *par soi* que ces substances ont atteint la perfection et le parfait τετυχηκυῖαν ne désigne pas nécessairement un processus, mais l'acte qui est toujours dans sa fin, comme en Θ 6 (voir en ce sens Elders, *Aristotle's theology*, *op. cit.*, p. 233).

2. E. Berti (« Unmoved Mover(s) », art. cit., p. 204, n. 39) voit dans la tournure conditionnelle du raisonnement (κινοίεν ἄν) une façon de souligner que les substances immobiles ne sont précisément pas des fins. Il est vrai que le raisonnement est contrefactuel, mais il faut préciser l'aspect qu'Aristote n'admet pas : non pas que les substances immobiles meuvent comme des fins, mais qu'il en existe davantage.

Ce passage revient à décrire la relation causale entre les substances immobiles et les sphères, en conformité avec l'orientation générale de Λ 7. De même que la sphère des fixes se meut en vue du Premier Moteur, de même c'est en vue de son moteur immobile que chaque sphère accomplit un mouvement. L'inscription de ce schéma téléologique, au cœur du mouvement de chaque sphère, ne va pas sans soulever plusieurs problèmes. En premier lieu, elle implique que chaque sphère est un être animé et intelligent, sans quoi elle ne pourrait ni concevoir l'excellence de son moteur, ni en nourrir du désir. S'il s'agit là d'une conséquence conceptuellement nécessaire, reste que le corpus ne s'en fait nulle part l'écho et ne précise donc jamais quel type de vivants les sphères pourraient constituer.

Une autre problème vient de ce que la finalité ne se situe plus, comme en Λ 7, au point de convergence entre la sphère et les astres. Puisque les étoiles fixes suivent une même rotation accomplie par une même sphère, la finalité que le Premier Moteur représente peut se comprendre comme une finalité pour les astres eux-mêmes. Mais, à présent, puisque chaque planète se meut de plusieurs mouvements, au moyen de plusieurs sphères, dont la plupart ne porte pas l'astre, la finalité que représente une substance immobile semble ne plus devoir concerner que la sphère elle-même, indépendamment de la planète. Le problème, en somme, concerne la manière dont le mouvement finalisé de la sphère peut s'articuler à la possibilité de traduire en termes téléologiques le mouvement de la planète. On a déjà suggéré plus haut [1], que les multiples mouvements accomplis par les sphères pouvaient être ce dont les planètes avaient elles-mêmes besoin pour accomplir leur propre perfection. La prochaine section argumentative, en inscrivant la notion de finalité au cœur du rapport de la sphère à sa planète, permettra d'approfondir cette question.

1074a24-31 : « C'est ce qu'il est raisonnable de concevoir [...] l'un des corps divins transportés dans le ciel. »

La section développe un nouveau raisonnement contrefactuel, qui précise les raisons pour lesquelles il ne peut y avoir plus de mouvements, en explicitant le lien entre les transports et les astres. L'argument revient ainsi à ancrer l'examen des mouvements et des sphères dans celui des planètes, qui en est initialement la raison d'être. Pris en lui-même, le raisonnement est simple : puisque les mouvements célestes et les sphères

1. *Cf.* p. 290-291.

se justifient en raison des planètes auxquelles ils se rapportent, il ne peut donc y avoir plus de mouvements que ceux nécessaires à l'explication des déplacements des planètes. D'autres mouvements seraient inutiles et conduiraient à la régression à l'infini. C'est pourquoi il ne peut y avoir non plus davantage de substances immobiles – l'équivalence affirmée plus haut est à présent démontrée.

L'intérêt principal du passage réside dans la relation téléologique qu'il explicite entre les sphères ou les mouvements et la planète correspondante. Ce faisant, Aristote ne contredit pas le statut de cause finale de la substance immobile, mais achève de proposer un exposé complet de la relation téléologique qui sous-tend le mouvement des sphères célestes. De même que la fin, ainsi qu'il l'a vraisemblablement rappelé en Λ 7 (1072b1-3), peut désigner soit le but, soit son bénéficiaire, de même, la sphère et son mouvement ont pour but la substance immobile et pour bénéficiaire l'astre, au déplacement duquel ils contribuent [1]. La précision est d'importance car elle évite d'avoir à décrire le mouvement des planètes comme un épiphénomène, engendré par la rotation conjuguée de chaque sphère [2]. Orienté vers la réalisation d'un bien propre et polarisé par la substance immobile, le mouvement de chaque sphère contribue à la réalisation du bien de la planète. Ce bien, du reste, est peut-être partie prenante de sa propre perfection [3], car la rotation de chaque sphère ne peut se comprendre indépendamment du système planétaire auquel elle s'intègre. Le texte n'en dit pas plus long et laisse l'articulation de ces deux sens de la finalité totalement indéterminée. On pourrait toutefois essayer de se la figurer, moyennant des nuances de taille [4], à l'image d'un organisme vivant, dans lequel les parties, en vue de finalités propres, accomplissent des fonctions qui sont pour elles un bien, en même temps qu'elles bénéficient au vivant dans son entier, dont le bien est partie prenante du leur, et qui poursuit lui aussi des finalités plus globales.

1. En ce sens, *cf.* notamment Bonitz, *Commentarius*, *op. cit.*, p. 512 ; Ross, *Aristotle. Metaphysics*, *op. cit.*, vol. 1, p. CXXXIX et vol. 2, p. 395 ; Lloyd, « *Metaphysics* Λ 8 », art. cit., p. 265 ; Menn, « Aristotle's Theology », art. cit., p. 449 ; Fazzo, *Commento*, *op. cit.*, p. 369 ; Bodnár, « Cases of Celestial Teleology in *Metaphysics* Λ », art. cit., p. 263-264.

2. Voir L. Judson, « Aristotle's Astrophysics », *Oxford Studies in Ancient Philosophy* 49, 2015, p. 181.

3. L. Judson, *ibid.*, p. 186.

4. À la différence d'un organisme « classique », celui-ci serait composé de parties elles-mêmes animées, plus indépendantes donc, et dont la finalité serait extérieure.

[IV. 2] *Unicité du ciel*

1074a31-38 : « Que le ciel soit unique, c'est manifeste. [...] Il n'y a donc qu'un seul ciel. »

Fondée sur la notion de matière comme source de multiplicité, cette preuve de l'unicité du ciel se présente comme une variation de celle exposée en *DC* I 9 (277b27-279a18), où l'impossibilité qu'existent plusieurs ciels vient de ce que la totalité de la matière est déjà requise pour la constitution de ce monde-ci. Mais tandis que le traité *Du ciel* argumente une impossibilité factuelle, c'est une impossibilité de droit qu'Aristote établit ici, en montrant que la matière ne peut fonder, non pas plusieurs mondes comme c'est le cas dans le traité *Du ciel*, mais plusieurs principes du monde. Ce faisant, c'est bien une démonstration de philosophie première qu'Aristote propose, conformément à l'annonce faite en *DC* I 8 (277b9-10), c'est-à-dire fondée sur le principe suprasensible. L'argument se présente comme un raisonnement contrefactuel. La multiplicité en question est d'ordre numérique : elle implique l'existence de plusieurs individus, matériellement distincts, mais de forme identique[1]. C'est pourquoi il ne peut y avoir plusieurs ciels, puisqu'il devrait y avoir aussi plusieurs principes premiers, ce que l'immatérialité du Premier Moteur interdit.

Deux remarques, plus ou moins inédites, encadrent l'énoncé de cette immatérialité. L'identification du Premier Moteur à une entéléchie n'est toutefois pas problématique. Elle rappelle la formule de Λ 5 (1071a36), en la mettant en conformité avec la doctrine de l'acte pur, exposée en Λ 6[2]. Plus étonnante est la désignation, unique dans le corpus, du Premier Moteur comme « quiddité première » (τὸ δὲ τί ἦν εἶναι τὸ πρῶτον, 1074a35-36). L'association de la notion de quiddité à celle de primauté découle vraisemblablement de ce que le Premier Moteur est le premier des êtres[3], de sorte que sa quiddité, son essence propre, est première en ce qu'elle est celle de l'être premier[4]. Compte tenu de la proximité entre le

1. Voir la définition de l'unité et de l'identité numérique en *Metaph.* Δ 6, 1016b32-33 et Δ 9, 1018a5 *sq.* Voir aussi *DC* I 9, 278a18.

2. Sur la désignation du Premier Moteur en termes d'entéléchie et son rapport à la notion d'ἐνέργεια, voir p. 197.

3. Λ 8, 1073a24 ; voir aussi Λ 4, 1070b34-35.

4. Cela rejoint l'hypothèse d'E. Berti (« Continua il dibattito sulla causalità del motore immobile », dans R. L. Cardullo, D. Iozzia (ed.), Κάλλος καὶ ἀρετή. *Bellezza e virtù. Studi in onore di Maria Barbanti*, Rome-Acireale, Bonanno editore, 2014, p. 213) qui envisage que « τὸ τί ἦν εἶναι » soit un accusatif de relation. Le texte ne parlerait donc pas de « quiddité première », mais de « ce qui est premier quant à sa quiddité ».

concept de forme et celui de quiddité, le passage a souvent été lu comme le signe qu'Aristote concevait le Premier Moteur comme une forme pure [1]. Les deux formules ne reviennent toutefois pas au même et l'emploi de la notion de quiddité est peut-être significative. Si le Premier Moteur était une forme, il serait celle de quelque chose. Il peut en revanche être ou avoir une quiddité, puisque il s'agit de ce qu'il est par soi, sans que cette notion ne soit nécessairement relative [2].

En plus de ces problèmes de détail, cette preuve de l'unicité du ciel soulève une difficulté plus massive, puisque le concept de multiplicité numérique, sur laquelle elle repose, paraît contredire la multiplicité même des substances immobiles. Ces substances, en effet, sont censées répondre à la même définition que le Premier Moteur et, par conséquent, constituer des individus numériquement multiples, mais de même espèce. Pourtant, elles sont toutes dépourvues de cette matière qui pourrait fonder leur multiplicité [3].

Face à une contradiction si flagrante, une solution serait de juger que cette démonstration appartient à une couche conceptuelle et rédactionnelle [4] distincte de celle de la majeure partie de Λ 8, et qui témoignerait soit d'une conception ancienne que la doctrine de Λ 8 aurait dépassée [5], soit de la volonté d'Aristote d'en revenir à une doctrine moniste [6]. Dans un cas comme dans l'autre, cette hypothèse échoue cependant à résoudre vraiment le problème. Car si c'est pour réfuter la multiplicité des substances immobiles qu'Aristote a lui-même inséré cette démonstration, force est de constater que le désaveu n'a rien d'explicite [7]. Et si, à l'inverse, ce passage est la trace d'une conception ancienne, il semble alors étrange que l'auteur de son insertion – Aristote ou un éditeur postérieur – ne se soit pas aperçu de la difficulté qu'il créait ainsi. Du reste, le passage se situe dans un prolongement textuel assez évident avec ce qui précède, passant de l'évocation des corps divins transportés dans

1. Voir sur cette question *supra*, p. 213-214.

2. Définition de la quiddité en *Metaph.* Z 4, 1029b13-14.

3. Problème déjà soulevé par Plotin, *Ennéade* V 1 [10], 9, 26-27.

4. En raison, d'une part, du style elliptique du passage et, d'autre part, de la rupture syntaxique qu'il introduit avec la suite du chapitre : le pronom οὗτοι, en 1074b3, paraît se rattacher à θείων σωμάτων en 1074a30-31, soit immédiatement avant le début de la preuve de l'unicité du ciel. Voir en ce sens Jaeger, *Aristote*, *op. cit.*, p. 364. On y revient plus bas, p. 323 *sq.*

5. Ross, *Aristotle. Metaphysics*, *op. cit.*, vol. 2, p. 384 ; Guthrie, « The Development of Aristotle's Theology » II, art. cit., p. 94 ; De Corte, « Le pluralisme dans la théologie aristotélicienne », *Revue belge de philologie et d'histoire* 9, 1930, p. 876 ; B. Dumoulin, *Analyse génétique de la* Métaphysique *d'Aristote*, *op. cit.*, p. 337.

6. Jaeger, *Aristote*, *op. cit.*, p. 364.

7. D. Stewart, « Aristotle's Doctrine of the Unmoved Mover », art. cit., p. 530-531.

le ciel, à l'examen de l'unicité *du ciel* lui-même. C'est en raison de cette continuité que Merlan[1], le premier, a fait l'hypothèse convaincante que cette preuve, loin d'appartenir à une strate conceptuelle incompatible avec la multiplicité des substances immobiles, visait au contraire à en parfaire la démonstration, en complétant la preuve de l'équivalence des mouvements et des moteurs immobiles, entamée depuis 1074a14. En montrant qu'il n'y a qu'un seul ciel, Aristote achèverait d'établir qu'il ne peut y avoir plus de substances immobiles, puisqu'il n'y a pas d'autres ciels contenant chacun d'autres substances immobiles[2].

Si tel est le cas, c'est donc qu'Aristote ne souhaite pas mettre en doute la multiplicité des substances immobiles. De fait, l'unicité qu'il démontre concerne le Premier Moteur uniquement[3]. La distinction mutuelle des substances immobiles pourrait donc reposer sur un autre fondement que la matérialité. Une hypothèse traditionnelle[4] envisage que les substances immobiles constituent chacune une espèce à part entière, dont l'unité et l'individualité reposeraient, non sur une différence de matière sensible, mais sur une différence essentielle. Le rapport d'antériorité et de postériorité qui ordonne ces substances (*cf.* 1073b1-3) permettrait, en outre, de les soustraire à la matière intelligible du genre, dans lequel les espèces s'inscrivent ordinairement[5]. À l'appui de cette hypothèse,

1. Merlan, « Aristotle's Unmoved Movers », art. cit., p. 12-13. Voir aussi « Two Theological Problems in Aristotle's *Metaph. Lambda* 6-9 and *De Caelo* A. 9 », art. cit., p. 8. En ce sens, voir par ex. Owens, « The Reality of Aristotelian Separate Movers », *Review of Metaphysics* 3, 1949-1950, p. 330 ; S. Fazzo, *Commento*, *op. cit.*, p. 147, 152, 370.

2. G. E. R. Lloyd (« *Metaphysics* Λ 8 », art. cit., p. 266-267) formule une autre hypothèse, mais répondant à la même perspective. Compte tenu de la polysémie du terme οὐρανός (cf. *DC* I 9, 278b12-21), il envisage qu'Aristote discute ici du premier ciel, de sorte que la sphère des fixes ne réclamerait pas plus d'un moteur immobile. Cette hypothèse semble moins probable, dans la mesure où Aristote a toujours posé qu'il n'y avait qu'un moteur par mouvement. Il n'est pas strictement impossible qu'il se demande si le mouvement des fixes ne requiert pas deux sphères, mais la preuve qu'il donne ici n'y répond pas.

3. Ce que de nombreux commentateurs ont souligné : voir Simplicius, *In DC* 270-15-33 ; 271, 5-15 ; Owens, *The Doctrine of Being in the Aristotelian Metaphysics*, *op. cit.*, p. 449 ; Wolfson, « The Plurality of Immovable Movers in Aristotle and Averroes », art. cit., p. 239 ; Lloyd, « *Metaphysics* Λ 8 », art. cit., p. 266 ; Sharples, « Aristotelian Theology after Aristotle », dans D. Frede, A. Laks (eds.), *Traditions of Theology, Studies in Hellenistic Theology, its Background and Aftermath*, Leiden, Brill, 2002, p. 8.

4. *Cf.* par ex. Thomas d'Aquin, *Somme théologique* 1a p., q. 50, art. 4, rép. ; *Somme contre les Gentils* II 95 ; Merlan, « Aristotle's Unmoved Movers », art. cit., p. 9-10 ; Wolfson, « The Plurality of Immovable Movers in Aristotle and Averroes », art. cit., p. 243-248 ; Lloyd, « *Metaphysics* Λ 8 », art. cit., p. 267.

5. Cf. *Metaph.* Δ 28, 1024b8 ; Z 12, 1038a6 ; H 6, 1045a34. Sur cette difficulté, voir par ex. Ross, *Aristotle. Metaphysics*, *op. cit.*, vol. 1, p. CXL. C'est une piste qu'Alexandre aurait évoquée : *De principiis* § 86-87, 95.

Merlan[1] fait valoir que c'est précisément un rapport d'antériorité et de postériorité qui régit les substances immobiles académiciennes, de sorte qu'il serait compréhensible que ces rapports de succession soient au fondement de la distinction entre les moteurs immobiles.

En un sens donc, à la différence des académiciens, dont Aristote souligne le plus souvent qu'ils distinguent deux genres différents de substances suprasensibles (les Idées et les Nombres), on pourrait continuer de répondre à la 4e aporie qu'il n'y en a qu'une seule sorte, celle qui a été définie en Λ 6-7. Chaque substance, cependant, se distinguerait essentiellement des autres par la place qui est la sienne dans la hiérarchie des principes[2], de sorte que ce serait dans l'essence même de ces substances, compte tenu de leur rang, que serait inscrite la différence de mouvement qui en découle[3]. Les textes, toutefois, n'en disent pas plus long et n'esquissent aucune différence de valeur, ni même aucune coordination causale précise[4]. Force est de reconnaître aussi que tout cela reste conjectural, puisqu'Aristote, comme souvent en Λ, se contente de brosser à grands traits sa conception des substances immobiles. On pourrait craindre, en particulier, que cette distinction ne repose sur un cercle[5], en fondant la diversité des principes sur celle de leurs effets. Mais peut-être s'agit-il là, aux yeux d'Aristote, d'un avantage décisif, d'une façon de mieux souligner encore, contre les académiciens, que le nombre et la diversité des substances immobiles reposent sur les réquisits de l'explication du réel et de la notion de principe.

[V] *Tradition théologique : mythologie et philosophie*

1074a38-b14 : « Une tradition, remontant à la plus haute antiquité [...], dans cette mesure seulement, est claire pour nous. »

Ce long développement n'ajoute rien, au plan technique, à la doctrine des substances immobiles, mais offre une conclusion élégante et sophistiquée[6], exprimant la convergence qu'Aristote croit trouver en

1. Merlan, « Aristotle's Unmoved Movers », art. cit., p. 10-11.

2. C'est ainsi d'ailleurs qu'on pourrait comprendre la formule « quiddité première » en 1074a35-36, en ce qu'elle inscrirait son rang dans l'essence du Premier Moteur.

3. *Cf.* C. Natali, *Cosmo e divinità. La struttura logica della teologia aristotelica*, *op. cit.*, p. 97 ; J. Beere, « Counting the Unmoved Movers » art. cit., p. 16-17.

4. En particulier, rien n'indique que le Premier Moteur soit la finalité des moteurs immobiles subordonnés, ni l'objet de leur contemplation.

5. Voir P. Donini, *Commentary and Tradition*, *op. cit.*, p. 29, n. 20.

6. Depuis Blass (« Aristotelisches », art. cit.), on note le soin rédactionnel apporté à ce passage, qui serait donc repris d'une œuvre exotérique. *Cf.* B. Dumoulin, *Analyse génétique*

entre ses propres conclusions et la tradition théologique[1]. À l'appui de ce consensus, deux jugements sur la nature de la tradition sont censés justifier que, de part et d'autre de l'histoire, Aristote et les Anciens professent une même doctrine. Il y a tout d'abord le mythe qui dévoie, pour des motifs politiques, la conception originelle que les Anciens avaient des dieux ; il y a ensuite l'histoire de la pensée, au développement de laquelle une catastrophe vient régulièrement mettre un terme, de sorte que seules quelques bribes de savoir sont transmises, déformées pas le mythe, aux générations suivantes.

Cette description du mythe n'est pas totalement originale. Il n'est pas inhabituel qu'Aristote l'assimile à un ensemble d'histoires irrationnelles et puériles, à l'opposé de la philosophie[2]. Il n'est pas inhabituel non plus qu'il associe aux représentations mythologiques une fonction politique, renforçant l'obéissance à la loi[3]. Il est normal et attendu qu'il dénonce, après bien d'autres, l'anthropomorphisme des représentations mythologiques des dieux[4]. La mention du zoomorphisme, en revanche, est plus difficile à justifier, car la mythologie grecque fait peu de place aux représentations animales. Le ps.-Alex.[5] fait l'hypothèse d'une référence aux dieux zoomorphes des Égyptiens. Toutefois, contrairement à d'autres passages du corpus (*DC* I 3, 270b7-8), où Aristote convoque le témoignage des Barbares, c'est bien l'opinion de ses pères (1074b13) qu'il

de la Métaphysique *d'Aristote*, *op. cit.*, p. 338 ; M. Burnyeat, *A Map*, *op. cit.*, p. 143 et S. Menn, *The Aim*, IIIβ2b, p. 28. Cependant, même dans cette hypothèse, ce passage est manifestement ajusté à son contexte, comme en témoigne la mention des « substances premières ».

1. Sur l'usage scientifique de ces ἔνδοξα, *cf.* l'article classique de G. E. L. Owen, « Τιθέναι τὰ φαινόμενα », dans *Aristote et les problèmes de méthode*, Louvain-la-Neuve, Éditions de l'institut supérieur de philosophie, 1982, p. 83-103. Voir aussi R. Bolton, « Two Standards for Inquiry in Aristotle's De Cœlo », dans A. C. Bowen, Ch. Wildberg (eds.), *New Perspectives on Aristotle's* De Cœlo, *op. cit.*, p. 50-82 ; Gigon, « L'Histoire de la philosophie chez Aristote », dans *La Philosophie de l'histoire de la philosophie*, Istituto di studi filosofici, Paris, Vrin, 1957, p. 99-120 ; Verdenius, « Traditional and Personal Elements in Aristotle's Religion », *Phronesis* 5, 1960, p. 56-59. Le passage conjugue tous les critères de vraisemblance indiqués par Verbeke (« Philosophie et conception préphilosophique chez Aristote », *Revue philosophique de Louvain* 59, 1961, p. 405-430) : le consensus ; l'ancienneté des opinions discutées ; le critère de la philosophie.

2. Par ex. *Metaph.* α 3, 995a3-6 ; B 4, 1000a18-19.

3. Cf. *Pol.* I 2, 1252b24-27. Voir les analyses de R. Bodéüs, *Aristote et la théologie des vivants immortels*, *op. cit.*, p. 149-166.

4. La critique remonte à Xénophane, fr. DK B14, 15, 16. Voir, chez Platon, *République* II 377c-383c ; *Lois* XII 900e-901a.

5. ps.-Alex., *In Metaph.* 710, 19. *Cf.* aussi Bonitz, *Commentarius*, *op. cit.*, p. 513. L'insistance d'Aristote sur la très haute antiquité des conceptions qu'il rapporte en serait un indice.

dit ici évaluer [1]. Sur une suggestion de S. Fazzo [2], on pourrait envisager de rattacher ces formes animales aux constellations. Toutefois, ces figures célestes ne consistent pas, comme dans le cas de l'anthropomorphisme, à substituer une forme à une autre, mais plutôt à en composer une nouvelle à partir d'un ensemble d'étoiles dont l'apparence n'est pas transformée [3]. Peut-être aussi faut-il mettre cette remarque en rapport avec les fréquentes métamorphoses que le mythe relate au sujet des dieux (tel Zeus enlevant Europe sous l'apparence d'un taureau blanc), dont Platon a montré l'absurdité en *République* II (380d-382e).

Mais la nouveauté principale de cette description réside dans le caractère en fin de compte superficiel qu'Aristote accorde au mythe. Ce dernier est assimilé à une apparence extérieure et trompeuse qui vient recouvrir une pensée à laquelle elle est étrangère. C'est pourquoi la convergence qu'Aristote argumente ici entre sa philosophie et la tradition théologique requiert de *séparer* la forme du fond, le mythe de la conception qu'il déforme plus qu'il n'exprime [4]. Et si c'est une vérité qu'on peut retrouver au fond du mythe, c'est en raison de l'histoire des arts et de la philosophie, dont Aristote développe ici une conception cyclique, où le progrès scientifique alterne avec des catastrophes qui le font presque entièrement disparaître [5]. Une obscurité majeure empêche toutefois de prendre vraiment la mesure de cette conception, puisqu'on ne sait pas de quels êtres Aristote félicite les Anciens d'avoir affirmé qu'ils étaient des dieux. Le passage, en effet, parle de « ces êtres » (οὗτοι, 1074b3), mais sans qu'on n'en trouve, dans l'environnement immédiat, aucun référent évident.

1. *Cf.* en ce sens Lloyd, « *Metaphysics* Λ 8 », art. cit., p. 269

2. *Commento*, *op. cit.*, p. 372.

3. D'autre part, même si bon nombre de légendes rapportent des cas de catastérismes, dont certains impliquent une forme animale, le processus paraît aller à rebours de celui qu'Aristote indique et conduire de l'animal à l'étoile, plutôt que l'inverse.

4. Sur cette méthode d'interprétation, je me permets de renvoyer à mon article « La lecture aristotélicienne du mythe : nature, fonctions et usages du mythe en philosophie », *Revue de philosophie ancienne* 31, 2013, p. 119-147.

5. Plusieurs textes mentionnent cette théorie des catastrophes : *Pol.* II 8, 1269a4-5 ; *Phys.* IV 13, 222a23 ; *Meteor.* I 14, 352a28-b16 (voir C. Natali, « La teoria aristotelica delle catastrofi. Metodo di razzionalizzazione di un mito », *Rivista di filologia e di istruzione classica* 105, 1977, p. 403-424). En *Metaph.* A 1, 981b16-25 et 2, 982b12-24, Aristote précise les étapes de développement de la pensée. Enfin, à plusieurs reprises, il évoque la nécessité que les mêmes opinions et les mêmes doctrines aient déjà toutes été formulées : *Meteor.* I 3, 339b27-30 ; *DC* I 3, 270b19-20 ; *Pol.* II 5, 1264a4 *sq.* ; VII 10, 1329b25 *sq.* Cette théorie prolonge plusieurs indications platoniciennes : cf. *Timée* 22c ; 23a-b ; *Critias* 109d-111a ; *Lois* 676a-677d.

L'hypothèse la plus naturelle serait de remonter en 1074a31, de sorte que ce serait aux « corps divins transportés dans le ciel » (τῶν φερομένων θείων σωμάτων κατὰ τὸν οὐρανόν) que le passage se référerait, pour souligner que les Anciens eux aussi avaient compris la divinité des astres et des planètes [1]. Trois arguments plaident principalement en ce sens : 1. la structure du passage, puisqu'on a vu que la démonstration de l'unicité du ciel pouvait apparaître comme une addition ; 2. l'autre affirmation traditionnelle qu'Aristote restitue au début du texte, selon laquelle le divin enveloppe la nature entière et qui fait naturellement songer aux sphères célestes [2] ; 3. le caractère effectivement traditionnel de la croyance en la divinité d'êtres célestes [3].

Une autre hypothèse semble toutefois possible [4]. Dans la mesure, en effet, où Aristote félicite les Anciens d'avoir pensé que les substances premières (πρώτας οὐσίας, 1074b9) étaient des dieux, tout porte à croire que ce sont elles les êtres mentionnés au début du passage. Bien sûr, il peut sembler peu crédible qu'il ose attribuer aux Anciens une doctrine métaphysique sophistiquée, alors que rien, dans les croyances

1. En ce sens, Thémistius, *Paraphrase*, *op. cit.*, p. 105 ; ps.-Alex., *In Metaph.* 710, 2 *sq.* ; Bonitz, Commentarius, *op. cit.*, p. 513 ; Jaeger, *Aristote*, *op. cit.*, p. 364 ; Ross, *Aristotle. Metaphysics*, *op. cit.*, vol. II, p. 395 ; Bodéüs, *Aristote et la théologie des vivants immortels*, *op. cit.*, p. 50-51 ; Reale, *Aristotele, la* Metafisica, *op. cit.*, vol. 3, p. 601 ; Lloyd, « *Metaphysics* Λ 8 », art. cit., p. 268 ; Botter, *Dio e divino in Aristotele*, *op. cit.*, p. 80 et 203 ; Fazzo, *Commento*, *op. cit.*, p. 372 ; Ch. Rutten, A. Stevens, *Métaphysique*, *op. cit.*, p. 1152. M. Burnyeat, *A Map*, *op. cit.*, p. 143, formule une hypothèse, au résultat similaire : cette fin de Λ 8 appartiendrait au *DP*. Il faudrait donc référer οὗτοι à la ligne b37-38, où il est effectivement question des planètes. Toutefois, voir *supra*, p. 286 n. 5.

2. Voir *DC* I 9, 278b19-22 ; II 1, 283b29, 284a6 ; *Phys.* VIII 6, 259a4.

3. Croyance illustrée par les figures d'Ouranos, d'Hélios ou de Séléné. Lloyd (« *Metaphysics* Λ 8 », art. cit., p. 268-269) souligne aussi que le mythe d'Ouranos enseignait que le divin céleste enveloppe la Terre (Gaïa). Aristote se réfère à ces croyances traditionnelles en *DC* I 3, 270b16-24 ; II 1, 284a2-18 ; *Meteor.* I 3, 339b16-30. On pourrait ajouter (voir ps.-Alex., *In Metaph.* 710, 2 *sq.* ; M. Burnyeat, *A Map*, *op. cit.*, p. 143) qu'Aristote donne aux planètes les noms des divinités mythologiques, ce qui accréditerait l'idée que le mythe fait le récit de divinités originellement sidérales. Cependant, on ne trouve pas d'attestation de ces noms avant le *Timée* (38d) – qui parle de l'astre d'Hermès seulement – et surtout l'*Épinomis* (986e-987d), où l'auteur insiste sur le fait que ces noms sont des surnoms (ἐπωνυμίαι), forgés récemment. Aristote n'ignore peut-être pas que ces noms ne sont pas archaïques, ni qu'ils sont issus du mythe, plutôt que l'inverse.

4. Hypothèse soutenue par Guthrie, « The Development of Aristotle's Theology » II, art. cit., p. 92 ; Verdenius, « Traditional and Personal Elements in Aristotle's Religion », art. cit., p. 62 ; A. Mansion, *Revue néoscolastique de philosophie*, 1938, p. 442 ; Tricot, *Aristote Métaphysique*, vol. 2, *op. cit.*, p. 698 ; Frede, *ap.* Lloyd, « *Metaphysics* Λ 8 », art. cit., p. 268-269, p. 268 ; Palmer, « Aristotle on the Ancient Theologians », *Apeiron* 33, 2000, p. 198-199.

traditionnelles, ne désigne quoi que ce soit de suprasensible [1]. Cela dit, c'est précisément à cela que la théorie d'un développement cyclique de la philosophie peut aboutir [2]. Du reste, on peut penser qu'Aristote est conscient de l'étonnement que cette affirmation peut susciter, et toute la suite du texte peut être lue comme sa justification méthodique et organisée [3]. À l'inverse, l'hypothèse d'une référence aux corps célestes contraint à postuler une certaine asymétrie entre le niveau d'élaboration de l'ancienne philosophie et celui de la nouvelle. On pourrait essayer d'en rendre compte, en envisageant que le raisonnement d'Aristote soit analogique [4] : il s'agirait de dire que les Anciens considéraient comme des dieux les substances qu'ils estimaient les plus élevées – les astres –, exactement de la même manière qu'Aristote accorde la divinité aux substances qu'il croit les plus hautes. Ce serait toutefois une confirmation assez faible, qui renforcerait la conception métaphysique des substances immobiles par la théologie infra-métaphysique des Anciens. Surtout, cette hypothèse suggère que, quel que soit le degré de sophistication qu'Aristote impute aux Anciens, c'est bien à l'appui de sa conception des substances immobiles qu'il convoque la tradition. Peut-être cette dernière s'en tient-elle à proclamer la divinité des astres ; peut-être même Aristote souhaite-t-il associer, au sein d'une référence délibérément vague, la question de la divinité des astres et celle des substances immobiles [5]. Il n'en reste pas moins significatif que ce soit aux croyances religieuses traditionnelles qu'il en appelle, au moment de conclure un exposé métaphysique et cosmologique complexe.

1. Objection formulée par Berti, *Aristotele. Dalla dialettica alla filosofia prima*, *op. cit.*, p. 512.

2. En ce sens, on cite souvent le témoignage de Cicéron (*Tusculanes* III 28, 69 = *Protr.* fr. 8 Ross), qui rapporte que la philosophie, selon Aristote, devait atteindre sous peu son achèvement, ce qui implique qu'il estimait pouvoir redécouvrir ce que la philosophie passée avait déjà formulé. Voir également Palmer, « Aristotle on the Ancient Theologians », art. cit., p. 199.

3. Il faut avouer que, dans cette hypothèse, le référent du démonstratif οὗτοι serait en 1074a22, ce qui implique de sauter par-dessus une longue démonstration. Reste que la centralité du thème des substances immobiles peut atténuer la discontinuité syntaxique.

4. Hypothèse formulée par Berti, *Aristotele. Dalla dialettica alla filosofia prima*, *op. cit.*, p. 512-513, et suivie par Botter, *Dio e divino in Aristotele*, *op. cit.*, p. 204.

5. Voir Elders, *Aristotle's Theology*, *op. cit.*, p. 243. Dans tous les cas, il est indubitable que la tradition est convoquée au sujet de la divinité céleste, à travers la mention du divin qui enveloppe la nature. En revanche, la conjonction τε…καί n'implique pas une identité entre ce que la tradition tient pour « dieux » et de ce qu'elle tient pour « divin », mais une coordination forte, ce qui convient à l'articulation causale existant entre les moteurs et les sphères ou les planètes.

La dimension théologique de ce passage prolonge ainsi les remarques de Λ 7, en élargissant désormais l'attribution de la divinité à l'ensemble des substances immobiles. Cet élargissement procède selon les modalités habituelles, qui font du discours théologique un discours généralement conclusif et traditionnel[1]. Il en résulte l'image d'une philosophie théologiquement consensuelle, dont les positions n'ont rien de choquant ni d'impie, puisqu'elles sont en accord avec le sens véritable de la tradition théologique grecque[2]. Mais ce texte va plus loin, en contribuant à préciser la pertinence de cette tradition théologique. En décrivant le mythe comme une déformation sans fondement conceptuel, Aristote précise les limites de son respect pour la tradition, dont il peut certes prolonger certaines intuitions, adopter certaines définitions, mais dont il rejette les aberrations mythologiques. En procédant à l'analyse de la tradition en ses différents ingrédients (philosophique et mythologique), en précisant la chronologie de leur composition, il précise également les raisons de cette acceptation sélective des opinions traditionnelles et montre, par la même occasion, de quelle tradition il se réclame vraiment, c'est-à-dire d'une tradition originellement et essentiellement philosophique. Ce faisant, c'est à une complète inversion des rôles qu'il procède, puisque, en vertu de sa conception de l'histoire de la pensée, c'est la tradition qui apparaît comme l'héritière de la philosophie et la philosophie, comme la source véritable de la tradition[3]. Le philosophe peut donc finir par s'ériger en juge d'une tradition théologique, qu'il avait initialement convoquée pour bénéficier de son autorité, mais dont il apparaît en fin de compte qu'elle est un produit ultérieur et déformé de la philosophie.

1. R. Bodéüs (*Aristote et la théologie des vivants immortels*, *op. cit.*, p. 49-51) avance même que la portée véritable du passage n'est pas théologique. Aristote voudrait souligner que les Anciens lui donnent historiquement raison de considérer que ses propres substances premières sont, non pas des dieux, mais des êtres vivants. Ce serait donc les platoniciens la cible du passage, auxquels Aristote reprocherait l'inertie des Idées ou des Nombres. L'hypothèse a l'avantage de prolonger le climat académicien du chapitre. Toutefois, le texte l'atteste mal, en ne mobilisant jamais explicitement le concept de vie. Et si c'était les positions platoniciennes qu'il s'agissait de critiquer, pourquoi alors les viser de manière si oblique, en mentionnant pour seul repoussoir la tradition mythologique ? Enfin, la description du mythe perdrait de son intérêt, puisque les dieux du mythe sont vivants. Pourquoi donc Aristote mentionnerait-il les déformations que le mythe fait subir aux vues des anciens, si le mythe est d'accord avec elles sur l'essentiel ?

2. Voir en ce sens les remarques de Lloyd, « *Metaphysics* Λ 8 », art. cit., p. 270.

3. *Cf.* J. Mansfeld, « Myth, Science, Philosophy : A Question of Origins », dans J. Mansfeld, *Studies in the Historiography of Greek Philosophy*, Assen, Van Gorcum, 1990, p. 9-10 : même dans l'histoire de la pensée, c'est toujours l'acte qui est premier.

COMMENTAIRE AU CHAPITRE 9

Résumé du chapitre

Le chapitre marque le retour à l'étude de l'intellect de la substance immobile. [I] *Après une brève introduction, faisant état d'apories concernant la compatibilité entre la notion d'intellect et celle d'excellence ou de divinité (1074b15-17), Aristote développe deux apories principales, portant,* [II] *pour l'une, sur le rapport de l'intellect divin à l'acte et à la puissance (1074b17-21),* [III] *pour l'autre, sur son objet d'intellection (1074b21-33). De l'examen de ces deux apories découle la thèse principale du chapitre : l'intellect divin est une intellection de l'intellection (1074b33-35).* [IV] *L'exemple de la pensée humaine soulève alors deux objections, auxquelles Aristote répond en argumentant la possibilité, pour l'intellect humain, de s'identifier à son objet et de penser son acte propre (1074b35-1075a5).* [V] *Une troisième aporie, concernant la composition de l'intelligible, est ensuite rapidement soulevée et évacuée, sur la base de l'immatérialité de l'intellect divin (1075a5-7).* [VI] *Le chapitre se referme sur une comparaison entre la brièveté et le caractère processuel de l'intellection humaine et l'éternelle autarcie du dieu (1074a7-10).*

[I] *Introduction : apories concernant l'intellect divin*

[1074b15-17] : « La question de l'intellect [...] cela soulève certaines difficultés. »

Le chapitre 9 soulève plusieurs interrogations concernant son statut, au sein du livre. En effet, il opère un retour à la seconde partie de Λ 7, mais sans jamais se faire l'écho de la thèse que le livre a développée entre-temps (la multiplicité des substances immobiles). Il semble également constituer un doublon de la précédente enquête sur la contemplation divine, enquête qui n'était certes pas exempte d'ambiguïté, mais qu'Aristote a conclue sans laisser entendre qu'elle était incomplète. Cette proximité thématique entre Λ 7 et Λ 9 peut toutefois diversement s'apprécier, selon qu'on y verra le signe, soit de l'étrangeté de Λ 8, qui romprait la continuité d'un même questionnement[1], soit de l'incongruité de Λ 9, qui reviendrait inutilement sur une question déjà réglée et qui pourrait donc, selon les uns, être le fruit d'une insertion[2], selon d'autres, témoigner d'un stade plus précoce de définition de la pensée divine[3].

Ces quelques lignes d'introduction permettent de répondre, au moins partiellement, à ces interrogations[4]. Aristote, en effet, y précise doublement l'objet du chapitre : en premier lieu, l'existence de difficultés, qui dictent au chapitre sa structure aporétique ; en second lieu, l'objet de ces apories, à savoir les conditions de divinité maximale de l'intellect. On aura noté que cette question ne porte pas explicitement sur le Premier Moteur, ni sur la substance immobile. Aristote mentionne l'intellect, en un sens apparemment général, tel qu'il pourrait appartenir à l'homme également, et le rattache, de surcroît, à la classe des « phénomènes », alors que le Premier Moteur, ni aucune substance immobile du reste, ne sauraient apparaître aux sens[5]. Mais, à proprement parler, l'intellect non plus ne se manifeste guère aux sens[6]. À moins donc qu'il ne faille comprendre ici une ellipse, par laquelle Aristote désignerait les choses qui apparaissent comme divines[7], le plus probable reste que le terme désigne ce dont on

1. *Cf.* Jaeger, *Aristote*, *op. cit.*, p. 355-359 ; Guthrie, « The Development of Aristotle's Theology » II, art. cit., p. 95, 97.

2. Voir Cleary, *Aristotle and Mathematics. Aporetic Method in Cosmology and Metaphysics*, *op. cit.*, p. 407, 415.

3. Par ex. B. Dumoulin, *Analyse génétique de la* Métaphysique *d'Aristote*, *op. cit.*, p. 338-339 ; J. Brunschwig, « A Short-Lived Thought Experiment ? », art. cit., p. 301-304 ; G. Aubry, *Dieu sans la puissance*, *op. cit.*, p. 177. On y revient plus bas.

4. À condition, bien sûr, qu'on ne les tienne pas pour inauthentiques, comme Elders (*Aristotle's Theology*, *op. cit.*, p. 249), sur la base d'indices faibles : la répétition de ἀπορία et de δυσκολία et l'emploi de φαινόμενον.

5. Par opposition à ce qui apparaît à la raison : *cf.* Bonitz, *Commentarius*, *op. cit.*, p. 515.

6. R. Brague, *Aristote et la question du monde*, *op. cit.*, p. 432, envisage toutefois de lire le texte en parallèle du *Timée* 47b7, où l'intellect cosmique est visible dans le ciel.

7. En ce sens Tricot, *Aristote Métaphysique*, vol. 2, *op. cit.*, p. 185. Bonitz, *Commentarius*, *op. cit.*, p. 515, se prononce en faveur d'une ellipse plus conséquente : le terme désignerait les choses divines qui se manifestent aux sens, c'est-à-dire les astres. Brunschwig, « A Short-Lived Thought Experiment ? », art. cit., p. 277, n. 10, a toutefois montré le caractère forcé de la construction.

peut faire l'expérience [1], ce qui peut convenir à l'intellect, considéré d'un point de vue général *a fortiori* [2].

Cela ne signifie pas, toutefois, que ce soit n'importe quel intellect qui fasse l'objet du chapitre, puisqu'Aristote précise que ce n'est pas l'intellect lui-même qui fait problème, mais les conditions qui font de lui la réalité la plus divine qui soit. Il est clair que la formule implique la substance immobile, non pas seulement parce que Λ 7 a établi une équivalence entre le Premier Moteur, la divinité et l'intellect [3], mais parce qu'il a montré que Premier Moteur constituait un intellect d'un degré supérieur à celui qui, en l'homme, présente déjà un élément de divinité (Λ 7, 1072b23) [4]. Aussi le problème qu'Aristote soulève au début de ce chapitre consiste-t-il à revenir sur cette affirmation, pour déterminer à quelles conditions il est possible de faire se correspondre l'intellect et la divinité de la substance immobile. S'il s'agit là d'une question difficile, c'est manifestement parce que l'étude de Λ 7 s'est révélée à la fois insuffisante et risquée : insuffisante, en raison du caractère elliptique du passage qui devait alors indiquer les points de divergence entre l'intellection humaine et celle du Premier Moteur (εἰ δὲ μᾶλλον, 1072b25) ; risquée, en raison de l'omniprésence du modèle humain, qui menace d'introduire de la potentialité au sein de la pensée la plus divine [5].

L'objet du chapitre ainsi défini, il ne semble donc pas qu'il constitue un doublon mal placé de l'enquête de Λ 7. Plutôt que de la répéter, ce chapitre contribue au contraire à en préciser le sens et les conditions de validité, en la purifiant des malentendus et des erreurs auxquels l'exemple de l'intellect

1. Voir Brunschwig, « A Short-Lived Thought Experiment? », art. cit., p. 277. En ce sens, G. Romeyer Dherbey, *Aristote théologien et autres études de philosophie grecque*, Paris, Encre Marine, 2009, p. 150, traduit par « manifestation ».

2. En ce sens, S. Fazzo, *Commento*, *op. cit.*, p. 376. Plus généralement, sur le sens neutre de φαινόμενον, voir Ross, *Aristotle. Metaphysics*, *op. cit.*, vol. 2, p. 397. À partir du sens endoxal du terme, Joseph G. De Filippo, « The "Thinking of Thinking" in *Metaphysics* Λ 9 », *Journal of the History of Philosophy* 33, 1995, p. 550, comprend qu'Aristote exprimerait un conflit entre les opinions relatives à la divinité et celles relatives à l'intellect. La lecture du terme est peut-être forcée, mais le sens général de l'introduction est pertinent.

3. Kosman (« Metaphysics Λ 9 : Divine Thought », dans M. Frede, D. Charles (eds.), *Aristotle's* Metaphysics *Lambda*, *op. cit.*, p. 310 – désormais cité « *Metaphysics* Λ 9 » –, p. 311) montre même qu'Aristote ici renverse l'affirmation de Λ 7.

4. En outre, la description de ces conditions de divinité ne pourra convenir qu'à la substance immobile. *Cf.* Joseph G. De Filippo, « The "Thinking of Thinking" in *Metaphysics* Λ 9 », art. cit., p. 551.

5. Voir Joseph G. De Filippo, « The "Thinking of Thinking" in *Metaphysics* Λ 9 », art. cit., p. 546, n. 5.

humain et de sa puissance consubstantielle pourrait conduire[1]. Et comme H. S. Lang[2] l'a souligné, son caractère aporétique justifie qu'Aristote en ait renvoyé l'examen au terme de l'étude des substances immobiles et avant la conclusion du traité.

[II] *Première aporie : intellect en acte ou en puissance ?*

[1074b17-21] : « En effet, s'il ne pense rien, [...] c'est du fait de penser que lui vient son prix. »

La pure actualité du Premier Moteur constitue, depuis Λ 6 (1071b19-22), la donnée première et la plus fondamentale de l'examen de la substance immobile. Si donc Λ 9 consiste bien à mettre en adéquation la doctrine de l'intellect et celle de la substance immobile, il est normal que ce soit par là que le chapitre commence, et ce d'autant plus que la définition ordinaire de l'intellect l'assimile à un réceptacle et donc à une puissance[3]. Il est vrai que l'alternative entre la puissance et l'acte paraît ici bancale, car si le terme de puissance apparaît bel et bien, celui d'acte ne figure nulle part dans le chapitre. Le développement de l'aporie montre toutefois que le concept n'en est pas absent, mais traduit en termes d'intellection et d'excellence : en b20, c'est l'intellection qu'Aristote oppose à la puissance et c'est à elle qu'il rattache l'excellence de la substance considérée[4].

1. *Cf.* Joseph G. De Filippo, « The "Thinking of Thinking" in *Metaphysics* Λ 9 », art. cit., p. 545 ; J. Beere, 2010, « Thinking Thinking Thinking : On God's Self-Thinking in Aristotle's *Metaphysics* Λ. 9 », https : //ancient-philosophy.hu-berlin.de/en/ancient-philosophy/hpold/downloads/beere-thinking-thinking/view, p. 2-9 ; Menn, *The Aim*, IIIγ2, p. 19.

2. « The Structure and the Subject of *Metaphysics*, Λ », art. cit., p. 258, 269. Voir aussi G. Romeyer Dherbey, *Aristote théologien et autres études de philosophie grecque*, *op. cit.*, p. 134-135. Même si le chapitre n'y fait pas allusion, rien n'interdit de penser que les conditions de divinité maximale de l'intellect concernent les moteurs planétaires. *Cf.* Donini, *Commentary and Tradition*, *op. cit.*, p. 28-29, n. 19 ; M. Frede, « Introduction », art. cit., p. 42. H. Krämer, « La noesis noeseos e la sua posizione nelle *metafisica* di Aristotele », dans A. Bausola, G. Reale (eds.), *Aristotele. Perché la Metafisica*, Milano, Vita e pensiero, 1994, p. 174-176, envisage que les substances immobiles soient des moments de la pensée du Premier Moteur, ouvrant ainsi la voie au médio-platonisme (p. 176-180).

3. *Cf.* Joseph G. De Filippo, « The "Thinking of Thinking" in *Metaphysics* Λ 9 », art. cit., p. 545, 552. Voir aussi A. Kosman, « *Metaphysics* Λ 9 », art. cit., p. 312-13 et, dans une certaine mesure, J. Beere, « Thinking Thinking Thinking : On God's Self-Thinking in Aristotle's *Metaphysics* Λ. 9 », art. cit., p. 9-11.

4. L'absence du terme ἐνέργεια de Λ 9 est parfois interprétée comme le signe de la précocité du chapitre (*cf.* G. Aubry, *Dieu sans la puissance*, *op. cit.*, p. 177).

L'aporie fait s'entrecroiser deux dilemmes [1], qu'Aristote n'explicite pas totalement, mais dont l'examen obéit chaque fois à ce que Brunschwig [2] a proposé d'appeler « le principe de perfection ». La première alternative oppose l'absence de pensée à son exercice, c'est-à-dire un intellect en puissance à un intellect en acte. Aristote se contente d'y répondre par une question rhétorique, qui exprime l'absurdité d'un intellect divin inactif. L'image du dormeur illustre à la fois l'inaction ou la puissance [3] et la dépréciation qui y est souvent associée [4], par opposition avec le caractère vénérable (σεμνόν) de l'intellect recherché [5]. Reste qu'on pourrait concevoir différemment les conditions sous lesquelles l'intellect actualise sa puissance d'intellection. C'est pourquoi Aristote construit ici, en fligrane, une seconde alternative, opposant un intellect qui pense mais qui n'est pas maître de son acte d'intellection [6] à un intellect qui en serait le maître. Dans le premier cas, l'intellect serait marqué d'une puissance consubstantielle, car son acte de pensée serait soumis à un principe et pourrait donc être intermittente – comme c'est le cas pour l'homme –, de sorte qu'on retomberait dans la première difficulté. Ou bien, même

1. Cette structure en dilemmes ou trilemmes encourage Dumoulin, *Analyse génétique de la* Métaphysique *d'Aristote*, *op. cit.*, p. 338, à proposer une datation haute du chapitre, puisque plusieurs fragments des œuvres perdues se structurent ainsi (cf. *DP* fr. 16 = Simplicius, *In DC* 288, 28-289, 15 ; fr. 19a = Philon, *De aeternitate mundi* V, 20-24 ; fr. 19c = Philon, *De aeternitate mundi* VIII, 39-43). Toutefois, c'est le propre de toute aporie que de donner lieu à un développement *pro et contra*.

2. Brunschwig, « A Short-Lived Thought Experiment ? », art. cit., p. 284.

3. Comme l'indique Brunschwig (*ibid.*, p. 279-280), ce dormeur pourrait être soit occasionnel (comme l'homme), soit éternel, (comme Endymion). Les deux hypothèses sont vraisemblables : dans le premier cas, S. Fazzo, *Commento*, *op. cit.*, p. 377, indique un passage du *DA* II 5, 416a11 : ce serait alors la référence à ce dormeur du *DA* II 5 qui justifierait ici l'emploi d'un article défini (*ibid.*, p. 169, n. 113) ; dans le second, l'*EN* (X 8, 1178b18-20) témoigne qu'Aristote peut exploiter la figure d'Endymion pour définir la vie et l'activité du dieu (voir aussi S. Menn, *The Aim*, IIIγ2, p. 20). Mais, dans tous les cas, il est clair que l'alternative qu'Aristote bâtit ici consiste à opposer, de manière générale, l'inaction à l'exercice de la pensée. En ce sens, l'intellect qui mérite de constituer la plus divine des réalités ne peut être en train de dormir.

4. Voir fr. 14 Ross (= Jamblique, *Protr.* 11, 56, 13-59, 18) ; *EE* II 1, 1219b20 ; *EN* I 9, 1099a1 ; *Du sommeil et de la veille* 2, 455b16-25 ; *DA* II 1, 412a23-27.

5. Elders (*Aristotle's Theology*, *op. cit.*, p. 251) propose de voir, dans ce passage, une réminiscence du *Sophiste* 249a2, où Platon insiste sur le caractère vénérable du παντελῶς ὄν. Si tel est le cas, ce passage fait alors doublement écho à Λ 7, parce qu'il mobilise comme lui l'exemple de la veille pour définir l'activité du Premier Moteur et parce qu'il prolonge l'adaptation de ce passage du *Sophiste* déjà entreprise en Λ 7. Voir *supra*, p. 274-275.

6. Comme l'a montré Brunschwig, « A Short-Lived Thought Experiment ? », art. cit., p. 280-281, il est nécessaire de référer τούτου à νοεῖ. Voir également S. Menn, *The Aim*, IIIγ2, p. 21, n. 34.

maintenue éternellement en acte par son principe, elle n'en serait pas moins l'actualisation d'une puissance sous-jacente. En d'autres termes, le principe de perfection force à reconnaître que l'intellect recherché est non seulement en acte, mais toujours en acte, en étant son propre principe d'actualisation.

Cette première aporie se présente donc comme une première façon d'élever l'intellect au niveau de la plus haute divinité, en l'adaptant au réquisit de l'acte pur. Elle reproduit, au sujet de l'intellection, et en des termes étonnamment proches, le rythme argumentatif de Λ 6 [1]. De même qu'il s'agissait alors de montrer que ce moteur devait : 1. être en activité, c'est-à-dire mouvoir ; 2. être substantiellement un acte pour mouvoir éternellement, de même Aristote établit ici que l'intellect qui constitue la plus divine des réalités doit donc non seulement penser en acte, mais s'identifier substantiellement à l'intellection.

[III] *Deuxième aporie : l'objet de pensée.*

[1074b21-23] : « En outre, que sa substance soit un intellect [...], c'est soit toujours la même, soit des choses diverses. »

Aristote introduit ce nouveau problème, en rappelant les termes de l'aporie précédente. Cela peut indiquer que cette nouvelle difficulté se justifie par elle-même [2] : de fait, tandis que la première aporie vise à déterminer les conditions de divinité de l'intellect en tant que faculté, il s'avère également nécessaire d'examiner la question du point de vue de son objet, car la valeur de l'intelligible peut affecter celle de l'intellection. Mais le rappel de cette alternative entre la puissance et l'acte constitue également la marque d'une incertitude. À strictement parler, en effet, la première aporie est restée sans réponse. Cela ne signifie pas qu'Aristote hésite à trancher en faveur d'un intellect en acte et maître de sa pensée. Cela signifie, en revanche, que la défense d'un intellect en acte ne peut vraiment s'argumenter qu'au sein d'une discussion nouvelle, portant sur l'objet de cet intellect. Car le principe d'actualisation qui condamnerait l'intellect à la puissance [3] pourrait tout aussi bien désigner l'objet pensé lui-même [4] qu'une faculté ou une partie de l'intellect, qui en forcerait

1. Voir A. Kosman, « *Metaphysics* Λ 9 », art. cit., p. 314 ; S. Fazzo, *Commento*, *op. cit.*, p. 167, qui a raison de noter (*ibid.*, p. 168, n. 113) que, dans cette mesure, Λ 9 ne néglige pas les différentes nuances de l'acte et de la puissance.

2. Voir Brunschwig, « A Short-Lived Thought Experiment ? », art. cit., p. 282.

3. *Ibid.*, p. 281.

4. *Cf.* Joseph G. De Filippo, « The "Thinking of Thinking" in *Metaphysics* Λ 9 », art. cit., p. 553.

une autre à penser[1]. Dans cette mesure, on comprend qu'Aristote aborde à présent le problème de l'objet pensé, non pas seulement parce qu'il participe d'un examen exhaustif des conditions de divinité maximale de l'intellect, mais parce qu'il lui revient de déterminer quel objet intelligible n'interdira pas à l'intellect en question de constituer une intellection[2].

Aristote procède à une énumération stricte des objets possibles d'intellection à partir de deux alternatives, opposant l'intériorité à l'extériorité, l'unicité à la multiplicité. On note le caractère clairement disjonctif de l'énumération, qui suggère que la liste est à la fois systématique et exhaustive, sans recoupement possible des trois rubriques énoncées[3]. Contrairement donc à ce que l'ambiguïté de Λ 7 a pu éventuellement laisser croire, la pensée de soi et la pensée d'autre chose s'excluent explicitement au sein du Premier Moteur.

[1074b23-27] : « Cela fait-il donc une différence [...] pareille chose serait déjà un mouvement. »

L'application du principe de perfection permet de sélectionner, parmi les objets possibles d'intellection, ceux qui ne démentent pas la divinité de l'intellect étudié. Formulé dans un premier temps au sujet de l'intellection précisément (νοεῖν, traduit ici par « penser »), ce questionnement mobilise ensuite l'exemple d'un degré inférieur et proprement humain de pensée[4], celui de la réflexion (διάνοια), qui s'offre alors comme un argument *a fortiori* : s'il est absurde ou déplacé (ἄτοπον), même pour l'homme, de penser à certaines choses, comment cela ne le serait-il pas pour l'intellect le plus divin ?

Il en résulte deux conséquences. La première établit, à partir de l'intensification de la corrélation entre la valeur de la pensée et celle de son objet, qu'à la divinité maximale de l'intellect doit répondre celle de son objet. Aristote décrit cet intelligible dans les mêmes termes que ceux qui valaient plus haut pour l'intellect recherché (θειότατον, en 1074b16 et

1. ps.-Alex., *In Metaph.* 711, 1-22.

2. *Cf.* en ce sens A. Kosman, « *Metaphysics* Λ 9 », art. cit., p. 315 et *The Activity of Being*, *op. cit.*, p. 220, qui rapproche cette deuxième aporie du *Banquet* 199b-201c, où Socrate redirige le discours sur l'amour vers la question de son objet.

3. Contrairement à ce que suggère Th. de Koninck, « La "Pensée de la Pensée" chez Aristote », dans Th. de Koninck, G. Planty-Bonjour (éd.), *La Question de Dieu selon Aristote et Hegel*, *op. cit.*, p. 135-136 ; *Aristote, l'intelligence et Dieu*, *op. cit.*, p. 42. Voir en ce sens Ross, *Aristotle. Metaphysics*, *op. cit.*, vol. 1, p. CXLII ; Brunschwig, « A Short-Lived Thought Experiment ? », art. cit., p. 282-283.

4. Voir Brunschwig, « A Short-Lived Thought Experiment ? », art. cit., p. 284.

b26 ; τιμιώτατον, en 1074b26 répondant à τίμιον, en 1074b21), indiquant que la valeur de ce dernier ne lui vient pas seulement de l'acte de pensée, mais de son objet également. À ce stade, la première alternative n'est pas encore tranchée : quoique la stricte correspondance entre les qualités de l'intellect et celles de son objet puisse suggérer leur identité, il reste possible que cet intelligible soit extérieur à l'intellect. En revanche, cette première conclusion répond à la seconde alternative : l'accumulation des superlatifs pour désigner l'intelligible laisse à penser que ce dernier est d'ores et déjà conçu comme unique.

La seconde conséquence l'exprime clairement : l'intellect divin ne peut changer d'objet. Le principe de perfection en constitue une première justification, en rapprochant le changement de la déchéance [1], ce qui, au sens strict, suggère qu'Aristote ne conçoit pas que l'intellect puisse progresser d'un intelligible suprêmement divin à un autre de même valeur : le changement semble nécessairement aller vers le pire [2]. Un second argument vient étayer la conclusion, en rapprochant ce changement d'objet intelligible du mouvement, lequel serait donc en lui-même exclu. À l'évidence, l'argument n'est pertinent qu'à la lumière de la doctrine de la substance immobile, confirmant ainsi, si besoin était, que c'est bien sa nature intellective que le chapitre cherche à préciser et suggérant donc une continuité entre Λ 9 et Λ 7 [3].

[1074b28-29] : « En premier lieu donc, […] l'intellection lui est pénible. »

Il est curieux de voir Aristote poursuivre le traitement de la deuxième aporie par la formule « en premier lieu », qui indique plus volontiers le début d'un questionnement nouveau. Cela dit, on peut voir dans les lignes qui précèdent une sorte de mise au point, le rappel d'un principe évident, avant que le traitement dense et complexe de la question ne commence vraiment. Il est plus embarrassant de noter la proximité

1. Le fr. 16 Ross du *DP* (= Simplicius, *In DC* 288, 28-289, 15) exploite déjà ce lien entre immutabilité et perfection, dans la lignée de *République* II 380e *sq.*

2. Contrairement à ce qu'affirme Brunschwig, « A Short-Lived Thought Experiment ? », art. cit., p. 284.

3. Parce qu'il croit à l'antériorité de Λ 9, Brunschwig, « A Short-Lived Thought Experiment ? », art. cit., p. 285, suggère que ce passage pourrait se comprendre en référence à la mention de la substance immobile en Λ 1. Toutefois, c'est en Λ 7 uniquement que cette immobilité est démontrée. Du reste, dès lors qu'on admet que c'est bien de la substance immobile qu'il est question, l'évidence avec laquelle Aristote tient ici pour acquise sa nature intellective encourage à lire le chapitre 9 dans le prolongement de Λ 7.

entre certaines formulations de ce passage et d'autres de la première aporie [1], ce qui pourrait faire croire, au mieux, à une construction argumentative confuse, au pire, à un retour en arrière [2]. Cependant, comme l'a montré Brunschwig [3], le passage n'est pas sans évoquer certains enjeux de la deuxième aporie : le thème de la continuité de la pensée, de même que, plus bas (1074b29-30), le critère de la valeur de l'objet pensé, s'intègrent parfaitement à l'enjeu de cette aporie centrée sur l'intelligible. À l'évidence, c'est donc bien de la deuxième aporie qu'il s'agit dans ces lignes. Cependant, cela ne signifie pas que toute ressemblance avec les termes de la première aporie soit fortuite. Aristote, en effet, ne peut plus négliger l'indécision dans laquelle il a maintenu l'examen de la première aporie. Plus haut, l'évaluation de l'hypothèse d'une multiplicité d'objets de pensée ne nécessitait pas de lever cette incertitude, puisque cette hypothèse n'affectait pas le fonctionnement de l'intellection divine. À présent, en revanche, déterminer si l'objet de l'intellect lui est extérieur ou intrinsèque implique de considérer le rapport de cet intellect avec son objet et pose donc la question de son principe d'actualisation. Il est donc indispensable qu'Aristote entremêle les deux apories [4], car la nature de l'objet pensé n'est pas sans effet sur le degré d'actualité de l'intellect qui le pense.

C'est donc pour se défaire des deux apories prises ensemble qu'Aristote développe ici un premier argument qui teste les conséquences de l'hypothèse d'un intellect qui n'est pas au principe de son actualisation et dont la substance est donc marquée par la puissance. Or, puisqu'il est désormais établi que cet intellect doit penser un seul objet, qu'il doit, par conséquent, en mener une intellection continue, Aristote peut souligner que cela doit induire de la fatigue, en raison de la puissance consubstantielle de cet intellect [5]. Aristote ne précise pas si c'est l'hypothèse d'un objet

1. « εἰ μὴ νόησις ἐστιν ἀλλὰ δύναμις » (b28) et « ὅ ἐστιν αὐτοῦ ἡ οὐσία νόησις, ἀλλὰ δύναμις » (b19-20), et, dans une moindre mesure, « οὐκ ἂν ἡ ἀρίστη οὐσία εἴη. » (b20) « οὐκ ἂν εἴη τὸ ἄριστον ἡ νόησις. » (b33)

2. Voir en ce sens Ross, *Aristotle. Metaphysics*, *op. cit.*, vol. 2, p. 396. Cela a encouragé Sandbach, « A Transposition in Aristotle, *Metaphysics* Λ 9, 1074b », *Mnemosyne* 7, 1954, p. 39-43, à déplacer les lignes b28-30 en b20. Brunschwig, « A Short-Lived Thought Experiment ? », art. cit., p. 287, a toutefois clairement montré que cette transposition n'était pas satisfaisante.

3. Brunschwig, « A Short-Lived Thought Experiment ? », art. cit., p. 286.

4. *Cf.* Joseph G. De Filippo, « The "Thinking of Thinking" in *Metaphysics* Λ 9 », art. cit., p. 556.

5. Aristote reproduit ici au sujet de l'intellect divin le même raisonnement que celui de *Metaph.* Θ 8 (1050b24 *sq.*), au sujet des astres. Voir aussi *DC* II 1, 284a14-18 ; *EN* VII 15, 1150b20-23 et X, 4, 1175a5 *sq.*

extérieur[1] qu'il envisage ici. Et, de fait, l'argument ne l'exige pas : qu'il pense une réalité extérieure ou lui-même, un intellect de cette sorte connaîtrait une fatigue.

[1074b29-33] : « Ensuite, il est évident [...] l'intellection ne sera pas ce qu'il y a de meilleur. »

Contrairement au précédent, qui maintient cette question dans le flou, ce second argument examine manifestement l'hypothèse d'un intelligible extérieur, en comparant la valeur de l'intellect à celle de son objet. Il est plus difficile, en revanche, de déterminer à quel intellect on a ici affaire. S'agit-il de celui dont la substance est une puissance ou de celui qui constitue proprement une intellection ? On pourrait estimer que l'argument précédent a suffi à disqualifier l'hypothèse d'un intellect substantiellement marqué par la puissance, de sorte qu'Aristote pourrait se tourner à présent vers le membre restant de l'alternative, afin de déterminer quel type d'objet peut ne pas démentir sa divinité. S. Menn[2] note, en ce sens, qu'Aristote rejette ici l'hypothèse d'un intelligible extérieur, au motif que *l'intellection* ne serait pas alors ce qu'il y a de meilleur. Or, depuis 1074b20, « intellection » est le nom, non pas seulement de l'exercice de la faculté de penser, mais de l'intellect qui est substantiellement un acte. Ce second argument viserait donc à montrer, selon lui, que la valeur de l'acte ne suffit pas à faire de l'intellect la plus divine des choses, puisque l'acte peut concerner des objets vils : la valeur de l'objet est un critère incontournable d'excellence[3].

Cette lecture accorde au passage une cohérence indéniable. On peut toutefois hésiter à la suivre, dans la mesure où rien n'exprime clairement que l'hypothèse de départ a changé. L'enchaînement des deux arguments suggère plutôt qu'il s'agit de formuler, sur deux modalités différentes et dont la force de conviction va *crescendo* – ce qui est raisonnable (εὔλογον), puis ce qui est évident (δῆλον) – les conséquences d'un intellect-puissance, qui reste, après tout, la seule hypothèse explicitement

1. Selon Brunschwig, « A Short-Lived Thought Experiment ? », art. cit., p. 286.

2. *The Aim*, IIIγ2, p. 22 et n. 37.

3. En un sens, A. Kosman (« *Metaphysics* Λ 9 », art. cit., p. 316 et *The Activity of Being*, *op. cit.*, p. 222-223) développe la même lecture. Selon lui également, le passage part de l'hypothèse d'un intellect actuel et démontre que la valeur de l'acte n'est pas tout, mais il en conclut, de manière apparemment paradoxale, que l'argument vise à établir, non pas seulement que l'intellect doit être la meilleure des choses, mais qu'il doit l'être indépendamment de ce qu'il pense.

formulée. En outre, cette lecture contraint à envisager une combinaison d'hypothèses, dont on pourrait douter qu'elle ait un sens : comment expliquer qu'un intellect purement actuel puisse s'exercer sur un objet extérieur ? L'extériorité même de cet objet contredit la possibilité pour cet intellect d'être au principe de son intellection. C'est pourquoi il peut être préférable de voir, dans ce second argument, l'énoncé d'une nouvelle conséquence inacceptable de l'hypothèse d'un intellect dont la substance est une puissance [1], combinée à l'hypothèse d'un intelligible excellent, mais extérieur [2].

Dans ce cas, l'intellect serait d'un rang inférieur à l'objet qu'il pense. Pour justifier ce point, Aristote rappelle que l'acte d'intellection peut s'exercer sur le meilleur des objets comme sur le pire. La remarque repose sur les implications d'un intellect en puissance : puisque toute puissance rationnelle est une puissance des contraires [3], l'intellect dont la substance est une puissance peut donc tout aussi bien saisir l'objet le plus divin que son opposé. Mais, à l'évidence, le principe de perfection interdit pareille éventualité. De même que, plus haut (1074b25), Aristote a montré, sur la base d'une pensée infra-noétique, qu'il valait mieux penser le beau que n'importe quoi, de même, il procède à présent à la systématisation de ce principe, à partir de l'exemple de la vision, qui valorise même l'absence de pensée à celle de la laideur. On comprend dès lors implicitement que l'intellect le plus divin ne peut rien penser d'indigne et que l'auto-intellection qu'Aristote lui attribuera bientôt sera également, pour cette raison incompatible avec la pensée des réalités mondaines qui lui sont toutes inférieures [4].

Tandis que la première aporie a souligné que la valeur de l'intellect venait de son actualisation (1074b20-21) et que le début de la deuxième a établi qu'elle n'était pas non plus indifférente à celle de son objet, ce nouvel argument fusionne ces deux critères, en montrant que l'intellect ne peut réellement tirer parti de l'excellence de son objet qu'à la condition

1. En ce sens : Ross, *Aristotle. Metaphysics*, *op. cit.*, vol. 2, p. 396 ; R. Norman, « Aristotle's Philosopher-God », art. cit., p. 71 ; Joseph G. De Filippo, « The "Thinking of Thinking" in *Metaphysics* Λ 9 », art. cit., p. 556 ; J. Brunschwig, « A Short-Lived Thought Experiment ? », art. cit., p. 286.

2. Dans cette perspective, la νόησις en 1074b33 désignerait, non l'intellect actuel, mais l'exercice de l'intellect qui n'est pas maître de son actualisation, mais dont il est toutefois acquis, depuis la première aporie, qu'il doit être en train de penser.

3. Voir *Metaph.* Θ 8, 1050b24 *sq.* Voir en ce sens ps.-Alex., *In Metaph.* 712, 20 ; Brunschwig, « A Short-Lived Thought Experiment ? », art. cit., p. 286.

4. Voir en ce sens Ross, *Aristotle. Metaphysics*, *op. cit.*, vol. 1, p. CXLII ; G. Romeyer Dherbey, *Aristote théologien et autres études de philosophie grecque*, *op. cit.*, p. 137.

d'être substantiellement actuel. C'est pourquoi le raisonnement n'ira pas plus loin et ne procédera pas à l'examen d'une nouvelle combinaison d'hypothèses, entre un intellect actuel et la pensée d'un intelligible extérieur, car il n'est d'autre manière, pour l'intellect, d'être au principe de son acte qu'en se pensant lui-même. Certes, l'objet pensé peut ne pas être le seul principe d'actualisation de l'intellect, mais il en est un, de sorte qu'il s'avère impossible de conjuguer l'hypothèse d'un intellect pleinement actuel avec celle d'un intelligible extérieur.

[1074b33-35] : « Il se pense donc lui-même, s'il est vrai qu'il est ce qu'il y a de plus excellent, et son intellection est une intellection de l'intellection. »

Aristote formule ici à la fois la réponse aux deux apories précédentes et la thèse centrale de Λ 9. Le passage peut se décomposer en trois éléments. Le premier (« Il se pense donc lui-même », αὑτὸν ἄρα νοεῖ) apporte une réponse sans équivoque à la deuxième aporie. Le deuxième (« s'il est vrai qu'il est ce qu'il y a de plus excellent », εἴπερ ἐστὶ τὸ κράτιστον) propose une justification du premier, fondée sur le principe de perfection, qui requiert de définir l'intellection divine comme auto-référentielle. Cela peut se comprendre en deux sens (objectif et subjectif), entre lesquels il n'est ni nécessaire, ni même souhaitable de trancher, tant le traitement des deux premières apories a montré que les deux critères d'excellence, du point de vue de la faculté intellective et du point de vue de son objet, étaient entrelacés [1]. D'une part, si l'intellect divin se pense lui-même, c'est en raison de la perfection de l'objet qu'il constitue, puisque, défini comme la plus divine des choses, il s'identifie donc à cette réalité la plus divine et la plus précieuse, dont Aristote a montré (1074b23-27) qu'elle faisait nécessairement l'objet de l'intellection étudiée. Mais d'autre part, comme le précédent raisonnement l'a montré (1074b31-33), si cet intellect se pense lui-même, c'est aussi parce qu'il ne saurait constituer la plus divine des choses, s'il faisait porter sa pensée sur un objet différent de lui-même, ce qui le condamnerait à la puissance et à l'infériorité.

Ces deux critères d'excellence sont au cœur du troisième et dernier élément de cette conclusion (« son intellection est une intellection de l'intellection », ἔστιν ἡ νόησις νοήσεως νόησις), qui fond en une seule formule, restée célèbre, la réponse aux deux apories prises ensemble. Comme précédemment, la formule doit se comprendre en deux sens, à

1. Voir en ce sens S. Menn, *The Aim*, IIIγ2, p. 19.

la fois subjectif et objectif. « L'intellection de l'intellection » exprime assurément la réponse à la première aporie, en montrant que l'intellection en question est celle que réalise un intellect qui est substantiellement un acte. Mais il ne peut s'agir que de cela [1]. La formule comporte nécessairement un sens objectif, qui redéfinit l'objet de cette pensée à la lumière de la réponse à la première aporie. Dans la mesure, en effet, où il est acquis que l'intellect le plus divin se pense lui-même, dans la mesure également où la substance de l'intellect n'est pas une puissance, mais une intellection, il est clair que se penser revient, dans son cas, à penser sa pensée [2].

La formule elle-même exprime ce parfait retournement de la pensée divine sur elle-même, cette pleine adhésion à soi d'une pensée qui se saisit elle-même, au sein d'une circularité qui peut paraître vide. C'est pourquoi toute une tradition interprétative voit dans cette formule le signe, non de l'enfermement de la pensée divine sur elle-même, mais de la conscience à laquelle l'intellect divin accéderait. La « pensée de la pensée » n'identifierait pas l'objet exclusif de la pensée divine, mais une présence à soi, analogue à celle que l'homme connaît dans chaque acte psychique, sensitif ou intellectif, qui est aussi une façon de se sentir sentant, de se penser pensant, sans que cela n'exclue jamais la pensée ou la sensation d'un objet extérieur [3]. Pourtant, tout au long du chapitre, Aristote a clairement indiqué la nécessité de définir la pensée divine comme son propre objet intentionnel [4] : en distinguant clairement entre ces

1. Contrairement à ce que soutiennent, par ex., Joseph G. De Filippo, « The "Thinking of Thinking" in *Metaphysics* Λ 9 », art. cit., p. 546, 559-560; J. Beere, « Thinking Thinking Thinking : On God's Self-Thinking in Aristotle's *Metaphysics* Λ. 9 », art. cit., p. 18; A. Kosman, *The Activity of Being*, *op. cit.*, p. 225, qui font l'hypothèse que νοήσεως soit un génitif subjectif.

2. À partir de la distinction élaborée dans le *Charmide* (165c-169e), entre la connaissance de soi (ἐπιστήμὴ ἑαυτοῦ) et la connaissance de la connaissance (ἐπιστήμης ἐπιστήμη), Brunschwig (« A Short-Lived Thought Experiment? », art. cit., p. 288-290) fait l'hypothèse que la νόησις νοήσεως ne soit pas une reformulation de la pensée de soi, mais sa condition. En faveur de cette lecture, il note que l'objection de 1074b35-36 mobilise l'exemple de la science de la science, non de la science de soi. Mais il n'est pas sûr que l'indice soit probant. L'objection repose, en effet, sur le fait que, chez l'homme, la pensée de la pensée n'est pas une pensée de soi, ce qui implique donc qu'il n'en va pas de même pour la pensée divine. Voir *infra*, p. 341.

3. *Cf.* par exemple Norman, « Aristotle's Philosopher-God », art. cit., p. 66-71; W. Baillie, « Noetic Activity in Aristotle's Thought – Man, God and Ultimate Reality and Meaning : A Philosopher's View », *Ultimate Reality and Meaning* 5, 1978, p. 249; R. Brague, *Aristote et la question du monde*, *op. cit.*, p. 449-450; A. Kosman, « *Metaphysics* Λ 9 », art. cit., p. 323; *The Activity of Being*, *op. cit.*, p. 226-230.

4. Sur la distinction entre deux types d'auto-référentialité (la pensée de soi comme objet intentionnel et la conscience de penser), *cf.* K. Oehler, « Aristotle on Self-Knowledge », art. cit., p. 496-498.

deux objets intelligibles que sont soi-même et autre chose (1074b22-23); en rappelant, de plus en plus fermement, que la pensée d'un intelligible inférieur à l'intellect contredit la divinité qu'il s'agit de lui garantir (1074b23-25 et 31-33); en établissant que l'intellect doit, pour être divin, constituer son propre principe de pensée et ne rien devoir à un terme extérieur[1].

On mesure ainsi le progrès accompli au regard de Λ 7. La singularité de l'intellect divin trouve pleinement à s'exprimer. La thèse de l'auto-contemplation se systématise. Aristote ne se contente plus de suggérer que la contemplation du Premier Moteur est analogue à celle de l'homme, bien qu'elle soit meilleure encore. Il explique désormais par le menu les implications de cette excellence. Comme en Λ 7, il fait se correspondre le meilleur intellect et le meilleur intelligible, mais en montrant désormais clairement l'identité nécessaire de ces deux termes. Et, comme en Λ 7, l'intellect divin est défini comme un acte pur, mais les conséquences en sont à présent minutieusement explorées, puisque l'intellect divin n'est plus étudié dans l'ombre portée de l'intellect humain. L'auto-intellection divine peut donc être définie, non comme le produit d'une intelligibilité conquise graduellement par la pensée d'autre chose, mais comme le prolongement immédiat, nécessaire et exclusif d'un intellect qui n'est rien d'autre qu'une intellection. Dans ces conditions, la logique du tout ou rien, dont Brunschwig souligne[2] qu'elle est à l'œuvre en Λ 9, c'est-à-dire la logique qui ne pose aucun moyen terme entre la pensée de soi et celle d'autre chose, entre un intellect substantiellement potentiel et celui qui n'est rien d'autre qu'une intellection, n'est peut-être pas tant le signe de la précocité du chapitre que la condition de la mise en adéquation de l'intellect et de la divinité, grâce à l'effacement du modèle humain, qui n'a guère été convoqué que comme un exemple *a fortiori* et infra-noétique, et qui apparaîtra, dans la suite, non comme un modèle, mais comme un contre-exemple.

1. Deux textes parallèles, d'Aristote ou de l'école, le confirment : *EE* VII 12, 1245b16-18 et *Magna Moralia* II 15, 1213a2-4 soulignent l'impossibilité de comparer vraiment l'homme au dieu, puisque l'homme ne peut pas ne rien penser d'autre que lui-même. Voir en ce sens Brunschwig, « A Short-Lived Thought Experiment? », art. cit., p. 304-305. En outre, Wedin (*Mind and Imagination in Aristotle*, *op. cit.*, p. 238, 267) montre que la formulation du passage atteste que l'intellection constitue l'objet même de la pensée divine : Aristote ne dit pas ici que l'intellect divin pense qu'il pense, mais qu'il *se* pense.

2. J. Brunschwig, « A Short-Lived Thought Experiment? », art. cit., p. 300-304.

[IV] *Objections et réponse*

[1074b35-36] : « Cependant, il apparaît que la science, [...] sur elles-mêmes accessoirement. »

Obéissant au souci de déterminer un cas singulier, exceptionnel même, de la pensée, la thèse précédente définit l'intellection divine en des termes inhabituels, conduisant ainsi à douter du bien-fondé de cette thèse. Aristote lui oppose donc successivement deux objections, ancrées dans l'exemple de la pensée humaine. La première objection est la plus cruciale. À strictement parler, ce n'est pas l'auto-référentialité de la pensée divine qui pose problème, mais le fait qu'elle en constitue l'objet intentionnel. Or, s'il s'avère bel et bien possible que la science, la sensation, la réflexion et l'opinion portent sur elles-mêmes – puisqu'on peut sentir qu'on sent, savoir qu'on sait, etc.[1] –, il semble toutefois impossible et même absurde de croire que cela puisse constituer le seul objet de ces opérations[2]. La science porte d'abord et principalement sur un objet proprement scientifique, dont elle se distingue initialement et à l'occasion de la saisie duquel la faculté de connaissance, ainsi actualisée, peut se saisir aussi. C'est pourquoi ce rapport à soi, quoique nécessaire, serait toujours second ou accessoire (ἐν παρέργῳ), c'est-à-dire advenant en plus de l'exercice de la faculté sur un objet principal. Et c'est pourquoi le fonctionnement normal de ces facultés paraît témoigner à l'encontre de la thèse de la νόησις νοήσεως, qui définit l'acte d'intellection comme l'unique objet de l'intellect divin, et non comme le produit de son exercice.

On aura noté que l'objection s'abstient de mentionner le cas le plus pertinent dans le contexte, celui de l'intellection humaine[3]. L'omission est sans doute délibérée, puisque c'est sur la base de l'intellection qu'Aristote pourra répondre à l'objection. Pour argumenter la conformité de l'intellection divine à l'expérience humaine, il faudra, en effet, montrer que l'une au moins des activités humaines citées – la science – peut, dans une certaine mesure, constituer son objet principal, non pas en ce que l'opération intellective, qui en est le cœur, pourrait n'avoir pas d'autre objet qu'elle-même, mais en ce qu'il y a parfois si peu de différence entre

1. *Cf.* par exemple *DA* III 2, 425b11 *sq.* et *EN* IX 9, 1170a29 *sq.*

2. Critique formulée dans le *Charmide* 167e *sq.* Voir S. Menn, *The Aim*, IIIγ2, p. 2.

3. Sur ce silence, voir Joseph G. De Filippo, « The "Thinking of Thinking" in *Metaphysics* Λ 9 », art. cit., p. 561 ; J. Brunschwig, « A Short-Lived Thought Experiment? », art. cit., p. 291.

la science et son objet, entre l'intellect et son intelligible, que la saisie de l'un s'identifie à la saisie de l'autre.

[1074b36-38] : « En outre, si penser et être pensé [...] celle de l'objet pensé ne sont pas les mêmes. »

La thèse de la νόησις νοήσεως a fusionné les aspects objectif et subjectif de la pensée. Mais cette fusion se heurte à une seconde objection. La difficulté repose sur la différence de nature qui semble résider entre l'intellect et son acte d'une part, et l'intelligible de l'autre [1]. Ramenée à l'enjeu de Λ 9, cette différence de nature encourage à essayer de trancher, en termes d'excellence, entre l'aspect subjectif et l'aspect objectif de la pensée divine : est-ce parce qu'il pense ou parce qu'il est pensé que l'intellect divin est bien tel ? ou, en d'autres termes, laquelle des réponses aux deux apories précédentes s'avère la plus déterminante pour garantir l'excellence de l'intellect considéré ? Cette seconde objection se présente ainsi comme le prolongement de la première, en reposant, comme elle, sur la différence fondamentale entre la pensée et son objet. Si cette différence impliquait, plus haut, que l'intellection ne pût constituer son objet propre, elle implique à présent de trancher entre la valeur de l'objet pensé et celle de l'intellection. En mobilisant expressément la notion d'intellection, ce nouvel argument se présente aussi comme une façon d'intensifier l'objection, en montrant que, même dans le cas où l'intellection ne porterait que sur elle-même, la différence de nature et, par suite, de valeur, entre l'objet et le sujet de cette intellection devrait demeurer.

[1074b38-1075a5] : « Ou bien ne faut-il pas dire [...] l'intellection ne fera qu'un avec l'objet pensé. »

Parce qu'elles reposent sur la différence qui semble résider entre le sujet et l'objet de la pensée, les deux objections précédentes se voient ici adresser une réponse unique [2], déterminant les conditions d'identité

1. Comme le note S. Menn, *The Aim*, IIIγ2, p. 24, cette objection se rapproche de la seconde aporie développée en *DA* III 4, 429b26-29.

2. Contrairement à ce que soutiennent Ross, *Aristotle. Metaphysics*, *op. cit.*, vol. 2, p. 398, ou Brunschwig, « A Short-Lived Thought Experiment ? », art. cit., p. 292-293, cette réponse n'oublie sans doute pas la seconde objection. Il est vrai que les lignes 1074b38-1075a5 ne mobilisent plus la question de la valeur, mais parce que, en établissant l'identité de l'intellection et de l'intelligible, elles rendent obsolète toute distinction de ce genre. Du reste, l'examen de la deuxième aporie a suffisamment montré que ce n'est pas uniquement parce qu'il pense que l'intellect divin est excellent, mais tout autant parce qu'il est pensé, puisque ce n'est qu'à cette condition qu'il peut être pleinement en acte.

de l'intellection et de son objet. Aristote commence par reconsidérer les termes de la première objection (1074b38-1075a2), en donnant des raisons de nuancer la règle qui veut que la pensée humaine ne se rapporte jamais à elle-même qu'accessoirement. La possibilité de cette nuance repose sur l'exemple de la science, dont le fonctionnement implique qu'elle s'identifie à son objet. Aristote en donne deux illustrations, qui vont *crescendo*. La première correspond aux sciences productrices (les arts), qui s'identifient à leur objet, à condition qu'on le réduise à sa quiddité [1]. En un sens, en effet, l'art s'identifie à la forme [2]. Quant aux sciences théorétiques, leur identité à leur objet est plus évidente encore, et sans restriction, puisqu'elles ne consistent en rien d'autre qu'en la saisie intellective de l'essence de la chose : c'est la même chose que la science en acte et son objet [3]. La première objection peut donc trouver un premier élément de réponse, parce que le fonctionnement même de la science implique qu'elle s'identifie profondément à son objet, de sorte que la science de la chose et la science de la science sont les deux aspects inséparables d'une même opération. En découle la possibilité d'un parallèle entre l'homme et le dieu, non parce que l'intellection divine procéderait comme celle de l'homme [4], mais plutôt parce que, même en l'homme, et contrairement à ce que la première objection avait laissé croire, le rapport à soi n'est pas accessoire ou second, mais au cœur même de l'acte de connaissance.

Il y a toutefois une ambiguïté. Comme dans le cas des sciences productrices, l'identité de la science théorétique et de son objet repose sur l'immatérialité de ce dernier – l'essence de la chose. Mais Aristote ne précise pas si cette essence est celle d'une réalité immatérielle [5] ou d'un

1. Elders, *Aristotle's Theology*, *op. cit.*, p. 263-264, rattache la précision ἄνευ ὕλης, non à l'objet de la science, mais aux sciences productrices. Il s'agirait de désigner, parmi les sciences productrices, celles qui n'impliquent pas la production d'un objet matériel, comme les mathématiques. Mais, rien n'atteste l'existence, chez Aristote, d'un concept d'une science productrice d'un objet immatériel. D'autre part, *Metaph.* E 1 atteste que les mathématiques sont des sciences théorétiques. Le plus vraisemblable reste donc que l'absence de matière soit à rattacher à la substance (voir J. Brunschwig, « A Short-Lived Thought Experiment? », art. cit., p. 295). La formule « substance sans matière » est un équivalent possible de la quiddité : cf. *Metaph.* Z 7, 1032b14.

2. *Cf.* en Λ, chapitre 3, 1070a28-30 ; 4, 1070b33-34.

3. Cf. *DA* III 4, 430a4-5 ; III 5, 430b19-20 ; III 7, 431a1-2.

4. Comme l'implique la lecture de A. Kosman, « *Metaphysics* Λ 9 », art. cit., p. 319-321 ; *The Activity of Being*, *op. cit.*, p. 228.

5. En ce sens, S. Menn, *The Aim*, IIIγ2, p. 24.

objet sensible. La suite du passage [1] (1075a2-5) se concentre, en revanche, clairement sur cas particulier des intelligibles immatériels (ὅσα μὴ ὕλην ἔχει, 1075a4) [2], qui permettent d'argumenter une identité plus forte encore entre le pensant et le pensé. Aristote peut ainsi argumenter une identité, non plus seulement de la science à son objet épistémique, mais de l'intellect en acte à la réalité pensée [3]. Il peut prouver l'indistinction qui réside, même en l'homme, entre le sujet et l'objet d'une pensée, de sorte que la seconde objection peut désormais apparaître comme un faux problème [4]. Mais ce faisant c'est aussi la première objection qui trouve un nouvel élément de réponse, dans le cas, non plus de la science en général, mais de l'intellection en particulier. Même conditionné à l'intellection d'autre chose, le rapport à soi n'implique plus, dans ce cas, aucune différence essentielle avec l'objet extérieur de pensée. Dans cette mesure, l'intellection de l'intellection est moins accessoire encore que la science de la science.

Bien entendu, cette intellection de l'intellection n'a pas, en l'homme, la même signification qu'en dieu. Parce que l'intellect divin est purement actuel, il se pense donc éternellement. Pour cette même raison, tout, en lui, est déjà intelligible, de sorte que l'intellection de l'intellection est une saisie de son être tout entier et présente une signification essentielle [5]. Surtout, l'intellect divin se pense, parce qu'il n'est rien d'autre qu'il

1. Le texte des lignes a3-5 est incertain. Les mss EJ souffrent d'une lacune. En dépit des tentatives de Brunschwig, « A Short-Lived Thought Experiment? », art. cit., p. 294, de conserver le texte de J (en adoptant toutefois τῷ νοουμένῳ en a5), il est préférable de suivre la leçon de MC et E [2], ainsi que le font tous les éditeurs, à savoir : οὐχ ἑτέρου οὖν ὄντος τοῦ νοουμένου καὶ τοῦ νοῦ, ὅσα μὴ ὕλην ἔχει, τὸ αὐτὸ ἔσται, καὶ ἡ νόησις τῷ νοουμένῳ μία.

2. Cette précision pourrait certes désigner, non les intelligibles immatériels, mais l'ensemble des objets de science. Mais la proximité, même textuelle, entre ce passage et le *DA* III 4, 430a2-4, qui se concentre sur les intelligibles immatériels, conduit à en douter.

3. On retrouve ainsi les conditions qui, en Λ 7 (1072b19-23), ont permis de justifier que l'intellect humain se pense lui-même, à ceci près que c'est de νοούμενον et non plus de νοητόν qu'il est question à présent, puisque l'intellect s'identifie à l'intelligible, en tant que ce dernier est effectivement pensé. Cette substitution, relevée par Brunschwig (« A Short-Lived Thought Experiment? », art. cit., p. 302, n. 84), ne serait pas tant le signe de l'incapacité du chapitre 9 à prendre en compte la dimension progressive de l'intellection que celui de son adéquation stricte aux termes du problème. L'objection de 1074b35-36, en effet, ne s'inquiète pas de ce qu'une faculté ne puisse se prendre pour objet indépendamment de son exercice sur un objet extérieur, mais de ce que, même en acte, le rapport d'une faculté à elle-même diffère de son objet principal. C'est donc au sein même de l'acte que se manifeste le caractère accessoire du rapport à soi et c'est au sein même de l'acte (de science et d'intellection surtout) qu'Aristote doit élaborer sa réponse.

4. *Cf.* également J. Beere, « Thinking Thinking Thinking : On God's Self-Thinking in Aristotle's *Metaphysics* Λ. 9 », art. cit., p. 26-29.

5. Voir en ce sens S. Menn, « Aristotle and Plato on God as Nous and as the Good », *The Review of Metaphysics* 45, 1992, p. 569.

puisse penser, tandis que l'intellect humain se pense au travers d'un intelligible, dont il se distingue initialement. Reste que l'expérience humaine de la pensée, contrairement à ce que les deux objections ont pu laisser croire, donne elle aussi l'exemple d'une pensée dans laquelle l'intellect s'assimile tout entier à son objet et peut donc, au cœur même de sa pensée de l'intelligible, saisir son acte propre.

[V] *Troisième aporie : la composition de l'objet de pensée*

[1075a5-7] : « Voici qu'il reste encore un problème, [...] tout ce qui n'a pas de matière est indivisible ? »

L'examen de cette troisième aporie a pu être différé jusqu'à ce point, dans la mesure où il ne contribue pas tant à établir la thèse de l'intellection de l'intellection qu'à déterminer si cette dernière ne contient pas un élément incompatible avec l'excellence souhaitée de l'intellect. La difficulté concerne l'éventualité que cet intellect, par nature immobile, soit soumis au changement et à la puissance, s'il s'avérait que l'objet de sa pensée fût composé. Le rappel de l'immobilité du Premier Moteur, en 1074b26, n'a pas encore permis de régler cette question : le mouvement qu'Aristote a alors exclu est celui qui, au sein d'une multiplicité d'intelligibles, ferait passer l'intellect divin d'un objet à un autre, non pas celui qui, à l'intérieur d'un même objet, conduirait à l'intellection progressive de chacune des parties de l'objet.

La réponse à l'aporie ne fait guère difficulté, sans doute facilitée par le rappel de l'immatérialité des intelligibles dans la réponse précédente. Dans la mesure, en effet, où l'intellect divin est une substance immatérielle et purement actuelle, elle est nécessairement simple et indivisible, comme Λ 7 l'a montré[1], de sorte que, en se pensant, elle n'est affectée d'aucun changement. Sa pensée n'est donc pas un jugement – affirmation ou négation – qui implique une composition et peut receler l'erreur[2] ; elle n'est pas une démonstration[3], qui progresserait des prémisses aux conclusions ; c'est une saisie immédiate, entière et toujours vraie de tout son objet.

Ce faisant, Aristote témoigne lui-même à l'encontre de cette tendance interprétative, évoquée plus haut[4], qui tente de concilier l'auto-intellection du Premier Moteur et l'omniscience divine, en faisant l'hypothèse que l'intellect divin contemple toute chose en se contemplant

1. Λ 7, 1072a31 ; 1073a5-11.
2. Cf. *Metaph.* Θ 10 et *DA* III 6.
3. *Cf.* S. Menn, « Aristotle's Theology », art. cit., p. 446.
4. Voir le commentaire à Λ 7, p. 272.

lui-même[1]. Il indique également qu'il n'envisage pas que l'intellection de l'intellection, contrairement à la critique que Plotin en livrera[2], puisse conduire l'intellect divin à se dédoubler au sein de sa propre intellection, entre un aspect objectif et un aspect subjectif, entre l'intellect divin en tant qu'il pense et ce même intellect en tant qu'il est pensé. Dans ce qui est immatériel, en effet, il n'y a rien qui puisse donner lieu à une multiplicité, de sorte que la conception aristotélicienne de la simplicité, fondée sur l'absence de matière et de puissance, s'avère compatible avec la pensée de soi.

[VI] *Conclusion : comparaison de l'intellect humain et de l'intellect divin*

[1075a7-10] : « L'état dans lequel l'intellect humain, [...] pendant l'éternité tout entière ? »

Ces remarques offrent au chapitre une conclusion à la fois élégante et attendue. Aristote renoue avec le thème du mode d'être de l'intellect divin, qui avait ouvert le chapitre, et prolonge la comparaison entre l'intellect humain et celui du dieu, faisant ainsi écho à l'étude de l'occupation du Premier Moteur en Λ 7 (1072b24-26), qui se refermait également sur une mise en parallèle entre l'état d'excellence intellective du Premier Moteur et celui de l'homme. Toutefois, le détail et le statut du passage restent ambigus, puisqu'on ne sait très bien s'il faut accorder un sens objectif[3] ou subjectif[4] à la notion d'intellect des composés[5].

1. *Cf.* Thémistius, *Paraphrase*, *op. cit.*, p. 111-115 ; Avicenne, *Commentaire sur le livre Lambda de la* Métaphysique *d'Aristote (chapitres 6-10)*, *op. cit.*, p. 70 ; Averroès, *Grand Commentaire*, *op. cit.*, p. 269 ; Reale, *Aristotele, la* Metafisica, *op. cit.*, vol. 3, p. 607 ; M. Frede, « Introduction », art. cit., p. 42-43 ; Th. de Koninck, « La "Pensée de la Pensée" chez Aristote », art. cit., p. 148-149 ; « Aristotle on God as Thought Thinking Himself », dans L. P. Gerson (éd.), *Aristotle Critical Assessments*, vol. 1 « Logic and metaphysics », London, Routledge, 1999, p. 385-389 ; *Aristote, l'intelligence et Dieu*, *op. cit.*, p. 56-59.

2. Plotin, *Ennéade* V 6 [24], 11-14 ; VI 7 [38], 37, 10-24 ; VI 7 [38], 39, 3-15.

3. Penchent en ce sens Bonitz, *Commentarius*, *op. cit.*, p. 518 ; Oehler, « Aristotle on Self-Knowledge », art. cit., p. 500-501 ; Elders, *Aristotle's Theology*, *op. cit.*, p. 267 ; E. Berti, « The Intellection of Indivisibles according to Aristotle *De* Anima III 6 », dans G. E. R. Lloyd, G. E. L. Owen (eds.), *Aristotle on Mind and the Senses*, Cambridge, Cambridge University Press, 1978, p. 152-153 ; Brunschwig, « A Short-Lived Thought Experiment ? », art. cit., p. 299 ; S. Menn, *The Aim*, IIIγ2, p. 28.

4. En ce sens, Thomas d'Aquin, § 2624 ; ps-Alex., *In Metaph.*, 714, 17-18 ; Ross, *Aristotle. Metaphysics*, *op. cit.*, vol. 2, p. 398-399 ; C. Natali, « Attività di Dio », art. cit., p. 210-211 ; Joseph G. De Filippo, « The "Thinking of Thinking" in *Metaphysics* Λ 9 », art. cit., p. 562 ; G. Aubry, *Dieu sans la puissance*, *op. cit.*, p. 179-180 ; Ch. Rutten, A. Stevens, *Métaphysique*, *op. cit.*, *ad loc.* ; S. Fazzo, *Il libro* Lambda, *op. cit.*, *ad loc.*

5. Une troisième possibilité serait de modifier le texte. Diano propose de lire μὴ au lieu de ἢ en a8. Le texte traiterait de l'intellect humain, lorsqu'il ne pense *pas* les composés. Mais,

Compte tenu des remarques qui précèdent, où la composition concerne les intelligibles eux-mêmes (1075a5-6), il semblerait naturel d'opter pour une signification objective. Dans cette hypothèse, Aristote comparerait ici l'intellection humaine des composés, qui prend un certain temps, puisqu'elle n'atteint son bien qu'au sein d'une totalité, qui diffère de l'intellection progressive de chacune des parties de l'objet[1], et l'intellection divine, qui porte sur un terme simple et s'avère donc immédiate et éternelle. En dépit de la continuité terminologique sur laquelle s'appuie cette lecture, on pourrait toutefois douter de la cohérence argumentative qu'elle accorde au passage. Car, outre qu'elle n'ajoute aucun élément crucial à l'examen de la troisième aporie, dont la réponse continue de reposer sur la seule immatérialité de l'intelligible, elle consiste à bâtir un parallèle manifestement bancal entre l'intellect divin et un certain type d'intellection humaine, qui n'est pas – loin s'en faut – le plus pertinent à envisager dans le contexte[2]. Du reste, le parallèle que les objections précédentes ont commencé de bâtir entre l'homme et l'intellect divin portait exclusivement sur les modalités de l'auto-intellection, de sorte qu'il est naturel de penser que cette conclusion, qui prolonge la comparaison entre l'homme et le dieu, approfondit encore ce thème. Or le thème de l'auto-intellection justement rend parfaitement légitime un glissement du sens objectif vers le sens subjectif de la notion de composé. Il est indéniable que les composés désignent, dans la troisième aporie, l'objet de la pensée. Cependant, la réponse à cette aporie a montré que si l'intellect divin pensait un indivisible, c'est parce qu'il se pensait lui-même, de sorte que la composition concerne tout autant l'objet que le sujet de la pensée et peut donc être testée dans son aspect subjectif après l'avoir été dans son aspect objectif.

Dans la lignée de la comparaison entre l'intellection humaine et celle de la substance divine, élaborée depuis 1074b35, dans la lignée également de la troisième aporie, qui a rappelé l'indivisibilité de l'intellect divin, Aristote propose donc ici un élargissement du propos qui, souligne à

dans ce cas, pourquoi insister, dans la parenthèse, sur la multiplicité des moments ou des parties constitutives de cette intellection de termes simples ?

1. En ce sens, cela pourrait faire écho à la multiplicité des temps d'intellection des parties du composé, évoquée en *DA* III 6.

2. Contrairement à l'explication avancée par Brunschwig (« A Short-Lived Thought Experiment ? », art. cit., p. 301), pour répondre au caractère paradoxal de cette confrontation, la comparaison de l'intellection divine et de l'intellection humaine des indivisibles peut manifester une différence instructive. En dépit de la réponse aux objections, il continue d'être vrai que, chez l'homme, l'intellection de l'intellection ne peut se passer du truchement d'un objet extérieur. Tout ce qu'Aristote a montré, c'est qu'elle n'avait rien d'accessoire, non qu'elle était exclusive.

la fois les similitudes et les différences de l'auto-intellection divine et de celle de l'homme. Plus précisément, le passage mentionne deux différences. La première porte sur l'éternité de l'intellection divine qu'Aristote oppose, dans le cas de l'homme, à une certaine durée (ἔν τινι χρόνῳ) qui doit, comme en Λ 7, exprimer quelque chose de la fugacité de la pensée humaine[3]. Mais, contrairement à Λ 7, Aristote justifie ici ce contraste temporel, en l'associant à une seconde différence, opposant les modalités de réalisation de cette perfection, dans l'intellect humain comme dans celui du dieu. Celui-ci est une intellection de soi, celui-là trouve sa perfection dans autre chose. L'extériorité de la perfection de l'intellect humain se voit, à son tour, explicitée en termes de totalité, par opposition à « ceci ou cela » (ἐν τῳδὶ ἤ ἐν τῳδί). Le passage n'a sans doute pas seulement un sens chronologique, où la totalité exprimerait une période de temps, par opposition à tel ou tel instant[4]. Compte tenu des conditions auxquelles l'intellect humain peut mener une intellection de l'intellection, il est probable que le passage désigne, plus généralement, le rapport du tout et de ses parties. Parce que l'intellect humain est celui d'un être composé, parce qu'il est lui-même mêlé de puissance et d'acte, il ne peut se saisir lui-même qu'en s'identifiant à un intelligible qu'il n'est pas et former avec lui une totalité. L'intellect divin, en revanche, parce qu'il est simple et purement actuel, est proprement une intellection et trouve donc en lui-même cette perfection[5]. Ainsi peut s'expliquer le contraste entre la fugacité humaine et l'éternité divine, en raison de l'extériorité du bien pour l'une, de son autarcie pour l'autre : dans un cas, l'excellence est fragile car processuelle, dans l'autre, elle est immédiate et toujours garantie.

3. C'est l'interprétation de Bonitz, *Commentarius*, *op. cit.*, p. 518 qui a sans doute raison de rapprocher l'expression de « μικρὸν χρόνον » en Λ 7, 1072b15, contrairement à ce qu'avancent Ross (*Aristotle. Metaphysics*, *op. cit.*, vol. 2, p. 399), puis Brunschwig (« A Short-Lived Thought Experiment? », art. cit., p. 300, n. 74).

4. *Cf.* en ce sens Ross, *Aristotle. Metaphysics*, *op. cit.*, vol. 2, p. 399. Voir aussi S. Menn, *The Aim*, IIIγ2, p. 28 ; Ch. Rutten, A. Stevens, *Métaphysique*, *op. cit.*, *ad loc.*

5. À cet égard, il semble donc légitime de continuer à lire cette conclusion à la lumière de l'*EE* VII 12, 1244b1-1245b19 où, en réponse à la question de savoir si l'homme heureux possède un ami, Aristote rattache le bonheur à la connaissance de soi et cette dernière à la médiation nécessaire de l'ami, par contraste avec le dieu, dont l'excellence est autarcique. Pour des réserves sur ce rapprochement, voir J. Brunschwig, « A Short-Lived Thought Experiment? », art. cit., p. 298-299.

Commentaire au chapitre 10

Résumé du chapitre

Le chapitre se compose de deux sections principales (positive, puis polémique), qui donnent au traité une double conclusion. [I] *La première (1075a11-25) aborde la question du bien de l'univers, défini à la fois comme son ordre et comme son principe. Le passage précise ainsi l'articulation de la substance immobile à l'ensemble du cosmos et développe la conception du principe comme bien.* [II] *La seconde section souligne les échecs des philosophies concurrentes (surtout platoniciennes) dans leur conception des principes et, par suite, les progrès accomplis en Λ.* [II. 1] *Après une brève introduction de l'objet de cette section (1075a25-27),* [II. 2] *Aristote propose une première critique, dirigée contre la définition des principes premiers comme contraires, dont le principal défaut réside dans l'omission du substrat matériel (1075a27-34).* [II. 3] *L'examen de cette théorie, dans son versant académicien, conduit Aristote à développer le rapport du principe et du bien, que ses prédécesseurs ont soit ignoré, soit échoué à fonder sur la causalité finale (1075a34-b13).* [II. 4] *La question du devenir, de sa perpétuité et de son ordre, structure ensuite un ensemble de remarques, soulignant principalement l'incapacité des philosophes à concevoir un principe suprasensible, moteur et en acte (1075b13-37).* [II. 5] *Le chapitre s'achève sur une attaque contre Speusippe qui n'a su rendre compte ni de l'ordre du monde, ni de l'unité des principes.*

[I] *Le rapport de l'univers et du bien*

[1075a11-13] : « Il faut aussi examiner [...] ou bien comme l'ordre ? »

Ce nouveau questionnement s'inscrit dans la continuité des précédents. Il fait écho aux dernières discussions du chapitre 9 (1075a7-10), dont il reprend la terminologie [1], et paraît prolonger la question de savoir

1. Observation formulée par Bonitz, *Commentarius*, *op. cit.*, p. 518 et S. Fazzo, *Commento*, *op. cit.*, p. 113, 184, 383.

comment l'homme et le dieu possèdent leur bien et leur perfection, en l'élargissant à l'univers entier. Ce faisant, il s'intègre à la perspective d'ensemble du livre Λ, car en posant la question du rapport de l'univers à son bien, c'est celle du rapport entre l'univers et ses principes, et la substance immobile en tout premier lieu, qu'Aristote soulève[1]. Bien sûr, la formule « le bien et l'excellence » (τὸ ἀγαθὸν καὶ τὸ ἄριστον)[2] ne désigne pas uniquement le Premier Moteur, comme en témoigne l'un des sens de cette perfection de l'univers – l'ordre. Il est clair, toutefois, qu'il en est une version, de sorte que le passage revient à déterminer de quelle manière, non plus le ciel uniquement (comme en Λ 7-8), mais l'univers entier et l'ensemble des substances se rapportent au principe immobile. À cet égard, le développement qui s'ouvre peut donc se lire à la fois comme la conclusion de l'enquête sur la substance immobile et comme le prolongement de la synthèse des principes proposée dans les chapitres 4 et 5. De même que ces chapitres ont montré l'existence d'un rapport moteur universel au principe immobile, de même cette nouvelle section prolonge la question, à la lumière de la définition plus précise qui a été donnée de ce principe – dorénavant décrit comme un bien. Par ce questionnement sur les principes axiologiques de l'univers, c'est ainsi la sagesse, définie en *Metaph.* A 2 (982b5-7) comme la connaissance du bien de chaque chose et du meilleur de la nature entière, qui continue de trouver en Λ une forme de réalisation.

On peut s'interroger sur le sens de la formule « la nature du tout » (ἡ τοῦ ὅλου φύσις), par laquelle Aristote aborde ici la thématique de l'univers. S'agit-il d'une manière un peu détournée de désigner l'univers lui-même, ou bien exprime-t-elle l'idée d'une nature cosmique, c'est-à-dire d'une nature propre à l'univers et différente de celle des individus qui le composent[3] ? En faveur de cette seconde hypothèse, on peut remarquer

1. Comme le souligne S. Menn, *The Aim*, III 3, p. 5, c'est cette question que Théophraste reprend et met à l'épreuve dans sa *Métaphysique*.

2. S. Fazzo (*Commento*, *op. cit.*, p. 388-389) envisage que ces deux termes désignent deux statuts ontologiques distincts : la substance dans la cas de τὸ ἄριστον, un mode d'être dans le cas de τὸ ἀγαθόν. Il est clair que cette alternative entre un bien-substance et un bien-mode-d'être est partie prenante de la question soulevée par cette section. Toutefois, les derniers développements de Λ 9, dont cette section partage la terminologie, emploient τὸ εὖ et τὸ ἄριστον comme des termes substituables. On comprend donc la formule comme un *hendiadys*, le second terme exprimant un degré supérieur au premier.

3. En ce sens, voir D. Sedley, « *Metaphysics* Λ 10 », art. cit., p. 329-331 ; « Teleology, Aristotelian and Platonic », dans J. G. Lennox, R. Bolton (eds.), *Being, Nature, and Life in Aristotle*, Cambridge, Cambridge University Press, 2010, p. 19; M. R. Johnson, *Aristotle's Teleology*, *op. cit.* p. 280; Ch. Horn, « The Unity of the World-order According to *Metaphysics* Λ 10 », dans Ch. Horn (éd.), *Aristotle's* Metaphysics *Lambda – New Essays*, *op. cit.*, p. 290.

que parler de la *nature* du tout ne revient sans doute pas exactement à mentionner le tout lui-même, mais à souligner qu'on envisage quelque chose comme son essence [1]. Mais, cela paraît également induit par la notion même de *tout* (ὅλον). En Λ 1 (1069a19-20) en effet, Aristote a évoqué deux modes possibles de constitution de l'univers (τὸ πᾶν) : celui de la série (τῷ ἐφεξῆς) et celui du tout (ὅλον τι), par quoi l'univers constitue une réalité une et différente de la simple juxtaposition de ses parties. En mentionnant ici « la nature du tout », Aristote indique donc en faveur de quelle option il tranche à présent. Mais, si l'univers forme un tout, c'est donc aussi manifestement qu'il possède quelque chose comme une nature à part entière, qui consiste précisément dans le fait qu'il forme une totalité une et cohérente, plutôt qu'une collection exhaustive de parties. Dans cette mesure, la formule « la nature du tout » peut fort bien indiquer que c'est l'univers dans son essence, c'est-à-dire en tant que totalité une et cohérente, qu'il s'agit d'étudier dans son rapport au bien [2].

En réponse à cette question, Aristote commence par formuler un dilemme entre deux conceptions du bien : l'une qui l'assimile à une entité séparée (κεχωρισμένον), qui est en soi et par soi (αὐτὸ καθ' αὑτό), l'autre à l'ordre des parties de l'univers. L'alternative est double et oppose à la fois la transcendance [3] à l'immanence et, comme l'a souligné S. Fazzo [4], le statut ontologique de la substance à celui de la qualité. Mais à vrai dire, l'ordre est ici sans doute plus qu'une qualité, mais une caractéristique essentielle de ce que c'est que de former un tout, comme le montrera l'exemple de l'armée (1075a13 *sq.*).

On remarque souvent le caractère platonicien de la première hypothèse [5] : le bien de l'univers correspondrait, dans ce cas, à un bien séparé et par soi, qui serait bon en lui-même et par lui-même, ce qui fait assez naturellement songer à l'Idée platonicienne du bien dont la critique, en *EN* I 4 et en *EE* I 8, est pourtant sans appel [6]. Ces résonances ne doivent

1. Voir en ce sens S. Fazzo, *Commento*, *op. cit.*, p. 388.

2. Jusqu'à ce point, on peut admettre l'hypothèse d'une nature cosmique. En revanche, cela ne signifie pas, contrairement à ce qu'avancent les partisans de cette hypothèse, que cette nature soit au principe de l'ordre du monde. On y revient, p. 356, 361.

3. Il est vrai que le terme κεχωρισμένον pourrait désigner la séparation substantielle. Mais, dans le contexte du passage, le terme fait plus naturellement songer à la séparation à l'égard du sensible, comme c'est le cas en 1073a6-7.

4. *Commento*, *op. cit.*, p. 178-179, 388-389.

5. Voir, par ex., S. Menn, « Aristotle and Plato on God as Nous and as the Good », art. cit., p. 547 ; *The Aim*, IIIγ3, p. 4 ; S. Fazzo, *Commento*, *op. cit.*, p. 389-390.

6. *Cf.* M. R. Johnson, *Aristotle's Teleology*, *op. cit.* p. 273, qui estime donc que l'hypothèse d'un bien séparé désigne l'éventualité où le bien serait un être déterminé de l'univers plutôt que l'état global de ses parties.

toutefois pas troubler, pour deux raisons au moins. D'une part, même exprimée dans des termes platoniciens, c'est de tout autre chose que l'Idée du bien qu'il s'agit et qui ne contredit pas les arguments qu'Aristote lui oppose, comme la multiplicité des sens du bien. Aristote se contente de mobiliser ici l'hypothèse d'une réalité substantielle qui est bonne par essence, comme l'est la substance immobile, sans que cela n'épuise tous les sens du bien, puisque l'ordre lui aussi est un bien. Du reste, cette première hypothèse rend d'autant plus compréhensible l'alternative, qui ne se contente pas de demander si le bien de l'univers est en lui ou en dehors de lui, dans une substance ou dans un mode d'être, mais qui le confronte à deux instanciations maximales du bien : l'une consistant dans l'accomplissement réussi de sa nature de totalité, l'autre dans une réalité bonne par essence.

D'autre part, ces tonalités platoniciennes indiquent le contexte conceptuel et polémique dans lequel Aristote inscrit ici son questionnement. Car parler d'un bien séparé, en soi et par soi, ce n'est pas tant mobiliser la doctrine de l'Idée du bien que le concept que cette doctrine prétend à tort illustrer, c'est-à-dire le concept d'un bien en soi, qu'Aristote définit, dans l'*EE* I 8 (1217b2-5), comme le bien premier et la cause du bien dans les autres choses. Or c'est bien de cela qu'il est question ici, c'est-à-dire d'une réalité bonne en elle-même et qui sera bientôt décrite comme le principe du bien de l'univers. Ce faisant, les accents platoniciens du passage indiquent la réforme conceptuelle, à laquelle cette section de Λ 10 participe, en contribuant à redéfinir la nature du bien en soi et sa causalité sur le monde [1].

[1075a13-15] : « Ou bien n'est-ce pas des deux manières à la fois, [...] c'est l'ordre qui existe à cause de lui. »

La solution privilégiée par Aristote consiste à dépasser l'alternative. Une double justification en est donnée, reposant à la fois sur une métaphore militaire et sur la relation causale régissant ces deux biens. L'exemple de l'armée s'impose aisément, non seulement parce qu'il résulte d'une proximité sémantique avec le terme qui exprime l'hypothèse de l'ordre

1. Comme S. Menn l'a montré (« Aristotle and Plato on God as Nous and as the Good », art. cit., p. 548 *sq.*), ce n'est pas le concept de bien en soi (αὐτὸ τὸ ἀγαθόν) qu'Aristote révoque en *EE*, mais celui de l'Idée du bien, comme définition possible du bien en soi. L'hypothèse d'un bien premier et cause des biens demeure, à la fin de la critique eudémienne, reconduite à la notion de cause finale. La substance immobile, premier désirable et cause finale du ciel, peut répondre à ces exigences.

– τάξις désigne initialement la disposition d'une armée –, mais aussi parce qu'il illustre la totalité que forme l'univers *et* les deux sortes de bien qu'il s'agit de lui attribuer[1].

Comme l'univers en effet, l'armée est constituée d'une multiplicité de parties de nature et de fonction distinctes (archers, cavaliers, fantassins, etc.), dont la conjonction forme un tout doté d'unité. D'autre part, l'armée est manifestement un lieu d'ordre et c'est dans l'ordre de ses rangs qu'elle trouve son bien, lorsque chacun des corps qui la composent tient sa position, accomplit sa tâche et contribue à l'activité globale de l'armée – le combat. On pourrait faire valoir que le bien de l'armée n'est tant l'ordre que ce que l'ordre doit permettre – la victoire. C'est vrai en un sens, mais non parce que la victoire serait le seul et véritable bien de l'armée, mais parce qu'elle est le signe de son accomplissement : une armée défaite n'existe plus. La victoire suggère que l'armée a accompli son œuvre, parce qu'elle était ce qu'elle devait être – ordonnée. À cet égard, l'ordre est un bien, non en ce qu'il serait un arrangement cosmétique, mais parce qu'il est la condition de possibilité de l'accomplissement de l'activité propre d'un ensemble et, dans cette mesure, la réalisation de son essence. Enfin, l'armée illustre l'hypothèse d'un bien substantiel et séparé, puisque son bien ne réside pas seulement dans l'ordre de ses parties, mais tout autant, voire plus, dans le principe substantiel qui en est la cause – le général (ὁ στρατηγός)[2].

1. Autre métaphore de l'armée dans le fr. 12 Ross du *DP* (= Sextus Empiricus, *Math.* IX, 26-27), comme image de l'ordre du ciel, sous l'égide d'un principe excellent.

2. Traditionnellement, les interprètes construisent la ligne 1075a14 (καὶ γὰρ ἐν τῇ τάξει τὸ εὖ καὶ ὁ στρατηγός), en comprenant que le bien (τὸ εὖ) est le sujet unique de la phrase et qu'il est reconduit à l'ordre dans lequel il réside (ἐν τῇ τάξει), puis au stratège auquel il s'identifie (ὁ στρατηγός). Le bien ferait donc l'objet d'une double prédication, mais asymétrique. Cette anomalie syntaxique conduit S. Fazzo (*Commento*, *op. cit.*, p. 173-179, 391-394) à construire autrement : la phrase aurait deux sujets – le bien *et* le général (τὸ εὖ καὶ ὁ στρατηγός) –, dont Aristote dirait qu'ils se trouvent tous les deux dans la disposition des rangs de l'armée (ἐν τῇ τάξει). Cela implique de filer plus fortement la métaphore et de comprendre le terme τάξις comme désignant la disposition de l'armée, qui peut être plus ou moins bonne. La première occurrence du terme en 1075a13 (τὴν τάξιν) serait donc à lire comme un accusatif de relation, exprimant que le bien de l'univers peut être relatif à son arrangement. Selon cette lecture, il continuerait d'être vrai que le bien de l'armée réside dans son ordre et dans le stratège, mais parce que tous deux sont immanents à l'armée elle-même. L'ambition d'Aristote serait d'affirmer l'appartenance de tous les êtres, même le meilleur, à un même ordre de réalité, excluant donc à la fois la transcendance ontologique de l'Idée du bien et la fragmentation speusippéenne du réel en différentes strates désarticulées. On renonce ici à suivre cette lecture pour deux raisons. Au plan grammatical, il existe une autre construction du passage, qui évite l'asymétrie syntaxique, en raison du balancement entre le bien qui réside dans l'ordre (καὶ ἐν τῇ τάξει τὸ εὖ) et le stratège (καὶ ὁ στρατηγός). On comprend donc que le bien et l'excellence

Pourtant, on pourrait s'étonner que le général constitue pour l'armée un plus grand bien que l'ordre lui-même. Le général, c'est entendu, est la cause de l'ordre et, à ce titre, peut être envisagé comme un bien, en ce qu'il en est la condition. Mais il ne semble pas devoir en résulter qu'il soit meilleur. C'est pourtant ce qu'enseigne Aristote, à la fin de Λ 7 (1072b30-1073a3) et en N 4-5 (1091a29-b20; 1092a11-17), en montrant que le bien appartient en priorité au principe plutôt qu'à ses effets. Car ce n'est qu'à la condition d'être bon soi-même qu'on peut être une cause ou un principe du bien. C'est uniquement parce qu'il est en lui-même excellent, plus courageux que les soldats, plus perspicace et plus sage aussi, que le général peut introduire de l'ordre là où un mauvais chef ne suscitera que la confusion. La métaphore revient à poser que l'univers trouve son bien dans un certain mode d'être ordonné, par lequel il accède au statut de totalité, *et* dans une substance meilleure encore, qui est au principe de ce que chaque partie accomplit l'activité qui lui est propre et s'harmonise avec les autres.

Si on est spontanément enclin à rattacher cette substance principielle au Premier Moteur, la figure du général complique toutefois l'assimilation. D'une part, elle semble témoigner en faveur de l'immanence du principe du bien à l'univers [1]. Pourtant, s'il est vrai que le général est une figure militaire, de même que le Premier Moteur est une substance et ne

(qui font l'objet de la section et qui peuvent être sous-entendus) sont, pour l'armée, à la fois le bien qui réside dans l'arrangement de ses parties *et* le stratège. Au plan conceptuel, la lecture proposée par S. Fazzo introduit un certain décalage entre la question et sa réponse. La question de départ expose une alternative entre un bien séparé et celui qui serait relatif à l'arrangement des parties du monde. Mais on voit mal alors comment Aristote pourrait répondre que ces deux hypothèses sont correctes, au motif qu'elles sont toutes à replacer dans l'arrangement des parties du monde. Cet arrangement désignerait, dans la question, une modalité du bien opposée au bien séparé, mais, dans la réponse, la condition de possibilité du bien séparé. Cela ne paraît acceptable que si on considère qu'Aristote tient pour acquis, dès le départ, que les deux modalités possibles du bien sont internes à l'univers. C'est pourquoi S. Fazzo (*Il libro* Lambda, *op. cit.*, p. 204) ajuste la traduction de la première phrase du chapitre, où Aristote dirait qu'il faut étudier comment l'univers possède *en lui-même* (« dentro di sé ») le bien et le meilleur, ce qui ne correspond à rien de clair dans le texte grec. Dans ces conditions, la réponse ne peut pas vraiment correspondre à la question. À une question qui porte sur la nature du bien de l'univers, Aristote répondrait en en identifiant le lieu. Pourtant, la suite s'emploie à justifier que le stratège constitue un bien pour l'armée, en précisant qu'il est la cause de l'ordre. Bien sûr, on pourrait lire cette précision comme une justification de l'appartenance du général à l'armée. Ce serait toutefois minorer le lien qui unit manifestement cette remarque à celles qu'Aristote a déjà formulées à la fin de Λ 7, afin d'établir que le bien réside prioritairement dans le principe. Le statut causal qu'Aristote accorde ici au général doit donc sans doute montrer qu'une certaine propriété – le bien – lui appartient prioritairement.

1. Johnson, *Aristotle's Teleology*, *op. cit.* p. 274; Fazzo, *Commento*, *op. cit.*, p. 180.

transcende pas l'ordre global de l'être, il est clair qu'il se distingue de l'armée, entendue comme un corps de troupes subordonnées. D'autre part, c'est le type de causalité qu'exerce le général sur ses troupes qui peut conduire à douter soit que le Premier Moteur se situe bien à l'horizon du passage, soit que l'hypothèse de la causalité finale ne repose pas sur une mésinterprétation de Λ 7[1]. Plusieurs hypothèses ont été formulées en réponse à cette difficulté. Certaines mettent l'accent sur la finalité que le général peut représenter aux yeux des soldats, qui, par désir de lui plaire, accompliraient au mieux leur tâche[2]. D'autres envisagent que le problème émerge de la métaphore militaire elle-même, qui véhiculerait, comme un dommage collatéral, l'exemple inadéquat du général. Mais, à dire vrai, c'est surtout la problématique du passage qui doit en convaincre, puisque cette substance séparée est un bien et une cause du bien, ce qui implique doublement qu'elle exerce une causalité finale. De même, en effet, qu'Aristote reproche à certains (comme Speusippe), de ne pas avoir compris que le bien réside en priorité dans le principe, de même il reproche à tous ceux qui ont su associer le principe et le bien d'avoir échoué à définir clairement la causalité du bien, qui est nécessairement finale, puisque c'est en tant que bien que le principe doit être cause des biens subordonnés[3].

Dès lors, il faut comprendre que le Premier Moteur, en raison de son excellence, constitue comme une cause finale universelle, de la visée de laquelle résultent, d'une manière ou d'une autre, l'ordre du monde, sa cohésion et son unité, reproduisant ainsi, à l'échelle de l'univers, l'articulation des deux sens de la finalité évoqués en Λ 7 (1072b1-3) et justifiant d'autant mieux l'alternative présentée au début du chapitre, dont un membre correspond à la chose bonne en elle-même et qu'on vise en raison de son excellence, l'autre au bien que cette visée peut susciter pour l'agent, au bénéfice qu'il en retire[4]. Puisque ce bénéfice est un ordre global, il doit résulter soit de la visée du Premier Moteur par une nature d'ensemble, c'est-à-dire cosmique, soit de la convergence des finalités individuelles. Si on peut admettre, en un sens, cette notion de nature

1. Voir en ce sens S. Broadie, « Que fait le Premier Moteur d'Aristote ? », art. cit., p. 379 ; E. Berti, « De qui est fin le Moteur immobile ? », art. cit., p. 22 ; « The Unmoved Mover », art. cit., p. 80 ; « Unmoved Mover(s) », art. cit., p. 205 ; *Aristotele. Dalla dialettica alla filosofia prima*, *op. cit.*, p. 517 ; « The Finality of Aristotle's Unmoved Mover », art. cit., p. 868.

2. *Cf.* Natali, « I due sensi della causa motrice », art. cit., p. 134 et S. Menn, *The Aim*, IIIγ3, p. 5, n. 12.

3. Voir A 7, 988b6-16. La critique est justement reprise en Λ 10, 1075a38-b1.

4. Voir *supra*, p. 250-253.

cosmique, en ce que le monde forme un tout cohérent et unifié [1], rien n'atteste qu'elle puisse jouer, à l'image d'une forme hylémorphique, le rôle d'un principe d'organisation. La totalité unifiée que forme le monde apparaît plutôt comme la conséquence de cette organisation. En revanche, plusieurs textes du corpus se font l'écho de l'orientation des individus eux-mêmes vers une finalité divine, comme en *DA* II 4 (415a26-b7), où la reproduction, œuvre propre du vivant, croise la finalité que représente l'éternité divine [2]. Bien sûr, cette finalité ne saurait se fonder dans tous les cas sur un amour pour le Premier Moteur. On peut toutefois envisager que les êtres s'y ordonnent, pour les uns directement, en vertu de la connaissance qu'ils en ont et du désir qu'ils en conçoivent, pour d'autres indirectement, au sein d'une concaténation des finalités, qui inscrit la visée du divin ou de son éternité au sein des finalités naturelles. Et si le Premier Moteur peut constituer pour chacun un bien et une fin, c'est sans doute en raison de ce qui est au fondement de son excellence – son actualité. Sur la structure finalisée qui relie chaque être à son acte essentiel reposerait ainsi la finalité universelle du divin, de sorte que chacun, en visant son acte propre, viserait aussi l'actualité du principe [3].

[1075a16-19] : « Toutes les choses sont ordonnées ensemble [...] en rapport à quelque chose d'unique... »

Aristote explicite ici l'ordre du monde, en soulignant qu'il présente une étendue universelle et qu'il repose sur un ensemble d'interrelations. Ce faisant, il montre que sa conception de l'univers échappe à l'écueil de la rhapsodie. Mais elle doit également éviter l'écueil de l'uniformité, car l'existence d'un ordre universel ne peut conduire à nier la diversité des êtres qui le composent. C'est donc *d'une certaine manière* (πως) que toutes les choses sont ordonnées, selon des différences qui tiennent à la diversité de leur nature. Cela signifie, en premier lieu, que les parties du monde ne sont pas à l'unisson, mais en harmonie, de sorte que chacune, comme dans une armée, possède une fonction propre, par laquelle

1. Voir p. 350-351.

2. On peut ajouter *GC* II 10, 336b26-32 ; II 11, 338b14-17 ; *GA* II 1, 731b20-732a1. Certains songent à *Meteor.* I 9, 346b36 ; 347a5 et *Metaph.* Θ 8, 1050b28, au sujet du cycle des éléments. Voir toutefois les limites de l'exemple, soulignées par D. Charles, « La cause finale », art. cit., p. 155.

3. Voir en ce sens G. Aubry, *Dieu sans la puissance*, *op. cit.*, p. 189 *sq.* Voir aussi notamment D. Sedley, « *Metaphysics* Λ 10 », art. cit., p. 334 ; I. Bodnár, « Teleology across Natures », *Rhizai* 2, 2005, p. 22 *sq.*

elle contribue à l'ordre global. Cela signifie, en second lieu, que cette contribution n'est pas seulement variable en espèce, mais en intensité, de même que, au sein d'une armée, tous les postes ne sont pas également déterminants dans la bataille [1]. Si toutefois ces différences ne conduisent pas le monde à la dislocation, c'est en vertu du rapport que chaque être entretient avec une même réalité (πρὸς ἕν). L'ordre transversal apparaît ainsi comme le produit d'un ordre centralisé, la coordination des êtres du monde comme le produit de leur ordonnancement à une réalité unique.

On peut s'interroger sur l'identité de cette réalité unique. Elle n'est pas sans rapport avec le monde lui-même, comme le souligneront plus loin les exemples de la maisonnée (« εἴς τὸ κοινόν », 1075a22) et de la dissolution des éléments (« εἰς τὸ ὅλον », 1075a25), de sorte que c'est manifestement en rapport au monde et à son ordre, que les êtres sont reliés entre eux. Mais puisque cet ordre est le produit d'un bien principiel qu'il est raisonnable d'identifier à la substance immobile, on peut rapprocher cette réalité unique du Premier Moteur lui-même [2]. C'est parce que chacun vise, à sa manière, le Premier Moteur que tous les êtres sont à la fois ordonnés et, à sa manière, coordonnés et peuvent contribuer à l'activité des autres êtres, puisque ces activités gravitent autour d'une même polarité.

C'est la complexité de ce rapport au principe que la formule πρὸς ἕν doit suggérer. À un premier niveau, elle fait écho à la diversité des êtres du monde. De même, en effet, que cette formule permet, en *Metaph.* Γ 2 (1003a33-b17), de dire le rapport de tous les êtres à la substance, de même elle permet ici d'exprimer la variété des êtres du monde et la possibilité qu'ils s'intègrent, en dépit de leurs différences, à un ordre global, en vertu d'un rapport chaque fois vérifié, mais toujours différent, au Premier Moteur. Aussi ce dernier apparaît-il, au même titre que la substance, comme le point focal du monde, auquel le ciel et la nature sont suspendus (Λ 7, 1072b13-14), comme les êtres sont suspendus à la substance (Γ 2,

1. C'est cette diversité, à la fois horizontale et hiérarchique, que souligne l'exemple des plantes, des animaux volants et aquatiques, dont l'énumération associe des différences de nature à d'autres relatives au degré de complexité du vivant. Selon D. Sedley, « *Metaphysics* Λ 10 », art. cit., p. 335-336, ces exemples se rapportent au mouvement local, parce qu'il s'agit de l'effet du Premier Moteur dans le ciel et qu'il permettrait donc de montrer comment s'ordonnent différents êtres au regard d'un même critère. C'est aussi pourquoi il faudrait traduire le καί de la ligne 1075a17 par « même », afin de suggérer que l'ordre universel descend jusqu'aux niveaux les plus rudimentaires, ce qui expliquerait qu'Aristote ne complète pas la liste par la mention des animaux pédestres.

2. En faveur de ce dépassement du bien commun vers le bien qu'est le Premier Moteur, voir D. Sedley, « *Metaphysics* Λ 10 », art. cit., p. 334.

1003b17)[1]. Cela ne signifie pas que la science de l'être en tant qu'être puisse trouver dans le Premier Moteur une nouvelle forme d'unité, qui achève celle que la substance a permis d'élaborer en *Metaph.* Γ. Le rapport qui unit ici au Premier Moteur n'est pas de type logique et n'implique aucune unification épistémique[2]. Cela signifie, en revanche, que le monde trouve dans son principe, au regard du bien en tout cas, le même type d'unification que l'être trouve dans la substance, de sorte que la structure et l'unité de l'univers reproduisent analogiquement celle de l'être.

À un second niveau, la formule πρὸς ἕν présente l'avantage d'exprimer de manière à la fois pondérée et complexe la finalité que le Premier Moteur représente pour le monde. Car on pourrait s'étonner après, tout, si c'était bien de finalité qu'il s'agît, que le passage évite de recourir à une formule qui l'exprime plus clairement (τὸ οὗ ἕνεκα)[3]. Mais en vérité, cette formule, vague en apparence, est doublement justifiée. D'une part, elle évite les excès d'une téléologie systématique, qui prêterait à des êtres inanimés, une aspiration vers la substance immobile difficilement compréhensible[4]. Dans cette mesure, la terminologie du passage témoigne peut-être des précautions dont use ici Aristote, non parce qu'il ne serait pas question de finalité, mais parce qu'il ne pourrait en être question partout au même degré. D'autre part, la formule permet d'inclure jusqu'à ces êtres inanimés dans la tension vers le Premier Moteur, en vertu des phénomènes de téléologie croisée, que la suite du texte évoquera, au sujet de la dissolution des corps (1075a23-24). Car ce phénomène, s'il profite aux êtres qui en naissent et témoigne de la coordination de toutes choses, ne constitue toutefois une finalité ni pour les êtres concernés par la dissolution, ni pour les éléments qui en sont le produit. Par un phénomène de croisement cependant, il contribue à l'orientation des vivants vers une forme d'éternité.

1. M. R. Johnson, *Aristotle's Teleology*, *op. cit.* p. 279 et G. Aubry, *Dieu sans la puissance*, *op. cit.*, p. 199, insistent sur la réponse que ce passage apporte à la question soulevée en *EN* I 4, sur le mode de relation des biens entre eux, dont la multiplicité de sens est à la mesure de celle de l'être.

2. Voir E. Berti, « Le livre Λ de la *Métaphysique* d'Aristote », art. cit., p. 410.

3. Voir, en ce sens, M. R. Johnson, *Aristotle's Teleology*, *op. cit.* p. 272 et D. Charles, « La cause finale », art. cit., p. 155, pour des raisons toutefois différentes.

4. Voir en ce sens les remarques d'Aristote contre la thèse académicienne d'une tension des nombres vers l'Un, en *EE* I 8, 1218a24 *sq.* À cet égard, il n'est pas anodin que ce passage de Λ 10 ne cite que des vivants en exemple.

[1075a19-22] : « …c'est comme dans une maison, […] peu dans l'intérêt commun et beaucoup au hasard. »

La métaphore développe la distinction entre deux sortes d'habitants d'une maison : les hommes libres d'une part, ceux dont ils sont les maîtres de l'autre. À chaque sorte correspondent des activités à la fois différentes et différemment ordonnées au bien de l'ensemble (τὸ κοινόν). Le hasard (ὅ τι ἔτυχε, 1075a20 et 22) et la place qu'il occupe dans la masse globale des activités de chacun constituent l'unique critère, à partir duquel Aristote opère la répartition des êtres dans ces deux classes. À cet égard, on pourrait s'étonner que les hommes libres soient présentés comme ceux qui agissent le moins au hasard, par contraste avec les esclaves et les bêtes, sur lesquels s'exerce pourtant la contrainte la plus forte. Mais en vérité, si le hasard n'a guère sa place parmi les actions des hommes libres, c'est parce que ces derniers ont toujours à l'esprit le bien de l'ensemble et y ordonnent, en conséquence, la plupart de leurs actions qui, sans être contraintes, n'en sont pas moins conformes à la nécessité hypothétique que dicte la visée du bien.

À l'inverse, les esclaves et les bêtes agissent beaucoup au hasard, non parce qu'ils pourraient agir sans contrainte, mais parce que la plupart de leurs activités ne visent pas le bien commun. Cela suggère que les esclaves et les bêtes poursuivent d'autres finalités. C'est ce qu'enseigne, dans un autre contexte, la première aporie du *DC* II 12 (292b1-25), où les astres comme les vivants, à proportion de leur éloignement du principe, poursuivent des finalités plus nombreuses, soit parce qu'ils ne peuvent viser le principe directement et recourent à des intermédiaires, soit parce qu'ils ne peuvent le viser lui-même et s'ordonnent à des finalités de substitution. En ce sens, on peut envisager que les esclaves et les bêtes, incapables de viser vraiment le bien commun de la maison, poursuivent des finalités à leur mesure. C'est aussi pourquoi il leur serait *permis* d'agir au hasard, puisque, incapables de s'ordonner à cette finalité dernière, une plus grande latitude leur serait laissée[1]. Reste que c'est d'êtres domestiques qu'il s'agit, qui contribuent donc malgré tout à la prospérité commune. C'est pourquoi ils témoignent de l'orientation de tous les êtres, mêmes les plus insignifiants, vers une finalité commune et de leur coordination. À travers l'accomplissement de leur tâche, il servent l'ordre global, et donnent à leur maître les moyens de poursuivre efficacement

1. Voir en ce sens S. Menn, *The Aim*, IIIγ3, p. 6-7.

leur fin, en vertu d'un recoupement entre les finalités qui leur sont propres et la finalité commune [1].

Ramenée à l'échelle de l'univers, la métaphore suggère le partage entre, d'une part, les astres qui, comme les hommes libres, accomplissent une activité supérieure et uniforme, entièrement dédié au Premier Moteur, et, d'autre part, les vivants dépourvus de raison. Le cas de l'homme, quant à lui, est sans doute médian, oscillant, selon qu'il vit ou non conformément aux indications de son intellect, entre la classe des hommes libres et celle des esclaves [2].

[1075a22-25] : « Tel est, en effet, pour chacun, le principe qui est sa nature. [...] dans l'intérêt du tout. »

Le concept de nature doit ici permettre d'identifier le fondement causal sur lequel repose l'ordonnancement, à la fois universel et varié, que la métaphore de la maisonnée vient d'illustrer. Le texte grec des lignes a22-23 s'avère toutefois ambigu et pourrait exprimer deux conceptions distinctes de la nature. Les mss transmettent la leçon « τοιαύτη γὰρ ἑκάστου ἀρχὴ αὐτῶν ἡ φύσις ἐστίν », qui pourrait signifier soit que la nature est, *pour chacun*, un principe de ce genre [3], soit que la nature *de chacun* est cette sorte de principe [4]. Dans le premier cas, il s'agirait donc d'une nature collective, dans le second, de la nature propre de chaque individu.

1. C'est en cela que le critère du hasard prend tout son sens, selon D. Sedley (« *Metaphysics* Λ 10 », art. cit., p. 332 et n. 8), dans la mesure où les esclaves et les bêtes agissent en vue de finalités, dont certaines, sans qu'ils ne l'aient prévu, recoupent l'intérêt commun, en vertu d'un entrecroisement des finalités, comparable à la définition du hasard, en *Phys.* II 4-6. Plus généralement, on aura noté que, dans cette métaphore, la fin dernière n'est autre que le bien commun de la maison, ce qui pourrait faire douter que le bien visé par les êtres de l'univers soit extérieur. Cependant, il y aurait un cercle évident à dire que la fin dernière de toute chose, de la visée de laquelle l'ordre du monde résulte, c'est le bien immanent de l'univers, puisque ce dernier a été défini comme son ordre.

2. Voir S. Menn, *The Aim*, IIIγ3, p. 6.

3. En ce sens, D. Sedley, « *Metaphysics* Λ 10 », art. cit., p. 329-334 ; « Teleology, Aristotelian and Platonic », art. cit., p. 19 et n. 26 ; M. R. Johnson, *Aristotle's Teleology*, *op. cit.* p. 280 ; Ch. Horn, « The Unity of the World-order According to *Metaphysics* Λ 10 », art. cit., p. 286-290 ; S. Menn, *The Aim*, IIIγ3, p. 4, n. 10.

4. Interprétation soutenue notamment par le ps.-Alex., *In Metaph.*, 716, 11-12 ; Ross, *Aristotle. Metaphysics*, *op. cit.*, vol. 2, p. 401 ; L. Elders, *Aristotle's Theology*, *op. cit.*, p. 273 ; I. Bodnár, « Teleology across Natures », art. cit., p. 18 *sq.* ; D. Charles, « La cause finale », art. cit., p. 155 ; S. Fazzo, *Commento*, *op. cit.*, p. 397.

Cette dernière lecture, la plus traditionnelle, semble se heurter à plusieurs difficultés. La première, d'ordre syntaxique, n'est toutefois pas insurmontable [1]. Même en lisant le passage comme affirmant que la nature est un principe pour chacun, il resterait encore à prouver que « nature » n'est pas ici à comprendre en un sens distributif, au sens où la nature (*scil.* d'un être) serait pour chacun son principe [2]. Une seconde difficulté, d'ordre conceptuel, s'avère plus forte : l'ordre du monde, la hiérarchie des êtres et leur coordination surtout s'expliqueraient plus aisément si l'ensemble de ces phénomènes était déterminé d'en-haut, par une nature globale. Toutefois, on a vu [3] que si Λ 10 posait l'existence de quelque chose comme une nature globale ou cosmique, cette dernière relevait, non pas d'une forme hylémorphique, qui assimilerait le monde à un automoteur [4], mais à une caractéristique d'ensemble du monde, exprimant son unité et son organisation [5]. Or, ainsi conçue, on voit mal, comment cette nature pourrait constituer un principe d'organisation plutôt que son résultat : comme l'a montré I. Bodnár [6], le texte reviendrait alors à argumenter une position circulaire, où la nature du monde expliquerait la coordination des êtres, où l'ordre, en somme, serait la cause de l'ordre. C'est pourquoi il est préférable de souscrire à une lecture distributive : la nature de chaque être, c'est-à-dire son essence et son principe propre de mouvement et de repos, l'oriente vers un ensemble d'activités qui peuvent recouper partiellement l'activité d'autres êtres, parce que ces derniers poursuivent à leur manière, c'est-à-dire déterminée par leur nature, la même finalité que les premiers.

C'est le rôle de cette nature que la dissolution des corps est chargée d'illustrer *a minima*, en montrant comment un phénomène naturel participe de l'orientation des êtres vers une finalité d'ensemble. La nature exacte de cette contribution n'est toutefois pas précisée. L'hypothèse la plus courante [7] voit dans cette dissolution l'occasion pour chaque être corruptible de restituer la matière dont il est composé et qui peut ensuite

1. Certains ont corrigé le texte : Zeller suggère τοιαύτη γὰρ ἑκάστου αὐτῶν ἡ φύσις ἐστίν ἀρχή ; Jaeger édite τοιαύτη γὰρ ἀρχὴ ἑκάστου αὐτῶν ἡ φύσις ἐστίν.

2. Voir aussi I. Bodnár, « Teleology across Natures », art. cit., p. 19.

3. Voir p. 351 et 356.

4. *Cf.* Matthen, « The Holistic Presuppositions of Aristotle's Cosmology », *Oxford Studies in Ancient Philosophy*, 20.

5. Un ordre hiérarchisé selon Ch. Horn et D. Sedley.

6. I. Bodnár, « Teleology across Natures », art. cit., p. 21 *sq.*

7. Par ex. Ross, *Aristotle. Metaphysics*, *op. cit.*, vol. 2, p. 402.

servir à l'engendrement d'autres êtres. Cela illustrerait effectivement le rapport qui court entre l'ensemble des êtres, de même que la possibilité que les activités des uns servent les finalités des autres. Mais cela pourrait également illustrer l'orientation naturelle de chaque être vers une finalité qui n'est pas seulement l'ordre du monde, mais dont l'ordre du monde résulte, c'est-à-dire vers la perfection instanciée dans le Premier Moteur – son éternité ou son actualité[1]. Cette dissolution, en effet, restitue une matière qui pourra non seulement servir à l'engendrement d'êtres supérieurs, mieux à même de contribuer à l'ordre et de s'ordonner au Premier Moteur[2], mais qui, plus globalement, participe à la circularité des générations, laquelle traduit la visée de l'éternité divine dans celle de l'espèce[3].

[II. 1] *Critique des théories concurrentes sur les principes*

[1075a25-27] : « Il ne faut pas ignorer toutes les impossibilités [...] ni lesquelles posent le moins de problèmes. »

Aristote introduit ici la section polémique du chapitre, sans l'articuler clairement à ce qui précède. Plus qu'un approfondissement de l'étude du bien et de l'ordre du monde, cette seconde partie se présente, en effet, comme la conclusion de l'ensemble du livre Λ, conclusion qui, conformément au ton dialectique du traité, dresse le bilan de la théorie des principes précédemment élaborée, en en soulignant la supériorité au regard des tentatives adverses. Les remarques qui suivent présentent un aspect relativement décousu. Elles n'en sont pas moins structurées autour de plusieurs thèmes, parmi lesquels la théorie des contraires, le rapport du principe et du bien, le principe de la génération et du mouvement, ou encore l'ordre des principes et du monde, à travers la critique de Speusippe notamment.

1. On pourrait objecter que c'est en vue du tout (εἰς τὸ ὅλον) que le cas de la dissolution est évoqué, suggérant donc que la fin de toute chose n'est pas le Premier Moteur, mais le bien immanent de l'univers. Toutefois, cet exemple doit illustrer, non pas seulement la finalité commune des êtres du monde, mais la possibilité que leur corrélation en découle.

2. Selon Ross, *Aristotle. Metaphysics*, *op. cit.*, vol. 2, p. 402.

3. Cf. *GC* II 10, 336b26-32 ; II 11, 338b14-17 ; *GA* II 1, 731b20-732a1 ; *DA* II 4, 415ba26-b7. Voir *supra*, p. 356. Selon D. Sedley, ce phénomène de dissolution est à comprendre en rapport au cycle des éléments, qu'Aristote présente comme une imitation des révolutions célestes (*GC* II 10, 337a1-6 ; *Metaph.* Θ 8, 1050b28-29 ; *Meteor.* I 9, 346b20-347a5). Reste que, à proprement parler, ce n'est pas de transformation des éléments qu'il est ici question, mais de dissolution des composés en leurs éléments

[II. 2] *Critique générale des contraires*

[1075a28-32] : « En effet, tous les philosophes produisent toutes choses à partir des contraires, [...] l'existence d'un troisième terme. »

La théorie des contraires est ce par quoi s'ouvre ici le feu des critiques ; elle en est également un fil conducteur et peu de remarques, dans ce qui suit, ne s'y ramèneront de près ou de loin. Si tel est le cas, c'est en raison du consensus dont elle fait l'objet et qui justifie la place inaugurale qui lui est ici réservée[1]. Qu'il s'agisse des physiciens, des pythagoriciens ou même des éléates, tous formulent des principes de nature contraire. Quant aux académiciens, Aristote souligne, à plusieurs reprises, qu'ils souscrivent, eux aussi, à une contrariété principielle, gravitant autour de l'opposition de l'un et du multiple[2]. Aristote lui-même, jusqu'à un certain point, partage cette théorie, puisqu'il admet comme principes du changement la forme et la privation. Ce n'est donc pas tant sur l'emploi de la contrariété dans la définition des principes que portent ses critiques que sur les modalités excessives de cet emploi, qui va jusqu'à poser que *tout provient* des contraires.

Deux critiques, qui croisent les développements de *Metaph.* N 1 (1087a29-b4) et de *Phys.* I 5-7, permettent de préciser la différence entre la position d'Aristote et celle de ses adversaires. La première critique (1075a28) met l'accent sur la validité prétendument universelle de cette théorie des contraires. Qu'ils soient de nature physique ou intelligible, les contraires postulés par les prédécesseurs prétendent expliquer la constitution de l'ensemble des réalités, sensibles, comme immobiles[3]. Rien ne pourrait donc s'y soustraire, les contraires mis à part, lesquels apparaissent comme des principes universels et premiers. C'est cette universalité des contraires, et la primauté qui en découle, qu'Aristote remet en cause, en rappelant que *tout* ne provient pas des contraires : par exemple le corps circulaire qui compose les astres, la matière elle-même, à quoi il faut ajouter les substances immobiles[4].

1. *Cf.* aussi *Phys.* I 5, 188a19 ; *Metaph.* Γ 2, 1004b29-1005a2 ; N 1, 1087a29-31.

2. Un ou égal et inégal, beaucoup et peu, même et autre, excès et défaut, limite et illimité... Cf. *Metaph.* A 6, 987b20-21 ; Γ 2, 1004b32-33 ; N 1, 1087b4-6, b13-19 ; b26-27 ; N 2, 1088b28-35 ; 1089b4-15.

3. Dans le cas des platoniciens : cf. *Metaph.* A 6, 987b20-21 et surtout N 1, 1087a29-31.

4. En N 1, 1087b2-4, Aristote ajoute que les substances elles-mêmes n'ont aucun contraire. Toutefois, la plupart d'entre elles en provient.

C'est la primauté des contraires, à nouveau, que réfute la critique suivante, en même temps qu'elle montre l'incomplétude de la version que les prédécesseurs ont donnée de cette théorie. L'angle d'attaque porte, à présent, sur les modalités de la causalité des contraires. Aristote commence par souligner qu'il n'est pas correct de dire, sans autre précision, que les choses *proviennent* des contraires (ἐξ ἐναντίων), puisqu'elles proviennent, en réalité, d'un substrat matériel, affecté par les contraires [1]. Il poursuit en montrant que telle est d'ailleurs la condition de leur causalité. Les contraires ne changent pas, ils ne s'affectent pas mutuellement, mais c'est nécessairement sur un troisième terme, que s'exerce leur action [2]. La doctrine aristotélicienne de la matière, telle que Λ 2 notamment l'a présentée, apparaît ainsi comme une innovation majeure, qui permet à la fois de faire fonctionner la théorie des contraires et de la disqualifier dans sa prétention à identifier les principes premiers. Dans la mesure, en effet, où les contraires sont nécessairement les attributs d'une matière, sans laquelle ils ne peuvent exercer aucune causalité, ils ne sont donc ni premiers, ni séparés [3]. Ce faisant, c'est aussi la seconde partie de Λ qui voit ses mérites soulignés : le Premier Moteur, qui n'est ni un élément (puisqu'il est un principe externe et séparé de la matière), ni un contraire (puisqu'il est un acte), peut authentiquement incarner la notion de principe.

[1075a32-34] : « Mais d'autres philosophes […] car la matière, qui est une, n'est le contraire de rien. »

Aristote n'a pas exclu de se pencher sur certaines théories plus subtiles (1075a26-27). Aussi mentionne-t-il l'existence d'un groupe plus restreint de philosophes qui accordent à l'un des deux contraires le statut de matière [4]. Les exemples permettent rapidement d'identifier les philosophes en question : les platoniciens, pour qui l'Inégal, ou tout autre principe de l'ordre de la multiplicité, serait aussi assimilable à la matière. Et bien qu'Aristote ne s'en explique pas ici, on comprend que ce principe, parce qu'il accueille la détermination de l'Un et qu'il en est donc comme le lieu (χώρα), peut apparaître comme le substrat de son contraire et, dans cette mesure, comme une matière [5].

1. Voir en ce sens N 1, 1087a36-b2. *Cf.* aussi H 5, 1044a25-26.
2. Cf. *Phys.* I 6, 189a21-b1 ; I 7, 190b33-191a17 ; Λ 1069b6-9.
3. Voir N 1, 1087a31-b4.
4. Cf. *Metaph.* A 6, 987b20-21 ; N 1, 1087b4-6 ; *Phys.* I 9, 191b35 *sq.*
5. Cf. *Phys.* IV 2, 209b11-16 ; 209b33-210a2, où Aristote argumente l'assimilation de la χώρα à l'ὕλη, en précisant qu'elle est le nom exotérique de la Dyade.

À son tour, cette position soulève des difficultés. Le passage ne précise toutefois pas lesquelles et présuppose les éclaircissements qu'Aristote donne en *Metaph.* N et en *Phys.* I 9. Ces textes montrent l'absurdité de la position des académiciens qui, en faisant du multiple le substrat de l'Un, soutiennent donc qu'il accueille et désire son contraire, dont résulte pourtant sa propre destruction (*Phys.* I 9, 192a19-20; *Metaph.* N 4, 1092a3-5). Ils échouent en réalité à distinguer, au sein d'un terme unique numériquement, deux fonctions principielles bien distinctes – celle du substrat et celle du contraire de l'Un (*Phys.* I 9, 192a2-12) : le premier peut certes être affecté du second, il n'en est pas moins essentiellement distinct et constitue donc un terme principiel à part entière. C'est pourquoi Aristote rappelle ici que la matière n'est en elle-même le contraire de rien [1], sans quoi elle ne pourrait les accueillir alternativement. C'est aussi pourquoi, en écho à *Phys.* I 9 et *Metaph.* N 1, il précise que cette matière est une, afin de souligner la subtilité à côté de laquelle les platoniciens sont passés, en ne comprenant pas que sont joints dans le même être la fonction substrative et le contraire qui l'affecte [2]. L'enjeu de cette nuance est d'importance, non seulement au plan physique, en rendant possible le devenir (*cf.* 1075b14-16), mais au plan ontologique même, en permettant l'unité des substances sensibles : c'est parce que la matière n'est pas le contraire de la forme, que l'unité des substances sensibles est possible, grâce à l'action actualisatrice du moteur (*cf.* 1075b34-37).

[II. 3] *Les principes et le bien*

[1075a34-36] : « En outre, toutes les choses participeront du mauvais, hormis l'Un, car le mal en soi est l'un des deux éléments. »

La critique des platoniciens se prolonge dans cette nouvelle remarque, qui ouvre une section consacrée aux rapports entre le principe et le bien. Cette nouvelle attaque dépend, pour partie, de la précédente description de la théorie platonicienne des contraires, pour partie, de précisions qu'Aristote se contente ici de présupposer. Si toutes choses peuvent participer du mal, c'est, comme il l'explique en *Metaph.* A 6 (988a14-17) ou N 4 (1091b14, 30-35), en raison de l'assimilation platonicienne de l'Un au bien, dont il découle que le principe contraire à l'Un est un principe

1. *Cf.* également *Phys.* I 7, 190b34-35.

2. C'est pourquoi on suit ici les mss EJA [b], qui transmettent la leçon ἡ μία, plutôt que la leçon ἡμῖν des mss MC, qui permet certes d'établir un parallèle avec la formulation précédente (1075a31), mais qui masque en partie le fond de la critique, telle que la développent les textes parallèles de *Phys.* I 9 et *Metaph.* N 1.

du mal et le mal en soi. Toutefois, la définition des principes comme contraires ne suffit pas à expliquer cette participation universelle au mal. En tant que principes ou éléments contraires, bien et mal pourraient se partager l'ensemble de la réalité, de sorte qu'une partie des êtres seulement contiendrait l'élément mauvais. Pour rendre compte de ce que tous les êtres, sauf l'Un, participent du mal, il faut ajouter cette conception particulière du principe « mauvais » comme multiplicité, de sorte que tous les êtres, en participant du multiple, participent donc aussi du mal. Compte tenu de la précédente assimilation du multiple à la matière, il en résulte donc que ce serait la matière le mal en soi et le principe du mal[1].

En s'exprimant ici au futur (μεθέξει), Aristote pointe sans doute davantage une conséquence possible de la doctrine platonicienne qu'une position dûment assumée[2]. La critique n'en est pas moins fondée et ne relève pas uniquement de la mauvaise foi, puisqu'Aristote rapporte que Speusippe avait tiré la même conclusion (1075a36-37). L'absurdité en est suffisamment évidente pour qu'Aristote ne ressente pas le besoin de la commenter. D'une part, le monde est globalement beau et bon, comme le début du chapitre l'a montré. D'autre part, Aristote montre en *Metaph.* N 4 (1091b35-1092a3) ou *Phys.* I 9 (192a16-20) que cette doctrine a pour effet de faire du mal le lieu ou le substrat du bien, un bien en puissance donc, ce qui revient à nier la contrariété, pourtant évidente, du bien et du mal. Mais plus profondément encore, c'est le statut principiel du mal qui constitue la faute la plus grave, puisque comme Aristote l'affirmera plus loin (1075a36-37), le bien surtout est principe, tandis que le mal n'est jamais premier (1075b6-7)[3].

La nécessité de définir le principe premier en dehors de toute contrariété n'en apparaît que plus clairement, non plus seulement au regard de la primauté, mais du bien lui-même. C'est ce qu'autorise, à nouveau, la doctrine du Premier Moteur, principe excellent et acte pur, dépourvu de contraire donc. Mais, plus fondamentalement, c'est ce que permet la conception aristotélicienne des contraires qui, en tant que forme et privation, constituent des termes asymétriques, dont l'un n'a de sens et n'existe qu'en dépendance de l'autre. Le mal est donc, comme contraire,

1. À proprement parler, ce n'est pas l'assimilation du contraire mauvais à la matière qui explique que toute chose participe du mal (*contra* D. Sedley, « *Metaphysics* Λ 10 », art. cit., p. 338), mais sa définition comme multiple, laquelle justifie également son assimilation à la matière.

2. Voir en ce sens Robin, *La Théorie platonicienne des Idées et des Nombres d'après Aristote*, *op. cit.*, p. 576, n. 540 ; Elders, *Aristotle's Theology*, *op. cit.*, p. 277.

3. Voir aussi Θ 9, 1051a3-21. Cf. *infra*, p. 370-371.

un terme postérieur au bien, qui ne peut exister sans lui, sans que la réciproque ne soit vraie. L'hypothèse d'un bien principiel ne contraint donc pas à poser celle de son contraire [1].

[1075a36-37] : « D'autres philosophes [...] c'est au plus haut point le bien qui est principe. »

Cette nouvelle critique dépend directement de la précédente et lui est d'ailleurs régulièrement associée. Bien qu'Aristote reste ici évasif, il est clair que Speusippe au moins est visé : en N 4 (1091b32-35), Aristote montre que c'est notamment pour éviter d'avoir à définir le Multiple comme mal en soi, qu'il s'abstient de reconduire le bien à l'Un, à quoi s'ajoutent d'autres difficultés qui viennent de la seule définition de l'Un comme élément et comme bien [2]. Même motivé par une intention louable, ce choix est peut-être le pire de tous. Comme l'a montré la critique de Speusippe en Λ 7, 1072b30-1073a3 (ou en N 5, 1092a11-17), le bien et le beau appartiennent prioritairement au principe. Toutefois, Aristote dit ici quelque chose de plus : il ne se limite pas à reconduire le bien au principe, mais il les identifie, de sorte que c'est le bien qui se trouve désormais au fondement de la notion de principe. C'est ce même renversement qu'il développe en N 4 (1091b15-20), contre Speusippe, à partir d'une analyse conceptuelle générale, qui montre que les caractéristiques essentielles de la notion de principe (éternité, primauté, autarcie) sont les conséquences de son excellence : l'excellence d'un être est la raison pour laquelle il ne manque de rien et peut donc se maintenir éternellement, de sorte qu'il constitue un terme premier et un principe. C'est ce même renversement que le livre Λ a opéré *in concreto*, en montrant que c'est parce que le Premier Moteur est nécessaire et beau qu'il est principe (Λ 7, 1072b10-11).

1. Je suis redevable sur ces questions à M. Crubellier. Je me permets aussi de renvoyer à mon article « Principe du bien et principe du mal chez Aristote », art. cit..

2. N 4, 1091a36-b3 et b22-25. Toutefois, en 1091b32-35, c'est directement à la question du mal que le rejet de Speusippe est rattaché. C'est pourquoi il n'est pas nécessaire de corriger κακόν en καλόν, selon la suggestion de Robin, *La théorie platonicienne des Idées et des Nombres d'après Aristote*, *op. cit.*, p. 558. Et c'est aussi pourquoi Speusippe est peut-être le seul concerné ici, car si d'autres penseurs sont réputés ne pas inclure le bien parmi les principes – les pythagoriciens en Λ 7, les théologiens en N 4 (1091a33-36 ; b4-8) – aucun ne fait ce choix en raison du problème du mal.

[1075a37-b1] : « Ceux, en revanche, qui disent qu'il est principe [...] est-ce comme fin, comme moteur ou comme forme ? »

Le troisième temps de cette section, consacrée au rapport du principe et du bien, s'attache à mettre en évidence une erreur moins grossière. L'ensemble de cette critique, jusqu'en 1075b11, reprend les acquis de *Metaph.* A, qui ont montré que trois philosophes au moins – Anaxagore [1], Empédocle [2] et Platon [3] – pour rendre compte de la bonté des choses et de la beauté du monde, ont su associer le principe et le bien, sans toutefois définir correctement, ni parfois même clairement, la causalité propre du bien. En A 7 (988b6-16), Aristote souligne qu'ils en viennent à faire du bien une cause par accident, puisqu'ils associent au principe bon un mode de causalité qui n'est pas celui du bien, de sorte que le bien est cause, non en vertu de sa nature, mais de son association à un terme causal qui lui est étranger. Aucun d'entre eux n'a donc jamais réellement approché la notion de cause finale (τὸ οὗ ἕνεκα).

Les trois propositions – fin, moteur et forme – soulignent l'indétermination dans laquelle ces philosophes sont restés, en citant trois pistes plausibles et effectivement développées. On peut toutefois s'interroger sur la cible exacte de cette énumération. Étant donné que les cas d'Empédocle et d'Anaxagore feront l'objet d'un traitement séparé, on pourrait songer à rattacher la totalité de cette remarque à Platon uniquement [4], dont on n'aurait effectivement aucun mal à montrer qu'il a associé le bien à ces trois sortes de causes : à la fin, en tant qu'elle est ce en vue de quoi agit le Démiurge, au moteur, puisque le Démiurge lui-même est bon, à la forme, puisqu'Aristote montre que Platon identifie le bien à l'Un. Ce serait toutefois très étonnant, non pas seulement qu'Aristote contredise sa description habituelle du bien platonicien, qui le rattache toujours obstinément à la seule causalité formelle [5], mais surtout qu'il accepte d'accorder à Platon le mérite d'avoir pensé, même confusément, la causalité finale. Il est donc plus probable que chacune de

1. A 3, 984b15-19 ; A 5, 988a14-17 ; N 4, 1091b11-12 ; *DA* I 2, 404b1-3.

2. A 4, 985a3-10 ; N 4, 1091b11-12.

3. A 6, 988a14-17 ; N 4, 1091b13-14. Aristote ajoute parfois à cette liste d'autres noms : Hésiode et Parménide, (A 4, 984b23-32), les Mages (N 4, 1091b11).

4. En ce sens, D. Sedley, « *Metaphysics* Λ 10 », art. cit., p. 339.

5. Pour en rendre compte T. K. Johansen explique que, même dans le *Timée*, le bien résulte davantage de la proportion des êtres et du monde que de l'action du Démiurge. *Cf.* « Should Aristotle Have Recognized Final Causes In Plato's *Timaeus ?* », dans R. D. Mohr, B. M. Sattler (eds.), *One Book. The Whole Universe. Plato's* Timaeus *Today*, Las Vegas-Zurich-Athènes, Parmenides Publishing, 2010, p. 192-195.

ces pistes corresponde à un camp auquel l'un ou l'autre des philosophes qui proclament la principialité du bien se rallie : la forme donc, dans le cas de Platon; la fin (τέλος) dans celui d'Aristote; le moteur, qui peut, dans une certaine mesure, convenir à Aristote (puisque la fin meut), mais qui vise plus directement Empédocle et Anaxagore. Si la suite se focalise sur ces derniers, en oubliant Platon, ce n'est donc pas parce qu'il serait ici le seul concerné, mais parce que la critique est encore de portée générale, avant qu'Aristote ne se concentre sur les particularités de la doctrine d'Empédocle et d'Anaxagore [1]. Des particularités de la doctrine platonicienne, il n'est plus besoin de faire mention, puisqu'elles ont déjà été évoquées à demi-mots, à travers la question du mal, et qu'elles sont développées en N 4 (1091b25-30), où Aristote explicite les difficultés qui découlent de la définition du bien en soi comme Un en soi.

[1075b1-6] : « Empédocle aussi s'exprime de manière absurde [...]. De laquelle de ces deux manières l'Amitié est-elle donc principe? »

En *Metaph.* A 4 (984b32-985a10), l'assimilation de l'Amitié au bien se justifie, en raison des effets de cette dernière, puisqu'elle est la cause de l'ordre et de la beauté des choses. Or, puisque seul le bien peut être au principe des biens, l'Amitié est donc à la fois le principe du bien et le bien lui-même. Comme Aristote le montre ici, c'est à la faveur de la causalité efficiente que l'amitié est cause de cet ordre. Toutefois, il n'insiste pas tant sur la définition du bien comme cause efficiente [2] – ce qui a déjà été indirectement évoqué plus haut – que sur une absurdité supplémentaire de la doctrine empédocléenne, qui intègre subrepticement la causalité matérielle à ce schéma. En N 4 (1091b12) Aristote indique que le bien est, pour Empédocle, un élément. Il en précise ici la fonction causale : l'Amitié n'est pas seulement un principe immanent au mélange primordial, mais elle en est une partie (μόριον) constitutive et, à ce titre, une matière. Que cela repose sur une interprétation, de la part d'Aristote ou

1. Cela se justifie également en raison de la place de chacun par rapport à cette doctrine du bien-principe : Empédocle, parce qu'il est, selon *Metaph.* A 4, 985a8-9, le premier à poser le bien et le mal comme principes, Anaxagore, parce que sa théorie du Νοῦς se rapproche de celle d'Aristote.

2. Contrairement à ce que suggère D. Sedley (« *Metaphysics* Λ 10 », art. cit., p. 339), il est très improbable qu'Aristote reconnaisse à Empédocle d'avoir défini la Φιλία comme une cause finale, puisque c'est précisément ce qu'il reproche à tous ses prédécesseurs en A 7 (*cf.* en ce sens S. Menn, *The Aim*, IIIγ3, p. 11, n. 19). Comme le montre S. Fazzo, *Commento*, *op. cit.*, p. 404, le καί qui précède ὡς κινοῦσα n'a donc pas un sens adverbial, mais de coordination et doit être rattaché à celui qui précède ὡς ὕλη.

sur un aspect de la doctrine d'Empédocle, qui aurait accordé à l'Amitié un statut corporel [1], la conséquence est la même. La théorie empédocléenne du bien-principe est confuse, non parce qu'elle attribue à un même être deux fonctions causales – ce qui peut se concevoir [2] – mais parce qu'elle définit la causalité du bien de deux manières, alors qu'il n'y en a qu'une qui puisse être conforme à son essence. Empédocle, en somme, commet la même erreur que les platoniciens, puisqu'il confond, en raison de leur appartenance à un même principe, deux fonctions causales distinctes.

[1075b6-7] : « C'est aussi une absurdité que la Discorde soit incorruptible, celle-là même qui est la nature du mal. »

La remarque rappelle que l'examen des rapports entre le principe et le bien s'inscrit dans celui, plus vaste, de la théorie des contraires. Ressurgit donc ici la question du mal : la Discorde relève de la nature du mal pour les mêmes raisons que l'Amitié doit être définie comme un bien, c'est-à-dire parce qu'il est à l'origine du désordre et de la laideur (A 4, 985a7-10). Contrairement à la critique des platoniciens (1075a34-36), ce n'est pas l'omniprésence du mal qu'Aristote reproche à Empédocle, puisque ni l'alternance de l'Amitié et de la Discorde, ni la nature de cette dernière, n'impliquent que toute chose en participe. C'est sur une erreur plus fondamentale qu'il met l'accent, c'est-à-dire sur le statut principiel du mal [3].

Aristote ne prend pas la peine de justifier sa critique. En un sens, elle consiste simplement à renverser l'argument de N 4 [4] : si le principe est immortel parce qu'il est bon, le mal et l'incorruptibilité sont incompatibles. Comme la plupart des interprètes le signalent [5], c'est dans la première partie de Θ 9 (1051a3-21) qu'Aristote argumente cette incompatibilité, en montrant que le mal, même en acte, est toujours postérieur à la

1. Voir Ross, *Aristotle. Metaphysics*, *op. cit.*, vol. 2, p. 402, qui cite en exemple le fr. DK 31 B17, 18-20 (= Simplicius, *In Phys.*, 158, 19).

2. Comme le note D. Sedley, « *Metaphysics* Λ 10 », art. cit., p. 339, en citant *Phys.* II 7 (198a25-26), la forme et la fin sont la même chose, et la cause efficiente leur est souvent spécifiquement identique : un homme engendre un homme.

3. *Cf.* par exemple fr. DK 31 B16.

4. 1091b15-20. Voir *supra*, p. 367.

5. *Cf.*, entre autres, Ross, *Aristotle. Metaphysics*, *op. cit.*, vol. 2, p. 402 ; L. Elders, *Aristotle's Theology*, *op. cit.*, p. 281 ; D. Sedley, « *Metaphysics* Λ 10 », art. cit., p. 339 ; S. Menn, *The Aim*, IIIγ3, p. 11. Certains commentateurs proposent une interprétation interne de cette critique : la manière dont Empédocle définit l'action de la Discorde contredirait l'incorruptibilité qu'il lui attribue. Voir Averroès, *Grand Commentaire*, *op. cit.*, p. 283 ; ps.-Alex., *In Metaph.*, 718, 19 ; Bonitz, *Commentarius*, *op. cit.*, p. 522.

puissance et n'existe jamais à part des choses sensibles. À nouveau, c'est l'asymétrie des contraires qui permet de comprendre cette relégation du mal, dans l'ordre des choses postérieures [1]. Il en découle que le mal n'est jamais principe, puisque la principialité même est la conséquence du bien. Il en découle également que l'admission d'un principe bon n'engage pas à poser l'existence de son contraire. En somme, la théorie du Premier Moteur remplit, par son excellence et son actualité, toutes les exigences du principe.

[1075b8-10] : « Anaxagore, en revanche, [...] la médecine, c'est en un sens la santé. »

Anaxagore est l'auteur d'une doctrine qui non seulement ne le contraint pas de recourir à la causalité matérielle (en raison de la pureté de l'Intellect) [2], mais qui, plus généralement, présente des affinités manifestes avec la théorie du Premier Moteur. Aussi la critique d'Aristote ne consiste-t-elle pas tant à la révoquer qu'à en montrer l'incomplétude. Le passage analyse la motricité du principe anaxagoréen. Puisqu'il s'agit d'un intellect, il doit donc mouvoir en vertu d'un principe de motricité propre à l'animé et à l'intelligence, c'est-à-dire en vue d'une fin, que cet intellect juge comme un bien. C'est ici que réside la difficulté : puisque cette fin est *différente* (ἕτερον) de l'Intellect, elle dépossède ce dernier à la fois de sa primauté et de son excellence. C'est ce but qui est véritablement premier ; c'est donc aussi ce but qui est réellement bon.

Aristote montre toutefois qu'on peut surmonter ces difficultés, sans renoncer à la doctrine d'un Intellect moteur, à condition qu'on perçoive une identité qu'il a déjà évoquée en Λ et dont il se contente de rappeler une formulation stéréotypée : la médecine, en un sens, est identique à la santé. La formule peut s'interpréter de deux manières complémentaires, revenant à établir, pour l'une, que le moteur est identique à sa fin, pour l'autre, que la fin meut. En un sens, en effet, dire que la médecine est la même chose que la santé, c'est rappeler l'identité, évoquée en Λ 9 (1074b38 *sq.*) [3], entre la science en acte, même poïétique, et son objet. Dans cette mesure, il n'est plus tout à fait exact de dire que l'intellect premier est différent du bien qu'il prend pour fin, puisque, en le pensant, il s'y identifie. Dans cette mesure, l'intellect demeure un terme premier

1. Cf. *supra*, p. 366.
2. *Cf.* fr. DK 59 B3, B4, B12 ; *Phys.* VIII 5, 256b24-25 ; *DA* I 2, 405a16-17 ; b19-21 ; III 4, 429a18-20 ; b22-26. Voir D. Sedley, « *Metaphysics* Λ 10 », art. cit., p. 340.
3. *Cf.* S. Menn, *The Aim*, IIIγ3, p. 14 ; S. Fazzo, *Commento*, *op. cit.*, p. 406.

et bon, ce dont la théorie du Premier Moteur donne une illustration maximale, en posant une identité immédiate, totale et nécessaire entre l'intellect divin et son objet.

Mais parce que l'intellect s'identifie à son objet, il est également possible de renverser cette identification et de soutenir que la santé meut. On rejoint ainsi le principe de synonymie, évoqué en Λ 3-4, qui, dans son versant technique, est directement lié à l'identité du pensant et du pensé. C'est parce que la médecine vise à produire la santé que la science médicale s'identifie à l'essence de la santé, de sorte que c'est en fin de compte la santé dans l'âme du médecin qui produit la santé dans le corps du patient[1]. La dissociation anaxagoréenne du principe et du bien est donc résolue : dès lors qu'on comprend que ce qui meut, en un sens, c'est la fin, il n'y a plus lieu de distinguer l'Intellect de son but, non parce qu'il serait une cause efficiente qui mouvrait en vue de lui-même[2], mais parce que c'est en tant que but qu'il doit mouvoir[3], ainsi que Λ 7 l'a montré.

[1075b10-11] : « C'est aussi une absurdité de ne pas donner de contraire au bien, c'est-à-dire à l'Intellect. »

Comme précédemment au sujet de Platon et d'Empédocle, cette remarque inscrit la théorie anaxagoréenne du bien-principe dans le cadre général de la théorie des contraires. Mais contrairement à ce qui précède, elle ne consiste pas tant à dénoncer cette inscription, qu'à la rendre possible, non parce qu'il serait conceptuellement souhaitable qu'un tel principe existe, mais parce qu'il est argumentativement nécessaire, compte tenu des prémisses de la doctrine anaxagoréenne, que l'Intellect et le bien possèdent un contraire[4].

1. Cette correction ne revient pas à prôner ce qu'Aristote a condamné dans le cas d'Empédocle, c'est-à-dire à identifier deux causes. Aristote maintient une frontière entre la cause efficiente et la cause finale (d'où la nuance indiquée par πως) : la fin meut, mais l'essence de la cause finale et celle de la cause efficiente ne sont pas les mêmes. D'autre part, c'est dans l'essence même de la fin que la motricité est incluse : il ne s'agit donc pas d'une confusion, mais des implications de l'essence d'une même sorte de cause.

2. Selon E. Berti, « Unmoved Mover(s) », art. cit., p. 204-205 ; « The Finality of Aristotle's Unmoved Mover », art. cit., p. 870-871.

3. Sur la manière dont cette solution répond au moins partiellement à la première aporie, *cf.* S. Menn, « La sagesse comme science des quatre causes », art. cit., p. 67 ; *The Aim*, IIIγ3, p. 13.

4. Ross, *Aristotle. Metaphysics*, *op. cit.*, vol. 2, p. 403, indique plusieurs passages de *Metaph.* A (6, 988a17, 7, 988a30, 8, 988b16), où Aristote rattache Anaxagore à la théorie des contraires, en insistant sur le fait qu'il ne l'a pas clairement formulée.

Quoique pur et sans mélange, l'Intellect d'Anaxagore n'est pas dénué de puissance[1]. On peut en donner deux indices. Le premier réside dans la faiblesse mise en évidence par la critique précédente[2] : si cet Intellect se distingue initialement du bien qu'il prend pour fin, c'est donc qu'il peut certes être en acte en le pensant, mais que sa pensée n'en demeure pas moins l'actualisation d'une puissance. En d'autres termes, il peut ne pas passer à l'acte ou passer à l'acte au sujet d'un objet contraire, puisque l'intellection appartient même à celui qui pense le pire (Λ 9, 1074b31-32). Aussi s'avère-t-il nécessaire de poser un contraire à l'Intellect et au bien, qu'on interprète ces deux termes comme un *hendyadis* ou qu'on les distingue : dans ce dernier cas, le contraire de l'Intellect serait un intellect au repos ou qui déraisonne (ἄνοια), le contraire du bien, un intelligible mauvais.

Le second indice[3] réside dans la manière dont Aristote, en Λ 6 (1071b27 *sq.*), a présenté Anaxagore, qui passait alors pour le chef de file des physiciens partisans de l'antériorité de la puissance. Et, de fait, si le monde est engendré à un certain moment, c'est que l'Intellect a connu un temps de repos et de puissance[4]. Sous cet angle à nouveau, il s'avère nécessaire de postuler un contraire à cet Intellect (compris comme cause de l'ordre) et au bien lui-même (c'est-à-dire l'ordre universel), à savoir respectivement : un intellect au repos et le désordre qui règne au sein du Mélange.

[1075b11-13] : « Tous ceux qui parlent des contraires ne font pas usage des contraires, à moins qu'on n'arrange leurs propos. »

La remarque ne consiste pas tant à clore l'examen de la théorie des contraires qu'à souligner, à la lumière de l'analyse qu'Aristote vient de proposer d'Anaxagore, l'insuffisance de la version que les prédécesseurs

1. En ce sens, voir D. Sedley, « *Metaphysics* Λ 10 », art. cit., p. 340-341. L. Elders, *Aristotle's Theology*, *op. cit.*, p. 282, fait l'hypothèse d'une corruption de ὕλη en μή. Aristote reprocherait à Anaxagore de faire de la matière un contraire de l'Intellect. C'est une opposition de ce genre qu'Aristote croit déceler chez Anaxagore en *Metaph.* A 8. Reste que cette correction, qui ne se fonde sur aucun indice textuel, implique qu'Aristote opère ici un retour peu compréhensible au thème de 1075a32 *sq.*, alors que la mise en évidence d'un contraire du bien prolonge la structure déjà mise en place, au sujet de Platon et d'Empédocle. Du reste, l'hypothèse d'un contraire à l'Intellect anaxagoréen intègre, sans s'y réduire, la possibilité d'interpréter le Mélange comme un contraire.

2. En ce sens, S. Fazzo, *Commento*, *op. cit.*, p. 407.

3. Voir S. Menn, *The Aim*, IIIγ3, p. 12-13.

4. *Cf.* aussi *Phys.* III 4, 203a20-33 (= fr. DK 59 A45).

en ont livrée, au regard du réel comme de la simple consistance logique de leur système. À moins donc qu'on ne la corrige et qu'on en restreigne les prétentions, en adjoignant aux contraires un troisième terme matériel et en les subordonnant à un principe bon et en acte, la théorie des contraires est condamnée à être inopérante, incapable d'expliquer ni comment les êtres en proviennent, ni comment le bien est principe.

[II. 4] *Les principes, la génération et le mouvement*

[1075b13-14] : « Et pourquoi certains êtres sont-ils corruptibles [...], car ils produisent tous les êtres à partir des mêmes principes. »

La section aborde ici une nouvelle étape, centrée sur la question du devenir. Ce faisant, l'examen suit une progression qui, sans être stricte, s'avère assez naturelle, trouvant son point de départ dans le consensus qui s'opère autour de la théorie des contraires et élargissant progressivement le propos, en mettant cette théorie à l'épreuve des réquisits du concept de principe (le bien), puis des effets dont les principes doivent rendre compte (le changement).

La critique repose sur la difficulté soulevée par la 10ᵉ aporie (*Metaph.* B 1, 996a2-4; B 4, 1000a7-b32). En rattachant tous les êtres aux mêmes principes, les autres philosophes ne peuvent pas justifier cette différence, pourtant fondamentale, entre la corruptibilité et l'incorruptibilité : les mêmes causes produisent les mêmes effets. Et, comme le souligne S. Menn [1], ils sont même incapables de justifier l'incorruptibilité des principes, puisque, en les concevant comme des contraires (qui sont les affections d'un substrat) ou comme des principes potentiels, ils inscrivent la corruptibilité dans les principes.

Aristote n'indique que très indirectement la solution qu'il préconise : manifestement, les principes doivent être, en partie, différents les uns des autres, tout en préservant l'unité numérique du principe premier. On se souvient que Λ a permis de répondre plus en détail à cette 10ᵉ aporie. D'une part, Aristote y a établi la différence, au niveau des principes élémentaires, entre deux sortes de matière (Λ 2, 1069b24-26), et, au niveau des principes externes, entre les moteurs prochains des êtres corruptibles et ceux des êtres incorruptibles (Λ 4, 1070b26-27; Λ 6, 1072a9-17). D'autre part, il a également répondu à la question subsidiaire que cette différence entre les principes soulève, en montrant l'incorruptibilité de tous les principes, de ceux des êtres corruptibles comme de ceux des

1. *The Aim*, IIIγ3, p. 14, en référence à *Metaph.* N 2, 1088b14 *sq.*

êtres incorruptibles, en raison de l'absence de génération et de corruption de la forme et de la matière (Λ 3, 1069b35-170a4), de l'incorruptibilité des moteurs astraux, de l'actualité et de l'immatérialité des substances immobiles enfin [1].

[1075b14-16] : « En outre, les uns produisent les êtres à partir du non-être ; [...] une chose unique. »

Comme la précédente, cette nouvelle critique met en valeur les résultats de Λ 2 [2], en en reprenant d'ailleurs l'articulation, puisque l'aporie de la génération (1069b26-28) fait immédiatement suite, en Λ 2, à la distinction entre les deux sortes de matière. Cela ne signifie pas que cette nouvelle critique soit directement subordonnée à la discussion de la 10 e aporie [3]. Bien sûr, si les partisans du non-être ou ceux du monisme avaient raison, il serait impossible de justifier l'existence, dans le premier cas, d'êtres incorruptibles, dans le second, d'êtres corruptibles. Mais, dans un cas comme dans l'autre, il deviendrait surtout impossible de fonder le devenir. L'articulation de ces deux apories semble donc se justifier en ce qu'elles mettent toutes deux en évidence l'incapacité des prédécesseurs d'Aristote de penser convenablement la matière et la puissance. En Λ 2 (1069b18-20) en effet, Aristote a montré que tout provient à la fois d'un être et d'un non-être, chacun défini comme puissance. Théologiens, physiciens [4] et même platoniciens [5] qui, à travers le *Sophiste*, se trouvent relégués au même rang que les penseurs archaïques [6], n'ont donc pas à craindre que tous les êtres n'en fassent qu'un s'ils ne proviennent pas du non-être [7], puisque la différence entre l'acte et la puissance suffit à fonder leur multiplicité. Et, inversement, les éléates, n'ont pas à déduire

1. Voir en ce sens les analyses de S. Fazzo, « Heavenly Matter in Aristotle, *Metaphysics Lambda* 2 », art. cit., p. 173-174.

2. Comme le souligne clairement S. Fazzo, *Commento*, *op. cit.*, p. 409-410.

3. *Contra* Sedley, « *Metaphysics* Λ 10 », art. cit., p. 342.

4. *Cf.* Λ 7, 1072a20, où les partisans de l'antériorité de la puissance sur l'acte sont rattachés à l'hypothèse du non-être.

5. Cf. *Metaph.* N 2, 1088b35 *sq.* Selon S. Menn, *The Aim*, IIIγ3, p. 9, les platoniciens seraient ici les seuls visés. La cible paraît étroite. Même en N 2, Aristote montre que les platoniciens rejoignent le camp des anciens penseurs. En ce sens, c'est peut-être avec les platoniciens qu'il importe ici le plus à Aristote de polémiquer, mais l'attaque sera d'autant plus féroce que la cible sera large et mettra en évidence le *statu quo* platonicien.

6. Voir N 2, 1089a1-2.

7. N 2, 1089a2 *sq.*

de leur refus du non-être l'unité et l'immobilité de toutes choses [1], puisque le non-être, compris comme puissance, se distingue de l'être en acte.

[1075b16-20] : « En outre, pourquoi y aura-t-il toujours génération [...] car pourquoi y a-t-il eu ou y a-t-il participation ? »

Approfondissant la question des principes de la génération, cette nouvelle attaque se concentre sur une autre acception du principe, compris non plus comme immanent et comme matière, mais comme cause motrice et comme acte. Ce faisant, elle permet à Aristote de souligner l'incapacité de tous les philosophes de rendre compte de ce dont il admettent pourtant la réalité, à savoir la génération et sa perpétuité [2]. Là encore, le livre Λ apporte une réponse à ces difficultés : par la mise en évidence d'un principe efficient externe, par la subordination du mouvement du Soleil à la sphère des fixes et surtout par l'affirmation de l'existence d'un moteur premier, immobile et acte pur. En d'autres termes, c'est dans la conception de la causalité motrice d'une part, de l'antériorité de l'acte sur la puissance de l'autre, que réside la supériorité de la pensée aristotélicienne.

Pour illustrer l'échec de ses adversaires, Aristote dresse la liste des différentes positions par lesquelles ils ont cru pouvoir rendre compte de la génération. Les partisans de la dualité des principes appartiennent à la classe la plus vaste, puisque tous les philosophes admettent des principes contraires (1075a28). Elle regroupe donc ceux qui postulent des contraires immanents (comme le chaud ou le froid, le dense ou le rare) et qui ne réclament pas seulement l'existence d'un substrat, mais celle d'une cause motrice externe. Mais elle englobe aussi le cas d'Empédocle, dont les principes contraires – Amitié et Discorde – sont pourtant définis comme des causes efficientes de la génération. Toutefois, Λ 6 (1072a9-17) a montré que l'action de chacune de ces causes, de même que leur éternelle alternance, réclamait une cause supérieure à cette dualité et résidant dans un principe purement actuel.

On pourrait s'étonner qu'Aristote isole ensuite les platoniciens, puisqu'ils sont, eux aussi, partisans de la théorie des contraires. En

1. Voir par exemple *Metaph.* A 5, 986b10 *sq.*

2. Contrairement à ce que suggère D. Sedley (« *Metaphysics* Λ 10 », art. cit., 342), le thème de l'éternité de la génération ne s'explique pas uniquement parce qu'Aristote y souscrit, mais parce qu'il estime que tous ceux qui admettent la génération y souscrivent. Bien sûr, tous les philosophes n'en admettent pas l'éternité *a parte ante*. Et aucun ne nie le phénomène de corruption des individus. Mais aucun d'entre eux non plus ne va jusqu'à poser la corruption totale et définitive de l'ensemble de la réalité.

conséquence, on pourrait également s'étonner que ce soit par la théorie des Formes qu'Aristote illustre leur position, plutôt que par celle de la contrariété de l'Un et du Multiple. Toutefois, le thème de la génération explique ces deux déplacements, car c'est aux Formes que l'explication de la génération est confiée par Platon [1]. Et, comme chaque fois qu'il mentionne la prétention des Formes à rendre compte du changement [2], Aristote rappelle ici que ces Formes n'exercent aucune causalité motrice, seule capable de rendre compte de l'union de la forme et de la matière. Les platoniciens sont sans doute partiellement conscients de la nécessité de prendre en compte cette union, puisqu'ils ont un terme pour la nommer, mais aucune cause pour l'expliquer, de sorte que la « participation » n'est qu'un mot creux [3]. Pas plus donc que les Formes ne peuvent expliquer le devenir [4], elles ne peuvent en expliquer la perpétuité. Là encore, il faut postuler une cause supérieure aux Idées, qui rende compte de la continuité de la participation, mais non en l'assimilant aux éléments intelligibles, dont les Idées procèdent et qui tombent sous le coup de la critique adressée aux partisans de la dualité des principes, mais en la définissant comme un moteur séparé et en acte.

[1075b20-24] : « Et, tandis que, pour d'autres, [...] mais rien n'est contraire à l'être premier. »

C'est par commodité qu'on présente cette critique comme dissociée de ce qui précède, bien que l'interprétation la plus cohérente qu'il nous semble pouvoir en être donnée implique de la lire comme le dernier moment de la critique entamée plus haut, sur la cause de la génération et de son éternité. Le sens général de l'argument est relativement clair : le Premier Moteur n'a pas de contraire, puisqu'il est un acte pur et puisque les contraires sont des attributs d'une matière et relèvent de la puissance [5].

1. *Metaph.* A 9, 991a10-11 ; 991b3-9 ; M 5, 1080a2-11 ; *GC* II 9, 335b7-16.
2. *Cf.* par ex. Λ 3, 1070a26-27 ; Λ 6, 1071b14-16.
3. Une métaphore poétique, selon *Metaph.* A 9, 991a22.
4. Ni l'unité donc de l'être engendré : cf. *infra*, 1075b34-37.
5. En 1075b23, on lit ταῦτα, en suivant les mss EJMC, préférés par Ross et Jaeger, plutôt que ταὐτά, transmis par A b, Thémistius (*Paraphrase*, *op. cit.*, p. 123) et Averroès (*Grand Commentaire*, *op. cit.*, p. 289), et édité par Bonitz, S. Fazzo (*Il libro Lambda*, *op. cit.*, p. 305-306) et S. Alexandru. L'enjeu n'est pas crucial et les deux propositions sont également compréhensibles. Comme le montre S. Alexandru (*Aristotle's* Metaphysics *Lambda*, *op. cit.*, p. 149), il serait préférable de choisir la seconde possibilité, si on lisait cette proposition comme la justification directe de celle qui porte sur l'ignorance : en soulignant que les contraires sont les mêmes en puissance et que la puissance qui les porte peut passer d'un

En ne rattachant pas le principe absolument premier à la contrariété, Aristote s'évite donc d'avoir à poser un contraire à la sagesse, c'est-à-dire à la science du principe premier.

La difficulté du passage réside dans cette notion de sagesse (σοφία) et, plus précisément, dans son référent. Traditionnellement, les interprètes[1] comprennent le terme dans son sens objectif, comme désignant la science que l'homme peut avoir du principe[2]. Cela soulève toutefois plusieurs difficultés. Du point de vue de la construction du passage, on peut s'avouer surpris qu'Aristote mobilise le thème de la connaissance que nous avons du principe, quand il n'est question, partout ailleurs, que du principe lui-même. En outre, on peut s'étonner que cette question sur la sagesse vienne interrompre deux critiques centrées sur la génération, auxquelles elle n'apporte aucun élément nouveau. Le rythme de la seconde partie de Λ 10 est certes un peu haché, mais la succession des critiques ne s'y fait jamais sans raison. D'un point de vue conceptuel également, cette lecture présente plusieurs faiblesses, mises en évidence par S. Menn[3]. En premier lieu, elle n'explique pas pourquoi il serait si redoutable d'avoir à admettre l'ignorance, dont Aristote ne nie pourtant pas l'existence. En second lieu, elle ne parvient pas vraiment à justifier que l'existence d'un contraire au principe engage celle de l'ignorance. Si toute science, en effet, est science des contraires, le contraire du principe devrait donc être lui aussi l'objet de la sagesse[4]. On peut d'ailleurs ajouter que la sagesse devrait le connaître, non par accident (comme la médecine connaît la maladie), mais par soi, dans la mesure où le contraire du principe serait

contraire à l'autre, Aristote pourrait ensuite poser que l'ignorance peut changer en son contraire. Mais la structure du passage indique autre chose : le γάρ de la ligne b23 rattache ce qui est dit des contraires à ce qui précède, à savoir que le premier principe n'en a pas. Dans ces conditions, il paraît plus probant de dire des contraires qu'ils sont en puissance, par contraste avec l'actualité du Premier Moteur.

1. *Cf.* par ex. Thémistius, *Paraphrase*, *op. cit.*, p. 124; Averroès, *Grand Commentaire*, *op. cit.*, p. 289; Thomas d'Aquin, § 2655; ps.-Alex., *In Metaph.*, 719, 22-29; Ross, *Aristotle. Metaphysics*, *op. cit.*, vol. 2, p. 404; Cherniss, *Aristotle's Criticism of Plato and the Academy*, *op. cit.*, p. 102-104.

2. Les autres occurrences de l'expression « ἡ τιμιώτατη ἐπιστήμη » (*Metaph.* A 2, 983a4; E 1, 1026a21) plaident en ce sens.

3. *The Aim*, IIIγ3, p. 19.

4. Ross (*Aristotle. Metaphysics*, *op. cit.*, vol. 2, p. 404) s'en explique, en posant qu'Aristote viserait *République* IV 477-478, où Platon reconduit la connaissance à l'être et l'ignorance au non-être (*cf.* aussi Cherniss, *Aristotle's Criticism of Plato and the Academy*, *op. cit.*, p. 102). Mais, là encore, on voit mal en quoi Aristote souhaiterait fuir pareille éventualité, puisqu'il ne nie pas l'opposition de l'être et du non-être, ni que ce dernier ne puisse faire l'objet d'aucune connaissance.

lui-même un principe et constituerait donc, tout autant que son contraire, l'objet de la sagesse.

En vérité, la seule manière de comprendre que le contraire du principe premier puisse conduire à l'ignorance consiste à le rapprocher de cette sorte de contraire qu'Aristote a reproché à Anaxagore de ne pas avoir posé (1075b10-11), c'est-à-dire d'un intellect premier, mais inactif ou déraisonnable. Et, de fait, si Aristote peut ici se vanter que son principe n'ait aucun contraire, c'est parce qu'il est dénué de matière et de puissance. L'hypothèse de la contrariété repose donc sur la puissance consubstantielle de l'intellect, c'est-à-dire sur la possibilité qu'il ne pense pas ou qu'il pense mal. Dans ces conditions, il paraît galement nécessaire de suivre l'interprétation développée par L. Elders et S. Menn [1], en donnant un sens subjectif à la sagesse, c'est-à-dire en la définissant comme la science que le principe réalise (cf. *Metaph.* A 2, 983a5-6), plutôt que comme celle que l'homme en a. Aristote expliquerait donc ne pas être forcé de poser un contraire à l'intellection du Premier Moteur, puisque ce dernier est un acte pur, de sorte que sa sagesse n'alterne pas avec des phases d'inaction ou de déraison [2].

On comprend alors sans trop de difficulté la cible du passage, qui a pour objet de compléter l'argument précédent (1075b16-20). Aux deux catégories, déjà énumérées, de philosophes qui ne peuvent expliquer ni la cause de la génération ni la cause de son éternité (les dualistes et les partisans des Idées), Aristote ajoute ici une troisième rubrique, correspondant à ceux qui – comme Anaxagore et comme Platon aussi

1. L. Elders, *Aristotle's Theology*, *op. cit.*, p. 286 ; S. Menn, « Aristotle and Plato on God as Nous and as the Good », art. cit., p. 569 n. 30 ; *The Aim*, IIIγ3, p. 19. *Cf.*, dans une certaine mesure, D. Sedley, « *Metaphysics* Λ 10 », art. cit., p. 343 et surtout S. Fazzo, *Commento*, *op. cit.*, p. 411.

2. La proposition « ἡ δὲ ἐναντία ἄγνοια εἰς τὸ ἐναντίον » a posé problème. Jaeger estime le passage corrompu. À la place de εἰς τὸ ἐναντίον, Ross (*Aristotle. Metaphysics*, *op. cit.*, vol. 2, p. 404) conjecture ἐστὶν ἐναντίου ou ἔσται τοῦ ἐναντίου. Il renvoie également à une formule de l'*EE* II 10, 1227a33, où l'erreur ne conduit pas à n'importe quel résultat, mais au contraire de celui auquel la connaissance conduit. Sedley (« *Metaphysics* Λ 10 », art. cit., p. 337, n. 17) propose de corriger εἰς en εἰσ<άγει> ou εἰσ<φέρει>. Schwegler (*Die Metaphysik des Aristoteles*, *op. cit.*, p. 293) et Alexandru (*Aristotle's* Metaphysics *Lambda*, *op. cit.*, p. 150) suggèrent de sous-entendre un verbe manquant, πίπτει pour le premier, μετάβαλλει pour le second. Dans tous les cas, et selon une lecture subjective du texte, le passage consiste vraisemblablement à montrer que l'ignorance peut conduire à, c'est-à-dire changer en son contraire, puisque l'un et l'autre sont les attributs d'une puissance intellective.

– réfèrent la génération à l'action d'un intellect principiel et moteur[1]. Toutefois, chacun commet l'erreur d'associer cet intellect à une puissance consubstantielle. C'est le cas d'Anaxagore (*cf.* 1075b10-11), puisque cet Intellect engendre le monde à un certain moment du temps. C'est le cas de Platon aussi, pour les mêmes raisons, puisque le *Timée* fait le récit de la naissance du monde, à quoi s'ajoute l'hypothèse formulée au Xe livre des *Lois* (896e-897b), qui envisage, quoique provisoirement, qu'il puisse exister deux âmes du monde, dont l'une s'adjoindrait l'intellect (νοῦς), l'autre son absence (ἄνοια), expliquant ainsi l'existence de phénomènes bons et mauvais dans le monde[2].

[1075b24-27] : « En outre, s'il n'existe pas d'autres êtres en dehors des choses sensibles, [...] comme pour tous les théologiens et tous les physiciens. »

Aristote passe ici de la question de la génération à celle, plus générale, du mouvement dans son ensemble. Il s'agit de montrer que ses prédécesseurs ne savent rendre compte du mouvement dans aucun de ses aspects, en soulignant successivement la nécessité de poser l'existence d'un principe : 1. immatériel (1075b24-27), 2. moteur (1075b27-30), 3. en acte (1075b30-34), 4. et qui permette l'unité des substances sensibles (1075b34-37).

Aristote développe ici le premier de ces points, en faisant reposer sur l'existence d'une réalité suprasensible à la fois la notion de principe et l'ordre du devenir. Le développement des 8e et 10e apories justifie longuement cette connexion : s'il n'existe rien de séparé de la matière, tout est donc porteur de puissance de corruption, de sorte que tout réclame à son fondement un principe antérieur qui, s'il est du même type, requiert lui-même un principe, et ce indéfiniment, de sorte que la notion même de principe, comme commencement et comme cause première, s'en trouve ruinée[3]. Mais, si rien n'est séparé de la matière, on ne saurait non plus, pour la même raison, fonder le devenir, ni en lui-même, ni dans sa régularité et

1. On retrouverait ainsi l'articulation, esquissée en 1071b16-17, entre l'absence de motricité des Idées et la potentialité d'une autre substance académicienne.

2. C'est pourquoi Elders, *Aristotle's Theology*, *op. cit.*, p. 289, propose de corriger ἄγνοια en ἄνοια (*cf.* aussi S. Menn, *The Aim*, IIIγ3, p. 19). L'hypothèse est vraisemblable et exprime économiquement les deux types de contraires du Premier Moteur, c'est-à-dire à la fois la privation de la pensée et la déraison.

3. 10e aporie : cf. *Metaph.* B 4, 1000a24-28.

son ordre, puisque le mouvement et la génération requièrent un principe stable, c'est-à-dire qui ne soit pas lui-même soumis au devenir[1].

[1075b27-28] : « Et, si les Formes ou les Nombres existent, [...] causes du mouvement. »

De la remarque précédente, il découle que le devenir réclame l'existence de substances immobiles. Aussi Aristote se tourne-t-il à présent vers ceux qui en postulent, afin d'examiner si la version qu'ils en donnent remplit les exigences énumérées plus haut : préserver la notion de principe et rendre compte du devenir et de son ordre. La mention des nombres peut faire songer aux pythagoriciens[2]. Mais à l'évidence, le passage vise directement les platoniciens, dont sont mentionnées les deux sortes de substances immobiles. À tous, Aristote oppose deux critiques. La première, qui reste implicite, formule un doute quant à l'existence de ces substances, dont le principe de synonymie a montré l'inutilité en Λ 3 (1070a26-30). Peut-être d'ailleurs est-ce pourquoi Aristote envisage ici que ces substances ne soient causes de rien, non seulement parce que les Nombres, comme il l'affirme en N 5, 1092b23-25, ne disposent d'aucune sorte de causalité, mais aussi parce que le principe de synonymie revient à ôter aux Idées jusqu'à la causalité formelle. La seconde critique répète, sous un autre angle, ce que Λ 6 (1071b14-16) et Λ 10 (1075b18-20) ont montré, concernant l'absence de motricité des substances immobiles académiciennes. Il en résulte que la réponse platonicienne au problème soulevé dans la 8e aporie (B 4, 999b5-8) est inappropriée : le devenir réclame bel et bien l'existence de quelque chose d'immatériel, mais ce n'est ni une Forme ni un Nombre, mais une substance motrice.

[1075b28-30] : « En outre, comment la grandeur [...] ni comme moteur, ni comme forme. »

Aristote souligne ici que les principes mentionnés plus haut ne peuvent, en raison de leur séparation, expliquer des caractéristiques pourtant fondamentales des êtres sensibles : grandeur et continuité. La critique vise les platoniciens en priorité, les pythagoriciens peut-être également, dont Aristote souligne à plusieurs reprises, au sujet des uns comme des

1. 8e aporie : cf. *Metaph.* B 4, 999b4-8 ; K 2, 1060a24-27.

2. En *Metaph.* A 8 (989b29-990a14), Aristote leur reproche de ne pouvoir expliquer les même phénomènes que ceux qu'il cite ici : le mouvement, la génération, les déplacements célestes et la grandeur des corps, dont il sera question plus bas (1075b28-30).

autres, que la grandeur, la longueur, les surfaces et les solides doivent procéder des principes non-sensibles qu'ils posent : Dyade du grand et du petit, Formes, Nombres [1]. Mais dépourvus de causalité formelle, puisque ni les Idées ni les Nombres ne sont la forme des choses, dépourvus aussi de causalité motrice, comme la critique précédente l'a expliqué, ces êtres ne sauraient apparaître comme des principes du sensible. L'erreur est mise en relief dans le cas des nombres, dont Aristote montre, en *Cat.* 6, qu'ils relèvent d'une sorte de quantité (quantité discrète) distincte de celle dont relève la grandeur (quantité continue) [2]. La solution consiste donc, selon Aristote, à redistribuer les fonctions causales, en rattachant à des principes immanents et sensibles l'explication de la continuité et de la grandeur, et en dotant le principe suprasensible d'une véritable motricité.

[1075b30-34] : « Mais, de plus, aucun contraire [...]; on a dit comment. »

Ce sont les platoniciens surtout qui sont ici visés [3], puisque l'Un et le Multiple ou l'Égal et l'Inégal instancient une autre sorte de principes suprasensibles, dont Aristote examine donc, comme il vient de le faire pour les Idées et les Nombres, l'aptitude à rendre compte du devenir. Le passage continue de mobiliser certains acquis de Λ 6, dont Aristote reprend d'ailleurs une formule [4]. En particulier, cette nouvelle critique explicite deux lacunes majeures des principes académiciens, sur lesquelles Aristote a déjà insisté en Λ 6, ainsi que dans ce chapitre 10, à savoir l'absence de motricité et la potentialité. La nouveauté vient de l'articulation qu'il introduit ici entre ces deux points. Car si les contraires sont susceptibles de ne pas mouvoir, ce n'est pas seulement parce que leur fait défaut la causalité motrice, mais parce qu'ils sont grevés par la puissance. De fait, les contraires sont toujours les affections d'un substrat (1075b22-23), qui peut donc actualiser l'une ou l'autre des ses potentialités. En d'autres termes, tout contraire est marqué par une puissance, non pas seulement cinétique, en ce qu'il peut ne pas agir ou mouvoir, mais ontologique, en ce qu'il peut ne pas être. Quand bien même donc ils seraient moteurs ou producteurs – ce qu'ils ne sont pas –, ils se trouveraient dans

1. Par ex. *Metaph.* A 8, 990a12 *sq.* ; A 9, 992b13-18 ; M 8, 1083b8-23 ; M 9, 1085a9-12 ; N 3, 1090a32-35 ; 1090b13-20.

2. Voir D. Sedley, « *Metaphysics* Λ 10 », art. cit., p. 343.

3. Avec les pythagoriciens peut-être, à travers la table des opposés.

4. « ποιητικὸν καὶ κινητικόν » qui fait écho à « κινητικὸν ἢ ποιητικόν » en 1071b12. Sur cette formule et ce parallèle, voir p. 205-206.

l'incapacité d'exercer cette causalité de manière satisfaisante, c'est-à-dire éternellement.

La référence qui clôt le passage renvoie à Λ 6, où se trouve la démonstration de l'éternité du mouvement (1071b5-11) et où Aristote a montré en quel sens trancher l'alternative qu'il énonce ici, c'est-à-dire en faveur de l'antériorité de l'acte (1071b22-1072a5) et d'un principe moteur substantiellement actuel (1071b12-22). Mais en vérité, c'est tout le passage qui fait écho à Λ 6 : il en reprend la distinction entre deux sortes de puissance [1], ainsi que le lien qu'Aristote y établit entre l'éternité du mouvement et l'exclusion de toute puissance ontologique du principe (1071b17-20). Et comme en Λ 6 (1071b16-17), il fait succéder à l'examen des Formes, auxquelles Aristote reproche de manquer de motricité, celui d'une autre hypothèse académicienne dont le rejet se justifie au regard de la potentialité.

[1075b34-37] : « En outre, en vertu de quoi les nombres, [...] le moteur produit l'unité. »

S'il n'exclut personne de la critique, le passage vise plus directement les platoniciens, c'est-à-dire ceux qui ne commettent pas l'erreur dénoncée en 1075b24-27 et dont la conception des principes suprasensibles fait donc depuis l'objet d'un examen [2]. Si les critiques précédentes ont montré que ces principes ne permettaient de rendre compte ni des caractéristiques propres du sensibles – grandeur et continuité (1075b28-30) –, ni du mouvement (b27-28) et de son éternité (b30-34), il s'agit à présent de souligner qu'ils échouent à expliquer l'unité des substances composées. C'est à ce titre que les nombres sont mentionnés, comme un exemple, non de substances principielles, mais de substances composées [3], envisagées

1. Voir *supra*, p. 212.

2. Contrairement à ce que suggère le découpage du texte par D. Sedley, « *Metaphysics* Λ 10 », art. cit., p. 346 *sq.*, cette nouvelle remarque participe davantage de la section sur la cause du devenir que de celle sur Speusippe. Ce n'est pas la même unité dont il est question dans ces deux passages (unité du composé hylémorphique ici, de l'univers plus loin) ; ce n'est pas la même place qu'y occupent les nombres, qui sont ici des lieux d'unité, plus loin des principes d'unité.

3. Bien qu'intéressante, on ne retient pas la suggestion de S. Fazzo (*Commento*, *op. cit.*, p. 413-414), qui voit dans l'énumération des nombres, de l'âme et de la forme, trois facteurs formels, de sorte que le passage porterait, non sur l'unité intrinsèque des nombres, mais sur l'unité qui résulte de leur association à la matière. Cependant, plusieurs textes de la *Métaphysique* montrent qu'Aristote a l'habitude de questionner l'unité des nombres eux-mêmes (souvent en parallèle avec celle de la définition ou des substances sensibles). *Cf.* A 9, 992a1-2 ; M 7, 1082a20-26 et bien sûr H 3, 1043b33 *sq.* ; H 6, 1045a7 *sq.*

en parallèle avec le cas du vivant ou de n'importe quel composé hylémorphique.

Cette association fait écho à *Metaph.* H 3 et 6 [1], où Aristote se penche sur l'unité des nombres, de la définition, de la forme et des substances sensibles, c'est-à-dire sur l'unité qui résulte d'une multiplicité de parties, mais qui ne peut se résumer à une pure juxtaposition [2]. À la différence de ces textes cependant, Aristote n'évoque pas ici la question de l'unité de la forme et de la définition. Il ne développe pas non plus la solution à laquelle il accorde la plus grande place en H 6. Dans ce chapitre en effet, la solution réside principalement dans la description de la forme et de la matière comme ne désignant, en réalité, qu'une seule et même chose, quoique sous deux aspects différents : en acte pour l'une, en puissance pour l'autre [3]. Dans ces conditions, le problème de leur unité s'effondre et se résume à une question d'actualisation des puissances de la matière, sous l'effet du moteur ou du générateur [4]. Cette précision, qui passe pour périphérique en H 6, est ici la seule sur laquelle Aristote attire l'attention. Bien sûr, elle implique d'elle-même la première partie de la réponse développée en H 6, car ce n'est qu'à la condition que la forme et la matière soient acte et puissance que le moteur sera un principe d'unité du composé [5]. Le changement d'accent n'en est pas moins remarquable et témoigne de la place centrale que la question de la cause motrice occupe en Λ.

Dans tous les cas, Aristote peut à bon droit affirmer qu'aucun philosophe ne sait résoudre ce problème, puisqu'aucun des principes qu'ils mentionnent [6] ne permet cette unité immédiate de la forme et de la matière, définies comme acte et comme puissance. Aucun d'entre eux, non plus, ne peut mentionner la cause de ce processus d'unification. C'est

1. H 3, 1043b32-1044a14; H 6, 1045a7-22. Sur la question de savoir si H 6 traite de l'unité de la forme et de la définition ou des substances sensibles, voir la synthèse du débat et la solution de P.-M. Morel, *Aristote. Métaphysique, Livre Eta*, *op. cit.*, p. 41-57. Plus généralement, sur ce chapitre, voir son commentaire p. 185-205.

2. H 6, 1045a8-10.

3. H 6, 1045a23-33; 1045b17-21. *Cf.* aussi *DA* II 1, 412b6-9.

4. H 6, 1045a30-31; 1045b21-22.

5. D. Sedley (« *Metaphysics* Λ 10 », art. cit., p. 347) suggère une traduction différente, conduisant à lire que les autres philosophes ne peuvent rendre compte de l'unité, non parce qu'ils ne conçoivent pas le moteur, mais parce que ce moteur serait incapable de produire l'unité des êtres engendrés. Il s'agirait donc de viser aussi des penseurs de la cause motrice, mais d'une cause motrice insatisfaisante, comme Anaxagore. Pourtant, le contexte paraît plutôt viser les platoniciens, dont Aristote a souligné qu'ils ne disposaient pas d'un concept de cause motrice.

6. Voir l'énumération en H 6, 1045b7-12.

en particulier ce qu'Aristote met en avant, à la fin de H 6 (1045b7-9), en soulignant que la participation, à laquelle les platoniciens recourent sur ce point, ne peut rien résoudre, puisqu'ils n'en précisent ni le sens ni la cause. La critique est double : d'une part, elle souligne que la notion même de participation est vague et maintient une certaine extériorité entre la forme et la matière [1], d'autre part, elle suggère, comme en 1075b19-20, que la participation ne s'accompagne d'aucune conception de la cause motrice, seule capable de réaliser l'union. On mesure ainsi l'enjeu ontologique du concept de moteur qui n'est pas seulement principe de génération, mais aussi, ce faisant, d'unité substantielle de l'engendré. On mesure également, en écho à la question qui a ouvert le chapitre 10, comment le Premier Moteur peut être un principe véritable d'unité, pour les êtres du monde comme pour le monde lui-même, puisque, même comme fin, il apparaît comme un facteur d'actualisation de la forme des êtres dans leur matière et ainsi comme une cause d'unité.

[II. 5] *Critique de Speusippe*

[1075b37-1076a4] : « Quant à ceux qui affirment que le nombre mathématique est premier [...] "Le commandement de plusieurs n'est pas une bonne chose : qu'un seul soit chef! " »

Plusieurs raisons expliquent que la critique se resserre ici sur Speusippe. Plus contemporaine de celle d'Aristote [2], plus originale aussi au regard d'autres platoniciens comme Xénocrate [3], la pensée de Speusippe se distingue sans doute en ce qu'elle constitue un essai de révision de la philosophie platonicienne, visant à éviter les difficultés que soulève la définition platonicienne des principes [4]. À cet égard, elle apparaît donc comme une tentative rivale de celle d'Aristote, à la fois légitime dans son effort et condamnable dans son diagnostic comme dans ses résultats et qui, dans un cas comme dans l'autre, mérite l'attention qu'un autre successeur-correcteur de Platon lui accorde ici.

La section comporte trois points : en premier lieu, une description de la doctrine speusippéenne, à laquelle fait suite une critique en deux temps. La description, très succincte, se limite à évoquer deux traits distinctifs de

1. *Cf.* P.-M. Morel, *Aristote. Métaphysique, Livre Eta*, *op. cit.*, p. 202.

2. *Cf.* D. Sedley, « *Metaphysics* Λ 10 », art. cit., p. 349.

3. Au sujet duquel la doxographie aristotélicienne n'est jamais favorable (M 8, 1083b1-2) et revient à montrer qu'ils ne sacrifie rien de la pensée du maître.

4. Difficultés dont certaines sont mentionnées en 1075a36-37. *Cf.* également N 2, 1090a7 *sq.*, 4, 1091b21-25, 1092a21.

la philosophie de Speusippe. Aristote mentionne, d'une part, l'élimination de la théorie des Idées, de sorte que les nombres, de nature mathématique, sont ce qui procède en premier de la contrariété principielle de l'Un et du Multiple [1]. Il mentionne, d'autre part, la structure que Speusippe impose à l'ensemble de la réalité, en assignant à chaque sorte ou niveau d'êtres (les nombres, les grandeurs, les corps, l'âme, etc.) des principes de nature distincte [2].

Quoiqu'Aristote ne soit pas sans argument contre la conception de nombres mathématiques séparés [3], c'est le second point surtout qui fait l'objet de sa critique. Il commence par souligner la fragmentation du réel qui doit nécessairement résulter de cette doctrine, à l'exact opposé de la cohésion universelle qu'il a argumentée au début du chapitre. La substance ou la nature de l'univers [4] n'est plus alors celle d'une totalité mais d'une série d'épisodes. La métaphore théâtrale remplace ainsi celle de l'armée ou de la maisonnée, pour décrire un ensemble où, comme dans les mauvaises tragédies [5], les scènes se succèdent les unes aux autres, sans nécessité ni vraisemblance [6], sans qu'une action n'entraîne naturellement la suivante à se produire. En rattachant à chaque sorte d'êtres des principes distincts, Speusippe rend les êtres tout à fait indépendants les uns des autres : aucun niveau ne contribue à l'existence ou à la nature du suivant, puisque chacun obéit à ses propres principes.

La fragmentation des êtres n'est ainsi que la conséquence de celle qui affecte les principes. Aussi Aristote dénonce-t-il, dans un second temps, la multiplicité des principes. Cela ne signifie pas, bien entendu, qu'il n'y aurait pour toutes choses qu'un seul principe : Λ a suffisamment montré la diversité des principes, en espèce et en nombre. Mais le traité a toujours aussi pris soin d'en penser les modes d'ordre et d'unité [7]. Si les principes speusippéens sont multiples, c'est donc parce que, dépourvus de coordination, ils jouent chacun, pour leur propre sphère d'action, le rôle d'un tout premier principe. Les deux critères, en somme, par lesquels Aristote a défini l'ordre universel, au début de Λ 10 – l'existence d'un

1. *Cf.* par ex. Λ 1, 1069a36 ; M 1, 1076a21 ; 6, 1080b14, b27-28 ; M 8, 1083a21-24.
2. Voir Z 2, 1028b21-24.
3. Voir par ex. M 8, 1083a24-27.
4. ἡ τοῦ παντὸς οὐσία, en 1076a1, fait pendant à ἡ τοῦ ὅλου φύσις en 1075a11.
5. Voir *Metaph.* N 3, 1090b13-20.
6. *Cf.* la définition d'une intrigue épisodique en *Poétique* 9, 1451b34.
7. *Cf.* Λ 4-5, en particulier. Même en Λ 8 (1073b1-3), la multiplicité des substances immobiles répond immédiatement à l'ordre et la hiérarchie célestes.

principe premier et universel et la cohésion des parties du monde – s'en trouvent ruinés.

Focalisée sur le rapport du monde au principe, plus que sur celui des parties du monde entre elles, cette seconde critique substitue donc à la métaphore théâtrale, mieux adaptée pour exprimer la structure horizontale d'un ensemble, celle du commandement à la fois politique et militaire, en écho à l'image de l'armée et de la maisonnée développée au début de Λ 10. Par là, il s'agit d'affirmer que l'ordre ne peut naître que de la subordination de toutes choses à un principe unique. C'est ce qu'exprime la citation d'Homère [1], qui ne plaide pas tant pour l'existence d'un seul principe que pour celle d'un seul principe *premier*, auquel les principes subalternes doivent se soumettre [2]. L'armée des Achéens, où chaque roi veut conserver ses prérogatives et décider par lui-même de poursuivre ou de lever le siège de Troie, ne peut mener qu'à la déroute. Et c'est pourquoi Ulysse, dans le vers cité, rappelle à tous qu'il ne peut y avoir qu'un seul chef parmi eux, que les rois même doivent se soumettre. Évidemment, la critique d'Aristote n'aurait aucune force, si elle consistait seulement à formuler comment il serait souhaitable que les choses soient. Mais en vérité, elle suggère qu'il en va bien ainsi dans les faits, car, de même que les hommes ne veulent pas être mal gouvernés et s'orientent naturellement vers un gouvernement ordonné, de même les êtres du monde s'orientent vers leur bien et se subordonnent ainsi à un principe bon unique. Speusippe, en excluant le bien des principes (*cf.* 1075a36-37), ne peut donc en penser l'unité.

On voit combien cette critique de Speusippe fait écho à la partie positive de Λ 10. On a souvent souligné, comme D. Sedley [3], que le chapitre formait une boucle (« ring composition »), finissant par établir de manière polémique ce qu'il avait commencé par argumenter plus positivement. Mais, si tel était vraiment le cas, on comprendrait mal la nécessité, pour Aristote, de rappeler l'existence du substrat matériel ou de formuler toute une série de remarques faiblement en rapport avec les questions développées au début de Λ 10. Avec S. Fazzo [4], il paraît donc

1. *Iliade* II 204. Passage également évoqué en *Pol.* IV 4, 1292a13.

2. C'est pourquoi, la lecture monothéiste de ce passage, qui soulignerait la contradiction doctrinale engendrée par Λ 8, est sans fondement. L'unité du principe se ramène à l'ordre parmi les principes. Comme les chefs grecs se subordonnent à Agamemnon, les substances immobiles sont assujetties à une hiérarchie correspondant à l'ordre des sphères. *Cf.* par ex. B. Dumoulin, *Analyse génétique de la* Métaphysique *d'Aristote*, *op. cit.*, p. 345.

3. « *Metaphysics* Λ 10 », art. cit., p. 350.

4. *Commento*, *op. cit.*, p. 183-189.

préférable de ne pas exagérer cette proximité entre les deux parties, positive et négative, du chapitre. Si boucle il y a, elle concerne moins la structure de Λ 10 que le livre Λ lui-même, dont le découpage en chapitres, parfois aléatoire, peut masquer la fonction récapitulative de cette seconde partie du chapitre. En réalité, Aristote y dresse le bilan des réalisations du traité, en progressant de la première thèse établie en Λ 2 – les contraires et le substrat – à la dernière – le bien et l'ordre du monde – qu'il se trouve avoir développée à l'entrée de Λ 10. Ce faisant, il renoue donc, en fin de parcours, non pas tant avec ce qui a ouvert le chapitre qu'avec ce qui a clos la section positive du traité.

BIBLIOGRAPHIE

Éditions et traductions citées de la Métaphysique

Aristotelis et Theophrasti Metaphysica, ed. C. A. Brandis, Berlin, Georg Reimer, 1823.

Aristotelis opera, graece ex rec. I. Bekkeri edidit Academia Regia Borussica, 1831, editio altera quam curavit O. Gigon, Berlin, De Gruyter, 1960-1961.

Die Metaphysik des Aristoteles, Grundtext, Übersetzung und Commentar, ed. H. Schwegler, Tübingen, Fues, 1847-1848 ; Frankfurt, Minerva, 1960.

Aristotelis Metaphysica, ed. H. Bonitz, Bonn, A. Marcus, 1848-1849 ; Hildesheim, Olms, 1960.

Aristotelis Metaphysica, recognovit W. Christ, Leipzig, Teubner, 1886, 1895 [2].

Aristotle's Metaphysics, A Revised Text with Introduction and Commentary by W. D. Ross, Oxford, At the Clarendon Press, 1924, 2 vol.

ARISTOTELE, *La* Metafisica, a cura di A. Carlini, Bari, Laterza, 1928.

ARISTOTLE, *Metaphysics*, trad. par C. Tredennick, « The Loeb Classical Library », Cambridge, Harvard University Press, 1933.

ARISTOTE, *Métaphysique*, introduction, traduction, notes et index par J. Tricot, Paris, Vrin, 1948 [2], 2 vol.

Aristotelis Metaphysica, recognovit brevique adnotatione critica instruxit W. Jaeger, Oxford, Oxford University Press, 1957.

La Metafisica di Aristotele, a cura di C. A. Viano, Torino, U. T. E. T, 1974.

The Complete Works of Aristotle, The Revised Oxford Translation, J. Barnes (ed.), Princeton, 1984, 2 vol.

ARISTOTELE, *La* Metafisica, saggio introduttivo, testo greco con traduzione a fronte e commentario a cura di G. Reale, Napoli, Loffredo, 1968, 2 vols ; Milano, Vita e pensiero, 1993, 3 vol.

ARISTOTE, *Métaphysique*, présentation et traduction par M.-P. Duminil et A. Jaulin, Paris, Flammarion, 2008.

ARISTOTE, *Métaphysique*, trad. fr. par A. Stevens et Ch. Rutten, dans Aristote, *Œuvres. Éthiques, Politique, Rhétorique, Poétique, Métaphysique*, R. Bodéüs (éd.), Paris, Gallimard, 2014.

Éditions et traductions du livre Λ

Il libro Lambda *de la* Metafisica *di Aristotele*, éd. et trad. par S. Fazzo, Napoli, Bibliopolis, 2012.

Aristotle's Metaphysics *Lambda.* Annotated Critical Edition Based upon a Systematic Investigation of Greek, Latin, Arabic and Hebrew Sources by S. Alexandru, Leiden, Boston, Brill, 2014.

Éditions et traductions citées d'autres livres de la Métaphysique

ARISTOTE, *Métaphysique, Livre Delta*, introduction, traduction et commentaire par R. Bodéüs et A. Stevens, Paris, J. Vrin, 2014.

– *Métaphysique, Livre Epsilon*, introduction, traduction et commentaire par E. Berti, Paris, Vrin, 2015.

– *Métaphysique, Livre Eta*, introduction, traduction et commentaire par P.-M. Morel, Paris, Vrin, 2015.

ARISTOTELES, *Metaphysik Z*, Text, Übersetzung und Kommentar, M. Frede et G. Patzig, Münich, C. H. Beck, 1988, 2 vols.

ARISTOTLE, Metaphysics *Books Z and H*, translated with a Commentary by D. Bostock, Oxford, Clarendon Press, 1994.

Autres œuvres d'Aristote (éditions citées)

Aristotelis fragmenta selecta, recognovit brevique adnotatione instruxit W. D. Ross, Oxford, Oxford University Press, 1955.

Aristotle's Physics, a Revised Text with Introduction and Commentary by W. D. Ross, Oxford, at the Clarendon Press, 1966 [2].

Aristote. L'Éthique à Nicomaque, introduction, traduction et commentaire par R.-A. Gauthier et J.-Y. Jolif, Louvain, Publications universitaires, Paris, Béatrice Nauwelaerts, 1959, 1970[2], 2 tomes.

Aristote. Physique, traduction et présentation par P. Pellegrin, Paris, GF-Flammarion, 2000.

Autres auteurs antiques et médiévaux (éditions et/ou traductions citées)

ALEXANDRI APHRODISIENSIS (et PS.-ALEX.), *In Aristotelis Metaphysica commentaria*, « Commentaria in Aristotelem Graeca », vol. I, ed. M. Hayduck, Berlin, Georg Reimer, 1897.

ALEXANDRI APHRODISIENSIS, *Praeter commentaria scripta minora. De anima liber cum Mantissa. Quaestiones. De fato. De mixtione*, « Supplementum Aristotelicum » vol. II. 1, ed. I. Bruns, Berlin, Georg Reimer, 1887.

ALEXANDER OF APHRODISIAS, *Quaestiones 1.1-2.15*, trad. par R. W. Sharples, London, Duckworth, 1992.

ALEXANDER OF APHRODISIAS, *On the Cosmos*, éd. et trad. par Ch. Genequand, Leiden, Boston, Brill, 2001.

ALEXANDRE D'APHRODISE, *De la Providence*, introduction, édition et traduction par P. Thillet, Paris, Verdier, 2003.

ALESSANDRO DI AFRODISIA (et PS.-ALEX.), *Commentario alla* Metafisica *di Aristotele*, testo greco a fronte a cura di Giancarlo Movia, Milano, Bompiani, 2007.

ALEXANDRE D'APHRODISE, *Sur la mixtion et la croissance (De mixtione)*, texte établi et traduit par J. Groisard, Paris, Les Belles Lettres, 2013.

ASCLEPIUS, *In Aristotelis Metaphysicorum libros A-Z commentaria*, « Commentaria in Aristotelem Graeca » vol. VI. 2, ed. M. Hayduck, Berlin, Georg Reimer, 1888.

AVERROES, *Tafsir ma ba'd at-tabi'at*, texte arabe inédit, établi par le p. Bouyges, S. J., Beyrouth, Imprimerie catholique, 1938-1952, 4 vols.

AVERROÈS, *Grand Commentaire de la* Métaphysique *d'Aristote. Livre Lam-Lambda*, trad. fr. par A. Martin, Paris, Les Belles Lettres, 1984.

AVICENNE, *Commentaire sur le livre Lambda de la* Métaphysique *d'Aristote (chapitres 6-10)*, édition critique, traduction et notes par M. Geoffrey, J. Janssens et M. Sebti, Paris, Vrin, 2014.

PHILOPON, *In Aristotelis Physicorum libros tres priores commentaria*, « Commentaria in Aristotelem Graeca » vol. XVI, ed. H. Vitelli, Berlin, Georg Reimer, 1887.

PHILOPON, *In Aristotelis Physicorum libros quinque posteriores commentaria*, « Commentaria in Aristotelem Graeca » vol. XVII, ed. H. Vitelli, Berlin, Georg Reimer, 1888.

SIMPLICIUS, *In Aristotelis De caelo commentaria*, « Commentaria in Aristotelem Graeca » vol. VII, ed. J. L. Heiberg, Berlin, Georg Reimer, 1894.

SIMPLICIUS, *In Aristotelis Categorias commentarium*, « Commentaria in Aristotelem Graeca » vol. VIII, ed. C. Kalbfleisch, Berlin, Georg Reimer, 1907.

SIMPLICIUS, *In Aristotelis Physicorum libros quatuor priores commentaria*, « Commentaria in aristotelem graeca », vol. IX, ed. H. Diels, Berlin, G. Reimer, 1882.

SIMPLICIUS, *In Aristotelis Physicorum libros quattor posteriores commentaria*, « Commentaria in Aristotelem Graeca » vol. X, ed. H. Diels, Berlin, Georg Reimer, 1895.

SPEUSIPPE, *Speusippus of Athens*, ed. L. Tarán, Leiden, Brill, 1981.

SYRIANUS, *In Metaphysica commentaria*, « Commentaria in Aristotelem Graeca » volume VI. 1, ed. H. Kroll, Berlin, Georg Reimer, 1902.

THEMISTIUS, *In Aristotelis Metaphysicorum librum Λ paraphrasis hebraice et latine*, « Commentaria in Aristotelem Graeca » vol. V. 5, ed. S. Landauer, Berlin, Georg Reimer, 1903.

THÉMISTIUS, *Paraphrase de la Métaphysique d'Aristote (livre Lambda)*, trad. fr. par R. Brague, Paris, Vrin, 1999.

THEOPHRASTUS, *Metaphysics*, with Translation, Commentary, and Introduction by W. D. Ross et F. H. Fobes, Oxford, Oxford University Press, 1929.

THEOPHRASTUS, *Theophrastus. Metaphysics*, With an Introduction, Translation, Commentary by M. van Raalte, Leiden, Brill, 1993.

THÉOPHRASTE, *Métaphysique*, texte établi, traduit et annoté par A. Laks et G. W. Most, Paris, Les Belles Lettres, 2001.

THEOPHRASTUS, *On First Principles (*known as his *Metaphysics*), Greek Text and Medieval Arabic Translation, Edited and Translated with Introduction, Commentaries and Glossaries, as Well as the Medieval Latin Translation, and with an Excursus on Graeco-Arabic Editorial Technique by D. Gutas, Leiden, Boston, Brill, 2010.

THOMAS D'AQUIN, *Métaphysique d'Aristote / Commentaire de Thomas d'Aquin*, trad. fr. par G.-Fr. Delaporte, Paris, L'Harmattan, 2012.

XENOKRATES, *Darstellung der Lehre und Sammlung der Fragmente*, ed. R. Heinze, Leipzig, Teubner, 1892.

Études modernes et contemporaines

ALBRITTON R., « Forms of Particular Substances in Aristlotle's *Metaphysics* », *Journal of Philosophy* 54, 1957, p. 699-708.

AUBENQUE, P., *Le Problème de l'être chez Aristote*, Paris, P. U. F., 1963

– « Les Origines de la doctrine de l'analogie de l'être. Sur l'histoire d'un contresens », *Les Études philosophiques* 33, 1978, p. 3-12.

AUBRY G., *Dieu sans la puissance.* Dunamis *et* Energeia *chez Aristote et Plotin*, Paris, Vrin, 2006.

BAGHDASSARIAN F., « La lecture aristotélicienne du mythe : nature, fonctions et usages du mythe en philosophie », *Revue de philosophie ancienne* 31, 2013, p. 119-147.

– *La Question du divin chez Aristote. Discours sur les dieux et science du principe*, Louvain-la-Neuve, Peeters, 2016.

– « Principe du bien et principe du mal chez Aristote », *Chora. Revue d'études anciennes et médiévales* 15-16, 2017-2018, p. 333-358.

– « L'intellection divine en Métaphysique Λ 7 et 9 : les indices d'un approfondissement d'Aristote par lui-même », dans F. Baghdassarian, G. Guyomarc'h (éds), *Réceptions de la théologie aristotélicienne. D'Aristote à Michel d'Éphèse*, Louvain-la-Neuve, Peeters, 2017, p. 33-58.

BAILLIE W., « Noetic Activity in Aristotle's Thought – Man, God and Ultimate Reality and Meaning : A Philosopher's View », *Ultimate Reality and Meaning* 5, 1978, p. 230-249.

BALME D. M., « Development of Biology in Aristotle and Theophrastus : Theory of Spontaneous Generation », *Phronesis* 7, 1962, p. 91-104.

BARNES J., « Roman Aristotle », dans J. Barnes et M. Griffin (eds), *Philosophia Togata. Plato and Aristotle at Rome*, Oxford, Clarendon Press, 1997, p. 1-69.

BECHLER, S., « Aristotle Corrects Eudoxus, *Metaphysics* 1073b39-1074a16 », *Centaurus* 15, p. 113-123.

BEERE J., « Counting the Unmoved Movers : Astronomy and Explanation in Aristotle's *Metaphysics* XII. 8 », *Archiv für Geschicte der Philosophie* 85, 2003, p. 1-20.

– « The Priority in Being of *Energeia* », dans M. Crubellier, A. Jaulin, D. Lefebvre et P.-M. Morel (éds), Dunamis. *Autour de la puissance chez Aristote*, Louvain-la-Neuve, Peeters, 2008, p. 429-456.

– « Thinking Thinking Thinking : On God's Self-Thinking in Aristotle's *Metaphysics* Λ. 9 », https://ancient-philosophy.hu-berlin.de/en/ancient-philosophy/hpold/downloads/beere-thinking-thinking/view, 2010.

BELL I., *Metaphysics as an Aristotelian Science*, Sankt Augustin, Academia Verlag, 2004.

BERTI, E., « The Intellection of Indivisibles according to Aristotle *De Anima* III 6 », dans G. E. R. Lloyd et G. E. L. Owen (eds), *Aristotle on Mind and the Senses*, Cambridge, Cambridge University Press, 1978, p. 141-163.

– « La *Métaphysique* d'Aristote : "onto-théologie" ou "philosophie première" ? », *Revue de philosophie ancienne* 14, 1996, p. 61-85.

– « De qui est fin le Moteur immobile ? », dans M. Bastit et J. Follon (éds), *Essais sur la théologie d'Aristote, Actes du colloque de Dijon*, Louvain-la-Neuve, Peeters, 1998, p. 5-28.

– « The Unmoved Mover as an Efficient Cause in Aristotle's *Metaphysics*, XII », dans Th. Pentzopoulou-Valalas et S. Dimopoulos (eds), *Aristotle on* Metaphysics, Aristotle University of Thessaloniki, Department of Philosophy and Education, Thessaloniki, 1999, p. 73-81.

– « Il movimiento del cielo in Alessandro di Afrodisia », dans A. Brancacci (ed.), *La filosofia in età imperiale*, Napoli, Bibliopolis, 2000, p. 225-243.

– « Unmoved Mover(s) as Efficient Cause(s) in *Metaphysics* Λ 6 », dans M. Frede, D. Charles (eds.), *Aristotle's* Metaphysics *Lambda*, Oxford, At the Clarendon Press, 2000, p. 181-206.

– *Aristotele. Dalla dialettica alla filosofia prima*, Milano, Bompiani, 2004 [2].

– « Y a-t-il une théologie d'Aristote ? », dans L. Langlois et Y.-Ch. Zarka (éds), *Les Philosophes et la question de Dieu*, Paris, Presses Universitaires de France, 2006, p. 55-71.

– « Ancora sulla causalità del motore immobile », *Methexis* 20, 2007, p. 7-28.

– « La *Métaphysique* d'Aristote », dans *Dialectique, physique et métaphysique*, Louvain-la-Neuve, Éditions Peeters, 2008, p. 369-379.

– « La causalité du moteur immobile selon Aristote », dans *Dialectique, physique et métaphysique*, Louvain-la-Neuve, Éditions Peeters, 2008, p. 382-399.

– « Le livre Λ de la *Métaphysique* d'Aristote entre physique et métaphysique », dans E. Berti, *Dialectique, physique et métaphysique*, Louvain-la-Neuve, Peeters, 2008, p. 401-421.

– « Le rapport entre cause motrice et cause finale dans la *Métaphysique* », dans *Dialectique, physique et métaphysique*, Louvain-la-Neuve, Peeters, 2008, p. 441-467.

– « The Finality of Aristotle's Unmoved Mover in the *Metaphysics*, Book 12, Chapters 7 and 10 », *Nova et vetera* 10, 2012, p. 863-876.

– « Continua il dibattito sulla causalità del motore immobile », dans R. L. Cardullo et D. Iozzia (eds), Κάλλος καὶ ἀρετή. *Bellezza e virtù. Studi in onore di Maria Barbanti*, Roma-Acireale, Bonanno editore, 2014, p. 205-213.

– « The Program of *Metaphysics* Lambda (chapter 1) », dans Ch. Horn (ed.), *Aristotle's* Metaphysics *Lambda – New Essays*, Berlin, De Gruyter, 2016, p. 67-86.

BLASS F., « Aristotelisches », *Rheinisches Museum* 30, 1875, p. 481-505.

BLUCK R. S., « Aristotle, Plato, and Ideas of Artefacts », *Classical Review*, 1947, p. 75-76.

BLYTH, D., « Heavenly Soul in Aristotle », *Apeiron* 48, 2015, p. 427-465.

BODÉÜS R., *Aristote et la théologie des vivants immortels*, Paris, Les Belles Lettres, 1992.

BODNÁR I., « Eudemus'Unmoved Movers : Fragments 121-123b Werlhi », dans I. Bodnár, W. W. Fortenbaugh (eds.), *Eudemus of Rhodes*, New Brunswick, London, Rutgers University Studies in Classical humanities, 2002, p. 171-189.

– « Aristotle's Rewinding Spheres : Three Options and their Difficulties », *Apeiron* 28, 2005, p. 257-275.

– « Teleology across Natures », *Rhizai* 2, 2005, p. 9-29.

– « Cases of Celestial Teleology in *Metaphysics* Λ », dans Ch. Horn (ed.), *Aristotle's* Metaphysics *Lambda – New Essays*, Berlin, De Gruyter, 2016, p. 247-267.

BOGEN J., « Change and Contrariety in Aristotle », *Phronesis* 37, 1992, p. 1-21.

BOLLACK J. *Empédocle I, Introduction à l'ancienne physique*, « Tel », Paris, Gallimard, 1965.

BOLTON R., « Two Standards for Inquiry in Aristotle's *De Cœlo* », dans A. C. Bowen, Ch. Wildberg (eds.), *New Perspectives on Aristotle's* De Cœlo, Leiden, Brill, p. 50-82.

BONADEO MARTINI C., « Ὡς ἐρώμενον : alcune interpretazioni di *Metaph.* Λ 7 », dans V. Celluprica, C. D'Ancona (eds.), *Aristotele e i suoi esegeti neoplatonici. Logica e ontologia nelle interpretazioni greche e arabe*, Napoli, Bibliopolis, 2004, p. 211-243.

BONITZ H., *Observationes criticae in Aristotelis libros metaphysicos*, Berlin, A. H. Hayn, 1842.

– *Commentarius in Aristotelis metaphysicam*, Hildesheim, Zürich, New York, Georg Olms Verlag, 1849, 1992 2.

– *Index aristotelicus*, Berlin, G. Reimer, 1870.

BORDT M., « Why Aristotle's God is not the Unmoved Mover », *Oxford Studies in Ancient Philosophy* 40, 2011, p. 91-109.

BOTTER B., *Dio e divino in Aristotele*, Sankt Augustin, Academia Verlag, 2005.

BOUSSET M., « Sur la théologie d'Aristote : monothéisme ou polythéisme ? », *Revue thomiste* 44, p. 798-805.

BOWEN A. C., « La scienza del cielo nel periodo pretolemaico », dans S. Petruccioli (ed.) *Storia della scienza* I. *La scienza antica*, Roma, Istituto della Enciclopedia italiana, 2001, p. 806-839.

BRADSHAW D., « A New Look at the Prime Mover », *Journal of the History of Philosophy* 39, 2001, p. 1-22.

BRAGUE R., *Aristote et la question du monde*, Paris, Presses Universitaires de France, 1988.

– « Le destin de la "Pensée de la Pensée" des origines au début du Moyen Âge », dans Th. de Koninck et G. Planty-Bonjour (éds), *La Question de Dieu selon Aristote et Hegel*, Paris, P. U. F., 1991, p. 153-186.

– « Alexander of Aphrodisias'*On Cosmos* by Charles Genequand », *Studia Islamica* 94, 2002, p. 17-18.

BRANDIS Ch. A., « Über dir Aristotelische *Metaphysik* (Erste Hälfte) », *Abhandlungen der Königliche Akademie der Wissenschaften*, Historische-Philologische Klasse, Berlin, 1834, p. 63-87.

BRENTANO F., *The Psychology of Aristotle, in Particular His Doctrine of the Active Intellect, with an Appendix Concerning the Activity of Aristotle's God*, édition et traduction par R. George, Berkeley, Los Angeles, London, University of California Press, 1977.

BROADIE S., « Que fait le Premier Moteur d'Aristote ? (Sur la théologie du livre Lambda de la *Métaphysique* », *Revue philosophique de la France et de l'étranger* 183, 1993, p. 375-411.

BRUNSCHWIG J., « Aristote, Platon et les formes d'objets artificiels », dans P.-M. Morel (éd.), *Aristote et la notion de nature*, Bordeaux, Presses Universitaires de Bordeaux, 1997, p. 45-68.

– « *Metaphysics* Λ 9 : A Short-Lived Thought Experiment ? », dans M. Frede, D. Charles (eds.), *Aristotle's* Metaphysics *Lambda*, Oxford, At the Clarendon Press, 2000, p. 277-306.

BURNYEAT M., *A Map of* Metaphysics *Zeta*, Pittsburgh, Mathesis Publications, 2001.

CASTELLI L., « *Metaphysics* XII, 7, 1072A27-B1 : An Argument of Identity », *The British Journal for the History of Philosophy* 19, 2011, p. 837-848.

CERAMI, C., *Génération et Substance : Aristote et Averroès entre physique et métaphysique*, Berlin, De Gruyter, 2015.

CHANG K. Ch., « Plato's Form of Beautiful in the *Symposium* versus Aristotle's Unmoved Mover in the *Metaphysics* (Λ) », *The Classical Quarterly* 52, 2002, p. 431-446.

CHARLES D., « *Metaphysics* Λ 2 : Matter and Change », dans M. Frede, D. Charles (eds.), *Aristotle's* Metaphysics *Lambda*, Oxford, At the Clarendon Press, 2000, p. 81-110.

– « La cause finale », dans C. Viano, C. Natali, M. Zingano (eds), *Aitia I. Les Quatre causes d'Aristote : origines et interprétations*, Leuven, Peeters, 2013, p. 123-159.

CHERNISS H., *Aristotle's Criticism of Plato and the Academy*, New York, Russell and Russell, 1944, 1972 [2].

CLAGETT M., *Greek Science in Antiquity*, New York, Scholar's Bookshelf, 1955.

CLAGHORN G. S., *Aristotle's Criticism of Plato's* Timaeus, La Haye, M. Nijhoff, 1954.

CLEARY J. J., *Aristotle and Mathematics. Aporetic Method in Cosmology and Metaphysics*, Leiden, New York, Köln, Brill, 1995.

CODE A., « Some Remarks on *Metaphysics* Λ 5 », dans M. Frede, D. Charles (eds.), *Aristotle's* Metaphysics *Lambda*, Oxford, At the Clarendon Press, 2000, p. 161-179.

CRUBELLIER M., « *Metaphysics* Λ 4 », dans M. Frede, D. Charles (eds.), *Aristotle's* Metaphysics *Lambda*, Oxford, At the Clarendon Press, 2000, p. 137-160.

– « Aporiai 1-2 », dans M. Crubellier, A. Laks (eds.), *Aristotle :* Metaphysics *Beta. 16th Symposium aristotelicum*, Oxford, Oxford University Press, 2009, p. 47-72.

– « Premiers principes métaphysiques de la science de la nature : la démonstration de l'existence du moteur immobile de l'univers au huitième livre de la *Physique* », dans C. Cerami (éd.), *Nature et Sagesse. Les Rapports entre physique et métaphysique dans la tradition aristotélicienne. Recueil de textes en hommage à Pierre Pellegrin*, Louvain-la-Neuve, Peeters, 2014, p. 95-130.

– « What the Form Has to Be and What It Needs not Be (*Metaphysics*, Λ 3) », dans Ch. Horn (ed.), *Aristotle's* Metaphysics *Lambda – New Essays*, Berlin, De Gruyter, 2016, p. 119-137.

– « Rupture, reprise et révision. De la théologie des *Lois* à celle de *Métaphysique* Λ », dans F. Baghdassarian, G. Guyomarc'h (eds), *Réceptions de la théologie aristotélicienne. D'Aristote à Michel d'Éphèse*, Louvain-la-Neuve, Peeters, 2017, p. 9-32.

DE CORTE, M. « Le pluralisme dans la théologie aristotélicienne », *Revue belge de philologie et d'histoire* 9, 1930, p. 869-877.

– *Aristote et Plotin*, Paris, Desclée de Brouwer, 1935.

DE LEY H., « Aristotle, *Metaphysics* Λ 2, 1069b20-24 » *Mnemosyne*, 1969, p. 195-197.

DEFILIPPO J. G., « Aristotle's Identification of the Prime Mover as God », *The Classical Quarterly* 44, 1994, p. 393-409.

– « The "Thinking of Thinking" in *Metaphysics* Λ 9 », *Journal of the History of Philosophy* 33, 1995, p. 543-562.

DEVEREUX D. T., « The Relationship between Theophrastus' *Metaphysics* and Aristotle's *Metaphysics* Lambda », dans W. W. Forthenbaugh et R. W. Sharples (eds), *Theophrastean Studies, on Natural Science, Physics, and Mathematics ; Ethics, Religion, and Rhetoric*, New Brunswick, New Jersey, Rutgers University Studies in Classical Humanities, 1988, p. 167-185.

D'HOINE P., « Syrianus and Proclus on Aristotle », dans A. Falcon (ed.), *Brill's Companion to the Reception of Aristotle in Antiquity*, Leiden, Boston, Brill, 2016, p. 374-393.

DIANO, C., « Le Professeur Diano explique Aristote, *Métaphysique* 12, 1072a24 », dans C. Diano, *Studi i saggi di filosofia anica*, Padova, Antenore, 1973.

DICKS D. R., *Early Greek Astronomy to Aristotle*, Ithaca, New York, Cornell University Press, 1970.

DONINI P., *Commentary and Tradition. Aristotelianism, Platonism, and Post-hellenistic Philosophy*, M. Bonazzi (ed.), Berlin, New York, De Gruyter, 2011.

DREYER J. L. E., *A History of Astronomy from Thales to Kepler*, New York, Dover publications, 1953.

DUARTE S., « Aristotle's Theology and its Relation to the Science of Being qua Being », *Apeiron* 40, 2007, p. 267-318.

DUHEM P., *Le Système du monde. Histoire des doctrines cosmologiques de Platon à Copernic*, tome 1, Paris, Hermann, 1913.

DUMOULIN B., *Analyse génétique de la* Métaphysique *d'Aristote*, Paris, Les Belles Lettres, 1986.

DÜRING I., *Aristoteles, Darstellung und Interpretation seines Denkens*, Heidelberg, C. Winter, 1966.

EASTERLING H. J., « Homocentric Spheres in *De Caelo* », *Phronesis* 6, 1961, p. 138-153.

ELDERS L., *Aristotle's Theology : a Commentary of Book Lambda of the Metaphysics*, Assen, Van Gorcum & Comp. N. V. – Dr H. J. Prakke & H. M. G. Prakke, 1972.

FALCON, A., *Aristotle and the Science of Nature. Unity without Uniformity*, Cambridge, Cambridge University Press, 2005.

– « Between Physics and Metaphysics : Aristotle at the Boundaries of Knowledge », dans C. Cerami (éd.), *Nature et Sagesse. Les Rapports entre physique et métaphysique dans la tradition aristotélicienne. Recueil de textes en hommage à Pierre Pellegrin*, Louvain-la-Neuve, Peeters, 2014, p. 71-94.

FAZZO S., « Lambda 7. 1072b2-3 », *Elenchos* 23, 2002, p. 357-375.

– « Sur la composition du traité dit *De Motu Animalium* : contribution à l'analyse de la théorie aristotélicienne du Premier Moteur », dans A. Laks, M. Rashed (eds), *Aristote et le mouvement des animaux, dix études sur le* De Motu Animalium, Villeneuve d'Asq, Presses universitaires du Septentrion, 2004, p. 203-239.

– « L'esordio del libro Lambda della *Metafisica* », *Rivista de filosofia neo-scolastica* 100, 2008, p. 159-181.

– « Fra atto e potenza : l'eternità del cielo nel libro *Lambda* della *Metafisica* », dans A. Fermani et M. Migliori (eds), *Attività e virtù. Anima e corpo in Aristotele*, Milano, Vita e pensiero, 2009, p. 113-146.

– « La prima frase del libro lambda della *Metafisica* » dans R. Pozzo et M. Sgarbi (eds), *I filosofi e l'Europeo. Atti del XXXVI Congresso nazionale di filosofia della Società Filosofica Italiana*, Milano, Mimesis, 2009, p. 29-36.

– « Heavenly Matter in Aristotle, *Metaphysics Lambda* 2 », *Phronesis* 58, 2013, p. 160-175.

– *Commento al libro* Lambda *della* Metafisica *di Aristotele*, « Elenchos », Napoli, Bibliopolis, 2014.

– « Unmoved Mover as a Pure Act or Unmoved Mover in Act ? The Mystery of a Subscript Iota », dans Ch. Horn (ed.), *Aristotle's* Metaphysics *Lambda – New Essays*, Berlin, De Gruyter, 2016, p. 181-205.

FINE G., *On Ideas : Aristotle's Criticism of Plato's Theory of Forms*, Oxford, Clarendon Press, 1995.

FRANCK D. H., *The Arguments « from the Sciences » in Aristotle's Peri ideôn*, New York, Bern, Frankfurt am Main, Nancy, Peter Lang, 1984.

FREDE D., « Theophrasts Kritik an unbewegten Beweger des Aristoteles », *Phronesis* 16, 1971, p. 65-79.

FREDE M., « Substance in Aristotle's *Metaphysics* », dans A. Gotthelf (ed.), *Aristotle. On Nature and Living Things. Philosophical and Historical Studies*, Pittsburgh, Mathesis Publication, 1985, p. 17-26.

– « Introduction », dans M. Frede et D. Charles (eds), *Aristotle's* Metaphysics *Lambda*, Oxford, At the Clarendon Press, 2000, p. 1-52.

– « *Metaphysics* Λ 1 », dans M. Frede, D. Charles (eds.), *Aristotle's* Metaphysics *Lambda*, Oxford, At the Clarendon Press, 2000, p. 53-80.

FRITZ VON K., *Philosophie und sprachlicher Ausdruck bei Demokrit, Plato und Aristoteles*, New York, Leipzig, Paris, London, G. E. Stechert, 1938.

GABRIEL M., « God's Transcendent Activity : Ontotheology in *Metaphysics* 12 », *The Review of Metaphysics* 63, 2009, p. 385-414.

GAISER K., *Theophrast in Assos. Zur Entwicklung der Naturwissenschaft zwischen Akademie und Peripatos*, Heidelberg, C. Winter, 1985.

GALLUZZO G., « Universals in Aristotle's *Metaphysics* », dans R. Chiaradonna et G. Galluzzo (eds), *Universals in Ancient Philosophy*, Pisa, Edizioni della Normale, 2013, p. 209-253.

GERSON L. P., *God and Greek Philosophy. Studies in the early History of Natural theology*, London, New York, Routledge, 1990.

– *Aristotle and Other Platonists*, Ithaca, London, Cornell University Press, 2005.

GIGON O., « L'Histoire de la philosophie chez Aristote », dans *La Philosophie de l'histoire de la philosophie*, Istituto di studi filosofici, Paris, Vrin, 1957, p. 99-120.

GILL M. L., *Aristotle on Substance. The Paradox of Unity*, Princeton, Princeton University Press, 1989.

– « Individuals and Individuation in Aristotle », dans T. Scaltsas, D. Charles, M. L. Gill (eds.), *Unity, Identity, and Explanation in Aristotle's Metaphysics*, Oxford, Clarendon Press, 1991, p. 55-71.

– « First Philosophy in Aristotle », dans M. L. Gill et P. Pellegrin (eds), *A Companion to Ancient Philosophy*, Malden M. A., Blackwell Publishing, 2006, p. 347-373.

GOLITSIS P., « Collation but not Contamination : on Some Textual Problems of Aristotle's *Metaphysics* Kappa 1065a25 *sqq.* », *Revue d'histoire des textes* 10, 2015, p. 1-23.

– « Simplicius and Philoponus on the Authority of Aristotle », dans A. Falcon (ed.), *Brill's Companion to the Reception of Aristotle in Antiquity*, Leiden, Boston, Brill, 2016, p. 419-438.

GOMEZ-PIN V., *Ordre et Substance*, Paris, Anthropos, 1976.

GOURINAT J.-B., « L'intellect divin d'Aristote est-il cause efficiente ? », *Bollettino filosofico*, Universita della Calabria, « Modelli di ragione » 20, 2004.

– « Le premier moteur selon *Physique*, VIII et *Métaphysique*, Λ : physique et philosophie première. », dans M. Bonelli (éd.), *Physique et Métaphysique chez Aristote*, 2012, Paris, Vrin, p. 175-206.

GRIFFIN M., « Ammonius and the Alexandrian School », dans A. Falcon (ed.), *Brill's Companion to the Reception of Aristotle in Antiquity*, Leiden, Boston, Brill, 2016, p. 394-418.

GUTHRIE, W. K. C., « The Development of Aristotle's Theology » II, *The Classical Quarterly* 28, 1934, p. 90-98.

GUYOMARC'H G., « Fonction et objets de la "philosophie première" chez Aristote », *Revue de philosophie ancienne* 32, 2014, p. 137-178.

– *L'Unité de la métaphysique selon Alexandre d'Aphrodise*, Paris, Vrin, 2015.

HANKINSON R., « Natural, Unnatural, and Supernatural Motions : Contrariety and the Arguments for Elements in *De Caelo* 1.2-4 », dans A. C. Bowen et Ch. Wildberg (eds), *New Perspectives on Aristotle's* De Caelo, Leiden, Brill, 2010, p. 83-118.

HANSON N. R., « On Counting Aristotle's Spheres », *Scientia* 57, 1963, p. 223-232.

HARTMAN E., *Substance, Body, and Soul. Aristotelian Investigations*, Princeton, Princeton University Press, 1977.

HATZIMICHALI M., « The text of Plato and Aristotle in the First Century BC », dans M. Schofield (ed.), *Aristotle, Plato and Pythagoreanism in the First Century BC. New Directions for Philosophy*, Cambridge, Cambridge University Press, 2013, p. 1-27.

– « Andronicus of Rhodes and the Construction of the Aristotelian *Corpus* », dans A. Falcon (ed.), *Brill's Companion to the Reception of Aristotle in Antiquity*, Leiden, Boston, Brill, 2016, p. 81-100.

HEATH T. L., *Aristarchus of Samos*, Oxford, At the Clarendon Press, 1913.

HERZBERG S., « God as Pure Thinking. An Interpretation of *Metaphysics* Λ 7, 1072b14-26 », dans Ch. Horn (ed.), *Aristotle's* Metaphysics *Lambda – New Essays*, Berlin, de Gruyter, 2016, p. 157-180.

HORN, Ch., « The Unity of the World-order According to *Metaphysics* Λ 10 », dans Ch. Horn (ed.), *Aristotle's* Metaphysics *Lambda – New Essays*, Berlin, De Gruyter, 2016, p. 269-293.

HUBY P., « When Was Theophrastus' *Metaphysics* Written ? », dans A. Jaulin et D. Lefebvre (eds), *La* Métaphysique *de Théophraste. Principes et Apories*, Louvain-la-Neuve, Peeters, p. 5-15.

IRWIN T., *Aristotle's First Principles*, Oxford, Clarendon Press, 1988.

ISNARDI-PARENTE M., « Platone e la prima Academia di fronte al problema delle idee degli "artefacte" », *Rivista critica di storia delle filosofia* 19, 1964, p. 123-158.

– « Le *Peri Ideôn* d'Aristote : Platon ou Xénocrate, », *Phronesis* 26, 1981, p. 135-152.

JACKSON H., « Plato's Later Theory of Ideas I », *Journal of Philosophy* 10, 1881, p. 253-298.

– « On Some Passages in Aristotle's *Metaphysics* Λ », *Journal of Philology* 29, 1903, p. 139-144.

JAEGER W., *Studien zur Entstehungsgeschichte der* Metaphysik *des Aristoteles*, Berlin, Weidmann, 1912.

– *Aristote. Fondements pour une histoire de son évolution*, trad. fr. par O. Sedeyn, Paris, L'éclat, 1997 (trad. de *Aristoteles. Grundlegung einer Geschichte seiner Entwicklung*, Berlin, Weidmann, 1923).

JOHANSEN K. F., « The Aristotelian Form : Particular or Universal ? », Copenhague, Det Kongelige Danske Videnskabernes Selskab, 2008.

JOHANSEN T. K., « Should Aristotle Have Recognized Final Causes In Plato's *Timaeus ?* », dans R. D. Mohr et B. M. Sattler (eds), *One Book. The Whole Universe. Plato's* Timaeus *Today*, Las Vegas, Zürich, Athènes, Parmenides Publishing, 2010, p. 178-199.

JOHNSON M. R., *Aristotle's Teleology*, Oxford, Oxford University Press, 2005.

JUDSON, L., « Heavenly Motion and the Unmoved Mover », dans M. C. Gill, G. Lennox (eds.), *Self-Motion From Aristotle to Newton*, Princeton, Princeton University Press, 1997, p. 155-171.

– « Formlessness and the Priority of Form : *Metaphysics* Z 7-9 and Λ 3 », dans M. Frede, D. Charles (eds.), *Aristotle's* Metaphysics *Lambda*, Oxford, At the Clarendon Press, 2000, p 111-135.

– « Aristotle's Astrophysics », *Oxford Studies in Ancient Philosophy* 49, 2015, p. 151-192.

KAHN C. H., « On the Intended Interpretation of Aristotle's *Metaphysics* », dans J. Wiesner (ed.), *Aristoteles Werk und Wirkung*, Berlin, New York, De Gruyter, 1985, p. 311-338.

KNORR W. R., « Plato and Eudoxus on the Planetary Motions », *Journal for the History of Astronomy* 15, 1970, p. 313-329.

KOCH I., « Le "Dieu Vivant" d'Aristote », dans M. Narcy, A. Tordesillas (éd.), *La Métaphysique d'Aristote, perspectives contemporaines*, Paris, Vrin, 2005, p. 199-213.

KONINCK de Th., « La "Pensée de la Pensée" chez Aristote », dans Th. de Koninck et G. Planty-Bonjour (éds), *La Question de Dieu selon Aristote et Hegel*, Paris, P. U. F., 1991, p. 69-151.

– « Aristotle on God as Thought Thinking Himself », dans Lloyd P. Gerson (ed.), *Aristotle Critical Assessments*, vol. 1 « Logic and metaphysics », London, Routledge, 1999, p. 369-402.

– *Aristote, l'intelligence et Dieu*, Paris, Presses Universitaires de France, 2008.

KONSTAN D., RAMELLI I., « Aristotle and Individual Forms : the Grammar of the Possessive Pronouns at *Metaphysics* Λ, 5, 1071a27-29 », *The Classical Quarterly* 56, 2006, p. 105-112.

KOSMAN A., « Aristotle's Prime Mover », dans M. C. Gill, G. Lennox (eds.), *Self-Motion From Aristotle to Newton*, Princeton, Princeton University Press, 1997, p. 135-153.

– « Metaphysics Λ 9 : Divine Thought », dans M. Frede, D. Charles (eds.), *Aristotle's* Metaphysics *Lambda*, Oxford, At the Clarendon Press, 2000, p. 307-326.

– *The Activity of Being. An Essay on Aristotle's Ontology*, Cambridge, Ma., Harvard University Press, 2013.

KOUREMENOS Th., « Aristotle's Argument in *DC* 1.3-4 for the Indestructibility of Aether and Eudoxus'Theory of Homocentric Spheres », *Classica und Medievalia* 54, 2003, p. 157-184.

KRÄMER, H. J., *Der Ursprung der Geistmetaphysik*, Amsterdam, B. R. Grüner, 1967.

– « Zum Standort der "Metaphysik" Theophrasts », *Zetesis. Album amicorum door vrienden en collega's aangeboden aan Prof. Dr. E. de Strycker ter gelegenheid van zijn 65 e verjaardag*, Antwerpen, Utrecht, De Nederlandsche Boekhandel, 1973, 206-214.

– « La noesis noeseos e la sua posizione nelle *metafisica* di Aristotele », dans A. Bausola et G. Reale (éds), *Aristotele. Perché la Metafisica*, Milano, Vita e pensiero, 1994, p. 171-185.

KRISCHE A. B., *Forschungen auf dem Gebiete der alten Philosophie* I, Göttingen, Dieterich, 1840.

LAKS A., « *Metaphysics* Λ 7 », dans M. Frede, D. Charles (eds.), *Aristotle's* Metaphysics *Lambda*, Oxford, At the Clarendon Press, 2000, p. 207-243.

LANG H. S., « The Structure and the Subject of Metaphysics, Λ », *Phronesis* 38, 1993, p. 257-280.

LEFEBVRE D., « L'usage de la série des contraires en *Métaphysique* Γ 2, 1004b27-1005a5 », dans M. Hecquet-Devienne, A. Stevens (éd.), *Aristote,*

Métaphysique, *Gamma. Édition, traduction, études*, Louvain-la-Neuve, Éditions Peeters, 2008, p. 287-321.
– « La question de l'unité d'une science des substances : interprétation de *Métaphysique*, Λ, 1, 1069a36-b2 », dans M. Bonelli (éd.), *Physique et Métaphysique chez Aristote*, Paris, Vrin, 2012, p. 133-174.
– « Recherches péripatéticiennes sur le moteur immobile : Aristote et Théophraste », dans A. Jaulin et D. Lefebvre (éds), *La Métaphysique de Théophraste : principes et apories*, Louvain-la-Neuve, Peeters, 2015, p. 37-69.
– « Métaphysique et ontologie. Une parenthèse théophrastienne ? », dans Ph. Büttgen et J.-B. Rauzy, *La Longue durée. Pour J.-F. Courtine*, Paris, Vrin, 2016, p. 27-56.
LERNER M.-P., *La Notion de finalité chez Aristote*, Paris, P. U. F., 1969.
– *Le Monde des sphères* I, Paris, Les Belles Lettres, 2008 [2].
LESHER J. H., « Aristotle on Form, Substance, and Universals : a Dilemma », *Phronesis* 16, 1971, p. 169-178.
LESZL W., *Il « De Ideis » di Aristotele e la teoria platonica delle idee*, Firenze, Leo S. Olschki Editore, 1975.
LLOYD A. C., *Form and Universal*, Liverpool, Francis Cairns, 1981.
LLOYD G. E. R., *Une histoire de la science grecque*, traduit de l'anglais par J. Brunschwig, Paris, Éditions La Découverte, 1990.
– *Aristotelian Explorations*, Cambridge, Cambridge University Press, 1996.
– « *Metaphysics* Λ 8 », dans M. Frede, D. Charles (eds.), *Aristotle's* Metaphysics *Lambda*, Oxford, At the Clarendon Press, 2000, p. 245-273.
LOUX M. J., *Primary Ousia. An Essay on Aristotle's Metaphysics Z and H*, Ithaca, London, Cornell University Press, 1991.
MANSFELD J., « Myth, Science, Philosophy : A Question of Origins », dans J. Mansfeld, *Studies in the Historiography of Greek Philosophy*, Assen, Van Gorcum, 1990, p. 1-21.
MANSION A., « L'objet de la science philosophique suprême d'après Aristote, *Métaphysique* E 1 », dans *Mélanges de philosophie grecque offerts à Mgr. Diès*, Paris, Vrin, 1956, p. 151-168.
MANSION S., « La critique de la théorie des Idées dans le Περὶ ἰδεῶν d'Aristote », *Revue philosophique de Louvain* 47, 1949, p. 169-202.
MANUWALD B., *Studien zum Unbewegten Beweger in der Naturphilosophie des Aristoteles*, Stuttgart, F. Steiner, 1989.
MATTHEN M., « The Holistic Presuppositions of Aristotle's Cosmology », *Oxford Studies in Ancient Philosophy*, 20, p. 171-199.
MAULA E., *Studies in Eudoxus'Homocentric Spheres*, Helsinki, Societas Scientiarum fennica, 1974.
MENDELL H., « Reflections on Eudoxus, Callippus and their Curves : Hippopedes and Callippopedes », *Centaurus* 40, 1998, p. 177-275.

– « The Trouble with Eudoxus », dans P. Suppes, J. Moravcsik et H. Mendell (eds), *Ancient and Medieval Traditions in the Exact Sciences : Essays in Memory of Wilbur Knorr*, Stanford, CSLI Publications, 2001, p. 59-138.

MENN S., « Aristotle and Plato on God as Nous and as the Good », *The Review of Metaphysics* 45, 1992, p. 543-573.

– « *Aporiai* 13-14 », dans M. Crubellier et A. Laks (eds), *Aristotle's* Metaphysics *Beta. 16th Symposium aristotelicum*, Oxford, Oxford University Press, 2009, p. 211-265.

– « La sagesse comme science des quatre causes », dans M. Bonelli, (éd.), *Physique et Métaphysique chez Aristote*, Paris, Vrin, 2012, p. 39-68.

– « Aristotle's Theology », dans Ch. Shields (ed.), *The Oxford Handbook of Aristotle*, Oxford, Oxford University Press, 2012, p. 422-464.

– *The Aim and the Argument of Aristotle's* Metaphysics, à paraître.

MERLAN, Ph. « Aristotle's Unmoved Movers », *Traditio* 4, 1946, p. 1-30.

– « Two Theological Problems in Aristotle's *Metaphysics Lambda* 6-9 and *De Caelo* A. 9 », *Apeiron* 1, 1966, p. 3-13.

– « On the Terms "Metaphysics" and "Being-qua-being" », *The Monist* 52, 1968, p. 174-194.

MICHALEWSKI A., *La Puissance de l'intelligible. La Théorie plotinienne des Formes au miroir de l'héritage médioplatonicien*, Leuven, Leuven University Press, 2014.

MODRAK D. K., « Forms, Types, and Tokens in Aristotle's *Metaphysics* », *Journal of History of Philosophy* 17, 1979, p. 371-381.

MUGNIER R., *La Théorie du premier moteur et l'évolution de la pensée aristotélicienne*, Paris, Vrin, 1930.

MUSGRAVE A., « The Myth of Astronomical Instrumentalism », dans G. Munevar (ed.) *Beyond Reason*, Dordrecht, Kluwer Academic Publishers, 1991, p. 243-280.

NATALI C., *Cosmo e divinità. La struttura logica della teologia aristotelica*, L'Aquila, L. U. Japadre Editore, 1974.

– « La teoria aristotelica delle catastrofi. Metodo di razzionalizzazione di un mito », *Rivista di filologia e di istruzione classica* 105, 1977, p. 403-424.

– « Attività di Dio e attività dell'uomo nella *Metafisica* di Aristotele », dans A. Bausola, G. Reale (eds.), *Aristotele. Perchè la metafisica*, Milano, Vita e pensiero, 1994, p. 187-214.

– « I due sensi della causa motrice nel libro Lambda della Metafisica di Aristotele », dans Th. Pentzopoulou-Valalas, S. Dimopoulos (eds.), *Aristotle on* Metaphysics, Aristotle University of Thessaloniki, Department of Philosophy and Education, Thessaloniki, 1999, p. 127-138.

NATORP P., « Thema und Disposition der aristotelischen Metaphysik », *Philosophische Monatshefte 24*, 1888, p. 37-65 et 570-574.

NEUGEBAUER O., *A History of Ancient Mathematical Astronomy*, Berlin, Springer, 1975.

NOBLE Ch., « Topsy-Turvy World : Circular Motion, Contrariety, and Aristotle's Unwiding Spheres », *Apeiron* 46, 2013, p. 391-418.

NORMAN R., « Aristotle's Philosopher-God », *Phronesis* 14, 1969, p. 63-74.

NUYENS, Fr., *L'Évolution de la psychologie d'Aristote*, Louvain, Institut supérieur de philosophie, 1948, 1973².

O'FLYNN BRENNAN S., « Is Aristotle's Prime Mover a Pure Form ? », *Apeiron* 15, 1981, p. 80-95.

OEHLER K., « Der Beweis für den unbewegten Beweger bei Aristoteles », dans *Antike Philosophie und byzantinisches Mittelarlter*, Münich, C. H. Beck, 1969, p. 162-183.

– « Die systematische Integration der aristotelischen Metaphysik. Physik und Erste Philosophie im Buch Lambda », dans *Antike Philosophie und byzantinisches Mittelarlter*, Münich, C. H. Beck, 1969, p. 168-192.

– « Aristotle on Self-Knowledge », *Proceedings of the American Philosophical Society* 118, 1974, p. 493-506.

OGGIONI E., *La « Filosofia prima » di Aristotele. Saggio di ricostruzione e di interpretazione*, Milano, Vita e Pensiero, 1939.

OWEN G. E. L., « Τιθέναι τὰ φαινόμενα », dans *Aristote et les problèmes de méthode*, Louvain-la-Neuve, Éditions de l'Institut supérieur de philosophie, 1980², p. 83-103.

OWENS J., « The Reality of Aristotelian Separate Movers », *Review of Metaphysics* 3, 1949-1950, p. 319-387.

– *The Doctrine of Being in the Aristotelian Metaphysics*, Toronto, Pontifical Institute of Medieval Studies, 1951.

PALMER J. A., « Aristotle on the Ancient Theologians », *Apeiron* 33, 2000, p. 181-205.

PATZIG G., « Theology and Ontology in Aristotle's *Metaphysics* », dans J. Barnes, M. Schofield et R. Sorabji (eds), *Articles on Aristotle*, vol. 3, London, Duckworth, 1979, p. 33-49 (trad. angl. De « Theologie und Ontologie in der *Metaphysik* des Aristoteles », *Kant-Studien* 52, 1961, p. 185-295).

PAULUS J., « La Théorie du premier Moteur chez Aristote », *Revue de philosophie* 30, 1933, p. 259-294 ; 394-424.

PRIMAVESI O., « Ein Blick in der Stollen von Skepsis : vier Kapitel zur frühen Uberlieferung des Corpus Aristotelicum » *Philologus* 151, 2007, p. 51-77.

RAPP Ch., « The Principles of Sensible Substances in *Metaphysics* Λ 2-5 », dans Ch. Horn (ed.), *Aristotle's* Metaphysics *Lambda – New Essays*, Berlin, De Gruyter, 2016, p. 87-117.

RASHED M., *Alexandre d'Aphrodise. Commentaire perdu à la* Physique *d'Aristote (livres IV-VIII). Les scholies byzantines*, Berlin, De Gruyter, 2011.

– « *Physique* VIII entre physique et cosmologie », dans C. Cerami (éd.), *Nature et Sagesse. Les Rapports entre physique et métaphysique dans la tradition aristotélicienne. Recueil de textes en hommage à Pierre Pellegrin*, Louvain-la-Neuve, Peeters, 2014, p. 131-147.

REALE G., *Il concetto di « filosofia prima » e l'unità della « Metafisica » di Aristotele*, Milano, Vita e pensiero, 1961, Milano, Bompiani, 2008[7].

RICHARDSON LEAR G., *Happy Lives and the Highest Good : an Essay on Aristotle's* Nicomachean Ethics, Princeton, Princeton University Press, 2004.

ROBIN L., *La théorie platonicienne des Idées et des Nombres d'après Aristote*, Hildesheim, Georg Olms Verlagsbuchhandlung, 1963 rééd.

ROLF G., « An Argument for Divine Omniscience in Aristotle », *Apeiron* 22, 1989, p. 61-74.

ROLFES E., *Aristotelische Metaphysik übersetzt und mit einer Einleitung und erklärenden Anmerkungen versehen*, Leipzig, Duerr'schen Buchhandlung, 1904, vol. 3.

ROMEYER DHERBEY G., *Aristote théologien et autres études de philosophie grecque*, Paris, Encre Marine, 2009.

ROSS A., « The Causality of the Prime Mover in *Metaphysics* Λ », dans Ch. Horn (ed.), *Aristotle's* Metaphysics *Lambda – New Essays*, Berlin, De Gruyter, 2016, p. 207-227.

ROSS W. D., « The Development of Aristotle's Thought », *Proceedings of the British Academy* 43, 1957, p. 63-78.

RYAN E. E., « Pure Form in Aristotle », *Phronesis* 18, 1973, p. 209-224.

SALIS R., *Il commento di pseudo-Alessandro al libro Λ della* Metafisica *di Aristotele*, Soveria Mannelli, Rubbbettino Editore, 2005.

SANDBACH F. H., « A Transposition in Aristotle, *Metaphysics* Λ 9, 1074b », *Mnemosyne* 7, 1954, p. 39-43.

SCHIAPARELLI G. V., *Le sfere omocentriche di Eudosso, di Callippo e di Aristotele*, Milano, U. Hoepli, 1875.

SEDLEY D., « *Metaphysics* Λ 10 », », dans M. Frede, D. Charles (eds.), *Aristotle's* Metaphysics *Lambda*, Oxford, At the Clarendon Press, 2000, p. 327-350.

– « Teleology, Aristotelian and Platonic », dans J. G. Lennox et R. Bolton (eds), *Being, Nature, and Life in Aristotle*, Cambridge, Cambridge University Press, 2010, p. 5-29.

SESMAT A., « L'Univers d'Aristote », *Revue de philosophie* 38, 1938, p. 285-309.

SHARPLES R., *Theophrastus of Eresus. Sources for his Life, Writings, Thought, and Influence*, vol. 3.1, Leiden, Brill, 1998.

– « Aristotelian Theology after Aristotle », dans D. Frede, A. Laks (eds.), *Traditions of Theology, Studies in Hellenistic Theology, its Background and Aftermath*, Leiden, Brill, 2002, p. 1-40.

SHOREY P., « Emendation of Aristotle's 1075b7 » *Classical Philology* 19, 1924, p. 369-370.

SORABJI R., « Is Theophrastus a Significant Philosopher ? », dans J. M. van Ophuijsen et M. G. van Raalte (eds), *Theophrastus : Reappraising the Sources*, New Brunswick, Transactions Publisher, 1998, p. 203-221.

STEVENS A., « La causalité et l'intellect dans la *Métaphysique* et le traité *De l'âme* », dans L. Couloubaritsis, S. Delcomminette (eds), *La Causalité chez Aristote*, Paris, Vrin, Bruxelles, Ousia, 2011, p. 125-137.

STEWART D., « Aristotle's Doctrine of the Unmoved Mover », *The Thomist* 37, 1973, p. 522-547.

THEILER W., « Die Entstehung der Metaphysik des Aristoteles », *Museum Helveticum* 15, 1958, p. 85-105.

TIMPANARO CARDINI M., « Il cielo di Aristotele », *Physis. Rivista internazionale di storia della scienza* 6, 1964, p. 361-376.

UNTERSTEINER M., « La cronologia di Aristotele *Metafisica* XII, 8. Eudosso e Callippo », dans M. Untersteiner, *Scritti Minori. Studi di letteratura e filosofia graeca*, Paideia Editrice Brescia, 1971, p. 614-622.

VERBEKE R., « Philosophie et conception préphilosophique chez Aristote », *Revue philosophique de Louvain* 59, 1961, p. 405-430.

VERDENIUS W. J., « Traditional and Personal Elements in Aristotle's Religion », *Phronesis* 5, 1960, p. 56-70.

VOLPI F., « La détermination aristotélicienne du principe divin comme ζωή (*Metaph.*, Λ, 7, 1072b26-30) », *Les Études philosophiques*, 1991, p. 369-387.

WEDIN M., *Mind and Imagination in Aristotle*, New Haven, Yale University Press, 1988.

WERNER Ch., *Aristote et l'idéalisme platonicien*, Paris, Alcan, 1910.

WHITING J., « Form and Individuation in Aristotle », *History of Philosophical Quarterly* 3, 1986, p. 359-377.

WILDBERG Ch., *John Philoponus'Cristicism of Aristotle's Theory of Aether*, Berlin, De Gruyter, 1988.

WILPERT P., *Zwei aristotelische Früschriften über die Ideenlehre*, Regensburg, Druck von J. Habbel, 1949.

WITT Ch., *Substance and Essence in Aristotle. An Interpretation of* Metaphysics *VII-IX*, Ithaca, London, Cornell University Press, 1989.

WOLFSON H. A., « The Plurality of Immovable Movers in Aristotle and Averroes », *Harvard Studies in Classical Philology* 63, 1958, p. 233-253.

WRIGHT L., « The Astronomy of Eudoxus. Geometry or Physics ? », *Studies in History and Philosophy of Science* 4, 1970, p. 165-172.

YAVETZ I., « On the Homocentric Spheres of Eudoxus », *Archive for History of Exact Sciences* 51, 1998, p. 221-278.

ZELLER E., *Die Philosophie der Griechen in ihrer geschichtlichen Entwicklung*, vol. 1, Leipzig, O. R. Reisland, 1856, 1920 2.

ZINGANO M., « Individuals, Form and Movement : from Lambda to Z-H », dans C. Horn (ed.), *Aristotle's* Metaphysics *Lambda – New Essays*, Berlin, De Gruyter, 2016, p. 139-155.

GLOSSAIRES

GREC-FRANÇAIS

αἱρετός (*airetos*) : préférable
αἴσθησις (*aisthèsis*) : sensation
αἴτιον (*aition*), αἰτία (*aitia*) : cause
ἀλλοίωσις (*alloiôsis*) : altération
ἀντικείμενος (*antikeimenos*) : opposé
ἁπλῶς (*haplôs*) : simplement
ἀρχή (*archè*) : principe
αὔξησις (*auxèsis*) : augmentation
βουλητός (*boulètos*) : objet de la volonté
γένεσις (*genesis*) : génération
γένος (*genos*) : genre
δεκτικός (*dektikos*) : réceptacle
διαγωγή (*diagôgè*) : occupation
διάνοια (*dianoia*) : réflexion
δύναμις (*dunamis*) : puissance
εἶδος (*eidos*) : espèce, forme
ἐν παρέργῳ (*en parergôi*) : accessoirement
ἐναντίος (*enantios*) : contraire
ἐνέργεια (*energeia*) : acte
ἐντελέχεια (*entelecheia*) : entéléchie
ἕξις (*hexis*) : état
ἐπιθυμητός (*epithumètos*) : objet de l'appétit
θεωρία (*theôria*) : étude ; contemplation
καθ' αὑτό (*kath' hauto*) : par soi
καθ' ἕκαστον (*kath' hekaston*) : individu
καθόλου (*katholou*) : (en) général, universel
κατὰ συμβεβηκός (*kata sumbebèkos*) : par accident
κατηγορία (*katègoria*) : catégorie
λόγος (*logos*) : définition, raison
μεταβολή (*metabolè*) : changement

μετέχειν (*metechein*) : participer
νοεῖν (*noein*) : penser
νόησις (*noèsis*) : intellection
νοητός (*noètos*) : intelligible
νοούμενος (*nooumenos*) : pensé
νοῦς (*noûs*) : intellect
ὂν καλόν (*on kalon*) : beau réel
ὀρεκτός (*orektos*) : désirable
ὄρεξις (*orexis*) : désir
οὐσία (*ousia*) : substance
πάθος (*pathos*) : affection
ποιόν (*poion*) : qualité
ποσόν (*poson*) : quantité
πρός τι (*relatif*) : relatif
σοφία (*sophia*) : sagesse
στέρησις (*sterèsis*) : privation
στοιχεῖον (*stoicheion*) : élément
συνεχής (*sunechès*) : continu
συστοιχία (*sustoichia*) : série
σχῆμα (*schèma*) : figure
τέλειος (*teleios*) : parfait
τέλος (*telos*) : fin
τέχνη (*technè*) : art
τί ἦν εἶναι (*ti èn einai*) : quiddité
τὸ οὗ ἕνεκα (*to hou heneka*) : finalité
τόδε τι (*tode ti*) : réalité déterminée
τύχη (*tuchè*) : hasard
τῷ αὐτομάτῳ (*tôi automatôi*) : spontanément
ὕλη (*hulè*) : matière
ὑποκείμενον (*hupokeimenon*) : sujet
φαινόμενον καλόν (*phainomenon kalon*) : beau apparent
φθίσις (*phtisis*) : diminution
φθόρα (*phthora*) : corruption
φόρα (*phora*) : transport
χωριστός (*chôristos*) : séparé, séparable

FRANÇAIS-GREC

accessoirement : ἐν παρέργῳ (*en parergoî*)
acte : ἐνέργεια (*energeia*)
affection : πάθος (*pathos*)
altération : ἀλλοίωσις (*alloiôsis*)
art : τέχνη (*technè*)
augmentation : αὔξησις (*auxèsis*)
beau apparent : φαινόμενον καλόν (*phainomenon kalon*)
beau réel : ὂν καλόν (*on kalon*)
catégorie : κατηγορία (*katègoria*)
cause : αἴτιον (*aition*), αἰτία (*aitia*)
changement : μεταβολή (*metabolè*)
contemplation : θεωρία (*theôria*)
continu : συνεχής (*sunechès*)
contraire : ἐναντίος (*enantios*)
corruption : φθόρα (*phthora*)
définition : λόγος (*logos*)
désir : ὄρεξις (*orexis*)
désirable : ὀρεκτός (*orektos*)
diminution : φθίσις (*phtisis*)
élément : στοιχεῖον (*stoicheion*)
entéléchie : ἐντελέχεια (*entelecheia*)
espèce : εἶδος (*eidos*)
état : ἕξις (*hexis*)
étude : θεωρία (*theôria*)
figure : σχῆμα (*schèma*)
fin : τέλος (*telos*)
finalité : τὸ οὗ ἕνεκα (*to hou heneka*)
forme : εἶδος (*eidos*)
(en) général : καθόλου (*katholou*)
génération : γένεσις (*genesis*)

genre : γένος (*genos*)
hasard : τύχη (*tuchè*)
individu : καθ' ἕκαστον (*kath' hekaston*)
intellect : νοῦς (*noûs*)
intellection : νόησις (*noèsis*)
intelligible : νοητός (*noètos*)
matière : ὕλη (*hulè*)
objet de l'appétit : ἐπιθυμητός (*epithumètos*)
objet de la volonté : βουλητός (*boulètos*)
occupation : διαγωγή (*diagôgè*)
opposé : ἀντικείμενος (*antikeimenos*)
par accident : κατὰ συμβεβηκός (*kata sumbebèkos*)
par soi : καθ' αὑτό (*kath' hauto*)
parfait : τέλειος (*teleios*)
participer : μετέχειν (*metechein*)
pensé : νοούμενος (*nooumenos*)
penser : νοεῖν (*noein*)
préférable : αἱρετός (*airetos*)
principe : ἀρχή (*archè*)
privation : στέρησις (*sterèsis*)
puissance : δύναμις (*dunamis*)
qualité : ποιόν (*poion*)
quantité : ποσόν (*poson*)
quiddité : τί ἦν εἶναι (*ti èn einai*)
raison : λόγος (*logos*)
réalité déterminée : τόδε τι (*tode ti*)
réceptacle : δεκτικός (*dektikos*)
réflexion : διάνοια (*dianoia*)
relatif : πρός τι (*relatif*)
sagesse : σοφία (*sophia*)
sensation : αἴσθησις (*aisthèsis*)
séparé, séparable : χωριστός (*chôristos*)
série : συστοιχία (*sustoichia*)
simplement : ἁπλῶς (*haplôs*)
spontanément : τῷ αὐτομάτῳ (*tôi automatôi*)
substance : οὐσία (*ousia*)
sujet : ὑποκείμενον (*hupokeimenon*)
transport : φόρα (*phora*)
universel : καθόλου (*katholou*)

INDICES

INDEX LOCORUM

Les passages du livre Lambda ne figurent pas dans l'index.

INDEX NOMINUM

Les noms des éditeurs, des traducteurs et des auteurs, anciens et modernes, de commentaires continus du livre Lambda de la *Métaphysique* ne figurent pas dans l'index

TABLE DES MATIÈRES

ARISTOTE

MÉTAPHYSIQUE
Livre Lambda

IMPRIMERIE F. PAILLART, B.P. 30324, 80103 ABBEVILLE – (16187)
DÉPÔT LÉGAL : 1er TRIMESTRE 2019